KJ 高等院校会计学专业精品系列教材

GAODENG YUANXIAO
KUAIJIXUE ZHUANYE
JINGPIN XILIE JIAOCAI

审计学

SHEN JI XUE

（修订第二版） 主编／翟新生

首都经济贸易大学出版社

总　　序

20 世纪 90 年代以来，随着社会主义市场经济的建立和发展，我国的会计领域发生了一系列的重大变革，这些变革深刻地影响着社会经济的各个方面，会计在社会经济发展中的地位也愈益重要。进入 21 世纪，随着经济全球化进程的加快和信息技术的广泛应用，会计面临的社会经济环境更加复杂多变，社会对会计人才的知识结构、能力及素质提出了更高的要求；而会计学各门分支学科和新领域的不断出现也使会计教育面临新的挑战。因此，为培养适应 21 世纪我国社会主义市场经济建设的高级会计人才，必须改革和建立高等会计教育的教学内容和课程体系。

《高等院校会计学专业精品系列教材》是根据新时期我国高等院校会计专业的培养目标，结合会计教学中遇到的新情况、新问题，为进一步提高会计教学的质量，经过反复的研讨和论证而编写的。本系列丛书涵盖了会计学专业的主干课程，包括《初级会计学》、《中级财务会计》、《成本会计学》、《财务管理学》、《管理会计学》、《审计学》、《高级会计学》、《资产评估学》和《会计电算化信息系统》等。丛书具有以下特点：

（1）从会计教学的实际出发，在体系安排上充分考虑教学规律的要求。大学本科会计教学具有一定的规律性，教学对象的现有知识水平直接影响教学内容和方式，并在一定程度上影响培养目标的实现。为此，我们从会计教学的实际出发，考虑目前本科会计教学层面教学对象的知识水准和接受能力，在进行课程内容研究的基础上，根据以往的教学经验及未来发展的需要，确定了各课程的基本内容及结构体系。

（2）吸收和借鉴已有教材的优点，博采百家之长。近些年来，由于我国会计准则、会计制度的变化及会计理论研究的深入，我国高等会计教育的教学内容和课程体系发生了较大的变化，但各院校之间则存在一定的差异。为此，我们在充分研究已有优秀教材的基础上，吸收和借鉴其长处，争取求大同存小异，在准确性和实用性上下功夫，合理确定各教材的起点和分量。

（3）注重基本理论、基本知识的介绍及基本技能的训练，同时注意吸收会计学各学科公认的最新研究成果。教材编写不同于理论研究，不能求标新立异，而对学生进行系统的基本理论及基本知识教育是编写教材的基本目的；但考虑到时代的发展及经济环境的变化，又必须将本学科新的、比较成熟的研究成果纳入教材内容，以提高学生分析问题、解决问题的能力，并增强其对未来发展的适应能力。

(4)充分反映我国最新颁布并实施的会计准则、会计制度及其他经济法规，以适应经济形势发展的需要。

(5)在保证各门课程内容完整性的前提下，又尽可能考虑各课程之间的衔接，避免各课程在内容上的不必要重复。每本教材各章末均附有复习思考题、练习题及案例分析，以便于教学需要。

本系列教材各分册的主编、副主编均具有教授、副教授以上的职称，而且积累了多年丰富的教学经验。我们根据教学中的经验与体会，通过对课程内容及教学方式方法的探讨和研究，在全体编者的共同努力下，终于编写成了这套适用于教学需要的会计系列教材。

《高等院校会计学专业精品系列教材》的出版，得到了首都经济贸易大学出版社及其他兄弟院校的热情支持和帮助，在此表示衷心的感谢。

根据我国高等教育会计专业培养目标的要求，编写一套适用于教学需要的会计系列教材，是我们一项重要的教材建设工作。但是，由于我们理论水平有限，实践经验不足，书中难免存在不足及疏漏之处，恳请各位专家、读者批评指正。

《高等院校会计学专业精品系列教材》
编审委员会

2007 年 7 月

修订前言

2006 年 2 月 15 日财政部发布了新的注册会计师执业准则体系，并于 2007 年 1 月 1 日起在所有会计师事务所施行。执业准则的发布，标志着我国已建立起一套适应社会主义市场经济发展要求，顺应国际趋势的中国注册会计师执业准则体系。新准则的发布和执行，对审计教学必然产生深远的影响，本教材遵循新准则的内容，考虑审计教学的需要，经过反复研讨，参考对准则的最新研究成果和审计实践，进行了全面的修订，充分体现了同国际惯例接轨的指导思想、理论基础和方法体系。

根据审计学固有的特征，遵循教学的客观规律和要求，理论联系实践、深入浅出、便于操作是本书的宗旨。本书依据我国已颁布的注册会计师执业准则，适当借鉴了国际审计准则和美国审计准则的内容，力求使教材具有现实性和一定的前瞻性。

本教科书从以下几个方面体现出有别于其他教材的特征：

在理论性和实践性的选择方面，审计学具有较强的实务性，本科生就业从事审计实务工作的较多，根据这些特点，本书侧重与审计实务相关内容的撰写，强化可操作性的教学内容，使学生就业后能迅速地适应工作的要求。

考虑到我国的审计监督体系，本书以注册会计师审计为核心，进行了详尽的论述和探讨，同时也介绍了政府审计和内部审计的相关内容，目的是使学生掌握和了解不同审计类型的特点、目标、准则及相关知识，对审计监督体系形成整体的概念，以适应将来就业对其知识和技能的需求。

经过反复的论证，本书采用将教学内容划分为基本理论与方法部分、审计实务部分的逻辑结构体系。目的是让学生在深入理解审计理论和方法的基础上，进一步掌握审计实务操作的技能和方法，使审计教学更符合从理论到实践的规律。

由于注册会计师审计以报表审计为中心，本书对此进行了详尽的介绍。对于注册会计师的其他审计业务，为了突出审计学的主要目的和特征，只涉及验资的内容，对盈利预测审核、内部控制制度审核等特殊目的的审计业务未曾涉及，主要考虑这些业务种类繁多，各有特色，过多地介绍会影响突出主题和教学效果。

本书的每一章都有内容提要、重点和难点以及所需要掌握的要点，针对教学的主要内容都附有复习思考题和练习题，便于学生复习和进行实务训练。

在教材的编写过程中我们力求简明扼要、语言精练、通俗易懂、便于理解、重点突出。对相关内容的解释性论述较少，对非重要章节作了较大的改动，以体现教学规律的内在要求。

本教材由河南财经学院的教师编写，翟新生教授担任本书的主编，负责本书大纲的设计及书稿的总纂。张丽华副教授、闫芳芳副教授、申香华副教授（博士）担任副主编。本书作者的撰写内容为：翟新生、韩梦羽：第一章、第二章、第九章；闫芳芳：第四章、第五章、第六章、第十章；张丽华：第七章、第八章、第十一章、第十二章；申香华：第十三章、第十四章、第十五章、第十六章；李凯：第三章、第十七章；李颖丽：第十八章；苏明：第十九章。

本书的编写，参考了有关专家教授编著的教材和专著，在这里一并表示由衷的谢意！随着经济环境的不断变化，审计学的知识也将不断地更新、完善和补充，本书也将及时提供审计最新的知识和技能。对本书编写中存在的不足，希望读者批评和赐教。

作者

2007 年 6 月

前　言

根据审计学固有的特征，遵循教学的客观规律和要求，理论联系实践，深入浅出，便于操作，这是编写本教材的宗旨。本教材依据我国已颁布的独立审计准则，适当借鉴了国际审计准则和美国审计准则的内容，力求使教材具有现实性和一定的前瞻性。

本教材从以下几个方面体现出有别于其他教材的特征：

在理论性和实践性的选择方面，审计学具有较强的实务性，本科生就业从事审计实务工作的较多。根据这些特点，教材侧重与审计实务相关内容的撰写，强化可操作性的教学内容，使学生就业后能迅速地适应工作的要求。

考虑到我国的审计监督体系，教材以注册会计师审计为核心，进行了详尽的论述和探讨，同时也介绍了政府审计和内部审计的相关内容，目的是使学生掌握和了解不同审计的特点、目标、准则及相关知识，对审计监督体系形成整体的概念，以适应将来就业对知识和技能的需求。

经过反复论证，本教材采用将教学内容划分为基本理论与方法、审计实务部分的逻辑结构体系，目的是让学生在深入理解审计理论和方法的基础上，进一步掌握审计实务操作的技能和方法，使审计教学更符合从理论到实践的规律。

由于注册会计师以报表审计为中心，本教材对此进行了详尽的介绍。为了突出审计学的主要目的和特征，注册会计师的其他审计业务，只涉及验资的内容，对赢利预测审核、内部控制制度审核等特殊目的的审计业务未曾涉及，主要考虑这些业务种类繁多，各有特色，过多的介绍会影响突出主题和教学效果。

本教材的每一章都有本章要点，针对教学的主要内容都附有复习思考题，便于学生复习和进行实务训练。

在教材的编写过程中，我们力求简明扼要，语言精练，通俗易懂，便于理解，重点突出，非重要章节论述从简，以体现教学规律的内在要求。

本教材由河南财经学院的教师编写，翟新生教授担任本书的主编，负责本书大纲的设计及书稿的总纂。闫芳芳副教授担任副主编。本书作者的分工为翟新生：第一章、第二章、第三章、第十六章；闫芳芳：第四章、第五章、第六章、第十五章；张丽华：第七章、第八章、第九章、第十章；申香华：第十一章、第十二章、第十三章、第十四章；苏明：第十七章；沈翠玲、韩梦羽参与了部分章节的文字工作。

在教材的编写过程中，徐兴恩教授给予了热情的关怀和指导，并提出了许多有价值的建议；编写组成员参考了有关专家教授编著的教材和专著，在这里一并表示由衷的谢意。

随着经济环境的不断变化，审计学的知识也将不断地更新、完善和补充，本教材也将及时提供有关审计的最新知识和技能。对本教材编写中存在的不足，期望读者批评和赐教。

作　者

2004 年 6 月

目　录

目　录

目　　录

目　录

目　录

目　　录

目　　录

第一章

审计概论

本章要点

审计作为一项社会经济活动,有着悠久的历史。随着社会经济的发展,审计的概念、本质、目标和作用不断演变,人们对审计的认识也在不断地深化。审计发展到今天,已形成了由国家审计、内部审计、注册会计师审计构成的完整体系。审计的理论体系和方法体系日趋完善和成熟。了解和掌握审计的基本理论知识,对进一步学习、理解和研究审计学是至关重要的。本章内容主要介绍什么是审计,什么是注册会计师审计,注册会计师审计的目标、作用和对象等审计基本知识,为以后各章的学习奠定基础。

第一节 审计的基本概念

一、审计的概念

审计是一个广义的概念，包括各种不同的审计监督形式所具有的一般特征。概括地说审计是由独立的专门机构或人员，接受委托或根据授权，对政府机关、事业单位、公司企业和其他经济组织的财务报表及相关资料，及其所反映的经济活动进行审查并发表意见。虽然人们对审计的概念进行了不断的研究和探索，但对什么是审计仍有不同的描述。具有代表性的是美国会计学会（AAA）在颁布的“基本审计概念说明”的公告中，把审计概念描述为：“为确定关于经济行为及经济现象的结论和所制定的标准之间的一致程度，而对这种结论有关的证据进行客观收集、评定，并将结果传达给利害关系人的有系统的过程。”

对上述审计（auditing）定义的理解应掌握如下要点：①审计的主体是独立的审计机构和审计人员；②审计的性质是法定的，必须依法授权或接受委托才能审计；③审计的对象是财务报表及其相关资料，所反映的是经济活动和经济事项；④客观地获取和评价证据，审计以获取的证据和客观的评价为依据，不能带有任何偏见；⑤审计的标准是国家颁布的会计准则和相关会计制度；⑥发表审计意见，是指审计人员根据财务报表认定同审计标准的接近程度，表达合法性、公允性审计意见；⑦向利害关系人传达审计结果，对一个企业来说，审计利害关系人通常包括股东、管理当局、债权人、政府机构和一般社会公众。

（一）审计的本质

审计的本质仅从定义上很难反映出来，因为定义不能全面反映出审计的目的、手段和它的作用。应当把审计置于社会经济环境这个大系统中进行分析和研究，从理论上认识审计的本质，才能真正深入理解审计在市场经济发展中的重大意义和作用。半个多世纪以来，人们对审计的本质进行了广泛的研究，提出了各种理论观点，其中较有影响的有信息论、代理论、保险论、社会政治论。下面简要地论述这 4 种理论观点。

1.信息论。信息论认为，审计是有助于提高会计信息质量，提高经济资源配置效率的鉴证活动。

信息论以独立审计产生的社会经济环境为背景，认为投资人要求审计财务报表，是因为会计信息可用来决定股权的市场价值，投资者可利用会计信息作出理性的决策。信息论与股份公司的兴起与发展密切相关。随着经济的发展，许多国家相继出现了股份有限公司这种组织形式。股份公司的一个基本特征是经营权与所有权相分离，公司的经营管理由股东大会选举产生的公司董事会负责，董事会向股东承担受托管理公司的经济责任。作为公司所有者的股东，要求公司管理部门通过财务报表，报告其履行经济责任的情况和业绩。受能力以及时间、空间等条件的限制，股东自身无法亲自直接检查工作，需要聘请具有专门技术的职业人员来检查，审计人员的职责是运用专业技术和方法，对由管理部门编制的反映其经济责任的财务报表，是否真实公允地反映了公司的财务状况和经营成果进行审查和判断，进而作出鉴定证明，并向公司股东及利害关系者报告。

不难看出，信息论认为审计可提高会计信息的可信性，从而可增进会计信息的价值，影响投资人决策的正确程度。审计在建立和维护资本市场的信心上起到了关键的作用。没有这种信心，资本市场的整个基础将受到破坏。信息论以企业的两权分离为前提，并假设投资者是利用会计信息作出适当的投资决策。

2. 代理论。代理论认为，审计是有助于促进股东和相关利害关系人利益最大化的监督活动。

按公司法规范的企业组织形式，投资人的责任是有限的，并且不同权益所有人有着不同的权力和利益。公司可能委托给未持有公司股票，但却控制着公司财产和信息源的管理人员所管理。在这种环境下，投资人、债权人、管理人员之间必然存在着较多的利益冲突，资产所有人委托给管理者的资产是否安全，取决于管理人员是否诚实和正直。除了通过管理部门的报告外，委托人没有其他途径来考察管理部门的工作和业绩情况。于是就有了委托外部审计人员作为股东代理人对管理部门的会计报告进行审计的需求，这是审计代理论的依据。如果管理部门的报酬与业绩相挂钩，管理人员也会主动去聘请审计人员对其业绩报告的真实性进行鉴定，以向股东说明其作出的努力及有效性。在代理论中，对审计的需求已不是财产所有者的单方需求，而是财产所有者和财产经营者的共同需求。从债权人角度看，了解债务人财务状况、经营成果和资金运用情况的真实信息，有助于收益和本金的安全。

公司接受外部审计的原因在于调解管理人员、股东、债权人之间的利益冲突，与财务信息有关的债务契约、报酬契约等都需要公司聘请外部审计。从代理论角度来理解审计，较好地解释了虽然法律、法规未规定而公司却自愿接受审计的原因。

完全自由的市场经济是不存在的，在不同的环境条件下，市场经济会受到政府不同形式的管制，审计在维护和建立市场秩序方面所起的作用亦是达成了共识。因而，许多国家的公司法规定公司必须接受审计。我国同样对公司实行法定审计。

3. 保险论。保险论认为，审计是一种承担风险的保险业务。

20 世纪 80 年代以来，社会公众对审计的定义有一个普遍的看法，认为审计是降低风险的保险业务，是注册会计师承担风险的一项服务。保险论依据的假设是：与股份公司利益相关的各集团和股东，为防止经理们舞弊而引起灾难性的损失，愿意支付一部分费用来聘请外部审计人员。这部分审计费用被理解为交纳的保险费用，把审计的效果视为保险服务价值的回报。如果审计人员因失职而未觉察出财务报表不可靠，他们有责任赔偿因失职而造成的损失，从而实现分担风险的目的。这一理论是建立在风险转移说的基础上的，属于经济学分配理论的范畴。美国法院曾有多起判决认为，审计人员有义务为向他们寻求避免财务损失的投资人担保财务报表的准确，明显地视审计为使风险社会化的一种手段。

有关资料表明，在 20 世纪 80 年代，美国的会计公司为财务报表审计有关的诉讼支付了 2.5 亿美元的赔偿。进入 21 世纪，以注册会计师审计业务为被告的诉讼案件进入"诉讼爆炸的时代"，而且这种诉讼通常以巨额赔偿为标的，赔偿的标的也越来越大。在我国的"琼民源粉饰报表案"中，受到损失的股东对负责审计的会计师事务所提起了赔偿高达 28 亿人民币的诉讼请求。

4. 社会政治论。社会政治论认为，审计是通过监督、鉴证职能促进国家法律、政策的实施，协调处理社会各阶层经济利益关系，维护社会稳定，保证统治者利益和政治目的实现的工具。

审计通过对财政的监督，约束与控制财政分配关系中的权利与责任，保证财政分配关系能够按照国家的意愿和目的进行，是代表政府的意志实施监督，以协调政府与企业、社会各界和广大人民群众之间的政治经济关系。

社会各阶层、不同的利益集团在特定的经济条件下，经常会发生经济利益的矛盾和冲突。要解决这些问题，需要审计提供社会公众信赖的鉴证和监督，公平地协调各种利益关系。

在市场经济条件下，会计信息具有配置经济资源的作用。通过审计鉴证，可提高会计信息的可信赖程度，减少投资风险，提高资源效率，稳定市场经济秩序，实现政府发展经济的目的。

（二）审计监督体系

审计按不同主体可划分为政府审计、内部审计和注册会计师审计，共同构成审计监督体系。世界各国审计监督体系具有共同的特征。

1. 政府审计是由政府审计机关依法进行的审计。政府审计主要监督、检查各级政府及其部门的财政收支及公共资金的收支、运用情况。世界各国政府的审计机构，因领导关系不同而分为 3 种类型：①由议会直接领导并对议会负责；②由政府设立审计机构并对政府负责；③在财政部门内部设审计机构并直接领导，实行财政、审计合一制度。从审计的独立性、权威性来讲，审计应当由议会领导。我国目前的审计机构由政府领导，分中央与地方两个层次。我国宪法规定，审计机关独立行使审计监督权，不受其他行政机关、社会团体和个人的干涉。

2. 内部审计是由各部门、各单位内部设置的专门机构或人员实施的审计，包括部门审计和单位审计两个层次。内部审计主要监督检查本部门、本单位的财务收支和经营管理活动。世界各国内部审计部门的设置因领导关系不同大体分为 3 种类型：①受本单位董事会领导；②受本单位总经理领导；③受本单位总会计师或主管财务的副总裁领导。内部审计的独立性、权威性与领导层次密切相关。我国内部审计部门一般由本部门、本单位的主要负责人领导，业务上接受同级政府审计机构、上级主管部门审计机构的指导。相对外部审计，内部审计只具有相对的独立性。

3. 注册会计师审计又称独立审计或民间审计，是由经政府财政部门审核批准成立的会计师事务所进行的审计。注册会计师审计是企业经营权与所有权分离、资本市场形成的必然产物，是市场经济条件下社会经济监督机制的主要表现形式。会计师事务所不附属于任何机构，在业务上具有较强的独立性，并为社会公众所认可。

三种不同形式的审计各有特点，不可相互替代，不存在主导和从属关系。

（三）审计的分类

市场经济多元化和多层次的复杂结构，使审计的内涵和外延越来越丰富，形成了不同种类的审计。按照一定的标志对审计进行分类，有利于正确理解与掌握不同的审计形态。

1. 按审计内容分类。按审计内容可分为如下几种类型：

（1）财务报表审计（Financial Statement Audit），是对被审计单位的财务报表及相关资料进行审计。由于财务报表能够最简便、最综合、最科学地反映被审计单位的财务状况与经营成果，能说明被审计单位是否按照约定的规范履行其权利或义务。对财务报表进行审计，能够满足外部利益相关者的需要。财务报表审计是市场经济中最重要的审计。

（2）管理审计（Management Audit）亦称经营审计（operational Audit），是对从事经营管理活动的单位进行的专项审计。审计内容是被审计单位的内部控制制度、经济责任履行情况以及生产经营管理方面的效率与效果，通过管理审计进行考核、评价，提出改进措施，达到提高经营水平的目的。管理审计是财务报表审计的延伸。随着市场竞争的加剧，管理审计的作用将越来越重要。

（3）税务审计（Taxation Audit），是对税收业务进行的专项审计。在市场经济条件下,为了体现税收公平、公正的原则,发挥税收的调节作用,税收制度变得日趋复杂。税收和会计的目的差异越来越大,导致税务会计与财务会计的分离。由于建立了独立的税务会计,因而使税收管理部门不得不对税收业务进行独立审计,以满足税收管理的需要。税收审计一般分为两个部分:一是对税收机关执行国家税收政策情况以及管理工作进行审计,一般由国家审计机关对税务部门进行审计;二是税收机关对纳税单位是否按照税法的规定正确计算、及时足额的交纳税款。税务审计将会不断地得到加强,这是法制经济的必然。

2. 按执行审计机构与被审计单位的关系分类。按执行审计机构与被审计单位的关系可分为如下两种类型:

(1)外部审计(Extemal Audit),是指由被审计单位以外的、独立的专业人员进行的审计。如注册会计师对一般单位的审计、税务部门对纳税单位的审计、国家审计机关对政府机关、事业单位的审计,均可称之为外部审计。

(2)内部审计(Intemal Audit),是指由企业事业单位内部相对独立的机构或人员,对本部门、下属单位进行的审计。内部审计的实质是协助最高管理层对本部门及下属单位进行控制与监督的一种活动。企业规模越大,内部审计的作用就越明显。

3. 按审计法律义务分类。按审计法律义务可分为如下两种类型:

(1)法定审计(Statutory Audit)亦称强制审计,是指根据法律规定必须执行的审计。根据《外商投资企业法》、《公司法》的规定:凡有外商投资的合资企业、合作企业、外商独资企业或股票上市的公司,其财务报表必须经中国注册会计师审计。根据《中华人民共和国审计法》的规定,国家审计机关有权对任何与财政收支有关的单位进行审计。

(2)任意审计(Voluntary Audit),是指被审计单位出于某种需要,自愿要求外部审计机构对其执行审计,它不属于法律强制要求进行的审计。例如,有些单位为了取得银行贷款,自愿要求注册会计师对其财务报表进行审计,以增强会计信息的可信度。

4. 其他分类:

按范围的不同,可划分为全面审计和局部审计,综合审计和专题审计。

按实施时间的不同,可划分为事前、事中和事后审计,定期和不定期审计,期中和期末审计。

按执行地点的不同,可划分为就地审计和报送审计。

从审计工作的有偿性角度,可划分为有偿审计与无偿审计等。

(四)审计方法

1. 账项基础审计。账项基础审计方法产生于18世纪末期到20世纪40年代,获取审计证据的方法比较简单，注册会计师将大部分精力用于会计凭证和账簿的详细检查，是一种局限于凭证账簿记录，较少借助于其他资料的审计方法。

账项基础审计的优点：有利于发现原始凭证和账簿数据造假。其缺点：方法简单，成本高，审计资源分配分散，不适应大型企业审计。

2. 制度基础审计。制度基础审计方法产生于20世纪50年代到80年代。由于企业规模日益扩大，经济活动和交易事项日益复杂，审计工作量迅速扩大，使得详细审计难以展开，研究人员将审计抽样与企业内部控制结合起来。以内部控制测试为基础的抽样审计称为制度基础审计。

制度基础审计的优点：审计抽样有了理论基础，审计成本降低，审计资源集中在内部控制存在缺陷的环节。其缺点：没有考虑被审计单位存在的固有风险，仅以内部控制测试为基础，很难将审计风险降至可接受的水平。

3. 风险导向审计。风险导向审计的核心内容是：面对日益加大的审计风险，注册会计师该如何识别和应对。2006年财政部发布的注册会计师职业准则对审计风险的识别和应对体现在五个方面：

一是要求注册会计师了解被审计单位及其环境。注册会计师通过了解被审计单位及其环境的各个方面，包括了解内部控制，为识别财务报表层次，以及各类交易、账户余额、列报和披露认定层次重大错报风险提供更好的基础。

二是要求注册会计师在实施实质性程序前要实施风险评估程序，将识别的风险与认定层次可能发生错报的领域相联系，不得不经过风险评估，直接将重大风险设定为高水平。

三是要求注册会计师将识别和评估的风险与实施的审计程序挂钩。在设计和实施进一步审计程序（控制测试和实质性测试）时，注册会计师应当将审计程序的性质、时间和范围与识别和评估的风险相联系，以防止机械利用程序表从形式上迎合审计准则对程序的要求。

四是要求注册会计师针对重大的各类交易、账户余额、列报和披露实施实质性测试。注册会计师对重大错报风险评估是一种判断，被审计单位内部控制存在固有限制，无论评估的重大错报风险结果如何，注册会计师应当针对重大的各类交易账户余额、列报和披露实施实质性程序，不得将实质性测试只集中在例外事项上。

五是要求注册会计师将识别、评估和应对风险的关键程序形成审计工作记录，以保证执业质量，明确执业责任。

二、注册会计师审计的概念

注册会计师审计（亦称民间审计、独立审计）是审计的一种类型。在民间审计发展

的过程中,对注册会计师审计的定义影响较大的是:

国际会计师联合会(IFAC)的国际审计实务委员会在《国际审计准则》中把审计概念描述为:"审计人员对已编制完成的财务报表是否在所有重要方面遵循了确定的财务报告框架发表意见。"

美国注册会计师协会(AICPA)在《审计准则说明书》第1号中,对审计概念的描述为:"独立审计人员对财务报表加以审计,收集必要证据。其目的是对这些财务报表是否按照公认会计原则公允地反映财务状况、经营成果和现金流量发表意见。"

中国注册会计师协会在《独立审计基本准则》中对注册会计师审计作了如下描述:"是指注册会计师依法接受委托,对被审计单位的财务报表及其相关资料进行独立审查并发表意见。"

以上概念的共同点是:审计的对象是财务报表;独立审计并收集证据;发表审计意见。这些体现了注册会计师审计的基本特征。

(一)注册会计师审计的目的

审计目的是审计所要达到的目标,是审计工作的总体要求。审计目的与审计的本质属性密切相关,受审计对象的制约,与委托人的具体要求密切相关。按照现代审计理论,注册会计师审计的目的包括一般目的和特殊目的。

1. 一般目的。审计的一般目的是注册会计师对被审计单位的财务报表进行审计并发表审计意见。财务报表审计是现代审计的支柱,是由财务报表通过市场配置资源的作用所决定的。企业编制和向外提供的财务报表包括:资产负债表、利润表、现金流量表和有关附表;所依据的会计资料包括:有关的会计凭证、账簿是否依据会计准则,能否反映企业的经济活动,需要注册会计师审计并发表审计意见。审计意见通常包括以下内容:

(1)合法性。合法性是指被审计单位财务报表是否符合国家颁布的企业会计准则和相关会计制度的规定。企业会计处理方法和财务报表编报是否依照会计准则和制度,决定着企业资产是否安全和完整,财务状况、经营成果的披露是否真实。因此,注册会计师应当对被审计单位的财务报表发表是否合法的审计意见。

(2)公允性。公允性是指被审计单位财务报表在所有重大方面是否公允反映了被审计单位的财务状况、经营成果和现金流量。会计政策、会计估计和会计处理方法的选择,需要大量的职业判断。这些职业判断是否公允、有无夸大业绩和资产、有无隐瞒亏损和债务等情况,是财务报表使用人,包括政府有关部门、企业股东、债权人及潜在投资者和其他社会公众关心的重要问题。注册会计师的审计意见应合理保证财务报表使用人确定已审计财务报表的可靠程度,从而作出相关的判断或决策。

2. 特殊目的。审计的特殊目的是指注册会计师除了对财务报表进行一般目的审计外，接受委托进行的其他目的审计，统称为特殊目的审计。这些特殊目的审计意见一般也包括合法性和公允性，只不过审计意见所表述的对象和表述的方法有所差异而已。

特殊目的的审计业务通常包括：对按照特殊编制基础编制的财务报表进行审计；对财务报表的组成部分进行审计，包括对财务报表特定项目、特定账户或特定账户的特定内容进行审计；对法规、合同所涉及的财务会计规定的遵循情况进行审计；对简要财务报表进行审计等。

（二）政府审计与注册会计师审计的联系和区别

政府审计和注册会计师审计都是外部审计，政府审计可以委托注册会计师审计政府的审计业务。

1. 审计的方式不同。政府审计是强制审计，注册会计师审计是受托审计。各级政府及其部门的财政收支情况及公共资金的收支、运用情况，政府审计部门均可依法进行审计，无需被审计单位同意；而注册会计师审计则应接受委托后方能对被审计单位进行审计。

2. 审计对象不同。政府审计的对象主要是各级政府及其部门的财政收支情况及公共资金的收支、运用情况；注册会计师审计对象则包括一切营利及非营利单位。

3. 审计监督的性质不同。政府审计可以根据审计结果发表审计处理意见，如被审计单位拒不采纳，政府审计部门可以依法强制执行；注册会计师审计则根据其审计结论发表独立、客观、公正的审计意见，以合理保证审计报告使用人确定已审财务报表的可靠程度。

4. 审计实施的手段不同。政府审计是政府行为，所以是无偿审计；注册会计师审计是由会计师事务所进行的，是有偿审计。

5. 审计的独立性不同。在我国，政府审计机构隶属国务院和各级人民政府领导，因此体现为单向独立，即仅独立于被审计单位；而注册会计师审计表现为双向独立，既独立于审计委托人，又独立于被审计单位。

6. 依据的审计准则不同。注册会计师审计依据的是中国注册会计师协会制定的执业准则；而政府审计依据的是审计署制定的国家审计准则。依照不同审计准则进行的审计，其审计工作的程序、获取证据的多少、形成的审计结论等都会存在差异。

从法律上讲，政府审计机关和注册会计师审计组织在各自的法定职责范围内开展工作。政府审计机关依照《中华人民共和国审计法》规定的职责对各级政府及其部门的财政收支、事业单位的财务收支，以及国家建设项目、外国援贷款项目和各种社会保障基金进行审计监督；注册会计师审计组织，依照《注册会计师法》和其他法律及行政法规的规定，接受委托承办审计业务。

（三）注册会计师审计与内部审计的关系

内部审计是由各部门、各单位内部设置的专门机构或人员实施的审计。它是随着企业规模扩大、内部管理多元化的出现而逐步形成的。由于市场竞争激烈，促使企业更加重视内部管理，使内部审计得到迅速发展。

内部审计与注册会计师审计都是现代审计体系的组成部分。但是，也存在很大的区别：

1. 审计的独立性不同。内部审计受本部门、本单位直接领导，与所审的其他职能部门只具有相对的独立性；注册会计师审计具有双向的立性。

2. 审计的方式不同。内部审计根据本部门、本单位经营管理的需要自行安排实施；注册会计师审计是接受委托进行审计。

3. 审计的内容和目的不同。内部审计的内容主要是对内部控制的健全、有效，会计及相关信息的真实、合法完整，经营绩效以及经营合规性等进行检查、监督和评价；而注册会计师审计主要围绕财务报表进行，是对财务报表发表审计意见。

4. 审计职责和作用不同。内部审计的结果只对本部门、本单位负责，只能作为本部门、本单位改进管理的参考，对外不起鉴证作用，并向外界保密；而注册会计师审计需要对投资者、债权人及社会公众负责，对外出具的审计报告具有鉴证作用。

5. 审计准则不同。因为存在以上不同，注册会计师审计和内部审计各有自己不同的准则体系。

虽然注册会计师审计与内部审计尽管存在很大的差别，但注册会计师审计与内部审计有密切的内在联系，具体表现在：①内部审计作为单位内部的经济监督机构，虽然不参与单位内部的经营管理活动，但要对各项经营管理活动是否达到预定目标，是否遵循了单位的规章制度等进行监督，属于单位内部控制体系的一个组成部分。外部审计人员在对被审计单位进行审计时，要对内控制度进行测评，就必须了解其内部审计的设置和工作情况。②内部审计和外部审计在工作上具有一致性。内部审计在审计内容、审计依据、审计方法等方面都和外部审计有一致之处。例如，在进行财务审计时，所依据的标准都是国家统一制定的会计准则和会计制度，在方法上都要评价内控制度，检查凭证、账册，核对账表一致性等。这就为外部审计利用内部审计工作的成果创造了条件。③外部审计人员在对内部审计工作进行评价以后，利用其全部或部分工作成果，可以减少现场测试的工作量，提高工作效率，从而节约被审计单位的审计费用。

第二节　注册会计师审计的起源与发展

一、西方注册会计师审计的起源与发展

注册会计师审计伴随合伙企业制度而产生，在股份制企业制度条件下形成，发达的资本市场促进注册会计师审计发展和完善，所以，它是商品经济的产物。

（一）注册会计师审计的起源

注册会计师审计起源于16世纪的意大利。当时地中海沿岸的商业城市已经比较繁荣，威尼斯是海外贸易最为发达的地区。随着商业经营规模不断扩大，单个的业主资金有限，难以满足经贸发展对巨额资金的需求，为了筹集所需的大量资金，合伙制企业应运而生。合伙经营方式提出了会计主体的概念，促进了复式记账等会计方法的产生和发展，产生了对注册会计师审计的最初需求。合伙制企业的合伙人都是出资者，但合伙人并非都参与企业的经营管理，因而，出现了所有权与经营权的分离。这就要求参与经营管理的合伙人向不参与经营管理的合伙人提供财务信息，说明利润的计算与分配是真实的、合理的，以及资金的使用情况和效益等情况，证明合伙契约得到了认真履行。同时，不参与经营管理的合伙人也希望监督企业经营管理，及时了解企业的财务状况。因此，双方在客观上都希望有一个与任何一方均无利害关系的第三者对企业进行监督和检查，而由会计专家担任查账和公证工作成为必然。在16世纪意大利的商业城市，出现了一批具有良好的会计知识和技能、专门从事查账和公证工作的专业人员，这可以说是注册会计师审计的起源。随着这批专业人员人数的增多，职业化程度的提高，他们于1581年在威尼斯创立了威尼斯会计协会。随后，许多商业化程度较高的城市陆续成立了类似的职业组织。

（二）注册会计师审计的形成

注册会计师审计与商品经济发展的程度密切相关。由于意大利后来经济发展落后于英国，所以对注册会计师审计事业的发展影响不大。

18世纪后期，英国的资本主义经济迅速发展，生产的社会化程度大大提高，企业的所有权与经营权进一步分离。企业的业主希望外部独立的会计师检查企业的经营活动，及他们所雇用的管理人员是否存在舞弊和贪污、盗窃行为。于是英国出现了第一批以查账为职业的独立会计师，他们受业主委托，对企业会计账目进行详细检查，目的是查错防弊，并将检查结果向业主报告。此时是由业主自行决定是否聘请独立会计师进

行查账，所以独立审计尚为任意审计。

股份有限公司制度的建立，使绝大多数股东已完全脱离经营管理，他们非常关心公司的经营成果，以便作出是否继续持有公司股权的决定。证券市场上潜在的投资者关心公司的经营情况，以作出是否购买公司的股票的决策。同时，由于金融资本对产业资本的逐步渗透，债权人的风险在不断增大，迫使他们关注公司的经营管理、财务状况，据以作出债务决策。而公司的经营成果和财务状况，只能通过公司提供的财务报表来反映。因此，在客观上要求独立会计师对公司财务报表进行审计，以保证财务报表真实、可靠，不仅仅是查错防弊。

1721 年，英国的“南海公司事件”是注册会计师审计产生的“催产剂”“。“南海公司”是一家公开募集资本的公司，以虚假的会计信息诱骗投资人上当，其股票价格一时扶摇直上。由于其管理不善、经济效益差，“南海公司”最终未能逃脱破产倒闭的厄运，使股东和债权人损失惨重。“南海公司事件”导致英国金融市场和资本市场的动荡。为查清事件的真相，给受害人一个交代，英国议会聘请会计师查尔斯·斯耐尔(Charles Snell)对“南海公司”进行审计。斯耐尔以“会计师”名义提出了“查账报告书”，从而宣告了注册会计师的诞生。

英国政府为了监督经营者的管理活动，防止其营私舞弊，保护投资者、债权人利益，避免“南海公司事件”重演，于 1844 年颁布了《公司法》，规定股份公司必须设监察人，负责审查公司的账目。1845 年，又对《公司法》进行了修订，规定股份公司的账目必须经董事以外的人员审计。从此以后，独立会计师业务有了法律保障，得到迅速发展，独立会计师人数越来越多。英国政府对一批精通会计业务、熟悉查账知识的独立会计师进行了资格确认。1853 年，苏格兰爱丁堡创立了第一个注册会计师的专业团体——爱丁堡会计师协会，标志着注册会计师职业的诞生。1862 年，英国《公司法》又确定注册会计师为法定的破产清算人，奠定了注册会计师审计的法律地位，由任意审计发展为法定审计。

从 1721 年到 20 世纪初，是注册会计师审计形成的时期。由于英国的法律规定了所有股份公司和银行必须聘请注册会计师审计，使英国注册会计师审计得到了迅速发展，并对当时的经济发达国家产生了重要影响。这一时期英国注册会计师审计的主要特点是：注册会计师审计的法律地位得到了确认；审计的目的是查错防弊，保护企业资产的安全和完整；审计的方法是对会计账目、财务报表进行详细审计；审计报告使用人主要为企业股东等。

(三)注册会计师审计的发展

从 20 世纪初开始，全球经济发展重心逐步由欧洲转向美国，因此，美国的注册会计师审计得到了迅速发展和完善，对注册会计师职业在全球的迅速发展发挥了重要作用。

在美国,南北战争结束后,当时英国巨额资本开始流入美国,为了保护广大投资者和债权人的利益,特别是英国资本的利益,英国的注册会计师远涉重洋到美国开展审计业务。同时美国本身也很快形成了自己的职业注册会计师。1887 年,美国公共会计师协会(The American Association of Public Accountants)成立,1916 年该会改组为美国注册会计师协会,后来成为世界上最大的注册会计师职业团体。

20 世纪初期以后,金融资本对产业资本更为广泛的渗透,使企业同银行的利益关系更加紧密。银行通过企业的资产负债表了解企业信用和偿债能力,于是美国产生了专门帮助贷款人及其他债权人了解企业信用的资产负债表审计,形成了美国式注册会计师审计。这一时期,美国注册会计师审计的主要特点是:审计对象演变为资产负债表;审计的主要目的是通过对资产负债表数据的检查,判断企业信用状况;审计方法从详细审计初步转向抽样审计;审计报告使用人除企业股东外,扩大到了债权人。

从 1929 年到 1933 年,主要资本主义国家经历了历史上最为严重的经济危机,经济衰退导致大批企业倒闭,投资者和债权人蒙受了巨大的经济损失。客观现实促使企业利益相关者不仅要关心企业财务状况,而且更要关心企业盈利水平,提出了对企业损益表进行审计的迫切要求。1933 年,美国颁布的《证券法》规定,在证券交易所上市的企业的财务报表必须接受注册会计师审计,向社会公众公布注册会计师出具的审计报告。从此,审计报告使用人扩大到整个社会公众。这一时期,注册会计师审计的主要特点是:审计对象转为以资产负债表和损益表为中心的全部财务报表及相关财务资料;审计的主要目的是对财务报表发表审计意见,以确定财务报表的可信赖程度,查错防弊转为次要目的;审计的范围已扩大到评价风险、测试相关的内部控制,并广泛采用抽样审计;审计报告使用人扩大到股东、债权人、证券交易机构、政府税务部门、金融机构及潜在投资者的社会公众;审计准则开始拟订和颁布,审计工作向标准化、规范化过渡;注册会计师资格考试制度的推行,使注册会计师专业素质普遍提高;计算机辅助审计技术得到广泛采用;注册会计师业务扩大到资产评估、代理纳税、会计服务、投资咨询、管理咨询等领域。

20 世纪 50 年代以后,经济发达国家企业资本外流,通过各种渠道推动本国的企业拓展国际市场,跨国公司、国际资本市场得到空前发展。国际资本的流动带动了注册会计师审计的国际化,形成了一批国际会计师事务所。20 世纪 80 年代末合并为“六大”国际会计师事务所,之后又合并成为“五大”国际会计师事务所。2001 年,美国出现了安然公司会计造假丑闻。安然公司作为美国的能源巨头,在追求高速增长的狂热中利用会计准则的不完善,采用表外融资、金融衍生工具、关联交易造假等手段操纵利润。安然公司在清算时,对其编造的财务报表进行修正,将近 3 年来的利润额削减 20%;约 5.86 亿美元。作为出具审计报告的安达信会计师事务所,涉嫌欺诈和销毁证据受到美国司法部门的调查，随之宣布关闭，世界各地的安达信成员所也纷纷与其他国际会计师事务所合并。因此，时至今日，尚有“四大”国际会计师事务所，它们是普华永道（Price Water House Coopers）、安永（Ernst&Young）、毕马威（KPMG）、德勤（Deloitte Touche Tohmatsu）。

二、中国注册会计师审计的演进与发展

（一）中国注册会计师审计的演进

由于旧中国经济落后，中国注册会计师审计比西方国家的历史要短得多。我国的注册会计师审计始于辛亥革命之后。当时，一批爱国的会计学者面对外国注册会计师包揽我国注册会计师业务的现实，为了维护民族利益与尊严，积极倡导创建中国的注册会计师事业。1918 年 9 月，北洋政府农商部颁布了我国第一部注册会计师法规——《会计师暂行章程》，并于同年批准著名会计学家谢霖先生为中国的第一位注册会计师，谢霖先生创办的中国第一家会计师事务所——“正则会计师事务所”也获批准成立。1930 年国民政府颁布了《会计师条例》，确立了会计师的法律地位。随后上海、天津、广州等地也相继成立了许多会计师事务所。1925 年在上海成立了“全国会计师公会”，1933 年，又成立了“全国会计师协会”。至 1947 年，全国已拥有注册会计师 2 619 人 。但是，在半封建、半殖民地的旧中国，由于经济落后，注册会计师审计未能充分发挥应有的作用，注册会计师职业未能得到很大的发展。会计师事务所主要集中在上海、天津、广州等沿海城市。注册会计师业务主要是为企业设计会计制度、代理申报纳税、培训会计人才和提供其他会计咨询服务。

新中国成立初期，注册会计师审计在经济恢复工作中发挥了积极作用。当时由于不法资本家囤积居奇、投机倒把、偷税漏税造成了极为险恶的财政状况，当时负责财经工作的陈云同志聘用注册会计师，对工商企业进行查账，这对平抑物价、保证国家税收、争取国家财政经济状况好转作出了突出贡献。后来由于推行高度集中的计划经济模式，中国的注册会计师审计悄然退出了经济舞台。

（二）中国注册会计师审计的发展

党的十一届三中全会以后，我国实行改革开放的方针和政策，把工作重点转到社会主义现代化建设上来，市场经济得到迅速发展，为注册会计师制度的恢复重建创造了客观条件。1980 年 12 月 14 日，财政部颁布了《中华人民共和国中外合资经营企业所得税法实施细则》，规定外资企业财务报表要由注册会计师进行审计，这为恢复我国注册会计师制度提供了法律依据。1980 年 12 月 23 日，财政部发布《关于成立会计顾问处的暂行规定》，标志着我国注册会计师行业开始复苏。1981 年 1 月 1 日，“上海会计师事务所”宣告成立，成为新中国第一家由财政部批准独立承办注册会计师业务的会计师事务所。1984 年 9 月 25 日，财政部印发《关于成立会计咨询机构问题的通知》，明确

了注册会计师应该办理的业务。1985 年 1 月实施的《中华人民共和国会计法》规定："经国务院财政部门批准组成会计师事务所，可以按照国家有关规定承办查账业务。"1986 年 7 月 3 日，国务院颁布《中华人民共和国注册会计师条例》，同年 10 月 1 日起实施。1988 年 11 月 15 日，财政部领导下的中国注册会计师协会正式成立。1993 年 10 月 31 日，八届全国人大常委会第四次会议通过了《中华人民共和国注册会计师法》，于 1994 年 1 月 1 日起实施。1996 年 10 月 4 日，中国注册会计师协会加入亚太会计师联合会，1997 年 4 月当选为理事。1997 年 5 月 8 日成为国际会计师联合会、国际会计准则委员会成员。在国家法律、法规的保障和规范下，我国注册会计师行业得到快速的发展，在改革开放、市场经济体制的建立和运行中发挥了重大作用。同时，我国注册会计师也跨出国门，向国际化迈进。

三、注册会计师审计发展的具体表现

- 审计目标：从查错防弊向财务报表鉴证发展。
- 审计范围：从会计账项发展到会计资料、其他资料及其所反映的经营管理活动。
- 审计地位：由任意审计到法定审计。
- 服务对象；从股东、债权人发展到社会公众。
- 审计责任：从委托人发展到第三方关系人。
- 审计基础：从项目基础审计发展到制度基础审计、风险基础审计。
- 审计程序：由静态审计发展到动态审计。
- 审计技术：由详细审计发展到审计抽样。
- 审计方法：从单一的检查向监盘、函证等多元化发展。
- 业务范围：由审计业务发展到咨询服务。

由于人的认识能力的限制，审计理论和技术方法本身的不足存在局限性，所以注册会计师审计不可避免地存在审计风险。不管审计人员如何谨慎，总会使审计结论可能存在一定程度的误差。认识审计风险，正确理解审计的有限作用，才能合理利用审计结果。

四、审计运行和发展的环境

审计系统是一个开放的系统，它通过外界的经济发展、法律规范、科技进步吸收能量和转换信息，使系统能自发地、有序性地维持自身的生存和发展。要使审计系统协调运行，必须了解、研究该审计系统所依存的环境。

（一）两权分离与受托责任是注册会计师审计的客观经济环境

审计是社会经济发展到一定阶段的产物。经济发展促进了所有权与经营权的分离，形成了特定的财产所有者和经营者之间的受托责任关系，这是审计产生的客观经济基础。经济的发展必然使两权分离的层次更加复杂，受托责任的内容更为丰富。不仅企业单位的外部利害关系人需要了解会计信息的可靠性、委托责任的履行程度，而且企业单位内部为了加强管理也需要审计。经济环境对审计理论与实务的发展具有根本性的影响。

所谓受托责任(accountability)是指：资源的所有者为了实现自身的目标而雇用人员进行管理，这些管理人或代理人对委托人承担保管、运用、报告受托资源情况的责任。受托责任的形式多种多样，但其最高形式是政治责任。根据受托责任，管理者有责任编制客观、公允的财务会计报告。但这个报告的可靠程度如何，则需要一个处于超然独立地位的第三者进行审查后作出客观、公正的评价，这个评价判定过程就是审计，其目的在于消除所有者的疑虑，解除经营者的责任。受托责任只有经过审计才能证明其存在，及履行得如何。不进行检查和监督，就等于否定或忽视了受托责任的存在。

两权分离是经济发展的必然，生产的社会化使大量资本高度集中，企业规模越来越大，业务越来越复杂，对经营者提出了更高的要求，市场竞争的日趋激烈，迫使企业改善组织结构和管理体制。两权分离促进了国民经济的发展，加快了社会资金间的流动速度，提高了经济效益。目前，我国由于经济发展水平相对较低，以及历史和制度的原因，企业单位的两权分离整体程度比较低，由此影响到合理的受托责任和公司治理结构的建立。注册会计师审计的完善和发展也受到一定影响。

（二）法律是审计系统有序运行的依据

依法审计是审计有序运行的基本要求，若没有健全的法律环境，两权分离所形成的受托责任关系也无从实现，就没有审计法制化、规范化的鉴证和监督活动。审计发达的国家都制定有比较完善的法律制度，并对审计理论与实务产生决定性的影响。

《破产法》和《公司法》奠定了注册会计师审计的法律地位，在传统审计向现代审计的转变过程中发挥了重要作用。《证券法》和《证券交易法》导致了注册会计师审计职业的法制化，明确了注册会计师的法律责任，促进了审计准则的研究和制定，确立了注册会计师审计的独立性和权威性。

我国是一个法制尚不健全的国家，长期的集权性经济制度导致了所有权和经营权的混合，使我国注册会计师审计的作用受到制约。健全法制，提高社会公众的法制观念，彻底根除人治大于法治的现象，是注册会计师审计完善和发展所需要的良好法律环境。

（三）科学技术推动审计理论和方法的进步

审计最初采用详细检查的方法，这种方法不符合“成本—效益”原则，浪费了大量的审计资源。同时由于企业规模的扩大，使注册会计师审计的力量难以胜任。将数理统计的原理应用于审计，采用抽样审计的方法，是审计的一大变革。统计抽样的广泛运用，促进了审计技术和审计观念的更新。统计抽样技术使审计抽样建立在科学的基础上，所以，我们可以说，数学对审计学的发展也有较大的影响。

计算机科学、管理学、制度经济学、系统学、社会学等科学和技术的发展，是推动审计进步的原动力。

第三节　注册会计师管理

一、中国注册会计师协会的会员

（一）会员的种类

中国注册会计师协会的会员有三类：个人会员、团体会员和名誉会员。会员入会均需履行申请和登记手续。

1. 个人会员。参加注册会计师全国统考全科合格经批准、依照规定考核取得资格者，为注册会计师协会个人会员。其中经审批注册，并专职在中国境内会计师事务所执业的个人会员，称为执业会员；其余不在事务所专职工作的个人会员，称为非执业会员。

2. 团体会员。依法批准设立的事务所，均为中国注册会计师协会的团体会员。

设立团体会员是因为我国目前法律规定，注册会计师必须加入事务所，才能接受委托承办业务。事务所作为协会的团体会员，便于协会对其实施有效的监督，也便于事务所向协会反映工作中的意见和建议。

3. 名誉会员。境内外有关知名人士经有关方面推荐，由理事会批准，可以聘请为协会的名誉会员。

（二）会员的权利和义务

中国注册会计师协会的会员拥有一定的权利和义务。其权利有：①享有协会的选举权和被选举权；②参加协会举办的学习和培训活动；③参加协会组织的有关专业研究和经验交流活动；④获得协会提供的有关资料；⑤通过协会向有关部门提出意见和要求；⑥监督协会工作，提出批评和建议；⑦监督协会的会费收支；⑧有申请退出协会的权利。

协会会员的义务是：①遵守协会章程；②执行协会决议；③遵守协会纪律；④接受协会的监督、管理；⑤按期交纳会费；⑥完成规定的后续教育学习任务；⑦承担协会委托的任务。会员拒不履行义务的，协会理事会可劝其退会或予以除名。

（三）注册会计师考试

根据《注册会计师法》及相关规定，具有高等专科以上学历、会计或相关专业中级以上技术职称的中国公民，可以报名参加考试。根据《港澳台地区居民和外国籍公民参加中华人民共和国注册会计师统一考试办法》的规定，我国香港、澳门、台湾地区的居民，按对等原则确认的外国籍公民具有下列条件之一者，可申请参加考试：①具有财政部注册会计师考试委员会认可的境内外高等专科以上学校毕业的学历；②已取得境外法律认可的注册会计师资格（或其他相应资格）；③已取得中国注册会计师统一考试的单科成绩合格凭证。对等原则是指外国籍公民所在国允许中国公民参加该国注册会计师考试，中国政府亦允许该国居民参加中国注册会计师统一考试。

考试科目为会计、审计、财务成本管理、经济法、税法。每科考试均实行百分制，60分为成绩合格分数线。全科成绩合格者，领取全国考试委员会颁发的全科合格证书，并可申请加入中国注册会计师协会成为会员。单科成绩合格者，其合格成绩在取得单科成绩合格凭证后的连续4次考试中有效。

（四）注册登记

根据《注册会计师法》的规定，参加注册会计师全国统一考试成绩合格，并从事审计业务工作两年以上的，可以向省、自治区、直辖市注册会计师协会申请注册。省级注册会计师协会负责注册会计师的审批，受理的注册会计师协会应当准予符合法律规定条件的申请人的注册，并报财政部备案。

申请注册者如果有下列情形之一的，不予注册：①不具有完全民事行为能力的；②因受刑事处罚，自刑罚执行完毕之日起至申请注册之日止不满5年的；③因在财务、会计、审计、企业管理或者其他经济管理工作中犯有严重错误受行政处罚、撤职以上处分，自处罚、处分决定之日起至申请注册之日止不满2年的；④受吊销注册会计师证书的处罚，自处罚决定之日起至申请注册之日止不满5年的；⑤国务院财政部门规定的其他不予注册的。

已取得注册会计师证书的人员，如果注册后出现以下情形之一的，准予注册的注册会计师协会将撤销其注册，收回注册会计师证书：①完全丧失民事行为能力的；②受刑事处罚的；③因在财务、会计、审计、企业管理或者其他经济管理工作中犯有严重错误受行政处罚、撤职以上处分的；④自行停止执行注册会计师业务满1年的。

二、会计师事务所

我国实行法人审计制度，注册会计师不能以个人名义承办业务，必须由会计师事务所统一接受委托。会计师事务所是注册会计师依法承办业务的中介机构。综合世界各国的情况，会计师事务所主要有独资、普通合伙、有限责任公司制、有限责任合伙制四种组织形式。

（一）独资会计师事务所

独资会计师事务所是由执业注册会计师个人独资设立,承担无限责任的组织形式。它的优点是:要求的条件少,容易设立,执业灵活。能够在代理记账、税务代理、制度设计等方面很好地满足小型企业对会计服务的需求。虽然承担无限责任,但实际发生风险的可能性相对较低。缺点是:难以承担大型审计和其他业务,事务所的发展受到限制。

（二）普通合伙制会计师事务所

普通合伙制会计师事务所是由两位或两位以上注册会计师组成的合伙中介组织。合伙人以各自的财产对事务所的债务承担无限连带责任。普通合伙制的优点是:在风险的牵制和共同利益的驱动下,相互制约,促使事务所强化专业服务质量管理,提高规避风险的能力,促进事务所扩大规模,谋求发展。缺点是:建立大规模会计师事务所需要漫长的过程。另外,任何一个合伙人在执业中的失误或舞弊行为,都可能给整个会计师事务所带来灭顶之灾,伤害无过错的合伙人。为了防范这一风险,跨地区、跨国界的大型事务所纷纷采用成员所、联系所等组织形式。

（三）有限责任合伙制会计师事务所

有限责任合伙制会计师事务所(Umited Liability Partnersbips)是20世纪90年代后,美国出现的一种新的组织形式。它的特征是有过错的合伙人承担无限责任,无过失的合伙人对于其他合伙人的过失或不当执业行为承担有限责任。它融入了合伙制和有限责任公司制会计师事务所的优点,限制了不足。许多国际会计公司在美国的执业机构已完成了向有限责任合伙制的转型,其他国家和地区的执业机构转型也在不断进行。有限责任合伙制是未来会计师事务所发展的趋势。

（四）有限责任公司制会计师事务所

有限责任公司制会计师事务所(Limited liability Companies)是由至少5名以上注册会计师出资,符合有限责任公司的其他条件,并以其资本对会计师事务所承担有限责任,会计师事务所以其全部资产对其债务承担有限责任的组织形式。它的优点是:可以通过公司制形式迅速建立规模较大的事务所,承担有限责任。缺点是:降低了风险责任对执业行为的高度制约,弱化了注册会计师的个人责任,承担较重的税负。

三、注册会计师业务范围

提供财务报表审计、审阅服务是注册会计师的首要业务。随着企业规模的不断扩大,经济活动的国际化和多元化发展趋势的增强,以及信息时代和知识经济的到来,企业管理的难度和要求更高,对注册会计师的服务需求从审计延伸到更多的领域。客观环境的变化，促使注册会计师行业的业务范围不断调整和变化。在保持审计业务稳定增长的同时，逐步转型为向社会提供多元化、全方位的专业服务。目前，注册会计师提供的服务包括审计服务、税务服务、制度设计、管理咨询、资产评估及会计服务，各种义务代理等，涉及社会经济活动的多个方面；并以市场需求为导向，不断推出新的业务品种，为客户提供增值服务。

根据《注册会计师法》的规定，注册会计师依法承办审计业务。因此，审计业务属于法定业务，非注册会计师不得承办。注册会计师根据市场需求，发挥专业特长，提供会计咨询、会计服务等服务业务，属于非法定义务。近年来，由于"安然造假"等事件，世界各国有限制注册会计师从事会计服务的趋势。

(一)审计业务

1. 审查企业年度财务报表，出具审计报告。会计工作是经济管理工作的重要基础，是通过市场配置经济资源的重要手段，规范会计工作秩序、强化会计监督，是加强和改善宏观调控、维护经济秩序、创造良好经济环境的有效措施。依法实行企业年度财务报表注册会计师审计制度，是国家有效制止和防范利用财务报表弄虚作假、提高财务报表质量的重要手段。在社会主义市场经济条件下，会计信息质量直接影响着国家宏观经济决策的正确性和资源配置的有效性。

注册会计师审计作为会计监督体系的重要组成部分，受到国家的重视。国务院《关于整顿会计工作秩序　进一步提高会计工作质量的通知》明确指出，为了有效制止和防范利用财务报表弄虚作假，提高会计信息质量，要依法实行企业年度财务报表审计制度。随着执业准则框架体系的逐步完善，注册会计师执业行为的规范和执业水平不断提高，注册会计师行业将成为具有较高公信力的行业，为提高会计信息质量作出应有的贡献。

目前，政府管理部门，通过上市公司的财务报表和注册会计师出具的审计报告，对上市公司进行监管，注册会计师审计实质上已成为上市公司监管的第一道防线，在证券市场上的角色越来越重要。如果注册会计师出具了非标准审计报告(包括带强调事项要无保留意见的审计报告、保留意见的审计报告、否定意见的审计报告和无法表示意见的审计报告)，则表明财务报表的可信赖程度存在一定问题，或存在需要强调的事项，将引起监管部门的注意，并进行调查和处理。因此，注册会计师作为独立审计人，是联系资本市场和广大投资者的纽带，对社会公众承担着重大责任。

国有企业及其他企业也需要注册会计师审计。1998 年 10 月，财政部发布了《国有企业年度财务报表注册会计师审计暂行办法》，规定从 1998 年起，国有企业年度财务报表除个别特殊行业(企业)外，不再实行财政审批制度，其年度财务报表应于年度终了在规定时间内委托注册会计师实施审计。随着社会主义市场经济体制的发展和完善，财务报表使用者日渐增多,他们需要通过会计信息,分析判断作出经济决策。因此,财务报表的合法性、公允性成为注册会计师鉴证服务的主要内容。

《公司法》要求各类公司依法接受注册会计师审计。

2. 验证企业资本,出具验资报告。我国实行法定资本制,根据《公司法》、《企业登记管理条例》等法律、法规的规定,公司、企业在设立、变更时,必须由注册会计师对注册资本进行审验,出具验资报告,以确定公司是否达到规定的要求、拥有与经营业务相适应的资金。注册会计师验证企业资本是法定业务,是注册会计师法定鉴证业务的重要组成部分。验资报告具有同审计报告一样的法定证明效力,注册会计师及其所在会计师事务所对其出具的验资报告承担相应的法律责任。

3. 办理企业合并、分立、清算事宜中的审计业务,出具有关的报告。企业进行各种形式的合并、分立或终止清算时,应当分别编制合并、分立相关的财务报表以及清算财务报表。为了确定这些报表的可信赖程度,企业需要委托注册会计师对这类财务报表进行审计。在对这些财务报表的审计时,注册会计师应当依据相应的执业准则,审查形成财务报表数据的所有会计资料及其反映的经济业务,及企业合并、分立及清算过程中出现的特定事项。在取得充分、适当的审计证据并进行复核后,出具审计报告,发表审计意见。办理企业合并、分立和清算事宜中的审计业务,出具的审计报告,具有法定证明效力,承办该项业务的注册会计师及所在的会计师事务所,应当承担相应的法律责任。注册会计师也可以接受委托直接参与企业合并、分立或终止清算的工作。

4. 办理法律、行政法规规定的其他审计业务,出具相应的审计报告。注册会计师可根据国家法律、行政法规的规定接受委托,对特殊目的的业务进行审计。特殊目的的审计业务种类很多,审计准则规范的有:①按照特殊编制基础编制的财务报表;②财务报表的组成部分,包括财务报表特定项目、特定账户或特定账户的特定内容;③法规、合同所涉及的财务会计规定的遵循情况;④简要财务报表的审计。这些审计业务,需要注册会计师具备相关的专门知识,应用特殊的审计准则。针对特殊目的的审计业务出具的审计报告,也具有法定证明效力,注册会计师及其所在的会计师事务所对此也应承担相应的法律责任。

(二)审阅业务

审阅准则用以规范注册会计师执行历史财务信息及其他信息的审阅业务。在提供审阅服务时,注册会计师对所审阅信息是否不存在重大错报提供有限保证,并以消极方式提出结论。

(三)其他鉴证业务

其他鉴证业务准则用以规范注册会计师执行历史财务信息审计或审阅以外的其他

鉴证业务,根据鉴证业务的性质和业务约定的要求,提供有限保证或合理保证。

注册会计师的法定业务可以采用审计、审核、审阅、复核、商定程序等多种形式。

(四)相关服务业务

由于客观经济环境的发展变化,企业出于对管理和会计的需求,注册会计师提供会计咨询、会计服务业务则成为必然。注册会计师提供的会计咨询和会计服务业务主要包括代理记账、代为编制财务报表、设计制度、对会计政策的选择和运用提供建议、税务代理、管理咨询、担任常年会计顾问等。会计咨询、会计服务业务是非法定业务,所有具备条件和能力的中介机构、个人都能够从事。

四、注册会计师协会

(一)全国会员代表大会

全国会员代表大会是协会的最高权力机构。全国会员代表大会的职权是:制定、修改协会章程;讨论决定协会工作方针和任务;选举、撤换协会理事;审议、批准协会理事会的工作报告等。全国会员代表大会每3年举行一次;代表采取选举、协商和特邀的办法产生,任期3年。

协会理事会由全国会员代表大会选举理事若干人组成,任期3年,可以连选连任,理事会对全国会员代表大会负责。其职权是:召开会员代表大会;选举协会常务理事会成员;选举协会领导成员;推选或聘请协会常设办事机构领导成员;增补或更换协会理事;审议、批准协会常设办事机构的年度工作报告等。为履行其职权,理事会必须每年召开一次全体会议;理事会全体会议选举名誉会长、名誉理事若干人,选举会长一人、副会长若干人、常务理事若干人。

常务理事会于理事会闭会期间行使理事会职权。会长代表协会召集、主持理事会、常务理事会和全国会员代表大会,并监督、检查其决议的贯彻实施。

(二)常设办事机构

协会的常设办事机构由秘书长、副秘书长若干人并配备必要数量的专职人员组成。办事机构部门的分设,由秘书长提出方案,经理事会讨论同意后,报财政部批准。秘书长主持协会常设办事机构的日常工作。

(三)地区注册会计师协会

各省、自治区、直辖市注册会计师协会是注册会计师的地方组织。其组织机构和章程,由本地区会员代表大会依法确定,报中国注册会计师协会和当地政府主管行政机关备案并接受监督和指导。

各省、自治区注册会计师协会根据需要可以设立市级协会,由省级协会批准,报全国协会备案。省级以下协会的组织运行、职责权限,依照有关法律、法规及省级协会的规定办理。

五、注册会计师行业的管理体制

注册会计师行业的管理体制，是对注册会计师行业进行管理的法律和制度的总称。科学、合理的管理体制，能够监督和促进注册会计师独立、客观、公正地执行审计业务，不断提高审计质量，提高注册会计师的业务素质和执业水平。

我国恢复注册会计师制度20多年来，研究和吸收世界其他国家的经验，结合我国的具体情况，注册会计师行业的管理体制已初步形成了一套包括法律、部门规章、行业自律性等内容的多层次、全方位的行业管理体制，为注册会计师事业的健康发展发挥了重要的作用。

(一)法律规范

《注册会计师法》是规范注册会计师执业行为，保障社会主义市场经济有序运行的重要法律。它的颁布和实施奠定了注册会计师审计在社会经济监督体系中的法律地位。

《注册会计师法》共分七章四十六条，主要内容包括：注册会计师、会计师事务所、注册会计师协会的基本性质及其和财政部门的关系；注册会计师资格的取得；注册会计师的业务范围；注册会计师执业规则；会计师事务所的设立和责任；注册会计师协会；法律责任等。

(二)政府监督

国务院财政部门和省、自治区、直辖市人民政府财政部门，依法对注册会计师、会计师事务所和注册会计师协会进行监督、指导。

(三)行业自律

注册会计师协会是由注册会计师组成的民间社团组织。中国注册会计师协会包括全国组织和地方组织。中国注册会计师协会正在建立和完善行业自律管理的组织体系。为充分发挥会员代表大会、理事会的作用，建立各类委员会，制定工作制度和规则作出努力，依法承担起行业自律和维护会员合法利益的职能。

复习思考题

1. 什么是审计？审计的基本特征是什么？

2. 什么是审计的信息论？什么是审计的保险论？二者的根本区别是什么？

3. 社会政治论以审计的什么职能为理论的出发点?
4. 怎样理解政府审计、内部审计的权威性?
5. 按内容进行分类审计可分为哪些类别? 各有什么特征?
6. 为什么注册会计师审计的目标是合法性和公允性?
7. 注册会计师审计对象的实质是什么?
8. 注册会计师审计与政府审计有什么区别? 与内部审计有什么联系?
9. 注册会计师审计产生的社会经济基础是什么?
10. "南海公司事件"对注册会计师审计产生了什么影响?
11. 注册会计师审计的发展表现在哪些方面?
12. 注册会计师资格不予注册的情况有哪些?
13. 会计师事务所有哪些组织形式? 各有什么特点?
14. 注册会计师审计的法定业务有哪些?
15. 我国注册会计师管理体制包括哪些内容?

第二章

注册会计师执业规范体系

本章要点

注册会计师执业规范体系在审计理论与实务中，是一个十分重要的概念，它是指导审计人员科学合理工作的标准，同时又是衡量审计机构与人员素质及工作质量的准绳。注册会计师在执行业务时应当谨慎、勤勉地遵循执业规范，提高审计质量，防范审计风险。本章介绍了注册会计师执业规范体系的内容，包括执业准则、质量控制准则、职业道德准则和职业后续教育准则。

第一节　注册会计师执业准则建设

一、执业准则建设的三个阶段

按照财政部领导关于着力完善我国注册会计师审计准则体系，加速实现与国际准则趋同的指示，中国注册会计师协会（以下简称"中注协"）拟订了22项准则，并对原有的准则进行了必要的修订和完善，已于2006年2月15日由财政部发布，自2007年1月1日起在所有会计师事务所施行。这些准则的发布，标志着我国已建立起了一套适应社会主义市场经济发展要求，顺应国际趋同大势的中国注册会计师执业准则体系。

第一阶段，制定执业规则阶段（1991～1993）。中注协成立后，非常重视执业规则的建设。从1991～1993年，先后发布了《注册会计师检查验证财务报表规则（试行）》等7个执业规则。这些执业规则对我国注册会计师行业走向正规化、法制化和专业化起到了积极作用。

第二阶段，建立准则体系阶段（1994～2003）。1993年10月31日，第八届全国人民代表大会常务委员会第四次会议通过《中华人民共和国注册会计师法》，规定中国注册会计师协会依法拟订执业准则、规则，报国务院财政部门批准后施行。经财政部批准同意，中注协自1994年5月开始起草执业准则，到2003年的10年中，中注协先后制定了6批执业准则，包括1个准则序言、1个独立审计基本准则、28个独立审计具体准则和10个独立审计实务公告、5个执业规范指南，此外，还包括3个相关基本准则（职业道德基本准则、质量控制基本准则和后续教育基本准则），共计48个项目。

第三阶段，完善与提高阶段（2004～）。随着执业准则体系的基本建立，制定工作转向完善执业准则体系与提高准则质量并重。特别是自2005年以来，在财政部领导的部署下，中注协根据变化的审计环境、国际审计准则的最新发展和注册会计师执业的需要，有计划、有步骤地修订了已颁布的准则。

二、加快执业准则建设的必要性

第一，企业经营环境变化带来巨大审计风险，需要通过完善执业准则加以应对。随着企业组织机构及其经营活动方式日益复杂，全球化和科学技术的影响日益加深，会计判断和估计日益复杂，一些企业进行财务舞弊的动机和压力日益增大，注册会计师面临的审计风险越来越大，需要出台新的准则予以指导。

第二，部分准则项目已不能满足行业要求，需要及时加以修订。随着审计环境的变化，传统审计风险模型和审计理念的局限性日渐明显，主要表现在不能有效地识别、评估和应对重大错报风险。

第三，国际审计准则质量有了全面改进和提高，需要我们在国际趋同上有新的举措。国际审计与鉴证准则理事会于2003年底及时出台了4个审计风险准则，以此为基础，修改了其他相关准则。如果我国不加快有关准则的制定和修订，不仅部分准则项目难以满足注册会计师的执业需要，还将拉大与国际审计准则的差距。

第四，会计准则加快制定进程，需要执业准则同时跟进。注册会计师完成审计业务需要把握两个尺度，一是会计准则，二是执业准则。由于部分执业准则与会计准则关系紧密，一旦会计准则出现制定、修订和废止的情况，执业准则也应当及时出台或修改。

三、执业准则体系的构建

（一）准则框架的重构

根据我国实际情况和国际趋同的需要，我国将“中国注册会计师独立审计准则体系”改进为“中国注册会计师执业准则体系”，以适应注册会计师业务多元化的需要。中国注册会计师执业准则体系包括鉴证业务准则、相关服务准则和会计师事务所质量控制准则。

1. 鉴证业务准则由鉴证业务基本准则统领，按照鉴证业务提供的保证程度和鉴证对象的不同，分为中国注册会计师审计准则、中国注册会计师审阅准则和中国注册会计师其他鉴证业务准则（分别简称审计准则、审阅准则和其他鉴证业务准则）。其中，审计准则是整个执业准则体系的核心。

2. 审计准则用以规范注册会计师执行历史财务信息的审计业务。在提供审计服务时，注册会计师对所审计信息是否不存在重大错报提供合理保证，并以积极方式提出结论。

3. 审阅准则用以规范注册会计师执行历史财务信息及其他信息的审阅业务。在提供审阅服务时，注册会计师对所审阅信息是否不存在重大错报提供有限保证，并以消极方式提出结论。

4. 其他鉴证业务准则用以规范注册会计师执行历史财务信息审计或审阅以外的其他鉴证业务，根据鉴证业务的性质和业务约定的要求，提供有限保证或合理保证。

5. 相关服务准则用以规范注册会计师代编财务信息、执行商定程序、提供管理咨询等其他服务。在提供相关服务时,注册会计师不提供任何程度的保证。

6. 质量控制准则用以规范会计师事务所在执行各类业务时应当遵守的质量控制政策和程序,是对会计师事务所质量控制提出的制度要求。

为了便于社会公众理解,在对外宣传时,我们有时将“执业准则”简称为“审计准则”。

(二)准则名称的改进

1. 改进的原因。原独立审计准则体系包含了部分非审计业务准则,如《独立审计实务公告第9号——对财务信息执行商定程序》、《独立审计实务公告第5号——盈利预测审核》、《独立审计实务公告第10号——财务报表审阅》等,导致以审计准则的名义规范其他业务类型。因此,在新的注册会计师执业准则体系中,我们借鉴国际通行做法,将非审计业务准则从执业准则体系中分离出来,按照其业务性质冠以适当的名称。

2. 改进后的名称:

中国注册会计师鉴证业务基本准则(1项)

中国注册会计师审计准则第1101号—第1633号(41项)

中国注册会计师审阅准则第2101号(1项)

中国注册会计师其他鉴证业务准则第3101号—3111(2项)

中国注册会计师相关服务准则第4101号—4111(2项)

会计师事务所质量控制准则第5101号(1项)

3. 审计准则编号区域:

一般原则与责任(审计准则第1101—第1152号)

风险评估与应对(审计准则第1201号—第1231号)

审计证据(审计准则第1301号—第1341号)

利用其他主体的工作(审计准则第1401号—第1421号)

审计结论与报告(审计准则第1501号—第1521号)

特殊领域审计(审计准则第1601号—第1633号)

(三)中国注册会计师执业准则体系的特点

1. 体现了维护社会公众利益的宗旨。

2. 体现了国际趋同的要求。

3. 体现了风险导向审计的发展趋势。

4. 强化了会计师事务所质量控制规范。

第二节　注册会计师鉴证业务基本准则

一、鉴证业务的定义、要素和目标

（一）鉴证业务的定义

鉴证业务是指注册会计师对鉴证对象信息提出结论，以增强除责任方之外的预期使用者对鉴证对象信息信任程度的业务。

主体：注册会计师

用户：预期使用者

目的：适当保证或提高鉴证对象信息的质量

基础：注册会计师的独立性和专业性

产品：书面鉴证结论

鉴证对象信息是按照标准对鉴证对象进行评价和计量的结果。如责任方按照会计准则和相关会计制度（标准）对其财务状况、经营成果和现金流量（鉴证对象）进行确认、计量和列报（包括披露，下同）而形成的财务报表（鉴证对象信息）。

鉴证对象信息应当恰当反映既定标准运用于鉴证对象的情况。如果没有按照既定标准恰当反映鉴证对象的情况，鉴证对象信息就可能存在错报，而且可能存在重大错报。

（二）鉴证业务的要素

鉴证业务旨在增进鉴证对象信息的可信性。注册会计师通过收集充分、适当的证据来评价某个对象是否在所有重大方面符合适当的标准，提出鉴证结论，从而提高该鉴证对象信息对预期使用者的有用性。

鉴证业务的要素包括：①三方关系；②鉴证对象；③标准；④证据；⑤鉴证报告。

（三）基于责任方认定的业务和直接报告业务

在基于责任方认定的业务中，责任方对鉴证对象进行评价或计量，鉴证对象信息以责任方认定的形式为预期使用者获取。例如，财务报表审计。

在直接报告业务中，注册会计师直接对鉴证对象进行评价或计量，或者从责任方获取对鉴证对象评价或计量的认定，而该认定无法为预期使用者获取，预期使用者只能通过阅读鉴证报告获取鉴证对象信息。例如，验资。

两类业务的区别如下：

1. 预期使用者获取鉴证对象信息的方式不同。在基于责任方认定的业务中，预期使用者不通过阅读财务信息的审计报告 ，便可获取责任方认定，即企业的财务财务报表信息。在直接报告业务中，可能不存在责任方认定，例如，管理层关于IT系统有效性进行评价的信息，或虽然存在，但该认定无法为预期使用者获取；预期使用者只能通过系统鉴证报告获取上述信息。

2. 注册会计师提出结论的对象不同。在基于责任方认定的业务中，鉴证对象是财务报表信息，即对所审计的财务会计信息进行评价。在直接报告业务中，鉴证对象是具体的财产、系统等，例如，对IT系统可应用性、安全性、完整性和可维护性等方面控制有效性进行评价。

3. 责任方的责任不同。在基于责任方认定的业务中，责任方对鉴证对象信息负责，即对财务会计信息的可信程度负责。在直接报告业务中，责任方对鉴证对象负责，例如，对IT系统可应用性、安全性、完整性和可维护性等方面控制的有效性负责。

4. 鉴证报告的格式和内容不同。在基于责任方认定的业务中，明确提及责任方认定。例如，"我们审计了后附的简称ABC公司编制的财务报表，列明涵盖的期间和名称。"在直接报告业务中，直接提及鉴证对象和标准，无需提及责任方认定。例如，"我们对ABC公司20××年×年×月至20××年×年×月期间IT服务系统可应用性、安全性、完整性和可维护性等方面控制有效性进行了审查。"

（四）鉴证业务的目标

合理保证的目标是将鉴证业务风险降至具体业务环境下可接受的低水平，以此作为以积极方式提出结论的基础，并对鉴证后的信息提供高水平的保证。

有限保证的目标是将鉴证业务风险降至具体业务环境下可接受的水平，以此作为以消极方式提出结论的基础，并对鉴证后的信息提供低于高水平的保证。但该保证水平应当是一种有意义的保证水平，即能够在一定程度上增强预期使用者对鉴证对象信息的信任。

合理保证业务和有限保证业务的区别如下：①目标不同；②证据收集程序不同；③所需证据多少不同；④鉴证业务风险不同；⑤鉴证对象信息的可信性不同；⑥提出结论的方式不同；⑦责任大小不同；⑧业务收费不同。

如何确定鉴证业务的保证程度，国际上有两种观点：

第一种，"变量相互影响观"。这种观点认为，注册会计师针对某一业务确定所提供保证水平时，需要运用职业判断，考虑以下4个变量的相互关系：①鉴证对象；②标准；③证据收集程序；④可获取证据的数量和质量。

第二种，"工作努力观"。这种观点认为，注册会计师在确定为某一业务提供的保证水平时，首先要考虑鉴证报告使用者的需求，例如，客户是需要高水平还是低水平的保证、成本方面的考虑等。注册会计师据此确定为执行该业务付出的努力水平，这会影响证据收集程序的性质、时间和范围，以及所提供的保证水平。

我国新的审计准则确定保证程度应当考虑：①法律法规和执业准则的规定；②业务约定书的要求；③预期使用者的需要。

二、业务承接

(一)注册会计师承接鉴证业务的条件

1. 初步了解业务环境。业务环境包括：业务约定事项、鉴证对象特征、使用的标准、预期使用者的需求、责任方及其环境的相关特征，以及可能对鉴证业务产生重大影响的事项、交易、条件和惯例等其他事项。

2. 满足相关职业道德规范的要求。包括独立性、专业胜任能力。

3. 拟承接的业务应当具备下列所有特征：①鉴证对象适当，使用的标准适当，且预期使用者能够获取该标准；②注册会计师能够获取充分、适当的证据以支持其结论；③注册会计师的结论以书面报告形式表述，且表述形式与所提供的保证水平相适应；④该业务具有合理的目的。

(二)标准不适当时的处理方式

在执业过程中，注册会计师需要运用职业判断，评价所选用的标准是否适合于具体的鉴证业务，以及标准各项特征的相对重要程度。如果拟承接的鉴证业务所采用标准不适当，注册会计师不应承接该项业务。

在下列情况下，注册会计师可以考虑将其作为一项新的鉴证业务予以承接：委托人能够确认鉴证对象的某个方面适用于所采用的标准；能够选择或设计适用于鉴证对象的其他标准。

(三)已承接鉴证业务的变更

1. 对于已承接的鉴证业务，如果没有合理的理由，注册会计师不应变更该项业务的类型。

2. 变更业务类型的两种情况：① 将鉴证业务变更为非鉴证业务，例如，上市目的无法实现；②将合理保证的鉴证业务变更为有限保证的鉴证业务，例如，涉外版税、审计客观受限。

3. 变更业务类型的三方面原因：①业务环境变化影响到预期使用者的需求；②预期使用者对该项业务的性质存在误解；③业务范围存在限制。

4. 如果发生变更，注册会计师不应忽视变更前获取的证据。

三、鉴证业务的三方关系

(一)鉴证业务涉及的三方关系人

1. 三方关系人:注册会计师、责任方和预期使用者。

2. 三方之间的关系:注册会计师对由责任方负责的鉴证对象或鉴证对象信息提出结论,以增强除责任方之外的预期使用者对鉴证对象信息信任程度。在某些情况下,责任方和预期使用者来自同一企业,也并不意味着二者就是同一方。责任方也会成为预期使用者之一,但责任方不是唯一的预期使用者。

(二)注册会计师

注册会计师,通常是指注册会计师个人,有时也指会计师事务所。在实务中通常难以明确区分注册会计师个人和会计师事务所。

(三)责任方

责任方的界定与所执行鉴证业务的类型有关。在直接报告业务中,责任方是指对鉴证对象负责的组织或人员;在基于责任方认定的业务中,责任方是指对鉴证对象信息负责的组织或人员,该组织或人员可能同时也对鉴证对象负责。

(四)预期使用者

预期使用者是指预期使用鉴证报告的组织或人员。责任方可能是预期使用者,但不是唯一的预期使用者。

注册会计师识别预期使用者的方式:①根据法律法规的规定确认预期使用者;②根据与委托人签订的协议确认预期使用者。

对预期使用者范围的界定,是指那些与鉴证对象有重要和共同利益的主要利益相关者。

(五)责任方声明

注册会计师通常提请责任方提供书面声明,表明责任方已按照既定标准对鉴证对象进行评价或计量,无论该声明是否能为预期使用者获取。

在基于责任方认定的业务中,注册会计师对责任方认定出具鉴证报告,责任方通常会提供有关该认定的书面声明。在直接报告业务中,当委托人与责任方不是同一方时,注册会计师可能无法获取此类书面声明。

(六)鉴证业务约定条款的确定

在鉴证业务开始之前,注册会计师应当提请预期使用者或其代表,与注册会计师、责任方共同确定鉴证业务约定条款。如果委托人与责任方不是同一方,委托人可以被视为预期使用者或预期使用者的代表。

无论其他人员是否参与,注册会计师都应当负责确定鉴证业务程序的性质、时间和范围,并对鉴证业务中发现的、可能导致对鉴证对象信息作出重大修改的问题进行跟踪。

四、鉴证对象

(一)鉴证对象与鉴证对象信息的形式

1. 鉴证对象可以是财务业绩或状况,此时,鉴证对象信息是财务报表。

2. 鉴证对象可以是非财务业绩或状况,此时,鉴证对象信息可能是反映效率或效果的关键指标。

3. 鉴证对象可以是物理特征,此时,鉴证对象信息可能是有关鉴证对象物理特征的说明文件。

4. 鉴证对象可以是某种系统和过程,此时,鉴证对象信息可能是关于其有效性的认定。

5. 鉴证对象可以是一种行为,此时,鉴证对象信息可能是对法律法规遵守情况或执行效果的声明。

(二)鉴证对象的特征

鉴证对象具有不同的特征,如定性或定量、客观或主观、历史或预测、时点或期间。

1. 当鉴证对象为遵守法规的情况时,其特征是定性的。

2. 当鉴证对象为财务业绩时,其特征是定量的。

3. 当鉴证对象为预测性信息时,其特征是主观的、预测的。

4. 当鉴证对象为历史信息时,其特征是客观的、历史的。

5. 当鉴证对象为注册资本的实收情况时,其特征是时点的。

6. 当鉴证对象为内部控制过程时,其特征是期间的。

鉴证对象特征将对下列方面产生影响:按照标准对其进行评价和计量的准确性产生影响、证据的说服力。

一般而言,如果鉴证对象的特征表现为定量的、客观的、历史的或时点的,评价和计量的准确性相对较高,注册会计师获取证据的说服力相对较强,获得的保证水平也较高。

注册会计师应当在鉴证报告中说明与预期使用者特别相关的鉴证对象特征。

(三)适当的鉴证对象应具备的条件

适当的鉴证对象应当同时具备下列 3 个条件:

1. 鉴证对象可以识别。

2. 不同的组织或人员对鉴证对象按既定标准进行评价或计量的结果合理一致。

3. 注册会计师能够收集与鉴证对象有关的信息,获取充分、适当的证据,以支持其提出适当的鉴证结论。

五、标准

（一）标准的定义

标准是指用于评价或计量鉴证对象的基准，当涉及列报时，还包括列报的基准。在鉴证业务基本准则和相关准则中，列报还包括披露。

标准是鉴证业务中不可或缺的一项要素。需要指出的是，对同一鉴证对象进行评估或计量，并不一定要选择同一个标准。

（二）标准的类型

标准可分为正式的规定和非正式的规定。①正式的规定，通常是指一些"既定的"标准，是由法律法规规定的，或由政府主管部门或国家认可的专业团体依照公开、适当的程序发布的。②非正式的规定，通常是指一些"专门定制的"标准，是针对具体的业务项目"量身定做"的。

（三）适当的标准应具备的特征

适当的标准应当具备下列所有特征：

1. 相关性：有助于得出结论，便于预期使用者作出决策。

2. 完整性：不应忽略业务环境中可能影响得出结论的相关因素，当涉及列报时，还包括列报的基准。

3. 可靠性：能够使能力相近的注册会计师在相似的业务环境中，对鉴证对象作出合理一致的评价或计量。

4. 中立性：有助于得出无偏向的结论。

5. 可理解性：有助于得出清晰、易于理解、不会产生重大歧义的结论。

注册会计师基于自身的预期、判断和个人经验对鉴证对象进行的评价和计量，不构成适当的标准。注册会计师应当考虑运用于特定业务的标准是否具备上述特征，以评价该标准对此项业务的适用性。

在具体鉴证业务中，注册会计师评价标准各项特征的相对重要性，需要运用职业判断。采用的标准类型不同，注册会计师为评价该标准对于具体鉴证业务的适用性所需执行的工作也不同。①正式标准：主要评价其对具体业务的适用性；②非正式标准：需要评价标准是否具备5个特征。

（四）预期使用者获取标准的方式

标准可以通过下列方式供预期使用者获取：

1. 公开发布。

2. 在陈述鉴证对象信息时以明确的方式表述。

3. 在鉴证报告中以明确的方式表述。

4. 常识理解，如计量时间的标准是小时或分钟。

如果确定的标准仅能为特定的预期使用者获取，或仅与特定目的相关，鉴证报告的使用也应限于这些特定的预期使用者或特定目的。

六、证据

（一）注册会计师获取证据的总体要求

对注册会计师获取证据时的总体要求：

1. 注册会计师应当以职业怀疑态度计划和执行鉴证业务，获取鉴证对象信息是否不存在重大错报的充分、适当的证据。

2. 注册会计师应当对制定的计划、实施的程序、获取的证据和得出的结论及时做出记录。

3. 注册会计师在计划和执行鉴证业务，尤其在确定证据收集程序的性质、时间和范围时，应当考虑重要性、鉴证业务风险以及可获取证据的数量和质量。

（二）职业怀疑态度

职业怀疑态度指注册会计师以质疑的思维方式评价所获取证据的有效性，并对相互矛盾的证据，以及引起对文件记录或责任方提供的信息的可靠性产生怀疑的证据保持警觉。这有助于注册会计师降低以下风险：忽略了可疑的情况；在决定证据收集程序的性质、时间以及范围时使用了不恰当的假设；对证据进行了不恰当的评价等。

对用做证据的信息可靠性应当考虑：与信息生成和维护相关的控制的有效性，尤其应当考虑治理层或管理层凌驾于控制之上的可能性；有效发现错误的证据收集程序未必适用于发现舞弊导致的重大错报对文件记录的考虑：作出进一步调查，包括直接向第三方询证；考虑利用专家所做的工作，以评价文件记录的真伪。

（三）证据的充分性和适当性

证据的充分性是对证据数量的衡量，与注册会计师确定的样本量有关，它受到以下两方面因素的影响：①鉴证对象信息的重大错报风险；②证据的质量。

证据的适当性是对证据质量的衡量，即证据的相关性和可靠性。

在确定证据相关性时，注册会计师应当考虑：特定的程序可能只为某些认定提供相关的证据，而与其他认定无关；针对同一认定可以从不同来源获取证据或获取不同性质的证据；只与特定认定相关的证据并不能替代与其他认定相关的证据。证据的可靠性受其来源和性质的影响，并取决于获取证据的具体环境。

评价证据充分性和适当性的核心要求：

1. 考虑从不同来源获取的证据或获取的不同性质的证据能否相互印证。

2. 考虑鉴证对象特征对证据的影响(如期间与时点)。

3. 考虑成本效益的约束。

4. 注册会计师不应仅以获取证据的困难和成本为由减少不可替代的程序。

5. 考虑充分性(数量)与适当性(质量)的相互关系。

6. 运用职业判断,保持职业怀疑态度。

(四)重要性

重要性指鉴证对象信息中存在错报的严重程度,这一错报程度在特定环境下可能影响预期使用者的判断和决策。重要性包括数量和质量两方面的因素。在考虑质量因素时,注册会计师需要重点关注以下几个方面:①错报属于错误还是舞弊;②错报是否会引起履行合同义务;③错报是否影响收益趋势。

重要性与鉴证业务风险存在一种反向的直接关系。在考虑重要性时,注册会计师还应当了解并评估哪些因素可能会影响预期使用者的决策。

(五)鉴证业务风险

在鉴证对象信息存在重大错报的情况下,注册会计师有提出不恰当结论的可能性。

直接报告业务鉴证风险是指注册会计师不恰当地提出鉴证对象在所有重大方面遵守标准的结论的可能性。

鉴证业务风险的影响因素,是指具体业务环境的影响,特别是鉴证对象的性质、鉴证业务保证程度。

不同保证程度的鉴证业务,要求注册会计师将鉴证业务风险降低至不同的、有意义的保证水平。有意义的保证水平,是指注册会计师的保证水平,很有可能在一定程度上增强预期使用者对鉴证对象信息的信任。

(六)证据收集程序

证据收集程序的性质、时间和范围因具体业务的不同而不同。注册会计师应当清楚表达证据收集程序。

在合理保证鉴证业务中,注册会计师获取充分、适当证据的过程如下:

1. 了解鉴证对象及其他的业务环境事项,在适用的情况下包括了解内部控制。

2. 在了解鉴证对象及其他业务环境事项的基础上,评估鉴证对象信息可能存在的重大错报风险。

3. 应对评估的风险,包括制定总体应对措施以及确定进一步程序的性质、时间和范围。

4. 针对已识别的风险实施进一步程序,包括实施实质性程序,以及在必要时测试控制运行的有效性。

5. 评价证据的充分性和适当性。

合理保证的鉴证业务和有限保证的鉴证业务都需要正确运用鉴证技术和方法，收集充分、适当的证据。

有限保证的鉴证业务的证据收集程序是有意识地加以限制的。

无论是合理保证的鉴证业务还是有限保证的鉴证业务，如果注意到某事项可能导致对鉴证对象信息是否需要修改产生疑问，注册会计师应执行其他足够的程序，追踪这一事项，以持鉴证结论。

（七）合理保证与绝对保证的区别

绝对保证、合理保证和有限保证，保证水平逐次递减。注册会计师不可能作出绝对保证，因为：①选择性测试方法运用的适当性；②内部控制的固有局限性；③大多数证据是说服性而非结论性的；④在获取和评价证据以及由此得出结论时涉及大量的职业判断；⑤在某些情况下鉴证对象具有特殊性。

（八）可获取证据的数量和质量

1. 对可获取证据数量、质量的影响因素：①鉴证对象和鉴证对象信息的特征；②业务环境中除鉴证对象特征以外的其他事项。

可获取的证据的性质通常是说服性的而非结论性的。

2. 工作范围受到重大限制。注册会计师工作范围受到重大限制的一般情形是：①客观环境阻碍注册会计师获取所需要的证据，无法将鉴证业务风险降至适当水平；②责任方或委托人施加限制，阻碍注册会计师获取所需要的证据，无法将鉴证业务风险降至适当水平。

工作范围受到重大限制时，注册会计师不应当提出无保留结论。在适当情况下，可退出业务。

（九）记录

1. 记录要求：①对需要运用职业判断的所有重大事项，记录其推理过程和相关结论；②对难以进行判断的某些事项，记录得出结论时已知悉的有关事实。

2. 编制和保存工作底稿。在运用职业判断确定工作底稿的编制和保存范围时，注册会计师应当考虑使未曾接触该项鉴证业务的有经验的专业人士清楚了解：①按照鉴证准则的规定实施程序的性质、时间和范围；②实施鉴证程序的结果和获取的证据；③就重大事项得出的结论。

有经验的专业人士，是指对下列方面有合理了解的人士：鉴证过程；相关法律法规和鉴证业务准则的规定；被鉴证单位所处的经营环境；与被鉴证单位所处行业相关的会计、鉴证等问题。

七、鉴证报告

(一)出具鉴证报告的总体要求

注册会计师应当出具含有鉴证结论的书面报告,该鉴证结论应当说明注册会计师就鉴证对象信息获取的保证。注册会计师应当考虑其他报告责任,包括在适当时与治理层沟通。

(二)鉴证结论的两种表述形式

鉴证结论的表述形式有如下两种:

1. 明确提及责任方认定。

2. 直接提及鉴证对象和标准。

对基于责任方认定业务上述两种表述形式均可;对直接报告业务只能采用第 2 种表述形式。

(三)提出鉴证结论的积极方式和消极方式

提出鉴证结论的方式:

1. 积极方式适用于合理保证的鉴证业务,如财务报表审计。

2. 消极方式适用于有限保证的鉴证业务,如财务预测信息审阅。

(四)注册会计师不能出具无保留结论报告的情况

1. 工作范围受到限制。在这种情况下,注册会计师应当视受到限制的重大与广泛程度,出具保留结论或无法提出结论的报告。

2. 鉴证结论提及责任方认定且责任方认定未在所有重大方面作出公允表达。在这种情况下,注册会计师应当视其影响的重大与广泛程度,出具保留结论或否定结论的报告。

3. 鉴证结论直接提及鉴证对象且鉴证对象信息存在重大错报。在这种情况下,注册会计师应当视其影响的重大与广泛程度,出具保留结论或否定结论的报告。

4. 在承接业务后,发现标准或鉴证对象不适当。如果可能误导预期使用者,注册会计师应当视其重大与广泛程度,出具保留结论或否定结论的报告。

在出现第 1 和第 4 种情形时,注册会计师还可以考虑解除业务约定。

(五)注册会计师姓名的使用

当注册会计师针对鉴证对象信息出具报告,或同意将其姓名与鉴证对象联系在一起时,则注册会计师与该鉴证对象发生了关联。

如果获知他人不恰当地将其姓名与鉴证对象相关联,注册会计师应当要求其停止这种行为,并考虑采取其他必要的措施,包括将不恰当使用注册会计师姓名这一情况告知所有已知的使用者或征询法律意见。

第三节　质量控制准则

质量控制是每个会计师事务所必须加强的一项重要工作。为保证注册会计师的审计质量,各国注册会计师协会和国际会计师联合会都专门制定了相应的基本准则和具体准则。我国目前制定了《会计师事务所质量控制准则第5101号——业务质量控制》、《中国注册会计师审计准则第1121号——历史财务信息审计的质量控制》,本节主要介绍这两个质量控制准则的内容和要求。

一、质量控制的含义、目的、要素和作用

执业准则规定了审计工作应达到的质量标准,在加强质量控制的前提下,才能使审计工作真正达到规定的质量水平。

(一)质量控制的含义

所谓质量控制,是指会计师事务所为了规范业务质量符合执业准则的要求,明确会计师事务所及人员的质量控制责任,建立和实施的控制政策和程序的总称。对于该定义,我们可以从以下几个方面来理解:

1. 质量控制是会计师事务所应做好的工作,因为会计师事务所是具体执行业务活动、承担法律责任的法人实体。

2. 质量控制的根本目的在于保证执业质量符合执业准则的要求,说明了质量控制准则对执行执业准则的关系。

3. 质量控制由控制政策和控制程序构成。会计师事务所按照质量控制准则要求建立和运用的质量控制政策和程序为“内部控制制度”或“质量控制制度”。

(二)质量控制制度的两大目标

1. 合理保证会计师事务所及其人员遵守法律法规、职业道德规范以及业务准则的规定(过程)。

2. 会计师事务所和项目负责人根据具体情况出具恰当的报告(结果)。

项目负责人是指会计师事务所中负责某项业务及其执行,并代表会计师事务所在业务报告上签字的主任会计师或经授权签字的注册会计师。

(三)质量控制制度的要素

质量控制制度是针对7要素制定的政策和程序:①对业务质量承担的领导责任;②职业道德规范;③客户关系和具体业务的接受与保持;④人力资源;⑤业务执行;⑥业务工

作底稿;⑦监控。

会计师事务所应将质量控制政策和控制程序形成书面文件,并传达到全体成员。

(四)质量控制的作用

1. 质量控制是促进和保证执业准则得到执行和落实的重要措施。不进行执业质量控制,执业准则难以贯彻执行,无法达到预期的执业目的。

2. 质量控制是会计师事务所内部控制体系的核心内容。注册会计师的工作非常重视被审计单位内部控制及其对财务报表的影响,而作为执业实施主体的会计师事务所本身也存在内部控制问题。会计师事务所还面临激烈的同业竞争、广泛的社会监督和法律诉讼案件的威胁。因此,会计师事务所的内部控制应以业务质量控制为核心。

3. 质量控制是会计师事务所赢得社会信任的重要措施。质量控制的好坏不仅关系着会计师事务所的生存和发展,而且直接关系到整个注册会计师职业的存亡。执业质量是注册会计师的生命,质量控制则是生命之源。

二、会计师事务所质量控制政策和程序

(一)对业务质量承担领导责任

1. 业务质量的最终责任人。会计师事务所主任会计师对质量控制制度承担最终责任。会计师事务所应当制定政策和程序,培育以质量为导向的内部文化,为会计师事务所质量控制设定好的基调,对制定和实施质量控制制度产生广泛和积极的影响。尽管在实务中,会计师事务所主任会计师通常委派专门人员负责质量控制制度的具体运作,但这样做不应减轻,更不替代主任会计师对质量控制制度承担的最终责任。

主任会计师可针对下列方面制定政策和程序,以履行对质量控制制度承担的责任:

(1)在会计师事务所内部形成以质量为导向的文化。

(2)会计师事务所各级管理层树立质量至上的意识,通过言传身教发挥示范作用。

(3)合理保证会计师事务所及人员遵守职业道德规范。

(4)在考虑客户诚信、自身专业胜任能力和能否遵守职业道德规范等的基础上接受或保持客户关系和具体业务。

(5)合理保证拥有足够的、具有必要素质和专业胜任能力并遵守职业道德规范的人员。

(6)合理保证按照法律法规、职业道德规范和业务准则的规定执行业务,如计划、执行、督导、复核、记录和报告业务。

(7)能够及时将业务工作底稿归档和按照规定期限与要求保管业务工作底稿,并对其内容保密,以保证其安全性和完整性,以及使用与检索的合规性和便利性。

(8)合理保证质量控制制度中的政策和程序相关、适当,并正在有效运行。

2. 行动示范和信息传达。会计师事务所的领导层及其作出的示范对会计师事务所的内部文化有重大影响。会计师事务所各级管理层应当通过清晰、一致及经常的行动示范和信息传达，强调质量控制政策和程序的重要性以及下列要求：

(1)按照法律法规、职业道德规范和业务准则的规定执行工作。

(2)根据具体情况出具恰当的报告。

会计师事务所各级管理层特别是领导层对形成和传播以质量为导向的内部文化的重要作用，并强调各级管理层的有关行动示范和信息传达要做到清晰、一致及经常化。这些行动和信息有助于促进优秀质量文化的形成。会计师事务所可通过培训、研讨班、会议、正式或非正式的谈话、职责说明书、新闻通讯或备忘录，传达这些行动和信息，并将它们充分体现在会计师事务所的内部文件、培训资料，以及对合伙人和员工的评价程序中，支持和强化会计师事务所对质量的重要性以及如何切实实现高质量工作的认识。

3. 树立质量至上的意识。会计师事务所的领导层应当树立质量至上的意识。会计师事务所应当通过下列措施实现质量控制的目标：

(1)合理确定管理责任，以避免重商业利益轻业务质量。

(2)建立以质量为导向的业绩评价、薪酬及晋升的政策和程序。

(3)投入足够的资源制定和执行质量控制政策和程序，并形成相关文件记录。

会计师事务所的领导层必须首先认识到，其经营策略应当满足会计师事务所执行的所有业务都要保证质量这一前提。会计师事务所针对员工设计的有关业绩评价、薪酬及晋升，包括激励制度的政策和程序，应当表明会计师事务所最重视的是质量，以形成正确的行为导向。制定和执行质量控制政策和程序需要花费一定的成本，会计师事务所应当投入足够的资源制定和执行质量控制政策和程序，并形成相关文件记录，这对于实现质量控制目标有着直接的重大影响。

4. 委派质量控制制度运作人员。为保证质量控制制度的具体运作效果，会计师事务所主任会计师必须委派适当的人员并授予其必要的权限。委派承担质量控制制度运作责任的人员，应当具有足够、适当的经验和能力以及必要的权限以履行其责任，其目的是为了使其能够识别和了解质量控制问题，保证其能够实施质量控制政策和程序。

(二)遵守职业道德规范

1. 基本要求。会计师事务所制定和实施的政策和程序，要保证会计师事务所及其人员遵守职业道德规范。要求执行各类业务时必须遵守客观、公正、专业胜任能力和应有的关注、保密等职业道德准则。

2. 具体措施。会计师事务所制定的政策和程序应当强调遵守职业道德规范的重要性，并通过必要的途径予以强化。这些途径有：

(1)会计师事务所领导层的示范。领导层应在会计师事务所内形成重视职业道德规范的氛围,并将相关政策和程序传达给会计师事务所员工。

(2)教育和培训。会计师事务所应向所有人员提供适用的专业文献和法律文献,并告知希望他们熟悉这些文献。会计师事务所还应要求所有人员定期接受职业道德培训,这种培训既可涵盖会计师事务所有关职业道德规范的政策和程序,也可涵盖所有适用的法律法规中有关职业道德的要求。

(3)监控。会计师事务所可以通过定期检查,监督会计师事务所有关职业道德规范的政策和程序设计是否合理、运行是否有效,并采取适当行动,改进其设计和解决运行中存在的问题。

(4)对违反职业道德规范行为的处理。会计师事务所应当制定处理违反职业道德规范行为的政策和程序,指出违反职业道德规范的后果,并据此对违反职业道德规范的个人及时进行处理。会计师事务所可以为每位员工建立职业道德档案,记录个人违反职业道德规范的行为及其处理结果。

要强调遵守职业道德的基本原则和具体规定的重要性。强化对违反基本原则和具体规定行为的处理过程及结果。

3. 鉴证业务必须满足独立性要求。会计师事务所应当制定政策和程序,以合理保证会计师事务所及其人员,包括聘用的专家和其他需要满足独立性要求的人员,保持职业道德规范要求的独立性。

(1)会计师事务所内部不同层级人员之间相互沟通信息的政策和程序应当要求:项目负责人向会计师事务所提供与客户委托业务相关的信息,以使会计师事务所能够评价这些信息对保持独立性的总体影响;会计师事务所人员应立即向会计师事务所报告对独立性造成威胁的情况和关系,以便会计师事务所采取适当行动;会计师事务所收集相关信息,并向适当人员传达。会计师事务所可以编制并保留禁止本所人员与之有商业关系的客户清单,并将清单信息传达给相关人员,以便其评价独立性。

(2)会计师事务所向适当人员传达收集的相关信息,有助于:会计师事务所及其人员确定是否满足独立性要求;会计师事务所保持并更新有关独立性的记录;会计师事务所针对已识别的对独立性的威胁采取适当的行动。

(3)会计师事务所应当制定政策和程序,以合理保证能够获知违反独立性要求的情况,并采取适当行动予以解决。这些政策和程序包括:所有应当保持独立性的人员,将注意到的违反独立性要求的情况立即告知会计师事务所;会计师事务所将已识别的违反这些政策和程序的情况,立即传达给需要与会计师事务所共同处理这些情况的项目负责人,以及需要采取适当行动的会计师事务所内部其他相关人员和受独立性要求约束的人员;项目负责人、会计师事务所内部的其他相关人员,以及需要保持独立性的其他人员,在必要时,立即向会计师事务所告知他们为解决有关问题采取的行动,以便会计师事务所能够决定是否应当采取进一步的行动。

会计师事务所一旦获知违反独立性政策和程序的情况，应当立即将相关信息告知有关项目负责人和会计师事务所的其他适当人员，如认为必要，还应当立即告知会计师事务所聘用的专家和关联会计师事务所的人员，以便他们采取适当的行动。

会计师事务所和相关项目负责人采取适当的防护措施以消除对独立性的威胁或将威胁降至可接受的水平，或解除业务约定。

会计师事务所应当为需要保持独立性的人员提供关于独立性政策和程序的培训。

4. 获取书面确认函。会计师事务所应当每年至少一次向所有受独立性要求约束的人员获取其遵守独立性政策和程序的书面确认函。当有其他会计师事务所参与执行部分业务时，会计师事务所也可以考虑向其获取有关独立性的书面确认函。这对于督促所有受独立性要求约束的人员遵守独立性政策和程序有一定的积极作用。通过获取确认函以及针对违反独立性的信息采取适当的行动，可以表明，其强调保持独立性的重要性，并使保持独立性的问题清楚地展示在会计师事务所人员面前。

5. 防范关系密切的威胁。长期由同一个高级人员执行某项鉴证业务可能造成的亲密关系对独立性会产生威胁，会计师事务所应当制定下列政策和程序，以防范可能对独立性造成的威胁：

(1) 建立适当的标准，以便确定是否需要采取防护措施，将由于关系密切造成的威胁降至可接受的水平。

(2) 对所有的上市公司财务报表审计，按照法律法规的规定定期轮换项目负责人。

会计师事务所在建立适当的标准时，应当考虑下列事项：①鉴证业务的性质，包括涉及公众利益的范围；②高级管理人员提供该项鉴证业务的服务年限。

由于上市公司财务报表涉及公众利益的范围大，因此，对所有的上市公司财务报表的审计，1121 号准则要求会计师事务所按照我国相关法律法规的规定，定期轮换项目负责人。

(三) 客户关系和具体业务的接受与保持

接受与保持客户关系和具体业务要求考虑客户的诚信情况，考虑是否具有执行业务必要的素质、专业胜任能力、时间和资源，考虑能否遵守职业道德规范以及其他事项的影响。

1. 接受与保持客户关系和具体业务的总体要求。会计师事务所应当制定有关客户关系和具体业务接受与保持的政策和程序，以合理保证只有在下列情况下，才能接受或保持客户关系和具体业务：

(1) 已考虑客户的诚信，没有信息表明客户缺乏诚信。

(2) 具有执行业务必要的素质、专业胜任能力、时间和资源。

(3)能够遵守职业道德规范。

在接受新客户的业务之前,或决定是否保持现有业务或考虑接受现有客户的新业务时,会计师事务所应当根据具体情况获取上述信息,并记录问题如何得到解决。

2. 考虑客户的诚信情况。会计师事务所应当根据具体情况制定政策和程序,考虑客户的诚信情况,将接受或保持缺乏诚信客户的可能性降至最低。

(1)针对有关客户的诚信状况,会计师事务所应当考虑下列主要事项:①客户主要股东、关键管理人员、关联方及治理层的身份和商业信誉;②客户的经营性质;③客户的主要股东、关键管理人员及治理层对内部控制环境和会计准则等的态度;④客户是否过分考虑将会计师事务所的收费维持在尽可能低的水平;⑤工作范围受到不适当限制的迹象;⑥客户可能涉嫌洗钱或其他刑事犯罪行为的迹象;⑦变更会计师事务所的原因。

(2)会计师事务所在评价客户诚信情况时,可以通过下列途径获取与客户诚信相关的信息:①与为客户提供专业会计服务的现任或前任人员进行沟通,并与其讨论;②这种沟通包括询问是否存在与客户意见不一致的事项及该事项的性质,客户是否有人为地、错误地影响注册会计师出具恰当的报告的情形及其证据等;③向会计师事务所其他人员、监管机构、金融机构、法律顾问和客户的同行等第三方询问,询问可以涵盖客户管理层对于遵守法律法规要求的态度;④从相关数据库中搜索客户的背景信息,例如,通过客户的年报、中期财务报表、向监管机构提交的报告等,获取相关信息。

如果通过上述途径无法充分获取与客户相关的信息,或这些信息可能显示客户不够诚信,会计师事务所应当评估其对业务风险的影响。如认为必要,会计师事务所可以考虑利用调查机构对客户的经营情况、管理人员及其他有问题的人员进行背景检查,并评价获取的与客户诚信相关的信息。

会计师事务所对客户诚信的了解程度,通常随着与该客户关系的持续发展而增加。

3. 考虑是否具备执行业务必要的素质、专业胜任能力、时间和资源。在确定是否具有接受新业务所需的必要素质、专业胜任能力、时间和资源时,会计师事务所应当考虑下列事项,以评价新业务的特定要求和所有相关级别的现有人员的基本情况:

(1)会计师事务所人员是否熟悉相关行业或业务对象。

(2)会计师事务所人员是否具有执行类似业务的经验,或是否具备有效获取必要技能和知识的能力。

(3)会计师事务所是否拥有足够的、具有必要素质和专业胜任能力的人员。

(4)在需要时,是否能够得到专家的帮助。

(5)如果需要对项目质量控制进行复核,是否具备(或者能够聘请到)符合标准和资格要求的项目质量控制复核人员。

(6)会计师事务所是否能够在提交报告的最后期限内完成业务。

如果决定接受或保持客户关系和具体业务，会计师事务所应与客户就相关问题达成一致意见，并形成书面业务约定书，将对业务的性质、范围和局限性产生误解的风险降至最低。

4. 考虑其他事项的影响。如果在本期或以前业务执行过程中发现客户守法经营意识淡薄或内部控制环境恶劣，或者对业务范围施加重大限制，或者存在其他严重影响业务执行的情形等，会计师事务所应当考虑其对保持客户关系可能造成的影响。必要时，可以考虑终止该客户关系。

会计师事务所在接受业务后可能获知了某项信息，而该信息若在接受业务前获知，可能导致会计师事务所拒绝该项业务。会计师事务所针对这种情况制定的政策和程序，应当包括下列内容：①适用于该业务环境的法律责任，包括是否要求会计师事务所向委托人报告或在某些情况下向监管机构报告；②解除该项业务约定，或同时解除该项业务约定及其客户关系的可能性。

会计师事务所针对解除业务约定或同时解除业务约定及其客户关系制定的政策和程序应当包括下列要求：①与客户适当级别的管理层和治理层讨论会计师事务所根据有关事实和情况可能采取的适当行动；②如果确定解除业务约定或同时解除业务约定及其客户关系是适当的，会计师事务所应当就解除的情况及原因，与客户适当级别的管理层和治理层讨论；③考虑是否存在法律法规的规定，要求会计师事务所应当保持现有的客户关系，或向监管机构报告解除的情况及原因；④记录重大事项及其咨询情况、咨询结论和得出结论的依据。

（四）人力资源管理

1. 人力资源管理的总体要求。会计师事务所应当制定人力资源政策和程序，合理保证拥有足够的、具有必要素质和专业胜任能力并遵守职业道德规范的人员，以使会计师事务所和项目负责人能够按照法律法规、职业道德规范和业务准则的规定执行业务，并根据具体情况出具恰当的报告。

2. 人力资源管理的要素。会计师事务所制定的人力资源政策和程序应当解决下列人事问题：①招聘；②业绩评价；③人员素质；④专业胜任能力；⑤职业发展；⑥晋升；⑦薪酬；⑧人员需求预测。解决人员需求预测问题有助于会计师事务所确定完成其业务所需要的人员的数量和素质。

3. 招聘。会计师事务所应当制定招聘程序，以选择正直的、通过发展能够具备执行业务所需的必要素质和专业胜任能力的人员。

在实务中，会计师事务所通常指定人事管理部门或其他有资格的人员，负责定期或不定期地评价对总体人员的需求，并根据现有人员的数量及层次结构、现有客户数、业务量、业务结构、预期业务增长率、人员流动率和晋升变化等因素，确定招聘目标和方案。应对负责招聘的人员进行必要的培训,使其熟悉招聘政策和程序,了解各层次的人员需求,掌握评价专业胜任能力和道德品行等标准。

在招聘有经验的从业人员尤其是招聘高级业务人员时,会计师事务所可执行额外的程序,进行背景检查,询问是否存在未决的法律问题等。

4. 人员素质、专业胜任能力和职业发展。由于执业环境和工作要求在不断发生变化,会计师事务所应当采取措施确保人员持续保持必要的素质和专业胜任能力,可以通过下列途径提高人员素质和专业胜任能力:①职业教育;②职业发展,包括培训;③工作经验;④由经验更丰富的员工提供辅导。

应当在人力资源政策和程序中强调对各级别人员进行继续培训的重要性,并提供必要的培训资源和帮助,以使各级别人员能够发展和保持必要的素质和专业胜任能力。

由于会计师事务所人员持续的专业胜任能力,在很大程度上取决于继续职业发展的适当水平,因此,会计师事务所应当合理制定员工职业教育计划,鼓励员工在职学习深造和后续教育,提供最新的与执业相关的法律法规信息和其他学习资料,结合执业中遇到的问题进行培训和辅导,鼓励员工参加行业协会和有关机构组织的培训等。

如果不具备内部技术和培训资源或基于其他原因,会计师事务所可以利用具有适当资格的外部人员。

5. 业绩评价、薪酬和晋升。业绩评价、薪酬和晋升是事关每个人员切身利益的重大问题,会计师事务所应当制定业绩评价、薪酬及晋升程序,对发展和保持专业胜任能力并遵守职业道德规范的人员给予应有的肯定和奖励。

会计师事务所制定的业绩评价、薪酬及晋升程序应当强调:①使每个人员知晓会计师事务所对业绩和遵守职业道德规范的期望;②向每个人员提供业绩、工作进步及职业发展方面的评价和咨询;③帮助每个人员了解提高业务质量及遵守职业道德规范是晋升更高职位的主要途径,而不遵守会计师事务所的政策和程序可能招致惩戒。

会计师事务所通常针对每个层次的人员,制定不同的业绩评价、薪酬及晋升的标准,并指定专人或专门机构对员工的业绩进行考核和作出晋升的决策。

会计师事务所的规模和特征将影响会计师事务所进行业绩评价的过程和方式。规模较大的会计师事务所可能设立人力资源部,运用一整套评价指标和评价表格,较全面地评价人员的业绩;规模较小的会计师事务所可能运用一些比较简便的方法评价人员的业绩。

6. 项目组的委派。委派项目组是否得当,直接关系到业务完成的质量。1121 号准则对项目负责人的委派和项目组其他成员的委派作出了规定。

会计师事务所应当对每项业务委派至少一名项目负责人,明确每项业务的质量控制责任,确保业务质量。

（1）会计师事务所应当制定政策和程序，明确下列要求：①将项目负责人的身份和作用告知客户管理层和治理层的关键成员；②项目负责人具有履行职责必要的素质、专业胜任能力、权限和时间；③清楚界定项目负责人的职责，并告知该项目负责人。

会计师事务所应当根据具体情况委派适当人员担任项目负责人，并清楚界定和告知项目负责人的职责，以使其能够发挥对某项业务质量的控制作用。会计师事务所应当制定政策和程序，监控项目负责人连续服务同一客户的期限及胜任情况。

会计师事务所应当制定政策和程序，监控项目负责人的工作负荷及可供调配的项目负责人数量，以使项目负责人有足够的时间履行其职责。

会计师事务所应当委派具有必要素质、专业胜任能力和时间的人员，按照法律法规、职业道德规范和业务准则的规定执行业务，以使会计师事务所和项目负责人能够根据具体情况出具恰当的报告。

（2）委派项目组成员时应考虑下列事项：①业务类型、规模、重要程度、复杂性和风险；②需要具备的经验、专业知识和技能；③对人员的需求，以及在需要时能否获得具备相应素质的人员；④拟执行工作的时间；⑤人员的连续性和轮换要求；⑥在职培训的机会；⑦需要考虑独立性和客观性的情形。

（3）会计师事务所应当制定程序，评价员工的素质和专业胜任能力。

在委派项目组以及确定所需的监督层次时，会计师事务所应当考虑员工是否具有下列方面的素质和专业胜任能力：①通过适当的培训和参与业务，获得执行类似性质和复杂程度业务的知识和实务经验；②掌握法律法规、职业道德规范和业务准则的规定；③具有相关技术知识，包括信息技术知识；④熟悉客户所处的行业；⑤具有职业判断能力；⑥掌握会计师事务所质量控制政策和程序。

（五）业务执行

1. 指导、监督与复核。业务执行是指会计师事务所委派项目组按照法律法规、职业道德规范和业务准则的规定具体执行所承接的某项业务，使会计师事务所和项目负责人能够根据具体情况出具恰当的报告。业务执行是编制和实施业务计划，形成和报告业务结果的总称。由于业务执行对业务质量有直接的重大影响，是业务质量控制的关键环节。

（1）会计师事务所制定的指导、监督与复核政策和程序，包括下列事项：①如何将业务情况简要告知项目组，使项目组了解工作目标；②保证适用的业务准则得以遵守的程序；③业务监督、员工培训和辅导的程序；④对已实施的工作、作出的重大判断以及拟出具的报告进行复核的方法；⑤对已实施的工作及其复核的时间和范围作出适当记录；⑥保证所有的政策和程序是合时宜的。

会计师事务所通常使用书面或电子手册、软件工具、标准化底稿以及行业和特定业务对象的指南性材料等文件，记录和传达其制定的政策和程序，以使全体人员了解、掌握和贯彻执行这些政策和程序。

让项目组的所有成员都了解拟执行工作的目标，对于有效执行所分派的工作很重要。

项目负责人应当通过适当的团队工作和培训，使经验较少的项目组成员清楚了解所分派工作的目标。

(2)监督也是质量控制的一个重要因素。合理有效的监督工作，是提高会计师事务所工作质量，完成各项任务，向客户提供符合质量要求的服务的必要保证。具体包括下列方面：追踪业务进程。要求项目负责人在业务进行中适时实施必要的监督，以检查各成员是否能够顺利完成业务工作；考虑项目组各成员的素质和专业胜任能力，以及是否有足够的时间执行工作，是否理解工作指令，是否按照计划的方案执行工作。项目负责人在考虑这些事项后，可能决定提供进一步的指导，或在各成员之间作适当的工作调整，或要求成员采取补救措施使其执行的工作达到计划方案的要求；解决在执行业务过程中发现的重大问题，考虑其重要程度并适当修改原计划的方案。各成员在执行业务过程中可能会遇到各种难以解决的重大问题。项目负责人在了解到这些情况后，应按照会计师事务所质量控制制度的要求，根据具体情况，运用职业判断，确定是否需要调整工作程序以及如何调整。原计划的方案是根据以往经验、对客户及其委托业务项目的了解等因素确定的。然而，随着具体工作程序的实施可能会发现客户具体情况发生了变化，此时，有必要对工作程序作适当的调整。这种调整是根据变动事项对业务工作的影响来确定的；识别在执行业务过程中需要咨询的事项，或需要由经验较丰富的项目组成员考虑的事项。

(3)复核范围可能随业务的不同而不同。执行高风险的业务、对金融机构执行的业务和为重要客户执行的业务可能需要进行更详细的复核。在复核项目组成员已执行的工作时，复核人员应当考虑：工作是否已按照法律法规、职业道德规范和业务准则的规定执行；重大事项是否已提请进一步考虑；相关事项是否已进行适当咨询，由此形成的结论是否得到记录和执行；是否需要修改已执行工作的性质、时间和范围；已执行的工作是否支持形成的结论，并得以适当记录；获取的证据是否充分、适当；业务程序的目标是否实现。

复核人员应当拥有适当的经验、专业胜任能力和责任感，由项目组内经验较多的人员复核经验较少的人员执行的工作。

2. 咨询。项目组在业务执行中时常会遇到各种各样的疑难问题或者争议事项。当这些问题和事项在项目组内不能得到解决时，有必要向项目组之外的适当人员咨询。会计师事务所应当建立政策和程序，以合理保证：①就疑难问题或争议事项进行适当咨询；②可获取充分的资源进行适当咨询；③咨询的性质和范围得以记录；④咨询形成的结论得到记录和执行。咨询包括与会计师事务所内部或外部具有专门知识的人员，在适当专业层次上进行的讨论，以解决疑难问题或争议事项。

咨询的具体要求包括下列6个方面。

(1)形成良好的咨询文化。会计师事务所应当形成一种良好的咨询氛围，鼓励会计师事务所人员就疑难问题或争议事项进行咨询。

一种良好的咨询氛围的形成需要一个较长的过程，会计师事务所应根据具体情况，通过制定咨询制度和相关的培训、奖惩制度，以及各级管理层的行动示范和信息传达，来逐步形成内部咨询文化，以妥善解决业务执行中的疑难问题或争议事项。

(2)合理确定咨询事项。项目组应当考虑就重大的技术、职业道德及其他事项，向会计师事务所内部或在适当情况下向会计师事务所外部具备适当知识、资历和经验的其他专业人士咨询，并适当记录和执行咨询形成的结论。

如果项目组认为在业务执行中遇到的在技术、职业道德及其他等方面的疑难问题或争议事项不重大，或在项目组内部通过咨询和研讨等方式能够得到解决，可以不向其他专业人士咨询。

(3)适当确定被咨询者。适当确定被咨询者对于保证咨询结论的有效性起着重要的作用，项目组在考虑就重大的技术、职业道德及其他事项进行咨询时，被咨询者既可以是会计师事务所内部的其他专业人士，在适当情况下，也可以是会计师事务所外部的其他专业人士。但值得注意的是，被咨询者应当具备适当的知识、资历和经验。

(4)充分提供相关事实。项目组在向会计师事务所内部或外部的其他专业人士咨询时，应当提供所有相关事实，以使其能够对咨询的事项提出有见地的意见。

(5)考虑利用外部咨询。会计师事务所在因缺乏适当的内部资源等而需要向外部咨询时，可以利用其他会计师事务所、职业团体、监管机构或提供相关质量控制服务的商业机构提供的咨询服务，但应当考虑外部咨询提供者是否能够胜任这项工作。

(6)完整记录咨询情况。要求完整详细地记录咨询情况，包括记录下列内容：①寻求咨询的事项；②咨询的结果，包括作出的决策、决策依据以及决策的执行情况。要求项目组就疑难问题或争议事项向其他专业人士咨询所形成的记录，应当经被咨询者认可。

3. 意见分歧。在业务执行中，时常可能会出现项目组内部、项目组与被咨询者之间以及项目负责人与项目质量控制复核人员之间的意见分歧。会计师事务所应当制定政策和程序，以处理和解决意见分歧。

处理意见分歧的总体要求：①会计师事务所应当制定政策和程序，以处理和解决项目组内部、项目组与被咨询者之间以及项目负责人与项目质量控制复核人员之间的意见分歧；②形成的结论应当得以记录和执行。

会计师事务所应当认识到对业务问题的意见出现分歧是正常现象，只有经过充分的讨论，才有利于意见分歧的解决。会计师事务所应当制定切实可行的政策和程序，向适当的其他执业者、会计师事务所，或者职业团体或监管机构进行咨询，以解决这些分歧。

只有意见分歧问题得到解决，项目负责人才能出具报告。如果在意见分歧问题没有得到解决前，项目负责人就出具报告，不仅有失应有的谨慎，而且容易导致出具不恰当的报告，难以合理保证实现质量控制的目标。

4.项目质量控制复核。会计师事务所对应当实施项目质量控制复核的特定业务，如果没有完成项目质量控制复核，就不得出具报告。

项目质量控制复核，是指会计师事务所挑选不参与该业务的人员，在出具报告前，对项目组作出的重大判断和在准备报告时形成的结论作出客观评价的过程。

对特定业务实施项目质量控制复核，充分体现了分类控制、突出重点的质量控制理念。值得注意的是，对项目质量控制进行复核不应减轻项目负责人的责任，更不能替代项目负责人的责任。

(1)会计师事务所制定的项目质量控制复核政策和程序应当包括下列要求：①对所有上市公司财务报表审计实施项目质量控制复核；②规定适当的标准，据此评价上市公司财务报表审计以外的历史财务信息审计和审阅、其他鉴证业务及相关服务业务，以确定是否应当实施项目质量控制复核；③对符合适当标准的所有业务实施项目质量控制复核。

(2)在制定用于确定除上市公司财务报表审计以外的其他业务是否需要实施项目质量控制复核的标准时，会计师事务所应当考虑下列事项：①业务的性质，包括涉及公众利益的范围；②在某项业务或某类业务中已识别的异常情况或风险；③法律法规是否要求实施项目质量控制复核。

在实务中，会计师事务所除对上市公司财务报表审计业务必须实施项目质量控制复核外，还可以自行建立判断标准，确定对那些涉及公众利益的范围较大，或已识别出存在重大异常情况或较高风险的特定业务，实施项目质量控制复核。

(3)会计师事务所应当制定项目质量控制复核的具体政策和程序，以规定：①项目质量控制复核的性质、时间和范围；②项目质量控制复核人员的资格标准；③对项目质量控制复核的记录要求。

这对于保证项目质量控制复核工作的有效进行有着重要作用。如果会计师事务所对项目质量控制复核的性质、时间和范围设计不当，或虽设计得当，但委派的项目质量控制复核人员的技术资格和客观性存在问题，就无法实现预期的复核目的。

(4)会计师事务所通常采用的项目质量控制复核方法包括：与项目负责人进行讨论；复核财务报表或其他业务对象信息及报告，尤其考虑报告是否适当；选取与项目组作出重大判断及形成结论有关的工作底稿进行复核。

除上述方法外，会计师事务所还可以视情况需要，采用其他适当的复核方法。

(5)项目质量控制复核的范围取决于业务的复杂程度和出具不恰当报告的风险。在对上市公司财务报表审计实施项目质量控制复核时，复核人员应当考虑：项目组就具体业务对会计师事务所独立性作出的评价；在审计过程中识别的特别风险以及采取的应对措施；作出的判断，尤其是关于重要性和特别风险的判断；是否已就存在的意见分歧、其他疑难问题或争议事项进行适当咨询，以及咨询得出的结论；在审计中识别的已更正和未更正的错报的重要程度及处理情况；拟与管理层、治理层以及其他方面沟通的事项；所复核的审计工作底稿是否反映了针对重大判断执行的工作，是否支持得出的结论；拟出具的审计报告的适当性。

在实务中，会计师事务所对其认为复杂程度很高和出具不恰当报告的风险很大的特定业务，可以确定更大的项目质量控制复核范围。

何时实施项目质量控制复核，对复核的效果和能否按照约定的期限出具恰当的报告也有重要影响，项目质量控制复核人员应当在业务过程中的适当阶段及时实施复核，以使重大事项在出具报告前得到满意解决。

上述项目质量控制复核规定有两点需要强调说明：

一是实施复核应遵循及时性原则。由于项目质量控制复核人员对重大事项的复核本身需要一定的时间，再加上及时实施复核有利于复核人员和项目负责人之间就复核事项进行充分的沟通，并使其在出具报告前得到满意解决，还有利于项目组顺利和有效地开展后续的业务工作，因此，会计师事务所应要求和督促复核人员及时实施复核。

二是必须在解决重大事项意见分歧后，才能出具报告。这样规定有利于保障项目质量控制复核真正发挥作用，进而合理保证项目负责人根据具体情况出具恰当的报告。

(6)会计师事务所应当制定政策和程序，明确被委派的项目质量控制复核人员应符合的下列要求：①项目质量控制复核人员应当具备复核具体业务所需要的足够、适当的技术专长、经验和权限；②在实务中，足够、适当的技术专长、经验和权限由什么构成，应视业务的具体情况而定，上市公司财务报表审计的项目质量控制复核人员，应当具备担任上市公司财务报表审计项目负责人应有的足够、适当的经验和权限；③复核人员能否客观地实施项目质量控制复核，对复核的效果有重要影响。

(7)为了保证项目质量控制复核人员的客观性，在确定项目质量控制复核人员时，会计师事务所应当避免下列情形:①由项目负责人挑选;②在复核期间以其他方式参与该业务;③代替项目组进行决策;④存在可能损害复核人员客观性的其他情形。

如果复核人员不能保持客观性,会计师事务所应当委派本所的其他适当人员或聘请具有适当资格的外部人员,担当项目质量控制复核人员或该项业务的被咨询者。

当进行客观复核的能力受到损害时,会计师事务所的政策应当能够为项目质量控制复核人员提供替代者。

(8)会计师事务所应当制定政策和程序,要求记录项目质量控制复核情况,包括:有关项目质量控制复核的政策所要求的程序已得到执行;项目质量控制复核在出具报告前业已完成;复核人员没有发现任何尚未解决的事项,使其认为项目组作出的重大判断及形成的结论不适当。

(六)业务工作底稿

1. 业务工作底稿的归档要求:

(1)遵守及时性原则。会计师事务所在出具业务报告后,及时将工作底稿归整为最终业务档案,这不仅有利于保证业务工作底稿的安全完整性,还便于使用和检索业务工作底稿。会计师事务所应当制定政策和程序,规定项目组在出具业务报告后及时将工作底稿归整为最终业务档案。

(2)确定适当的归档期限。会计师事务所应当根据业务的具体情况,确定适当的业务工作底稿归档期限。

由于鉴证业务的责任较大,而其工作底稿又对证明会计师事务所是否履行了规定责任起着关键性作用。鉴证业务的工作底稿,包括历史财务信息审计和审阅业务、其他鉴证业务的工作底稿的归档期限为业务报告日后60天内。

(3)针对客户同一财务信息执行不同业务时的归档要求。如果针对客户的同一财务信息执行不同的委托业务,要求出具两个或多个不同的报告,会计师事务所应当将其视为不同的业务,根据制定的政策和程序,在规定的归档期限内分别将业务工作底稿归整为最终业务档案。

2. 业务工作底稿的管理要求:

(1)安全保管业务工作底稿并对业务工作底稿保密。

(2)保证业务工作底稿的完整性。

(3)便于使用和检索业务工作底稿。

(4)按照规定的期限保存业务工作底稿。

3. 业务工作底稿的保密。除特定情况外,会计师事务所应当对业务工作底稿包含的信息予以保密。这些特定情况有:

(1)取得客户的授权。会计师事务所及其人员对客户的信息负有保密的义务,对此，职业道德规范和业务约定书都有规定和要求。未经客户的许可，除下述的第（2）和第（3）两种情况外，会计师事务所及其人员不得泄露客户的信息给他人或利用客户信息谋取私利，否则将承担相应的法律后果。

（2）根据法律法规的规定，会计师事务所为法律诉讼准备文件或提供证据，以及向监管机构报告发现的违反法规行为。

（3）接受注册会计师协会和监管机构依法进行的质量检查。

4. 业务工作底稿的完整性、使用与检索。无论业务工作底稿存在于纸质、电子还是其他介质，会计师事务所都应当针对业务工作底稿设计和实施适当的控制，以实现下列目的：

（1）使业务工作底稿清晰地显示其生成、修改及复核的时间和人员。

（2）在业务的所有阶段，尤其是在项目组成员共享信息或通过互联网将信息传递给其他人员时，保护信息的完整性。

（3）防止未经授权改动业务工作底稿。

（4）允许项目组和其他经授权的人员为适当履行职责而接触业务工作底稿。

如果原纸质记录经电子扫描后存入业务档案，会计师事务所应当实施适当的控制程序，以保证：①生成与原纸质记录的形式和内容完全相同的扫描复制件，包括人工签名、交叉索引和有关注释；②将扫描复制件，包括必要时对扫描复制件的索引和签字，归整到业务档案中；③能够检索和打印扫描复制件。

1121 号准则第 70 条还规定，会计师事务所应当保留已扫描的原纸质记录。

5. 业务工作底稿的保存期限。会计师事务所应当制定政策和程序，以使业务工作底稿保存期限满足法律法规的规定和会计师事务所的需要。

对鉴证业务包括历史财务信息审计和审阅业务、其他鉴证业务，自业务报告日起，对业务工作底稿至少保存 10 年。如果法律法规有更高的要求，还应保存更长的时间。

6. 业务工作底稿的所有权。业务工作底稿的所有权属于会计师事务所。会计师事务所可自主决定允许客户获取业务工作底稿部分内容，或摘录部分工作底稿，但披露这些信息不得损害会计师事务所执行业务的有效性。对鉴证业务，披露这些信息不得损害会计师事务所及其人员的独立性。

会计师事务所应当在确保遵守职业道德规范、业务准则和质量控制制度规定的前提下，考虑具体业务的特点和分析客户要求的合理性，谨慎决定是否满足客户的要求。

（七）监控

1. 监控的总体要求。会计师事务所应当制定监控政策和程序，以合理保证质量控制制度中的政策和程序是相关、适当的，并正在有效运行。这些监控政策和程序应当包括持续考虑和评价会计师事务所的质量控制制度，如定期选取已完成的业务进行检查。

对质量控制政策和程序遵守情况实施监控的目的，是为了评价：①遵守法律法规、职业道德规范和业务准则的情况；②质量控制制度设计是否适当，运行是否有效；③质量控制政策和程序应用是否得当，以便会计师事务所和项目负责人能够根据具体情况出具恰当的业务报告。

2. 监控人员。会计师事务所可以委派主任会计师、副主任会计师或具有足够、适当经验和权限的其他人员履行监控责任。

3. 监控的内容：

(1)会计师事务所质量控制制度实施监控的内容包括：质量控制制度设计的适当性；质量控制制度运行的有效性。

(2)应当从下列方面对质量控制制度进行持续考虑和评价：确定质量控制制度的完善措施，包括要求对有关教育与培训的政策和程序提供反馈意见；与会计师事务所适当人员沟通已识别的质量控制制度在设计、理解或执行方面存在的缺陷；由会计师事务所适当人员采取追踪措施，以对质量控制政策和程序及时作出必要的修正。

(3)对质量控制制度的持续考虑和评价还包括分析下列事项：法律法规、职业道德规范和业务准则的新变化，以及会计师事务所的政策和程序如何适当反映这些变化；有关独立性政策和程序遵守情况的书面确认函；职业发展，包括培训；与接受和保持客户关系及具体业务相关的决策。

4. 实施检查：

(1)检查的周期。会计师事务所应当周期性地选取已完成的业务进行检查，周期最长不得超过 3 年。在每个周期内，应对每个项目负责人的业务至少选取一项进行检查。

(2)检查的组织方式。会计师事务所应当根据下列主要因素，确定周期性检查的组织方式，包括对单项业务检查时间的安排：会计师事务所的规模；分支机构的数量及分布；前期实施监控程序的结果；人员和分支机构的权限；会计师事务所业务和组织结构的性质及复杂程度；与特定客户和业务相关的风险。

(3)确定检查的时间、人员与范围。会计师事务所在选取单项业务进行检查时，可以不事先告知相关项目组。参与业务执行或项目质量控制复核的人员不应承担该项业务的检查工作。

在确定检查的范围时，会计师事务所可以考虑外部独立检查的范围或结论，但这些检查并不能替代自身的内部监控。

(4)小型会计师事务所的特殊考虑。考虑到小型会计师事务所可能缺乏适当的内部资源，可以利用具有适当资格的外部人员或其他会计师事务所执行业务检查及其他监控程序。

5. 监控结果的处理。监控结果的处理程序包括：

(1)确定所发现缺陷的影响与性质。会计师事务所应当评价实施监控程序发现的缺陷的影响，并确定这些缺陷属于下列哪种情况：①该缺陷并不必然表明质量控制制度不足以合理保证会计师事务所遵守法律法规、职业道德规范和业务准则的规定，以及会计师事务所和项目负责人根据具体情况出具恰当的报告；②该缺陷是系统性的、重复出现的或其他需要及时纠正的重大缺陷。

(2)适时将缺陷及补救措施告知相关人员。会计师事务所应当将实施监控程序发现的缺陷及建议采取的适当补救措施，告知相关项目负责人及其他适当人员。这样规定是为了便于相关人员及时采取适当的行动。

(3)提出改进措施。会计师事务所在评价各种缺陷后，应当提出下列改进措施：①采取与某项业务或某个成员相关的适当补救措施；②将监控发现的缺陷告知负责培训和职业发展的人员；③改进质量控制政策和程序；④对违反会计师事务所政策和程序的人员，尤其是对反复违规的人员实施惩戒。

(4)监控结果表明出具的报告不适当时的处理。如果实施监控程序的结果表明出具的报告可能不适当，或在执行业务过程中遗漏了应有的程序，会计师事务所应当确定采取适当的进一步行动，以遵守法律法规、职业道德规范和相关业务准则的规定。同时，会计师事务所应当考虑征询法律意见。

(5)定期告知监控结果。会计师事务所应当每年至少一次将质量控制制度的监控结果，传达给项目负责人及会计师事务所内部的其他适当人员，以使会计师事务所及其相关人员能够在其职责范围内及时采取适当的行动。

传达的信息应当包括下列内容：①已实施的监控程序；②实施监控程序得出的结论；③系统性的、重复出现的或其他重大的缺陷及其整改措施。

向相关项目负责人以外的人员传达已发现的缺陷，通常不指明涉及的具体业务，除非指明具体业务对这些人员适当履行职责是必要的。

6. 监控的记录：

(1)会计师事务所应当适当记录下列监控事项：①制定的监控程序，包括选取已完成的业务进行检查的程序；②对监控程序实施情况的评价；③识别出的缺陷，对其影响的评价，是否采取行动及采取何种行动的依据。

(2)对监控程序实施情况评价的记录包括下列方面：①对法律法规、职业道德规范和业务准则的遵守情况；②质量控制制度的设计是否适当，运行是否有效；③质量控制政策和程序是否已得到适当遵守，以使会计师事务所和项目负责人能够根据具体情况出具恰当的报告。

7. 投诉和指控的处理：

(1)总体要求会计师事务所应当制定政策和程序，以合理保证能够适当处理针对下列事项的投诉和指控：①已实施的工作未能遵守法律法规、职业道德规范和业务准则的规定；②未能遵守会计师事务所质量控制制度。投诉和指控既可能源自会计师事务所内部，也可能源自会计师事务所外部。

5101 号准则主要规范会计师事务所处理对业务质量问题或事项的投诉和指控，包括对已实施的工作未能遵守法律法规、职业道德规范和业务准则的规定和未能遵守会计师事务所质量控制制度的投诉和指控。

所谓适当处理有关投诉和指控，是指会计师事务所制定的质量控制政策和程序，要确保其能够接收到有关质量方面的投诉和指控，及时、专业和公正地对投诉和指控进行调查，以及根据调查结果作出适当的处理。

(2)设立投诉和指控渠道。会计师事务所应当设立投诉和指控渠道，以使会计师事务所人员能够没有顾虑地提出关心的问题。包括明确指出向谁投诉，并制定相关制度，保护信息提供者的正当权益。会计师事务所在制定相关制度时，应充分考虑投诉和指控的特点，尤其要注意区别对待不同来源和不同性质的投诉和指控。

对于来自会计师事务所外部的投诉与指控，由于来自外部的投诉和指控人不必担心会因此失去工作，也不涉及明显的个人利益或动机，会计师事务所通常可以认为，他们的投诉和指控具有较高程度的真实性。

来自会计师事务所内部的投诉和指控，情况就复杂得多。从动机看，有善意、真实的投诉和指控与恶意、虚假的投诉和指控；从方式看，有实名的投诉和指控与匿名的投诉和指控。如果投诉和指控人要求对其身份保密，会计师事务所应当予以保密，未经本人许可，不得披露其姓名。只有这样，会计师事务所人员才可能没有顾虑地提出关心的质量问题。如果收到匿名的投诉和指控，会计师事务所应当以适当的方式向全体人员表明，与实名的投诉和指控相比，匿名的投诉和指控更难调查和反馈，鼓励用实名投诉和指控。会计师事务所还应当表明所有的投诉和指控都将得到记录、调查并会将结果反馈给投诉和指控人。反馈调查结果通常采取书面形式。

(3)调查、记录投诉和指控事项。会计师事务所应当按照既定的政策和程序调查投诉和指控事项，并对投诉和指控及其处理情况予以记录。会计师事务所应当委派本所内部不参与该项业务的具有足够、适当经验和权限的人员负责对调查的监督。必要时，聘请法律专家参与调查工作。这样规定有利于保证调查人员的客观性和胜任能力，以及调查结果的公正性，从而为会计师事务所依据调查结果作出适当处理奠定必要的基础。在实务中，会计师事务所通常委派有关负责人，专门负责确定需要进行何种调查，以及由谁进行调查。调查的方式包括内部询问、征求法律意见、更全面地复核业务底稿和与本所员工座谈等。所需要的调查技能可能涉及鉴证和会计、法律或者其他专业等方面的知识和经验。

(4)采取适当的行动。如果调查结果表明质量控制政策和程序在设计或运行方面存在缺陷,或者存在违反质量控制制度的情况,会计师事务所应当按规定采取适当行动。

(八)记录

1. 质量控制记录的总体要求。记录质量控制情况,使执行监控程序的人员能够评价质量控制制度的遵守情况,对会计师事务所有着特殊的作用。

2. 质量控制记录的方式和内容。在确定记录的方式和内容时,会计师事务所应当考虑下列因素:①会计师事务所的规模和分支机构的数量;②会计师事务所相关人员和分支机构的权限;③会计师事务所业务和组织结构的性质及复杂程度。

会计师事务所可以根据自身情况合理确定记录的方式。例如,大型会计师事务所可能会利用电子数据库记录独立性确认函、业绩评价及监控检查的结果等事项。规模较小的会计师事务所可能会使用更多相对简单的方法,如人工记录、核对清单及表格等。

3. 质量控制记录的保存期限。会计师事务所对质量控制记录的保存期限,应当足以使执行监控程序的人员能够评价质量控制制度的遵守情况。

对质量控制制度遵守情况的记录与鉴证业务工作底稿在性质上有明显的区别。鉴证业务工作底稿是对项目组遵守法律法规、职业道德规范以及相关业务准则的规定执行鉴证业务情况的记录,同时也为项目负责人根据具体情况出具恰当的鉴证报告提供证据基础。这类底稿在判断注册会计师是否按照有关规定履行职责时具有法定效力。因此,5101号准则明确规定了鉴证业务工作底稿的保存期限。对质量控制制度遵守情况的记录通常属于会计师事务所管理档案性质,主要供本所日后评价质量控制制度遵守情况,以及修订和完善质量控制制度使用。因此,由会计师事务所根据需要自行确定这些记录的保存期限。当然,如果法律法规有更高要求,会计师事务所应将这些记录保存更长的时间。

第四节　职业道德准则

对于任何一种专门职业,为使其从业人员能担负起应有的责任,都强调专业人员的职业道德,大都制定有本职业的职业道德守则。本节首先分析注册会计师职业道德的含义以及制定职业道德准则的必要性,介绍美国注册会计师职业道德准则和国际会计师联合会职业道德准则,在此基础上研究和分析中国注册会计师职业道德基本准则相关内容。

一、注册会计师职业道德的含义和必要性

20世纪初,注册会计师这一职业随着股份公司的出现而迅速发展起来。审计,特别是民间审计在股份公司的发展中起了举足轻重的作用,审计人员的职业道德问题也逐步为人们所重视。因为,审计通过鉴证公司财务会计信息的可靠性程度,为公众提供一种合理的保证。

股份公司的性质决定了企业的所有者不直接参与股份公司的经营管理活动,由此产生信息不对称性。而随着股份公司规模的不断壮大,会计信息也日趋复杂,信息不对称性和复杂性使得社会公众越来越依赖于审计人员提供的这种"保证"。许多审计案件的发生使人们发现,审计案件中所存在的一些问题,并非完全是技术上或程序上的失误所造成的,审计人员的日常行为和工作态度有时会成为问题的症结所在。因此,人们除了关注审计技术及程序的发展外,亦开始关注审计人员的自身行为,并由此产生了审计人员的职业道德问题。

(一)注册会计师职业道德的含义

注册会计师职业道德是指注册会计师审计职业组织制定的,会员应当遵守的职业行为道德规范标准。注册会计师职业道德本质上体现着注册会计师职业道德职业界成员之间以及与相关组织或个人之间的社会经济关系。

在早期的研究中,人们对审计职业道德的形式有两种不同的观点:一种认为,审计职业道德应通过公布公约、守则的形式,要求审计职业界每个成员必须服从;另一种观点认为,审计职业道德主要是精神上的一种追求。但是,由于职业道德可能引发法律责任,一旦成文,为减轻法律责任,只能将审计职业道德按最低标准制定。这样,反而会影响职业道德的实施。尽管争论不断,从1912年起,美国、英国等一些民间审计较为发达的国家陆续制定了一些为大家普遍接受的职业道德守则。如美国注册会计师协会制定了一套共8条的注册会计师职业道德守则名为《各种行为规章》。该守则从职业道德、职业纪律、职业能力等方面,对审计人员的思想方式与行为方式予以必要的约束。实施后,取得良好的效果。

在我国,为了配合执业准则的贯彻实施,逐步构建中国注册会计师职业规范体系的框架,中国注册会计师协会拟订了《中国注册会计师职业道德基本准则》,经财政部审批同意后,于1997年1月1日起施行。《中国注册会计师职业道德基本准则》对注册会计师职业道德的定义为"本准则所称职业道德,是指注册会计师职业品德、职业纪律、专业胜任能力及职业责任等的总称。"

(二)制定审计职业道德规范的必要性

在现代社会中,任何一种职业的存在及发展,都离不开社会对其的理解与支持。特别是当这种职业的复杂性使外界无法对其过程予以评价时,通过公布自身约束机制来取得外界对该职业的理解与支持,就显得更为重要。审计职业道德规范正是应上述要求而产生的。

1. 审计的服务对象和服务成果的客观要求。审计的服务对象有别于医生对病人、售货员对顾客那种一对一的社会职业关系。从表面上看,审计人员的服务对象是客户。在接受审委托到审计工作结束的过程中,审计人员只与被审计单位存在委托与被委托关系。但审计服务所产生的结果(即审计报告),不仅仅只对被审计单位产生影响,它还对成千上万使用被审计单位审计报告的团体或个人产生影响。因此,可能审计人员与客户都满意的服务结果,却损害了成千上万个使用审计报告的社会公众的利益。而且,对社会公众所产生的影响往往要远大于对委托人和被审计单位的影响。因为,对社会公众所产生的影响是无形的、不可计量的。因此,注册会计师尽管接受被审计单位的委托并向被审计单位收取费用,但他服务的对象从根本讲却是社会公众,这就决定了注册会计师从它诞生的那一天起,所担负的就是面对社会公众的责任。

从审计服务的结果看,会计师事务所与律师事务所所提供的服务两者虽有相似之处,即同为中介机构、同为公众服务,但是,律师的辩护最终还需法院来作出判决,即其服务的结果还需要通过法官的评判才能对社会产生影响。然而,审计人员的审计报告一经产生就可以直接为社会所引用。其服务的结果对社会所产生的影响却大不相同。因此,“社会公众是唯一的委托人”也就成为审计职业道德的精髓。可见,由于审计职业本身的特殊性,有必要制定一套完整的审计职业道德准则,从道德操守上约束审计人员的职业行为,并以此提高审计服务质量。

2. 复杂的执业技术和大量专业判断的必需。公司规模不断扩大,经济活动日趋复杂,使会计信息的内容扩充,技术标准提高。又因为客户受制于信息不对称以及其自身专业知识的局限性,所以,要求客户或其他外部人员去评价审计人员所提供审计服务的质量是不现实的。特别是现代审计本身就存在可容许的失误风险。如何分清审计人员是在恪尽职守的情况下出现的可容许误差,还是故意利用审计技术的复杂性,犯了不容许出现的错误,一般常人是无法加以判断的。而且,客户也没有时间和精力去评价审计人员是否尽责,是否独立、客观、公正等等。因此,客户及社会公众期望审计职业界能有完善的道德规范条款,在审计行业内部及对审计服务的质量进行评价及约束。

3. 社会公众对注册会计师产生信任感的前提。建立一套高水准的职业道德规范体系,最深层次的原因在于要使社会公众对审计执业人员提供服务的质量产生信任感。

在审计人员提供了审计及其他服务后，客户以及财务报表外部使用者对这些服务的质量信任与否，对审计人员而言是至关重要的。如果社会公众对审计人员或审计结果不信任的话，那么，审计这一职业的存在就没有什么意义了。

4. 注册会计师审计生存和发展的前提条件。现代社会竞争日益激烈，注册会计师审计职业也是如此。激烈竞争会迫使审计人员更关注于拉拢客户或谋求客观利润，而忽视了对审计服务质量的保证。比如，审计人员由于不想失去客户而作出让步，从而丧失独立性和客观性；为了争夺客户而采用压低收费，在收费较低的情况下，出于成本效益的考虑而不得不压缩审计程序、偷工减料等等。这些情况都会使审计服务的质量大打折扣，影响到服务对象的利益，从而引发审计风险，影响会计师事务所的生存和发展。因此，审计职业界自己制定出一套职业道德规范体系，进行行业内的自我约束是十分必要的。

为使注册会计师切实担负起神圣的职责，为社会公众提供高质量的、可以信赖的专业服务，在公众中树立起良好的职业形象和职业信誉，就必须大力加强对注册会计师的职业道德教育，强化注册会计师的道德意识，提高注册会计师的道德水准。注册会计师的道德水平如何是关系到整个行业能否生存和发展的大事。在我国，注册会计师事业恢复与重建的历史只有二十几年，注册会计师尚未普遍树立起强烈的风险意识、责任意识和道德意识。在建立社会主义市场经济体制的进程中，强调注册会计师的职业道德，更有其深刻的现实意义和历史意义。

二、中国注册会计师职业道德准则

中国注册会计师协会自 1988 年底成立以来，一直非常重视注册会计师的道德标准建设和道德教育。1992 年，中国注册会计师协会发布了《中国注册会计师职业道德守则》(试行)。1996 年 12 月 26 日，经财政部批准，中国注册会计师协会印发了《中国注册会计师职业道德基本准则》(以下简称《职业道德准则》)，于 1997 年 1 月 1 日起施行。2002 年 6 月 25 日，中国注册会计师协会印发了《中国注册会计师职业道德规范指导意见》并于 2002 年 7 月 1 日起施行。《职业道德准则》共包括七章三十二条，即总则、一般原则、专业胜任能力与技术规范、对客户的责任、对同行的责任、其他责任以及附则等。下面我们主要根据《职业道德准则》，论述对注册会计师的道德要求。

(一) 一般原则

独立、客观、公正是注册会计师职业道德中的三个最重要的概念，也是对注册会计师职业道德的三条最重要的要求，《职业道德准则》中的其他规定大多由此引申而来。因此，《职业道德准则》的“一般原则”一章首先提出了注册会计师所应遵循的基本原则，即独立原则、客观原则和公正原则。

1. 独立原则。

(1)独立原则的内涵是指注册会计师在执行审计业务、出具审计报告时应当在实质上和形式上独立于委托单位和其他机构。

独立原则的要求有两层含义,即实质上的独立与形式上的独立。实质上的独立要求注册会计师与委托单位之间必须实实在在地毫无利害关系,是精神上的独立;形式上的独立则是针对第三者而言的,注册会计师必须在第三者面前呈现一种独立于委托单位的身份,即在他人看来注册会计师是独立的,在社会公众心目中是独立的。由于注册会计师的审计意见是外界人士决策的依据,因此注册会计师除了应保持实质上的独立以外,还必须在外界人士面前呈现形式上的独立,只有这样才会得到社会公众的信任。

(2)独立原则的重要性。注册会计师尽管接受委托单位的委托执行业务,而且要向委托单位收取费用,但注册会计师所承担的却是对于整个社会公众的责任,这就决定了注册会计师必须与委托单位和外部组织之间保持一种超然独立的关系。

独立是注册会计师的灵魂,注册会计师只有具备独立性,才可能做到客观、公正。正因为如此,注册会计师又称为独立会计师,注册会计师审计又称为独立审计。

2. 客观原则是指注册会计师对有关事项的调查、判断和意见的表述应当基于客观的立场,以客观事实为依据,实事求是,不加杂个人的主观意愿,也不为委托单位或第三者的意见所左右。比如,审计人员怀疑客户的一笔应收账款有坏账的可能性,但他听取了客户的意见而没有亲自去查核应收账款收回的可能性,我们说,这位审计人员将自己的判断建立在客户的建议之上,因而丧失了客观性。

3. 公正原则是指注册会计师应当具备正直、诚实的品质,公平正直、不偏不倚地对待有关利益各方,不以牺牲一方利益为条件而使另一方受益。例如,审计人员在提供税务咨询服务时,在税法允许范围内建议客户合理税收筹划,则该审计人员的行为是符合规则的,一旦审计人员的建议超出了税法允许的范围,则他的行为就背离了公正原则。

(二)专业胜任能力与技术规范

注册会计师要提供高质量的专业服务,除了必须具备良好的职业道德外,还须具有较强的业务能力。不仅要熟悉会计、审计、法律、税务、企业管理等领域的标准与实务,而且还应具备高水平的职业判断能力。因此,专业胜任能力与技术规范是注册会计师职业道德的一项重要内容。

1. 注册会计师的专业胜任能力要求包括如下几个方面:

(1)注册会计师应避免承担和从事不能胜任或不能按时完成的业务。同时,如果对某项业务整个会计师事务所都无法胜任或不能按时完成的话,会计师事务所应拒绝该项业务的委托。

(2)注册会计师的助理人员在执行业务之前,须经过专门培训。注册会计师对于委派给助理人员的工作，必须切实予以指导、监督和检查，并对其工作的结果负责。

(3)注册会计师应按照注册会计师教育要求和培训制度的规定，不断接受继续教育，更新和提高专业知识，充实和发展专业技能。

由以上对审计人员专业胜任能力的要求可以看出，审计人员在执业过程中，必须拒绝提供他无力完成的服务，除非取得充分的建议和帮助，使他能令人满意地完成这些委托服务。所谓取得充分建议和帮助是指审计人员在没有能力完成委托服务中某一特定部分时，他必须向专家，诸如其他审计人员、律师、清算师、工程师、评估师和数学家等寻求技术上的帮助。另外，审计人员在执行业务时，应当妥善规划、合理安排助理人员的分工，并对他们的工作进行指导、监督和检查，以保证助理人员的工作质量。如果审计人员不遵守专业胜任能力的有关条款，不合理估计自身的能力，盲目承办不能胜任的业务，致使业务质量下降，由此引起委托人和他人利益受损时，审计人员会受到处罚。

2. 注册会计师技术规范，是对注册会计师的工作程序和工作方法方面应当遵守的技术标准所做的基本规定。注册会计师执行各类业务或在业务的各个环节所应实施的程序和方法，都应在有关的专业标准中予以明确。

(1)注册会计师应当遵守执业准则等职业规范，合理运用会计准则及国家其他相关技术规范。

(2)对于委托单位的预测、计划等含有不确定因素的未来事项，注册会计师不得就其可实现程度作出保证，但对于注册会计师以咨询方式协助或代替委托单位从事的预测、计划或可行性研究工作并不限制。

从《职业道德准则》的要求来看，职业道德行为规则主要从3个方面对技术标准进行规定：①审计标准。是指审计人员在实施业务过程中必须遵循的一切工作标准。这些工作标准通常是指由注册会计师协会所颁布的审计标准，比如《执业准则》等。②会计标准。是指被审计单位的财务报表违背公认的会计原则，且这种违背对财务报表的表达有重大影响的情况下，审计人员不得发表该报表已遵守会计准则的审计意见。然而，在某种特殊情况下，如果违背会计准则能够使人们更好地理解财务报表时，这种违背才能被审计人员所接受。但在发表审计意见时，审计人员一定要说明违背的事实、它的大概影响以及为什么只有违背会计准则，才能使人更好理解财务报表的理由。③其他技术标准。除了上述两个标准之外，审计人员还必须遵守注册会计师协会以及相关团体颁布的所有其他技术标准，比如《中华人民共和国证券法》等。也就是说，在任何情况下，审计人员均不得随心所欲、不受约束地工作。按照既定的工作标准执行所有业务，是审计人员应有的职业道德。

从专业胜任能力与技术标准的关系来看，两者也是密不可分的。审计人员只有充分了解会计准则和审计准则，并加以积极遵守与执行，才能出色地完成业务。简而言之，熟悉审计准则、会计准则及其他相关法规等技术规范是审计人员完成业务的基本前提，也是其专业能力的一个构成要件。并且，只有遵守这些技术规范，并以这些技术规范作为判断的标准，才能最大程度地保证审计人员在执业过程中作出正确的职业判断，真正做到公正客观。也正是有了这些统一的技术规范，才能最大程度地保护公众的利益。

（三）对客户的责任

注册会计师职业道德在强调注册会计师对社会公众负责的同时，也规定了其对委托单位所负的特殊责任。

1. 按时按质完成受托业务责任。会计师事务所承接业务时，应与委托单位签订业务约定书，明确业务的范围、要求和双方各自的责任。注册会计师应恪守各项约定，按时按质完成所接受委托的各项业务。

2. 保密责任。注册会计师（包括已脱离会计师事务所的原注册会计师）对于执业过程中得到资料和情况，应当严格保守秘密。除非得到委托单位的书面允许或法律、法规要求公布外，不得将任何资料和情况提供或泄露给第三者，也不得将其用于私人目的。

3. 按标准收费责任。会计师事务所提供审计业务时，应以服务性质、工作量大小和参加人员层次的高低为主要依据，按规定的标准收费，不得以服务成果的大小决定收取费用的高低，另有规定者除外。

在对客户责任这一部分行为规范中，包括了履约责任、保密责任和不得或有收费等规范，其中，或有收费是对会计师事务所而言，我们不在这里讨论。而履约责任和保密责任则是对审计人员而言的，且其中的保密责任是被审计界人士一致认定与独立性同等重要的审计职业原则。因此，在这里我们重点讨论一下保密责任。

保密性同独立性是审计职业界的两个基本概念。在审计职业发展的早期，人们还曾对独立性进行过多次讨论，但对于保密责任，则从来就是一致认同的。审计职业界人士甚至还认为，没有保密性，也就没有审计职业了。可见，保密责任对于审计人员执业是何等重要。保密责任要求审计人员为有关人员和单位保守秘密，不得向其他任何单位和个人泄密。众所周知，审计人员在执业过程中，为了能合理表达其审计意见，必须获得信息自由交流的特权，这样，必然会接触到客户的一些与会计信息有关的商业秘密。所谓商业秘密，是指不为公众所知悉，能为权利人带来经济利益，具有实用性并经权利人采取保密措施的技术信息和经营信息。而在现代社会中，商业秘密本身就是一种财富。在竞争异常激烈的环境中，一旦泄露了客户的商业秘密，对于客户而言，其损害将是极为巨大的。但如果限制审计人员接触某些商业秘密的话，由于很难区分商业秘密与审核信息的界限，很可能导致审计人员无法得出正确的审计结论，表达正确的审计意见。由此可见,替客户保密是一种能较好地解决既不泄露商业秘密,又能正确表达审计意见的做法。为此,替客户保密就成为审计人员不可推卸的义务。如若违反,审计人员将会受到严厉的处罚,最重的处罚是吊销注册会计师执照,而吊销注册会计师执照又是所有行政处罚中最重的一种。由此可见,审计人员的保密责任是相当重要的。现在要求注册会计师对所悉知的一切信息保密,并不因业务的解除而解除。

由以上可知,保密责任非常重要。但是,审计人员的保密责任也不是无条件的,存在几种例外情况。根据有关规定,存在以下4种情况时,审计人员可以不承担保密责任:①司法部门调查时,审计人员有义务向司法部门公开客户的内部资料;②财政部门、注册会计师协会因业务监督需要,对会计师事务所执行检查时,会计师事务所不得以保密为借口,拒绝检查;③当其他事务所受协会委托,对另一事务所执行业务复核时,不受保密义务的限制;④经客户允许,后任审计人员可以检查委托人以前的资料。

(四)对同行的责任

对同行的责任是指会计师事务所、注册会计师在处理与其他会计师事务所、注册会计师相互关系中所应遵循的道德标准。同行之间能否保持一种良好的关系,关系到整个职业界在公众中的形象和信誉。各会计师事务所应以大局为重,相互尊重、团结协作,共同维护和增进本行业的职业信誉。会计师事务所对同行的责任具体包括:

1. 注册会计师应当与同行保持良好的工作关系,配合同行工作。在委托单位变更委托的情况下,后任注册会计师应当与前任注册会计师取得联系,以了解客户变更委托的原因,而前任注册会计师则应当给予支持和合作。

2. 注册会计师不得诋毁同行。注册会计师及其事务所不得以任何方式(如低价拉客户、高价拉人才)直接或间接地损害同行利益。

3. 禁止注册会计师同时在两家事务所就业。会计师事务所不得雇用正在其他会计师事务所执业的注册会计师,如需聘用,则应当事先征询人员所在事务所的意见,并履行正常的人事手续。注册会计师不得以个人名义同时在两家或两家以上的会计师事务所供职,经所在会计师事务所同意,可为其他事务所提供服务。

4. 会计师事务所不得以不正当手段与同行争揽业务。

对同行责任的实质就是审计人员要与同行相互尊重、相互合作。为什么要在审计人员职业道德具体行为规范中制定这一部分的内容呢?这需要从审计职业的生存、发展方面来进行分析。审计职业产生至今,经过许多代审计人员的共同努力,审计职业已经赢得了公众的信任与尊重。但是,竞争却是残酷的。要想在审计行业中生存,就必须去争夺客户。可是,审计人员应该意识到,这种竞争必须是良性的、健康的,在竞争的同时,审计人员之间必须要相互尊敬、相互团结。反之,如果同行之间不相互尊重而是相互攻击,那么审计人员在公众心目中的地位就会一落千丈,而且,由于同行之间不团结,审计人员就会各自趋利而行，势必会出现降低收费标准争抢客户等现象，其必然后果便是降低工作质量，损及公众利益；此外，如果同行间不团结，会给客户"购买会计原则"留下可乘之机，从而出现从客户角度损害公众利益的后果。如果客户的利益受到损害，则他们对审计人员的信任程度会大大降低，直至转而求助他方，那么，审计职业界的生存就岌岌可危了。由此可见，审计人员遵守职业道德中的相关条款，与同行和谐共处。不仅会使整个行业内产生良性竞争，促使审计行业健康发展，同时公众的利益亦受到保障。

（五）其他责任

能否争取到业务、拥有较多的客户，关系到会计师事务所的生存和发展。因而在业务承接环节也最易发生败坏职业声誉的行为。因此，各会计师事务所在业务承接过程中应遵循职业道德。具体包括：①注册会计师应当维护职业形象，不得有可能损害职业形象的行为；②注册会计师及其所在会计师事务所不得采用强迫、欺诈、利诱等方式招揽业务；③注册会计师及其所在会计师事务所不得对其能力进行广告宣传以招揽业务；④注册会计师及其所在事务所有得以向他人支付佣金等不正当方式招揽业务，也不得向客户或通过客户获取服务费之外的任何利益；⑤会计师事务所及注册会计师不得允许他人以本所或本人的名义承接业务。

以下对主要对有损形象的行为、广告与招揽业务、佣金等问题进行具体分析：

1. 有损形象的行为。在《职业道德准则》中，仅仅规定了审计人员"应当维护职业形象，不得有可能损害职业形象的行为"，但具体哪些行为有可能损害职业形象，却并未具体罗列。结合世界其他各国职业道德准则中对有损职业形象行为的规定，我们认为，有损职业形象的典型行为有以下几种：①审计人员对被审计单位财务报表未经审核，就签发审计报告；②扣留客户的有关记录；③以种族、肤色、性别、年龄或国籍等为由歧视客户；④审计人员触犯法律而被判处一年以上的监禁；⑤偷漏本人应交的所得税；⑥帮助他人偷漏所得税等，都被视为不道德。

2. 广告与招揽业务。广告与招揽业务是行业竞争的必然产物。既然审计行业允许竞争，则竞争双方必然会竭尽全力抬高自己，贬低对方，使有限的资源为己所有。但是，审计行业又是一个特殊的行业，审计人员就是靠本身的公正、客观而生存发展，其工作性质似乎与竞争规则有所矛盾。但是，没有竞争就没有发展，竞争还是行业发展必须的。为此，各国在对广告与招揽业务这一方面的态度大都是既允许竞争，又对其作出许多限制。既然中国的职业道德准则将广告作为招揽业务的形式之一，允许审计人员做广告，那么，就应该在具体规范的制定中列出详细的限制条款，尽量使审计人员的广告招揽行为真实得体、公正和客观，以期向公众传递真实可信的信息。

3. 佣金问题。佣金是指审计人员在他人销售产品或服务的过程中因提供了某种程度上的帮助而获得的的报酬。随着审计职业的发展和成熟,职业界人士逐渐认识到,这种佣金的存在对审计职业的良性竞争以及行业生存都是很不利的。因为佣金的支付与收取,多少含有鼓励只重经济利益而不重公正、客观的倾向。通过多付佣金而取得业务,会诱使客户选择质量不高,但佣金优厚的事务所。这对信誉良好、工作认真的事务所会显得不公平。因此,为了保持审计行业公平、客观的竞争状态,必须规定审计人员在争夺客户或转让客户时,不得支付与收取佣金。作出这样的规定,对规范审计职业的收费,防止非法佣金的出现,保证审计行业的良性竞争都是有好处的。

三、国际会计师联合会职业道德准则

国际会计师联合会为了协调国际间职业道德规范,制定和颁布了《职业会计师道德守则》。该守则包括三部分:第一部分适用于所有职业会计师,除非有特别说明。职业会计师是指国际会计师联合会的成员组织的会员。第二部分仅适用于执行公共业务的会计师。执行公共业务的职业会计师是指向客户提供各种专业服务(如审计、税务或咨询)的合伙人或事务所的雇员,以及在执业过程中负有管理职责的职业会计师,包括从事公共业务的会计师建立的事务所。第三部分适用于受雇职业会计师,适当时也可适用于执行公共业务的职业会计师。受雇职业会计师是指受雇于工业部门、商业部门、政府部门或教育部门的职业会计师。以下简要介绍适用于执行公共业务的职业会计师的第一部分和第二部分内容。

(一)独立性

执行公共业务的职业会计师从事报告任务时,应在实质上和形式上没有被认为影响独立、客观、公正的利益,无论这种利益的实际影响会怎样。以下是可能影响独立性的事项:

1. 与客户或客户的事务有经济牵连。主要体现在:在客户中有直接经济利益;在客户中有非直接重大经济利益,如担任托管财产的托管人或某不动产的执行官或管理者,该托管财产或不动产在客户的公司里有经济利益;向客户或客户的经理、董事或主要股东借入或借出款项;在客户或客户的雇员创办的合资企业中有经济利益;在非客户公司中拥有经济利益,而该公司是客户的投资者或被投资者。

2. 在公司内任职。如果执行公共业务的职业会计师在被审计会计期间或曾在接受业务委托前的一段时间内(应不短于两年或按有关法律要求确定)作为某公司董事会成员、经理或雇员或某公司董事会成员、经理或雇员的合伙人,那么,在对该公司执行报告任务时,他们会被认为拥有削弱独立性的利益。

3. 为审计客户提供其他服务。在从事审计或其他报告任务之外,如果执行公共业务的职业会计师向客户提供其他服务,应注意不要行使管理职能和作出管理决策,这些工作应是董事会和管理当局的职责。原则上，提供其他专业服务（如管理咨询服务）不是判断执行公共业务的职业会计师是否独立的一个因素。尽管如此，执行公共业务的职业会计师也应尽量避免超越管理咨询职能而涉入管理职能。

4. 个人及家庭关系。个人及家庭关系可以影响独立性，因此应特别注意保证任何独立的工作步骤不受个人及家庭关系的危害。经常会给独立性造成较大威胁的家庭关系，是指事务所中执行有关客户业务的个人执业者、合伙人或雇员是该客户的配偶、子女或与其共同居住的亲属。在一些国家，这种关系的范围更宽，可能包括客户的其他子女或子女的配偶、父母或祖父母、岳父母、兄弟姐妹、配偶的兄弟姐妹。

5. 收费。如果从一个客户或相互关联的客户集团处多次收取的费用，占执行公共业务的职业会计组织收入的主要部分，可能引发对独立性的怀疑。

6. 或有收费。不能在业务约定中按服务成果大小收费，不能根据这样的约定向客户提供服务。如果法院或其他公共管理机构已规定了收费标准，则不得进行或有收费。按百分比或其他类似基础收费应视为或有收费。在法律和会员团体都允许或有收费的国家，或有收费应仅限于对独立性不做要求的业务。

7. 委托人的馈赠。如果注册会计师接受委托人馈赠的贵重礼物，外界人士或许就会对注册会计师的独立性产生疑问。为避免这种疑问，注册会计师应尽量减少接受委托人赠送的除纪念品以外的一切礼物。

8. 诉讼问题。当注册会计师与客户处在法律诉讼期时，应回避审计，以避免外界人士指责注册会计师在审计时没有充分的独立性。因为如果注册会计师指出客户情况，有可能被指责为故意报复；如若不指出客户情况，又可能被指责为讨好取宠，以求法律纠纷的和解。所以，最好的办法就是回避审计，以保持充分的独立性。

（二）专业胜任能力以及与利用非会计师有关的责任

执行公共业务的职业会计师不应提供本人不能胜任的专业服务，除非获得适当的建议和帮助使其能够满意地提供这些服务。如果职业会计师没有能力实施专业服务的某些特定部分，可以向其他职业会计师、律师、精算师、工程师、地质专家、评估师等专家寻求技术建议。在这种情况下，虽然职业会计师是依赖专家的技术能力，对专业服务负有最终责任，也应当确保道德行为的要求得到遵守。

（三）收费和佣金

1. 专业收费应公平反映为客户提供的专业服务的价值。专业收费具体应从以下几个方面进行考虑：各类专业服务所需的技能和知识；实施专业服务所需人员的培训水平和经验；实施专业服务每一人员所需的时间；实施专业服务所承担的责任程度。

专业收费通常以适当的小时费用率或日费用率为基础，按照实施专业服务的每个人员所耗用的时间来计算。这些费用率的基本前提是为客户提供的服务得到了良好的计划、控制和管理。为避免在收费方面的误解，最好在实施审计约定之前以书面形式明确收费的计算基础和支付方式，这符合客户和执行公共业务的职业会计师双方的最大利益。

2. 佣金。执行公共业务的职业会计师支付或收取佣金将会损害其客观性和独立性。执行公共业务的职业会计师不得为得到某一客户而支付佣金，也不能因向第三方推荐客户而收取佣金；执行公共业务的职业会计师也不能因宣传他人的产品或服务而接受佣金。

（四）与公共会计工作不相容的工作

执行公共业务的职业会计师不得同时从事与提供专业服务不相容的业务、职业或活动，因为这些业务、职业或活动将损害或可能损害其公正性、客观性、独立性或职业良好声誉。同时提供两种或两种以上专业服务，一般来说，其本身并不损害公正性、客观性或独立性。但是，如果执行公共业务的职业会计师同时从事与专业服务不相关的其他业务、职业或活动，使得执行公共业务的职业会计师无法按照会计职业的基本道德原则适当地实施专业服务，那么该业务、职业或活动应被认为与公共会计业务相冲突。

（五）客户的资金

一些国家的法律不允许执行公共业务的职业会计师持有客户资金，而在另外一些国家，持有客户资金的执行公共业务的职业会计师应承担相应的法定义务。如果有理由相信客户资金来自或将用于非法活动，执行公共业务的职业会计师则不应持有这些资金。

执行公共业务的职业会计师受托持有他人资金时，应采以如下做法：①将这些资金与个人或事务所的资金分别保管；②按照既定的目的使用这些资金；③随时准备向资金的所有者报告这些资金的情况。

（六）与其他执行公共业务的职业会计师的关系

由于经营活动的扩展，企业通常会在其他地区设立分支机构或子公司。这种情况下，如果有必要，客户或者现任会计师在与客户协商后，可以要求在该地区执业的会计师执行这些专业服务，以完成审计工作。其他会计师应将所提供的服务限定在现任会计师或客户委托的特定任务之内，有责任采取合理措施维护现任会计师与客户的现有关系。

毫无疑问，企业所有者有权选择他们的专业顾问，并按照他们的意愿进行更换。保护所有者合法权益固然重要，但对于取代其他同行的执行公共业务的职业会计师来说，有机会查清是否存在不应接受该项委托的专业理由，同样也是重要的。如果没有与现任会计师的直接沟通，则不能有效进行。在没有特殊要求的情况下，现任会计师不得主动提供有关客户事务的信息。

（七）广告与招揽

是否允许执行公共业务的职业会计师进行广告与招揽，由成员组织根据各国法律、社会和经济条件决定。

1. 允许做广告。如果允许进行广告与招揽，应以一种客观的方式向公众传递信息，且应该保持得体、诚实、真诚和高品位。禁止以强迫或骚扰方式进行招揽。不符合该标准的行为包括：激起对诱人结果的错误、虚假或不切实际的期望；暗示有能力影响法院、法庭、管理机构等类似机构或官员；含有自我标榜的声明，而这些声明并不基于可证实的事实；广告中包括表扬信或推荐书；包含其他可能导致理性个人误解或被欺骗的声明。

允许做广告的国家的执行公共业务的职业会计师，不得寻求在不允许做广告的国家通过出版或散发的报纸或杂志做广告而获得优势。同样，不允许做广告的国家的执行公共业务的职业会计师，也不得在允许做广告的国家出版的报纸或杂志做广告。

2. 不允许做广告。在不允许做广告的环境下，执行公共业务的职业会计师所进行的如下宣传是可以接受的：把向公众或向有关公众部门传递事实作为广告的目标，且这种传递不是以错误、误导或虚假的方式进行；高品位；保持职业严肃性；避免过多或不恰当地突出执行公共业务的职业会计师的姓名。

第五节　职业后续教育准则

一、职业后续教育的概念和目标

（一）注册会计师职业后续教育的概念

注册会计师职业后续教育，是指注册会计师为保持和提高其专业胜任能力与执业水平，掌握和运用相关新知识、新技能、新法规所进行的学习与研究。注册会计师接受职业后续教育是提高专业胜任能力与执业水平的重要手段，也是注册会计师行业造就一支业务过硬、素质合格队伍的有效途径。

从国际上看，注册会计师职业较为发达的国家，都无一例外地将注册会计师职业后续教育提到了非常重要的位置，并制定了相应的职业后续教育准则对此加以规范。例如，国际会计师联合会发布了《职业后续教育指南》，美国注册会计师协会发布了《正规职业后续教育计划准则》等。虽然不同国家和地区制定的后续教育规范大同小异，但以国际会计师联合会教育委员会制定的《职业后续教育指南》的框架最为完整、内容最为全面。国际会计师联合会教育委员会负责制定有关资格前教育、会计师培训和执业会员职业后续教育准则、指南、讨论稿和其他有关文件，并于1982年发布了《职业后续教育指南》，1998年5月又作了修订，具体内容包括：导言、目标、指南范围、课程领域、职业后续教育程度、职业后续教育强制或自愿的方法、组织和监控、职业后续教育筹资、实施和附录共十部分。

从我国来看，中国注册会计师协会拟订了《中国注册会计师职业后续教育基本准则》，经财政部批准于1997年1月1日起施行。现在尚未制定和颁布后续教育具体准则。

（二）职业后续教育的目标

1. 国际会计师联合会教育委员会制定的《职业后续教育指南》中规定的职业后续教育目标。该指南指出，会员团体应该设立、实施或以其他方式提供职业后续教育项目。该职业后续教育应该能够：①保持并提高其会员拥有的技术知识和专业技能；②帮助会计职业的会员应用新的技能，了解经济发展并评估其对客户或雇主以及他们自己工作的影响，并且满足不断变化的责任和期望；③向社会提供合理的保证，即会计职业的会员具有承担为客户服务所需要的技术知识和技能。

2.《中国注册会计师职业后续教育基本准则》中规定的职业后续教育目标。该准则规定："注册会计师应当不断接受职业后续教育，以提高专业胜任能力与执业水平。职业后续教育应当贯穿于注册会计师的整个执业生涯。"由此可见，我国注册会计师职业后续教育是以提高专业胜任能力和执业水平为目标的，这不仅是注册会计师职业自身发展的需要，也是社会各方面对注册会计师职业的必然要求。众所周知，注册会计师执业环境（包括法律、社会、经济等因素）是不断发展变化的，社会对注册会计师的专业胜任能力和执业水平的要求也是在不断变化的。注册会计师只有不断接受职业后续教育，掌握和运用相关的新知识、新技能和新法规，才能满足执业的需要，保证执业质量。因此，注册会计师职业后续教育应当贯穿于注册会计师整个执业生涯。

二、中国注册会计师职业后续教育基本准则

《中国注册会计师职业后续教育基本准则》包括：总则、一般原则、内容与形式、组织与实施、检查与考核和附则等内容。以下仅就其主要内容进行介绍和分析。

（一）职业后续教育的内容与形式

1. 职业后续教育的内容：

(1)会计准则及国家其他财务会计法规。独立审计的目的是对被审计单位财务报表的合法性和公允性发表意见。注册会计师对财务报表发表意见的主要依据,是国家颁布的会计准则和相关会计制度。1993 年颁布、实施的《企业会计准则》为基本准则。该准则规定了会计核算的基本前提、一般原则、会计要素以及财务报表编报的要求。具体准则是根据基本准则的要求,就会计核算和信息披露作出的具体规定。从 1997 年 5 月至今,财政部陆续颁布了《企业会计准则——关联方关系及其交易的披露》等具体准则,现已基本形成准则体系。财政部在 1993 年对会计制度进行了重大改革,为了适应社会主义市场经济发展的需要,加强会计工作,维护投资者和债权人的合法权益,财政部根据《中华人民共和国会计法》和《企业会计准则》的要求,制定了《企业会计制度》,并于 2001 年 1 月 1 日起施行。注册会计师应当掌握会计准则及国家其他财务会计法规的制定和变化,才能很好地完成客户委托的业务。

(2)执业准则及其他职业规范。独立审计基本准则、独立审计具体准则与独立审计实务公告是注册会计师执行独立审计业务、出具审计报告的法定要求,会计师事务所和注册会计师在执行审计业务时,应当遵照执行。执业准则是注册会计师执行审计业务的权威性标准,对规范注册会计师执业行为、保证工作质量、提高业务素质具有重要作用。其他职业规范还包括注册会计师职业道德规范、事务所质量控制规范等内容。

(3)与执业相关的其他法规。注册会计师应当熟悉和掌握与执业相关的其他法规,如国家颁布的《公司法》、《会计法》、《注册会计师法》、《破产法》、《证券法》等,国务院及其主管部门颁布的行政法规、部门规章等。

(4)执业所需要的其他知识与技能。长期以来,财务报表审计一直是我国注册会计师的重要业务。随着会计师事务所的业务范围在不断扩大,会计师事务所在吸纳其他专业人士,如税务专家、管理咨询专家等的同时,注册会计师也面临着掌握执业所需要的其他知识与技能。虽然注册会计师不可能成为多方面的专家,在执行审计业务时也可利用专家的工作,但是掌握其他知识与技能可以有助于判断专家的工作。

2. 职业后续教育的形式:

(1)一般形式。注册会计师职业后续教育一般采用以下形式:参加中国注册会计师协会及其地方组织举办或认可的各种培训活动;参加中国注册会计师协会认可的有关大专院校的专业课程进修;参加中国注册会计师协会组织或认可的相关专题研讨会。

(2)其他形式。注册会计师职业后续教育也可采用中国注册会计师协会认可的以下形式:参加会计师事务所自行组织的专业研讨与培训;公开出版专业著作或发表专业论文;承担专业课题研究,并取得研究成果;个人专业学习与实务研究。

(二)职业后续教育的组织与实施

注册会计师职业后续教育由中国注册会计师协会及其地方组织负责与实施。

1. 中国注册会计师协会的职责。中国注册会计师协会组织、实施职业后续教育的主要职责是:①制定全国性职业后续教育制度、办法;②组织全国性职业后续教育活动;③制定全国性年度职业后续教育大纲;④组织全国性职业后续教育教材的编写;⑤组织全国性职业后续教育检查、考核。

2. 中国注册会计师协会地方组织的职责。中国注册会计师协会地方组织应当根据职业后续教育准则及其他相关要求,组织、实施各地区的职业后续教育。其主要职责是:①制定各地区职业后续教育制度、方法;②组织各地区职业后续教育活动;③制定各地区年度职业后续教育大纲;④组织各地区职业后续教育检查、考核。

3. 会计师事务所的职责。会计师事务所组织、实施职业后续教育的主要职责是:①根据职业后续教育准则及其他相关要求,合理制定并有效实施职业后续教育计划;②根据中国注册会计师协会及其地方组织的安排和职业后续教育计划,有效组织和实施本所职业后续教育。

(三)职业后续教育的检查与考核

1. 检查与考核的职责。中国注册会计师协会负责检查、考核全国注册会计师的职业后续教育情况;中国注册会计师协会各地方组织负责检查、考核该地区各注册会计师的职业后续教育情况;会计师事务所应当按照有关规定,检查并如实填报注册会计师的职业后续教育情况。

2. 检查与考核的标准。职业后续教育检查与考核的标准按注册会计师接受学习时间即学时数计算,其要求由中国注册会计师协会确定。

从国外情况来看,大多数国家和地区也均以学时数来计算后续教育时间。例如,国际会计师联合会规定,注册会计师接受有组织的职业后续教育时间每年至少 30 小时(或 3 年至少 90 小时);美国注册会计师协会要求其执业会员在 3 年内累计完成 120 小时的职业后续教育,并且每年不得少于 20 小时;英格兰及威尔士特许会计师协会规定,特许会计师每年应接受 150 学分的职业后续教育,其中有组织的职业后续教育每小时 3 学分,其他形式的职业后续教育每小时 1 学分。

我国规定执业会员接受职业后续教育的时间 3 年累计不得少于 180 学时,其中每年接受职业后续教育的时间不得少于 40 学时;接受脱产教育的时间 3 年累计不得少于 120 学时,其中每年接受脱产职业后续教育的时间不得少于 20 学时。

3. 注册会计师接受职业后续教育的责任。中国注册会计师协会统一印制和发放注册会计师职业后续教育手册。注册会计师接受检查、考核时,应当提交由中国注册会计师协会统一印制发放的职业后续教育考核手册。注册会计师未能提供职业后续教育有效记录或无故未达到职业后续教育要求的，考核时将不予通过。

复习思考题

1. 为什么要研究和建立执业准则？
2. 为什么执业准则能够使注册会计师赢得社会公众的信赖？
3. 执业准则和审计程序是什么关系？
4. 我国执业准则框架结构包括哪些内容？
5. 质量控制准则与执业准则是什么关系？
6. 注册会计师事务所的质量控制政策和程序有哪些内容？
7. 从哪些方面理解独立性？怎样保持独立性？
8. 注册会计师为什么有保密责任？要对哪些内容保密？
9. 注册会计师对同行有哪些责任？
10. 同时对某一客户提供审计和咨询服务是否符合职业道德的要求？
11. 对注册会计师为什么要进行后续教育？后续教育有哪些内容和形式？

第三章

注册会计师的法律责任

本章要点

注册会计师的法律责任是审计理论和实务中的一个重要概念。注册会计师应承担的责任与其社会地位和重要作用密切相关。注册会计师加工和生产的是信息产品,对资本市场、金融市场、市场经济都会产生重大影响,只有承担由此引起后果的法律责任,其地位和执业水平才会被认可。注册会计师的社会地位和责任如一枚硬币的正反两面,缺一不可。随着注册会计师社会地位的提高,其所负的法律责任也在增大,这是注册会计师法律责任发展的趋势。本章首先介绍了注册会计师法律责任的概念及相关内容,接着对注册会计师法律责任产生的原因从多个方面进行了剖析。然后又详细介绍了与注册会计师相关的行政法律责任、民事法律责任和刑事法律责任,并分析了注册会计师可能需要承担的法律责任。在此基础上,本章最后就注册会计师法律责任防范的措施提出了建议。

第一节　注册会计师法律责任概述

一、注册会计师法律责任的概念

责任一词,在法律上有多种含义:一是职责,二是义务,三是因违法行为而承担的某种后果。本章所述法律责任即指第三种含义的责任。

法律责任是指行为人违反法律规定的义务而应承担的法律后果。从法律责任的定义我们可以引出注册会计师法律责任的概念,即注册会计师法律责任是指注册会计师由于其职业行为违反法律规定而应承担的后果。从其概念中我们可以看出,注册会计师法律责任具有如下特征:注册会计师法律责任是注册会计师违反法定义务的后果;注册会计师法律责任是由法律规定的;注册会计师法律责任具有强制性。

以上简要阐述了注册会计师法律责任的定义和特征,该定义和特征决定了独立审计人员应当按照执业准则的要求,保持应有的职业谨慎态度,通过实施必要的审计程序,以经过核实的审计证据为依据,形成审计意见,出具审计报告,保证审计结论的客观公正性。而绝不可玩忽职守,因不负责任而造成不应有的后果或损失。如果独立审计人员由于违约、过失或欺诈行为等原因,未能发现或揭示被审计单位财务报表中的重大错报事项,从而给委托客户或信赖财务报表的第三者造成了经济损失,则应承担相应的法律责任,这即为注册会计师法律责任。

二、会计责任和审计责任

明确被审计单位的会计责任和注册会计师的审计责任,是了解和研究注册会计师法律责任的前提。

(一)会计责任

根据相关法律的规定,被审计单位负有以下会计责任:建立和健全本单位的内部控制制度;保护本单位的资产安全和完整:保证提交审计的会计资料真实、合法和完整。无论是否进行审计,被审计单位的会计责任都是客观存在的。在公司的年度报告中应包括管理当局责任报告书,表示管理当局对财务报表的公允性负责,说明公司内部控制制度的健全和有效,财产的完整性。在委托注册会计师审计时,应写人审计业务约定书,以示承担全部会计责任。

(二)审计责任

审计责任是注册会计师对委托人和被审计单位的义务。注册会计师有责任通过实施审计程序,获取审计证据,在审计报告中清楚地表达对财务报表整体的意见,并对出具的审计报告负责。注册会计师的审计责任要在审计业务约定书中予以明确。

三、错误和舞弊

注册会计师的审计责任与被审计单位财务报表存在错误和舞弊密切相关。因此,为了更清楚地理解注册会计师的审计责任,我们需要对错误和舞弊进行简要了解。

(一)错误

错误是指财务报表中存在的无意错报或漏报。错误的重要特征是非故意,一般包括:①原始记录和会计数据的计算、抄写错误;②对经济业务的误解或判断错误;③对会计政策的误用。例如,经营活动所反映的数据收集或处理错误,由于疏忽或误解造成计价的确认和计量不正确,财务报表编制在金额、分类、表达、披露方面运用准则不恰当,会计政策的选择、会计估计的判断有误,数据计算和抄写错误,资产盘点中的遗漏等等。

(二)舞弊

舞弊是指财务报表中存在不实反映的故意行为。舞弊的重要特征是故意,一般包括:①伪造、编造业务记录或会计凭证;②侵占、流失资产;③隐瞒或删除经济业务事项;④记录虚假的经济业务事项;⑤蓄意使用不当的会计政策和会计估计;⑥故意遗漏应披露的事项或披露虚假信息;⑦篡改、伪造、虚构编制财务报表的数据等都是舞弊。

为了明确注册会计师在财务报表审计中,发现和报告可能导致财务报表严重失实的错误与舞弊的审计责任,我国已颁布和实施了《中国注册会计师审计准则第1141号——财务报表审计中对舞弊的考虑》的具体准则。

第二节　注册会计师法律责任的成因

随着社会主义市场经济制度的不断完善,社会法制化程度的不断提高,使注册会计师必然面临社会公众依法自卫的挑战。在竞争激烈,高度风险的条件下,社会环境、被审计单位和注册会计师自身的原因促成了注册会计师法律责任的产生。

一、导致注册会计师法律责任产生的社会原因

导致注册会计师法律责任产生的社会原因很多,主要可以从经济、法律、技术和社

会公众的期望值几个方面来考虑。

（一）经济环境的瞬息万变是导致注册会计师法律责任产生的经济因素

随着市场经济的快速发展以及改革开放的持续深入，经济环境日益复杂，各种经济组织之间的交易类型、交易工具处于不断变化之中，如破产、兼并收购、关联方交易、或有事项等业务时有发生，衍生金融工具等交易工具不断发展变化。企业规模的扩大，运作的复杂以及电子通讯技术的广泛应用，一方面使得经营风险不断增加，企业的偿债能力变化莫测，因公司破产而使投资人遭受意外损失的可能性增加。另一方面是注册会计师的业务范围在不断扩大，审计业务的复杂程度不断提高，被审计单位的造假手段更加高明。还有，在瞬息万变的经济环境下，会计准则或审计准则可能滞后，致使审计风险程度不断提高。而社会公众日益赞同"深口袋"理论，在该理论作用下，在受害方对有能力赔偿的一方提出诉讼时，大多数人并不问被告方错在哪里，而只要求其作出赔偿。这样的经济环境，使注册会计师的法律责任日益重大。

（二）倾向于"同情弱者"的法律是注册会计师法律责任产生的法律因素

随着社会的发展，文明的进步，改革开放的不断深入，法制教育的广泛普及，社会公众的法律意识和自我保护意识增强。同时，我国的法律、法规也正走向规范化、成熟化。因而，公众日益注重运用法律手段来解决利益冲突和纠纷。加之法院明显倾向于保护投资者利益，从平衡社会机制出发，对受到损害的审计结果使用者予以支持。这便使某些律师在经济利益的驱使下，鼓励原告对注册会计师追加诉讼。这种做法，受害人若胜诉，可获潜在利益，而在败诉时受到的损失却极小，这些法律上的因素促成了注册会计师法律责任的产生。

（三）制度基础审计的固有局限性是注册会计师法律责任产生的技术因素

现代审计是以评价被审计单位内部控制为基础的抽样审计。内部控制制度的测试和评价，是建立在被审计单位管理当局基本可信的假设基础之上，这样，内部控制才能有效地防止舞弊与差错的产生。因此，对内部控制的评审，只要求审计人员了解关于控制环境和会计制度中的一般知识，依靠对控制环境或会计制度的掌握来鉴别可能的各种错误，这是不够的。另一方面，抽样理论虽然是科学的方法，但是具体应用到审计中来，审计人员还是没有十分的把握保证所抽取的样本能代表整体，主观的结论与客观的事实之间的偏离总是存在的。如果管理当局的蓄意舞弊、公司高级管理人员内部勾结以及发生非常规业务等，都会导致以内部控制评价为基础的抽样审计模式的失败。而且内部控制审计模式的成败在很大程度上依赖于审计人员的经验和能力，即要求注册会计师具有较高的职业素质。由此，内部控制审计模式本身存在的局限，是在技术上导致注册会计师审计失败并承担法律责任的又一大原因。

（四）社会公众对注册会计师审计的过高期望是注册会计师法律责任产生的思想因素

社会公众总是期望审计人员能够：①在技术上具备充分胜任工作的能力，并以正直、独立和客观的态度来执行审计工作；②查找并发现所有无意和故意的重要错报；③防止公布容易产生误导的财务报表。此外，社会公众还期望审计人员应向他们及时通知企业可能难以持续经营的有关情况。但是，由于现代社会经济现象的复杂性，如会计信息滞后于经济活动，会计语言表达经济业务的局限性以及现代造假技术的高超等，使得注册会计师在鉴别会计信息的真伪时，受到相当大的限制。另外，由于注册会计师本身在工作中受到诸多因素的制约，如成本效益原则的限制、抽样技术的风险等，都使得注册会计师的审计结果带有很大的不确定性。由此，社会公众对审计结果的过高期望，与注册会计师实际审计能力之间存在着相当大的差距，这种期望落差也即审计期望差距，常常使审计人员卷入不愉快的责任诉讼纠纷，使注册会计师承担相当重的法律责任。因此，社会公众对注册会计师的过高期望，实际上是导致注册会计师法律责任增加的重要因素。

二、被审计单位方面的原因

（一）错误、舞弊和违反法规行为

被审计单位的会计部门或其他管理部门发生某些严重错误和舞弊而注册会计师未能查出，这往往会给报告使用人造成损失，注册会计师因此可能遭到委托单位及有关方面的控告。由于审计的固有限制，不能苛求注册会计师查出财务报表中所有错误和舞弊情况。因此，不能要求注册会计师对所有未查出的财务报表中的重大错误与舞弊情况负责，但也不意味着注册会计师对未能查出的财务报表中的重大错误与舞弊没有任何责任，关键要看未能查出的原因是否源自注册会计师本身的过错。注册会计师对被审计单位的违法行为，应同管理当局讨论，向律师请教，必要时扩大审计程序以查明事实真相。

（二）经营失败

被审计单位在经营失败时，很可能会连累到注册会计师。财务报表使用者控告会计师事务所的主要原因之一，是不理解经营失败和审计失败的差别。所谓经营风险是指企业由于不利的经济环境或经营条件，决策失误或者市场竞争等，而严重亏损、无力归还借款或无法达到投资人期望的收益。经营风险失控，可能导致企业经营失败。

审计失败则是指注册会计师由于没有遵守执业准则而出具了错误的审计意见。出现经营失败时，审计失败可能存在，也可能不存在。如果审计人员确实遵守了审计准则，但却提出了错误的审计意见，这种情况被称为审计风险。

在发生企业经营失败而审计没有失败时，报表使用者往往指责审计失败，特别是在审计意见说明财务报表公允表达时，情况更是如此。报告使用者在被审计单位发生经营失败时指责审计失败，可能是他们不了解注册会计师的责任。指责审计失败的另一个原因是遭受损失的人们希望得到补偿，而不管是谁的错误。

三、会计师事务所和注册会计师自身的原因

（一）会计师事务所热衷于追求经济利益

会计师事务所是自主经营的中介组织，通过收取费用提供服务而使自身生存和发展。我国的注册会计师组织也不例外，政府要求它们实行加强管理，以收抵支，自负盈亏，这说明注册会计师职业的存在与发展都必须以一定的经济利益为基础。它一方面要履行社会鉴证和经济监督的职责，另一方面又必须同其服务对象进行合作，寻求一定的经济利益，以谋取自身的生存和发展。随着市场经济的发展，竞争的加剧，在经济利益的驱动下，个别会计师事务所为了争揽客户，不惜血本相互杀价，压低收费，使得本来就偏低的审计费用变得更少。这种情况的直接结果是，不得不降低审计成本，因此也就不可能花费大量人力、物力去审计某一个项目，或者为创收而迎合被审计单位的不合法要求。在这种条件下，不可能保证审计质量。因此，我国审计收费不规范，某些审计组织盲目追求经济效益而不注重服务质量，成为注册会计师承担法律责任的重要原因。

（二）注册会计师职业素质普遍较低

我国注册会计师行业存在的一个明显问题就是注册会计师职业素质普遍较低。一方面，我国大部分注册会计师的审计经验十分有限，面对迅速变化的客观环境，很难达到较为理想的程度。在雨后春笋般兴起的大量审计业务中，难免有经验不太丰富的注册会计师或多或少地出现一些过失或判断错误的情况。另一方面，一些审计人员在工作中缺乏应有的敬业精神，不遵循审计准则规定的工作程序和要求，对重要的查账验证业务不做必要的工作底稿；对比较明显的错误问题，也未能及时向委托人指出或予以揭露。一些审计人员甚至在指导思想上存在片面追求收益，害怕失去客户的错误认识，公然置国家法规和执业规则而不顾，弄虚作假，牟取利益，严重违反注册会计师的职业道德规范。以上行为具体体现在如下几个方面：

1. 违约。所谓“违约”，是指合同的一方或几方未能达到合同条款的要求。当因违约而给他人造成损失时，注册会计师应负违约责任。比如，会计师事务所在商定的期间内，未能提交纳税申报表，或违反了与被审计单位订立的保密协议等。

2. 过失。所谓“过失”，是指在一定条件下，缺少应具有的合理的谨慎或存在明显的失误。注册会计师的过失，是以执行审计准则的情况，及其他合格注册会计师在相同条件下可做到的谨慎为标准的。当过失给他人造成损害时，注册会计师应承担过失责

任。过失可分为普通过失和重大过失。

普通过失也称一般过失，是指审计人员在执业过程中没有保持合理的职业谨慎，在审计工作中没有严格按照审计准则的要求从事审计工作。例如，未对特定审计项目取得必要和充分的审计证据，可视为一般过失。重大过失是指审计人员在执业过程中缺乏最起码的职业谨慎，在审计工作中没有遵循审计准则或没有按审计准则的要求执行审计。

还有一种过失叫“共同过失”，指注册会计师存在过失，受害方自己未能保持合理的谨慎，而蒙受损失。例如，委托人指控注册会计师未能查出特定的舞弊，而该舞弊的发生又和被审计单位缺乏完善的内部控制系统有密切关系，这种情况下法院可能会判定被审计单位有共同过失。

3. 欺诈又称注册会计师舞弊，是以欺骗或坑害他人为目的的一种故意的极端错误行为。作案具有不良动机是欺诈的主要特征，是欺诈与过失的主要区别。对于注册会计师而言，明知委托单位的财务报表有重大错报，却加以虚伪的陈述，出具无保留意见的审计报告。

与欺诈相关的另一个概念是“推定欺诈”，又称“涉嫌欺诈”，是指虽无故意欺诈或坑害他人的动机，但却存在极端或异常的过失。法律对注册会计师的诉讼案件采用“举证责任倒置”的原则，当注册会计师不能举证自己没有责任时，可能被“推定欺诈”。

推定欺诈和重大过失这两个概念的界限也很难界定，有些法院将注册会计师的重大过失解释为推定欺诈，特别是近年来法律放宽了“欺诈”一词的范围，使得推定欺诈和欺诈在法律上成为等效的概念。这样，具有重大过失的注册会计师法律责任就进一步加大了。

无论是违约、过失还是欺诈，都是注册会计师职业素质低下的表现，它们无一例外地诱发甚或增大了注册会计师的法律责任。

第三节　注册会计师法律责任的种类

注册会计师的法律责任主要包括行政法律责任、民事法律责任和刑事法律责任，以下将对这三种类型的法律责任逐一进行介绍。

一、注册会计师的行政法律责任

对我国的注册会计师来说，在所有的法律责任中，行政责任是一种专业法律责任，主要强调行业处罚。国家财政部门、审计部门以及证券监管部门是执行注册会计师行政法律处罚的主要部门，通过监管来维护注册会计师行业的秩序，保证行业的服务质量。

法规条文对其约束和处罚的范围主要分为对注册会计师和事务所在业务范围方面进行的约束和处罚及对其在道德行为规范方面进行的约束和处罚。以下就这两方面分别进行阐述。

(一)注册会计师和事务所在业务范围内应承担的责任及其处罚范围

根据《中华人民共和国注册会计师法》、《中华人民共和国证券法》等法律条文的规定，注册会计师在业务范围内所要承担的责任主要有技术责任和质量责任两种。

1. 技术责任。技术责任是指注册会计师在执业过程中，没有按照《中华人民共和国注册会计师法》,《中华人民共和国证券法》和《执业准则》等规定的要求开展业务，从而因技术失误造成业务结果的失真和不实，为此而承担行政法律责任。

技术责任包含故意与过失两个内容。对于注册会计师故意造成的业务结果的失真和不实(也即欺诈)，因为这种故意的技术失误所造成的危害很大，所以对注册会计师所作的行政处罚比较重，一般情况下，要撤销其专业资格。在《中华人民共和国注册会计师法》第 39 条中，已对此作了明确的规定。对于注册会计师因实际审计工作的过失，而造成的业务结果的失真和不实，注册会计师承担的行政责任相对较轻。

2. 质量责任。质量责任是指注册会计师在执行业务过程中，虽然执行了行业规定的各种程序，但由于存在过失，使审计工作质量不高，报告结论有差错，给报告使用人带来损失而应承担的责任。质量责任与技术责任有相似之处，即都与注册会计师执行业务的过程有关。不同的是，质量责任是指注册会计师执行技术标准的认真程度，而技术责任则是指注册会计师有否执行技术标准。质量责任比技术责任提出了更高的要求。

质量责任主要包括两方面：一是注册会计师在执行业务过程中是否认真遵循了技术标准；二是会计师事务所在业务管理过程中，是否制定一套有效的控制制度来保证业务的质量。就前者而言，注册会计师应严格按照执业准则的要求开展审计工作，如若违反，则应承担相应的行政法律责任。而对于后者，注册会计师则应遵照《中国注册会计师质量控制基本准则》对审计业务的质量进行控制。质量控制准则实质上强化了会计师事务所管理部门的行政责任，要求他们在业务管理上必须采取一切有效手段，控制业务质量，避免引起不必要的法律纠纷。

(二)注册会计师和事务所在道德行为规范方面应承担的行政责任

注册会计师和事务所除了在执行业务时须承担一定的行政责任外，还应当承担遵守职业道德准则方面的行政责任。根据《中国注册会计师职业道德基本准则》和《违反注册会计师法处罚暂行办法》的规定，注册会计师如果违反了职业道德准则在一般原则、专业胜任能力、对客户的责任、对同行的责任以及其他责任方面的要求,同样要接受行政处罚。也就是说,注册会计师除了遵循专业标准,还必须接受职业道德规范的约束。例如,专业胜任能力是指注册会计师同意提供服务,就意味着他有从事职业服务所需的能力,而且他将会足够谨慎地利用他的知识、技能和经验。因此,注册会计师在接受业务委托前,应合理估计自身的专业胜任能力。如果注册会计师盲目承办不能胜任的业务,致使业务质量下降,由此引起委托人和他人利益受损时,注册会计师应承担责任。

二、注册会计师的民事法律责任

注册会计师民事法律责任是指注册会计师或会计师事务所因违约、过失或欺诈给他人造成经济损失而应予以赔偿的法律责任。我国对于注册会计师民事法律责任的确定,主要依据《民法通则》、《最高人民法院司法解释》、《中华人民共和国注册会计师法》、《中华人民共和国证券法》以及其他法律法规。以下分别介绍如下。

(一)《民法通则》

《民法通则》第106条规定:"公民、法人违反合同或者不履行其他义务的,应当承担民事责任。公民、法人由于过错侵害国家的、集体的财产,侵害他人财产、人身的,应当承担民事责任。没有过错,但法律规定应当承担民事责任的,应当承担民事责任。"

1.违约的民事责任。《民法通则》第110条规定:"当事人一方不履行合同义务或者履行合同义务不符合约定条件的,另一方有权要求履行或者采取补救措施,并有权要求补偿损失。"

审计业务约定书具有合同的性质,是确定会计师事务所和委托人权利和义务的契约。当注册会计师没有履行合同义务或者履行合同义务不符合约定条件的,委托单位有权要求履行或者采取补救措施,并有权要求注册会计师就因违约而产生的损失予以赔偿。根据《中华人民共和国注册会计师法》的规定,注册会计师应履行两项合同义务:①按照约定时间完成审计业务,出具审计报告;②对在执行业务过程中获悉的商业秘密保密。如果没有履行这两项义务,则应承担违约责任,负民事赔偿责任。

2.侵权的民事责任。我国《民法通则》第111条规定:"侵占国家的、集体的财产或者他人财产的,应当返还财产,不能返还财产的,应当折价赔偿。损坏国家的、集体的财产或者他人财产的,应当恢复原状或者折价赔偿,受害人因此遭受重大损失的,侵害人应当赔偿损失。"

侵权行为是指行为人不法侵占他人财产权利和人身权利的行为。一般情况下、构成注册会计师侵权行为的事项,必须具有以下4个要件:①损害事实的客观存在。损害包括财产损害和人身损害。一般情况下,注册会计师对利害关系人主要造成的是财产损失。②侵权行为与损害事实有因果关系。因果关系是判断注册会计师行为是否侵权的重要条件。③侵权行为的违法性。行为人只对其违法行为承担法律责任,如果造成他人财产和人身损失是违反法律的,行为人就应对此项损害承担赔偿责任。④行为人的过错。过错是指行为人对其实施的行为和该行为所产生的结果所持的心理状态。过错包括故意和过失两种。

注册会计师应承担的违约和侵权责任在法律界尚有不同意见。

3. 无过错责任。国际上有一种非理性连带无限责任判例原则,即从平衡社会机制出发,不管被告在相关案件中是否有过错或过失,只要原告的确受到损失,而原告的损失又与被告的行为有关,法院往往判定每个被告平均承担原告的部分损失。

我国民法规定:"……没有过错但法律规定应当承担民事责任的,应当负担民事责任。"无过错责任主要适用于空气污染、交通事故等,具有特定的含义。根据民法以及注册会计师法,注册会计师在有过错情况下才承担责任,因此,无过错责任不适用于注册会计师。

(二)《最高人民法院司法解释》

《最高人民法院司法解释》,是最高人民法院针对法律运用过程中存在的具体问题,以批复、复函的形式作出的司法解释。主要针对会计师事务所的验资业务所涉及的法律纠纷的司法解释内容如下:

1. 会计师事务所是承担民事赔偿责任的主体。会计师事务所出具验资证明,属于依据委托合同实施的民事行为。因此,出现法律纠纷,承担民事责任的应当是会计师事务所。只有当会计师事务所出具虚假验资证明对与委托合同存在直接法律关系的委托人和其他利害关系人造成损失时,才追究会计师事务所的民事责任。

2. 后于债务人承担赔偿责任。会计师事务所与案件的合同当事人虽然没有直接的法律关系,但鉴于其出具虚假验资证明的行为,损害了当事人的合法权益,因此,在民事责任的承担上,应当先由债务人负责清偿,不足部分,再由会计师事务所在其证明金额范围内承担赔偿责任。如果会计师事务所在验资报告中明确承诺"以上货币资金及固定资产业经逐项验证属实,如有虚假,由我单位负责承担证明金额内的赔偿责任。"诸如此类表明自身承担责任的条款,则会计师事务所应在其按照验资证明中所承诺的金额承担责任。

(三)《中华人民共和国注册会计师法》

《中华人民共和国注册会计师法》第 42 条规定:"会计师事务所违反本规定,给委托人、其他利害关系人造成损失的,应当依法承担赔偿责任。"

1. 注册会计师对委托人的责任。根据我国有关法律、行政法规的规定,企业对外报送的财务报表必须经中国注册会计师审计,这些审计业务属于中国注册会计师的法定审计业务，其他机构和人员不能承办这些业务。

根据《中华人民共和国注册会计师法》的规定：如果由于注册会计师违反了本法，给委托单位造成了经济损失，注册会计师对于委托单位就负有法律责任。遭受损失的委托单位往往指控注册会计师在审计过程中犯有过失，并向法院提出要求注册会计师予以赔偿的诉讼。

2. 注册会计师对其他利害关系人的责任。在市场经济条件下，注册会计师进行审计业务的利害关系人应涵盖股东、债权人、雇员、政府机关及社会公众。公司仅仅向股东报告已不能满足需要，我国目前企业活动已成为一种全社会的活动。企业从社会得到材料、人力资源、生产设备，将产品提供给社会，向银行借贷、向社会募集资金、向政府纳税等。公司已向越来越多的利害关系者报告其经营情况，这就意味着注册会计师要向更多的其他利害关系人负责。

(四)《中华人民共和国证券法》

《中华人民共和国证券法》中规定注册会计师所应承担连带责任。发行人、承销的证券公司公告招股说明书、公司债券募集方法、财务会计报告、上市报告文件、年度报告、中期报告、临时报告，存在虚假记载、误导性陈述或者有重大遗漏，致使投资者在证券交易中遭受损失的。发行人、承销的证券公司应当承担赔偿责任。发行人、承销的证券公司的负有责任的董事、监事、经理应当承担连带赔偿责任。从这里，我们可以看出，只要信息披露文件有虚假或重大遗漏事项，发行人应就整个文件内容承担绝对责任。而发行人以外的董事、监事、经理人员、注册会计师、承销商等等相关的责任人，则应负连带责任。注册会计师在出具审计报告时，必须按照执业规则规定的工作程序出具报告，对其所出具报告内容的真实性、准确性和完整性进行核查和验证，并对其负有责任的部分承担连带责任。

三、注册会计师的刑事法律责任

注册会计师的刑事法律责任，是指注册会计师因工作上的过失或故意欺诈，发生了刑律禁止的行为而应承担的法律责任。在注册会计师可能承担的三种法律责任中，刑事责任是最重的一种法律责任。

(一)刑事犯罪的构成要件

作为一名注册会计师，在什么情况下属于触犯刑律，需要了解这些犯罪构成的必要条件，从而对自己的行为进行约束。另外，掌握了这些法律知识，一旦卷入刑事案件，注册会计师也能自己判断自己的行为，以正确地配合办案。如果确实因自己犯罪而被起诉时，则有助于辩诉。

1. 注册会计师刑事犯罪的构成要件如下：

(1)犯罪的主体。犯罪的主体指实施犯罪行为的人,其必须具有刑事责任能力。对于注册会计师犯罪来说是满足这一条件的。在《中华人民共和国注册会计师法》中已对执业的注册会计师的行为能力作了要求。

(2)犯罪的客体。对注册会计师来说,经济犯罪所侵犯的客体是社会主义市场经济管理秩序。注册会计师的经济犯罪行为主要有扰乱市场交易秩序罪、破坏金融秩序管理罪和侵犯知识产权罪。扰乱市场交易秩序罪是因为注册会计师在信息鉴证环节犯罪,导致市场无法依据财务信息进行正常的活动,从而扰乱了市场交易秩序;破坏金融秩序管理罪是注册会计师利用证券内幕信息进行交易并谋取私利的行为,它所破坏的社会关系是国家金融管理秩序;侵犯知识产权罪是指注册会计师侵犯商业秘密的行为,它所破坏的社会关系是对知识产权的保护问题。

(3)犯罪的客观方面。犯罪的客观方面由众多要素构成,包括行为、行为方式、行为对象、行为的危害结果和犯罪活动赖以存在的时空条件。对于犯罪的客观方面而言,必须有具体的违法行为存在,而且该违法行为与危害结果之间要有因果关系,这样才构成犯罪。注册会计师的违法行为,违反了工商、金融、市场管理法规,违法行为存在。另外,注册会计师从事内幕交易的行为,只是发生在注册会计师知悉的财务信息公开之前,如果未满足这个时间条件,行为人的客观行为并不构成犯罪。

(4)犯罪的主观方面。犯罪的判定不仅仅依据其客观行为产生的危害性结果,还要看犯罪主体是否在主观上具有故意或过失。经济犯罪的主观方面,除个别犯罪是由过失构成外,只有故意才犯罪。如诈骗、偷税、挪用公款等犯罪,不可能是过失。对于注册会计师来说,对自己严重不负责任的过失或欺诈情况,出具虚假证明文件的行为负刑事责任,也证明了注册会计师职业责任的重大。

2. 会计师事务所刑事犯罪的构成要件。会计师事务所构成刑事犯罪,也需要满足犯罪构成的4个要件,即行为的主体是会计师事务所;客体上,侵犯了社会主义市场经济管理秩序;客观上有违反工商、金融、市场管理法规的行为;主观方面必须有故意或严重过失。

事务所犯罪同会计师犯罪其主体不同,事务所是法人,注册会计师则是自然人,其主体的特性不同,因而事务所构成犯罪必然有其特殊性。判断事务所是否构成犯罪还须考虑以下的因素,其中某些因素也是用来区分事务所与会计师犯罪的标准。

(1)事务所犯罪的实施者必须是事务所的法定代表人、主管人员等。这种犯罪行为必须是在事务所意志支配下实施的。所以,事务所犯罪的实施者不是任何事务所成员,而必须是能够反映事务所整体的法定代表人、主管人员,直接责任人员和其他成员。

(2)事务所犯罪必须是以事务所名义实施的。会计师事务所是一个法人组织,能以独立的社会关系主体的资格对外交往和进行活动。正是由于会计师事务所具有这种主体资格,它才需对其成员的行为承担刑事责任。

(3)事务所犯罪是在事务所的意志支配下实施的,必须是为了该所的利益。这一点是区别注册会计师故意犯罪与会计师事务所故意犯罪的关键因素。因为这两者的犯罪行为都可能是会计师事务所的法定代表人、主管人员或直接责任人员具体实施的,而且注册会计师个人也可能盗用会计师事务所的名义进行犯罪活动。因而,区分的关键在于犯罪行为由哪个主体的意志支配,以及谁是犯罪行为的受益人这两个方面。

(4)事务所犯罪必须是在事务所的业务范围以内。事务所犯罪是由于其代表人、主管人员、直接责任人员和其他成员违反法律,不履行其应尽的义务造成危害社会的结果。这种犯罪只能在法律规定的业务范围内产生,超出其业务范围,由于缺乏标准,就很难加以衡量。《中华人民共和国注册会计师法》第3章第12条作出了具体的规定。如果事务所的成员,超越了规定的业务范围,造成危害社会的结果,并构成刑事犯罪的,则不是会计师事务所犯罪,而只能是其成员的个人犯罪。

(二)《中华人民共和国刑法》及其他法律条款中对注册会计师刑事责任的规定

1997年10月1日起实施的《中华人民共和国刑法》第229条是关于注册会计师刑事责任的条款。该条款规定:

"承担资产评估、验资、验证、会计、审计、法律服务等职责的中介组织的人员故意提供虚假证明文件,情节严重的,处五年以下有期徒刑或者拘役,并处罚金。

前款规定的人员,索取他人财物或者非法收受他人财物,犯前款罪的,处五年以上十年以下有期徒刑,并处罚金。

第一款规定的人员,严重不负责任,出具的证明文件有重大失实,造成严重后果的,处三年以下有期徒刑或者拘役,并处或者单处罚金。"

除《中华人民共和国刑法》中所规定的注册会计师承担的刑事责任外,《中华人民共和国注册会计师法》、《中华人民共和国公司法》、《中华人民共和国证券法》中也有关于注册会计师刑事责任的规定。如《中华人民共和国注册会计师法》第39条规定:"会计师事务所、注册会计师违反本法第20条、第21条的规定,故意出具虚假的审计报告、验资报告,构成犯罪的,依法追究刑事责任。"《中华人民共和国证券法》第189条规定:"证券交易所……社会中介机构及其从业人员……在证券交易活动中作出虚假陈述或信息误导的,责令改正,处以三万元以上二十万元以下的罚款……,构成犯罪的,依法追究刑事责任。"

以上对注册会计师的行政法律责任、民事法律责任、刑事法律责任进行了系统的阐述,从中我们可以看出,对于注册会计师来说,行政法律责任是在违犯注册会计师行业的管理规范时应当受到的财政部门给予的处罚;民事法律责任则是在侵犯其他民事主体经济利益后应当进行补偿的责任;刑事法律责任是造成对社会经济的严重危害后应当受到刑罚制裁。三者不同,但三者之间并不相互排斥。例如,在注册会计师违反规定而受到刑事和民事制裁时,也可能同时受到财政部门给予的处罚。注册会计师在触犯刑律遭到刑事起诉时,也可能因侵犯民事主体经济利益而同时遭到附带的民事诉讼。

第四节　注册会计师法律责任的防范措施

日益增加的法律诉讼使注册会计师法律责任防范的重要性凸显。我们认为,注册会计师法律责任防范的具体措施可从政府、行业自律组织、会计师事务所和注册会计师四个方面采取实施。

一、政府应采取的措施

政府可从以下两方面着手,为会计师事务所法律责任的防范创造良好条件。

(一)开展普法教育,提高注册会计师的法制意识

我国注册会计师行业是在经济转型环境中产生和发展的。因此,多数注册会计师缺少市场经济的法制意识。许多注册会计师不了解与他们责任有关的民法通则的内容,也不知道新刑法规定了注册会计师因工作过失要承担的刑事责任。甚至针对注册会计师的法律规范,有的注册会计师未予关心。所以,开展法制教育,普及法律知识,应成为我国注册会计师行业主管部门首先采取的重要措施之一。

(二)制定较为合理的收费标准,减轻事务所的经济压力

在一些注册会计师行业比较发达的国家,注册会计师的审计收费,要考虑遭受诉讼作出赔偿的可能性,往往会加入审计的风险成本。我国政府部门为会计事务所制定了最低收费标准,收费标准以资产或资本总额等指标为参照的依据,很少考虑业务的复杂程度、审计风险等因素,显然加大了事务所的经济压力。经济压力的加大是导致事务所审计质量低下的一个重要原因。

二、行业自律组织应采取的措施

行业自律组织可从以下几方面帮助注册会计师或会计师事务所减少诉讼威胁。

(一)与审计报告使用者和司法部门加强沟通,防止期望值差异的扩大

注册会计师之所以被卷入许多法律纠纷,与审计报告使用者的期望值过高有关。司法部门的一些判例说明它们也有这种方面倾向。实际上,注册会计师的工作充其量只不过是提高了会计信息的可信性,而绝不是一种保证或保险。尽管规范的审计工作能以最低成本，在最大范围内揭露出财务报表中所有的重大错误，但对一些精心伪造的舞弊案，特别是对那些内部串通或账外循环的舞弊案，注册会计师因成本、条件或技术方法的限制，很难将其查清。因而，审计报告使用者、司法部门的期望，与注册会计师的实际能力，存在一定的差距。如果这些差距不消除，就会出现许多不应有的诉讼案件，就会增加注册会计师不必要的法律责任。如何消除这些期望差距，就成为行业自律组织的重要任务之一。而消除的方法，就是加强与这些部门的沟通，正确宣传注册会计师的实际作用，努力降低审计报告使用者或司法部门不切实际的过高期望，以减少不必要的法律责任。

(二)开展审计理论研究，制定相关准则，以防范不必要的审计风险

注册会计师所以要承担一些法律责任，主要是由于工作结果没有达到报告使用者的要求。这既有使用者期望过高的因素，也有审计技术落后于现实的原因。如何针对注册会计师的诉讼浪潮，制定和完善审计准则体系，同样具有重要的意义。开展审计理论研究，不仅要解释现有业务存在的问题，更重要的是能预测未来可能发生的各种风险，将一些可能导致注册会计师承担法律责任的因素，消灭在萌芽状态。因此，重视注册会计师行业的理论研究，制定相关的准则，是行业自律组织防范法律责任的一个重要措施。

(三)加强行业的内部管理，注重职业道德教育

行业自律、提高注册会计师行业的社会威信，是注册会计师行业防范法律责任的有效措施。一个职业道德良好、执业质量规范、严于律己的行业，一般不会受到太多诉讼案件的困扰。即使发生一些无理诉讼案件的纠缠，法律界也会理解为是行业局限性、不可避免的客观因素造成的，从而判定注册会计师免于承担责任。同时，加强行业的内部管理，通过同业复核、行业年检等，将一些可能发生的过失与错误，消灭在萌芽状态，也是防范注册会计师行业承担法律责任的有效措施之一。

(四)对注册会计师提供司法援助，并协助司法部门制定相关的法律规范

针对日益增多的法律纠纷，作为行业自律部门，应该协助会计师事务所进行无罪辩护。针对有些会计师事务所惧怕诉讼纠纷，抱着息事宁人态度，或者是觉得诉讼成本太高，以私下赔钱的方式予以调解处理的情况，注册会计师协会应在事实基本清楚的前提下，提供司法援助。

司法部门针对的与注册会计师有关的法律纠纷，由于缺乏相关的法规与专业知识，使诉讼结果不利于注册会计师，这实际上助长了一些不必要的法律纠纷。为了帮助司法人员正确判案，注册会计师协会应加强与司法机关的沟通与合作，培训司法人员的专业知识，并积极参与制定与注册会计师法律责任相关的一些法规，以帮助司法人员熟悉、了解注册会计师行业的特征，避免注册会计师承担过重的法律责任。

三、会计师事务所应采取的措施

(一)审慎选择被审计单位

会计师事务所如欲避免法律诉讼,必须慎重选择被审计单位。会计师事务所在接受客户委托之前,一定要采取必要的措施对被审计单位的历史情况有所了解,评价企业的素质,弄清委托的真正目的,以选择正直的被审计单位作为自己的审计对象。尤其是在执行特殊目的的审计业务时,更应如此。另外,在选择被审计单位时,对于陷入财务困境和具有高风险的被审计单位要尤为注意。绝大部分涉及注册会计师的重大诉讼案集中在宣告破产的被审计单位。因为,资金周转不灵或面临破产的公司的股东或债权人,总想为他们的损失寻找替罪羊。而对于具有较高风险的被审计单位如财务公司、保险公司、房地产投资公司、刚上市的私营公司等,因为其未来发展的高度不确定性,注册会计师在接受委托前应特别慎重。国际四大会计师事务所为了降低不必要的法律诉讼案的发生,尽量避免接受此类客户以降低诉讼威胁。我国会计师事务所在接受委托前对这类被审计单位也应保持高度的警惕性。

(二)与委托人签订业务约定书

《中华人民共和国注册会计师法》第16条规定,注册会计师承办业务,会计师事务所应与委托人签订委托合同(即业务委托书)。业务约定书具有法律效力,是确定注册会计师和委托人的责任的一个重要文件。会计师事务所不论承办何种业务,都要按照业务约定书准则的要求与委托人签订约定书,这样才能在发生法律诉讼时将一切口舌之争减少到最低限度。另外,注册会计师在与客户签订委托书时,应特别重视免责条款的规定。因为免责条款是当事人双方在合同中约定的,旨在限制和免除其未来责任的条款,免责条款可以部分或全部地解除注册会计师的法律责任。因此,作为防范法律风险的一种措施,注册会计师在签订业务约定书时,应加以详细考虑,以防范不应承担的法律责任。

(三)建立健全会计师事务所质量控制制度

对于大多数审计项目来说,相当多的工作是由缺乏经验的助理人员来完成的。对审计风险的识别、估测、评价、预防等主要是依靠审计人员的专业判断,如果审计人员缺乏经验而去进行判断,会计师事务所就要承担较大的风险。因此,控制风险的措施之一,是必须严格把握助理人员的业务能力,同时对他们进行有效的风险管理方面的培训,在实际工作中对他们进行适当的监督和指导。在决定员工晋升的过程中,将其风险管理能力列为一个考察评价的项目,以提高会计师事务所人员的整体风险意识和风险管理水平。会计师事务所不同于一般的公司、企业,质量管理是会计师事务所各项管理工作的核心和关键。如果一个会计师事务所质量管理不严,很有可能因某一个人或一个部门的原因导致整个会计师事务所遭受灭顶之灾。我国已经颁布了《中国注册会计师质量控制基本准则》，为我国会计师事务所进行质量控制提供了依据。但是，我国会计师事务所的现状是，大多数会计师事务所根本就没有根据质量控制准则制定相应的内部质量控制制度。因此，会计师事务所必须建立健全一套严密、科学的内部质量控制制度，并把这套制度推行到每一个人、每一个部门和每一项业务，迫使注册会计师按照专业标准的要求执业，保证整个会计师事务所的质量。

(四)聘请或培养熟悉注册会计师法律责任的律师

在有条件的会计师事务所，尽量聘请熟悉注册会计师责任的律师作为本所的法律顾问。注册会计师在执业过程中遇到重大疑难问题时，不仅要从专业角度予以考虑，也要多请教相关律师，从法律角度对各种疑难问题进行思考，将一些可能存在的重大法律风险消除在萌芽状态，以防止重大法律纠纷的发生。一旦发生法律诉讼，也应邀请有经验的律师参加诉讼。在这方面，国外已经有了一些可行的做法。一些国家成立了律师会计师事务所，由那些既有注册会计师资格，又有律师资格的人组成的事务所，为会计师事务所承担法律顾问或法律辩护，取得了良好的效果。因此，我们认为，应鼓励会计师事务所的注册会计师参加律师资格考试，竭力培养一些既精通法律又精通注册会计师行业的律师队伍，提高事务所法律方面的能力，以防范事务所的法律风险。

(五)提取风险基金或购买责任保险

在西方国家，投保充分的责任保险是会计师事务所一项极为重要的保护措施。尽管保险不能免除可能受到的法律诉讼，但能防止或减少诉讼失败时会计师事务所发生的财务损失。我国《注册会计师法》也规定了会计师事务所应当按规定建立职业风险基金，办理职业保险。但实施的力度还不够大，因此，应加大这方面的实施力度。

四、注册会计师应采取的措施

(一)遵守专业标准和职业道德要求

只要注册会计师严格遵守各项专业标准和职业道德准则的要求，执业时保持认真与谨慎，一般就不会发生过失，至少不会发生重大过失。在判断注册会计师是否承担法律责任时，关键是看注册会计师是否有过失或欺诈行为。而判别注册会计师是否有过失的关键在于注册会计师是否遵照专业准则的要求执业。因此，保持良好的职业道德，严格遵循专业标准的要求执业，对于避免法律诉讼具有很重要的意义。

(二)深入了解被审计单位的业务

在很多案件中，注册会计师之所以未能发现错误，一个重要的原因就是他们不了解被审计单位所在行业的情况及被审计单位的业务，对一些影响较大的技术问题，缺乏专家咨询。会计是经济活动的综合反映，不熟悉被审计单位的经济业务、生产技术和生产经营活动，仅局限于有关的会计资料，会有较大的审计风险。

（三）取得管理当局声明书和律师声明书

管理当局声明书和律师声明书是确定注册会计师和委托单位责任的重要文件。因此，当注册会计师在执行审计业务或其他业务时，要求从被审计单位管理当局和律师处获得声明书。通常，这类声明书记录了被审计单位管理当局和律师对注册会计师查询的答复，是注册会计师从被审计单位管理当局和律师处获得查询的书面证据，从而减少了出错或误解的可能性。被审计单位管理当局与律师声明书是一种有力的证据，虽然其本身不足以对注册会计师形成审计意见提供基本理由，但被审计单位声明书能明确提醒被审计单位管理当局，应对其财务报表负会计责任。尤为重要的是，在法庭辩护时，有利于保护注册会计师。律师声明书则通常可作为证据，并足以使注册会计师解释并报告有关的期后事项和或有损失。注册会计师应根据律师的职业条件和声誉等情况来确定律师声明书的合理性，考虑相关的法律风险，并采取有关对策，以减少或转移风险。

复习思考题

1. 注册会计师审计为什么要负法律责任？
2. 欺诈和过失的区别是什么？有无内在联系？
3. 造成注册会计师法律责任的原因有哪些？
4. 审计中严格执行执业准则是否承担法律责任？
5. 造成注册会计师行政法律责任的原因有哪些？
6. 注册会计师可能承担哪些民事法律责任？
7. 注册会计师和会计师事务所构成犯罪有哪些要件？
8. 我国有哪些法律规定了注册会计师和会计师事务所的法律责任？
9. 注册会计师协会应采取哪些措施帮助注册会计师避免法律责任？
10. 会计师事务所应采取哪些措施避免法律责任？
11. 注册会计师应采取哪些措施避免法律责任？

第四章

审计目标与审计范围

本章要点

审计目标是指在一定历史环境下，人们通过审计活动所期望达到的目标或最终结果，它包括审计总目标和审计具体目标两个层次。在一定时期，某一国家所规范的审计总目标基本不变，审计的具体目标则受审计总目标、被审计单位管理当局的认定、具体审计项目等制约，因此，它具有不确定性。审计目标决定注册会计师实施审计的范围。注册会计师实施审计的范围应在审计业务约定书中载明。本章介绍了审计业务约定书的概念、作用；审计业务约定书的内容及审计业务约定书签署的准备工作；审计的范围；审计的总目标及其演变；我国审计的总目标、具体目标及具体目标的确定，审计目标的实现过程。

第一节 审计业务约定书与审计范围

会计师事务所承接任何一项审计业务，都应当与委托人签署审计业务约定书，它是注册会计师及其事务所介入委托人单位，开展审计业务的法律依据。尽管注册会计师审计的大体范围是被审计单位（委托人）的会计资料，但由于被审计单位（委托人）的具体要求不同，注册会计师及其事务所在接受委托人的委托时，应在审计业务约定书中明确具体的审计范围。

一、审计业务约定书的概念与作用

（一）审计业务约定书的概念

审计业务约定书是指会计师事务所与被审计单位签订的，用以记录和确认审计业务的委托与受托关系、审计目标和范围、双方的责任以及报告的格式等事项的书面协议。

审计业务约定书的含义可从以下几方面加以理解：

1. 签约主体通常是会计师事务所和被审计单位，但也存在委托人与被审计单位不是同一方的情形，在这种情形下，签约主体通常还包括委托人。

2. 约定内容主要涉及审计业务的委托与受托关系、审计目标和范围、双方责任以及报告的格式。

3. 文件性质属于书面协议，具有委托合同的性质，一经有关签约主体签字或盖章，在各签约主体之间即具有法律约束力。

（二）审计业务约定书的作用

签署审计业务约定书的目的是为了明确约定双方的责任与义务，促使双方遵守约定事项并加强合作，以保护会计师事务所与被审计单位的利益。在注册会计师的审计实践中，审计业务约定书主要有 3 个方面的作用：

1. 审计业务约定书可以增进会计师事务所与委托人之间的了解，尤其使被审计单位了解注册会计师的审计责任及需要提供的合作。

2. 审计业务约定书可作为被审计单位鉴定审计业务完成情况及会计师事务所检查被审计单位约定义务履行情况的依据。

3. 如果出现法律诉讼，审计业务约定书是确定会计师事务所和委托人双方应负责任的重要证据。

二、签订审计业务约定书的总体要求

注册会计师应当在审计业务开始前，与被审计单位就审计业务约定条款达成一致意见，并签订审计业务约定书，以避免双方对审计业务的理解产生分歧。需要说明的是，这里的注册会计师是指与委托人签订审计业务约定书的会计师事务所。

如果被审计单位不是委托人，在签订审计业务约定书前，注册会计师应当与委托人、被审计单位就审计业务约定相关条款进行充分沟通，并达成一致意见。

在审计实务中，审计业务约定书可以采用合同式或信函式两种形式，尽管形式不同，但其实质内容是相同的。合同式审计业务约定书参考格式见本章附录，注册会计师在使用时可以根据实际需要进行修改调整。

三、审计业务约定书的内容

审计业务约定书的内容，包括审计业务约定书的必备条款、应当考虑增加的业务约定条款，以及实施集团财务报表审计时的特殊考虑。

(一)审计业务约定书的必备条款

审计业务约定书的具体内容可能因被审计单位的不同而存在差异，但应当包括下列主要方面：

1. 财务报表审计的目标。财务报表审计的目标是注册会计师通过执行审计工作，对财务报表是否按照适用的会计准则和相关会计制度的规定编制，是否在所有重大方面公允反映被审计单位的财务状况、经营成果和现金流量发表审计意见。

2. 管理层对财务报表的责任。在被审计单位治理层的监督下，按照适用的会计准则和相关会计制度的规定编制财务报表是被审计单位管理层的责任。

3. 管理层编制财务报表采用的会计准则和相关会计制度。

4. 审计范围，包括指明在执行财务报表审计业务时遵守的《中国注册会计师执业准则》(以下简称《执业准则》)。审计范围是指为实现财务报表审计目标，注册会计师根据执业准则和职业判断实施的恰当的审计程序的总和。

5. 执行审计工作的安排，包括出具审计报告的时间要求。

6. 审计报告格式和对审计结果的其他沟通形式。

7. 由于测试的性质和审计的其他固有限制，以及内部控制的固有局限性，不可避免地存在着某些重大错报可能仍然未被发现的风险。

8. 管理层为注册会计师提供必要的工作条件和协助。

9. 注册会计师不受限制地接触任何与审计有关的记录、文件和所需要的其他信息。

10. 管理层对其作出的与审计有关的声明予以书面确认。

11. 注册会计师对执业过程中获知的信息保密。

12. 审计收费，包括收费的计算基础和收费安排。在签订审计业务约定书前注册会计师应当与委托人商定审计收费。在确定收费时，注册会计师应当考虑以下因素：①审计服务所需的知识和技能；②所需专业人员的数量、水平和经验；③每一专业人员提供服务所需的时间；④提供审计服务所需承担的责任；⑤各地有关审计收费标准的规定。

13. 违约责任。

14. 解决争议的方法。

15. 签约双方法定代表人或其授权代表的签字盖章，以及签约双方加盖的公章。

上述条款都是审计业务约定书的必备条款。之所以将这些条款作为审计业务约定书的必备条款，主要是由于审计工作专业性强，而委托人可能混淆被审计单位管理层与注册会计师的责任，或不了解审计的固有限制而对审计有不恰当的预期。在这种情况下，在审计业务约定书中明确上述条款，有助于避免委托人对审计业务的目标和作用等产生误解。

（二）在情况需要时应当考虑增加的业务约定条款

《执业准则》第6条规定，如果情况需要，注册会计师应当考虑在审计业务约定书中列明下列内容：

1. 在某些方面对利用其他注册会计师和专家的安排。

2. 与审计涉及的内部审计人员和被审计单位其他员工工作的协调。

3. 预期向被审计单位提交的其他函件或报告。

4. 与治理层整体直接沟通。

5. 在首次接受审计委托时，对与前任注册会计师沟通的安排。

6. 注册会计师与被审计单位之间需要达成进一步协议的事项。

（三）集团财务报表审计应当考虑的因素

如果负责集团财务报表审计的注册会计师同时负责组成部分财务报表的审计，注册会计师应当考虑下列因素，决定是否与各个组成部分单独签订审计业务约定书。

1. 组成部分注册会计师的委托人。如果集团和组成部分审计是由不同的委托人委托的，注册会计师通常与不同的委托人分别签订审计业务约定书。例如，××会计师事务所受甲集团母公司委托，对甲集团合并财务报表及集团母公司年度财务报表进行审计，同时，甲集团所属子公司乙公司也聘请××会计师事务所对年度财务报表进行审计。在这种情况下，××会计师事务所应当分别与甲公司和乙公司签订审计业务约定书。

2. 是否对组成部分单独出具审计报告。如果集团母公司聘请注册会计师对集团合并财务报表和集团组成部分的年度财务报表进行审计，但明确不对集团组成部分单独出具审计报告，那么，注册会计师一般无需与组成部分另行签订审计业务约定书。

3. 法律法规的规定。如果法律法规有明确要求，应按相关要求办理。

4. 母公司、总公司或总部占组成部分的所有权份额。如果母公司、总公司或总部占组成部分的所有权份额很大，那么，注册会计师可能无需与组成部分另行签约。

5. 组成部分管理层的独立程度。组成部分管理层，是指负责编制组成部分财务信息的管理层。在某些情况下，组成部分管理层没有独立决策的权力（例如，组成部分是某公司的销售部门），而由集团管理层进行日常经营决策，而且很可能该组成部分在法律上也不具备独立签约的资格，那么注册会计师与其签约是没有意义的。

四、签署审计业务约定书的准备工作

根据《中国注册会计师执业准则第 1111 号——审计业务约定书》的要求，在签署审计业务约定书之前，注册会计师应当对被审计单位基本情况进行了解，并就委托目的、审计范围、审计收费以及被审计单位应提供的资料、协助的工作等约定事项进行商议。

（一）明确审计业务的性质和范围

明确审计业务的性质和范围是会计师事务所和被审计单位签约前首要的工作。审计业务一般有年度报表审计、专项审计、期中审计和资本验证等。被审计单位应提供注册会计师审计所需要的全部资料，否则，注册会计师的审计范围就受到限制。

（二）初步了解被审计单位的基本情况

1. 初步了解被审计单位的基本情况的目的。注册会计师通过对被审计单位基本情况的了解，一方面可以确定是否接受委托人的委托；另一方面可以安排进一步的审计工作。

2. 了解被审计单位的基本情况。其内容包括：①业务性质、经营规模和组织结构；②经营情况和经营风险；③以前年度接受审计的情况；④财务会计机构及工作组织；⑤其他与签订审计业务约定书相关的事项。如被审计单位简史、主要管理人员的管理经验及品行、委托人聘用注册会计师的意向等。

（三）评价会计师事务所的胜任能力

评价胜任能力包括 3 个方面：①评价执行审计的能力（确定审计小组的关键成员和考虑在审计过程中向外界专家寻求协助的需要）；②评价独立性；③评价保持应有谨慎的能力。如果会计师事务所不具备胜任能力，应当拒绝接受委托。

（四）商定审计收费

审计收费方法可以采用计件收费和计时收费两种方法。从注册会计师业务发展趋势看，计时收费应该成为审计收费的基本方法。由于计时收费的主要依据是审计业务所需要的工作时间，因此，会计师事务所应当估计工时，以便与委托人商定审计收费。

（五）明确被审计单位应协助的工作

在注册会计师实施现场审计之前，被审计单位应当将所有的会计资料准备齐全；而在审计过程中，被审计单位的财会人员应当对注册会计师的询问、审查给予解释和配合，并在适当的地方为注册会计师代编工作底稿。

会计师事务所就上述问题与委托人协商一致后，即可指派人员起草审计业务约定书。起草完毕的审计业务约定书一式两份，由会计师事务所的法人代表或其授权代表与被审计单位的法人代表或授权代表共同签署，并加盖约定双方的印章。任何一方如需修改、补充审计业务约定书，应以适当方式获得对方的确认。

审计业务约定书在审计约定事项完成后，归入审计业务档案。

五、财务报表的审计范围

（一）财务报表审计范围的含义

财务报表的审计范围是指为实现财务报表审计目标，注册会计师根据审计准则和职业判断实施的恰当的审计程序的总和。恰当的审计程序是指审计程序的性质、时间和范围是恰当的。

1. 审计程序的性质是指审计程序的目的和类型。审计程序的类型包括检查、观察、询问、函证、重新计算、重新执行和分析程序。

2. 审计程序的时间是指注册会计师何时实施审计程序，或指审计证据适用的期间或时点。

3. 审计程序的范围是指实施审计程序的数量，包括抽取的样本量，对某项控制活动的观察次数等。

审计范围受到限制是指由于客观原因或者被审计单位施加的限制，注册会计师未能实施其根据审计准则和职业判断应当实施的审计程序，从而未能获取充分、适当的审计证据。

（二）确定审计范围的依据

注册会计师应当根据审计准则和职业判断确定审计范围。审计准则在规定注册会计师承担的责任和所要实现的目标的同时，还规定了为履行责任和实现目标所须实施的审计程序。注册会计师有责任按照审计准则的规定实施审计工作，获取财务报表在整体上不存在重大错报的合理保证,无论该错报是由于舞弊还是错误导致。同时,该准则还对注册会计师如何履行这一职责规定了必要的审计程序,如第三十条要求注册会计师通过询问、考虑舞弊风险因素、分析程序、考虑其他信息等获取用于识别舞弊导致的财务报表重大错报风险所需的信息。

审计中的职业判断是指注册会计师在审计准则的框架下,运用专业知识和经验在备选方案中作出决策。被审计单位的具体情况千差万别,审计准则中不可能针对所有可能遇到的情况规定对应的审计程序。因此,在审计过程中,注册会计师运用职业判断至关重要。注册会计师在确定审计程序的性质、时间和范围,评价审计证据,得出审计结论和形成审计意见时,都离不开职业判断。离开了职业判断,审计就成为简单机械地执行审计程序的过程。注册会计师在确定拟实施的审计程序时,除需要考虑审计准则中规定的审计程序外,还需要根据职业判断实施为实现审计目标而需要执行的其他审计程序。

注册会计师在审查审计范围内的会计资料和有关资料时,应着重关注以下三个方面:

1. 确定基础性会计记录和其他资料中所包含的信息是否可靠,是否能够成为编制财务报表的依据。

2. 确定有关信息、资料是否在财务报表中得到恰当的反映。这可以通过以下两点来衡量:①将财务报表与其他来源的资料相比较,以了解其中记载的事项和业务是否在财务报表中得到了恰当的反映;②参考被审计单位管理人员在编制财务报表时所作的判断,评价会计政策的选择和应用是否符合一贯性原则,评价信息资料的分类方式、表达方式是否恰当。

3. 考虑以下影响注册会计师形成审计结论的因素:

(1)由于判断贯穿于注册会计师工作的全过程,如对被审计单位内部控制完善程度的判断、财务报表编制公允程度的判断等,又由于注册会计师可能得到的证据有很多是说服性而非结论性的,因此,绝对肯定的审计意见是难以形成的。

(2)由于审计工作的测试性质和其固有的局限性,以及内部控制固有的局限性等因素的影响,在注册会计师形成审计意见时,仍然存在某些重要的错报、漏报未被发现的可能性,亦即存在审计风险。因此,当发现可能存在错误和舞弊的迹象,并可能会因此导致反映严重失实时,注册会计师必须扩大审计程序,以证实问题或排除疑点。

(3)如果审计在范围上受到重要的局部限制,以致使注册会计师不能或难以确定所发现的问题对财务报表的影响,注册会计师应根据所被限制审计范围对财务报表整体反映影响程度等具体情况,出具保留意见或无法表示意见的审计报告。

第二节　审计总目标

审计目标是在一定历史环境下，人们通过审计实践活动所期望达到的目标或最终结果。它包括审计总目标和审计具体目标两个层次。

一、审计总目标的演变

注册会计师审计自诞生以来，从其内容发展来说主要经历了详细审计、资产负债表审计和财务报表审计三个阶段，审计总目标也随之有所变化。

（一）详细审计（账项审计）

在详细审计阶段，审计总目标是通过对被审计单位一定时期内的会计记录的逐笔审查，判定有无技术错误和舞弊行为。查错防弊是此阶段的审计目标。

（二）资产负债表审计

在资产负债表审计阶段，审计总目标是通过对被审计单位一定时期内资产负债表所有项目余额的可靠性、真实性审查，判断其财务状况和偿债能力。在此阶段，查错防弊这一目标依然存在，但已退居第二位，审计的功能从防护性发展到公证性。

（三）财务报表审计

在财务报表审计阶段，审计总目标是判定被审计单位一定时期内的财务报表是否公允地反映其财务状况和经营成果，以及所采用的会计政策和会计处理方法是否符合本国的会计准则，并在出具审计报告的同时，提出改进经营管理的意见。在此阶段，审计由静态审计发展到动态审计，并且增加了“管理审计”的内容（包括经营审计、效益审计、效果审计）。审计目标不再局限于查错防弊和为社会提出公证，而是向管理领域有所深入和发展。

尽管审计总目标有了上述的变化，同时在现代审计中管理咨询服务、会计服务和税务服务的业务量也在日渐增加，但是注册会计师审计的主要职责，始终是对被审计单位执行财务报表审计。财务报表审计是审计业务的基础，其他性质的审计业务只是财务报表审计的延伸和发展。

二、财务报表审计的总目标

关于财务报表审计的总目标，各国的表述略有不同。比如，美国注册会计师协会颁布的《执业准则说明书第 1 号》指出：“独立审计人员对财务报表的例行审计目标，是对财务报表是否遵守一般公认会计原则,公允地表达其财务状况、经营成果,以及财务状况的变动情况表示意见。"英国 1985 年修订的《公司法》要求,审计的目标就是在审计报告中对被审计单位的财务报表是否给出了真实与公允观念和遵守了《公司法》表示意见。国际会计师联合会发布的《对财务报表的审计报告》准则指出,财务报表审计的目标是使审计人员能够对财务报表在所有重要方面,是否按照确定的财务报告框架编制、发表意见。尽管各国对独立审计总目标的表述不同,但都没有实质性差异,即都是对财务报表发表意见。

根据《中国注册会计师执业准则》,财务报表审计的总目标是对被审计单位财务报表的合法性和公允性表示意见。这一规定恰当地强调了审计总目标是对财务报表表示意见。注册会计师收集证据的唯一目的,就在于使自己能够对财务报表的合法性和公允性表示意见,并提出真实合法的审计报告。其中,合法性是指被审计单位财务报表的编报是否符合《企业会计准则》及国家其他财务会计法规的规定;公允性是指被审计单位财务报表在所有重大方面是否公允地反映了被审计单位的财务状况、经营成果和资金变动情况。

将审计总目标规定为对财务报表表示意见,是因为注册会计师审计的主要业务是财务报表审计,发表意见的对象是财务报表及附注或附表,而财务报表的使用者则希望注册会计师为财务报表的合法性和公允性作出鉴证,以帮助他们作出有关判断或决策。

三、会计责任与审计责任

根据审计总目标,注册会计师在取得充分、适当的审计证据后,应视具体情况分别出具无保留意见、保留意见、否定意见和无法表示意见的审计报告。注册会计师的审计报告,有助于财务报表使用者了解、掌握被审计单位的财务状况与经营成果,也有利于被审计单位改善其经营管理。在出具审计报告以后,如果发现与事实有所出入,其责任可能在注册会计师,也可能在被审计单位。然而责任到底在谁,必须进一步划分被审计单位的责任和注册会计师的责任。

(一)被审计单位的会计责任

根据执业准则,被审计单位的会计责任是建立健全内部控制制度,保护其资产的安全、完整,保证其会计资料的真实性、完整性、合法性。这也就是说,保证财务报表的质量,被审计单位是责无旁贷的,这一责任不得由注册会计师代行。为此,被审计单位必须建立有效的内部控制制度,保护资产的安全与完整;建立并执行充分而有效的会计制度;采用适当的会计方法。

在审计实务中,注册会计师往往要求被审计单位管理当局提供书面声明(管理当局声明书),以明确被审计单位的会计责任及其与注册会计师的关系。

(二)注册会计师的审计责任

根据执业准则,注册会计师及会计师事务所应负的审计责任是按照独立执业准则的要求出具审计报告,并对出具的审计报告的真实性、合法性负责。审计报告的真实性是指审计报告应当如实反映注册会计师的审计范围、审计依据、已实施的审计程序和应表示的审计意见。审计报告的合法性是指审计报告的编制和出具必须符合《中华人民共和国注册会计师法》和执业准则的规定。

注册会计师的审计责任不能替代、减轻或者免除被审计单位的会计责任。

(三)正确理解注册会计师的审计责任

注册会计师必须履行其职责,对审计工作作出合理安排,并以应有的职业谨慎态度去执行审计业务,以便有把握地去发现被审计单位财务报表所存在的重大问题。

就公允性而言,注册会计师应注意运用正确的判断,保持应有的职业关注,通过对被审计单位的报表、账簿、凭证以及一切相关资料进行审查予以确定。就合法性而言,尽管注册会计师不可能发现财务报表中所存在的全部错误、舞弊和违反法规行为,但有责任合理制定计划和实施必要程序,以合理确信能发现财务报表的重大错误、舞弊以及对财务报表有直接影响的重大违反法规行为。

第三节 审计具体目标及其确定

审计具体目标是审计总目标的进一步具体化,它包括一般审计目标和项目审计目标。一般审计目标是进行所有项目审计均必须达到的目标;项目审计目标则是按每个项目分别确定的目标。具体审计目标的确定,有助于注册会计师按照《执业准则》的要求收集充分、适当的审计证据,并根据项目的实际情况确定应收集的证据。

一、确定审计具体目标的依据

一般地说,审计具体目标必须根据被审计单位管理当局的认定和审计总目标来确定。

(一)被审计单位管理当局对财务报表的认定

1.被审计单位管理当局对财务报表认定的概念。所谓认定,是指被审计单位管理层对其财务报表各组成要素的确认、计量、列报作出的明确或隐含的表达。审计目标与被审计单位管理当局的认定密切相关,因为注册会计师的基本职责就在于确定被审计单位管理当局对其财务报表的认定是否有理由。

2. 认定的内容。被审计单位管理当局要对财务报表中的以下 5 类认定:①存在或发生;②完整性;③权利和义务;④估价或分摊;⑤表达与披露。

3. 认定与财务报表相联系。利润表、资产负债表、报表列报的认定有所不同,为了叙述方便,对财务报表的认定综合说明如下:

(1)存在或发生。有关"存在或发生"的认定是指:资产负债表所列的各项资产、负债、权益在资产负债表日是否存在,损益表所列的各项收入和费用在会计期间内是否确实发生。

这里需强调指出,"存在或发生"认定所要解决的问题是,管理当局是否把那些不应包括的项目(如不存在的项目或不曾发生的交易结果)挤入了财务报表,并不涉及所报告的金额是否正确。因为这个问题与"估价或分摊"认定有关(稍后加以说明)。

可见,"存在或发生"的认定,主要与财务报表组成要素的高估(也称"夸大错误")有关。

(2)完整性。有关"完整性"的认定是指:在财务报表中应该列示的所有交易和项目是否都列入了。对列示在财务报表上的每个项目,管理当局都暗示性地认定:所有有关的交易和事项都已包括在内。

这里需说明,有关"完整性"的认定所要解决的问题是,管理当局是否把应包括的项目给遗漏或者省略了,并不涉及所报告的金额是否正确。如果审计人员查出了被遗漏或者省略的事项,那么应记录多少的正确金额,则属于"估价或分摊"认定的问题。

可见,"完整性"认定与"存在或发生"认定正好相反,它主要与财务报表的组成要素的低估(也称"缩小错误")有关。

(3)权利和义务。有关"权利和义务"的认定是指:在某一特定日期,各项资产是否确属公司的权利,各项负债是否确属公司的义务。

前两项认定,与资产负债表和损益表的组成要素都有关,而这里的"权利和义务"认定却只与资产负债表的组成要素有关。

(4)估价或分摊。有关"估价或分摊"的认定是指:各项资产、负债、所有者权益、收入和费用等要素是否按适当的金额列入财务报表中。

有关金额在财务报表中列示是否适当,不仅取决于这一金额的确定是否遵守了一般公认的会计原则,而且还取决于在数学上或文书处理上有无错误。如某金额的确定遵守了一般公认的会计原则,并且在数学上正确无误,就说明这一金额是适当的。

在实务中,也有些审计人员把"估价或分摊"认定只局限于一般公认会计原则,而把数学上(或文书处理上)的精确性单独作为一种认定。本书将数学精确性包括在"估价或分摊"认定之中。

总之,"估价或分摊"认定包括 3 个方面的内容:①总值估价;②净值估价;③计算精确性。

“估价或分摊”认定还涉及管理当局会计估计的合理性。

(5)表达与披露。有关“表达与披露”的认定是指:财务报表上的特定组成要素是否被适当地加以分类、说明和披露。

在财务报表上,管理层暗示性地认定所有内容都表达适当,且披露充分。

4. 认定与具体审计目标的确定。管理当局在财务报表上的认定反映了管理当局在处理各项经济活动及经济事项时,遵循会计准则及相关财务会计法规的范围、程度及其结果。审计人员了解了管理当局的财务报表认定,就可以确定被审计单位管理当局对其财务报表的认定是否有理由,从而确定每个项目的具体审计目标。按这些目标收集充分适当的证据,为得出恰当的审计结论、出具恰当的审计报告打好基础。

根据我国《执业准则》,独立审计的总目标是对被审计单位财务报表的合法性、公允性表示意见。注册会计师收集证据的唯一目的,就在于使自己能够对财务报表的合法性和公允性表示意见,并提出真实合法的审计报告;而实现这一总目标,必须把目标进行分解为具体目标,最终根据具体目标来收集充分、适当的审计证据。总目标决定具体目标,具体目标是总目标的分解和细化。

(二)被审计单位的具体情况

具体的审计目标总是针对被审计单位的具体情况而确定的。审计人员在确定目标时,应充分考虑以下基本因素:①被审计单位的经营状况;②被审计单位经济活动的性质;③被审计单位所属行业的特殊会计实务等。

在审计过程中,审计人员应紧紧围绕具体审计目标收集证据。把这些证据累积起来,审计人员就可对管理当局的任何认定是否正确下结论。再把对每个认定的结论综合起来,审计人员就可对整个财务报表的合法性、公允性发表意见了。

二、具体审计目标的项数和内容

管理当局对财务报表中的5大类认定,是确定每个账户具体审计目标的出发点。根据管理当局认定推论得出的具体审计目标的项数,应比管理当局的认定更多一些,以便进一步为审计人员收集充分适当的证据和发表恰当的审计意见,提供较为直接和详细的指导性意见。

(一)一般审计目标

在审计实务中,一般审计目标包括以下几个方面:

1. 总体合理性。具体审计目标可分为两类:一是总体合理性目标;二是其他具体目标。总体合理性目标是指审计人员须先根据他所掌握的有关被审计单位的全部信息,评价某账户余额的合理性。审计人员如对总体合理性目标不满意,那么他就可能将更多的注意力放在影响总体合理性的一个或几个其他具体目标上。

总体合理性测试的目的,在于帮助审计人员评价账户余额中是否有重要错报。一般性测试则是为了评价其他具体目标是否可能达到,并协助规划、收集更为详细的证据的方式而进行的。

2. 真实性——所列余额真实。这一目标是由管理当局关于"存在或发生"的认定推论得出。

3. 完整性——发生的金额均已包括。这一目标是由管理当局关于"完整性"的认定推论得出。

4. 所有权——所列金额确属公司所有。这一目标是由管理当局关于"权利和义务"的认定推论得出。

5. 估价——所列金额均经正确估价和计量。

6. 截止——接近资产负债表日的交易已记入适当的期间。截止测试的目标是确定交易是否记入恰当的期间。

7. 机械准确性。机械准确性目标所关心的是有关账表资料、数字、计算、加总及勾稽关系的正确性。

上述第5、6、7三项具体目标是由管理当局关于"估价或分摊"的认定推论得出的。

8. 披露——财务报表中恰当地反映了账户余额和相应的披露要求。

9. 分类——所列金额的分类恰当。分类目标在于确定每个项目和每个账户记录是否在财务报表中恰当列示。比如,负债必须分为流动负债和长期负债,附属公司、主管和董事的欠款必须同顾客的欠款区分开。被审计单位的会计科目表是审计人员确定被审计单位的账户分类是否正确的基本依据。

上述第8、9两项具体目标是由管理当局关于"表达与披露"的认定推论得出。

(二)(具体)项目审计目标

(具体)项目审计目标因项目不同而有所不同。下面以固定资产项目为例,说明该项目审计的目标如下:

1. 全部固定资产的历史成本、累计折旧和减值准备合理(总体合理性目标的要求)。

2. 资产负债表日已记录的全部固定资产均存在(真实性目标的要求)。

3. 现有的固定资产均盘点并计入固定资产总额(完整性目标的要求)。

4. 公司对所有固定资产均拥有所有权;固定资产未作抵押(所有权目标的要求)。

5. 账面固定资产量与实有固定资产量相符,用以估价固定资产的价格无重大错误(估价目标的要求)。

6. 年末固定资产增加和减少截止是恰当的(截止目标的要求)。

7. 固定资产明细账所记录的固定资产项目的总计数与总账一致(机械准确性目标)。

8. 固定资产主要种类和估价基础已揭示；固定资产抵押或转让已作揭示（披露目标的要求）。

9. 固定资产已作恰当的分类（分类目标的要求）。

具体审计目标中的一般审计目标适用于所有项目的审计，具体审计目标中的项目审计目标则只适用于某一特定项目的审计。而在通常情况下，只有了解了一般审计目标，方能据以确定项目审计目标。

根据一般审计目标结合特定审计项目，确定特定项目的项目审计目标，从而进一步确定验证管理当局认定正确与否所采用的相应审计程序和审计方法，为注册会计师作出恰当审计方案提供依据。

第四节　审计过程与审计目标的实现

在一般情况下，注册会计师在确定了审计目标后，开始收集审计证据，审计证据的收集是实现审计总目标和各项具体审计目标的基本手段。而审计证据的收集是在审计过程中实现的，因此，审计目标的实现与审计过程密切相关。所谓审计过程，是指审计工作从开始到结束的整个过程，一般包括三个主要的阶段，即计划阶段、实施审计阶段和审计完成阶段。

一、审计计划阶段

计划阶段是整个审计过程的起点。对于任何一项审计工作，为了如期实现审计目标，注册会计师都必须在具体执行审计程序之前，制定科学、合理的计划。科学、合理的计划可以帮助注册会计师有的放矢地去审查、取证，形成正确的审计结论，从而实现审计目标；可以使审计成本保持在一种合理的水平上，提高审计工作的效率。一般地讲，审计计划阶段的主要工作包括：调查了解被审计单位的基本情况；与被审计单位签订业务约定书；确定重要性；分析审计风险；编制审计计划等。

二、实施审计阶段

实施审计阶段，是根据计划阶段确定的范围、要点、步骤、方法，进行取证、评价，借以形成审计结论，实现审计目标的中间过程。它是审计全过程的中心环节。其主要工作包括：对被审计单位内部控制的建立及遵守情况进行控制测试，根据测试结果修订审计计划；对财务报表项目的数据进行实质性程序，根据测试结果进行评价和鉴定。上述两项工作之间有着密切的关系。如果注册会计师认为被审计单位内部控制的可信赖程度较高,则实质性程序工作就可以大大减少;反之,实质性程序工作则大大增加。但不管何时,实质性程序工作必不可少。

三、审计完成阶段

审计完成阶段是实质性的项目审计工作的结束。其主要工作有:整理、评价执行审计业务中收集到的审计证据;复核审计工作底稿,审计期后事项;汇总审计差异,并提请被审计单位调整或作适当披露;形成审计意见,编制审计报告。为了实现审计目标,注册会计师必须正确运用专业判断,综合所收集到的各种证据,根据《中国注册会计师执业准则》,形成适当的审计意见,出具审计报告。

复习思考题

1. 注册会计师审计内容的发展主要经历了哪几个阶段?各阶段的审计总目标是什么?

2. 会计师事务所签署审计业务约定书前应做哪些工作?

3. 确定审计具体目标应考虑的主要因素有哪些?

4. 2006 年 8 月,江城钢铁公司委托云新会计师事务所担任该公司年度财务报表审计工作。其中有关的时间和数字如下:初步测试 2006 年 9 月 11 日 ~9 月 24 日;年末结账 2006 年 12 月 31 日;呈报审计报告日 2007 年 3 月 10 日;审计费用估计总额 25 000 元。

要求:以该所负责人名义,草拟一份审计约定书。

附录:

审计业务约定书参考格式(合同式)

审计业务约定书

甲方:ABC 股份有限公司

乙方:××会计师事务所

兹由甲方委托乙方对 20×1 年度财务报表进行审计,经双方协商,达成以下约定:

一、业务范围与审计目标

1. 乙方接受甲方委托,对甲方按照企业会计准则和《××会计制度》编制的 20×1

年12月31日的资产负债表、20×1年度的利润表、股东权益变动表和现金流量表以及财务报表附注(以下统称财务报表)进行审计。

2. 乙方通过执行审计工作,对财务报表的下列方面发表审计意见:①财务报表是否按照企业会计准则和《会计制度》的规定编制;②财务报表是否在所有重大方面公允反映甲方的财务状况、经营成果和现金流量。

二、甲方的责任与义务

(一)甲方的责任

1. 根据《中华人民共和国会计法》及《企业财务会计报告条例》,甲方及甲方负责人有责任保证会计资料的真实性和完整性。因此,甲方管理层有责任妥善保存和提供会计记录(包括但不限于会计凭证、会计账簿及其他会计资料),这些记录必须真实、完整地反映甲方的财务状况、经营成果和现金流量。

2. 按照企业会计准则和《××会计制度》的规定编制财务报表是甲方管理层的责任,这种责任包括:①设计、实施和维护与财务报表编制相关的内部控制,以使财务报表不存在由于舞弊或错误而导致的重大错报;②选择和运用恰当的会计政策;③作出合理的会计估计。

(二)甲方的义务

1. 及时为乙方的审计工作提供其所要求的全部会计资料和其他有关资料(在20×2年×月×日之前提供审计所需的全部资料),并保证所提供资料的真实性和完整性。

2. 确保乙方不受限制地接触任何与审计有关的记录、文件和所需的其他信息。

(下段适用于集团财务报表审计业务,使用时需按每位客户/约定项目的特定情况而修改,如果加入此段,应相应修改下面其他条款编号)

[3. 为满足乙方对甲方合并财务报表发表审计意见的需要,甲方须确保:

乙方和为组成部分执行审计的其他会计师事务所的注册会计师(以下简称其他注册会计师)之间的沟通不受任何限制。

组成部分是指甲方的子公司、分部、分公司、合营企业、联营企业等。如果甲方管理层、负责编制组成部分财务信息的管理层(以下简称组成部分治理层和管理层)对其他注册会计师的审计范围施加了限制,或客观环境使其他注册会计师的审计范围受到限制,甲方管理层和组成部分管理层应当及时告知乙方。

乙方及时获悉其他注册会计师与组成部分治理层和管理层之间的重要沟通(包括就内部控制重大缺陷进行的沟通)。

乙方及时获悉组成部分治理层和管理层与监管机构就财务信息事项进行的重要沟通。

在乙方认为必要时,允许乙方接触组成部分的信息、组成部分管理层或其他注册会计师(包括其他注册会计师的审计工作底稿),并允许乙方对组成部分的财务信息实施审计程序。]

3. 甲方管理层对其作出的与审计有关的声明予以书面确认。

4. 为乙方派出的有关工作人员提供必要的工作条件和协助,主要事项将由乙方于外勤工作开始前提供清单。

5. 按本约定书的约定及时足额支付审计费用以及乙方人员在审计期间的交通、食宿和其他相关费用。

三、乙方的责任和义务

(一)乙方的责任

1. 乙方的责任是在实施审计工作的基础上对甲方财务报表发表审计意见。乙方按照《中国注册会计师执业准则》(以下简称《执业准则》)的规定进行审计。《执业准则》要求注册会计师遵守职业道德规范,计划和实施审计工作,以对财务报表是否不存在重大错报获取合理保证。

(下段适用于集团财务报表审计业务,使用时需按每位客户/约定项目的特定情况而修改,如果加入此段,应相应修改下面其他条款编号。)

[2. 乙方不对非由乙方审计的组成部分的财务信息单独出具审计报告;有关的责任由对该组成部分执行审计的其他注册会计师及其所在的会计师事务所承担。]

2. 审计工作涉及实施审计程序,以获取有关财务报表金额和披露的审计证据。选择的审计程序取决于乙方的判断,包括对由于舞弊或错误导致的财务报表重大错报风险的评估。在进行风险评估时,乙方考虑与财务报表编制相关的内部控制,以设计恰当的审计程序,但目的并非对内部控制的有效性发表意见。审计工作还包括评价管理层选用会计政策的恰当性和作出会计估计的合理性,以及评价财务报表的总体列报。

3. 乙方需要合理计划和实施审计工作,以使乙方能够获取充分、适当的审计证据,为甲方财务报表是否不存在重大错报获取合理保证。

4. 乙方有责任在审计报告中指明所发现的甲方在某重大方面没有遵循企业会计准则和《××会计制度》编制财务报表且未按乙方的建议进行调整的事项。

5. 由于测试的性质和审计的其他固有限制,以及内部控制的固有局限性,不可避免地存在着某些重大错报在审计后可能仍然未被乙方发现的风险。

6. 在审计过程中,乙方若发现甲方内部控制存在乙方认为的重要缺陷,应向甲方提交管理建议书。但乙方在管理建议书中提出的各种事项,并不代表已全面说明所有可能存在的缺陷或已提出所有可行的改善建议。甲方在实施乙方提出的改善建议前应全面评估其影响。未经乙方书面许可,甲方不得向任何第三方提供乙方出具的管理建议书。

7. 乙方的审计不能减轻甲方及甲方管理层的责任。

(二)乙方的义务

1. 按照约定时间完成审计工作,出具审计报告。乙方应于20×2年×月×日前出具审计报告。

2. 除下列情况外,乙方应当对执行业务过程中知悉的甲方信息予以保密:①取得甲方的授权;②根据法律法规的规定,为法律诉讼准备文件或提供证据,以及向监管机构报告发现的违反法规行为;③接受行业协会和监管机构依法进行的质量检查;④监管机构对乙方进行行政处罚(包括监管机构处罚前的调查、听证)以及乙方对此提起行政复议。

四、审计收费

1. 本次审计服务的收费是以乙方各级别工作人员在本次工作中所耗费的时间为基础计算的。乙方预计本次审计服务的费用总额为人民币××万元。

2. 甲方应于本约定书签署之日起××日内支付%的审计费用,其余款项于(审计报告草稿完成日)结清。

3. 如果由于无法预见的原因,致使乙方从事本约定书所涉及的审计服务实际时间较本约定书签订时预计的时间有明显的增加或减少时,甲乙双方应通过协商,相应调整本约定书第四条第1项下所述的审计费用。

4. 如果由于无法预见的原因,致使乙方人员抵达甲方的工作现场后,本约定书所涉及的审计服务不再进行,甲方不得要求退还预付的审计费用;如上述情况发生于乙方人员完成现场审计工作,并离开甲方的工作现场之后,甲方应另行向乙方支付人民币××元的补偿费,该补偿费应于甲方收到乙方的收款通知之日起××日内支付。

5. 与本次审计有关的其他费用(包括交通费、食宿费等)由甲方承担。

五、审计报告和审计报告的使用

1. 乙方按照《中国注册会计师执业准则第1501号——审计报告》和《中国注册会计师执业准则第1502号——非标准审计报告》规定的格式和类型出具审计报告。

2. 乙方向甲方致送审计报告一式××份。

3. 甲方在提交或对外公布审计报告时,不得修改乙方出具的审计报告及其后附的已审计财务报表。当甲方认为有必要修改会计数据、报表附注和所作的说明时,应当事先通知乙方,乙方将考虑有关的修改对审计报告的影响,必要时,将重新出具审计报告。

六、本约定书的有效期间

本约定书自签署之日起生效,并在双方履行完毕本约定书约定的所有义务后终止。但其中第三(二)2,第四、五、八、九、十项并不因本约定书终止而失效。

七、约定事项的变更

如果出现不可预见的情况，影响审计工作如期完成，或需要提前出具审计报告，甲、乙双方均可要求变更约定事项，但应及时通知对方，并由双方协商解决。

八、终止条款

1. 如果根据乙方的职业道德及其他有关专业职责、适用的法律法规或其他任何法定的要求，乙方认为已不适宜继续为甲方提供本约定书约定的审计服务时，乙方可以采取向甲方提出合理通知的方式终止履行本约定书。

2. 在终止业务约定的情况下，乙方有权就其于本约定书终止之日前对约定的审计服务项目所做的工作收取合理的审计费用。

九、违约责任

甲、乙双方按照《中华人民共和国合同法》的规定承担违约责任。

十、适用法律和争议解决

本约定书的所有方面均应适用中华人民共和国法律进行解释并受其约束。本约定书履行地为乙方出具审计报告所在地，因本约定书所引起的或与本约定书有关的任何纠纷或争议（包括关于本约定书条款的存在、效力或终止，或无效之后果），双方选择以下第______种解决方式：

(1) 向有管辖权的人民法院提起诉讼。

(2) 提交××仲裁委员会仲裁。

十一、双方对其他有关事项的约定

本约定书一式两份，甲、乙方各执一份，具有同等法律效力。

甲方：ABC 股份有限公司（盖章）	乙方：××会计师事务所（盖章）
授权代表：（签名并盖章）	授权代表：（签名并盖章）
二〇×二年×月×日	二〇×二年×月×日

第五章

审计证据与审计工作底稿

本章要点

注册会计师形成任何审计意见和结论都必须以合理的证据为基础，因此，审计证据是审计工作的一个核心概念。审计证据必须记录于审计工作底稿内，并构成审计工作底稿的最重要内容。审计工作底稿的全部内容，是注册会计师形成审计结论、发表审计意见的直接依据。本章介绍了审计证据的概念、审计证据的种类、审计证据的种类与审计目标的关系、审计证据的特征、审计证据的获取方法、审计证据获取方法与审计证据种类及报表认定的关系，审计证据的整理与分析的意义、方法及整理与分析应注意的事项；审计工作底稿的概念、分类及作用，审计工作底稿的形成与复核，审计档案的管理。

第一节　审计证据

注册会计师形成任何审计意见和结论都必须以合理的证据为基础，因此，审计证据是审计中的一个核心概念。各国所发布的审计准则都很强调审计证据对审计意见的重要性。中国注册会计师应按《中国注册会计师审计准则第 1301 号——审计证据》的要求，做好审计证据的获取和整理分析工作，以保证审计证据的充分性和适当性。

一、审计证据的概念

审计证据是指注册会计师为了得出审计结论、形成审计意见而使用的所有信息，包括财务报表依据的会计记录中含有的信息和其他信息。注册会计师应当测试会计记录以获取审计证据。

会计记录中含有的信息本身并不足以提供充分的审计证据作为对财务报表发表审计意见的基础，注册会计师还应当获取用作审计证据的其他信息。其他信息包括注册会计师从被审计单位内部或外部获取的会计记录以外的信息；通过询问、观察和检查等审计程序获取的信息；以及自身编制或获取的可以通过合理推断得出结论的信息。

审计证据是由注册会计师收集，并由其根据审计目标进行取舍。在审计过程中，什么可作为证据、如何取得适当的证据，应由注册会计师根据审计目标与自己的专业经验加以判定。

在审计实务中，注册会计师通常是针对财务报表的每项认定来获取证据。有关某项认定（如固定资产的存在）的审计证据，不得用于代替有关另一项认定（如计价）应获取的证据。不同的审计程序可提供不同的审计证据，而不同的审计证据可用来证实不同的报表认定。注册会计师必须了解审计证据的种类，以便针对不同性质的认定来选择最适当的方法，以获取充分、适当的证据。

二、审计证据的种类

关于审计证据的种类，各国都有不同的分类标准和分类结果。一般而言，注册会计师所获取的审计证据可以按其外形特征分为实物证据、书面证据、口头证据和环境证据四大类。

（一）实物证据

实物证据是指通过实际观察或清点所取得的，用以确定某些实物资产是否确实存在的证据。实物证据通常是证明实物资产是否存在的非常有说服力的证据，但实物资产的存在并不能完全证实被审计单位对其拥有所有权。通过实物清点来加以判断其质量好坏（它将影响到资产的价值）有时也很困难。因此，对于取得实物证据的账面资产，还应就其所有权的归属及其价值情况另行审计。

（二）书面证据

书面证据是注册会计师所获取的各种以书面文件为形式的一类证据。它包括与审计有关的各种原始凭证、会计记录（记账凭证、会计账簿和各种明细表）、各种会议记录和文件，各种合同、通知书、报告书及函件等。在审计过程中，注册会计师往往要大量地获取和利用书面证据。因此，书面证据是审计证据的主要组成部分，也可称之为基本证据。

书面证据按其来源可以分为外部证据和内部证据两类。

1. 外部证据。外部证据是由被审计单位以外的组织机构或人士所编制的书面证据。它一般具有较强的证明力。

外部证据又包括由被审计单位以外的机构或人士编制并由其直接递交注册会计师的外部证据，以及由被审计单位以外的机构或人士编制但为被审计单位持有并提交注册会计师的书面证据两种。前者，如应收账款函证回函，被审计单位律师与其他独立的专家关于被审计单位资产所有权和或有负债等的证明函件，保险公司、寄售企业、证券经纪人的证明等，此类证据不仅由完全独立于被审计单位的外界组织或人员提供，而且未经被审计单位有关职员之手，从而排除了伪造、更改凭证或业务记录的可能性，因而其证明力最强；后者，如银行对账单、购货发票、应收票据、顾客订购单，有关的契约、合同等，由于此类证据已经经过被审计单位职员之手，在评价其可靠性时，注册会计师应考虑被涂改或伪造的难易程度及其已被涂改的可能性。当获取的书面证据有被涂改或伪造的痕迹时，注册会计师应予以高度警觉。尽管如此，在一般情况下，外部证据仍是较被审计单位的内部证据更具证明力的一种书面证据。

此外，在外部证据中往往还包括注册会计师为证明某个事项而自己动手编制的各种计算表、分析表等。

2. 内部证据。内部证据是由被审计单位内部机构或职员编制和提供的书面证据，它包括被审计单位的会计记录、被审计单位管理当局声明书，以及其他各种由被审计单位编制和提供的有关书面文件。

一般而言，内部证据不如外部证据可靠。但如果内部证据在外部流转，并获得其他单位或个人的承认（如销货发票、付款支票等），则具有较强的可靠性。即使只在被审计单位内部流转的书面证据，其可靠程度也因被审计单位内部控制的好坏而异。若内部证据（如收料单与发料单）经过了被审计单位不同部门的审核、签章，且所有凭据预先都有连续编号并按序号依次处理,则这些内部证据也具有较强的可靠性;相反,若被审计单位的内部控制不太健全,注册会计师就不能过分地信赖其内部自制的书面证据。

(1)会计记录。会计记录包括各种自制的原始凭证、记账凭证、账簿记录等。它是注册会计师取自被审计单位内部的一类非常重要的审计证据。注册会计师在审查财务报表项目时,往往须追溯审查被审计单位的会计账簿和各种凭证。他们通常须由分类账追查至日记账与记账凭证,然后再追查至支票、发票及其他原始凭证。会计记录的可靠性,主要取决于被审计单位在填制时内部控制的完善程度。

除各种会计凭证、会计账簿外,可作为这一类审计证据的还有被审计单位编制的各种试算表和汇总表等。

(2)被审计单位管理当局声明书。被审计单位管理当局声明书是注册会计师从被审计单位管理当局所获取的书面声明。其主要内容是以书面的形式确认被审计单位在审计过程中所做的各种重要的陈述或保证,包括:①所有的会计记录、财务数据、董事会及股东大会会议记录均已提供给注册会计师;②财务报表是完整的,并按国家的有关法规、制度编制;③所有需披露的事项(诸如或有负债、关联方交易等)均已做了充分的披露;④其他事项。

被审计单位管理当局声明书属于可靠性较低的内部证据,不可替代注册会计师实施其他必要的审计程序,但是它却具有以下作用:①提醒被审计单位的管理人员,他们对财务报表负有主要责任;②将被审计单位在审计期间所回答的问题予以书面化;③声明书可作为被审计单位管理当局未来意图的证据。

(3)其他书面文件。其他书面文件是指被审计单位提供的其他有助于注册会计师形成审计结论和意见的书面文件,如被审计单位管理当局声明书中所提及的董事会及股东大会会议记录,重要的计划、合同资料,被审计单位的或有损失、关联方交易等。

(三)口头证据

口头证据是被审计单位职员或其他有关人员对注册会计师的提问做口头答复所形成的一类证据。通常在审计过程中,注册会计师会向被审计单位有关人员询问会计记录、文件的存放地点,采用特别会计政策和方法的理由,收回逾期应收账款的可能性等。对于这些问题的口头答复,就构成了口头证据。一般而言,口头证据本身并不足以证明事情的真相,但注册会计师往往可以通过口头证据发掘出一些重要的线索,从而有利于对某些需审核的情况做进一步的调查,以搜集到更为可靠的证据。

在审计过程中,注册会计师应对各种重要的口头证据尽快做成记录,并注明是何人、何时、在何种情况下所做的口头陈述,必要时还应获得被询问者的签名确认。相对而言,不同人员对同一问题所做的口头陈述相同时,口头证据具有较强的可靠性。但在一般情况下,口头证据往往需要得到其他相应证据的支持。

（四）环境证据

环境证据也称状况证据，是指对被审计单位产生影响的各种环境事实。具体而言，它又包括以下几种：

1. 有关内部控制情况。如果被审计单位有着良好的内部控制，就可增加其会计资料的可信赖程度。也就是说，当注册会计师确认被审计单位有良好的内部控制，且其日常管理又一贯地遵守其内部控制中有关的规定时，就可认为被审计单位现行的内部控制为财务报表项目的可靠性提供了强有力的证据。此外，被审计单位内部控制的完善程度还决定着注册会计师所需的从其他各种渠道收集的审计证据的数量。内部控制愈健全、愈严密，所需的其他各类审计证据就愈少；否则，注册会计师就必须获取较大数量的其他审计证据。

2. 被审计单位管理人员的素质。被审计单位管理人员的素质越高，则其所提供的证据发生差错的可能性就越小。

3. 各种管理条件和管理水平。良好的管理条件和较高的管理水平，也是影响其所提供的证据的可靠程度的一个重要因素。

必须指出，环境证据一般不属于基本证据，但它可帮助注册会计师了解被审计单位及其经济活动所处的环境，是注册会计师进行判断所必须掌握的资料。

三、审计证据的特性

我国《中国注册会计师审计准则第 1301 号——审计证据》第七条指出："注册会计师应当保持职业怀疑态度，运用职业判断，评价审计证据的充分性和适当性。"这里的充分和适当正是审计证据的两大特性。

（一）审计证据的充分性

1. 审计证据充分性的概念。审计证据的充分性又称为足够性。按照准则的定义，它是对审计证据数量的衡量，主要与注册会计师确定的样本量有关。因此，它是注册会计师为形成审计意见所需审计证据的最低数量要求。

客观公正的审计意见必须建立在有足够数量的审计证据的基础之上，但是这并不是说，审计证据的数量越多越好。为了使注册会计师进行有效率、有效益的审计，注册会计师通常把需要足够数量审计证据的范围降低到最低限度。因此，每一审计项目对审计证据的需要量，以及取得这些证据的途径和方法，应当根据该项目的具体情况来定。在某些情况下，由于时间、空间或成本的限制，注册会计师不能获取最为理想的审计证据时，可考虑通过其他的途径或用其他的审计证据来替代。注册会计师只有通过不同的渠道和方法取得他认为足够的审计证据时，才能据以发表审计意见。

2. 注册会计师判断审计证据是否充分应当考虑的主要因素。注册会计师判断审计证据是否充分应考虑的以下主要因素:①审计风险;②具体审计项目的重要性;③注册会计师及其业务助理人员的审计经验;④审计过程中是否发现错误或舞弊;⑤审计证据的类型与获取途径。这5种因素同时影响审计证据的适当性。

此外,注册会计师判断证据充分性还应考虑:①经济因素。经济问题虽然不是影响证据充分性的重要因素,但却必须加以考虑。由于审计工作受到经济限制,注册会计师必须以合理的时间和合理的成本取得充分的证据,因此,注册会计师常常面临一种决策,那就是增加时间和成本能否给审计证据的数量和质量带来相当的效益。如注册会计师增加时间和成本之后,并没有带来相应的效益,就应考虑采取更有效的审计程序来收集高质量的、足够的证据。②总体规模与特征。在现代审计中,对很多财务报表项目都采用抽样的方法来收集证据。通常,抽样总体规模越大,所需证据的数量就越多。这里的总体规模是指包括在总体中的项目数量,比如,赊销交易数、应收账款明细账数量及账户余额的金额数量等。总体特征是指总体中各组成项目的同质性或变异性。注册会计师对不同质的总体可能比对同质的总体需要较大的样本量和更多的佐证信息。注册会计师可以用统计基础和非统计基础来完成抽样。

(二)审计证据的适当性

1. 审计证据适当性的概念。按照准则的定义,审计证据的适当性是对审计证据质量的衡量,即审计证据在支持各类交易、账户余额、列报的相关认定,或发现其中存在错报方面具有相关性和可靠性。审计证据的相关性是指审计证据应与审计目标相关联;审计证据的可靠性是指审计证据应能如实地反映客观事实。

一般而言,审计证据的相关与可靠程度越高,所需审计证据的数量就可减少;反之,审计证据的数量就要相应增加。

2. 注册会计师判断审计证据适当性应考虑的因素。除上述影响审计证据充分性和适当性的因素外,还受相关性、可靠性的影响。

(1)审计证据的相关性。注册会计师只能利用与审计目的相关联的审计证据来证明和否定被审计单位所认定的事项。

一般而言,注册会计师通过控制测试获取审计证据时,应考虑的相关事项包括:内部控制是否存在;内部控制是否有效;内部控制在所审计期间是否得到一贯遵守。

注册会计师通过实质性测试获取审计证据时,应考虑的相关事项主要包括:资产或负债在某一特定时日是否存在;资产或负债在某一特定时日是否归属于被审计单位;经济业务的发生是否与被审计单位有关;是否有未入账的资产、负债或其他交易事项;会计记录金额是否恰当;资产或负债的计价是否恰当;收入与费用的配比是否恰当;财务报表项目的分类反映是否恰当,并前后一致。

(2)审计证据的可靠性。审计证据的可靠性受其来源、及时性和客观性的影响。不同来源的审计证据的可靠程度通常可用下述标准来判断:①以书面文件为形式的书面证据,比经由对有关人员口头询问而得来的口头证据可靠;②取自被审计单位以外的独立的第三者的外部证据,比取自被审计单位内部的证据可靠;已获独立的第三者确认的内部证据,比未获独立的第三者确认的内部证据可靠;③注册会计师自行获得的证据,比由被审计单位提供的证据可靠;④被审计单位内部控制较好时所提供的内部证据,比被审计单位内部控制较差时所提供的内部证据可靠;⑤不同来源或不同性质的审计证据相互印证时,审计证据较具可靠性。若通过某一来源所获取的证据与通过其他来源所获取的证据不一致,或者不同性质的证据相互矛盾时,可能表明某项审计证据不可靠,注册会计师应当追加必要的审计程序。

另外,越及时的证据越可靠;客观证据比主观证据可靠。

(三)审计证据的充分性与适当性的关系

审计证据的充分性和适当性密切相关。审计证据的质量影响注册会计师需要获取的审计证据的数量。审计证据质量越高,需要的审计证据可能越少。

尽管审计证据的充分性和适当性密切相关,但如果审计证据的质量存在缺陷,注册会计师仅靠获取更多的审计证据可能无法弥补其质量上的缺陷。审计证据的适当性会影响其充分性。

四、审计证据的获取

注册会计师可以采用下列审计程序获取审计证据。

(一)检查记录或文件

检查记录或文件是指注册会计师对被审计单位内部或外部生成的,以纸质、电子或其他介质形式存在的记录或文件进行审查。

检查记录或文件可提供可靠程度不同的审计证据,审计证据的可靠性取决于记录或文件的来源和性质。

(二)检查有形资产

检查有形资产是指注册会计师对资产实物进行审查。

检查有形资产可为其存在性提供可靠的审计证据,但不一定能够为权利和义务或计价认定提供可靠的审计证据。

(三)观察

观察是指注册会计师察看相关人员正在从事的活动或执行的程序。

观察提供的审计证据仅限于观察发生的时点,并且在相关人员已知被观察时,从事活动或执行程序可能与日常的做法不同,从而影响注册会计师对真实情况的了解。

(四)询问

询问是指注册会计师以书面或口头方式,向被审计单位内部或外部的知情人员获取财务信息和非财务信息,并对其答复进行评价的过程。

知情人员对询问的答复可能为注册会计师提供尚未获悉的信息或佐证证据,也可能提供与已获悉信息存在重大差异的信息,注册会计师应当根据询问结果考虑修改审计程序或实施追加的审计程序。

询问本身不足以发现认定层次存在的重大错报,也不足以测试内部控制运行的有效性,注册会计师还应当实施其他审计程序获取充分、适当的审计证据。

(五)函证

函证是指注册会计师为了获取影响财务报表或相关披露认定的项目的信息,通过直接来自第三方对有关信息和现存状况的声明,获取和评价审计证据的过程。

(六)重新计算

重新计算是指注册会计师以人工方式或使用计算机辅助审计技术,对记录或文件中数据计算的准确性进行核对。

(七)重新执行

重新执行是指注册会计师以人工方式或使用计算机辅助审计技术,重新独立执行作为被审计单位内部控制组成部分的程序或控制。

(八)分析程序

分析程序是指注册会计师通过研究不同财务数据之间以及财务数据与非财务数据之间的内在关系,对财务信息作出评价。

分析程序还包括调查识别出的与其他相关信息不一致或与预期数据严重偏离的程度和关系。审计程序的性质和时间可能受会计数据和其他相关信息的生成和储存方式的影响,注册会计师应当提请被审计单位保存某些信息以供查阅,或在可获得该信息的期间执行审计程序。

在实施风险评估程序、控制测试或实质性程序时,注册会计师可根据需要单独或综合运用本条前款第(一)项至第(八)项所列审计程序,以获取充分、适当的审计证据。

五、审计程序与审计证据及认定的关系

在审计过程中,为了实现由管理当局财务报表认定推论得出的众多具体审计目标,注册会计师会使用本章所介绍的所有审计程序(获取审计证据的方法)和各类审计证据。审计程序同各类审计证据及认定三者之间的关系如下:

第一,通过监盘程序(方法),可以获得实物证据,与存在或发生和估价认定相关。

第二,通过观察程序(方法),可以获得实物证据和环境证据,与存在或发生、完整

性、所有权和估价认定相关。

第三,通过分析程序(方法),可以获得环境证据和书面证据,与发生或存在、完整性和估价或分配认定相关。

第四,通过计算程序(方法),可以获得书面证据,与存在或发生、所有权和估价或分配认定相关。

第五,通过检查程序(方法),可以获得书面证据,与存在或发生、所有权和估价或分配认定相关。

第六,通过查询及函证程序(方法),可以获得书面证据和口头证据,与存在或发生、所有权和估价或分摊认定相关。

审计程序同审计证据并不是一一对应关系。通常,一种审计程序可产生多种审计证据,而要获得某类证据,也可选用多种审计程序。

实际上,在特定情形下,执行某程序的方式也可能会影响到与某证据有关的认定的项数。比如,运用"监盘"这一审计程序来查证实物资产时,若监盘是随意性的,可能只是为了获得这些资产"存在"的证据;若监盘是比较全面的,还可能发现资产损坏或过时等情况。这样,监盘获得的实物证据就还与"完整性"和"估价"认定相关。

六、审计程序的分类

上述具体的审计程序运用于财务报表审计的全过程之中。由于现代财务报表审计要求首先实施风险评估。风险评估程序本身并不足以为发表审计意见提供充分、适当的审计证据,注册会计师还应当实施进一步审计程序,包括实施控制测试(必要时或决定测试时)和实质性程序。因此,上述审计程序按其运用的目的可分为以下三类。

(一)风险评估程序

审计准则要求,注册会计师应对重大错报风险进行评估。根据这一要求,注册会计师应了解被审计单位及其他的业务环境事项,在适用的情况下包括了解内部控制。了解内部控制,首先必须向被审计单位询问内部控制的政策和程序,并检查会计手册和会计制度的流程图,此外,还需观察被审计单位有关活动及运作情况,以了解被审计单位内部控制发挥作用的方式。值得说明的是,注册会计师执行这些程序的主要目的是为了摸清被审计单位内部控制是怎样设计的和是否得到执行,而设计是否合理、运行是否有效,则是内部控制测试所要解决的问题。

在了解被审计单位及其他的业务环境事项的基础上,评估被审计单位财务报告信息可能存在的重大错报风险。

风险评估程序是每次财务报表审计都必须执行的程序。

(二)控制测试程序

控制测试是为了获取证据,以证实被审计单位内部控制政策和程序设计的适当性及其运行的有效性。比如,假定控制程序规定"现金应每天如数送存银行",那么注册会计师可通过观察实际送存过程和检查有效的存款单据,测试该项控制的有效性。内部控制测试还包括向雇员询问控制程序的执行情况,以及由注册会计师重新执行某项控制程序。

尽管大多数的财务报表审计都执行内部控制测试程序,但并不一定每次财务报表审计都必须执行这类程序。

(三)实质性程序

实质性程序包括两部分:①对各类交易、账户余额、列报的细节测试;②实质性分析程序。运用这一类审计程序可取得证明管理当局在财务报表上的各项认定是否公允的证据。

交易的实质性测试和余额的实质性测试是有区别的,前者是为了审定某类或某项交易认定的恰当性,而后者则是为了审定某账户余额认定的恰当性。比如,注册会计师追查购货发票至分类账,以确定有关分录的正确性和完整性,就属于购货交易的实质性测试。再比如,注册会计师函证某债权人,以决定某项应付账款余额的正确性,则属应付账款余额的实质性测试。注册会计师运用实质性分析程序可为证实财务报表数据有关关系是否合理提供证据。

实质性程序在每次财务报表审计中都必须执行。注册会计师在财务报表审计中,只有合理地运用控制测试和实质性程序,才能取得审计准则所要求的充分、适当的证据。在有些情况下,可以完全依赖实质性程序来获取证据。

注册会计师获取审计证据时,可以考虑成本效益原则。如果获取最理想的审计证据需花费高昂的审计成本,则注册会计师可转而收集质量稍逊的其他证据予以替代,只要它仍能满足审计目的的要求。也就是说,考虑获取审计证据的成本效益原则,注册会计师并不一定要选取最有力的审计证据。

但是,对于重要的审计项目,注册会计师不应以审计成本的高低或获取审计证据的难易程度作为减少必要审计程序的理由。此时,注册会计师如若无法取得充分且适当的审计证据,则应视情况发表保留意见或无法表示意见的审计报告。

七、审计证据的整理与分析

(一)审计证据整理与分析的意义

注册会计师为了使所收集到的分散的、个别的审计证据,变成充分、适当的、具有证明力的证据,以正确评价被审计单位财务报表等有关会计资料是否恰当地反映了其财务状况、经营成果及现金流量情况，就必须按照一定的方法对审计证据进行分类整理与分析，使之条理化、系统化。只有这样，注册会计师才能对各种审计证据合理地进行审计小结，并在此基础上，恰当地形成整体的审计意见。

审计证据的收集与整理、分析并不是互不相关的独立环节，相反，它们经常是交叉进行的。

(二)审计证据整理与分析的方法

审计证据的整理、分析没有一个固定的模式，审计的目的不同，审计证据的种类不同，其整理、分析的方法也不相同。

一般而言，审计证据整理、分析的方法有如下几种：

1. 分类。所谓分类是指将各种审计证据按其证明力的强弱，或按与审计目标的关系是否直接等分门别类排列成序。

2. 计算。所谓计算是指按照一定的方法对数据方面的审计证据进行计算，并从计算中得出所需的新的证据。

3. 比较。所谓比较包括两方面的内容：一方面，要将各种审计证据进行反复比较，从中分析出被审计单位经济业务的变动趋势及其特征；另一方面还要与审计目标进行比较，判断其是否符合要求(如不符合要求，则需补充收集有关的审计证据)。

4. 小结。所谓小结是指对审计证据在上述分类、计算和比较的基础上，注册会计师对审计证据进行归纳、总结，得出具有说服力的局部的审计结论。

5. 综合。所谓综合是指注册会计师对各类审计证据及其所形成的局部的审计结论进行综合分析，最终形成整体的审计意见。

第二节　审计工作底稿

为了规范我国注册会计师审计工作底稿的编制、复核、使用及保管等项工作，注册会计师应严格按照《中国注册会计师审计准则第 1131 号——审计工作底稿》的要求，做好有关工作底稿的各项工作。

一、审计工作底稿的概念、分类及作用

(一)审计工作底稿的概念

审计工作底稿是指注册会计师对制定的审计计划、实施的审计程序、获取的相关审计证据，以及得出的审计结论作出的记录。

审计工作底稿可以以纸质、电子或其他介质形式存在。

审计工作底稿通常包括总体审计策略、具体审计计划、分析表、问题备忘录、重大事项概要、询证函回函、管理层声明书、核对表、有关重大事项的往来信件(包括电子邮件),以及对被审计单位文件记录的摘要或复印件等。

审计工作底稿通常不包括已被取代的审计工作底稿的草稿或财务报表的草稿、对不全面或初步思考的记录、存在印刷错误或其他错误而作废的文本,以及重复的文件记录等。

审计工作底稿的全部内容,是注册会计师形成审计结论、发表审计意见的直接依据。

(二)审计工作底稿的分类

1. 根据审计工作底稿的性质和作用划分。根据审计工作底稿的性质和作用,可将其分为综合类工作底稿、业务类工作底稿和备查类工作底稿3类。

(1)综合类工作底稿是指注册会计师在审计计划和审计报告阶段,为规划、控制和总结整个审计工作,并发表审计意见所形成的审计工作底稿。该类工作底稿主要包括:审计业务约定书、审计计划、审计报告书未定稿、审计总结及审计调整分录汇总表等综合性的审计工作记录。

(2)业务类工作底稿是指注册会计师在审计实施阶段执行具体审计程序所编制和取得的工作底稿。该类工作底稿主要包括:注册会计师在执行预备调查、控制测试和实质性测试等审计程序时所形成的工作底稿。

(3)备查类工作底稿是指注册会计师在审计过程中形成的,对审计工作仅具有备查作用的审计工作底稿。该类工作底稿主要包括:与审计约定事项有关的重要法律性文件、重要会议记录与纪要、重要经济合同与协议、企业营业执照、公司章程等原始资料的副本或复印件。

2. 根据审计工作底稿的形成和来源划分。根据审计工作底稿的形成和来源,可将其分为3类:①注册会计师自己编制的审计工作底稿;②审计单位或其他第三者提供的审计工作底稿;③注册会计师与被审计单位共同编制的审计工作底稿。

(三)审计工作底稿的作用

审计工作底稿的主要作用表现在以下5个方面:

1. 审计工作底稿是联结整个审计工作的桥梁。审计项目小组一般由多人组成,项目小组内要进行合理的分工。不同的审计程序、不同会计账项的审计往往由不同人员执行,而最终形成审计结论和发表审计意见时,则主要针对被审计单位的财务报表进行。因此,必须把不同人员的审计工作有机地联结起来,以便对整体财务报表表示意见。而这种联结必须借助于审计工作底稿。

2. 审计工作底稿是注册会计师形成审计结论、发表审计意见的直接依据。审计结论和审计意见是根据注册会计师获取的各种审计证据以及注册会计师一系列的专业判断形成的。而注册会计师所搜集到的审计证据和所作出的专业判断,都完整地记载于审计工作底稿中。审计工作底稿就是审计结论与审计意见的直接依据。

3. 审计工作底稿是解脱或减轻注册会计师的审计责任、评价或考核注册会计师专业能力与工作业绩的依据。注册会计师依照独立审计准则实施了必要的审计程序,方可解脱或减轻其审计责任,而注册会计师是否实施了必要的审计程序,审计程序的选择是否合理,专业判断是否准确都必须通过审计工作底稿来体现和衡量。

4. 审计工作底稿为审计质量控制与质量检查提供了可能。会计师事务所进行审计质量控制,主要是指导和监督注册会计师选择实施审计程序、编制审计工作底稿,并对审计工作底稿进行严格复核;注册会计师协会或其他有关单位依法进行审计质量检查,也主要是对审计工作底稿的检查。因此,没有审计工作底稿,审计质量的控制与检查就无法落到实处。

5. 审计工作底稿对未来的审计业务具有参考备查价值。审计业务有一定的连续性,同一被审计单位前后年度的审计业务具有众多联系或共同点。因此,当年度的审计工作底稿,对以后年度审计业务具有很大的参考或备查作用。

二、审计工作底稿的形成与复核

(一)审计工作底稿的形成

1. 审计工作底稿的基本要素。审计工作底稿的形成方式主要有两种:一种是直接编制;另一种是取得。就所编制的审计工作底稿而言,尤其是对业务类工作底稿而言,一般包括下列基本要素:①被审计单位名称;②审计项目名称;③审计项目时点或期间;④审计过程记录;⑤审计标识及其说明;⑥审计结论;⑦索引号及页次;⑧编制者姓名及编制日期;⑨复核者姓名及复核日期;⑩其他应说明的事项。

2. 审计工作底稿的基本内容。注册会计师编制审计工作底稿的基本目的是为了揭示有关审计事项的未审情况、注册会计师的审计过程和经过审计后有关审计事项的审定情况。为实现上述目的,注册会计师编制审计工作底稿时,应把握以下基本内容:

(1)被审计单位的未审情况,包括被审计单位的内部控制情况,有关会计账项的未审计发生额及期末余额。

(2)审计过程的记录,包括注册会计师实施的审计测试性质、审计测试项目、抽取的样本及检查的重要凭证、审计标识及其说明、审计调整及重分类事项等。

(3)注册会计师的审计结论,包括注册会计师对被审计单位内部控制情况的研究与评价结果、有关会计账项的审定发生额及审定期末余额。

3.形成审计工作底稿的基本要求：

(1)编制审计工作底稿的基本要求。注册会计师在编制审计工作底稿时，应当做到内容完整、格式规范、标识一致、记录清晰、结论明确，以便其他注册会计师或有关人员在复核、检查或使用审计工作底稿时，能够理解和接受审计工作底稿的内容。

(2)获取审计工作底稿的基本要求。注册会计师可直接从被审计单位或其他有关单位取得审计工作底稿，也可以要求被审计单位有关人员代为编制有关会计账项的明细分类或汇总底稿，甚至可以要求被审计单位就有关事项提供声明。对于上述审计资料，注册会计师必须做到：①注明资料来源；②实施必要的审计程序，如对有关法律性文件的复印件审阅并同原件核对一致；③形成相应的审计记录，注册会计师在审阅或核对后，应形成相应的文字记录并签名，方能形成审计工作底稿。

(3)影响审计工作底稿繁简程度的因素。审计工作底稿的繁简程度与以下基本因素相关：①审计约定事项的性质、目的和要求；②被审计单位的经营规模及审计约定事项的复杂程度；③被审计单位的内部控制是否健全、有效；④被审计单位的会计记录是否真实、合法、完整；⑤是否有必要对业务助理人员的工作进行特别指导、监督和复核；⑥审计意见类型。

注册会计师在形成审计工作底稿时，工作底稿应有索引编号及顺序编号。同时，相关的审计工作底稿之间，应保持清晰的勾稽关系，相互引用时，应注明交叉索引编号。

4.确定审计工作底稿内容、格式应考虑的因素：①实施审计程序的性质；②已识别的重大错报风险；③在执行审计工作和评价审计结果时需要作出判断的范围；④已获取审计证据的重要程度；⑤已识别的例外事项的性质和范围；⑥当从已执行审计工作或获取审计证据的记录中不易确定结论或结论的基础时，记录结论或结论的基础的必要性；⑦使用的审计方法和工具。

(二)审计工作底稿的复核

1.审计工作底稿复核制度。一张审计工作底稿往往由一名专业人员独立完成，编制者对有关资料的引用、对有关事项的判断、对会计数据的加计复算等有可能出现误差，因此，在审计工作底稿编制完成后，通过一定的程序，经过多层次的复核显得十分必要。会计师事务所应结合本所实际情况制定出实用有效的复核制度。所谓审计工作底稿复核制度，就是会计师事务所对有关复核人级别、复核程序与要点、复核人职责等所作出的明文规定。

2.审计工作底稿复核的作用。对审计工作底稿复核的作用主要体现在以下3个方面：

(1)减少或消除人为的审计误差，以降低审计风险，提高审计质量。

(2)及时发现和解决问题，保证审计计划顺利执行，并且能够不断地协调审计进度、节约审计时间、提高审计效率。

(3)便于上级管理人员对注册会计师进行审计质量监控和工作业绩考评。

3. 审计工作底稿的复核要点。根据《中国注册会计师质量控制基本准则》的要求，会计师事务所应当建立多层次的审计工作底稿复核制度，而不同层次的复核人可能有不同的复核重点，但就复核工作的基本要点来看，不外乎以下几点：

(1)所引用的有关资料是否翔实可靠。

(2)所获取的审计证据是否充分、适当。

(3)审计判断是否有理有据。

(4)审计结论是否恰当。

4. 审计工作底稿复核的基本要求。复核是会计师事务所进行审计项目质量控制的一项重要程序，必须有严格和明确的规则。一般说来，复核时应做好下面几项工作：

(1)做好复核记录，对审计工作底稿中存在的问题和疑点要明确指出，并以文字记录于审计工作底稿中。

(2)复核人签名和签署日期，这样，有利于划清审计责任，也有利于上级复核人对下级复核人的监督。

(3)书面表示复核意见。

(4)督促编制人及时修改、完善审计工作底稿。

5. 审计工作底稿三级复核制度。为了保证审计工作底稿复核工作的质量，会计师事务所应建立多层次的审计工作底稿复核制度。就我国会计师事务所的体制来看，建立三级复核制度是切实可行的。所谓审计工作底稿三级复核制度，就是会计师事务所制定的以主任会计师、部门经理(或签字注册会计师)和项目经理为复核人，对审计工作底稿进行逐级复核的一种复核制度。这一复核制度目前已在我国众多的会计师事务所实行，对提高审计质量发挥了重要作用。

项目经理(或项目负责人)复核是三级复核制度中的第一级复核，称为详细复核。它要求项目经理对下属审计人员形成的审计工作底稿逐张复核，发现问题及时指出，并督促审计人员及时修改完善。部门经理(或签字注册会计师)是三级复核制度中的第二级复核，称为一般复核。它是在项目经理完成了详细复核之后，再对审计工作底稿中重要会计账项的审计、重要审计程序的执行，以及审计调整事项等进行复核。部门经理复核既是对项目经理复核的一种再监督，也是对重要审计事项的重点把关。主任会计师(或合伙人)复核是三级复核中的最后一级复核，又称重点复核。它是对审计过程中的重大会计审计问题、重大审计调整事项及重要的审计工作底稿所进行的复核。主任会计师复核既是对前面二级复核的再监督，也是对整个审计工作的计划、进度和质量的重点把握。

若部门经理作为某一审计项目的项目负责人,该项目又没有项目经理参加,则该部门经理的复核应视为项目经理复核,主任会计师应另行指定人员代为执行部门经理复核工作,以保证三级复核的彻底执行。

(三)审计工作底稿的归档

审计工作底稿形成后,注册会计师应按照一定的标准予以归档。归档时,可以按照审计循环或财务报表项目,以及审计工作底稿的使用期限长短先行分类,再编上相应标识号和页次后,分别存档。

三、审计档案的管理

审计工作底稿经过分类整理、汇集归档后,就形成了审计档案。审计档案是会计师事务所审计工作的重要历史资料,是会计师事务所的宝贵财富,应当妥善管理。

(一)审计档案的所有权与保管

审计工作底稿是注册会计师对其执行的审计工作所做的完整记录。从一般意义上讲,审计档案的所有权应属于执行该项业务的注册会计师。但是,我国注册会计师不能独立于会计师事务所之外承揽审计业务,审计业务必须以会计师事务所的名义承接。因此,我国现行准则规定审计档案的所有权属于承接该项业务的会计师事务所。

会计师事务所应当制定审计档案保管制度,对审计档案妥善管理,以保证审计档案的安全、完整。审计档案的保管期限可视不同档案类别而有所不同。对审计档案,会计师事务所应当自审计报告签发之日起,至少保存10年。即使会计师事务所中止了对被审计单位的后续审计服务,其审计档案的保存年限也不得任意缩减。

对于最低保存年限届满的审计档案,会计师事务所可以决定将其销毁。但在销毁之前,应当按规定履行必要的手续,对将要销毁的审计档案做最后一次检查,然后报主任会计师批准。销毁时,有关人员应进行现场监督或检查,以保证被销毁的审计档案彻底销毁干净。

(二)审计档案的保密与调阅

会计师事务所应建立严格的审计工作底稿保密制度,并落实专人管理。除下列情况外,会计师事务所不得对外泄漏审计档案中涉及的商业秘密及有关内容:

1.法院、检察院及其他部门因工作需要,在按规定办理了手续后,可依法查阅审计档案中的有关审计工作底稿。

2.注册会计师协会对执业情况进行检查时,可查阅审计档案。

3.不同会计师事务所的注册会计师,因审计工作的需要,并经委托人同意,在下列情况下,办理了有关手续后,可以要求查阅审计档案:①被审计单位更换了会计师事务所,后任注册会计师可以调阅前任注册会计师的审计档案;②基于合并财务报表审计业务的需要，母公司所聘的注册会计师可以调阅子公司所聘注册会计师的审计档案；③联合审计；④会计师事务所认为合理的其他情况。

拥有审计工作底稿的会计师事务所应当对要求查阅者提供适当的协助，并根据有关审计工作底稿的性质和内容，决定是否允许要求查阅者阅览其底稿，及复印或摘录其中的有关内容。审计工作底稿中的内容被查阅者引用后，因为查阅者的误用而造成的后果，与拥有审计工作底稿的会计师事务所无关。

复习思考题

1. 注册会计师判断审计证据是否充分，应当主要考虑哪些因素？

2. 注册会计师在对审计证据进行整理与分析时，应着重注意哪些事项？

3. 就所编制的审计工作底稿而言，一般应包括哪些基本要素？

4. 注册会计师获取审计工作底稿的基本要求有哪些？

5. 按照《中国注册会计师审计准则第 1131 号——审计工作底稿》的要求，审计工作底稿的繁简程度与哪些基本因素相关？

6. 审计工作底稿复核的基本要求是什么？

7. 甲注册会计师在对 N 公司 2003 年度财务报表审计时，可采用不同的审计方法获取充分、适当的审计证据。

(1)请问甲注册会计师获取审计证据的审计方法有哪些？

(2)请问审计证据按其外形特征可分为哪几类？

(3)请将不同的审计方法所能获取的不同外形特征的审计证据填入下列相应的表格中。

审计方法	审计证据
1. 监盘	
2. 观察	
3. 分析程序	
4. 计算	
5. 检查	
6. 查询及函证	

第六章

分析程序与审计重要性

本章要点

分析程序是指注册会计师通过研究不同财务数据之间以及财务数据和非财务数据之间的内在关系，对财务信息作出评价。分析程序还包括调查识别出的、与其他相关信息不一致或与预期数据严重偏离的程度和关系。审计重要性取决于在具体环境下对金额和性质的判断，如果一项错报单独或连同其他错报可能影响财务报表使用者依据财务报表作出的经济决策，则该项错报是重大的。同时，注册会计师还应当评估各类交易、账户余额及列报认定层次的重要性，以便确定进一步审计程序的性质、时间和范围，将审计风险降至可接受的低水平。分析程序在审计过程中的运用具有多种目的。应用分析程序、确定重要性水平都是审计过程中必不可少的步骤。

第一节　分析程序及其执行

一、分析程序的概念

分析程序是指注册会计师通过研究不同财务数据之间以及财务数据和非财务数据之间的内在关系，对财务信息作出评价。分析程序还包括调查识别出的、与其他相关信息不一致或与预期数据严重偏离的程度和关系。

二、分析性程序的目的

注册会计师实施分析性程序的目的包括：

第一，用于风险评估程序，以了解被审计单位及其环境。注册会计师实施风险评估程序的目的在于了解被审计单位及其环境并评估财务报表层次和认定层次的重大错报风险。在风险评估过程中使用分析程序也服务于这一目的。分析性程序可以帮助注册会计师发现财务报表中的异常变化，或者预期发生而未发生的变化，识别存在潜在重大错报风险的领域。分析程序还可以帮助注册会计师发现财务状况或盈利能力发生变化的信息和征兆，识别那些表明被审计单位持续经营能力问题的事项。

第二，当使用分析性程序比细节测试能更有效地将认定层次的检查风险降至可接受的水平时，分析程序可以用做实质性程序。在针对评估的重大错报风险实施进一步审计程序时，注册会计师可以将分析程序作为实质性程序的一种，单独或结合其他细节测试，收集充分、适当的审计证据。此时运用分析程序可以减少细节测试的工作量，节约审计成本、降低审计风险，使审计工作更有效率和效果。

第三，在审计结束或临近结束时对财务进行总体复核。在审计结束或临近结束时，注册会计师应当运用分析程序，在已收集的审计证据的基础上，对财务报表整体的合理性做最终把握，评价报表仍然存在重大错报风险而未被发现的可能性，考虑是否需要追加审计程序，以便为发表审计意见提供合理基础。

分析程序运用的不同目的，决定了分析程序运用的具体方法和特点。

三、用于风险评估程序

（一）总体要求

注册会计师在实施风险评估程序时，应当运用分析程序以了解被审计单位及其环境。如前所述,在实施风险评估程序时,运用分析程序的目的是了解被审计单位及其环境并评估重大错报风险,注册会计师应当围绕这一目的运用分析程序。在这个阶段运用分析程序是强制性要求。

(二)在风险评估程序中的具体运用

注册会计师在将分析程序用作风险评估程序时,应当遵守《中国注册会计师审计准则第1211号——了解被审计单位及其环境并评估重大风险》的相关规定。注册会计师可以将分析程序与询问、检查和观察程序结合运用,以获取对被审计单位及其环境的了解,识别和评估财务报表层次及具体认定层次的重大错报风险。

在运用分析性程序时,注册会计师应重点关注关键的账户余额、趋势和财务比率关系等方面,对其形成一个合理的预期,并与被审计单位记录的金额、依据记录金额计算的比率或趋势相比较。如果分析程序的结果显示的比率、比例或趋势与注册会计师对被审计单位及其环境的了解不一致,并且被审计单位管理层无法提出合理的解释,或者无法取得相关的支持性文件证据,注册会计师应当考虑其是否表明被审计单位的财务报表存在重大错报风险。

例如,注册会计师根据对被审计单位及其环境的了解,得知本期在生产成本中占较大比重的原材料成本大幅上升。因此,注册会计师预期在销售收入未有较大变化的情况下,由于销售成本上升,毛利率应相应下降。但是,注册会计师通过分析程序发现,本期与上期的毛利率变化不大。注册会计师可能据此认为销售成本存在重大错报风险,应对其给予足够的关注。

需要注意的是,注册会计师无需在了解被审计单位及其环境的每一方面都实施分析程序。例如,在对内部控制的了解中,注册会计师一般不会运用分析程序。

(三)风险评估过程中运用分析程序的特点

风险评估过程中运用分析程序的主要目的在于识别那些可能表明财务报表存在重大错报风险的异常变化。因此,所使用的数据汇总性比较强,其对象主要是财务报表中账户余额及其相互之间的关系;所使用的分析程序通常包括对账户余额变化的分析,并辅之以趋势分析和比率分析。

与实质性分析程序相比,在风险评估过程中使用的进行比较的性质、预期值的精确程序,以及所进行的分析和调查的范围都并不足以提供很高的保证水平。

四、用于实质性程序

(一)总体要求

注册会计师应当针对评估的认定层次重大错报风险设计和实施实质性程序。实质性程序包括对各类交易、账户余额、列报的细节测试以及实质性分析程序。

实质性分析程序是指用做实质性程序的分析程序,它与细节测试都可用于收集审计证据,以识别财务报表认定层次的重大错报风险。当使用分析程序比细节测试能更有效地将认定层次的检查风险降至可接受的水平时,注册会计师可以考虑单独或结合细节测试,运用实质性分析程序。实质性分析程序不仅仅是细节测试的一种补充,在某些审计领域,如果重大错报风险较低且数据之间具有稳定的预期关系,注册会计师可以单独使用实质性分析程序获取充分、适当的审计证据。

尽管分析程序有特定的作用,但并未要求注册会计师在实施实质性程序时必须使用分析程序。这是因为针对认定层次的重大错报风险,注册会计师实施细节测试而不实施分析程序,同样可能实现实质性程序的目的。另外,分析程序有其运用的前提和基础,它并不适用于所有的财务报表认定。

需要强调的是,相对于细节测试而言,实质性分析程序能够达到的精确度可能受到种种限制,所提供的证据在很大程度上是间接证据,证明力相对较弱。从审计过程整体来看,注册会计师不能仅信赖实质性分析程序,而忽略对细节测试的运用。

实质性分析程序的运用包括以下几个步骤:①识别需要运用分析程序的账户余额或交易;②确定期望值;③确定可接受的差异额;④识别需要进一步调查的差异;⑤调查异常数据关系;⑥评估分析程序的结果。

(二)确定实质性分析程序对特定认定的适用性

并非所有认定都适合使用实质性分析程序。研究不同财务数据之间以及财务数据与非财务数据之间的内在关系是运用分析程序的基础,如果数据之间不存在稳定的可预期关系,注册会计师将无法运用实质性分析程序,而只能考虑运用检查、函证等其他审计程序收集充分、适当的审计证据,作为发表审计意见的合理基础。

在信赖实质性分析程序的结果时,注册会计师应当考虑实质性分析程序存在的风险,即分析程序的结果显示数据之间存在预期关系而实际上却存在重大错报。例如,被审计单位的业绩落后于行业的平均水平,但管理层篡改了被审计单位的经营业绩,以使其看起来与行业平均水平接近。在这种情况下,使用行业数据进行分析程序可能会误导注册会计师。再如,被审计单位在行业内占有极重要的市场份额的时候,将行业统计资料用于分析程序,数据的独立性可能会受到损害,因为在这种情况下被审计单位的数据在很大程度上决定了行业数据。

在确定实质性分析程序对特定认定的适用性时,注册会计师应当考虑下列因素:

1. 评估的重大错报风险。鉴于实质性分析程序能够提供的精确度受到种种限制,评估的重大错报风险水平越高,注册会计师应当越谨慎使用实质性分析程序。如果针对特别风险仅实施实质性程序,注册会计师应当使用细节测试或将细节测试和实质性分析程序结合使用,以获取充分、适当的审计证据。

2. 针对同一认定的细节测试。在对同一认定实施细节测试的同时，实施实质性分析程序可能是适当的。例如，注册会计师在考虑应收账款的可收回性时，除了对期后收到现金的情况进行细节测试之外，也可以针对应收账款的账龄实施实质性分析程序。

(三)数据的可靠性

注册会计师对已记录的金额或比率作出预期时，需要采用内部或外部的数据。

来自被审计单位内部的数据包括：①前期数据，并根据当期的变化进行调整；②当期的财务数据；③预算或预测；④非财务数据等。

外部数据包括：①政府及政府有关部门发布的信息，如通货膨胀率、利率、税率，有关部门确定的生产或进出口配额等；②行业监管者、贸易协会以及行业调查单位发布的信息，如某些行业平均增长率；③经济预测组织，包括某些银行发布的预测消息，如某些行业的业绩指标等；④公开出版的财务信息；⑤证券交易所发布的信息等。

数据的可靠性直接影响根据数据形成的预期值。数据的可靠性越高，预期的准确性也将越高，分析程序将更有效。注册会计师计划获取的保证水平越高，对数据可靠性的要求也就越高。

影响数据可靠性的因素很多。数据的可靠性受其来源及性质的影响，并有赖于获取该数据的环境。在确定实质性分析程序使用的数据是否可靠时，注册会计师应当考虑下列因素：

1. 可获得信息的来源。数据来源的客观性或独立性越强，所获取数据的可靠性将越高；来源不同的数据相互印证时比单一来源的数据更可靠。

2. 可获得信息的可比性。实施分析程序使用的相关数据必须具有可比性。通常，被审计单位所处行业的数据与被审计单位的相关数据具有一定的可比性。但应当注意，对于生产和销售专门产品的被审计单位，注册会计师应考虑获取广泛的相关行业数据，以增强信息的可比性，进而提高数据的可靠性。

3. 可获得信息的性质和相关性。例如，被审计单位管理层制定预算时，是将该预算作为预期的结果还是作为将要达到的目标。若为预期的结果，则预算的相关程度较高；若仅为希望达到的目标，则预算的相关程度较低。此外，可获得的信息与审计目标越相关，数据就越可靠。

4. 与信息编制相关的控制。与信息编制相关的控制越有效，该信息越可靠。

为了更全面地考虑数据的可靠性，当实施实质性分析程序时，如果使用被审计单位编制的信息，注册会计师应当考虑测试与信息编制相关的控制，以及这些信息是否在本期或前期经过审计。

上述测试的结果有助于注册会计师就该信息的准确性和完整性获取审计证据，以更好地判断分析程序使用的数据是否可靠。如果注册会计师通过测试获知与信息编制相关的控制运行有效,或信息在本期或前期经过审计,该信息的可靠性将更高。

(四)作出预期的准确程度

准确程度是对预期值与真实值之间接近程度的度量,也称精确度。分析程序的有效性很大程度上取决于注册会计师形成的预期值的准确性。预期值的准确性越高,注册会计师通过分析程序获取的保证水平将提高。

在评价作出预期的准确程度是否足以在计划的保证水平上识别重大错报时,注册会计师应当考虑下列主要因素:

1. 对实质性分析程序的预期结果作出预测的准确性。例如,与各年度的研究开发和广告费用支出相比,注册会计师通常预期各期的毛利率更具有稳定性。

2. 信息可分解的程度。信息可分解的程度是指用于分析程序的信息的详细程度,如按月份或地区分部分解的数据。通常,数据的可分解程度越高,预期值的准确性越高,注册会计师将相应获取较高的保证水平。当被审计单位经营复杂或多元化时,分解程度高的详细数据更为重要。

数据需要具体到哪个层次受被审计单位性质、规模、复杂程度及记录详细程度等因素的影响。如果被审计单位从事多个不同的行业,或者拥有非常重要的子公司,或者在多个地点进行经营活动,注册会计师可能需要考虑就多个重要的组成部分分别取得财务信息。但是,注册会计师也应当考虑分解程度高的数据的可靠性。例如,季度数据可能因为未经审计或相关控制相对较少,其可靠性将不如年度数据。

3. 财务和非财务信息的可获得性。在设计实质性分析程序时,注册会计师应考虑是否可以获得财务信息(如预算和预测)以及非财务信息(如已生产或已销售产品的数量),以有助于运用分析程序。

(五)已记录金额与预期值之间可接受的差异额

预期值只是一个估计数据,在大多数情况下与已记录金额并不一致。为此,在设计和实施实质性分析程序时,注册会计师应当确定已记录金额与预期值之间可接受的差异额。

可接受的差异额是指已记录金额与预期值之间的差额,注册会计师认为该差额无需做进一步调查。注册会计师应当将识别出的差异额与可接受的差异额进行比较,以确定差异是否重大,是否需要做进一步调查。

在确定可接受的差异额时,注册会计师应当主要考虑各类交易、账户余额、列报及相关认定的重要性和计划的保证水平。通常,可容忍错报越低,可接受的差异额越小;计划的保证水平越高,可接受的差异额越小。

注册会计师可以通过降低可接受的差异额应对重大错报风险的增加。可接受的差异额越低,注册会计师需要收集越多的审计证据,以尽可能发现财务报表中的重大错报，获取计划审计的保证水平。

如果在期中实施实质性程序，并计划针对剩余期间实施实质性分析程序，注册会计师应当考虑实质性分析程序对特定认定的适用性、数据的可靠性、作出预期的准确程度以及可接受的差异额，并评估这些因素如何影响针对剩余期间获取充分、适当的审计证据的能力。注册会计师还应当考虑某类交易的期末累计发生额或账户期末余额在金额、相对重要性及构成方面能否被合理预期。

如果认为仅实施实质性程序不足以收集充分、适当的审计证据，注册会计师还应测试剩余期间相关控制运行的有效性或针对期末实施细节测试。

五、用于总体复核

（一）总体要求

在审计结束或临近结束时，注册会计师运用分析程序的目的是确定财务报表整体是否与其对被审计单位的了解一致，注册会计师应当围绕这一目的运用分析程序。这时运用分析程序是强制性要求，注册会计师在这个阶段应当运用分析程序。

（二）总体复核阶段分析程序的特点

在总体复核阶段执行分析程序，所进行的比较和使用的手段与风险评估程序中使用的分析程序基本相同，但两者的目的不同。在总体复核阶段实施的分析程序主要在于强调并解释财务报表项目自上个会计期间以来发生的重大变化，以证实财务报表中列报的所有信息与注册会计师对被审计单位及其环境的了解一致，与注册会计师取得的审计证据一致。因此，两者的主要区别在于实施分析程序的时间和重点不同，以及所取得的数据的数量和质量不同。另外，因为在总体复核阶段实施的分析程序并非为了对特定账户余额和披露提供实质性的保证水平，因此并不如实质性分析程序那样详细和具体，往往集中在财务报表层次。

（三）再评估重大错报风险

在运用分析程序进行总体复核时，如果识别出以前未识别的重大错报风险，注册会计师应当重新考虑对全部或部分各类交易、账户余额、列报评估的风险是否恰当，并在此基础上重新评价之前计划的审计程序是否充分，是否不必要追加审计程序。

六、分析性程序的运用

（一）确定将要执行的计算事项及比较对象

在计划审计工作中，使用分析程序的精细程度及范围，视被审计单位的规模和复杂性、资料的可靠性，以及注册会计师的判断而定。常用的计算及比较包括：绝对额比较（简单比较）、垂直分析（结构百分比比较）、比率分析和趋势分析。

1. 绝对额比较(简单比较)。比如,将本期金额(如某账户余额)和预期金额进行简单比较等。

2. 垂直分析(结构百分比比较)。它是指先计算出某财务报表的各组成要素占有关总额的百分比(例如,现金占总资产的百分比、毛利占销售收入的百分比),再将此比例与预期数比较。

3. 比率分析。比率分析是注册会计师和财务分析人员常用的分析方法。此方法要求先计算出各种比率,再将其与预期比率进行比较。对计算出来的比率可单独分析,也可归类(如偿债能力、效率及获利比率等)分析。

4. 趋势分析。趋势分析是指比较两个以上会计期间的特定数据(绝对值、共同比或比率),以确定难以由本期和前期比较看出的重大变动。

(二)估计期望值

在审计中使用分析程序的基本假定是:在没有反证的情况下,数据之间预计继续存在一定的关系。根据这个假定,注册会计师可以根据各种不同来源的数据估计期望值。会计和非会计资料均可用来估计期望值。

具体方法如下:

1. 根据被审计单位的可比会计信息,并考虑已知的变化,估计期望值。

2. 根据正式的预算或预测,估计期望值。

3. 根据本期间内会计要素之间的关系,估计期望值。

4. 根据同行业资料,估计期望值。属于某行业的公司典型的共同比、比率及趋势资料也可用于比较。

5. 根据会计信息同相关的非会计信息之间的关系,估计期望值。

这里请务必注意,无论在什么情况下,估计期望值都必须考虑资料的可靠性和适当性。

由于估计期望值的过程需要很多判断和业务经营专门知识,因此,这一步骤通常由审计小组中的高级审计人员或经理来完成。

(三)进行计算或比较

进行计算或比较包括积累资料用以计算绝对额,计算本年度和以前年度金额之间百分比差异,以及计算共同比和比率等。由于计划审计工作的时间并不在年终,因此无法取得实际年末数据,在这种情况下,通常使用截止日前的实际数据和(或)预计年末数据。这一步骤也包括收集行业数据,以便于进行比较。

(四)分析数据及确认重大差异

对计算或比较的结果加以分析,可以使注册会计师进一步了解基本情况,并且确认是否有异常或意外的波动。如果存在,注册会计师必须对重大的差异或波动进行调查。

有些会计师事务所使用统计模型来决定差异大到什么程度才进行调查，而大多数会计师事务所则是凭借经验，在差异超过预定金额、一定比率或以上两者时，才进行调查。值得注意的是，有些金额很大的账户，如销售收入，其很小的百分比变动就可能会对净利造成很大比例的变动。总之，注册会计师最终都需要运用判断和根据重要性原则来确定差异的重要性。

(五)调查重大的非预期差异

对重大的非预期差异，注册会计师必须进行调查。此步骤包括重新考虑估计期望值时所使用的方法和因素，并询问管理当局。有时候，某些新信息的出现可能会支持修订原期望值，从而使差异变得并不重大。

(六)确定重大差异对审计计划的影响

不能合理解释的重大差异通常被视为错报风险增加的信号。在这种情况下，注册会计师通常会计划更详细的测试。通过执行分析程序指出高风险领域之所在，从而使审计更具有效率和效果。

注册会计师在审计计划阶段，之所以必须执行分析程序，目的是帮助确定其他审计程序的性质、时间和范围，从而使审计更具效率和效果。但是对分析程序结果的信赖程度，应作谨慎判断。注册会计师对分析程序结果的依赖程度，取决于下列因素：

1. 分析项目的重要性。如分析认为项目很重要，注册会计师就不能只依赖分析程序来形成结论。

2. 分析程序结果与针对相同的审计目标执行的其他审计程序结论的一致性。这些程序执行的结果既可能证实，也可能否认应用分析程序所提出的问题。

3. 分析程序预期结果的准确性。对于准确性较低的项目，不应过多依赖分析程序。

4. 实施分析程序人员的经验和能力。

第二节 审计重要性及应用

审计项目负责人对被审计单位的基本业务情况进行了解和执行分析程序之后，应对审计工作的进行作出规划。在编制审计计划时，注册会计师还应当对审计重要性、审计风险进行适当评估，并制定初步审计策略。

一、审计重要性的概念

各国现有的审计重要性准则对重要性的定义大都沿用会计准则。各国对审计重要性的认识基本是一致的，即信息的错报或漏报可能影响到财务报表使用者的决策就是重要性。

《中国注册会计师审计准则第 1221 号——重要性》界定了重要性的含义，指出重要性取决于在具体环境下对错报金额和性质的判断。如果一项错报单独或连同其他错报可能影响财务报表使用者依据财务报表作出的经济决策，则该项错报是重大的。理解这一定义，必须注意以下几点：

第一，重要性概念中的错报包含漏报。

第二，重要性概念是针对财务报表使用者决策的信息需求而言的。

第三，重要性具有数量和质量两个方面的特征。一般来说，金额大的错报或漏报比金额小的错报或漏报更重要。但在许多情况下，某项错报或漏报从量的方面看并不重要，从其性质方面考虑，却可能是重要的。

第四，重要性的判断离不开特定的环境。不同企业面临不同的环境，因而判断重要性的标准也不相同。例如，某一金额对某个企业的财务报表来说是重要的，而对另一个企业的财务报表可能是不重要的。对某一特定企业而言，重要性也会因时间的不同而改变。

第五，重要性的评估需要运用职业判断。

二、运用审计重要性的相关问题

（一）运用审计重要性原则的一般要求

对审计重要性的评估是注册会计师的一种专业判断。注册会计师在确定审计程序的性质、时间和范围及评价审计结果时，必须运用重要性原则，以确定财务报表层次和相关账户交易层次的重要性水平。

1. 审计重要性的评估需要运用专业判断。审计重要性的判断离不开特定的环境。实际上，影响重要性的因素很多，不同企业的重要性不同，同一企业在不同时期的重要性也不同。注册会计师在对某一企业进行审计时，必须根据该企业面临的环境，并考虑其他因素，才能合理地确定重要性水平。但不同的注册会计师在确定同一企业财务报表的重要性水平时，得出的结果可能不同，甚至相差很大，其原因是不同注册会计师对影响审计重要性的各种因素的判断存在差异。所以说，注册会计师需要运用专业判断来评估审计重要性。

2. 在审计过程中运用审计重要性原则的目的。在审计过程中运用重要性原则的目的是：

（1）为了提高审计效率。由于社会经济环境的发展变化，企业规模的扩大，企业组织结构日趋复杂，详细审计已经不可能，在抽样审计下，注册会计师为作出抽样决策，不得不涉及重要性问题。

（2）为了保证审计质量。在进行抽样审计时，注册会计师对未查部分是否正确要承担一定的风险，而风险的大小与重要性的判断有关。因此，注册会计师为保证审计质量，必须对重要性作出恰当的判断。

3. 在审计过程中运用审计重要性原则的情形。在审计过程中运用重要性原则的情形包括两种情况：

（1）在确定审计程序的性质、时间和范围时。此时，重要性被看做是审计所允许的可能或潜在的未发现错报或漏报的限度，即注册会计师在运用审计程序以检查财务报表的错报或漏报时所允许的误差范围。

（2）在评价审计结果时。此时，重要性被看做是某一错报或漏报或汇总的错报或漏报是否影响到财务报表使用者判断和决策的标志。

（二）金额和性质的考虑

注册会计师在运用审计重要性原则时，应当考虑错报或漏报的金额和性质。这也就是说，重要性具有数量和质量两个方面的特征。一般来说，金额大的错报或漏报比金额小的错报或漏报更重要。但在许多情况下，某项错报或漏报从量的方面看并不重要，从其性质方面考虑，却可能是重要的。例如：

1. 涉及舞弊与违法行为的错报或漏报。因为舞弊与违法行为反映了管理当局或其他人员的诚实和可信度存在问题。对于财务报表使用者而言，蓄意错报或漏报比相同金额的笔误更重要。

2. 可能引起履行合同义务的错报或漏报。某项错报或漏报使得企业的营运资金增加了几百元，从数量上看并不重要，但这项错报或漏报使营运资金从低于贷款合同规定的营运资金数变为稍稍高于贷款合同规定的营运资金数，这就影响了贷款合同所规定的义务，所以是重要的。

3. 影响收益趋势的错报或漏报。在其他情况下认为不重要的错报或漏报，如果影响到收益变动的趋势，应引起注意。例如，某项错报或漏报使收益每年递增1%的趋势变为本年收益下降1%，或使亏损变为盈利等等，就具有重要性。

4. 不期望出现的错报或漏报。一般情况下，如果发现现金和实收资本账户存在错报或漏报，就应当引起高度重视。

小金额错报或漏报的累计，可能会对财务报表产生重大影响，注册会计师对此应当予以关注。因为，单独地看，一笔小金额的错报或漏报无论是在性质上，还是在数量上都是不重要的，但对财务报表整体而言，如果企业每个星期（月份）均出现同样的小金额错报或漏报，全年累计起来，就有可能成为上万元的错报或漏报。企业许多账户或交易均存在小金额的错报或漏报，所有账户或交易累计起来，就有可能变成大金额的错报或漏报，在这种情况下，必然会对财务报表产生重大影响。所以，注册会计师应当对此予以充分的关注。

(三)两个层次重要性的考虑

在审计过程中,注册会计师应当考虑财务报表层次和相关账户、交易层次的重要性。

1. 财务报表层次的重要性。由于独立审计的目的是对财务报表的合法性、公允性发表审计意见,因此,注册会计师必须考虑财务报表层次的重要性,只有这样,才能得出财务报表是否合法、公允的整体性结论。

2. 账户和交易层次的重要性。由于财务报表所提供的信息来源于各账户或各交易,注册会计师只有通过验证各账户和各交易,才能得出财务报表是否合法、公允的整体性结论,因此注册会计师还必须考虑账户和交易层次的重要性。

(四)重要性与审计风险之间的关系

注册会计师应当考虑重要性与审计风险之间存在的反向关系,保持应有的职业谨慎,合理确定重要性水平。

1. 重要性与审计风险之间成反向关系。重要性水平越高,审计风险越低;反之,重要性水平越低,审计风险越高。这里,重要性水平的高低指的是金额的大小,一般来说,3 000 元的重要性水平比 2 000 元的重要性水平高。

重要性水平是注册会计师从财务报表使用者的角度进行判断的结果。如果重要性水平是 3 000 元,则意味着低于 3 000 元的错报与漏报不会影响到财务报表使用者的判断与决策,注册会计师仅仅需要通过执行有关审计程序查出高于 3 000 元的错报与漏报;如果重要性水平是 2 000 元,则金额在 2 000 元到 3 000 元之间的错报或漏报仍然会影响到财务报表使用者的判断与决策,注册会计师需要通过执行有关审计程序查出金额在 2 000 元到 3 000 元之间的错报与漏报。显然,重要性水平为 3 000 元时的审计风险要比重要性水平为 2 000 元时的审计风险低。

2. 注册会计师应当保持应有的职业谨慎,合理确定重要性水平。由于重要性与审计风险之间存在反向关系,如果原本 3 000 元的错报或漏报才会影响到财务报表使用者的判断和决策,但注册会计师将重要性水平确定为 2 000 元,这时注册会计师就会扩大审计程序的范围或追加审计程序,而实际上没有必要,只能是浪费时间和人力。如果原本 2 000 元的错报或漏报就会影响财务报表使用者的判断或决策,但注册会计师将重要性水平确定为 3 000 元,这时注册会计师所执行的审计程序要比原本应当执行的审计程序少、审计范围要小,这必然会导致注册会计师得出错误的审计结论。所以,重要性水平偏高或偏低均对注册会计师不利,注册会计师应当保持应有的职业谨慎,合理确定重要性水平。

3. 注册会计师应当考虑重要性与审计风险之间的关系。因为审计风险的高低往往取决于重要性的判断,如果注册会计师确定的重要性水平较低,审计风险就会增加。尽管如此,注册会计师要降低审计风险,最终必须通过执行有关审计程序,而不是通过提高重要性水平来实现。

所以,注册会计师必须通过执行有关审计程序来降低审计风险。

三、审计重要性的评估与编制审计计划

(一)对审计重要性评估的总体性要求

在编制审计计划时,注册会计师应当对重要性水平作出初步判断,以确定所需审计证据的数量。重要性水平越低,应当获取的审计证据越多,这是对重要性评估所作的总体性要求。

1. 编制审计计划时对重要性水平的初步判断。在编制审计计划时,注册会计师应当对审计重要性、审计风险进行适当评估。初步判断的目的是确定所需审计证据的数量。

重要性是影响审计证据充分性的一个十分重要的因素。因此,注册会计师在编制审计计划时,应当根据所确定的审计重要性水平,合理确定所需的审计证据,并据此决定审计程序的性质、时间和范围。

2. 重要性水平与审计证据的关系。重要性水平与审计证据之间成反向关系。重要性水平越低,应获取的审计证据越多。例如,为合理保证存货账户的错报或漏报不超过20 000 元所需搜集的审计证据,比为了保证该账户错报或漏报不超过30 000 元所需搜集的审计证据要多。在理解这一关系时,必须注意,重要性水平不同于重要的审计项目。审计项目越重要,所需搜集的审计证据越多。例如,存货占资产总额的40%时的审计项目,比占30%时的审计项目需要更多的审计证据。

(二)对审计重要性水平作出初步判断应考虑的问题

注册会计师对重要性水平作出初步判断应当综合考虑以下主要问题:

1. 以往的审计经验。以往审计中所运用的重要性水平,如果较为适当,可以作为本年度确定重要性水平的重要依据,注册会计师可以依据这一重要性水平,考虑被审计单位经营环境和经营业务的变化,对其加以修正。

2. 有关法律法规对财务会计的要求。一般地说,注册会计师执行年度财务报表审计时,应当谨慎判断重要性水平,因为有关法律法规对企业财务报表的编制可能存在特别的要求。如果企业存在可由管理当局自主决定处理的会计事项,注册会计师应从严确定重要性水平。

3. 被审计单位的经营规模及业务性质。规模不同的企业,其重要性水平也有所不同。规模大的企业,其重要性水平的绝对值一般比规模小的企业要大,但相对值一般要比规模小的企业小。企业所处行业的性质对重要性水平也有较大影响。因为,不同行业的企业,其会计核算的工作组织以及所遵循的会计规范均存在较大的差异。

4.内部控制与审计风险的评估结果。如果内部控制较为健全,可信赖程度高,可以将重要性水平定得高一些,以节省审计成本。由于重要性与审计风险之间成反向关系,如果审计风险评估为高水平,则意味着重要性水平较低,应搜集较多的审计证据,以降低审计风险。

5.财务报表各项目的性质及其相互关系。财务报表项目的重要程度是存在差别的,财务报表使用者对某些报表项目要比另外的一些报表项目更为关心。一般而言,财务报表使用者十分关心流动性较高的项目,因此,注册会计师应当从严制定重要性水平。由于财务报表各项之间是相互联系的,注册会计师在确定重要性水平时,不得不考虑这种相互联系。

6.财务报表各项目的金额及其波动幅度。财务报表项目的金额及其波动幅度可能成为财务报表使用者作出反应的信号,因此,注册会计师在确定重要性水平时,应当深入研究这些金额及其波动幅度。

(三)财务报表层次重要性水平的确定

确定财务报表层次的重要性水平的内容包括:

1.重要性水平的判断基础。注册会计师应当合理选用重要性水平的判断基础,采用固定比率、变动比率等确定财务报表层次的重要性水平。

判断基础通常包括:资产总额、净资产、营业收入、净利润等,审计人员应当合理选用。例如,被审计单位净利润接近于零时,不应将净利润作为重要性水平的判断基础;被审计单位净利润波动幅度较大时,不应将当年的净利润作为重要性水平的判断基础,而应选择近几年的平均净利润;被审计单位属于劳动密集型企业时,不应将资产总额、净资产作为重要性水平的判断基础。

2.重要性水平的计算方法。重要性水平的计算方法有固定比率法、变动比率法两种。

(1)固定比率法,即在选定判断基础后,乘上一个固定百分比,求出财务报表层次的重要性水平。但这个百分比是多少,世界各国的审计准则和会计准则都没有作出规定,也无法作出规定。以下是实务中用来判断重要性水平的一些参考数值:①税前净利润的5%～10%(净利润较小时用10%,较大时用5%);②资产总额的0.5%～1%;③净资产的1%;④营业收入的0.5%～1%。

(2)变动比率法的基本原理是:规模越大的企业,允许的错报或漏报的金额比率就越小,一般是根据资产总额或营业收入两者中较大的一项确定一个变动百分比。

3.财务报表层次重要性水平的选取。如果同一期间各财务报表的重要性水平不同,注册会计师应当取其最低者作为财务报表层次的重要性水平。注册会计师应当先对每张财务报表确定一个重要性水平。例如,将损益表的重要性水平确定为100万元,将资产负债表的重要性水平确定为200万元。

4. 财务报表尚未编制完成时重要性水平的确定。在编制审计计划时，如果被审计单位尚未完成财务报表的编制，注册会计师应当根据期中财务报表推算为年度财务报表，或者根据被审计单位经营环境和经营情况变动对上年度财务报表作出必要修正，以确定财务报表层次的重要性水平。

(四)账户或交易层次的重要性水平

1. 账户或交易层次重要性水平的确定方法。注册会计师在制定账户或交易的审计程序前，可将财务报表层次的重要性水平分配至各账户或各类交易，也可单独确定各账户或各类交易的重要性水平。对于账户或交易层次的重要性水平，既可以采用分配的方法，也可以不采用分配的方法。在实务中，很多注册会计师选择资产负债表账户作为分配的基础，各账户分得的重要性称为"可容忍误差"。

2. 确定各账户或各类交易的重要性水平应考虑的主要因素。注册会计师在确定各账户或各类交易的重要性水平时，应当考虑以下主要因素：①各账户或各类交易的性质及错报或漏报的可能性；②各账户或各类交易重要性水平与财务报表层次重要性水平的关系；③在实务中，注册会计师还应考虑账户或交易的审计成本因素。

无论是采用分配的方法，还是不采用分配的方法，注册会计师均应考虑上述因素。对于重要的账户或交易，注册会计师应当从严制定重要性水平；对于出现错报或漏报可能性较大的账户或交易，因其审计成本可能较大，可以将重要性水平确定得高一些，以节省审计成本。在采用分配方法时，各账户或交易层次的重要性水平之和应当等于财务报表层次的重要性水平。

3. 举例说明账户或交易层次重要性水平的确定方法。

(1)分配的方法。采用分配方法时，分配的对象一般是资产负债表账户。假设某公司的总资产的构成如表6-1所示，注册会计师初步判断的财务报表层次的重要性水平是资产总额的1%为140万元，即资产账户可容忍的错报或漏报为140万元。

现注册会计师按这一重要性水平分配给各资产账户，如表6-1所示。

表6-1 重要性水平的分配 单位：万元

项 目	金 额	甲方案	乙方案
现金	700	7	2.8
应收账款	2 100	21	25.2
存货	4 200	42	70
固定资产	7 000	70	42
总计	14 000	140	140

在表6－1中，甲方案是按1%进行同比例分配，一般来说，这并不可行，注册会计师必须对其进行修正。由于应收账款和存货错报或漏报的可能性较大，故分配较高的重要性水平，以节省审计成本，如乙方案。假定审计存货后，仅发现错报和漏报40万元，且注册会计师认为所执行的审计程序已经足够，则可将剩下的30万元再分配给应收账款。

（2）不分配的方法。被广泛采用的不分配的方法有两种：

一种方法是某著名国际会计公司所采用的方法。具体做法是：假设财务报表层次的重要性水平为100万元，则可根据各账户或各类交易的性质及错报或漏报的可能性，将各账户或交易的重要性水平确定为财务报表层次重要性水平的20%～50%。审计时，只要发现该账户或交易的错报或漏报超过这一水平，就建议被审计单位调整。最后，编制未调整事项汇总表，若未调整的错报或漏报超过100万元，就应建议被审计单位调整。

另一种方法是境外某会计师事务所采用的方法。具体做法是：规定各账户或交易的重要性水平为财务报表层次重要性水平的1/6～1/3。假设财务报表层次的重要性水平为90万元，应收账款的重要性水平为这一金额的1/4，存货为1/5，应付账款为1/5，则其重要性水平的金额分别为22.5万元、18万元和18万元。

在实际工作中，往往很难预测哪些账户可能发生错报或漏报，错报或漏报的金额有多大，所以，重要性水平的确定是一个非常困难的专业判断过程。

四、审计重要性的评价与评价审计结果

（一）评价审计结果时所运用的重要性水平

注册会计师评价审计结果时所运用的重要性水平，可能与编制审计计划时所确定的重要性水平初步判断不同，如前者大大低于后者，注册会计师应当重新评估所执行审计程序是否充分。

1.评价审计结果时所运用的重要性水平可能不同于编制审计计划时确定的重要性水平。这可能是因为环境的变化，或者是注册会计师对被审计单位了解程度的增加。此外，注册会计师在编制审计计划时，可能有意地规定重要性水平低于将用于评价审计结果的重要性水平，这样通常可以减少未被发现的错报或漏报的可能性，并且能给注册会计师提供一个安全边际。

2.如果评价审计结果时所运用的重要性水平大大低于编制审计计划时确定的重要性水平，注册会计师应当重新评估所执行的是审计程序是否充分。因为，原来较高的重要性水平，意味着较低的审计风险，所需执行的审计程序和所需搜集的审计证据相对较少；而现在，评价审计结果是所运用的重要性水平比原来有所降低，则审计风险相应增

加,这就要求执行更多的审计程序,收集更多的审计证据。

(二)错报或漏报的汇总

注册会计师在评价审计结果时,应当汇总已发现但尚未调整的错报或漏报,以考虑其金额与性质是否对财务报表的反映产生重大影响。注册会计师在汇总尚未调整的错报或漏报时,应当包括已发现的和推断的错报或漏报,并考虑期后事项和或有事项是否已进行适当处理。这就是说,在完成审计工作时,为确定被审计单位的财务报表是否合法、公允,注册会计师应当汇总尚未调整的错报或漏报,并将其与财务报表层次的重要性水平相比较。在汇总时,应当包括:

1. 已发现的错报或漏报,即通过对账户或交易实施详细的实质性测试所确认的未调整错报或漏报。

2. 推断的错报或漏报,即通过审计抽样或执行分析程序所估计的未调整的错报或漏报。注册会计师在汇总时,也可能包括前期尚未调整的错报或漏报。一般而言,如果前期尚未调整的错报或漏报尚未消除,且导致本期财务报表严重失实,注册会计师在汇总时,就应将其包括进来。此外,在汇总时,注册会计师还应考虑期后事项和或有事项是否已进行适当处理。

(三)汇总数超过重要性水平时的处理

如果尚未调整的错报或漏报的汇总数超过重要性水平,为降低审计风险,注册会计师应当考虑采用两种措施:一是扩大实质性测试范围,以进一步确认汇总数是否重要;二是提请被审计单位调整财务报表,以使汇总数低于重要性水平。

如果被审计单位拒绝调整财务报表或扩大实质性测试范围后,尚未调整的错报或漏报的汇总数仍超过重要性水平,注册会计师应当发表保留意见或否定意见。这意味着,当被审计单位拒绝调整财务报表,或仅部分调整财务报表,尚未调整的错报或漏报的汇总数并未得到实质性的减少,或者当注册会计师扩大实质性测试范围后,尚未调整的错报或漏报的汇总数仍然超过财务报表层次的重要性水平时,注册会计师就应当考虑其发表的审计意见的类型。一般来说,如果尚未调整的错报或漏报的汇总数可能影响到某个财务报表使用者的决策,但财务报表的反映就其整体而言是公允的,注册会计师应当发表保留意见。如果尚未调整的错报或漏报非常重要,可能影响到大多数甚至全部财务报表使用者的决策时,注册会计师应当发表否定意见。

(四)汇总数接近重要性水平的处理

如果尚未调整的错报或漏报的汇总数接近重要性水平,由于该汇总数连同尚未发现的错报或漏报可能超过重要性水平,注册会计师应当实施追加审计程序,或提请被审计单位进一步调整已发现的错报或漏报,以降低审计风险。被审计单位财务报表的错报或漏报,除了已发现的错报或漏报及推断的错报或漏报之外,还可能存在其他的错报或漏报。当汇总数接近重要性水平时,如考虑该种错报或漏报汇总数可能超过重要性水平,审计风险就会增加,为降低审计风险,注册会计师应当实施追加审计程序,或提请被审计单位进一步调整财务报表。

复习思考题

1. 在编制审计计划前,了解被审计单位经营及所属行业基本情况包括哪些事项?

2. 总体审计策略的主要内容有哪些?

3. A 和 B 注册会计师对 XYZ 股份有限公司 2003 年度财务报表进行审计,其未经审计的有关财务报表项目金额如表 6－2 所示。

表 6－2　　单位:万元

财务报表项目名称	金　额
资产总计	180 000
股东权益合计	88 000
主营业务收入	240 000
利润总额	36 000
净利润	24 120

要求:

(1) 如果以资产总额、净资产(股东权益)、主营业务收入和净利润作为判断基础,采用固定比率法,并假定资产总额、净资产、主营业务收入和净利润的固定百分比数值分别为 0.5%,1%,0.5% 和 5%,请代 A 和 B 注册会计师计算确定 XYZ 股份有限公司 2003 年度财务报表层次的重要性水平(请列示计算过程)。

(2) 简要说明重要性水平与审计风险之间的关系。

第七章

风险识别与应对

本章要点

注册会计师的很多关键决策都是在审计计划阶段作出的，计划审计工作对于注册会计师顺利完成审计工作和控制审计风险具有非常重要的意义。而了解被审计单位及其环境并评估重大错报风险，以及针对评估的重大错报风险确定恰当的应对措施既是实施风险导向审计的核心，又是计划审计工作的主要内容。本章详细阐述了计划审计工作的初步业务活动，总体审计策略和具体审计计划的内容、审计计划更改的条件、计划审计工作的记录要求；被审计单位及其环境并评估重大错报风险的具体内容和方法以及针对评估的重大错报风险确定的应对措施。

第一节　计划审计工作

"凡事预则立，不预则废"。为了使审计业务以有效的方式得到执行，《中国注册会计师审计准则第1201号——计划审计工作》规定，会计师事务所在接受了审计委托后，对任何一个审计项目，不论其业务繁简，注册会计师都应当计划审计工作。

一、计划审计工作的意义

计划审计工作是一个持续的过程，通常注册会计师在前一期审计工作结束后即开始本期的计划审计工作，直到本期审计工作结束为止。计划审计工作十分重要，很多关键决策往往在这个阶段作出，如可接受的审计风险水平和重要性的确定、项目人员的配置等等。计划审计工作对于注册会计师顺利完成审计工作和控制审计风险具有非常重要的意义。

第一，合理的审计计划有助于注册会计师关注重点审计领域、及时发现和解决潜在问题及恰当地组织和管理审计工作，以使审计工作更加有效。

第二，充分的审计计划可以帮助注册会计师对项目组成员进行恰当分工和指导监督，并复核其工作，还有助于协调其他注册会计师和专家的工作。

鉴于计划审计工作的重要性，项目负责人和项目组其他关键成员应当参与计划审计工作，利用其经验和见解，以提高计划过程的效率和效果。

二、初步业务活动

（一）初步业务活动的目的

注册会计师开展初步业务活动有助于确保在计划审计工作时达到下列要求：①注册会计师已具备执行业务所需要的独立性和专业胜任能力；②不存在因管理层诚信问题而影响注册会计师保持该项业务意愿的情况；③与被审计单位不存在对业务约定条款的误解。

（二）初步业务活动的内容

1.针对保持客户关系和具体审计业务实施相应的质量控制程序。针对保持客户关系和具体审计业务实施质量控制程序，并且根据实施相应程序的结果作出适当的决策是注册会计师控制审计风险的重要环节。连续审计时，注册会计师通常执行针对保持客户关系和具体审计业务的质量控制程序，而在首次接受审计委托时，注册会计师需要执行针对建立有关客户关系和承接具体审计业务的质量控制程序。

总体来讲，无论是连续审计还是首次接受审计委托，注册会计师均应当考虑下列主要事项，以确定保持客户关系和具体审计业务的结论是恰当的：①被审计单位的主要股东、关键管理人员和治理层是否诚信；②项目组是否具备执行审计业务的专业胜任能力以及必要的时间和资源；③会计师事务所和项目组能否遵守职业道德规范。

2. 评价遵守职业道德规范的情况。评价遵守职业道德规范的情况也是一项非常重要的初步业务活动。职业道德规范要求项目组成员恪守独立、客观、公正的原则，保持专业胜任能力和应有的关注，并对审计过程中获知的信息保密，质量控制准则含有包括独立性在内的有关职业道德要求，注册会计师应当按照其规定执行。

3. 及时签订或修改审计业务约定书。在作出接受或保持客户关系及具体审计业务的决策后，在审计业务开始前，会计师事务所应与被审计单位就审计业务约定条款达成一致意见，签订或修改审计业务约定书，以避免双方对审计业务的理解产生分歧。

三、计划审计工作的两个层次

(一)总体审计策略

总体审计策略用以确定审计范围、时间和方向，并指导制定具体审计计划。注册会计师应当在总体审计策略中清楚地说明下列问题：

1. 向具体审计领域调配的资源，包括向高风险领域分派有适当经验的项目组成员，就复杂的问题利用专家工作等。

2. 向具体审计领域分配资源的数量，包括安排到重要存货存放地观察存货盘点的项目组成员的数量，对其他注册会计师工作的复核范围，对高风险领域安排的审计时间预算等。

3. 何时调配这些资源，包括是在期中审计阶段还是在关键的截止日期调配资源等。

4. 如何管理、指导、监督这些资源的利用，包括预期何时召开项目组预备会和总结会，预期项目负责人和经理如何进行复核，是否需要实施项目质量控制复核等。

总体审计策略的详略程度应当随被审计单位的规模及该项审计业务的复杂程度的不同而不同。在小型的被审计单位审计中，全部审计工作可能由一个很小的审计项目组执行，项目组成员间容易沟通和协调，总体审计策略可以相对简单。

(二)具体审计计划

总体审计策略一经确定，注册会计师应当针对总体审计策略中所识别的不同事项，制定具体审计计划，并考虑通过有效利用审计资源以实现审计目标。

具体审计计划比总体审计策略更加详细，其内容包括：

1. 风险评估程序。具体审计计划应当包括按照《中国注册会计师审计准则第 1211

号——了解被审计单位及其环境并评估重大错报风险》的规定,为了足够识别和评估财务报表重大错报风险,注册会计师计划实施的风险评估程序的性质、时间和范围。

2. 计划实施的进一步审计程序。随着审计工作的推进,对审计程序的计划会一步步深入,并贯穿于整个审计过程。例如,计划风险评估程序通常在审计开始阶段进行,计划进一步审计程序则需要依据风险评估程序的结果进行。因此,为达到编制具体审计计划的要求,注册会计师需要完成风险评估程序,识别和评估重大错报风险,并针对评估的认定层次的重大错报风险,计划实施进一步审计程序的性质、时间和范围。

通常,注册会计师计划的进一步审计程序可以分为进一步审计程序的总体方案和拟实施的具体审计程序(包括进一步审计程序的具体性质、时间和范围)两个层次。进一步审计程序的总体方案主要是指注册会计师针对各类交易、账户余额和列报决定采用的总体方案(包括实质性方案或综合性方案)。具体审计程序则是对进一步审计程序的总体方案的延伸和细化,它通常包括控制测试和实质性程序的性质、时间和范围。在实务中,注册会计师通常单独编制一套包括这些具体程序的"进一步审计程序表",待具体实施审计程序时,注册会计师将基于所计划的具体审计程序,进一步记录所实施的审计程序及结果,并最终形成有关进一步审计程序的审计工作底稿。

另外,完整、详细的进一步审计程序的计划会包括对各类交易、账户余额和列报实施的具体审计程序的性质、时间和范围,包括抽取的样本量等等。在实务中,注册会计师可以统筹安排进一步审计程序的先后顺序,如果对某类交易、账户余额或列报已经作出计划,则可以安排先行开展工作,与此同时再制定其他交易、账户余额和列报的进一步审计程序。

3. 其他审计程序。审计计划的其他审计程序可以包括上述进一步程序的计划中没有涵盖的,根据其他审计准则的要求注册会计师应当执行的既定程序。例如,阅读含有已审计财务报表的文件中的其他信息,与被审计单位律师直接沟通等。

四、审计计划的更改

计划审计工作并非审计业务的一个孤立阶段,而是一个持续的、不断修正的过程,贯穿于整个审计业务的始终。由于未预期事项、条件的变化或在实施审计程序中获取的审计证据等原因,注册会计师应当在审计过程中对总体审计策略和具体审计计划作出必要的更新和修改。

五、对计划审计工作的记录

注册会计师应当记录总体审计策略和具体审计计划,包括在审计工作过程中作出的任何重大更改。

注册会计师对总体审计策略的记录,应当包括为恰当计划审计工作和向项目组传达重大事项而作出的关键决策。

注册会计师对具体审计计划的记录,应当能够反映下列内容:①计划实施的风险评估程序的性质、时间和范围;②针对评估的重大错报风险计划实施的进一步审计程序的性质、时间和范围。注册会计师对具体审计计划的记录可以使用标准的审计程序表或审计工作完成核对表,但应当根据具体审计业务的情况作出适当修改。

注册会计师应当记录对总体审计策略和具体审计计划作出的重大更改及其理由,以及对导致此类更改的事项、条件或审计程序结果采取的应对措施。

第二节 了解和评估重大错报风险

一、审计风险概述

审计风险是指财务报表存在重大错报而注册会计师发表不恰当意见的可能性。风险导向审计按照战略管理论和系统论,将由于企业的整体风险所带来的重大错报风险作为审计风险的一个重要构成要素进行评估,要求审计工作以评估重大错报风险为起点和导向,紧紧围绕评估的重大错报风险来设计和执行审计程序,从而降低审计风险。风险导向审计模式采用的审计风险模型是:

审计风险 = 重大错报风险 × 检查风险

其中,重大错报风险是指财务报表在审计前存在重大错报的可能性。重大错报风险包括两个层次:财务报表整体层次和认定层次。检查风险是指某一认定存在错报,该错报单独或连同其他错报是重大的,但注册会计师未能发现这种错报的可能性。

可接受的审计风险的确定,需要考虑会计师事务所对审计风险的态度、审计失败对会计师事务所可能造成损失的大小等因素。在既定的审计风险水平下,可接受的检查风险与认定层次重大错报风险的评估结果成反向关系。评估的重大错报风险越高,可接受的检查风险越低;评估的重大错报风险越低,可接受的检查风险越高。该审计风险模型着重强调注册会计师在充分了解被审计单位及其环境的基础上,从财务报表整体和认定两个层次上评估重大错报风险;然后针对评估的重大错报风险设计进一步审计程序,通过控制检查风险,最终将审计风险控制在可接受的水平。

二、了解被审计单位及其环境的必要性

了解被审计单位及其环境是必要程序,特别是可以为注册会计师在下列关键环节

作出职业判断提供重要基础：

第一，确定重要性水平，并随着审计工作的进程评估对重要性水平的判断是否仍然适当。

第二，考虑会计政策的选择和运用是否恰当，以及财务报表的列报(包括披露，下同)是否适当。

第三，识别需要特别考虑的领域，包括关联方交易、管理层运用持续经营假设的合理性，或交易是否具有合理的商业目的等。

第四，确定在实施分析程序时所使用的预期值。

第五，设计和实施进一步审计程序，以将审计风险降至可接受的低水平。

第六，评价所获取审计证据的充分性和适当性。

三、了解被审计单位及其环境的方法

(一)风险评估程序

为了解被审计单位及其环境而实施的程序称为“风险评估程序”。注册会计师应当实施下列风险评估程序，以了解被审计单位及其环境。

1.询问被审计单位管理层和内部其他相关人员。询问被审计单位管理层和内部其他相关人员是注册会计师了解被审计单位及其环境的一个重要信息来源。注册会计师可以考虑向管理层和财务负责人询问下列事项：

(1)管理层所关注的主要问题。如新的竞争对手、主要客户和供应商的流失、新的税收法规的实施以及经营目标或战略的变化等。

(2)被审计单位最近的财务状况、经营成果和现金流量。

(3)可能影响财务报告的交易和事项，或者目前发生的重大会计处理问题。如重大的购并事宜等。

(4)被审计单位发生的其他重要变化。如所有权结构、组织结构的变化，以及内部控制的变化等。

注册会计师除了询问管理层和对财务报告负有责任的人员外，还应当考虑询问内部审计人员、采购人员、生产人员、销售人员等其他人员，并考虑询问不同级别的员工，以获取对识别重大错报风险有用的信息。

在确定向被审计单位的哪些人员进行询问以及询问哪些问题时，注册会计师应当考虑何种信息有助于其识别和评估重大错报风险。例如：询问治理层，有助于注册会计师理解财务报表编制的环境；询问内部审计人员，有助于注册会计师了解其针对被审计单位内部控制设计和运行有效性而实施的工作，以及管理层对内部审计发现的问题是否采取适当的措施；询问参与生成、处理或记录复杂或异常交易的员工，有助于注册会计师评估被审计单位选择和运用某项会计政策的适当性等等。

2. 分析程序。注册会计师实施分析程序有助于识别异常的交易或事项，以及对财务报表和审计产生影响的金额、比率和趋势。

在实施分析程序时，注册会计师应当预期可能存在的合理关系，并与被审计单位记录的金额、依据记录金额计算的比率或趋势相比较；如果发现异常或未预期到的关系，注册会计师应当在识别重大错报风险时 考虑这些比较结果。例如，注册会计师通过实施分析程序发现，两个会计期间的毛利率相当。但是，注册会计师通过对被审计单位的了解，获知在生产成本中占较大比例的原材料成本在相关期间内上升，注册会计师预期销售成本也应相应上升，而毛利率应相应下降。上述分析可能使注册会计师得出结论：销售成本可能存在重大错报风险，应对其给予足够的重视。

如果使用了高度汇总的数据，实施分析程序的结果仅可能初步显示财务报表存在重大错报风险，注册会计师应当将分析结果连同识别重大错报风险时获取的其他信息一并考虑。

3. 观察和检查。观察和检查程序可以印证对管理层和其他相关人员的询问结果，并可提供有关被审计单位及其环境的信息。

注册会计师应当实施下列观察和检查程序：①观察被审计单位的生产经营活动；②检查文件、记录和内部控制手册；③阅读由管理层和治理层编制的报告；④实地察看被审计单位的生产经营场所和设备；⑤追踪交易在财务报告信息系统中的处理过程（穿行测试）。

（二）其他审计程序和信息来源

1. 其他审计程序。除了采用上述程序从被审计单位内部获取信息以外，如果根据职业判断认为从被审计单位外部获取的信息有助于识别重大错报风险，注册会计师应当实施其他审计程序以获取这些信息。例如，询问被审计单位聘请的外部法律顾问、专业评估师、投资顾问和财务顾问等。

阅读外部信息也可能有助于注册会计师了解被审计单位及其环境。外部信息包括：证券分析师、银行、评级机构出具的有关被审计单位及其所处行业的经济或市场环境等状况的报告，贸易与经济方面的期刊，法规或金融出版物，以及政府部门或民间组织发布的行业报告和统计数据等。

2. 其他信息来源。注册会计师应当考虑在承接客户或续约过程中获取的信息，以及向被审计单位提供其他服务所获得的经验是否有助于识别重大错报风险。通常，对新的审计业务，注册会计师应在业务承接阶段对被审计单位及其环境有一个初步的了解，以确定是否承接该业务。而对连续审计业务，也应在每年的续约过程中对上年审计作总体评价，并更新对被审计单位的了解和风险评估结果，以确定是否续约。注册会计师还应当考虑向被审计单位提供其他服务(如执行中期财务报表审阅业务)所获得的经验是否有助于识别重大错报风险。

对于连续审计业务,如果拟利用在以前期间获取的信息,注册会计师应当确定被审计单位及其环境是否已发生变化,以及该变化是否可能影响以前期间获取的信息在本期审计中的相关性。

四、了解被审计单位及其环境的主要内容

(一)行业状况、法律环境与监管环境以及其他外部因素

行业状况、法律环境与监管环境以及其他外部因素是被审计单位的外部环境,从企业外部环境分析入手,分析企业所处战略环境,对企业进行行业和竞争力分析,了解企业与竞争厂商、关键供应商、客户之间的关系,便于审计人员对于企业目前的状况、产品的竞争力和未来发展前景有一个总体评价。

1. 分析企业外部环境的常用方法。分析企业发展的外部环境常常会用到管理学的分析方法——PEST分析和波特五要素分析。

(1)PEST分析。对宏观环境因素的分析称之为PEST分析法,不同行业和企业根据自身特点和经营需要,分析的具体内容会有差异,但一般都应对政治、经济、社会文化和技术这四大类影响企业的主要外部环境因素进行分析。

政治环境是指那些影响和制约组织发展的政治要素及其运行状态。对企业战略有重要意义的政治和法律变量有:政府管制、特种关税、政府采购规模和政策、进出口限制、税法的修改、专利法的修改、劳动保护法的修改、公司法和合同法的修改、财政与货币政策等等。

经济因素是指构成企业生存和发展的社会经济状况以及国家的经济政策。审计时常关注如下经济变量:经济形态、可支配收入水平、消费模式、劳动生产率水平、股票市场趋势、地区之间的收入和消费习惯差别、劳动力及资本输出、贷款的难易程度、居民的消费倾向、价格变动、税率等等。

社会文化环境是指企业业务所涉及地区的民族特征、文化传统、价值观、宗教信仰、教育水平、社会结构、风俗习惯等情况。审计时应注意如下社会文化因素:企业或行业的特殊利益集团、对政府的信任程度、对退休的态度、社会责任感、对经商的态度、对售后服务的态度、对环境污染的态度等等。

技术环境是指企业业务所涉及的国家和地区的技术水平、技术政策、新产品开发能力以及技术发展的动态等。还必须特别关注企业所在行业的技术发展动态和竞争者的技术、新产品开发等方面的动态,因为技术的突飞猛进大大地缩短了产品的寿命周期。

(2)波特五要素分析。波特创立了五种力量模型,包括竞争者、潜在进入者、替代

品、供应商和客户（如图7－1），这也被称为波特五要素分析。

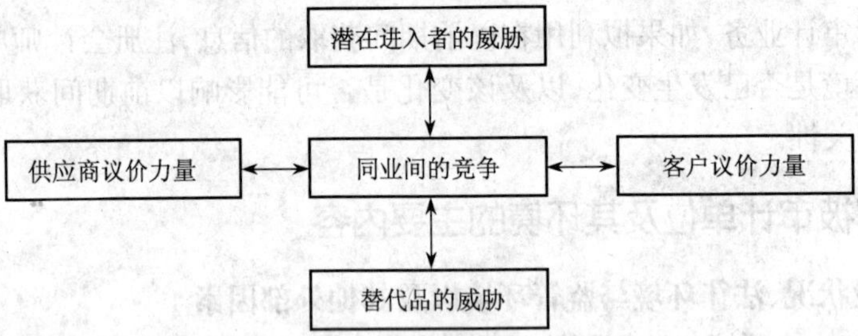

图7－1　波特五要素分析

同业竞争者是指目前生产同一种产品的企业。企业之间必然会存在竞争，这种竞争会导致产品降价或使企业的研发和市场营销投入增加。潜在进入者是指准备生产同一种产品的企业，它们的进入将挤占原有企业的市场份额，使原有企业的平均收益率降低。替代品是指现在或将来生产出与某企业产品功用相同的产品，或提供与某企业相似的服务。市场上可替代产品和服务的存在会使企业产品和服务的价格受到限制。供应商是指维持企业生产的所有物质投入的供应者。供应商总是设法提高价格，使企业的成本上升，收益降低。供应商数量越多，其讨价还价能力越弱；供应商数量越少，其讨价还价能力越强。客户是指购买企业产品的客户。客户总是设法降低价格，使企业收益降低。客户数量越多，其讨价还价能力就越弱；客户数量越少，其讨价还价能力就越强。

波特在创立五种力量模型的同时还指出，公司战略的核心在于首先选择进入正确的有吸引力的行业，然后在行业中取得优势的竞争地位。波特认为，企业赢利能力取决于其选择何种竞争战略，而竞争战略的选择应根据如下两个方面来决定：一是选择有吸引力的产业。因为不同的产业所带来的持续获利能力是不同的。二是在所选择产业的过程中确立本企业的竞争优势地位。选择有吸引力的产业以及给自己的竞争优势定位的时候，必须对准备进入产业的产业结构状况和竞争环境进行认真分析。

2.了解的具体内容。

（1）行业状况。注册会计师应当了解被审计单位的行业状况，主要包括：①所处行业的市场供求与竞争；②生产经营的季节性和周期性；③产品生产技术的变化；④能源供应与成本；⑤行业的关键指标和统计数据。

（2）法律环境与监管环境。注册会计师应当了解被审计单位所处的法律环境及监管环境，主要包括：①适用的会计准则、会计制度和行业特定惯例；②对经营活动产生重大影响的法律法规及监管活动；③对开展业务产生重大影响的政府政策，包括货币、财政、税收和贸易等政策；④与被审计单位所处行业和所从事经营活动相关的环保要求。

(3)其他外部因素。注册会计师应当了解影响被审计单位经营的其他外部因素，主要包括：①宏观经济的景气度；②利率和资金供求状况；③通货膨胀水平及币值变动；④国际经济环境和汇率变动。

(二)被审计单位的性质

了解被审计单位的性质有助于注册会计师理解预期在财务报表中反映的各类交易、账户余额和列报。注册会计师应当主要从下列方面了解被审计单位的性质：

1.所有权结构。对被审计单位所有权结构的了解有助于注册会计师识别关联方关系并了解被审计单位的决策过程。注册会计师应当了解所有权结构以及所有者与其他人员或单位之间的关系，考虑关联方关系是否已经得到识别，以及关联方交易是否得到恰当核算。同时，注册会计师可能需要对其控股母公司(股东)的情况作进一步的了解，包括控股母公司的所有权性质，管理风格及其对被审计单位经营活动及财务报表可能产生的影响；控股母公司与被审计单位在资产、业务、人员、机构、财务等方面是否分开，是否存在占用资金等情况；控股母公司是否施加压力，要求被审计单位达到其设定的财务业绩目标。

2.治理结构。良好的治理结构可以对被审计单位的经营和财务运作实施有效的监督，从而降低财务报表发生重大错报的风险。注册会计师应当了解被审计单位的治理结构。例如，董事会的构成情况、董事会内部是否有独立董事；治理结构中是否设有审计委员会或监事会及其运作情况。注册会计师应当考虑治理层是否能够在独立于管理层的情况下对被审计单位事务(包括财务报告)作出客观判断。

3.组织结构。复杂的组织结构可能导致某些特定的重大错报风险。注册会计师应当了解被审计单位的组织结构，考虑复杂组织结构可能导致的重大错报风险，包括财务报表合并、商誉摊销和减值、长期股权投资核算以及特殊目的实体核算等问题。

4.经营活动。了解被审计单位经营活动有助于注册会计师识别预期在财务报表中反映的主要交易类别、重要账户余额和列报。

注册会计师应当了解被审计单位的经营活动，主要包括：①主营业务的性质；②与生产产品或提供劳务相关的市场信息；③业务的开展情况；④联盟、合营与外包情况；⑤从事电子商务的情况；⑥地区与行业分布；⑦生产设施、仓库的地理位置及办公地点；⑧关键客户；⑨重要供应商；⑩劳动用工情况；⑪研究与开发活动及其支出；⑫关联方交易。

5.投资活动。了解被审计单位投资活动有助于注册会计师关注被审计单位在经营策略和方向上的重大变化。

注册会计师应当了解被审计单位的投资活动,主要包括:①近期拟实施或已实施的并购活动与资产处置情况,包括业务重组或某些业务的终止;②证券投资、委托贷款的发生与处置;③资本性投资活动,包括固定资产和无形资产投资、近期或计划发生的变动,以及重大的资本承诺等;④不纳入合并范围的投资。

6. 筹资活动。了解被审计单位筹资活动有助于注册会计师评估被审计单位在融资方面的压力,并进一步考虑被审计单位在可预见未来的持续经营能力。

注册会计师应当了解被审计单位的筹资活动,主要包括:①债务结构和相关条款,包括担保情况及表外融资;②固定资产的租赁,包括通过融资租赁方式进行的筹资活动;③关联方融资;④实际受益股东;⑤衍生金融工具的运用。

(三)被审计单位对会计政策的选择和运用

注册会计师应当了解被审计单位对会计政策的选择和运用,是否符合适用的会计准则和相关会计制度,是否符合被审计单位的具体情况。在了解被审计单位对会计政策的选择和运用是否适当时,注册会计师应当关注下列重要事项:

1. 重要项目的会计政策和行业惯例。

2. 重大和异常交易的会计处理方法。

3. 在新领域和缺乏权威性标准或共识的领域,采用重要会计政策产生的影响。

4. 会计政策的变更。

5. 被审计单位何时采用以及如何采用新颁布的会计准则和相关会计制度。

如果被审计单位变更了重要的会计政策,注册会计师应当考虑变更的原因及其适当性,并考虑是否符合适用的会计准则和相关会计制度的规定。注册会计师还应当考虑,被审计单位是否按照适用的会计准则和相关会计制度的规定恰当地进行了列报,并披露了重要事项。

(四)被审计单位的目标、战略以及相关的经营风险

目标是企业经营活动的指针。企业管理层或治理层一般会根据企业经营面临的外部环境和内部各种因素,制定合理可行的经营目标。战略是企业管理层为实现经营目标采用的总体层面的策略和方法。为了实现某一既定的经营目标,企业可能有多个可行战略。

经营风险源于对被审计单位实现目标和战略产生不利影响的重大情况、事项、环境和行动,或源于不恰当的目标和战略。不同的企业可能面临不同的经营风险,这取决于企业经营的性质、所处行业、外部监管环境、企业的规模和复杂程度。管理层有责任识别和应对这些风险。不能随环境的变化而作出相应的调整固然可能产生经营风险,但是,在调整的过程中也可能导致经营风险。例如,为了应对消费者需求的变化,企业开发了新产品。但是,开发的新产品可能会产生开发失败的风险;即使开发成功,市场需求可能没有充分开发,而导致产品营销风险;产品的缺陷还可能导致企业遭受声誉风险和承担产品赔偿责任的风险。

多数经营风险最终都会产生财务后果,从而影响财务报表,但并非所有经营风险都会导致重大错报风险。注册会计师应当根据被审计单位的具体情况考虑经营风险是否可能导致财务报表发生重大错报。

1. 常用的分析方法:

(1)公司业务组合矩阵分析法。公司业务组合矩阵分析法是波士顿咨询集团于20世纪70年代初期开发的,是用于评估公司投资组合的有效模式。

公司业务组合矩阵分析法将公司的业务分成问题、明星、现金牛和瘦狗4种类型:①问题业务是指市场成长率高、相对市场份额低的业务;②明星业务是指市场成长率高、相对市场份额高的业务;③现金牛业务是指市场成长率低,相对市场份额高的业务;④瘦狗业务是指市场成长率低、相对市场份额低的业务。波士顿咨询集团的研究表明,牺牲短期利润以获取市场份额的组织,将产生最高的长期利润。因此,管理当局应当从现金牛身上挤出尽可能多的现金来,把现金牛业务的新投资限制在最必要的水平上,而利用现金牛产生的大量现金投资于明星业务,对明星业务的大量投资将获得高额红利。当然,当明星业务的市场饱和及增长率下降时,它们最终会转变为现金牛。至于问题业务是有风险的,其中一些应当出售,另一些有可能转成明星业务,管理当局应限制投机性业务的数量。对于瘦狗业务不存在战略问题,这些业务应当出售,很少有值得保留或追加投资的。

(2)SWOT分析技术。SWOT是英文企业优势(Strengths)、劣势(Weaknesses)、机会(Opportunities)、威胁(Threats)的缩写。SWOT分析法又称为态势分析法,是将对企业内部和外部条件各方面内容进行综合和概括,进而分析组织的优势、劣势、面临的机会和威胁的一种方法。

SWOT分析法是一种评判企业战略地位切实有效的方法。其中,优、劣势的分析主要是着眼于企业自身的实力及其与竞争对手的比较,而机会和威胁分析将注意力放在外部环境变化对企业的可能影响上面。注册会计师通过了解企业自身的优势、劣势、机会和威胁,分析企业的经营模式和业务流程,对企业经营的有效性作出判断,对财务报表层次的整体认定进行预计并与管理当局报告的结果进行比较,从而对管理当局的认定是否恰当进行职业判断,对企业是否在生产经营发生、交易和事项的开始就通同舞弊、虚构交易和事项以粉饰报表作出职业判断。

2. 了解的具体内容。注册会计师应当了解被审计单位是否存在与下列方面有关的目标和战略,并考虑相应的经营风险:

(1)行业发展,及其可能导致的被审计单位不具备足以应对行业变化的人力资源和业务专长等风险。

(2)开发新产品或提供新服务,及其可能导致的被审计单位产品责任增加等风险。

(3)业务扩张,及其可能导致的被审计单位对市场需求的估计不准确等风险。

(4)新颁布的会计法规,及其可能导致的被审计单位执行法规不当或不完整,或会计处理成本增加等风险。

(5)监管要求,及其可能导致的被审计单位法律责任增加等风险。

(6)本期及未来的融资条件,及其可能导致的被审计单位由于无法满足融资条件而失去融资机会等风险。

(7)信息技术的运用,及其可能导致的被审计单位信息系统与业务流程难以融合等风险。

(五)被审计单位财务业绩的衡量和评价

被审计单位内部或外部对财务业绩的衡量和评价可能对管理层产生压力,促使其采取行动改善财务业绩或歪曲财务报表。因此,注册会计师应当了解被审计单位财务业绩的衡量和评价情况,考虑这种压力是否可能导致管理层采取行动,以至于增加财务报表发生重大错报的风险。

在了解被审计单位财务业绩衡量和评价情况时,注册会计师应当关注下列信息:①关键业绩指标;②业绩趋势;③预测、预算和差异分析;④管理层和员工业绩考核与激励性报酬政策;⑤分部信息与不同层次部门的业绩报告;⑥与竞争对手的业绩比较;⑦外部机构提出的报告。

此外,注册会计师应当特别关注被审计单位内部财务业绩衡量所显示的未预期到的结果或趋势、管理层的调查结果和纠正措施,以及相关信息是否显示财务报表可能存在重大错报。

(六)被审计单位的内部控制

有关内部控制了解与评估的内容将在第八章单独讲述。

五、重大错报风险的评估

(一)识别和评估重大错报风险的审计程序

在识别和评估重大错报风险时,注册会计师应当实施下列审计程序:

1. 在了解被审计单位及其环境的整个过程中识别风险,并考虑各类交易、账户余额、列报。

2. 将识别的风险与认定层次可能发生错报的领域相联系。

3. 考虑识别的风险是否重大。

4. 考虑识别的风险导致财务报表发生重大错报的可能性。

（二）两个层次的重大错报风险

在对重大错报风险进行识别和评估后，注册会计师应当确定，识别的重大错报风险是与特定的某类交易、账户余额、列报的认定相关，还是与财务报表整体广泛相关，进而影响多项认定。

某些重大错报风险可能与特定的各类交易、账户余额、列报的认定相关。例如，被审计单位存在复杂的联营或合资，这一事项表明长期股权投资账户的认定可能存在重大错报风险。又如，被审计单位存在重大的关联方交易，该事项表明关联方及关联方交易的披露认定可能存在重大错报风险。

某些重大错报风险可能与财务报表整体广泛相关，进而影响多项认定。例如，在经济不稳定的国家和地区开展业务、资产的流动性出现问题、重要客户流失、融资能力受到限制等，可能导致注册会计师对被审计单位的持续经营能力产生重大疑虑。又如，管理层缺乏诚信或承受异常的压力可能引发舞弊风险，这些风险与财务报表整体相关。

（三）需要特别考虑的重大错报风险

需要特别考虑的重大错报风险（以下简称特别风险），主要包括以下内容：

1. 确定特别风险时应考虑的事项。在确定哪些风险是特别风险时，注册会计师应当在考虑识别出的控制对相关风险的抵消效果前，根据风险的性质、潜在错报的重要程度（包括该风险是否可能导致多项错报）和发生的可能性，判断风险是否属于特别风险。

在确定风险的性质时，注册会计师应当考虑下列事项：①风险是否属于舞弊风险；②风险是否与近期经济环境、会计处理方法和其他方面的重大变化有关；③交易的复杂程度；④风险是否涉及重大的关联方交易；⑤财务信息计量的主观程度，特别是对不确定事项的计量存在较大区间；⑥风险是否涉及异常或超出正常经营过程的重大交易。

2. 非常规交易和判断事项导致的特别风险。日常的、不复杂的、经正规处理的交易不太可能产生特别风险，特别风险通常与重大的非常规交易和判断事项有关。

非常规交易是指由于金额或性质异常而不经常发生的交易。例如，企业购并、债务重组、重大或有事项等。

由于非常规交易具有下列特征，与重大非常规交易相关的特别风险可能导致更高的重大错报风险：①管理层更多地介入会计处理；②数据收集和处理涉及更多的人工成分；③复杂的计算或会计处理方法；④非常规交易的性质可能使被审计单位难以对由此产生的特别风险实施有效控制。

判断事项通常包括作出的会计估计，如资产减值准备金额的估计、需要运用复杂估值技术确定的公允价值计量等。由于下列原因，与重大判断事项相关的特别风险可能导致更高的重大错报风险：①对涉及会计估计、收入确认等方面的会计原则存在不同的理解；②所要求的判断可能是主观和复杂的，或需要对未来事项作出假设。

3. 考虑与特别风险相关的控制。了解与特别风险相关的控制，有助于注册会计师制定有效的审计方案予以应对。对特别风险，注册会计师应当评价相关控制的设计情况，并确定其是否已经得到执行。由于与重大非常规交易或判断事项相关的风险很少受到日常控制的约束，注册会计师应当了解被审计单位是否针对该特别风险设计和实施了控制。

如果管理层未能实施控制以恰当应对特别风险，注册会计师应当认为内部控制存在重大缺陷，并考虑其对风险评估的影响。在此情况下，注册会计师应当考虑就此类事项与治理层沟通。

4. 对风险评估的修正。评估重大错报风险与了解被审计单位及其环境一样，也是一个连续和动态地收集、更新与分析信息的过程，并贯穿于整个审计过程的始终。注册会计师对认定层次重大错报风险的评估应以获取的审计证据为基础，并可能随着不断获取审计证据而作出相应的变化。如果通过实施进一步审计程序获取的审计证据与初始评估获取的审计证据相矛盾，注册会计师应当修正风险评估结果，并相应修改原计划实施的进一步审计程序。

六、审计工作记录

（一）记录的内容

注册会计师应当就下列内容形成审计工作记录：

1. 项目组对由于舞弊或错误导致财务报表发生重大错报的可能性进行的讨论，以及得出的重要结论。

2. 注册会计师对被审计单位及其环境各个方面的了解要点（包括对内部控制各项要素的了解要点）、信息来源以及实施的风险评估程序。

3. 注册会计师在财务报表层次和认定层次识别、评估出的重大错报风险。

4. 注册会计师识别出的特别风险和仅通过实质性程序无法应对的重大错报风险，以及对相关控制的评估。

（二）记录的方式

注册会计师需要运用职业判断，确定对上述事项进行记录的方式。常见的记录方式包括：文字叙述、问卷、核对表和流程图等。

第三节　重大错报风险的应对程序

注册会计师应当针对评估的财务报表层次重大错报风险确定总体应对措施，并针对评估的认定层次重大错报风险设计和实施进一步审计程序，以将审计风险降至可接受的低水平。

一、针对财务报表层次重大错报风险的总体应对措施

注册会计师应当针对评估的财务报表层次重大错报风险确定下列总体应对措施：

第一，向项目组强调在收集和评价审计证据过程中保持职业怀疑态度的必要性。

第二，分派更有经验或具有特殊技能的审计人员，或利用专家的工作。审计项目组成员中应有一定比例的人员曾经参与过被审计单位以前年度的审计，或具有被审计单位所处特定行业的相关审计经验。必要时，要考虑利用信息技术、税务、评估、精算师等方面的专家的工作。

第三，提供更多的督导。对于财务报表层次重大错报风险较高的审计项目，项目组的高级别成员，如项目负责人、项目经理等经验较丰富的人员，要对其他成员提供更详细、更经常、更及时的指导和监督并加强项目质量复核。

第四，在选择进一步审计程序时，应当注意使某些程序不被管理层预见或事先了解。如果被审计单位人员，尤其是管理层，熟悉注册会计师的审计套路，就可能采取种种规避手段，掩盖财务报告中的舞弊行为，注册会计师要考虑使某些程序不被被审计单位管理层预见或事先了解。

在实务中，注册会计师可以通过以下方式提高审计程序的不可预见性：①对某些未测试过的低于设定的重要性水平或风险较小的账户余额和认定实施实质性程序；②调整实施审计程序的时间，使被审计单位不可预期；③采取不同的审计抽样方法，使当期抽取的测试样本与以前有所不同；④选取不同的地点实施审计程序，或预先不告知被审计单位所选定的测试地点。

第五，对拟实施审计程序的性质、时间和范围作出总体修改。财务报表层次的重大错报风险很可能源于薄弱的控制环境。薄弱的控制环境带来的风险可能对财务报表产生广泛影响，难以限于某类交易、账户余额、列报，注册会计师应当采取总体应对措施。如果控制环境存在缺陷，注册会计师在对拟实施审计程序的性质、时间和范围作出总体修改时应当考虑：

1. 在期末而非期中实施更多的审计程序。控制环境的缺陷通常会削弱期中获得的审计证据的可信赖程度。

2. 主要依赖实质性程序获取审计证据。良好的控制环境是其他控制要素发挥作用的基础。控制环境存在缺陷通常会削弱其他控制要素的作用,导致注册会计师可能无法信赖内部控制,而主要依赖实施实质性程序获取审计证据。

3. 修改审计程序的性质,获取更具说服力的审计证据。修改审计程序的性质主要是指调整拟实施审计程序的类别及组合,比如,原先可能主要限于检查某项资产的账面记录或相关文件,而调整审计程序的性质后可能意味着更加重视实地检查该项资产。

4. 扩大审计程序的范围。例如,扩大样本规模,或采用更详细的数据实施分析程序。

二、针对认定层次重大错报风险的进一步审计程序

(一)进一步审计程序的内涵和总体要求

1. 进一步审计程序的含义。进一步审计程序相对风险评估程序而言,是指注册会计师针对评估的各类交易、账户余额、列报(包括披露,下同)认定层次重大错报风险实施的审计程序,包括控制测试和实质性程序。

2. 进一步审计程序的总体要求。注册会计师应当针对评估的认定层次重大错报风险设计和实施进一步审计程序,包括审计程序的性质、时间和范围。注册会计师设计和实施的进一步审计程序的性质、时间和范围,应当与评估的认定层次重大错报风险具备明确的对应关系。这些条款的实质是要求注册会计师实施的审计程序具有目的性和针对性,有的放矢地配置审计资源,提高审计效率和效果。

(二)设计进一步审计程序时应考虑的因素

在设计进一步审计程序时,注册会计师应当考虑下列因素:

1. 风险的重要性。风险的重要性是指风险造成的后果的严重程度。风险的后果越严重,就越需要注册会计师关注和重视,越需要精心设计有针对性的进一步审计程序。

2. 重大错报发生的可能性。重大错报发生的可能性越大,同样越需要注册会计师精心设计进一步审计程序。

3. 涉及的各类交易、账户余额和列报的特征。不同的交易、账户余额和列报,产生的认定层次的重大错报风险也会存在差异,适用的审计程序也有差别,需要注册会计师区别对待,并设计有针对性的进一步审计程序予以应对。

4. 被审计单位采用的特定控制的性质。不同性质的控制(尤其是人工控制还是自动化控制)对注册会计师设计进一步的审计程序具有重要影响。

5. 注册会计师是否拟获取审计证据,以确定内部控制在防止或发现并纠正重大错

报方面的有效性。如果注册会计师在风险评估时预期内部控制运行有效，随后拟实施的进一步审计程序必须包括控制测试，且实质性程序自然会受到之前控制测试结果的影响。

注册会计师应当根据对认定层次重大错报风险的评估结果，恰当选用实质性方案或综合性方案。在通常情况下，注册会计师出于成本效益的考虑可以采用综合性方案设计进一步审计程序，即将测试控制运行的有效性与实质性程序结合使用。但在某些情况下（如仅通过实质性程序无法应对的重大错报风险），注册会计师必须通过实施控制测试，才可能有效应对评估出的某一认定的重大错报风险；而在另一些情况下（如注册会计师的风险评估程序未能识别出与认定相关的任何控制，或注册会计师认为控制测试很可能不符合成本效益原则），注册会计师可能认为仅实施实质性程序就是适当的。但注册会计师对重大错报风险的评估毕竟是一种主观判断，可能无法充分识别所有的重大错报风险，同时内部控制存在固有局限性（特别是存在管理层凌驾于内部控制之上的可能性）。因此，无论选择何种方案，注册会计师都应当对所有重大的各类交易、账户余额、列报设计和实施实质性程序。

（三）进一步审计程序的性质

进一步审计程序的性质是指进一步审计程序的目的和类型。其中，进一步审计程序的目的包括：通过实施控制测试以确定内部控制运行的有效性，通过实施实质性程序以发现认定层次的重大错报。进一步审计程序的类型包括检查、观察、询问、函证、重新计算、重新执行和分析程序。

不同的审计程序应对特定认定错报风险的效力不同。注册会计师应当根据认定层次重大错报风险的评估结果选择审计程序。评估的认定层次重大错报风险越高，对通过实质性程序获取的审计证据的相关性和可靠性的要求越高，从而可能影响进一步审计程序的类型及其综合运用。

在确定拟实施的审计程序时，注册会计师接下来应当考虑评估的认定层次重大错报风险产生的原因，包括考虑各类交易、账户余额、列报的具体特征以及内部控制。如果在实施进一步审计程序时拟利用被审计单位信息系统生成的信息，注册会计师应当就信息的准确性和完整性获取审计证据。

（四）进一步审计程序的时间

进一步审计程序的时间是指注册会计师何时实施进一步审计程序，或审计证据适用的期间或时点。

注册会计师可以在期中或期末实施控制测试或实质性程序。当重大错报风险较高时，注册会计师应当考虑在期末或接近期末实施实质性程序；或采用不通知的方式，或在管理层不能预见的时间实施审计程序。

注册会计师在确定何时实施审计程序时应考虑如下几项重要因素：

1. 控制环境。良好的控制环境可以抵消在期中实施进一步审计程序的局限性，使注册会计师在确定实施进一步审计程序的时间时有更大的灵活度。

2. 何时能得到相关信息。例如，某些控制活动可能仅在期中（或期中以前）发生，而之后可能难以再被观察到；再如，某些电子化的交易和账户文档如未能及时取得，可能被覆盖。在这些情况下，注册会计师如果希望获取相关信息，则需要考虑能够获取相关信息的时间。

3. 错报风险的性质。例如，被审计单位可能为了保证营利目标的实现，而在会计期末以后伪造销售合同以虚增收入，此时注册会计师需要考虑在期末（即资产负债表日）这个特定时点获取被审计单位截至期末所能提供的所有销售合同及相关资料，以防范被审计单位在资产负债表日后伪造销售合同虚增收入的做法。

4. 审计证据适用的期间或时点。注册会计师应当根据需要获取的特定审计证据确定何时实施进一步审计程序。例如，为了获取资产负债表日的存货余额证据，显然不宜在与资产负债表日间隔过长的期中时点或期末以后时点实施存货监盘等相关审计程序。

需要说明的是，虽然注册会计师在很多情况下可以根据具体情况选择实施进一步审计程序的时间，但也存在着一些限制选择的情况。如某些审计程序只能在期末或期末以后实施，包括将财务报表与会计记录进行核对、检查财务报表编制过程中所作的会计调整等。如果被审计单位在期末或接近期末发生了重大交易，或重大交易在期末尚未完成，注册会计师应当考虑交易的发生或截止等认定可能存在的重大错报风险，并在期末或期末以后检查此类交易。

（五）进一步审计程序的范围

进一步审计程序的范围是指实施进一步审计程序的数量，包括抽取的样本量，对某项控制活动的观察次数等。

在确定审计程序的范围时，注册会计师应当考虑下列因素：

1. 确定的重要性水平。确定的重要性水平越低，注册会计师实施进一步审计程序的范围越广。

2. 评估的重大错报风险。评估的重大错报风险越高，对拟获取审计证据的相关性、可靠性的要求越高，因此注册会计师实施的进一步审计程序的范围也越广。

3. 计划获取的保证程度。计划获取的保证程度，是指注册会计师计划通过所实施的审计程序对测试结果可靠性所获取的信心。计划获取的保证程度越高，对测试结果可靠性要求越高，注册会计师实施的进一步审计程序的范围越广。

随着重大错报风险的增加，注册会计师应当考虑扩大审计程序的范围。但是，只有当审计程序本身与特定风险相关时,扩大审计程序的范围才是有效的。

注册会计师使用恰当的抽样方法通常可以得出有效结论。但如果存在下列情形,注册会计师依据样本得出的结论可能与对总体实施同样的审计程序得出的结论不同,出现不可接受的风险:①从总体中选择的样本量过小;②选择的抽样方法对实现特定目标不适当;③未对发现的例外事项进行恰当的追查。

复习思考题

1. 总体审计策略包括哪些内容?具体审计计划包括哪些内容?
2. 注册会计师应从哪些方面了解被审计单位及其环境?
3. 经营风险对重大错报风险有何影响?
4. 在识别和评估重大错报风险时,注册会计师应当实施哪些审计程序?
5. 注册会计师在确定特别风险时应当考虑哪些事项?
6. 针对财务报表层次重大错报风险注册会计师应采取哪些总体应对措施?
7. 增加审计程序不可预见性的方法有哪些?

第八章

内部控制及其测试与评价

本章要点

对内部控制的了解是了解被审计单位及其环境的重要内容之一，而对内部控制的了解，也是决定进一步审计程序采取实质性方案还是综合性方案的直接依据。如果决定采取综合性方案，则先进行控制测试，根据控制测试的结果决定实质性程序的性质、时间和范围，在获取适当充分的审计证据的前提下，提高审计工作效率；而且通过内部控制的研究和评价，还可以向被审计单位的管理者指出其内部控制系统存在的薄弱环节，并提出改进建议。本章在介绍内部控制的概念、目标和构成要素的基础上，对了解与记录内部控制的方式、方法，控制测试的概念、种类、性质、范围、时间及控制测试中利用内部审计人员的工作，控制风险评价的概念、过程、记录及其对实质性测试的影响等进行了深入阐述。

第一节　内部控制概述

一、内部控制的内涵

所谓内部控制,是指被审计单位为了合理保证财务报告的可靠性、经营的效率和效果以及对法律法规的遵守,由治理层、管理层和其他人员设计和执行的政策和程序。可以从以下几方面理解内部控制:

1. 内部控制的目标是合理保证:①财务报告的可靠性,这一目标与管理层履行财务报告编制责任密切相关;②经营的效率和效果,即经济有效地使用企业资源,以最优方式实现企业的目标;③在所有经营活动中遵守法律法规的要求,即在法律法规的框架下从事经营活动。之所以是合理保证而不是绝对保证,是因为内部控制存在着固有局限性,无论如何设计和执行都不存在绝对完美的内部控制。

2. 设计和实施内部控制的责任主体是治理层、管理层和其他人员,组织中的每一个人都对内部控制负有责任。

3. 实现内部控制目标的手段是设计和执行控制政策和程序。

二、内部控制的要素

内部控制包括控制环境、风险评估过程、信息系统与沟通、控制活动和对控制的监督等五个要素。

(一)控制环境

控制环境包括:治理职能和管理职能,以及治理层和管理层对内部控制及其重要性的态度、认识和措施。控制环境设定了被审计单位的内部控制基调,影响员工对内部控制的认识和态度。良好的控制环境是实施有效内部控制的基础。

在评价控制环境的设计时,注册会计师应当考虑构成控制环境的下列要素,以及这些要素如何被纳入被审计单位业务流程:

1. 对诚信和道德价值观念的沟通与落实。诚信和道德价值观念是控制环境的重要组成部分,它影响到重要业务流程的设计和运行。内部控制的有效性直接依赖于负责创建、管理和监控内部控制的人员的诚信和道德价值观念。被审计单位是否存在道德行为规范,以及这些规范如何在被审计单位内部得到沟通和落实,决定了是否能产生诚信和道德的行为。对诚信和道德价值观念的沟通与落实既包括管理层如何处理不诚实、非法或不道德行为,也包括在被审计单位内部,通过行为规范以及高层管理人员的身体力行,对诚信和道德价值观念的营造和保持。

2. 对胜任能力的重视。胜任能力是指具备完成某一职位的工作所应有的知识和能力。管理层对胜任能力的重视包括对于特定工作所需的胜任能力水平的设定,以及对达到该水平所必需的知识和能力的要求。注册会计师应当考虑主要管理人员和其他相关人员是否能够胜任承担的工作和职责。

3. 治理层的参与程度。被审计单位的控制环境在很大程度上受治理层的影响。治理层的职责应在被审计单位的章程和政策中予以规定。治理层(董事会)通常通过其自身的活动,并在审计委员会或类似机构的支持下,监督被审计单位的财务报告政策和程序。因此,董事会、审计委员会或类似机构应关注被审计单位的财务报告,并监督被审计单位的会计政策以及内部、外部的审计工作和结果。治理层的职责还包括监督用于复核内部控制有效性的政策和程序设计是否合理,执行是否有效。

治理层对控制环境影响的要素有:治理层相对于管理层的独立性、成员的经验和品德、对被审计单位业务活动的参与程度、治理层行为的适当性、治理层所获得的信息、管理层对治理层所提出问题的追踪程度,以及治理层与内部审计人员和注册会计师的联系程度等。

4. 管理层的理念和经营风格。控制环境的每个方面在很大程度上都受管理层采取的措施和作出的决策的影响,或在某些情况下受管理层不采取某些措施或不作出某种决策的影响。在有效的控制环境中,管理层的理念和经营风格可以创造一个积极的氛围,促进业务流程和内部控制的有效运行,同时创造一个减少错报发生可能性的环境。在管理层以一个或少数几个人为主时,管理层的理念和经营风格对内部控制的影响尤为突出。

管理层的理念包括管理层对内部控制的理念,即管理层对内部控制以及对具体控制实施环境的重视程度。管理层对内部控制的重视,将有助于控制的有效执行,并减少特定控制被忽视或规避的可能性。控制理念反映在管理层制定的政策、程序及所采取的措施中,而不是反映在形式上。因此,要使控制理念成为控制环境的一个重要特质,管理层必须告知员工内部控制的重要性。同时,只有建立适当的管理层控制机制,控制理念才能产生预期的效果。

管理层的经营风格是指管理层所能接受的业务风险的性质。例如,管理层是否经常投资于风险特别高的领域或者在接受风险方面极为保守,不敢越雷池一步。

5. 组织结构及职权与责任的分配。被审计单位的组织结构为计划、运作、控制及监督经营活动提供了一个整体框架。通过集权或分权决策,可在不同部门间进行适当的职责划分、建立适当层次的报告体系。组织结构将影响权利、责任和工作任务在组织成员中的分配。有效的权责分配制度有助于形成整体的控制意识。

6. 人力资源政策与实务。政策与程序（包括内部控制）的有效性，通常取决于执行人。因此，被审计单位员工的能力与诚信是控制环境不可缺少的因素。人力资源政策与实务涉及招聘、培训、考核、晋升和薪酬等方面。被审计单位是否有能力招聘并保留一定数量既有能力又有责任心的员工在很大程度上取决于其人事政策与实务。被审计单位有关培训方面的政策应显示员工应达到的工作表现和业绩水准。通过定期考核的晋升政策表明被审计单位希望具备相应资格的人员承担更多的职责。

（二）风险评估过程

风险评估过程的作用是，识别、评估和管理影响被审计单位实现经营目标能力的各种风险。而针对财务报告目标的风险评估过程则包括识别与财务报告相关的经营风险，评估风险的重大性和发生的可能性，以及采取措施管理这些风险。可能产生新信息系统的使用或对原系统进行升级、业务快速发展、新技术、新生产型号、产品和业务活动、企业重组、发展海外经营、新的会计准则等。与财务报告相关的风险也可能与特定事项和交易有关。

（三）信息系统与沟通

信息系统与沟通是收集与交换被审计单位执行、管理和控制业务活动所需信息的过程，包括收集和提供信息（特别是履行内部控制岗位职责所需的信息）给适当人员，使之能够履行职责。信息系统与沟通的质量直接影响到管理层对经营活动作出正确决策和编制可靠的财务报告的能力。

与财务报告相关的信息系统，包括用以生成、记录、处理和报告交易、事项和情况，对相关资产、负债和所有者权益履行经营管理责任的程序和记录。与财务报告相关的信息系统应当与业务流程相适应。业务流程是指被审计单位开发、采购、生产、销售、发送产品和提供服务、保证遵守法律法规、记录信息等一系列活动。

与财务报告相关的信息系统通常包括下列职能：①识别与记录所有的有效交易；②及时、详细地描述交易，以便在财务报告中对交易作出恰当分类；③恰当计量交易，以便在财务报告中对交易的金额作出准确记录；④恰当确定交易生成的会计期间；⑤在财务报表中恰当列报交易。

与财务报告相关的沟通包括使员工了解各自在与财务报告有关的内部控制方面的角色和职责、员工之间的工作联系，以及向适当级别的管理层报告例外事项的方式。公开的沟通渠道有助于确保例外情况得到报告和处理。沟通可以采用政策手册、会计和财务报告手册和备忘录等形式进行，也可以通过发送电子邮件、口头沟通和管理层的行动来进行。

(四)控制活动

控制活动是指有助于确保管理层的指令得以执行的政策和程序。控制活动包括与授权、业绩评价、信息处理、实物控制和职责分离等相关的活动。

1.授权。授权的目的在于保证交易在管理层授权范围内进行。只有经过授权批准的人员才能对有关的经济业务进行处理,未经授权和批准不允许接触和处理这些业务。授权通常包括一般授权和特殊授权。一般授权是指管理层制定的要求组织内部遵守的普遍适用于某类交易或活动的政策;特别授权是指管理层针对特定类别的交易或活动逐一设置的授权。例如,企业授予其分公司的投资权限为200万元,只要投资数额低于200万元,分公司都可以自行决定,这就是所谓的一般授权。对于超过200万元的投资,则要求分公司报请总公司批准,这就是所谓的特殊授权。

2.业绩评价。与业绩评价有关的控制活动主要包括被审计单位分析评价实际业绩与预算(或预测、前期业绩)的差异,综合分析财务数据与经营数据的内在关系,将内部数据与外部信息来源相比较,评价职能部门、分支机构或项目活动的业绩(如银行客户信贷经理复核各分行、地区和各种贷款类型的审批和收回),以及对发现的异常差异或关系采取必要的调查与纠正措施。

通过调查非预期的结果和非正常的趋势,管理层可以识别可能影响经营目标实现的情形。管理层对业绩信息的使用(如将这些信息用于经营决策,还是同时用于对财务报告系统报告的非预期结果进行追踪),决定了业绩指标的分析是只用于经营目的,还是同时用于财务报告目的。

3.信息处理。被审计单位通常执行各种措施,检查各种类型信息处理环境下的交易的准确性、完整性和授权。信息处理控制可以是人工的、自动化的,或是基于自动流程的人工控制。信息处理控制分为两类,即信息技术的一般控制和应用控制。

(1)信息技术的一般控制是指与多个应用系统有关的政策和程序,有助于保证信息系统持续恰当地运行(包括信息的完整性和数据的安全性),支持应用控制作用的有效发挥。通常包括数据中心和网络运行控制,系统软件的购置、修改及维护控制,接触或访问权限控制,应用系统的购置、开发及维护控制。例如,程序改变的控制、限制接触程序和数据的控制、与新版应用软件包括实施有关的控制等都属于信息系统一般控制。

(2)信息技术的应用控制是指主要在业务流程层次运行的人工或自动化程序,与用于生成、记录、处理、报告交易或其他财务数据的程序相关。通常包括检查数据计算的准确性,审核账户和试算平衡表,设置对输入数据和数字序号的自动检查,以及对例外报告进行人工干预。

4.实物控制。实物控制主要包括了解对资产和记录采取适当的安全保护措施,对访问计算机程序和数据文件设置授权,以及定期盘点并将盘点记录与会计记录相核对。

企业常用的防护措施主要有两个方面：一是对资产和记录实施授权控制，未经授权，不相关人士不得接触和使用这些资产和记录。二是对资产和记录实施实物防护，如将货币、有价证券等资产的安全存放在保险柜中或委托信誉良好的金融机构代为保管；将存货存入仓库，同时安装必要的安全措施并派专人保管。实物控制的效果影响资产的安全，从而对财务报表的可靠性及审计产生影响。

5. 职责分离。职责分离主要是指对不相容职务应进行分工控制。所谓不相容职务是指经营业务的授权、批准、执行和记录等完全由一人或一个部门办理时，发生错误与舞弊的概率就会增大的两项或两项以上的职务。如果不相容职务由一个人同时兼任，既容易发生发生错误或舞弊，而且又难以发现他的错误或舞弊。

以下这几类职务属于不相容职务，注册会计师在评价内部控制时，应注意其是否分离：①交易的授权与交易的执行应进行分离；②交易的执行与交易的审核应进行分离；③交易的执行与交易的记录应进行分离；④交易的保管与交易的记录应进行分离；⑤交易的保管与交易的清查应进行分离；⑥一些会计工作应进行分离，例如，总账的记录与明细账的记录、现金收支的记录与银行调节表的编制应进行分离；⑦在计算机信息系统（CIS）部门内，及CIS部门与使用部门之间的职务应进行分离，例如，系统分析、程序设计、电脑操作和数据控制应进行分离。

另外，不相容职务的分离程度还与企业规模的大小有关。大企业和小企业执行职责分离控制是有些差别的。对于小企业来说，出于对成本效益原则的考虑，完全实行职责划分往往要比大企业困难得多。注册会计师对于小企业通常会高估控制风险，以期通过更多的实质性测试来获取足够的审计证据。

（五）对控制的监督

对控制的监督是指对被审计单位评价内部控制在一段时间内运行有效性的过程，该过程包括及时评价控制的设计和运行，以及根据情况的变化采取必要的纠正措施。例如，管理层对是否定期编制银行存款余额调节表进行复核，内部审计人员评价销售人员是否遵守公司关于销售合同条款的政策，法律部门定期监控公司的道德规范和商务行为准则是否得以遵循等。

对控制的监督包括持续监督活动和专门的评价活动。持续的监督活动通常贯穿于被审计单位的日常经营活动与常规管理工作中。被审计单位可能使用内部审计人员或具有类似职能的人员对内部控制的设计和执行进行专门的评价，以找出内部控制的优点和不足，并提出改进建议。另外，被审计单位也可能利用与外部有关各方沟通或交流所获取的信息监督相关的控制活动。

（六）对小型被审计单位的考虑

被审计单位设计和执行内部控制的具体方式会因被审计单位的规模和复杂程度的

不同而不同。小型被审计单位通常采用非正式和简单的内部控制实现其目标,参与日常经营管理的业主可能承担多项职能,内部控制要素没有得到清晰区分,注册会计师应当综合考虑小型被审计单位内部控制要素能否实现其目标。

三、与审计相关的控制

内部控制是因为被审计单位的管理需要而存在的,而不是专门为注册会计师进行审计而设计的。内部控制的目标旨在合理保证财务报告的可靠性、经营的效率和效果以及对法律法规的遵守。注册会计师审计的目标是对财务报表是否不存在重大错报发表审计意见,尽管要求注册会计师在财务报表审计中考虑与财务报表编制相关的内部控制,但目的是为了评估重大错报风险及设计进一步审计程序,并非对被审计单位内部控制的有效性发表意见。注册会计师需要了解和评价的内部控制只是与财务报表审计相关的内部控制,并非被审计单位所有的内部控制。

与审计相关的内部控制具体包括以下几个方面:

第一,被审计单位为实现财务报告可靠性目标设计和实施的控制。注册会计师应当运用职业判断,考虑一项控制单独或连同其他控制是否与评估重大错报风险以及针对评估的风险设计和实施进一步审计程序有关。

第二,如果在设计和实施进一步审计程序时拟利用被审计单位内部生成的信息,注册会计师应当考虑用以保证该信息完整性和准确性的控制可能与审计相关。

第三,如果用以保证经营效率、效果的控制以及对法律法规遵守的控制与实施审计程序时评价或使用的数据相关,注册会计师应当考虑这些控制可能与审计相关。例如,对于某些非财务数据(如生产统计数据)的控制,如果注册会计师在实施分析程序时使用这些数据,这些控制就可能与审计相关。

第四,用以保护资产的内部控制可能包括与实现财务报告可靠性和经营效率、效果目标相关的控制。注册会计师在了解保护资产的内部控制各项要素时,可仅考虑其中与财务报告可靠性目标相关的控制。

四、内部控制的局限性

内部控制存在固有局限性,无论如何设计和执行,只能对财务报告的可靠性提供合理的保证。注册会计师在确定内部控制的可信赖程度时,应当保持应有的职业谨慎,充分关注内部控制的以下固有限制:

第一,在决策时人为判断可能出现错误和由于人为失误而导致内部控制失效。

第二,可能由于两个或更多的人员进行串通或管理层凌驾于内部控制之上而被规避。例如,存货的保管人员与存货的清查人员互相勾结,会使企业的清查制度流于形式，丧失查错防弊的功能。又如，政企不分、行政干预可能导致股份有限公司的董事会、监事会形同虚设，使其丧失控制职能。

第三，如果被审计单位内部行使控制职能的人员素质不适应岗位要求，也会影响内部控制功能的正常发挥。

第四，被审计单位实施内部控制的成本效益问题也会影响其职能，当实施某项控制成本大于控制效果而发生损失时，就没有必要设置控制环节或控制措施。

第五，内部控制一般都是针对经常而重复发生的业务而设置的，如果出现不经常发生或未预计到的业务，原有控制就可能不适用。

第二节　了解与记录内部控制

一、对内部控制了解的深度

注册会计师在了解内部控制时，应当评价内部控制的设计，并确定其是否得到执行。评价内部控制的设计是指考虑一项内部控制单独或连同其他内部控制是否能够有效防止或发现并纠正重大错报。内部控制得到执行是指某项控制存在且被审计单位正在使用。设计不当的控制可能表明内部控制存在重大缺陷，注册会计师在确定是否考虑控制得到执行时，应当首先考虑内部控制的设计。如果内部控制设计不当，不需要再考虑内部控制是否得到执行。

对于在计划审计工作时确定的两种审计方案——综合性方案和实质性方案，其在了解被审计单位相关的内部控制的程度上是不一样的。一般来说，实质性方案主要是计划依赖较大范围的实质性测试来获取足够的审计证据，对内部控制的依赖程度较小；而综合性方案主要是计划在被审计单位内部控制良好的基础上实施较小范围的实质性测试来获取足够的审计证据，对内部控制的依赖程度较大。因此，注册会计师采用综合性方案要比采用实质性方案，需要更多、更深入地了解被审计单位相关的内部控制。

除非存在某些可以使内部控制得到一贯运行的自动化控制，注册会计师对内部控制的了解并不能够代替对内部控制运行有效性的测试。

二、了解内部控制的审计程序

注册会计师在了解内部控制时，通常可实施以下审计程序：

(一)询问被审计单位的人员

注册会计师可向各级主管、经办人员询问诸如融资投资权限、劳动工资制度、赊销、折让、折扣、退货授权手续、仓库保管及领料手续等,以有关人员的理解与检查文件规定是否相吻合。通过询问,注册会计师还能获知有关被审计单位内部控制变化情况。

(二)观察特定控制的运用

通过观察特定控制的运用,注册会计师可以了解业务授权、文件记录、程序和步骤是否与内部控制的规定相一致。

(三)检查文件和报告

通过检查内部控制生成的文件和记录,如组织结构图、业务流程图、职务说明,程序手册、工时及薪金记录、销货进货记录、内部审计报告及工作底稿等,注册会计师可增加对被审计单位的内部控制的认识,以便充分计划审计工作。

(四)追踪交易在财务报告信息系统中的处理过程

追踪交易在财务报告信息系统中的处理过程也称"穿行测试",是指在每一类交易循环中选择一笔或若干笔交易或事项进行测试,以验证内部控制的实际运行是否与审计工作底稿上所描述的内部控制相一致。例如,为了复查材料采购循环的内部控制,注册会计师可选取一笔或若干笔材料采购,从请购→订货→验收入库→库存保管→核准发票→付款→登账,对整个采购程序进行详细检查,以确定材料采购各个环节的实际执行情况是否与其所了解的内部控制保持一致。如发现实际执行情况与审计工作底稿关于内部控制的描述不一致,注册会计师应当对审计工作底稿加以修正。

上述这些程序是风险评估程序在了解被审计单位内部控制方面的具体运用。

三、了解内部控制的设计和执行

(一)在被审计单位整体层面了解和评价内部控制

1. 了解控制环境。在了解和评价控制环境时,注册会计师需要考虑与控制环境有关的各个要素及其相互联系,尤其是要注意,控制环境任一构成要素存在重大缺陷都会影响其他要素的有效性。

(1)对诚信和道德价值观念的沟通与落实。注册会计师在了解和评估被审计单位诚信和道德价值观念的沟通与落实时,考虑的主要因素应包括:①被审计单位是否有书面的行为规范并向所有员工传达;②被审计单位的企业文化是否强调诚信和道德价值观念的重要性;③管理层是否身体力行,高级管理人员是否起表率作用;④对违反有关政策和行为规范的情况,管理层是否采取适当的惩罚措施。

(2)对胜任能力的重视。注册会计师在就被审计单位对胜任能力的重视情况进行了解和评估时,考虑的主要因素应包括:①财会人员以及信息管理人员是否具备与被审计单位业务性质和复杂程度相称的足够的胜任能力和培训，在发生错误时，是否通过调整人员或系统来加以处理；②管理层是否配备足够的财会人员以适应业务发展和有关方面的需要；③财会人员是否具备理解和运用会计准则所需的技能。

(3)治理层的参与程度。注册会计师在对被审计单位治理层的参与程度进行了解和评估时，考虑的主要因素应包括：①董事会是否建立了审计委员会或类似机构；②董事会、审计委员会或类似机构是否与内部审计人员以及注册会计师有联系和沟通，联系和沟通的性质以及频率是否与被审计单位的规模和业务复杂程度相匹配；③董事会、审计委员会或类似机构的成员是否具备适当的经验和资历；④董事会、审计委员会或类似机构是否独立于管理层；⑤审计委员会或类似机构会议的数量和时间是否与被审计单位的规模和业务复杂程度相匹配；⑥董事会、审计委员会或类似机构是否充分地参与了财务报告的过程；⑦董事会、审计委员会或类似机构是否对经营风险的监控有足够的关注，进而影响被审计单位和管理层的风险评估进程（包括舞弊风险）；⑧董事会成员是否保持相对的稳定性。

(4)管理层的理念和经营风格。注册会计师在了解和评估被审计单位管理层的理念和经营风格时，考虑的主要因素应包括：①管理层是否对内部控制，包括信息技术的控制，给予了适当的关注；②管理层是否由一个或几个人所控制，而董事会、审计委员会或类似机构对其是否实施有效监督；③管理层在承担和监控经营风险方面是风险偏好者还是风险规避者；④管理层在选择会计政策和作出会计估计时是倾向于激进还是保守；⑤管理层对于信息管理人员以及财会人员是否给予了适当关注；⑥对于重大的内部控制和会计事项，管理层是否征询注册会计师的意见，或者经常在这些方面与注册会计师存在不同意见。

(5)组织结构及职权与责任的分配。注册会计师在对被审计单位组织结构和职权与责任的分配进行了解和评估时，考虑的主要因素应包括：①在被审计单位内部是否有明确的职责划分，是否将业务授权、业务记录、资产保管和维护，以及业务执行的责任尽可能地分离；②数据的所有权划分是否合理；③是否已针对授权交易建立了适当的政策和程序。

(6)人力资源政策与实务。注册会计师在对被审计单位人力资源政策与实务进行了解和评估时，考虑的主要因素应包括：①被审计单位是否在招聘、培训、考核、晋升、薪酬、调动和辞退员工方面是否都有适当的政策和程序（特别是在会计、财务和信息系统方面）；②是否有书面的员工岗位职责手册，或者在没有书面文件的情况下，对于工作职责和期望是否作了适当的沟通和交流；③人力资源政策与程序是否清晰，并且定期发布和更新；④是否设定适当的程序，对分散在各地区和海外的经营人员建立和沟通人力资源政策与程序。

综上所述,注册会计师应当对控制环境的构成要素获取足够的了解,并考虑内部控制的实质及其综合效果,以了解管理层和治理层对内部控制及其重要性的态度、认识以及所采取的措施。

2. 了解被审计单位的风险评估过程。风险评估过程包括识别与财务报告相关的经营风险,以及针对这些风险所采取的措施。注册会计师在对被审计单位整体层面的风险评估过程进行了解和评估时,考虑的主要因素应包括:

(1)被审计单位是否已建立并沟通其整体目标,并辅以具体策略和业务流程层面的计划。

(2)被审计单位是否已建立风险评估过程,包括识别风险、估计风险的重大性、评估风险发生的可能性以及确定需要采取的应对措施。

(3)被审计单位是否已建立某种机制,识别和应对可能对被审计单位产生重大且普遍影响的变化,如在金融机构中建立资产负债管理委员会,在制造型企业中建立期货交易风险管理组等。

(4)会计部门是否建立了某种流程,以识别会计准则的重大变化。

(5)当被审计单位业务操作发生变化并影响交易记录的流程时,是否存在沟通渠道以通知会计部门。

(6)风险管理部门是否建立了某种流程,以识别经营环境包括监管环境发生的重大变化。

3. 了解与财务报告相关的信息系统与沟通。注册会计师在对被审计单位整体层面的信息系统与沟通进行了解和评估时,考虑的主要因素可能包括:

(1)与财务报告相关的信息系统。①信息系统是否能够向管理层提供有关被审计单位业绩的报告,包括相关的外部和内部信息;②向适当人员提供的信息是否充分、具体和及时,使其能够有效地履行职责;③信息系统的开发及变更在多大程度上与被审计单位的战略计划相适应,以及如何与被审计单位整体层面和业务流程层面的目标相适应;④管理层是否提供适当的人力和财力,以开发必需的信息系统;⑤管理层是如何监督程序开发、变更和测试工作的;⑥对于主要的数据中心,是否建立了重大灾难数据恢复计划。

(2)沟通。①管理层就员工的职责和控制责任是否进行了有效沟通;②针对可疑的不恰当事项和行为是否建立了沟通渠道;③组织内部沟通的充分性是否能够使人员有效地履行职责;④对于与客户、供应商、监管者和其他外部人士的沟通,管理层是否及时采取适当的进一步行动;⑤被审计单位是否受到某些监管机构发布的监管要求的约束;⑥外部人士,如客户和供应商在多大程度上获知被审计单位的行为守则。

4. 了解控制活动。注册会计师对被审计单位整体层面的控制活动进行的了解和评估，主要是针对被审计单位的一般控制活动，特别是信息技术的一般控制。在了解和评估一般控制活动时考虑的主要因素可能包括：

(1)对被审计单位的主要经营活动是否都有必要的控制政策和程序。

(2)管理层对预算、利润和其他财务和经营业绩方面是否都有清晰的目标，在被审计单位内部，是否对这些目标加以清晰的记录和沟通，并且积极地对其进行监控。

(3)是否存在计划和报告系统，以识别与目标业绩的差异，并向适当层次的管理层报告该差异。

(4)是否由适当层次的管理层对差异进行调查，并及时采取适当的纠正措施。

(5)不同人员的职责应在何种程度上相分离，以降低舞弊和不当行为发生的风险。

(6)会计系统中的数据是否与实物资产定期核对。

(7)是否建立了适当的保护措施，以防止未经授权接触文件、记录和资产。

(8)是否存在信息安全职能部门负责监控信息安全政策和程序。

5. 了解对控制的监督。注册会计师在对被审计单位整体层面的监督进行了解和评估时，考虑的主要因素应包括：

(1)被审计单位是否定期评价内部控制。

(2)被审计单位人员在履行正常职责时，能够在多大程度上获得内部控制是否有效运行的证据。

(3)与外部的沟通能够在多大程度上证实内部产生的信息或者指出存在的问题。

(4)管理层是否采纳内部审计人员和注册会计师有关内部控制的建议。

(5)管理层是否及时纠正控制运行中偏差。

(6)管理层根据监管机构的报告及建议是否及时采取纠正措施。

(7)是否存在协助管理层监督内部控制的职能部门(如内部审计部门)。如存在，对内部审计职能需进一步考虑的因素包括：①独立性和权威性；②向谁报告，例如，直接向董事会、审计委员会或类似机构报告，对接触董事会、审计委员会或类似机构是否有限制；③是否有足够的人员、培训和特殊技能，例如，对于复杂的高度自动化的环境应使用有经验的信息系统审计人员；④是否坚持适用的专业准则；⑤活动的范围，例如，财务审计和经营审计工作的平衡，在分散经营情况下，内部审计的覆盖程度和轮换程度；⑥计划、风险评估和执行工作的记录和形成结论的适当性；⑦是否不承担经营管理责任。

(二)在业务流程层面了解和评价内部控制

1. 在重要业务流程层面了解和评估内部控制的一般步骤。

(1)了解被审计单位的重要业务流程和重要交易类别。对于在业务流程层面内部控制的了解通常是按照业务循环来进行的，因为按照业务循环来了解、评价内部控制，有利于注册会计师将注意力集中在影响财务报表可信性的各个控制程序上。不同类型的企业,其业务循环的划分也有所不同。一般来说,业务循环是根据企业的业务性质和规模而定的。当然,注册会计师可以根据被审计单位的实际情况,按照自己的判断去划分特定的业务循环。

以制造业企业为例,对内部控制的研究和评价一般是按照下列 4 个业务循环来进行的:①销售与收款循环。本循环包括向顾客收受订购单、核准购货方的信用、装运商品、开具销货发票、记录收益和应收账款、记录现金收入等程序。②购货与付款循环。本循环包括购买存货、其他资产或劳务,发出订货单、检查所收货物和开具验收报告、记录应付销货方债务、核准付款、支付款项和记录现金支出等程序。③生产循环。本循环包括领取各种原材料及其他物料用品、交付生产、分摊费用、计算生产成本、核算销售成本等程序;还包括雇用、辞退职工,制定最低工资标准、核计实际工时、计算应付工薪、计算个人所得税和其他代扣款项、记录工薪卡、发放工资等程序。④筹资与投资循环。本循环包括授权、核准、执行和记录有关银行贷款、融资租赁、应付公司债和股本、短期投资与长期投资等业务事项。

重要交易类别是指可能对被审计单位财务报表产生重大影响的各类交易。重要交易应与重大账户及其认定相联系,例如,对于一般制造业企业,销售收入和应收账款通常是重大账户,销售和收款都是重要交易类别。

(2)确定可能发生错报的环节。对于每个重要交易流程,注册会计师都会通过设计一系列关于控制目标是否实现的问题,从而确认某项业务流程中可能发生错报的环节。这些问题针对的是业务流程中数据生成、转移或被转换的环节。

(3)识别和了解相关控制。通过对被审计单位的了解,包括在被审计单位整体层面对内部控制各要素的了解,以及在上述程序中对重要业务流程的了解,注册会计师可以确定是否有必要进一步了解在业务流程层面的控制。

如果注册会计师计划对业务流程层面的有关控制进行进一步的了解和评价,那么针对业务流程中容易发生错报的环节,注册会计师应当确定:①被审计单位是否建立了有效的控制,防止或发现并纠正这些错报;②被审计单位是否遗漏了必要的控制;③是否识别了可以最有效测试的控制。

(4)执行穿行测试,证实对交易流程和相关控制的了解。执行穿行测试可获得下列方面的证据:①确认对业务流程的了解;②确认对重要交易的了解是完整的,即在交易流程中所有与财务报表认定相关的可能发生错报的环节都已识别;③确认所获取的有关流程中的控制信息的准确性;④评估控制设计的有效性;⑤确认控制是否得到执行;⑥确认之前所作的书面记录的准确性。

(5)进行初步评价和风险评估。由于对控制的了解和评价是在穿行测试完成后,但又在测试控制运行有效性之前进行的，因此，上述评价结论只是初步结论，仍可能随控制测试后实施实质性程序的结果而发生变化。

2. 对财务报告流程的了解和评估。财务报告流程是指有关信息从具体交易的业务流程进入总账、财务报表以及相关列报的流程。具体包括：①将业务数据汇总记入总账的程序，即如何将重要业务流程的信息与总账和财务报告系统相连接；②在总账中生成、记录和处理会计分录的程序；③记录对财务报表常规和非常规调整的程序，如合并调整、重分类等；④草拟财务报表和相关披露的程序。

由于这一流程和控制与财务报表的列报认定直接相关，因此，注册会计师应重视对这一重要流程的了解。注册会计师对该流程以及该流程如何与其他重要流程相链接的了解，有助于其识别和评估与财务报表重大错报风险相关的控制。

（三）考虑内部控制的人工和自动化特征及其影响

内部控制采用人工系统还是自动化系统，将影响交易生成、记录、处理和报告的方式。在以人工为主的系统中，内部控制一般包括批准和复核业务活动，编制调节表并对调节项目进行跟踪。当采用信息技术系统生成、记录、处理和报告交易时，交易的记录形式（如订购单、发票、装运单及相关的会计记录）可能是电子文档而不是纸质文件。信息技术系统中的控制可能既有自动控制（如嵌入计算机程序的控制）又有人工控制。人工控制可能独立于信息技术系统，利用信息技术系统生成的信息，也可能限于监督信息技术系统和自动控制的有效运行或者处理例外事项。如果采用信息技术系统处理交易和其他数据，系统和程序可能包括与财务报表重大账户认定相关的控制或者包括人工控制作用的有效发挥。被审计单位的性质和经营的复杂程度会对采用人工控制和自动控制的成分产生影响。

注册会计师应当从下列方面了解信息技术对内部控制产生的特定风险：①系统或程序未能正确处理数据，或处理了不正确的数据，或两种情况同时并存；②在未得到授权情况下访问数据，可能导致数据的毁损或对数据不恰当的修改，包括记录未经授权或不存在的交易，或不正确地记录了交易；③信息技术人员可能获得超越其履行职责以外的数据访问权限，破坏了系统应有的职责分工；④未经授权改变主文档的数据；⑤未经授权改变系统或程序；⑥未能对系统或程序作出必要的修改；⑦不恰当地人为干预；⑧数据丢失的风险或不能访问所需要的数据。

注册会计师应当从下列方面了解人工控制产生的特定风险：①人工控制可能更容易被规避、忽视或凌驾；②人工控制可能不具有一贯性；③人工控制可能更容易产生简单错误或失误。

相对于自动控制，人工控制的可靠性较差。为此，注册会计师应当考虑人工控制在下列情形中可能是不适当的：①存在大量或重复发生的交易；②事先可预见的错误能够通过自动化控制得以防范或发现;③控制活动可得到适当设计和自动化处理。

四、记录对内部控制的了解

注册会计师对于所了解到的内部控制情况和所作的初步评价应在审计工作底稿中加以记录。记录的方法常用的有3种,即文字叙述、调查表(问卷)、流程图。这几种方法可以单独使用,也可以结合使用。

(一)文字叙述

文字叙述是指注册会计师对被审计单位内部控制的实际情况以文字说明的方式进行描述。文字叙述法一般按照业务循环,逐项描述各个业务循环所完成的工作、各项工作的负责人、经办人及其在工作中所派生的各种文件记录。下面举例说明文字叙述法,如表8-1所示。

表8-1　材料收发业务内部控制

被审计单位名称:	索引号______页次______
被审计期间:	编制人______日期______
	复核人______日期______
该企业设材料仓库一栋。有仓库保管员若干名,负责收料、发料和登记材料明细账。仓库收料时,根据供应科送来的发票和收料通知单验收材料,开出收料单两联,其中一联连同发票送财务科,财务科凭以付款和记账,另一联留存据以登记材料明细账。材料明细账定期与财务科的材料总账核对。 车间领用材料,领料员填制领料单,并经工段长审核批准。领料单一式三联,一联交仓库,一联送供应科,一联存查。每月终了,仓库盘存材料一次,并编制盘存表两份,一份送供应科,一份留存。 供应科根据仓库送来的领料单,月终编制领料单汇总表,然后送财务科转账。 财务科根据收料单和领料单汇总表编制记账凭证并登记材料和其他总账。	

文字叙述法的优点在于形式比较灵活,内容不受限制,可对注册会计师关注的内部控制进行更为深入和具体的描述。其缺点是内容往往显得冗长,重点不突出,难以对内部控制形成总体的把握,不利于对内部控制进行分析和评价。文字叙述法一般适用于内部控制程序比较简单、比较容易描述的小企业,对于存在广泛控制的大企业并不适用。

(二)调查表

调查表(问卷)是指注册会计师根据被审计单位的业务类型、交易循环和交易相关的审计目标,将内部控制的必要事项,特别是那些与保证会计记录的正确性和可靠性以及与保证资产的完整性有密切关系的事项列作调查项目,系统地加以罗列,设计成标准化的固定表格。调查表大多采用问答式,一般要按调查对象分别设计。在注册会计师对被审计单位进行审计时,交由企业有关人员填写或由注册会计师根据调查的结果自行填写。如果调查表由企业有关人员填写,注册会计师必须对调查表所填内容的真伪进行验证,以免被误导,对内部控制形成错误的评价。

调查表的优点在于简便易行,具有较强的可操作性,即使是缺乏审计经验的审计人员也可根据调查表上的问题,逐一对内部控制进行调查和评价,便于提高审计效率;从调查表中能一目了然地发现内部控制所存在的缺陷,有利于对内部控制进行分析评价。这种方法的缺点在于因调查项目事先已设定,不能充分考虑被审计单位的特殊情况,对于一些小规模的企业或一些具有特殊业务的企业,可能不适用;对被审计单位的内部控制只能按项目分别考查,因此往往不能提供一个完整的看法。

调查表的基本格式如表 8－2 所示。

表 8－2　销货内部控制调查表

被审计单位名称：　　　　　　　　　　　　索引号＿＿＿＿页次＿＿＿＿

被审计期间：　　　　　　　　　　　　　　编制人＿＿＿＿日期＿＿＿＿

　　　　　　　　　　　　　　　　　　　　复核人＿＿＿＿日期＿＿＿＿

问　题	回　答			取得方式	评　注
	是	否	不适用		
一、登记入账的销货确系已发运给实有其人的顾客					
登记入账的销货是否有已经审批的发货单和顾客订单为依据	√				李某检查所附的凭证
二、销货业务已经过适当的审批					
1. 对顾客赊销是否经负责人批准	√				由总经理批准
2. 任何商品出厂是否都要求有事先编号的书面发运单	√				
三、现有销货业务都已登记入账					
1. 发运单是否由企业采用适当的方式予以控制,以保证所有发货都已开票收款	√				已预先编号,但未登记入账,需进一步检查
2. 发运单是否均预先编号并登记入账	√				
3. 销货发票是否预先编号并登记入账	√				
四、登记入账的销货确系订购的数额,且已正确开票收款					
1. 销货发票和发运单所列的数量是否核对相符		√			需指派人员进行核对
2. 销货发票是否经过单价检查、乘积复核和加总复核	√				

续表

问　　题	回　答			取得方式	评　　注
	是	否	不适用		
3. 是否定期给常年顾客发出对账单		√			需函证
五、销货业务已及时登记入账					
登记入账的日期与发运单的日期是否经过比较核对		√			制度中存在弱点，需进一步检查
六、销货业务在明细账中的记录与总账相符					
明细账是否加总复核，是否与总账核对相符	√				

(三)流程图

流程图是用符号和图形来表示被审计单位经济业务和文件凭证在组织机构内部有序流动的文件。流程图的基本格式如图8－1所示。

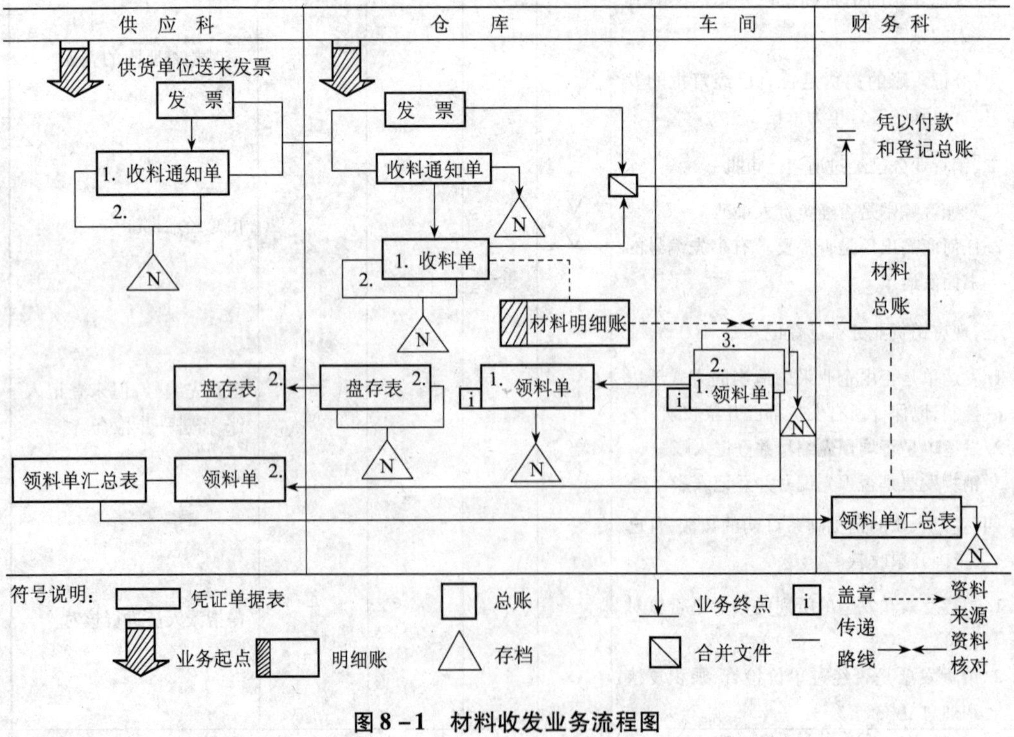

图8－1　材料收发业务流程图

流程图最大的优点在于能够形象直观地反映内部控制的特征，有利于对内部控制进行分析评价，而且便于根据内部控制的变化进行修改。其缺点是绘制流程图的难度大，需具备较娴熟的技术和花费较多的时间；有时很难将内部控制的某些弱点在图上明显地反映出来。

第三节　内部控制测试

一、控制测试的内涵和要求

(一) 控制测试的内涵

控制测试指的是测试控制运行的有效性。在测试控制运行的有效性时，注册会计师应当从下列方面获取关于控制是否有效运行的审计证据：①控制在审计期间的不同时点是如何运行的；②控制是否得到一贯执行；③控制由谁执行；④控制以何种方式运行(例如，人工控制或自动化控制)。从这 4 个方面来看，控制运行有效性强调的是控制能够在各个不同时点按照既定设计得以一贯执行。

对于控制测试这一概念需要与了解内部控制中的"确定控制是否得到执行"进行区分。获取某项控制在某一时点得到执行的审计证据，并不能证明该控制在审计期间内的其他时点也有效运行。在了解控制是否得以执行时，注册会计师只需抽取少量的交易进行检查或观察某几个时点；但在测试控制运行的有效性时，注册会计师需要抽取足够数量的交易进行检查或对多个不同时点进行观察。

(二) 控制测试的要求

作为进一步审计程序的类型之一，控制测试并非在任何情况下都需要实施。当存在下列情形之一时，注册会计师应当实施控制测试：

1. 在评估认定层次重大错报风险时，预期控制的运行是有效的。只有认为控制设计合理、能够防止或发现和纠正认定层次的重大错报，注册会计师才有必要对控制运行的有效性实施测试。这种测试主要是出于成本效益的考虑，如果该项控制在不同时点都得到了一贯执行，与该项控制有关的财务报表认定发生重大错报的可能性就不会很大，也就不需要实施很多的实质性程序，注册会计师会在控制审计风险的前提下降低审计成本。

2. 仅实施实质性程序不足以提供认定层次充分、适当的审计证据。作为风险评估的一部分，如果认为仅通过实质性程序获取的审计证据无法将认定层次的重大错报风险降至可接受的低水平,注册会计师应当评价被审计单位针对这些风险设计的控制,并确定其执行情况。例如,在被审计单位对日常交易或与财务报表相关的其他数据(包括信息的生成、记录、处理、报告)采用高度自动化处理的情况下,审计证据可能仅以电子形式存在,此时审计证据是否充分和适当通常取决于自动化信息系统相关控制的有效性。如果信息的生成、记录、处理和报告均通过电子格式进行而没有适当有效的控制,则生成不正确信息或信息被不恰当修改的可能性就会大大增加。在认为仅通过实施实质性程序不能获取充分、适当的审计证据的情况下,注册会计师必须实施控制测试,且这种测试已经不再是单纯出于成本效益的考虑,而是必须获取的一类审计证据。

二、控制测试的性质

控制测试的性质是指控制测试所使用的审计程序的类型及其组合。虽然控制测试与了解内部控制的目的不同,但两者采用审计程序的类型通常相同,具体包括:

(一)询问

注册会计师可以向被审计单位的适当员工询问,获取与内部控制运行情况相关的信息。然而,仅仅通过询问不能为控制运行的有效性提供充分的证据,注册会计师通常需要印证被询问者的答复,因此,询问必须和其他测试手段结合使用才能发挥作用。

(二)观察

观察是测试不留下书面记录的控制(如职责分离)的运行情况的有效方法。但是,注册会计师还要考虑其所观察到的控制在注册会计师不在场时可能未被执行的情况。

(三)检查

对运行情况留有书面证据的控制,检查是非常适用的。

(四)重新执行

通常只有当询问、观察和检查程序结合在一起仍无法获得充分的证据时,注册会计师才考虑通过重新执行来证实控制是否有效运行。例如,为了合理保证计价认定的准确性,被审计单位的一项控制是由复核人员核对销售发票上的价格与统一价格单上的价格是否一致。但是,要检查复核人员有没有认真执行核对,仅仅检查复核人员是否在相关文件上签字是不够的,注册会计师还需要自己选取一部分销售发票进行核对,这就是重新执行程序。但是,如果需要进行大量的重新执行,注册会计师就要考虑通过实施控制测试以缩小实质性程序的范围是否有效率。

(五)穿行测试

穿行测试不是单独的一项程序,而是将多项程序按特定审计需要进行结合运用的方法。

三、控制测试的时间

(一)控制测试时间的含义

控制测试的时间包含两层含义:一是何时实施控制测试;二是测试所针对的控制适用的时点或期间。注册会计师应当根据控制测试的目的确定控制测试的时间,并确定拟信赖的相关控制的时点或期间。如果仅需要测试控制在特定时点的运行有效性(如对被审计单位期末存货盘点进行控制测试),注册会计师只需要获取该时点的审计证据。如果需要获取控制在某一期间有效运行的审计证据,注册会计师应获取控制在该期间有效运行的审计证据,仅获取与时点相关的审计证据是不充分的,因为关于控制在多个不同时点的运行有效性的审计证据的简单累加并不能构成控制在某期间的运行有效性的充分、适当的审计证据,注册会计师应当辅以其他控制测试,包括测试被审计单位对控制的监督。

(二)考虑期中审计证据

如果已获取了有关控制在期中运行有效性的审计证据,并拟利用该证据,注册会计师应当实施下列审计程序:

1. 获取这些控制在剩余期间变化情况的审计证据。如果这些控制在剩余期间没有发生变化,注册会计师可能决定信赖期中获取的审计证据;如果这些控制在剩余期间发生了变化(如信息系统、业务流程或人事管理等方面发生变动),注册会计师需要了解并测试控制的变化对期中审计证据的影响。

2. 确定针对剩余期间还需获取的补充审计证据。针对期中证据以外的、剩余期间的补充证据,注册会计师应当考虑下列因素:

(1)评估的认定层次重大错报风险的重大程度。评估的重大错报风险对财务报表的影响越大,注册会计师需要获取的剩余期间的补充证据越多。

(2)在期中测试的特定控制。例如,对自动化运行的控制,注册会计师更可能测试信息系统一般控制的运行有效性,以获取控制在剩余期间运行有效性的审计证据。

(3)在期中对有关控制运行有效性获取的审计证据的程度。如果注册会计师在期中对有关控制运行有效性获取的审计证据比较充分,可以考虑适当减少需要获取的剩余期间的补充证据。

(4)剩余期间的长度。剩余期间越长,注册会计师需要获取的剩余期间的补充证据越多。

(5)在信赖控制的基础上拟减少进一步实质性程序的范围。注册会计师对相关控制的信赖程度越高,通常在信赖控制的基础上拟减少进一步实质性程序的范围就越大。在这种情况下,注册会计师需要获取的剩余期间的补充证据越多。

(6)控制环境。在注册会计师总体上拟信赖控制的前提下,控制环境越薄弱(或把握程度越低),注册会计师需要获取的剩余期间的补充证据越多。

除了上述的测试剩余期间控制的运行有效性,测试被审计单位对控制的监督也能够作为一项有益的补充证据,以便更有把握地将控制在期中运行有效性的审计证据延伸至期末。

(三)不得依赖以前审计所获取证据的情形

如果确定评估的认定层次重大错报风险是特别风险,并拟信赖旨在减轻特别风险的控制,注册会计师不应依赖以前审计获取的审计证据,而应在本期审计中测试这些控制的运行有效性。

图8-2概括了注册会计师是否需要在本期测试某项控制的决策过程。

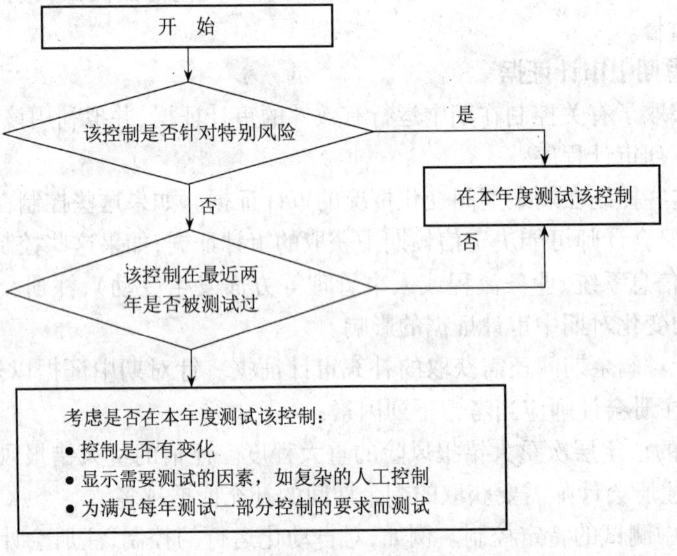

图8-2 本审计期间测试某项控制的决策图

四、控制测试的范围

控制测试的范围主要是指某项控制活动的测试次数。

(一)确定控制测试范围的一般考虑因素

注册会计师在确定某项控制的测试范围时通常考虑如下因素:

1.在整个拟信赖的期间,被审计单位执行控制的频率。控制执行的频率越高,控制测试的范围越大。

2. 在所审计期间，注册会计师拟信赖控制运行有效性的时间长度。拟信赖期间越长，控制测试的范围越大。

3. 为证实控制能够防止或发现并纠正认定层次重大错报，所需获取审计证据的相关性和可靠性。对审计证据的相关性和可靠性要求越高，控制测试的范围越大。

4. 通过测试与认定相关的其他控制获取的审计证据的范围。针对同一认定，可能存在不同的控制。当针对其他控制获取审计证据的充分性和适当性较高时，测试该控制的范围可适当缩小。

5. 在风险评估时拟信赖控制运行有效性的程度。在风险评估时对控制运行有效性的拟信赖程度越高，需要实施控制测试的范围越大。

6. 控制的预期偏差。控制的预期偏差率越高，需要实施控制测试的范围越大。如果控制的预期偏差率过高，注册会计师应当考虑控制可能不足以将认定层次的重大错报风险降至可接受的低水平，从而针对某一认定实施的控制测试可能是无效的。

（二）对自动化控制的测试范围的特别考虑

除非系统（包括系统使用的表格、文档或其他永久性数据）发生变动，注册会计师通常不需要增加自动化控制的测试范围。

信息技术处理具有内在一贯性，除非系统发生变动，一项自动化应用控制应当一贯运行。对于一项自动化应用控制，一旦确定被审计单位正在执行该控制，注册会计师通常无需扩大控制测试的范围，但需要考虑执行下列测试以确定该控制持续有效运行：①测试与该应用控制有关的一般控制的运行有效性；②确定系统是否发生变动，如果发生变动，是否存在适当的系统变动控制；③确定对交易的处理是否使用授权批准的软件版本。例如，注册会计师可以检查信息系统安全控制记录，以确定是否存在未经授权的接触系统硬件和软件，以及系统是否发生变动。

五、双重目的的测试

注册会计师在进行控制测试的同时，进行细节测试，这种情况的测试被称为双重目的的测试。例如，注册会计师在测试采购发票是否附有验收报告这一内部控制时，可以同时将采购发票与验收报告上所记存货的数量、金额进行核对，以验证其是否相符。测试采购发票是否附有验收报告属于控制测试，而对所记存货的数量、金额的核对，则属于细节测试。

双重目的的测试既可以减少审计工作量，提高审计效率，又可节约审计成本，所以不少注册会计师喜欢使用双重目的的测试。但注册会计师在执行双重目的的测试时，必须小心谨慎地设计测试程序，以确保能取得有关控制的有效性和报表中的重要错报或漏报这两个方面的证据。此外，还应谨慎地评价所取得的证据。

第四节 内部控制评价

一、内部控制评价的概念

内部控制评价是评价内部控制在防止或者发现和更正财务报表里的重要错报或漏报的有效程度的过程。内部控制评价是为认定而进行的,而不是为了个别内部控制要素或个别政策和程序而进行的。因此,评价控制风险时,应就每一内部控制要素里的相关控制政策和程序的有效性,同某项认定里存在重要错报或漏报的风险之间的相互作用情况进行判断。

注册会计师对企业内部控制进行评价一般分为初步评价和再评价两个环节,即在了解内部控制后初步评价和进行控制测试后对内部控制风险进行再评价。注册会计师对内部控制的初步评价只是根据对内部控制的了解初步确定哪些内部控制政策或程序值得信赖,哪些内部控制政策或程序不值得信赖。对于那些计划信赖的内部控制政策或程序是否真正值得信赖,还需注册会计师完成控制测试后才能最终确定。注册会计师应在完成控制测试后对内部控制进行再评价,看是否需要修订初步评价时所确定的控制风险的估计水平。

二、内部控制评价的步骤

注册会计师在对内部控制进行评价时,必须遵循以下步骤:①确认某项认定可能发生哪些潜在的错报或漏报;②确认哪些控制可以防止或者发现和更正这些错报或漏报;③执行控制测试,获取这些控制是否适当设计和有效执行的证据(如果有必要执行该步骤);④评价所获得的证据;⑤评价该项内部控制。

三、对内部控制的初步评价

内部控制的评价应当分别在财务报表层次和业务流程层次进行。

内部控制的各构成要素对财务报表层次和业务流程层次的重大错报的影响不同,注册会计师在评价内部控制时对此应予以特别关注。

(一)财务报表层次的评估

在财务报表层次对被审计单位内部控制的评估,通常由项目组中对被审计单位情况比较了解且较有经验的成员负责,同时需要项目组其他成员的参与和配合。对于连续审计，注册会计师可以重点关注整体层面的内部控制的变化情况，包括由于被审计单位及其环境的变化而导致内部控制发生的变化以及采取的对策。注册会计师还需要特别考虑因舞弊而导致重大错报的可能性及其影响。

需特别注意的是，财务报表层次的重大错报风险很可能源于薄弱的控制环境，注册会计师在评估财务报表层次的重大错报风险时，应当将被审计单位整体层面的内部控制状况和了解到的被审计单位及其环境其他方面的情况结合起来考虑。例如，被审计单位治理层、管理层对内部控制的重要性缺乏认识，没有建立必要的制度和程序；或管理层经营理念偏于激进，又缺乏实现激进目标的人力资源等。这些缺陷源于薄弱的控制环境，可能对财务报表产生广泛影响，需要注册会计师采取总体应对措施。

（二）业务流程层次的评估

1. 在评估重大错报风险时，注册会计师应当将所了解的控制与特定认定相联系。控制可能与某一认定直接相关，也可能与某一认定间接相关。关系越间接，控制对防止或发现并纠正认定错报的效果越小。例如，销售经理对分地区的销售网点的销售情况进行复核，与销售收入完整性的认定只是间接相关。相应地，该项控制在降低销售收入完整性认定中的错报风险方面的效果，要比与该认定直接相关的控制（例如，将发货单与开具的销售发票相核对）的效果差。

2. 注册会计师在确定某些控制是否能够防止或发现并纠正特定认定发生重大错报时，应当将控制活动和其他要素综合考虑。因为单个的控制活动（如将发货单与销售发票相核对）本身并不足以控制重大错报风险。只有多种控制活动和内部控制的其他要素综合作用才足以控制重大错报风险。

3. 注册会计师应考虑被审计单位整体层面的内部控制是否具有直接影响重要业务流程层面控制的有效性，进而影响注册会计师拟实施的进一步审计程序的性质、时间和范围。

四、对内部控制的再评价

对内部控制的再评价主要体现在根据控制测试中发现的控制执行偏差考虑修正重大错报风险的评估结果。即在实施控制测试时，如果发现被审计单位控制运行出现偏差，注册会计师应当了解这些偏差及其潜在后果（如询问某项控制活动中关键人员发生变动的时间），并确定已实施的控制测试是否为信赖控制提供了充分、适当的审计证据，是否需要实施进一步的控制测试或实质性程序以应对潜在的错报风险。

五、内部控制评价的结论

注册会计师对内部控制评价的结论可能是：①所设计的内部控制单独或连同其他

控制能够防止或发现并纠正重大错报，并得到执行；②控制本身的设计是合理的，但没有得到执行；③控制本身的设计就是无效的或缺乏必要的控制。

六、考虑财务报表的可审计性

如果通过对内部控制的了解发现下列情况，并对财务报表局部或整体的可审计性产生疑问，注册会计师应当考虑出具保留意见或无法表示意见的审计报告：①被审计单位会计记录的状况和可靠性存在重大问题，不能获取充分、适当的审计证据以发表无保留意见；②对管理层的诚信存在严重疑虑。必要时，注册会计师应当考虑解除业务约定。

七、评价结果对实质性测试的影响

对内部控制的评价是为了确定完成审计工作所需执行的实质性程序的性质、时间和范围，其评价结果直接影响到实质性程序的设计。

当企业内部控制健全有效，可以保持高信赖度，注册会计师只需执行有限的实质性程序。当内部控制的有效性一般，可以保持中等信赖度，注册会计师需要执行充分的实质性程序。当内部控制有效性较差，只能保持低等信赖度，注册会计师需要执行更多的实质性程序。

但需要注意的是，注册会计师对于内部控制的评价应该尽可能恰当，如果内部控制的风险评价太低，将使注册会计师可能没有执行足够的实质性程序，进而导致审计无效果；如果内部控制的风险评价太高，注册会计师将执行比所需要的还要多的实质性程序，进而使审计测试很不经济、无效率。

复习思考题

1. 注册会计师在确定内部控制的可信赖程度时，应充分关注内部控制的哪些固有限制？

2. 与审计相关的内部控制主要指的是什么？

3. 注册会计师在什么情况下应实施控制测试？

4. 常诚和王朝是一对好朋友，都是注册会计师，分别供职于不同的会计师事务所。有一天在共进晚餐时，他们谈起了内部控制在决定应收集的审计证据的数量方面的重要性。

常诚认为，在任何公司不管其规模如何，都应该以类似的方式对内部控制进行细致的调查和评价。他所在的会计师事务所，要求在执行每一项审计业务时，都要使用事务所设计的标准内部控制调查问卷表，对于每类经济业务，都要求编制内部控制流程图。另外，事务所还要求注册会计师仔细评价内部控制制度，根据内部控制的强弱，调整拟收集的审计证据的数量。

王朝则指出，他所审计的大量小规模企业，不可能有充分的、严密的内部控制，因此，他在从事审计时，通常假设内部控制不充分，从而忽略内部控制，直接进行大量的实质性测试。他说，"当我一开始就知道内部控制制度中存在各种各样的弱点时，我干吗要浪费大量的时间和精力去调查内部控制、评价控制风险？我宁愿把花在填写内部控制调查评价表格上的时间，用在测试财务报表的表述是否正确上。"

要求：评价注册会计师常诚和王朝的观点。

5. 注册会计师在对某公司的内部控制进行了解和测试中，了解到该公司针对销售收入和销售费用的业绩评价控制包括财务经理每月审核实际销售收入和销售费用，并与预算数和上年同期数比较，对于差异金额超过5%的项目进行分析并编制分析报告，销售经理审阅该报告并采取适当跟进措施。注册会计师抽查了最近3个月的分析报告，并看到上述管理人员在报告上签字确认，证明该控制已经得到执行。然而，注册会计师在与销售经理的讨论中，发现他对分析报告中明显异常的数据并不了解原因，也无法作出合理的解释。因此，注册会计师认为该控制未得到有效的运行。

要求：

(1) 简述控制运行的有效性与控制得到执行两者的联系与区别。

(2) 在测试控制运行的有效性时，注册会计师应当从哪些方面获取关于控制是否有效运行的审计证据？

6. ABC会计师事务所的A和B注册会计师接受委派，对甲上市公司（以下简称甲公司）2006年度财务报表进行审计。甲公司尚未采用计算机记账。A和B注册会计师于2006年11月1日至7日对甲公司的内部控制制度进行了解和测试，并在相关审计工作底稿中记录了了解和测试的事项，摘录如下：

(1) 甲公司产成品发出时，由销售部填制一式四联的出库单。仓库发出产成品后，将第一联出库单交存登记产成品卡片，第二联交存销售部留存，第三、四联交会计部会计人员乙登记产成品总账和明细账。

(2) 会计人员丙负责开具销售发票。在开具销售发票之前，先核对装运凭证和相应的经批准的销售单，并根据已授权批准的商品价目表填写销售发票的价格，根据装运凭证上的数量填写销售发票的数量。

(3) 甲公司的材料采购需要经授权批准后方可进行。采购部根据经批准的请购单发出订购单。货物运达后,验收部根据订购单的要求验收货物,并编制一式多联的未连续编号的验收单。仓库根据验收单验收货物,在验收单上签字后,将货物移入仓库加以保管。验收单上有数量、品名、单价等要素。验收单一联交采购部登记采购明细账和编制付款凭单,付款凭单经批准后,月末交会计部;一联交会计部登记材料明细账,一联由仓库保留并登记材料明细账。会计部根据后附验收单的付款凭单登记有关账簿。

(4)会计部审核付款凭单后,支付采购款项。甲公司授权会计部的经理签署支票,经理将其授权给会计人员丁负责,但保留了支票印章。丁根据已适当批准的凭单,在确定支票收款人名称与凭单内容一致后签署支票,并在凭单上加盖"已支付"的印章。对付款控制程序的穿行测试表明,A 和 B 注册会计师未发现与公司规定有不一致之处。

(5)计划部根据批准,签发预先编号的生产通知单。生产部根据生产通知单填写一式四联的领料单。仓库发料后,其中一联留存,一联连同材料交还领料部,其余两联经仓库登记材料明细账后送会计部进行材料收发核算和成本核算。

(6)甲公司股东大会批准董事会的投资权限为 1 亿元以下。董事会决定由总经理负责实施。总经理决定由证券部负责总额在 1 亿元以下的股票买卖。甲公司规定:公司划入营业部的款项由证券部申请,由会计部审核,总经理批准后划转入公司在营业部开立的资金账户。经总经理批准,证券部直接从营业部资金账户支取款项。证券买卖、资金存取的会计纪录由会计部处理。A 和 B 注册会计师了解和测试投资的内部控制制度后发现:证券部在某营业部开户的有关协议及补充协议未经会计部或其他部门审核。根据总经理的批准,会计部已将 8 千万元汇入该户。证券部处理证券买卖的会计记录,月底将证券买卖清单交给会计部,会计部据以汇总登记。

(7)甲公司控股股东的法定代表人同时兼任甲公司的法定代表人,总经理是聘任的。在公司章程及相关决议中未具体载明股东大会、董事会、经营班子的融资权限和批准程序。经了解,2006 年根据总经理的批示向工商银行借入了 1 亿元贷款。

(8)甲公司设立了内部审计部,并直接对董事长负责。每年对子公司和各业务部进行审计,并出具审计报告。A 和 B 注册会计师获取了 2006 年度所有的内部审计报告,经抽查表明,内部审计报告指出了内控存在的缺陷和改进建议。

(9)甲公司设立现金出纳员和银行出纳员。银行出纳员负责到银行取送支票等票据,并登记银行存款日记账。月底银行出纳员取得银行对账单并编制银行存款余额调节表。

(10)员工根据公司的批准手续报销,会计部对报销单据加以审核,现金出纳员见到加盖核准印章的支出凭据后付款。

要求：

(1)根据上述摘录，假定未描述的其他内容不存在缺陷，请指出甲公司内部控制在设计与运行方面的缺陷，并提出改进建议。

(2)根据对甲公司内部控制的了解和测试，请分别指出上述内部控制缺陷与哪些财务报表项目或科目的何种认定相关。

第九章

财务报表审计对舞弊的考虑

本章要点

在计划和实施审计工作时，识别和评估财务报表重大错报风险是审计工作的重要组成部分，更是有效实施应对措施的前提。本章内容从总体上明确了注册会计师对舞弊、对财务报表重大错报风险的考虑责任，要求在对财务报表审计中考虑舞弊的最终落脚点仍然是对财务报表重大错报风险的识别、评估及应对。实施风险评估程序、风险应对程序应当有意识地、慎重地考虑各种因素的影响和作用，运用专业判断，作出正确的选择。通过学习和掌握这些内容，能够理解、应用相关审计程序的意义。

第一节　舞弊的概念、特征和种类

一、舞弊的概念

舞弊是指被审计单位的管理层、治理层、员工或第三方使用欺骗手段获取不当或非法利益的故意行为。舞弊行为主体的范围很广，可能是被审计单位的管理层、治理层、员工或第三方。涉及管理层或治理层一个或多个成员的舞弊通常被称为“管理层舞弊”，只涉及被审计单位员工的舞弊通常被称为“员工舞弊”。无论是何种舞弊，都有可能涉及被审计单位内部或与外部第三方的串谋，而舞弊行为的目的则是为特定个人或利益集团获取不当或非法利益。

舞弊是一个非常宽泛的法律概念，使得社会公众对有关舞弊的法律责任在认识上存在较大差异。另一方面，注册会计师也不具备合适的资格和身份对舞弊是否已经发生作出法律意义上的判定。所以，注册会计师对潜在的舞弊行为的着眼点在于，这种故意行为是否可能导致财务报表出现重大错报，一旦可能影响到财务报表，这种行为就和财务报表审计目标发生了关联。注册会计师在实务中并非只有先明确判定舞弊是否发生之后，才实施随后的审计程序。只要注册会计师根据职业判断产生怀疑或顾虑，就值得引起其关注和重视并考虑采取相应措施。

二、舞弊的特征

舞弊行为一般具有三个特征。

(一)实施舞弊的动机或压力

舞弊者实施舞弊一般具有动机或压力。例如，侵吞、挪用资产的动机可能是个人生活的入不敷出，或是为了满足对奢华物质生活的贪欲；对财务信息作出虚假报告，可能是因为管理层出于被审计单位外部或内部实现特定利润目标的压力，特别是当没有实现特定的财务目标将会影响到管理层个人的经济利益或职务升迁时。

(二)实施舞弊的机会

舞弊的发生往往存在着实施舞弊行为的机会。例如，内部控制可以被关键管理人员凌驾或利用。熟知内部控制的某个薄弱环节的人员可以规避应有的控制。

(三)舞弊者为舞弊行为寻找的借口

舞弊者可能会为舞弊行为寻求貌似合理的借口，以求得内心的平衡或解脱。例如，当某人侵占资产时,其内心可能认为其所在的组织未能向其提供应有的待遇或补偿。貌似合理的借口,往往与舞弊者特定的性格特征和价值取向有关。

将舞弊行为的特征分解为三因素,除了具有理论特征描述的功能外,也为注册会计师在实务工作中识别与评估舞弊导致的财务报表重大错报风险提供了多个思考维度和视角,更加有助于实务操作。

三、舞弊的种类

与财务报表审计相关的舞弊行为可以划分为两类:一类是对财务信息作出虚假报告;另一类是侵占资产。这两类行为都可能导致财务报表发生错报。

(一)对财务信息作出虚假报告

对财务信息作出虚假报告的原因,是管理层希望误导财务报表使用者对被审计单位业绩或盈利能力的判断。发生这种行为,是因为管理层需要履行受托资产保值增值的经管责任,而财务业绩往往被视为受托经管责任履行情况的指标。

对财务信息作出虚假报告通常出于下列主要动机:

1. 迎合市场预期或特定监管要求。例如,资本市场上财务分析师对公司业绩的预期,或者监管机构所设定的作为特定行为先决条件的“门槛”指标。

2. 牟取以财务业绩为基础的私人报酬最大化。例如,在管理层的私人报酬与被审计单位的财务业绩直接挂钩的情况下,往往会导致管理层出于追求私人报酬最大化的动机而歪曲财务业绩数据和指标。

3. 偷逃或骗取税款。例如,被审计单位通过故意少记、漏记作为计税依据的业务收入、当期利润等财务信息,以达到少交或不交税金的目的;或者通过伪造业务和财务信息,达到骗取出口退税或不当享受税收优惠政策的目的。

4. 骗取外部资金。例如,被审计单位不符合相应条件或资质,为了达到增资扩股、取得银行贷款或商业信用等融资目的,通过粉饰财务信息的方式,来掩盖事实真相,骗取投资者、债权人的资金。

5. 掩盖侵占资产的事实。

对财务信息作出虚假报告的行为往往是受到被审计单位管理层的授意和掌控的,因此通常与管理层凌驾于内部控制之上有关。管理层通过凌驾于内部控制之上实施舞弊的重要手段有:①编制虚假的会计分录,特别是在临近会计期末时;②滥用或随意变更会计政策;③不恰当地调整会计估计所依据的假设及改变原先作出的判断;④故意漏记、提前确认或推迟确认报告期内发生的交易或事项;⑤隐瞒可能影响财务报表金额的事实;⑥构造复杂的交易以歪曲财务状况或经营成果;⑦篡改与重大或异常交易相关的会计记录和交易条款。

（二）侵占资产

侵占资产是指被审计单位的管理层或员工非法占用被审计单位的资产。侵占资产的常用手段包括：

1. 贪污收入款项。例如，侵占收回的货款，将汇入已注销账户的收款转移至个人银行账户。

2. 盗取货币资金、实物资产或无形资产。例如，窃取存货自用或售卖，通过向公司竞争者泄露技术资料以获取回报。

3. 使被审计单位对虚构的商品或劳务付款。例如，向虚构的供应商支付款项，收受供应商提供的回扣并提高采购价格，虚构员工名单并支取工资。

4. 将被审计单位资产挪为私用。例如，将公司资产作为个人贷款或关联方贷款的抵押。

侵占资产通常伴随着虚假或误导性的文件记录，其目的是隐瞒资产缺失或未经适当授权使用资产的事实。

第二节　治理层、管理层的责任和注册会计师的责任

一、治理层和管理层的责任

防止或发现舞弊是被审计单位治理层和管理层的责任。明确治理层和管理层的这种责任，反映了注册会计师行业在这个问题上的态度和立场，具有积极的沟通作用。

在防止或发现舞弊的责任方中，治理层发挥的是一种监督职责，即监督管理层建立和维护内部控制。治理层积极的监督有助于保证管理层在树立诚信文化方面的受托责任。在行使治理职能时，治理层有责任考虑管理层凌驾于内部控制之上或对财务报告过程产生其他不当影响的可能性。

管理层有责任在治理层的监督下建立良好的控制环境，维护有关政策和程序，以保证有序和有效地开展业务活动，包括制定和维护与财务报告可靠性相关的控制，并对可能导致财务报表发生重大错报的风险实施管理。

二、注册会计师的责任

注册会计师在财务报表审计中的责任，是按照《中国注册会计师执业准则》的规定

实施审计工作,获取财务报表在整体上不存在重大错报的合理保证,无论该错报是由于舞弊导致。注册会计师按照审计准则的规定执行审计工作,能够对财务报表整体不存在重大错报获取合理保证。

由于舞弊行为的隐蔽性和可能对财务报表产生的重大影响,注册会计师应当在整个审计过程中保持职业怀疑态度,考虑管理层凌驾于控制之上的可能性,并应当意识到,可以有效发现错误的审计程序未必适用于发现舞弊导致的重大错报。针对舞弊导致的重大错报风险审计准则强调特别考虑,要求注册会计师增强警惕意识,谨慎地设计和实施更具针对性的审计程序。

(一)审计的固有限制与合理保证

由于一系列固有限制的存在,注册会计师即使按照审计准则的规定恰当地计划和实施审计工作,也不能对财务报表整体不存在重大错报获取绝对保证。

审计的固有限制主要包括:①选择性测试方法的运用;②内部控制的固有局限性;③大多数审计证据是说服性而非结论性的;④为形成审计意见而实施的审计工作涉及大量判断;⑤某些特殊性质的交易和事项可能影响审计证据的说服力。

(二)影响注册会计师发现舞弊导致的重大错报的因素

注册会计师发现舞弊导致的重大错报的能力受到多项舞弊特征的影响,主要包括:

1. 舞弊者的狡诈程度。舞弊者越狡诈,实施的舞弊行为可能越隐蔽,注册会计师也就越难以发现。

2. 串通舞弊的程度。串谋可能导致原本虚假的审计证据被注册会计师误认为具有说服力,因此如果舞弊涉及串谋,舞弊导致的重大错报更难以发现。这种难度还随着串谋的广泛程度和精心程度的增加而加大,即牵涉面越广,舞弊导致的重大错报越难以被发现。

3. 舞弊者在被审计单位的职位级别。舞弊者的职位级别越高,注册会计师识别舞弊导致的重大错报所受到的阻力就越大。

4. 舞弊者操纵会计记录的频率和范围。舞弊者频繁地操纵会计记录,一种可能是被注册会计师发现的概率增大,但也有可能是舞弊者通过频繁实施舞弊,使其效果更具常态,也就更具隐蔽性和迷惑性。即使注册会计师可能发现存在着实施舞弊的机会,也往往难以确定有关错报是出于故意还是无意(即无法判定财务信息被操纵的程度)。

5. 舞弊者操纵的每笔金额的大小。如果舞弊者将大笔金额的舞弊目标分割为多笔较小金额的错报注册会计师发现舞弊导致重大错报的可能性通常会有所降低。

由于审计存在固有限制,以及舞弊导致的重大错报进一步受到不同类型、不同特征的舞弊行为的影响,注册会计师按照审计准则的规定所实施的审计程序并不能发现舞弊导致的所有重大错报。如果在完成审计工作后发现舞弊导致的财务报表重大错报，特别是串通舞弊或伪造文件记录导致的重大错报，并不必然表明注册会计师没有遵循审计准则。

要判断注册会计师是否按照审计准则的规定实施了审计工作，应当取决于其是否根据具体情况实施了审计程序，是否获取了充分、适当的审计证据，以及是否根据证据评价结果出具了恰当的审计报告。

第三节 风险评估程序

为了获取用于识别舞弊导致的财务报表重大错报风险所需的信息，注册会计师应当实施审计程序应对。

一、询问

（一）询问管理层

注册会计师应当向管理层询问的事项包括：①管理层对舞弊导致的财务报表重大错报风险的评估；②管理层对舞弊风险的识别和应对过程；③管理层就其对舞弊风险的识别和应对过程与治理层沟通的情况；④管理层就其经营理念及道德观念与员工沟通的情况。

注册会计师应当考虑管理层对舞弊风险及相应控制所作评估的性质、范围和频率。不同的被审计单位的管理层对舞弊风险及相应控制所作评估的性质、范围和频率是不同的。例如，某些被审计单位的管理层没有对舞弊风险作出任何评估，这可能意味着管理层未对内部控制予以充分的重视；从评估的范围来看，某些被审计单位，管理层对舞弊风险的评估重点可能是员工舞弊或侵占资产的风险；从评估的频率来看，在某些被审计单位，管理层可能将对舞弊风险及相应控制所作的评估工作纳入日常监控当中，并与定期专门评估相结合，而在另一些被审计单位，这种评估工作的开展可能并不十分频繁或正式。在由业主直接经营的小型被审计单位中，参与经营管理的业主可能比大型被审计单位实施更有效的控制监督，并由此弥补不相容职责分离不足的缺陷。

在评价管理层对询问作出的答复时，注册会计师应当认识到管理层在被审计单位中通常具备更多的实施舞弊的机会。注册会计师应当保持职业怀疑态度，确定何时有必要通过其他信息对管理层的答复加以印证。如果管理层的答复与其他信息不一致，注册会计师应当采取适当措施予以解决。

(二)询问内部审计人员

如果被审计单位设有内部审计机构或专门的内部审计人员,注册会计师应当向内部审计人员询问,以获取相关信息。

询问的主要内容包括:①内部审计人员对被审计单位舞弊风险的认识;②内部审计人员在本期是否实施了用以发现舞弊的程序;③管理层对通过内部审计程序发现的舞弊是否采取了适当的应对措施;④内部审计人员是否了解任何舞弊事实、舞弊嫌疑或舞弊指控。这里,舞弊事实是指已经实际发生的舞弊行为的有关情况;舞弊嫌疑是指怀疑可能会构成舞弊行为的有关情况;舞弊指控是指对舞弊行为的举报、投诉等方面的有关情况。

(三)询问内部其他人员

注册会计师应当考虑向被审计单位内部的其他人员询问是否存在或可能存在舞弊。内部其他人员包括:①不直接参与财务报告过程的业务人员;②负责生成、处理或记录复杂、异常交易的人员及其监督人员;③负责法律事务的人员;④负责道德事务的人员;⑤负责处理舞弊指控的人员。可能从不同角度、不同侧面了解实际存在的或者可能存在的舞弊行为。

(四)询问治理层

治理层的重要职责是监督管理层对舞弊风险的识别和应对过程,因此,注册会计师应当了解治理层如何监督管理层对舞弊风险的识别和应对过程,以及管理层为降低舞弊风险设计的内部控制。可以通过参加相关会议、阅读会议纪要或询问治理层等审计程序了解有关情况。

注册会计师应当询问治理层,以确定其是否知悉任何舞弊事实、舞弊嫌疑或舞弊指控。由于治理层的重要职责在于监督管理层,因而其知悉舞弊事实、舞弊嫌疑以及收到舞弊指控的可能性较大,注册会计师应当就这些内容执行询问程序,以便获取相关信息。

二、考虑舞弊风险因素

舞弊风险因素的识别是注册会计师执业经验的总结,对评估舞弊风险有所帮助。在了解被审计单位及其环境时,注册会计师往往会识别出一些表明可能存在舞弊的事项或情况。舞弊风险因素的存在并不一定表明发生了舞弊,但在舞弊发生时通常存在舞弊风险因素。

注册会计师应当运用执业判断,考虑舞弊的相关性、重要程度及对财务报表的影响程度。

(一)与对财务信息作出虚假报告相关的舞弊风险因素

注册会计师在执业过程中可能遇到的,与对财务信息作出虚假报告相关的舞弊风险因素包括:

1. 动机或压力。具体包括:财务稳定性或营利能力受到不利经济环境、行业状况或企业运营状况的威胁;市场需求大幅下降;所处行业的经营失败增多;难以应对技术变革、产品过时、利率或汇率调整等市场环境变化;竞争激烈或市场饱和,主营业务利润率不断下降,新颁布的行业相关法律法规、会计准则、监管规则对企业的经营活动、投资活动或筹资活动可能产生重大影响;同行业的其他企业经济增长过快或营利能力过高;经营活动难以产生足够的现金净流入,或经营活动现金流量连续为负;严重或持续亏损使企业可能破产、丧失抵押品赎回权或遭恶意收购;管理层为满足外部预期或要求而承受过度的压力;政府部门、股东、重要债权人、投资分析师或其他利益相关方对营利能力或增长趋势存在预期,特别是不切实际或激进的预期;管理层在媒体等公开场合提供的信息过于乐观;需要大量举债或吸收股权融资才能满足研究开发或其他资本性支出的需求,以保持竞争力;营利能力或财务状况必须满足上市交易、偿债要求或债务协议规定的其他要求,否则可能导致退市、特别处理、清偿债务等后果;如报告不良的营利能力或财务状况可能会对正在进行的重大交易产生不利影响,如企业合并或重组;管理层或治理层的个人经济利益受到被审计单位财务业绩或状况的影响;管理层或治理层拥有相当数量的公司股票或债权;管理层或治理层的报酬中有相当一部分如奖金、股票期权,取决于企业能否实现特定的指标要求;管理层或业务人员受到更高职级管理层或治理层对财务或经营指标过高要求的压力;治理层为管理层设定了过高的销售业绩或利润指标。

2. 机会。具体包括:企业所从事业务或所处行业的性质提供了对财务信息作出虚假报告的机会;大量从事超出正常经营过程的交易,可能体现为关联方交易或更隐蔽关系方的交易,或大量从事交易的对方未经审计或由其他会计师事务所审计;从事重大、异常或高度复杂的交易,特别是临近期末;从事大量跨国、跨境交易;利用中介从事交易,往往难以判断此类交易是否具有正当的商业理由;在免税区或税收优惠地区设置重要的银行账户或企业组成部分,往往难以判断此类业务或交易是否具有正当的商业理由;资产、负债、收入或费用需要作出重大估计,涉及主观判断或不确定性,且难以印证;从事科技含量高、研发周期长或市场风险大的经营业务;在所处行业中具有重要地位,从而有能力胁迫供应商或客户与已从事不公允或不适当的交易;大量采用分销渠道、销售折扣及退货等交易方式;组织结构复杂或不稳定;难以确定企业的最终控制人;组织结构复杂,存在异常的法人组织形式或管理职级关系;高层管理人员、法律顾问或治理层频繁变更;对管理层的监督失效;管理层由一人或少数人掌控,缺乏共同决策或制衡措施;治理层未对财务报告过程和内部控制实施有效监督;内部控制存在缺陷;对控制的监督不充分;会计人员、内部审计人员或信息技术人员变动频繁,或胜任能力不足;会计信息系统存在重大缺陷。

3. 合理化解释。具体包括:管理层态度不端或缺乏诚信;管理层对企业价值或道德标准的沟通、执行与维护不足,或传递了不适当的价值观或道德标准;管理层过分强调保持或提高公司股票价格或营利水平;管理层倾向于利用重要性水平的概念对模棱两可的或不正确的会计处理作出合理化解释;管理层存在通过不恰当方法降低营利水平的逃税倾向;非财务主管的管理层过度干涉会计政策的选择或重大会计估计的作出;公司管理层或治理层存在违反证券或其他法律法规的不良记录,或因涉嫌舞弊或违反法律法规而遭起诉;管理层惯于向外界承诺实现不合理的预期;管理层没有及时纠正已发现的内部控制重大缺陷;高级管理人员缺乏锐意进取的士气;混淆个人业务与公司业务;管理层与注册会计师的关系异常或紧张;在会计、审计或信息披露问题上经常与注册会计师发生意见分歧;对注册会计师提出不合理的需求,如对外勤审计工作的完成或审计报告的出具提出不合理的时间限制;对注册会计师施加限制,使其难以接触某些人员或信息;试图影响会计师事务所对参与审计业务的专业人员的选派。

(二)与侵占资产相关的舞弊风险因素

1. 动机或压力。具体包括:个人的生活方式或财务状况问题;管理层个人或员工可能因为个人追求奢侈生活条件而侵吞资产;对公司存在敌对情绪;已被裁员或预期被裁员的员工;晋升或经济报酬严重偏离个人预期的员工。

2. 机会。具体包括:某些资产容易出现被侵占的特性或特定情形;存在大额现金被经手或处理的情形;单位价值高、体积小、易于变现、且不易识别所有权归属的存货、固定资产或其他资产项目,如钻石、无记名债券、计算机芯片;内部控制存在缺陷;不相容职务的分离不充分,或独立审核不力;对高层管理人员财务支出,如差旅费、业务招待费的审查薄弱;对负责保管实物资产的员工的监督不力,如资产存放位置偏远;对资产保管岗位的员工选聘不严格;对资产的会计记录不健全;交易的授权审批制度不健全;对现金、有价证券、存货或固定资产等的实物安全措施不充分;未对账实不符的资产项目(如盘盈资产)作出及时、完整的会计调整;未对交易作出及时、适当的会计记录;缺少强制休假制度,特别是对处于重要资产管理或控制岗位的员工;管理层或处于控制监督岗位的人员缺乏对信息技术的了解,从而可能使信息技术人员有机会侵占资产;对接触自动记录,包括计算机系统日志的控制不充分。

3. 合理化解释。具体包括:管理层或员工不重视相关控制;忽视对潜在侵占资产行为进行监控或预防的必要性;漠视已有的相关控制措施,如不执行控制或不及时纠正控制缺陷;对企业存在不满甚至敌对情绪;员工认为自己没有得到应得的待遇或报酬;个人追求不正常的生活方式或物质需求;为了满足个人对奢侈生活的追求。

三、执行分析程序,考虑异常或偏离预期的关系

注册会计师在了解被审计单位及其环境时,应当运用分析程序,考虑可能表明存在舞弊导致的重大错报风险的异常关系或偏离预期的关系。

实施分析程序有助于识别异常的交易或事项,以及对财务报表和审计产生影响的金额、比率和趋势。这些异常情况的出现,可能表明存在舞弊导致的重大错报风险,注册会计师应当加以考虑。在实施分析程序时,应当预期可能存在的合理关系,并与被审计单位记录的金额、依据记录金额计算的比率或趋势相比较。如果发现异常关系或偏离预期的关系,例如,出现显著高于同期同行业平均利润率,或者缺乏合理基础的大幅度扭亏或过快的利润增长等现象,注册会计师应当在识别舞弊导致的重大错报风险时考虑这些比较结果。

四、考虑其他信息

注册会计师应当考虑在了解被审计单位及其环境时所获取的其他信息,分析这些信息是否表明被审计单位存在舞弊导致的重大错报风险。

其他信息可能来源于项目组内部的讨论、客户承接或续约过程以及向被审计单位提供其他服务所获得的经验。从这些渠道获取的某些信息,可能表明被审计单位存在舞弊导致的重大错报风险。

五、项目组内部的讨论

项目组应当讨论由于舞弊导致财务报表发生重大错报的可能性。讨论有助于注册会计师考虑如何共享信息,如何采取有效的应对措施,如何指派合适的人员实施特定审计程序,以及如何处理注册会计师关注到的舞弊。

项目组负责人应当参与项目组内部的讨论,并根据职业判断、以往的审计经验以及对被审计单位本期变化情况的了解,确定参与讨论的项目组成员。如果项目组需要拥有信息技术或其他特殊技能的专家,这些专家也应当参与讨论。项目组负责人应当考虑需要将哪些事项向未参与讨论的项目组成员传达。此时需要考虑的因素主要包括相关事项的性质和影响范围,以及项目组成员的分工。

项目组负责人应当在讨论时强调在整个审计过程中对舞弊导致的重大错报风险保持警惕的重要性。这种强调有利于促使项目组保持应有的职业怀疑态度,在审计过程中充分考虑舞弊导致的重大错报风险。

在整个审计过程中，项目组成员应当持续交换可能影响舞弊导致的重大错报的风险评估及其应对程序的信息。这里强调的是全过程的持续信息交换。唯有如此，才能达到项目组内部充分沟通、共享信息的目的。

项目组讨论的内容通常包括：①由于舞弊导致财务报表重大错报的可能性，重大错报可能发生的领域及方式；②在遇到哪些情形时需要考虑存在舞弊的可能性；③已了解有可能产生舞弊动机或压力、提供舞弊机会、营造舞弊行为合理化环境的外部和内部因素；④已注意到的对被审计单位舞弊的指控；⑤已注意到的管理层或员工在行为或生活方式上出现的异常或无法解释的变化；⑥管理层凌驾于控制之上的可能性；⑦是否有迹象表明管理层操纵利润，以及采取的可能导致舞弊的操纵利润手段；⑧管理层对接触现金或其他易被侵占资产的员工实施监督的情况；⑨为应对舞弊导致财务报表重大错报可能性而选择的审计程序，以及各种审计程序的有效性；⑩如何使拟实施审计程序的性质、时间和范围不易为被审计单位预见。

六、识别和评估舞弊导致的重大错报风险

在识别和评估财务报表层次以及各类交易、账户余额、列报认定层次的重大错报风险时，注册会计师应当识别和评估舞弊导致的重大错报风险。

舞弊导致的重大错报风险属于特别风险，即需要特别考虑的重大错报风险的范畴，因此注册会计师还应当遵循与特别风险相关的审计考虑和程序。针对这类风险，注册会计师应当评价被审计单位相关控制的设计情况，并确定这些控制是否已经得到执行。

注册会计师在运用职业判断评估舞弊导致的重大错报风险时，应当考虑下列因素：①实施风险评估程序获取的信息，并考虑各类交易、账户余额、列报，以识别舞弊风险。②将识别的风险与认定层次可能发生错报的领域相联系。评估舞弊导致的重大错报风险不仅要着眼于财务报表层次，而且要与认定层次相联系，以设计和实施进一步审计程序。③识别的风险是否重大。识别的舞弊风险的重大程度，直接关系到注册会计师对舞弊导致的重大错报风险的评估。④识别的风险导致财务报表发生重大错报的可能性。

注册会计师应当了解管理层为防止或发现舞弊而设计、实施的内部控制，以便进一步了解舞弊风险因素及管理层对舞弊风险的态度。

对财务信息作出虚假报告导致的重大错报通常源于多计收入，或少计收入。注册会计师在对重大错报风险的评估过程中应当假定被审计单位在收入确认方面存在舞弊风险，并应当考虑哪些收入类别以及哪些与收入有关的交易或认定可能导致舞弊风险。要求注册会计师在重大错报风险评估阶段必须将收入确认领域设定为高风险领域，并引起其足够重视和采取相应措施。

在通常情况下，注册会计师可以根据其了解的情况和获取的信息有选择地确定哪些财务报表领域或认定属于高风险领域，也有可能确定某些财务报表领域或认定不属于高风险领域，从而可能就会相应减少应对措施；鉴于收入确认具有额外的重要性，审计准则没有在该领域留给注册会计师在重大错报风险评估方面的选择权，而是要求无条件地将收入确认评估为存在舞弊导致的重大错报风险，从而在应对程序方面对其的要求也就非常严格。

第四节 应对舞弊导致的重大错报风险

注册会计师应当针对评估的舞弊导致财务报表层次重大错报风险确定总体应对措施，并设计和实施进一步审计程序。可从 3 个方面应对评估的舞弊导致的重大错报风险：①对有关重大交易的文件记录进行检查时，对文件记录的性质和范围的选择保持敏感；②就管理层对重大事项作出的解释或声明，有意识地通过其他信息予以验证。

一、总体应对措施

针对评估的舞弊导致的财务报表层次重大错报风险，注册会计师应当确定下列总体应对措施。

（一）考虑人员的适当分派和督导

对于项目负责人的注册会计师来说，应当根据舞弊导致的财务报表层次的重大错报风险的评估结果，分派具备相应知识和技能的人员，或利用专家的工作。

（二）考虑被审计单位采用的会计政策

注册会计师应当考虑被审计单位管理层对重大会计政策，特别是涉及主观计量或复杂交易时的选择和运用，如果发现被审计单位管理层选用的会计政策过于激进，或者不恰当地采用或变更重大会计政策，注册会计师就应当充分考虑这些事项背后的真正原因是不是管理层意图操纵利润，其结果会不会导致财务报表产生重大错报。

（三）避免进一步审计程序被被审计单位预见或事先了解

考虑到熟悉常规审计程序的被审计单位内部人员更有能力掩盖其对财务信息作出虚假报告的行为，注册会计师在选择进一步审计程序的性质、时间和范围时，应当有意识地避免被这些人员预见或事先了解。应当考虑采取下列措施：①对通常由于风险程度较低而不会作出测试的账户余额实施实质性程序;②调整审计程序的实施时间,使之有别于预期的时间安排;③运用不同的抽样方法,以便考察结果的稳定性;④对处于不同地理位置的多个组成部分实施审计程序;⑤以不预先通知的方式实施审计程序。采取这些措施的目的,在于最大限度地避免因进一步审计程序被预见或事先了解而导致的掩盖真相或毁灭证据等行为。

二、针对舞弊导致的认定层次的重大错报风险实施的审计程序

注册会计师应对舞弊导致的认定层次的重大错报风险的基本思路,应是通过适当调整或改变拟实施审计程序的性质、时间和范围,增强审计程序的效果和审计证据的说服力。

(一)改变拟实施审计程序的性质

改变拟实施审计程序的性质主要是指调整拟实施审计程序的类别及组合,比如,更加重视实地观察或检查某项资产,而原先可能只准备针对该项资产的账面记录实施程序,或更倚重计算机辅助审计技术收集某重要账户的大量相关数据进行分析。也可在原先拟实施审计程序的基础上增设其他审计程序,以达到不同审计证据相互印证的目的。例如,注册会计师通过以前的风险评估程序可能认为管理层面临着明显不切实际的销售业绩考核指标,从而评估营业收入可能存在舞弊导致的重大错报风险。除了可向交易对方函证欠款余额和销售协议条款,还可考虑向被审计单位内部的非财务人员询问有关的销售方式和销售协议等信息及其潜在的异常变化。

(二)改变实质性程序的时间

改变实质性程序的时间包括两层含义:①为了更有效地应对舞弊导致的重大错报风险,注册会计师通常需要考虑在期末或接近期末时对某类交易或账户余额实施实质性程序。因为在存在舞弊导致的重大错报风险的情况下,注册会计师往往很难将本期较早时候实施的实质性程序的结果合理延伸至期末。②调整拟获取审计证据对应的期间或时点,针对本期较早时间发生的交易事项或贯穿于整个本期的交易事项实施测试。例如,考虑到舞弊风险的存在,某类交易的舞弊行为不一定仅发生于期末,所以,注册会计师可能会决定针对本期较早时间发生的此类交易,甚至是贯穿于整个本期的此类交易实施实质性程序,而不仅仅是对期末发生的此类交易实施测试。

(三)改变审计程序的范围

改变审计程序的范围包括扩大样本规模,采用更详细的数据实施分析程序等。拟实施审计程序的范围应当能够反映注册会计师评估的舞弊导致的重大错报风险水平。评估的舞弊风险越高,注册会计师越有必要考虑扩大样本规模或从更细致的数据层次实施分析程序。计算机辅助审计技术则有助于注册会计师实现扩大审计程序

范围的目的。

三、针对管理层凌驾于控制之上的风险实施的程序

管理层在被审计单位所处的职级和权力，使其有机会凌驾于为防止舞弊而设计的控制程序之上，并可能直接或间接地操纵会计记录或提供虚假信息。

（一）针对日常会计核算过程中存在的凌驾风险实施的应对措施

管理层凌驾于控制之上导致的重大错报通常涉及对财务报告过程的操纵，这种操纵行为可能体现为：在整个期间的日常会计核算过程中记录不恰当或未经授权批准的会计分录，或在编制财务报表过程中作出不恰当的合并抵消或重分类分录。

1. 针对日常会计核算存在的凌驾风险实施应对措施是：

（1）了解被审计单位的财务报告过程，并了解被审计单位对日常会计分录及财务报表编制过程中的调整分录的控制。

（2）评价被审计单位对日常会计分录及财务报表编制过程中的调整分录的控制，并确定其是否得到执行。

（3）询问被审计单位内部参与财务报告过程的人员是否注意到在编制会计分录或调整分录时存在不恰当或异常活动。

（4）确定测试的时间。

（5）选择拟测试的会计分录或调整分录。

从测试的时间上考虑，很多财务舞弊事件确实集中发生在会计年度的期末，要格外重视会计期末编制的会计分录或调整分录，并选取足够的样本量进行测试。但是也有很多财务舞弊者为了使其舞弊行为更加隐蔽，可能会在整个会计期间分散制造错报。这意味着注册会计师不能只注重对会计期末的会计分录实施测试，还应当意识到这种更加隐蔽的舞弊行为模式，因此需要考虑如何在整个会计期间设计测试方法。

2. 注册会计师在选择拟测试的会计分录或调整分录并确定测试方法时，应当考虑的因素包括：

（1）注册会计师对舞弊导致的重大错报风险的评估。在评估舞弊导致的重大错报风险时获取的其他信息，可能促使其选择某些类别的会计分录或调整分录进行测试。

（2）被审计单位对会计分录或调整分录已实施的控制。如果注册会计师已对相关控制的运行有效性进行了测试，且测试结果表明被审计单位对会计分录或调整分录所实施的控制运行有效，那么针对会计分录或调整分录所需实施的实质性程序的范围就可适当缩小。

（3）被审计单位的财务报告过程以及所能获取的证据性质。很多被审计单位，会

计分录或调整分录的处理方式是人工和自动化两种方式的结合,只是在不同被审计单位的财务报告过程中有不同的侧重;在每一种方式的运用过程中,其具体运用形式可能也会存在差异。审计单位财务报告过程的这些特征差异,都会影响审计程序和测试对象的确定。

(4)虚假会计分录或调整分录的特征。虚假的会计分录或调整分录往往会伴随着一些异常的特征:这些分录把交易或事项记录到那些不相关的账户、不合常规的账户或是很少使用的账户中;由日常负责编制相关分录的人员以外的其他人员编制;在资产负债表日或资产负债表日后编制,同时又缺少或没有相应的交易、事项描述及解释;在编制财务报表过程中作出的且缺少相应账簿记录的分录;分录金额以约整数示。出现这些特征时,往往意味着更高的编制虚假分录的风险,注册会计师应予以格外关注。

(5)会计账户的性质和复杂程度。不当的会计分录或调整分录可能体现在某些具有独特的账户中,例如:涉及复杂或异常交易的账户;涉及重大估计的账户;涉及过去经常发生错报的账户;涉及未作出及时对账调节的账户,或含有未调节差异的账户;涉及公司内部交易的账户。此外,在审计具有多处经营场所或多个组成部分的被审计单位时,注册会计师需要考虑从不同的经营场所或组成部分选取会计分录或调整分录进行测试。

(6)在常规业务流程之外处理的会计分录和调整分录。由于此类分录受到的控制程度与常规业务流程下编制的分录受到的控制程度可能存在较大差异,因此值得注册会计师予以特别关注。

(二)对会计估计存在的凌驾风险实施的应对措施

在编制财务报表过程中,管理层有责任针对重大的会计估计作出一系列判断或假设,并持续关注所作估计的合理性。管理层通常会通过故意作出不当的会计估计对财务信息出具虚假报告。在复核会计估计是否有失公允,从而可能产生舞弊导致的重大错报时,注册会计师应当采取下列措施:

1. 从财务报表整体上考虑管理层作出的某项会计估计是否反映出管理层的某种偏向,是否与注册会计师所获取审计证据表明的最佳估计存在重大差异。

2. 复核管理层在以前年度财务报表中作出的重大会计估计及其依据的假设,以便判断管理层是否存在某种偏向。如果注册会计师基于所获取的审计证据认为管理层存在某种偏向,应当评价该会计估计所处的具体情形是否表明存在舞弊导致的重大错报风险。

(三)对异常的重大交易存在的凌驾风险实施的应对措施

对于超出正常经营过程或基于对被审计单位及其环境的了解显得异常的重大交

易,注册会计师应当了解这些交易的商业理由的合理性。判断交易的商业理由是否表明被审计单位所从事的交易可能是为了对财务信息作出虚假报告,或是为了隐瞒侵占资产的行为。

在了解这些交易的商业理由的合理性时,注册会计师应当考虑下列事项:①交易的形式是否过于复杂,例如,交易是否涉及集团内部多个实体,或涉及多个非关联第三方;②管理层是否更强调需要采用某种特定的会计处理方式,而不强调交易的的经济实质;③对于涉及不纳入合并范围的关联方的交易,是否已得到治理层的适当审核与批准;④交易是否涉及以往未识别的关联方,或不具备实质性交易基础或独立财务能力第三方。

四、评价对认定层次重大错报风险的评估是否仍然适当

注册会计师应当根据实施的审计程序和获取的审计证据,评价对认定层次重大错报风险的评估是否仍然适当。如果认为不适当,注册会计师应当考虑实施追加的审计程序或修改审计程序。在作出评价时,注册会计师应当考虑项目组内部是否在整个审计过程中,就可能表明存在舞弊导致的重大错报风险的信息或情形进行了适当沟通。

注册会计师可能意识到被审计单位会计信息系统的缺陷比原先预想的更严重,或开始意识到管理层对审计工作设置障碍。在这种情况下,注册会计师应当考虑修正风险评估结果,并据以修改原计划的其他审计程序的性质、时间和范围。应考虑在审计工作完成或接近完成阶段实施的分析程序,是否表明存在以往未识别的舞弊导致的重大错报风险。要确定什么样的趋势或关系可能表明存在舞弊导致的重大错报,需要注册会计师运用职业判断。

五、发现舞弊时对审计的影响

如果某项错报表明存在舞弊,注册会计师应当考虑该项错报对审计工作其他方面的影响,特别是考虑管理层声明的可靠性。

注册会计师不应将审计中发现的舞弊视为孤立发生的事项。相反地,注册会计师应当考虑发现的错报是否表明,在某一特定领域存在舞弊导致的更高的重大错报风险。例如,注册会计师发现在某个经营场所发生了大量错报,即使已发现的这些错报的累积影响并不重大,但考虑到错报大量发生的特征,仍可能说明该经营场所存在舞弊导致的重大错报风险。

如果认为错报是舞弊或可能是舞弊导致的,即使错报金额对财务报表的影响并不重大,注册会计师仍应考虑错报涉及的人员在被审计单位中的职位。例如,注册会计师发现被审计单位存在挪用小额备用金的情况,如果涉及了高层管理人员,那么即使被发

现的错报金额本身对于财务报表的影响并不重要，也可能表明管理层的诚信存在问题。注册会计师应当采取下列措施：①重新评估舞弊导致的重大错报风险，并考虑重新评估的结果对审计程序的性质、时间和范围的影响；②重新考虑此前获取的审计证据的可靠性，包括管理层声明的完整性和可信性，以及作为审计证据的文件和会计记录的真实性，并考虑管理层与员工或第三方串通舞弊的可能性。

六、与管理层、治理层和监管机构的沟通

（一）与管理层的沟通

如果发现舞弊或获取的信息表明可能存在舞弊，注册会计师应当运用职业判断确定拟沟通的适当层次的管理层，并考虑串通舞弊的可能性、舞弊嫌疑的性质和重大程度等因素的影响。通常情况下，拟沟通的管理层应当比涉嫌舞弊人员至少高出一个级别。如果注意到防止或发现舞弊的内部控制在设计或执行方面存在重大缺陷，注册会计师应当尽早告知适当层次的管理层。

（二）与治理层的沟通

如果发现舞弊涉及管理层、在内部控制中承担重要职责的员工以及其舞弊行为可能对财务报表产生重大影响的其他人员，注册会计师应当尽早将此类事项与治理层沟通。

在审计工作的前期，注册会计师应当就审计中可能发现的，不会导致财务报表重大错报的员工舞弊如何进行沟通与治理层达成共识。如果注意到旨在防止或发现舞弊的内部控制在设计或执行方面存在重大缺陷，除尽早告知适当层次的管理层外，注册会计师还应当尽早告知适当层次的治理层。如果识别出管理层未加控制或控制不当的舞弊导致的重大错报风险，或认为被审计单位的风险评估过程存在重大缺陷，注册会计师应当就此类内部控制缺陷与治理层沟通。

注册会计师应当考虑是否还存在其他需要与治理层讨论的有关舞弊的事项，主要包括：①注册会计师对管理层实施的财务报表错报风险评估及相关控制评估的性质、范围和频率的疑虑；②管理层未能恰当应对已发现的内部控制重大缺陷的事实；③管理层未能恰当应对已发现的舞弊的事实；④注册会计师对被审计单位控制环境的评价，包括对管理层胜任能力和诚信的疑虑；⑤注册会计师注意到的可能表明管理层对财务信息作出虚假报告的行为；⑥注册会计师对超出正常经营过程的交易的授权适当性的疑虑。

（三）与监管机构的沟通

如果对管理层、治理层的诚信产生怀疑，或在审计过程中发现管理层和治理层有重大舞弊，注册会计师应当考虑征询法律意见，以采取适当措施。如果法律法规规定注册会计师有就管理层和治理层的重大舞弊进行报告的义务，注册会计师应当按法律法规

规定进行报告。

复习思考题

1. 什么是舞弊？舞弊具有哪些特征？
2. 注册会计师对舞弊审计有什么责任？
3. 怎样确定询问的对象和询问的内容？
4. 为什么要组织项目组讨论？讨论哪些内容？
5. 怎样识别舞弊导致的错报风险？
6. 针对舞弊导致的错报风险应实施哪些审计程序？
7. 管理层凌驾于内部控制之上实施舞弊的手段有哪些？应实施哪些审计程序？
8. 就舞弊行为如何与管理层、治理层和监管机构沟通？

第十章

审计抽样

本章要点

抽样技术在审计中的运用是审计方法的一个突破性发展,它使审计实现了从详细审计到抽样审计的历史性飞跃。审计抽样的基本目标是在有限的审计资源条件下,收集充分、适当的审计证据,以形成和支持审计结论,注册会计师在实施审计程序时,运用审计抽样方法可以大大提高审计效率。本章首先简要介绍了审计抽样的基本概念和相关分类,然后重点阐述了在审计抽样中如何进行样本的设计、选取及其如何对结果进行评价等内容,最后举例说明属性抽样和变量抽样在审计实务中的具体运用。

第一节　审计抽样的种类

一、审计抽样的概念

为了提高审计效率,注册会计师在审计过程中常常运用审计抽样方法。审计抽样是指注册会计师在实施审计程序时,从审计对象总体中选取一定数量的样本进行测试,并根据测试结果,推断总体特征的一种方法。

审计抽样的基本目标是在有限的审计资源条件下,收集充分、适当的审计证据,以形成和支持审计结论,通常可运用于逆查、顺查、函证等审计程序,但注册会计师在进行询问、观察、分析程序时,则不宜运用审计抽样。

理解审计抽样时,应注意其与抽查的区别。抽查作为一种技术,可以用来了解情况、确定审计重点、取得审计证据,其在使用中并无严格要求。审计抽样作为一种方法,需要运用抽查技术,但其更重要的工作内容是根据审计目的及环境的要求作出科学的抽样决策。审计抽样工作要严格按照规定的程序和抽样方法的内在或要求去完成。

二、审计抽样的种类

(一)按抽样决策的依据不同进行分类

按抽样决策的依据不同,可分为统计抽样和非统计抽样。

1. 统计抽样是按照随机原则从被测试的审计总体中抽取一部分样本进行审查,然后以样本的审查结果来推断总体的一种审计抽样方法。其优点在于:能够科学地确定抽样规模;总体各项目被抽中的机会是均等的,可以防止主观臆断;能计算抽样误差在预先给定的范围内的概率有多大,并可根据抽样推断的要求,把这种误差控制在预先给定的范围之内;便于促使审计工作规范化。缺点在于:要求被测试的审计总体具有同质性;使用要求高、难度大;只适用于那些资料比较齐全的单位;不适用于进行各种舞弊的专案审计。

2. 非统计抽样是注册会计师运用专业经验,有目的地从被测试的审计总体中抽取一部分样本进行审查,然后以样本的审查结果来推断总体的一种审计抽样方法。其优点在于:使用简便、灵活。缺点在于:过分依赖审计人员的经验和专业判断,在样本和样本量的确定以及抽样风险的评估等方面缺乏科学性。

统计抽样和非统计抽样各有其优缺点,究竟选用哪一种抽样技术,主要取决于注册会计师对成本效果方面的考虑。无论是统计抽样,还是非统计抽样,只要运用得当,均可获得充分、适当的审计证据。另外,非统计抽样和统计抽样的选用,也不影响运用于样本的审计程序的选择,因为抽样方法的选用主要涉及的是审计程序实施的范围问题。此外,非统计抽样和统计抽样的选用也不影响获取单个样本项目证据的适当性,以及注册会计师对发现的样本错误所作的适当反应。因为这些事项需要注册会计师运用专业判断。

(二)按其所了解的总体特征不同进行分类

按其所了解的总体特征的不同,可分为属性抽样和变量抽样。

1. 属性抽样是指根据控制测试的目的和特点所采用的,以便了解总体特征的发生频率的一种审计抽样方法。

2. 变量抽样是指根据实质性测试的目的和特点所采用的,以便估计总体金额的一种审计抽样方法。

在审计实务中,经常存在同时进行控制测试和实质性测试的情况,在此情况下采用的审计抽样称为双重目的的抽样。

第二节 样本的设计、选取及其结果的评价

一、样本的设计

样本设计的好坏直接关系到抽样工作的质量,注册会计师在设计样本时,应当考虑以下基本因素。

(一)审计目标

注册会计师应当根据具体审计目标,考虑其所要获取审计证据的特征及构成误差的条件,确定所采用的审计抽样方法,并据此设计样本。一般来讲,在控制测试中,误差是注册会计师认为使控制程序失去效能的所有控制实效事件,如采购的货物在入库前没有经过验收,报销单据没有经过有关负责人审批就可以报销等都被称为误差。而在实质性测试中,误差是错报或漏报金额的绝对值或相对比率,如多摊销费用,少计算利息等都被称为误差。

(二)审计对象总体及抽样单位

1. 审计对象总体是注册会计师为形成审计结论,拟采用抽样方法审计的有关会计或其他资料的全部项目。

审计总体应具有以下特征:①相关性,即审计对象总体必须符合于具体的审计目标。如审计的目标是审计“应收账款”余额是否正确,则“应收账款”余额总体中应包括所有的

“应收账款”明细账户余额，而不能把“其他应收款”余额也列入该总体范围。②完整性，即审计对象总体必须包括被审计经济业务或资料的全部项目。另外，如果是统计抽样，其审计总体还应具有大量性的特征，即构成审计总体的单位数是较多的。因为统计抽样是通过研究大量的现象来推断总体的特征，单位数少，则不足以揭示审计现象的规律性。

2. 抽样单位是构成审计对象总体的单位项目。注册会计师应当根据审计目标及被审计单位实际情况，确定抽样单位。例如，以“应收账款”余额为总体时，抽样单位就是按债务人所设置的各个“应收账款”明细账户的余额。

注册会计师应当根据不同的要求，运用适当的方法，从审计对象总体中选择若干抽样单位，以组成适量、有效的样本。

（三）抽样风险和非抽样风险

注册会计师在设计样本时，应当保持应有的职业谨慎，并着重考虑因抽样引起的抽样风险及因其他因素引起的非抽样风险。

1. 抽样风险。抽样风险是注册会计师依据抽样结果得出的结论，与审计对象总体特征不相符合的可能性。抽样风险与样本量成反比，样本量越大，抽样风险越低。

注册会计师在进行控制测试时，应关注以下抽样风险：①信赖不足风险。抽样结果使注册会计师没有充分信赖实际上应予信赖的内部控制的可能性。②信赖过度风险。抽样结果使注册会计师对内部控制的信赖超过了其实际上可予信赖的可能性。

注册会计师在进行实质性测试时，应关注以下抽样风险：①误拒风险（也称 α 风险）。抽样结果表明账户余额存在重大错误而实际上并不存在重大错误的可能性。②误受风险（也称 β 风险）。抽样结果表明账户余额不存在重大错误而实际上存在重大错误的可能性。

信赖不足风险与误拒风险一般会导致注册会计师执行额外的审计程序，降低审计效率，但不会影响审计效果；而信赖过度风险与误受风险很可能导致注册会计师形成不正确的审计结论，注册会计师对此应予以特别关注。

2. 非抽样风险。非抽样风险是注册会计师因采用不恰当的审计程序或方法，误解审计证据等而未能发现重大误差的可能性。非抽样风险对审计的效率和效果都有一定的影响，注册会计师应当通过适当的计划、指导和监督，有效地降低非抽样风险。

（四）可信赖程度

可信赖程度通常用预计抽样结果能够代表审计对象总体特征的百分比来表示。可信赖程度与审计风险是互补的，如可信赖程度为95%，则审计风险为5%。注册会计师对可信赖程度要求越高，需选取的样本量相应越大。

（五）可容忍误差

可容忍误差是注册会计师认为抽样结果可以达到审计目的，所愿意接受的审计对象总体的最大误差。

在进行控制测试时,可容忍误差应是注册会计师不改变对内部控制的可信赖程度所愿意接受的最大误差,通常以百分比表示。其确定标准如表10-1所示。

表10-1

可容忍误差(率)	内部控制的可信赖程度
20%(或小于)考虑忽略抽样测试进行详细测试	可信赖程度差,在信赖内部控制方面的实质性工作不能有大的或中等的减少
10%(或小于)	中等可信赖程度,基于审计结论,在信赖内部控制方面实质性工作将减少
5%(或小于)	内部控制实际可靠,基于审计结论,在信赖内部控制方面实质性工作将减少1/2到2/3

在进行实质性测试时,可容忍误差应是注册会计师能够对某一账户余额或经济业务分类作出合理评价,所愿意接受的最大金额误差,通常以金额来表示。实际上,账户层次的重要性水平即为实质性测试的可容忍误差。

注册会计师应当在审计计划阶段,根据审计重要性原则,合理确定可容忍误差。可容忍误差越小,需选取的样本量相应越大。

(六)预期总体误差

注册会计师应根据前期审计所发现的误差、被审计单位经营业务和经营环境的变化、内部控制制度的评价及分析性复核的结果等,来确定审计对象总体的预期误差。如果存在预期误差,应当选取较大的样本量。

(七)分层

分层是将某一审计对象总体划分为若干具有相似特征的次级总体的过程。分层抽样可以缩小被审计项目数值之间的差异,特别是当总体分布出现较大差异时,使用分层抽样比使用非分层抽样要可靠的多,而且分层抽样更具有针对性,对不同的层次可根据其重要性选择不同的审计程序,对不重要的项目实施较小范围的抽样,对较重要的、金额较大的或关键的经济业务给予较大的关注,实施较大范围的抽样,对最重要的项目层次常常实行百分之百的详查。注册会计师利用分层可以避免漏审可能含有较大错误的项目,并减少样本量。

注册会计师可以根据审计项目的具体特点对总体进行分层,既可以按经济业务的重要性来分,也可以按经济业务的类型等来分。分层时,必须注意以下几点:①总体中的每一抽样单位必须属于一个层次,并且只属于这一层次;②必须有事先能够确定的、有形的、具体的差别来区分不同的层次;③必须能够事先确定每一层次中抽样单位的准确数字。

至于分层数的多少，一般来说，总体项目数值的范围越大，要求总体分层数越多，而层次分得越多，也越能缩小样本量，但其相应的计算工作量也随之增加。所以，要确定一个恰当的分层数需要注册会计师权衡确定。

例如，审计主营业务收入时，可以将销货凭证按其金额的重要性分为3层，即金额在10万元以上的销货凭证为第一层次，金额为1万元以上、10万元以下的销货凭证为第二层次，金额在1万元以下的销货凭证为第三层次。对不同的层次可根据其重要性选择不同的审计程序。如表10－2所示。

表10－2

层次	分层标准	凭证数量(张)	抽样方法	抽查率(%)	抽查样本数量
1	100 000元以上	200	全部审查	100	200
2	10 000～100 000元	3 000	系统选样	15	450
3	10 000元以下	1 000	随机选样	10	100

二、样本的选取

(一)样本选取的基本要求

为了能够根据样本的测试结果来准确地推断总体特征，注册会计师在从总体中抽取样本时，应使审计对象总体内所有项目均有被选取的机会，以使样本能够代表总体。

(二)样本选取的方法

注册会计师可以根据审计目的的需要、被审计单位的实际情况、审计资源条件的限制等因素选择合适的方法来选取样本。常用的样本选取的方法主要有以下几种：

1. 随机选样。随机选样是指对审计对象总体或次级总体的所有项目，按随机规则选取样本。在实务中，审计人员常用随机数表来选取样本。随机数表是由0～9这10个数字随机牛成的5位数数表，0～9每个数字在表上出现的机会均等，所组成的每一个数排列顺序也是随机的。表10－3是抽取的一部分随机数表。

表10－3　随机数表

行号＼随机数＼列号	(1)	(2)	(3)	(4)	(5)	(6)	(7)	(8)
1000	37 039	97 547	64 673	31 546	99 314	66 854	97 855	99 965
1001	25 145	84 834	23 009	51 584	66 754	77 785	52 357	25 532
1002	98 433	54 725	18 864	65 866	76 918	78 825	58 210	76 835

续表

列号 随机数 行号	(1)	(2)	(3)	(4)	(5)	(6)	(7)	(8)
1003	97 965	68 548	81 545	82 933	93 545	85 959	63 282	61 454
1004	78 049	67 830	14 624	17 563	25 697	07 734	48 243	94 318
1005	50 203	25 658	91 478	08 509	23 308	48 130	65 047	77 873
1006	40 059	67 825	18 934	64 998	49 807	71 126	77 818	56 893
1007	84 350	67 241	54 031	34 535	04 093	35 062	58 163	14 205
1008	30 954	51 637	91 500	48 722	60 988	60 029	60 873	37 423
1009	86 723	36 464	98 305	08 009	00 666	29 255	18 514	49 158
1010	50 188	22 554	86 160	92 250	14 021	65 859	16 237	72 296
1011	50 014	00 463	13 906	35 936	71 761	95 755	87 002	71 667
1012	66 023	21 428	14 742	94 874	25 318	58 533	26 507	11 208
1013	04 458	61 862	63 119	09 541	01 715	87 901	91 260	03 079
1014	57 510	36 314	30 452	09 712	37 714	95 482	30 507	68 475
1015	43 373	58 939	95 848	28 288	60 341	52 174	11 879	18 115
1016	61 500	12 763	64 433	02 268	57 905	72 347	49 498	21 871
1017	78 938	71 312	99 705	71 546	42 274	23 915	38 405	18 779
1018	64 257	93 218	35 793	43 671	64 055	88 729	11 168	60 260
1019	56 864	21 554	70 445	24 841	04 779	56 774	96 129	73 594
1020	35 314	29 631	06 937	54 545	04 470	75 463	77 112	77 126

使用随机数表时，首先应对总体中的每一个项目进行连续编号，如果总体是已经预先编了号的，如凭证号、支票号、经济业务的事项编号等，则无需重新编号，可以利用已有的编号。

其次，应根据总体编号确定使用哪几位随机数与总体编号一一对应。如总体编号为1～800，则需要用到3位随机数，这3位随机数可以使用随机数表中每个随机数的前3位，也可以使用后3位，还可以使用中间3位。

最后，选择随机起点和抽样路线进行抽样。随机起点可以是随机数表中的任意一位随机数，抽样路线可以选择按行抽样或者按列抽样，但随机起点和抽样路线一经选定，就应坚持到选足预定的样本数量为止，中途不得变更。

例如，审计人员决定采用随机选样的方法从连续编号为2 100～5 000的销售凭单中选取20张销售凭单作为样本。因为抽样总体已经有编号,可以利用已有的编号,而编号为4位数,确定随机数表所列数字的前4位数与销售凭单的号码一一对应。然后,选择第5行第1列为随机起点,按列进行抽样。凡前4位数在2 100以下或5 000以上的,因为与销售凭单号码没有一一对应关系,均不入选。依次选出的50个数码为:4 005,3 095,4 337,3 531,2 565,3 646,2 255,2 142,3 631,2 155,2 963,2 300,3 045,3 579,3 154,3 453,4 872,3 593,2 828,4 367。选出20个数码后,按此数码选取号码与其对应的20张销售凭单作为选定样本进行审查。

2. 系统选样。系统选样也称等距抽样,是指每隔相等的间距抽取一个样本。

采用系统选样,首先应对总体中的每一个项目进行连续编号,如果总体是已经预先编了号的,如凭证号、支票号、经济业务的事项编号等,则无需重新编号,可以利用已有的编号。

其次,应计算选样间隔。其公式如下:

$$选样间隔=\frac{总体规模}{样本规模}$$

最后,确定随机起点,然后按照间隔,顺序选取样本。

例如,审计人员计划采用系统选样法从300张凭证中选出20张作为样本。首先应对总体进行编号,如从1号编至300号;然后计算出选样间隔,选样间隔$=\frac{300}{20}=15$,即每隔15张抽取一个样本;如确定62号为随机起点顺序选取样本,则往下的顺序为:47,32,17,2;往上的顺序为77,92,107,122,137,152,167,182,197,212,227,242,257,272,287。

系统选样的优点在于使用方便,并可适用大容量总体;其缺点在于要求总体的特征必须是随机排列的。如果总体的特征不是随机排列的,系统选样可能会出现较大的偏差,不易获得有代表性的样本。

3. 随意选样。随意选样是不考虑金额大小、资料取得的难易程度及个人偏好,以随意的方式选取样本。

随意选样的缺点在于很难无偏见地选取样本,一旦审计人员带有一些判断标准等人为的偏差来选取样本,样本就不再具有代表性了。

三、抽样结果的评价

注册会计师对样本实施必要的审计程序后,应按下列步骤评价抽样结果。

(一)分析样本误差

1. 注册会计师在分析样本误差时,应当根据预先确定的构成误差的条件,确定某一有问题的项目是否为一项误差。

在控制测试中,误差是注册会计师认为使控制程序失去效能的所有控制无效事件。

注册会计师可根据实际情况，将“误差”定义为经济业务的记录未进行复核、存货入库手续不全等各类差错。例如，在对存货的验收入库制度进行控制测试时，发现某一批采购的货物没有对应的验收单，审计人员会认为被审计单位的验收入库制度没有得到一贯执行而将这视为一项误差。

在实质性测试中，误差是被审计项目错报或漏报的金额。例如，在审计固定资产时，发现某一固定资产被计入存货，造成固定资产和存货期末余额错误，则审计人员会将此作为一个误差。又如，在检查应收账款的余额时，如果发现被审计单位将某顾客应收账款错记在另一顾客应收账款明细账户，但这并不影响应收账款的余额，因此在评价抽样结果时，审计人员不能认为这是一项误差。

2. 注册会计师按照既定的审计程序，无法对样本取得审计证据时，应当实施替代审计程序，以获取相应的审计证据。如果没有或无法实施替代审计程序，应将有关样本视为误差。

例如，由于被审计单位存货的性质或位置等原因导致无法对存货实施监盘，注册会计师应当考虑能否实施替代审计程序，包括检查进货交易凭证或生产记录以及其他相关资料、检查资产负债表日后发生的销货交易凭证、向顾客或供应商函证等，获取有关期末存货数量和状况的充分、适当的审计证据。如果注册会计师无法实施替代审计程序，或实施后仍无法获取有关期末存货数量和状况的充分、适当的审计证据，则应将该样本项目视为误差。

3. 对于具有共同特征的样本误差项目，如相同的经济类型、场所、时间，注册会计师应将其作为一个整体，实施相应的审计程序，并根据审计结果，进行单独的评价。

样本出现共同特征的误差往往是由于共同的原因造成的，其性质相同，造成偏差的原因不排除，偏差可能会继续出现，注册会计师应将这些偏差作为一个整体来分析其性质及原因，这样既便于查出更多的误差，也便于对总体有一个正确的评价。例如，如果测试出销货发票内部稽核的所有偏差都发生在平时负责进行测试的人员休假时，将影响注册会计师对内部控制的评估及后续调查。

4. 在分析样本误差时，还应考虑误差的质的方面，包括误差的性质、原因及其对其他相关审计工作的影响。例如，同样的误差，因人员疏忽造成的和因故意舞弊造成的，其性质截然不同，注册会计师对其处理也不一样，注册会计师对于故意舞弊造成的误差应更关注。对于在可容忍误差范围内的一般误差，注册会计师可直接推断总体，而对于故意舞弊造成的误差即使在可容忍误差范围内，注册会计师也应采用其他审计程序，如扩大样本规模，甚至进行100%的详细审计。

（二）推断总体误差

注册会计师应根据样本误差，采用适当的方法，推断审计对象总体误差。

1. 当总体采用分层抽样时，应先根据每一层次的样本误差作个别的推断，然后再将推断结果加以汇总。

2. 由于存在多种抽样方法，注册会计师根据样本误差推断总体误差的方法应与所选用的抽样方法一致。在控制测试中，总体误差的推断通常采用总体误差评估表的方式进行；而在实质性测试中，则通常采用单位平均估计抽样、比率估计抽样和差额估计抽样等方法来推断总体误差。

(三)重估抽样风险

在进行控制测试时，注册会计师如果认为抽样结果无法达到其对所测试的内部控制制度的预期信赖程度，应考虑增加样本量或修改实质性测试程序。

在进行实质性测试时，注册会计师应将推断的总体误差与可容忍误差进行比较。如果推断的总体误差超过可容忍误差，经重估后的抽样风险不能接受，应增加样本量或执行替代审计程序。如果注册会计师推断的总体误差接近可容忍误差，应考虑是否增加样本量或执行替代审计程序。

(四)形成审计结论

注册会计师应根据抽样结果的评价，确定审计证据是否足以证实某一审计对象总体特征，从而形成审计结论。

第三节　审计抽样的具体运用

一、属性抽样的具体运用

在属性抽样中，总体的特征通常为反映遵循制度规定或要求的相应水平。

属性抽样的目的是为了判断被审计业务或被审计内部控制是否遵循了既定的标准以及其存在的误差水平，其抽样结果只有两种："对"与"错"，或"是"与"不是"。

属性抽样主要有固定样本量抽样、停—走抽样、发现抽样三种抽样方法。

(一)固定样本量抽样

固定样本量抽样是对按照预期总体误差率和可容忍误差率所确定的样本量一次性进行抽取，通过所确定样本的审查结果来推断总体特征的一种统计抽样方法。它是属性抽样的基本形式，常用于估计审计对象总体中某种误差发生的比例。例如，审计目标是对销货与收款循环的内部控制制度进行测试，注册会计师通过抽样，并对样本的审查，可以得出这样的结论："有96%的可信赖程度说明销货与收款循环的内部控制制度未被执行的占总体的2%～4%。”

固定样本量抽样通常采用下列9个步骤进行控制测试：①确定审计目的；②规定属性，定义误差；③确定审计对象总体；④确定抽样单位；⑤确定样本量；⑥确定样本选取的方法；⑦选取样本并进行审计；⑧评价抽样结果；⑨书面说明抽样程序。

现举例说明固定样本量抽样。

1. 确定审计目的。控制测试的总目标是为了测试内部控制设计和执行的有效性，它一般是按照业务循环来进行测试的。但对于循环内的某种交易来说，可能需要设计一个或多个属性抽样计划来评价内部控制的有效性。假定注册会计师的审计目的是为了测试销售与收款循环内销售交易是否按规定开具销售发票的内部控制的有效性。

2. 规定属性，定义误差。在审计抽样之前，如果不规定属性，就没有标准来认定误差。相关属性以及误差应根据所确定的审计目的来界定。根据上述审计目的，其规定的属性和定义的相应误差如表10－4所示。

表10－4

属　　性	定义的误差
1. 销售发票有被授权人签字标明赊销经过批准	未签字
2. 销售发票附有发运凭证及顾客订货单	未附
3. 销售发票虽附有发运凭证及顾客订货单，且该单据属于该销售发票	不属于
4. 发运凭证附有销售发票	未附
5. 销售发票与发运凭证及顾客订货单所记载的数量是否相符	不符

3. 确定审计对象总体。如果注册会计师进行的是年度报表审计，通常会把被审计单位在被审计年度全年的业务作为审计对象总体。如果注册会计师仅仅从某一月或某一季度的销售发票中抽取样本，却要借此推断出全年有关开具销售发票的内部控制是否有效，是根本不行的。

另外，对于某一审计目标来说，可能必须规定一个以上的总体。如本例，要审查销售发票是否附有发运凭证及顾客订货单，应将全年的销售发票作为一个总体；要审查发运凭证是否附有销售发票，则需要将全年的发运凭证作为一个总体。

4. 确定抽样单位。在确定审计对象总体的同时，应确定相应的抽样单位。不同的总体对应不同的抽样单位。如将全年的销售发票作为一个总体，则抽样单位是销售发票；如将全年的发运凭证作为一个总体，则抽样单位是发运凭证。

5. 确定样本量。抽样所需的样本量受多种因素的影响，如总体容量、预期总体误差率、可信赖程度、可容忍误差率、审计项目的重要性、注册会计师对风险的偏好等。其中起关键作用的是：预期总体误差率、可信赖程度和可容忍误差率。在预期总体误差率、可信赖程度和可容忍误差率的值已确定的情况下，抽样所需的样本量可以根据“控制测试统计样本量表”来确定。

假设在去年的审计中，被审计单位的内部控制发生的误差率为0.5%，在今年对该内部控制的初步了解中并未发现导致误差可能增加的情况，基于稳健性的考虑，可将预期总体误差率定为0.75%。另外，注册会计师依赖其专业判断，确定可容忍误差率为4%，可信赖程度为95%（即信赖过度风险为5%）。根据已制定出的“控制测试统计样本量表”（见表10－5），查出可容忍误差率为4%，预期总体误差率为0.75%时，应选取的样本量为117项，样本中的预期误差数为1。若在样本中发现两个或两个以上的误差，就说明抽样结果不能支持注册会计师对内部控制的预期信赖程度。

表10－5　95%的可信赖程度下控制测试样本量表

预期总体误差（%）	可容忍误差率										
	2%	3%	4%	5%	6%	7%	8%	9%	10%	15%	20%
0.00	149(0)	99(0)	74(0)	59(0)	49(0)	42(0)	36(0)	32(0)	29(0)	19(0)	14(0)
0.25	236(1)	157(1)	117(1)	93(1)	78(1)	66(1)	58(1)	51(1)	46(1)	30(1)	22(1)
0.50	*	157(1)	117(1)	93(1)	78(1)	66(1)	58(1)	51(1)	46(1)	30(1)	22(1)
0.75	*	208(1)	117(1)	93(1)	78(1)	66(1)	58(1)	51(1)	46(1)	30(1)	22(1)
1.00	*	*	156(1)	93(1)	78(1)	66(1)	58(1)	51(1)	46(1)	30(1)	22(1)
1.25	*	*	156(1)	124(2)	78(1)	66(1)	58(1)	51(1)	46(1)	30(1)	22(1)
1.50	*	*	192(3)	124(2)	103(2)	88(2)	77(2)	51(1)	46(1)	30(1)	22(1)
1.75	*	*	227(4)	153(3)	103(2)	88(2)	77(2)	51(1)	46(1)	30(1)	22(1)
2.00	*	*	*	181(4)	127(3)	88(2)	77(2)	68(2)	46(1)	30(1)	22(1)
2.25	*	*	*	208(5)	127(3)	88(2)	77(2)	68(2)	61(2)	30(1)	22(1)
2.50	*	*	*	*	150(4)	109(3)	77(2)	68(2)	61(2)	30(1)	22(1)
2.75	*	*	*	*	173(5)	109(3)	95(3)	68(2)	61(2)	30(1)	22(1)
3.00	*	*	*	*	195(6)	129(4)	95(3)	84(3)	61(2)	30(1)	22(1)
3.25	*	*	*	*	*	148(5)	112(4)	84(3)	61(2)	30(1)	22(1)
3.50	*	*	*	*	*	167(6)	112(4)	84(3)	76(3)	30(1)	22(1)
3.75	*	*	*	*	*	185(7)	129(5)	100(4)	76(3)	40(2)	22(1)
4.00	*	*	*	*	*	*	146(6)	100(4)	89(4)	40(2)	22(1)
5.00	*	*	*	*	*	*	*	158(8)	116(6)	40(2)	30(2)
6.00	*	*	*	*	*	*	*	*	179(11)	50(3)	30(2)
7.00	*	*	*	*	*	*	*	*	*	68(5)	37(3)

* 样本规模太大，因而在多数情况下不符合成本效率原则。

6. 确定样本选取的方法。因为销售发票和发运凭证是连续编号的，所以注册会计师决定采用随机选样法来选取样本。

7. 选取样本并进行审计。注册会计师按随机选样法选取117张凭单，并按所定义的误差采用诸如检查、询问、实地观察等方法审查每张凭单及附件。

8. 评价抽样结果。注册会计师对选取的样本进行审查之后，应将查出的误差加以汇总，并评价抽样结果。注册会计师在评价抽样结果时，不仅需要考虑误差的次数，而且也需要考虑误差的性质。

(1) 从质的角度考虑误差。误差的性质及原因对内部控制的质量评估有极为重要的影响。

首先，应确认通过抽样查出的误差是关键性的还是一般性的。因为控制测试的误差增大了金额误差的可能性，但不一定必然导致金额性误差，在某种情况下，即使缺乏必要的内部控制，大多数交易仍然是正确的，如销售发票未经被授权人签字标明赊销经过批准，虽然属于我们所定义的误差，但一般不会导致金额性误差，影响财务会计报告的正确性。需要注意的是，产生金额性误差的控制测试误差是非常重要的。如销售发票附有发运凭证及顾客订货单，销售发票与发运凭证及顾客订货单所记载的数量是否相符等。

其次，应分析通过抽样查出的误差是偶然疏忽所致，还是刻意的舞弊。如果注册会计师在审查样本时发现有欺诈舞弊情形发生，不论其误差率是高还是低，均应采用其他审计程序。因为这种误差的性质比较严重，注册会计师应评价研究发现的这类事件对财务报表的影响，采用有利于彻底揭露这类误差的审计程序。同时应及时通知企业负责人，以使企业能够及时制止这误差的再次发生。

(2) 从量的角度考虑误差。如果通过抽样查出的误差数属于一般性的误差，注册会计师需要考虑误差的次数。

当误差数为0或1时，由于发现的误差数不超过预期误差数，说明样本规模符合抽样审计的要求，注册会计师可以直接得出结论：总体误差率不超过4%的可信赖程度为95%。

当误差数为3时，由于发现的误差数超过预期误差数1，说明样本规模过小，不符合抽样审计的要求。从表10－6可以看出，在这种情况下符合注册会计师要的样本量增至192个，预期总体误差率为1.5%，因此，注册会计师不能以95%的可信赖程度保证总体的误差率不超过4%。注册会计师应减少对这一内部控制的可信赖程度，实施其他审计程序，如扩大实质性测试范围，增加样本量或不再进行抽样审计等等。

表 10－6　95％的可信赖程度下控制测试结果评价表

样本规模	实际发生的偏差数										
	0	1	2	3	4	5	6	7	8	9	10
25	11.3	17.6	*	*	*	*	*	*	*	*	*
30	9.5	14.9	19.6	*	*	*	*	*	*	*	*
35	8.3	12.9	17.0	*	*	*	*	*	*	*	*
40	7.3	11.4	15.0	18.3	*	*	*	*	*	*	*
45	6.5	10.2	13.4	16.4	19.2	*	*	*	*	*	*
50	5.9	9.2	12.1	14.8	17.4	19.9	*	*	*	*	*
55	5.4	8.4	11.1	13.5	15.9	18.2	*	*	*	*	*
60	4.9	7.7	10.2	12.5	14.7	16.8	18.8	*	*	*	*
65	4.6	7.1	9.4	11.5	13.6	15.5	17.4	19.3	*	*	*
70	4.2	6.6	8.8	10.8	12.6	14.5	16.3	18.0	19.7	*	*
75	4.0	6.2	8.2	10.1	11.8	13.6	15.2	16.9	18.5	20.0	*
80	3.7	5.8	7.7	9.5	11.1	12.7	14.3	15.9	17.4	18.9	*
90	3.3	5.2	6.9	8.4	9.9	11.4	12.8	14.2	15.5	16.8	18.2
100	3.0	4.7	6.2	7.6	9.0	10.3	11.5	12.8	14.0	15.2	16.4
125	2.4	3.8	5.0	6.1	7.2	8.3	9.3	10.3	11.3	12.3	13.2
150	2.0	3.2	4.2	5.1	6.0	6.9	7.8	8.6	9.5	10.3	11.1
200	1.5	2.4	3.2	3.9	4.6	5.2	5.9	6.5	7.2	7.8	8.4

* 表示依赖过度风险超过 20％。

9. 书面说明抽样程序。注册会计师应在其审计工作底稿上，以书面形式说明前述八步骤，作为审计抽样的整体结论的基础。

（二）停—走抽样

停—走抽样是固定样本量抽样的一种特殊形式。采用固定样本量抽样时，只有等样本全部抽取并审查完毕，才能作出审计结论。即使最后发现预期总体误差大大高于实际误差，选取的样本过多，也无法缩小样本规模，因为样本已经审查完毕，其结果降低了审计工作效率。停—走抽样从预期总体误差为零开始，边抽样边评价，一旦能作出审计结论即可中止抽样。这种方法能够有效地提高工作效率，降低审计费用。

停—走抽样通常采用下列 9 个步骤进行控制测试：

1. 确定审计目的（与固定样本量抽样相同）。

2. 规定属性，定义误差(与固定样本量抽样相同)。

3. 确定审计对象总体(与固定样本量抽样相同)。

4. 确定抽样单位(与固定样本量抽样相同)。

5. 确定初始样本量。假设预期总体误差率为零，在可容忍误差和风险水平值已确定的情况下，抽样所需的初始样本量可以根据"停—走抽样初始样本量表"(见表10－7)来确定。

表10－7　停—走抽样初始样本量表

可容忍误差 \ 样本量 \ 风险水平	10%	5%	2.5%
10%	24	30	37
9%	27	34	42
8%	30	38	47
7%	35	43	53
6%	40	50	62
5%	48	60	74
4%	60	75	93
3%	80	100	124
2%	120	150	185
1%	240	300	270

注：预期总体误差为零。

例如，注册会计师确定可容忍误差为4%，信赖过度风险为5%，则根据停—走抽样初始样本量表，应选取的初始样本量为75项。

6. 确定样本选取的方法(与固定样本量抽样相同)。

7. 选取样本并进行审计(与固定样本量抽样相同)。

8. 评价抽样结果，进行停—走抽样决策。停—走抽样一般采用"停—走抽样样本量扩展及总体误差评估表"(见表10－8)来评价抽样结果，进行停—走抽样决策。

如果注册会计师在75个项目中找出一个误差，则总体误差在5%风险水平下为6.4%(查表10－8，风险系数除以样本量，即4.8÷75＝6.4%)，这比可容忍误差4%大，因此，注册会计师需增加45个样本，样本扩大到120个(风险系数除以可容忍误差，即4.8÷0.04)。如果对增加的45个样本审计后没有发现误差，则注册会计师可有95%的把握确信总体误差不超过4%。

表 10－8　停一走抽样样本量扩展及总体误差评估表

风险水平 / 风险系数 / 发现的错误数	10%	5%	2.5%
0	2.4	3.0	3.7
1	3.9	4.8	5.6
2	5.4	6.3	7.3
3	6.7	7.8	8.8
4	8.0	9.2	10.3
5	9.3	10.6	11.7
6	10.6	11.9	13.1
7	11.8	13.2	14.5
8	13.0	14.5	15.8
9	14.3	16.0	17.1
10	15.5	17.0	18.4
11	16.7	18.3	19.7
12	18.0	19.5	21.0
13	19.0	21.0	22.3
14	20.2	22.0	23.5
15	21.4	23.4	24.7
16	22.6	24.3	26.0
17	23.8	26.0	27.3
18	25.0	27.0	28.5
19	26.0	28.0	29.6
20	27.1	29.0	31.0

如果首次对 75 个样本审计后发现了两个误差，则总体误差在 5% 风险水平下为 8.4%（即 6.3 ÷ 75 = 8.4%），这比可容忍误差 4% 大很多，因此注册会计师应决定增加 83 个样本，样本扩大到 158 个（6.3 ÷ 0.04 = 158）。如对增加的 83 个样本审计后没有发现误差，注册会计师同样可以有 95% 的把握确信总体误差不超过 4%。如果又发现了一个误差，则总体误差为 4.95%（即 7.8 ÷ 158 = 4.94%），这时他应该决定是再扩大

样本量至195(即7.8÷0.04=195)个,还是将上述过程得出的结果作为选用固定样本量抽样的预期总体误差而改变抽样方法。一般来讲,样本量不宜扩大到初始样本量的3倍。

应用停—走抽样,注册会计师可以制作一个如表10-9所示的决策表。

表10-9 停—走抽样决策表

步骤	累计样本量	如果累计误差等于以下数字就停止	如果累计误差等于以下数字就增加样本量	如果累计误差等于以下数字就转到第5步
1	75	0	1~4	4
2	120	1	2~4	4
3	158	2	3~4	4
4	195	3	4	4
5	以样本误差作为预期总体误差采用固定样本量抽样			

9. 书面说明抽样程序(与固定样本量抽样相同)。

(三)发现抽样

发现抽样是属性抽样的一种特殊形式,是指在既定的可信赖程度下,在假定误差以既定的误差率存在于总体之中的情况下,至少查出一个误差的抽样方法。

发现抽样主要用于查找重大非法事件,如发放工资给虚设的员工。在预期的偏差率很低,而且审计人员又想得到某个样本来证明有偏差存在时,使用这种方法是合适的,因为它能够以极高的可信赖程度(如99.5%以上)确保查出误差率仅在0.5%~1%之间的误差。

审计人员一般在以下情况下采用发现抽样:①审查由高控制风险项目组成的大总体;②怀疑已经发生舞弊行为。采用发现抽样时,当发现重大的误差,如欺诈的凭据时,无论发生次数多少,注册会计师都可能放弃一切抽样程序,而对总体进行全面彻底的检查。若发现抽样未发现任何例外,注册会计师可得出下列结论:在既定的误差率范围内没有发现重大误差。

采用发现抽样时,注册会计师需确定可信赖程度及可容忍误差,然后,在预期总体误差为0%的假设下,参阅适当的属性抽样表,即可得出所需的样本量。例如,注册会计师怀疑企业虚报工资。为确定此种舞弊是否存在,注册会计师必须在企业的已付工资单中找出一组不实的单据。假设预期总体误差为0%,可容忍误差为3%,可信赖程度为95%时,所需的样本量为99个。经注册会计师选取并检查99个凭证后,未发现有不实情况,则注册会计师有95%的把握确信总体中的不实凭单不超过3%。

二、变量抽样的具体运用

变量抽样是对审计对象总体的货币金额进行实质性测试时所采用的抽样方法。变量抽样法可用于确定账户金额是多是少，是否存在重大误差等。变量抽样法通常用于：①检查应收账款的金额；②检查存货的数量和金额；③检查工资费用；④检查交易活动，以确定未经适当批准的交易金额。

变量抽样主要有单位平均估计抽样、比率估计抽样、差额估计抽样和概率比例规模抽样等抽样方法。这些方法均可通过分层来实现。

（一）单位平均估计抽样

单位平均估计抽样是通过抽样检查确定样本的平均值，再根据样本平均值推断总体的平均值和总值的方法。这种方法适用范围十分广泛，无论被审计单位提供的数据是否完整、可靠，甚至在被审计单位缺乏基本的经济业务或事项账面记录的情况下，都可以使用该方法。

单位平均估计抽样通常采用下列 8 个步骤进行实质性测试：①确定审计目的；②确定审计对象总体；③确定抽样单位；④确定样本量；⑤确定样本选取的方法；⑥选取样本并进行审计；⑦评价抽样结果；⑧书面说明抽样程序。

现举例说明单位平均估计抽样：

1. 确定审计目的。假定注册会计师的审计目的是为了测试被审计单位期末应收账款的账面价值是否正确。

2. 确定审计对象总体。根据被审计单位实际情况，审计对象总体为 800 个应收账款明细账户。

3. 确定抽样单位。抽样单位是每一个应收账款明细账户。

4. 确定样本量。样本量可以通过以下公式计算得出：

$$n' = \left(\frac{U_r \cdot S \cdot N}{P_a}\right)^2, \quad n = \frac{n'}{1 + \dfrac{n'}{N}}$$

式中，U_r——可信赖程度系数；

S——估计的总体标准离差；

N——总体项目个数；

P_a——计划的抽样误差；

n'——放回抽样的样本量；

n——不放回抽样的样本量。

（1）可信赖程度系数是由可信赖程度根据正态分布转换而来。在审计实务中，为简化起见，可信赖程度系数可根据“可信赖程度系数表”（见表 10－10）得出。

表 10－10　可信赖程度系数表

可信赖程度(%)	可信赖程度系数
80	1.28
85	1.44
90	1.65
95	1.96
99	2.58

(2)估计的总体标准离差通过以下公式计算：

$$S=\sqrt{\frac{\sum(Xi-\bar{X})^2}{n_0}}$$

式中，Xi——初始样本项目数值；

$\bar{X}$——初始样本平均值；

n_0——初始样本量。

通常，注册会计师需要预先从审计对象总体中选取一个初始样本量，初始样本量一般约 30 个，因为根据概率论原理，超过 30 个项目的样本即为大样本。然后，按上述公式计算初始样本的标准离差，并以该标准离差作为估计的总体标准离差。

(3)计划的抽样误差可根据可容忍误差与预期总体误差之间的差额进行确定。

(4)审计抽样一般为不放回抽样。

假设注册会计师确定可信赖程度为 95%，计划抽样误差为 40 000 元。另外，注册会计师从 800 个应收账款明细账户中随机抽取 30 个应收账款明细账户，根据这 30 个应收账款明细账户的期末余额计算出标准离差为 200，作为估计的总体标准离差，则根据上述公式计算抽样所需的样本量为：

$$n'=\left(\frac{1.96\times200\times800}{40\ 000}\right)^2\approx62(\text{取整数})$$

$$n=\frac{62}{1+\frac{62}{800}}=58$$

5. 确定样本选取的方法。注册会计师采用随机选样法，从应收账款明细账户中选取 58 个顾客作样本。

6. 选取样本并进行审计。注册会计师通过向被选取的 58 个顾客发出询函证，以验证这 58 个应收账款明细账户期末余额的正确性。

7. 评价抽样结果。在评价抽样结果时，应该计算实际抽样误差，其计算公式为：

$$P_1 = U_r \cdot \frac{S_1}{\sqrt{n_1}} \cdot N \cdot \sqrt{1 - \frac{n_1}{N}}$$

式中，P_1——实际抽样误差；

S_1——实际样本的标准离差；

n_1——实际样本量。

若实际抽样误差大于计划抽样误差，应考虑增加样本量以降低实际抽样误差。

假设对58个顾客的函证结果表明，样本平均值为51 320元，样本标准离差为160元，则

$$实际抽样误差 = 1.96 \times \frac{160}{\sqrt{58}} \times 800 \times \sqrt{1 - \frac{58}{800}} \approx 31\ 610.88(元)$$

注册会计师确定的计划抽样误差为40 000元，而实际抽样误差为31 610.88元，实际抽样误差小于计划抽样误差，表明抽取的样本规模符合抽样的要求，注册会计师可以根据样本的结果推断总体。

$$期末应收账款的账面价值估计数 = 51\ 320 \times 800 = 41\ 056\ 000(元)$$

考虑到抽样误差的因素，注册会计师有95%的把握保证800个应收账款账户的账面真实金额应落在41 056 000 ± 31 610.88元之间，即在41 024 389.12 ~ 41 087 610.88元之间。

如果被审计单位应收账款的账面价值处于41 024 389.12 ~ 41 087 610.88元之间，则其应收账款金额并无重大误差。这时，注册会计师应将期末应收账款的账面价值估计数与实际数之间的差额视为审计差异，并在对财务报表发表意见时予以考虑。

如抽样结果表明被审计单位应收账款的账面价值没有落入41 024 389.12 ~ 41 087 610.88元之间，则注册会计师应要求被审计单位详细检查其应收账款，并加以调整。

8. 书面说明抽样程序。注册会计师应在其审计工作底稿上，以书面形式说明前述7步骤，作为审计抽样的整体结论的基础。

(二)比率估计抽样

比率估计抽样是以样本实际价值与账面价值之间的比率关系来估计总体实际价值与账面价值之间的比率关系，然后再以这个比率去乘总体的账面价值，从而求出总体实际价值的估计金额的一种抽样方法。当误差与账面价值成比例关系时，通常运用比率估计抽样。

比率估计抽样与单位平均估计抽样在进行实质性测试时所采用的步骤基本相同，其区别在于第7个步骤——评价抽样结果时对总体的推断不同。单位平均估计抽样根据样本平均值推断总体，而比率估计抽样则采用实际价值与账面价值之间的比率关系

推断总体。

比率估计抽样推断总体的计算公式如下：

$$比率=\frac{样本实际价值之和}{样本账面价值之和}$$

$$估计的总体实际价值=总体账面价值\times比率$$

例如，被审计单位的应收账款账面总值为7 000 000元，共有800个明细账户，现选出60个明细账户作为样本，其账面价值为1 000 000元，审计后认定的价值为1 020 000元，则

$$比率=\frac{1\ 020\ 000}{1\ 000\ 000}=1.02$$

$$估计的应收账款实际价值=7\ 000\ 000\times1.02=7\ 140\ 000（元）$$

（三）差额估计抽样

差额估计抽样是以样本实际价值与账面价值的平均差额来估计总体实际价值与账面价值的平均差额，然后再以这个平均差额乘以总体项目个数，从而求出总体的实际价值与账面价值差额的一种抽样方法。当误差与账面价值不成比例时，通常运用差额估计抽样。

差额估计抽样与比率估计抽样、单位平均估计抽样在进行实质性测试时所采用的步骤基本相同，其区别同样在于第7个步骤——评价抽样结果时对总体的推断不同。差额估计抽样单位以样本实际价值与账面价值的平均差额来估计总体。

差额估计抽样推断总体的计算公式如下：

$$平均差额=\frac{样本实际价值与账面价值的差额}{样本量}$$

$$估计的总体差额=平均差额\times总体项目个数$$

承前例，则

$$平均差额=\frac{1\ 020\ 000-1\ 000\ 000}{60}=333.33（元）$$

$$估计的应收账款总体差额=333.33\times800=266\ 664（元）$$

$$估计的应收账款的实际价值=7\ 000\ 000+266\ 664=7\ 266\ 664（元）$$

（四）概率比例规模抽样法（PPS）

PPS抽样法是以货币单位作为抽样单元进行选择的一种方法，有时也被称为金额加权抽样、货币单位抽样、累计货币金额抽样，以及综合属性变量抽样等。在该方法下总体中的每个货币单位被选中的机会相同，所以总体中某一项目被选中的概率等于该项目的金额与总体金额的比率。项目金额越大，被选中的几率也就越大。但实际上注册会计师并不是对总体中的货币单位实施检查，而是对包含被选取货币单位的余额或交易实施检查。注册会计师检查的余额或交易被称为逻辑单元。

PPS 抽样有助于注册会计师将审计重点放在较大的余额或交易。此抽样方法之所以得名，是因为总体中每一余额或交易被选中的概率与其账面金额（规模）成比例。

1. PPS 抽样法的优点有下列几个方面：

（1）PPS 抽样一般比传统变量抽样更易于使用。由于 PPS 抽样以属性抽样原理为基础，注册会计师可以很方便地计算样本规模，并手工或使用量表评价样本结果。样本的选取可以在计算机程序或计算器的协助下进行。

（2）PPS 抽样的样本规模不需考虑被审计金额的预计变异性。传统变量抽样的样本规模是在总体项目共有特征的变异性或标准差的基础上计算的。PPS 抽样在确定所需的样本规模时不需要考虑货币金额的标准差。

（3）PPS 抽样中项目被选取的概率与其货币金额大小成比例，因而生成的样本自动分层。如果使用传统变量抽样，注册会计师通常需要对总体进行分层以减小样本规模。

（4）PPS 抽样中如果项目金额超过选样间距，PPS 系统选样自动识别所有单个重大项目。

（5）如果注册会计师预计没有错报，PPS 抽样的样本规模通常比传统变量抽样方法更小。

（6）PPS 抽样的样本更容易设计，且可在能够获得完整的总体之前开始选取样本。

2. PPS 抽样法的缺点有下列几个面：

（1）使用 PPS 抽样时通常假设抽样单元的审定金额不应小于零或大于账面金额。如果注册会计师预计存在低估或审定金额小于零的情况，在设计 PPS 抽样方法时就需要特别考虑。

（2）如果注册会计师在 PPS 抽样的样本中发现低估，在评价样本时需要特别考虑。

（3）对零余额或负余额的选取需要在设计时特别考虑。例如，如果准备对应收账款进行抽样时，注册会计师可能需要将贷方余额分离出去，作为一个单独的总体。如果检查零余额的项目对审计目标非常重要，注册会计师需要单独对其进行测试，因为零余额在 PPS 抽样中不会被选取。

（4）当发现错报时，如果风险水平一定，PPS 在评价样本时可能高估抽样风险的影响，从而导致注册会计师更可能拒绝一个可接受的总体账面金额。

（5）在采用 PPS 抽样法时，注册会计师通常需要逐个累计总体金额。但如果相关的会计数据会以电子形式储存，这不会额外增加大量的审计成本。

（6）当预计总体错报金额增加时，PPS 抽样所需的样本规模也会增加。在这些情况下，PPS 抽样的样本规模可能大于传统变量抽样的相应规模。

3. PPS 抽样中样本的选取。PPS 抽样以货币单位作为抽样单元，但注册会计师却不是对具体货币单位进行审计，而必须确定实物单位（即逻辑单元）来执行审计测试。例如：在表 10－11 中，注册会计师要在 1～7 376（具体金额）之间的总体项目中随机选取样本。但是为了执行审计程序，注册会计师必须找出 1～12（逻辑单元）之间的总体项目。如果注册会计师选取的随机数是 3 014，则与该数相联系的逻辑单元就是 6。

表 10－11　应收账款总体表

总体项目（实物单位）	账面金额	累计合计数（金额单位）
1	357	357
2	1 281	1 638
3	60	1 698
4	573	2 271
5	691	2 962
6	143	3 105
7	1 425	4 530
8	278	4 808
9	942	5 750
10	826	6 576
11	404	6 980
12	396	7 376

PPS 样本可以通过运用计算机软件、随机数表或系统抽样技术来获取。表 10－11 列示了一个应收账款总体，其中包括累计合计数，现以该表来说明如何使用计算机软件来选取样本。

假设注册会计师想要从表 10－11 的总体中，选取一个含有 4 个账户的 PPS 样本。由于规定以单位金额为抽样单位，则总体容量就是 7 376，因此需要计算机程序随机生成 4 个数字。假定计算机程序随机生成的 4 个数字是：6 586，1 756，850，6 499，则包含这些随机金额的总体实物单位项目需由累计合计数栏来确定。它们分别是项目 11（包含 6 577～6 980 元的货币金额）、项目 4（1 699　～2 271 元）、项目 2（358　～1 638 元）和项目 10（5 751～6 576 元）。注册会计师将对这些实物单位项目进行审计，并将各实物单位的审计项目的审计结果，应用到它们各自包含的随机货币金额上。

PPS 抽样允许某一实物单位在样本中出现多次。也就是说，在前例中，如果随机数是 6 586,1 756,856 和 6 599,则样本项目就是 11,4,2 和 11。项目 11 尽管只审计一次,但在统计上仍视为 2 个审计项目,样本的项目总数也仍然是 4 个,因为样本涉及 4 个货币金额数。

PPS 抽样会出现两个问题:

一个问题是,在选样时,账面余额为零的总体项目存在没有被选中的机会,尽管这些项目可能含有错报。另外,一些严重低估的小余额被选入样本的机会也很小。对此,如果注册会计师关注这些余额为零或较小小项目,那么解决这一问题的方法是对它们进行一些专门的审计测试。

另一个问题是,PPS 抽样选取的样本中无法包括负余额,如应收账款的贷方余额等。在进行选样时,可以先不考虑这些负余额,而后用其他方法去测试它们。另一种替代方法就是将它们视同为正余额,加入到所要测试的货币金额总数中,但这样做会使分析过程变得复杂化。

4. PPS 抽样中总体的推断。无论选用何种抽样方法,注册会计师都必须运用下述方法来推断总体:根据样本结果来推断总体的错报,确定相应的抽样误差。

PPS 抽样中根据样本推断总体有 4 方面的重要内容:①利用属性的抽样表来计算结果,但是用可接受的误受风险代替可接受的信赖过度风险。②必须把属性结果转换为金额的形式。PPS 抽样估计的是总体中错报的金额,而不是总体中存在错报的项目百分比。PPS 抽样是通过将每个总体项目定义为单位金额实现这个目的的。因此,估计含有错报的总体金额比率是估计错报总额的方法。③注册会计师必须为每个有错报的总体项目假设一个错报百分比,这一假设可以使注册会计师能够利用属性抽样表来估计错报金额。④计算总体错报界限。错报界限是在既定可接受的误受风险下,可能最大的高估额(错报上限)的估计和可能最大的低估额(错报下限)的估计。

当样本中存在错报和不存在错报时,注册会计师的推断是不同的。

(1)未发现错报时总体的推断。假设注册会计师想要对某一应收账款总体进行函证,以确认金额的正确性。总体金额为 1 200 000 元,并对 100 个项目进行了函证。经过审计,在样本中没有发现错报。即使在这种情况下,注册会计师也要确定总体中可能存在的高估和低估的最大数额,也就是分别确定错报上限和错报下限。具体方法如下:假定可接受的误受风险为 5%,使用表 10 -6,采用与控制测试相同的方法,根据样本规模(100)和实际的偏差率上限是 3%,既代表错报上限,也代表错报下限,均用百分数表示。因为样本错报率是 0,3% 代表抽样误差的估计值。

根据样本结果和从属性抽样表中得到的错报界限,注册会计师就可以认定,在抽样风险为 5% 的条件下,总体错报金额不会超过 3% 。为了将这上百分比转换成货币金额,注册会计师还必须为含有错报的总体金额假定一个错报平均百分比。这一假定对错报界限有着重要影响,为了说明这一影响,我们来考察以下3组假定情况:①高估和低估错报都是100%;②高估错报和低估错报都是10%;③高估错报为20%,低估错报为200%。

假定情况①:高估金额等于100%,低估金额也等于100%,在可接受的误受风险为5%时,错报界限为:

错报上限=1 200 000×3%×100%=36 000(元)

错报下限=1 200 000×3%×100%=36 000(元)

被错报的总体项目错报额等于其账面价值总额的这种假定,是对一般情形而言的。由于错报界限为3%,这些错报的金额不可能超过36 000元(总体账面金额的3%)。如果所有的错报都是高估,则高估额就是36 000元。如果所有的错报都是低估,则低估额也是36 000元。

错报为100%是一个极其保守的假定,特别是对高估来说,假定实际总体偏差率为3%,只有在以下两种情况同时出现时36 000元才能恰当地反映真实的高估金额。一是所有的错报额都是高估,因为相抵性错报额会减少这一高估金额;二是所有总体项目都发生100%的错报。例如,不会发生将将226元的应收余额误记为262元的情况,因为这项报只有13.7%(高估262-226=36;36÷262×100%=13.7%)。

在计算36 000元的高估和低估错报只限时,注册会计师并不采用本章前面讨论的方法来计算点估计值和抽样误差,这是因为从所用表10-15可以得出偏差率上限的点估计值和抽样风险允许限度的数额,尽管没有计算货币单位抽样的点估计值和抽样风险允许限度的数额,但它们却隐含在错报界限的确定过程之中,并可以根据控制测试的属性抽样表来确定。例如,在本例中,点估计值就是零,抽样风险允许限度就是36 000元。

假定情况②,高估金额等于10%,低估金额也等于10%,在可接受的误受风险为5%时,错报界限为:

错报上限=1 200 000×3%×10%=3 600(元)

错报下限=1 200 000×3%×10%=3 600(元)

一般来说,这种假定是指被错报项目的错报额不超过10%。如果所有项目的错报都是同一方向,则错报界限就是3 600元。如果将错报假定由100%变为10%,这时会对错报界限产生重要影响,与影响程度与变动幅度成正比。

假定情况③:高估金额等于20%,低估金额等于200%,在可接受的误受风险为5%时,错报界限为:

错报上限=1 200 000×3%×20%=7 200(元)

错报下限 = 1 200 000 × 3% × 200% = 72 000(元)

低估百分比较大的理由是,百分比错误形式的低估比高估要大得多。例如,一笔应记为 200 元的应收账款误记为 20 元时,就低估了 900% [(200 - 20) ÷ 20],而一笔应记为 20 元的应收账款误记为 200 元时,只高估了 90% [(200 - 20) ÷ 200]。

含有较大低估额的项目,由于低估错报的原因,其账面价值可能较小,根据货币单位抽样的要义,它们被选为样本的机会也非常小。有鉴于此,在低估额成为审计关注点时,一些注册会计师会增加一个由小余额项目组成的样本,作为货币单位样本的补充。

为含有错报的总体项目假定一个恰当的整体错报百分比,是注册会计师的一项决策。注册会计师必须根据具体情况,运用职业判断来确定这些百分比。在没有有力的相反证据时,大多数注册会计师都认为,除非样本结果中含有错报,否则将高估额和低估额都假定为 100% 是比较合适的。在本章除非另有说明,错报假定一律采用 100%。

(2)发现错报时的总体推断。在上面的讨论中,我们假定样本中没有错报。但是如果样本中存在错报又该如何处理呢?这里仍沿用前面的例子,只是假定样本中发现了 5 处错报,如表 10 - 12 所示。

表 10 - 12 发现的错报

顾客编号	应收账款账面金额	已审计的应收账款金额	错报	错报账面金额
2073	6 200	6 100	100	0.016
5111	12 910	12 000	910	0.07
5206	4 322	4 450	(128)	(0.03)
7642	23 000	22 995	5	0.0002
9816	8 947	2 947	6 000	0.671

仍用前面讨论的根据样本推断总体的 4 项内容,但应用时要做如下修改:

①高估额和低估额分开处理,然后再合并。首先,分别计算出高估额和低估额的初始错报上限和错报下限。其次,计算高估和低估的点估计值。初始错报上限减去低估的点估计值,得出调整后的错报上限;初始错报下限减去高估的点估计值,得出调整后的错报下限。我们将用表 10 - 12 中的 4 项高估错报和 1 项低估错报来说明这些计算的方法和原理。

②对包括零错报在内的每项错报,分别作出不同的错报假定。当样本中没有发现错报时,还需要为总体错报项目估计一个错报平均百分比,错报界限的计算反应了几种不同的假定。若已经发现了错报,就可以利用样本信息确定错报界限。但仍需要错报假定,只不过此时可以对实际错报数据加以修改而得。

在发现错报时,认为所有错报都是 100% 的假定不仅异常保守,而且与样本结果也不一致。在实际工作中常用的假定，也是本书所遵循的假定，就是假定实际的样本报是总体错报的代表。这一假定要求注册会计师计算每个样本项目被错报的百分比（错报额/账面金额），然后把这一百分比应用于总体。表10－12的最后一栏列示了对每项错报计算的百分比。对于计算结果中的零错报部分仍需作出错报的假定。

③对控制测试抽样表中计算的偏差率上限的各层，注册会计师必须加以处理。这样做的原因是每项错报都有不同的错报假定。在各层的计算时，注册会计师应首先根据属性抽样表来确定每项错报的计算的偏差率上限，然后再计算出各层。表10－13列示了本例根据属性抽样表确定的各层。这里的层是通过读取表中样本规模为100的行，再找到该行与偏差数为0～4列的交点来确定的。

表10－13　百分比错报界限

错报数	表中的偏差率上限	由各项错报引起的偏差率上限的增加（层）
0	0.030	0.030
1	0.047	0.017
2	0.062	0.015
3	0.076	0.014
4	0.090	0.014

④必须把错报假定与各个层联系起来。其最常用方法就是比较保守地将最大的金额错报百分比与最大的层相联系。表10－14就反映了这种联系，表中的最大平均错报是9816号顾客的0.671，而这一错报是与层系数0.017（也就是发现错报的最大的层）相联系，精确度上限与零错报层相联系部分的假定错报为100%，这仍然很保守。实际上，表10－14反映的是没有考虑相抵性金额的错报界限的计算，这里不仅计算错报上限时假定没有低估额，而且计算错报下限时也是假定没有高估额的。

表10－14　计算初始错报上限和下限的范例

错报数 (1)	偏差率上限部分 (2)	账面价值 (3)	假定的单位错报 (4)	错报界限部分 (2)×(3)×(4)
高估				
0	0.030	1 200 000	1.0	36 000
1	0.017	1 200 000	0.671	13 688
2	0.015	1 200 000	0.07	1 260
3	0.014	1 200 000	0.016	269

续表

错报数 (1)	偏差率上限部分 (2)	账面价值 (3)	假定的单位错报 (4)	错报界限部分 (2)×(3)×(4)
4	0.014	1 200 000	0.0002	3
偏差率上限	0.090			
初始错报界限				51 220
低估				
0	0.030	1 200 000	1.0	36 000
1	0.017	1 200 000	0.03	612
偏差率下限	0.047			
初始错报界限				36 612

注:可接受的误受风险为5%,样本规模为100。

大多数PPS抽样法的使用者都认为,在存在相抵性金额时,前面刚讨论过的方法过于保守。如果发现了低估金额,则高估金额的界限应当低于未发现低估金额时的界限,反之亦然,这是合乎逻辑和常理的。因此,需要为相抵性金额而对界限进行必要的调整,调整的步骤如下:第一步,分别确定高估金额和低估金额的点估计值;第二步,各界限分别减少相对的点估计值。

高估的点估计值是已审金额的平均高估额与账面价值的乘积。低估的点估计值的计算方法与此相同。在本例容量为100的样本中,每一个金额单位有一项金额为3分的低估额。因此,低估的点估计值就是360元(即0.03÷100×1 200 000)。同理,高估的点估计值就是9 086元[(0.671+0.07+0.016+0.0002)÷100×1 200 000]。

表10－15反映了采用这一程序对界限所做的调整。用初始上限51 220元与估计最可能的低估额360元相减,得到的差额为50 860元,这就是调整后的上限。用初始下限36 612元与估计最可能的高估额9 086元相减,得到的差额为27 526元,这就是调整后的下限。因此,在既定的方法和假定下,注册会计师就可以得出以下结论:应收账款高估超过50 860元或者低估超过27 526元的风险是5%。应当注意,如果错报假定一旦发生变化,错报界限也将随之变化。需要说明的是,这里采用的依据相抵性金额调整界限的方法,只是目前流行的多种方法中的一种。该方法源于莱斯利、泰德鲍姆和安德森的有关著述。

我们以依据表10－12中的4项高估金额调整界限的方法为例,来演示PPS抽样中有相抵性金额时,计算调整错报界限的过程,见表10－15。

表 10-15　计算调整错报界限的示范

错报数	单位错报假定	样本规模	账面总体	点估计值	界限
初始高估界限					51 220
低估金额	0.03	100	1 200 000	360	(360)
1					50 860
调整后的高估界限					
初始低估界限					36 612
高估金额					
1	0.067				
2	0.07				
3	0.016				
4	0.0002				
合计	0.7572	100	1 200 000	9 086	(9 086)
调整后的低估界限					27 526

同样，只有错报下限和错报上限都完全落在低估和高估可容忍错报的限额内，注册会计师才能够作出总体没重大错报的结论。在本例中，假定注册会计师已经为应收账款确定了 40 000 元的可容忍错报（高估和低估），由于调整后的错报上限为 50 860 元，超过了 40 000 元的可容忍错报，因此，注册会计师不能接受总体。

复习思考题

1. 审计抽样与抽查有什么区别？

2. 统计抽样与非统计抽样各有哪些优缺点？对其不同的选用会影响审计程序的选择吗？

3. 审计抽样适用于分析程序吗？

4. 注册会计师在设计样本时应考虑哪些因素？

5. 评价抽样结果的一般程序是什么？

6. 注册会计师在分析样本误差时，一般应从哪些方面着手？

7. 概率比例规模抽样法的优缺点有哪些？

8. 注册会计师在审核××公司的产成品账户时，发现该公司今年共生产了2 000批产品，入账成本为5 900 000元。注册会计师选取了200批样本，账面价值共计600 000元。经与有关凭证及附件进行核对，发现200批中共有52批成本错误。经将错误调整后，样本的确定价值为582 000元。

要求：

(1)运用下列方法（切勿计算各项估计的可靠性和精确度），说明注册会计师如何核算本年度的各批产品的总成本：

①单位平均估计抽样。

②比率估计抽样。

③差额估计抽样。

(2)在本例中，为什么单位平均估计抽样较比率估计抽样能产生较高的总体价值估计？

第十一章

终结审计

本章要点

注册会计师完成各个循环和一些特殊项目的审计后，即需汇总审计结果，进行更具综合性的审计测试，这时审计进入终结审计阶段。这一阶段的工作是非常重要的，因为它直接影响到审计报告的出具。本章详细阐述了审计差异调整表和审计调整分录的编制，管理当局声明书和律师声明书的内容及其对审计报告的影响，审计总结的撰写，审计结果的总体评价，以及与治理层就财务报表审计有关事项进行沟通等内容。

第一节　审计差异的确定与调整

一、审计差异的种类

当注册会计师在审计过程中发现被审计单位财务报表的整体反映或个别项目余额、分类、表达、披露等方面与有关会计准则、会计制度的规定不一致时，就会产生审计差异。

审计差异按其性质可分为已知差异和未知差异。已知差异是指注册会计师通过对账户或交易实施详细的实质性测试时所发现的错报或漏报。未知差异是指注册会计师通过审计抽样或执行分析程序所估计的可能存在的错报或漏报。

审计差异按其是否需要调整账户记录可分为核算误差和重分类误差。核算误差是因企业对经济业务进行了不正确的会计核算而引起的误差，用审计重要性原则来衡量每一项核算误差，又可把这些核算误差区分为建议调整的不符事项和不建议调整的不符事项（即未调整不符事项）；重分类误差是因企业未按有关会计制度规定编制财务报表而引起的误差。

二、审计差异的汇总

由于审计多是分工协作，不同的审计人员负责审计不同的项目，审计人员在审计过程中所发现的审计差异常常分散记录于各个项目的审计工作底稿中，而这种分散的状态并不利于审计项目的各级负责人对被审计单位财务报表的整体进行综合判断、分析和决定。因此，在审计进入终结审计阶段时，审计小组通常需要将这些建议调整的不符事项、未调整不符事项和重分类误差分别汇总至“审计差异调整表——调整分录汇总表”（见表 11 - 1）、“审计差异调整表——重分类分录汇总表”（见表 11 - 2）和“审计差异调整表——未调整不符事项汇总表”（见表 11 - 3）。

表 11 - 1　审计差异调整表——调整分录汇总表　　单位：人民币元

<table>
<tr><td rowspan="2">被审计单位名称</td><td rowspan="2"></td><td></td><td>签名</td><td>日期</td><td>索引号</td></tr>
<tr><td>编制人</td><td></td><td></td><td></td></tr>
<tr><td>会计期间</td><td></td><td>复核人</td><td></td><td></td><td>页　次</td></tr>
<tr><td colspan="6"></td></tr>
</table>

续表

序号	索引号	调整分录及说明	资产负债表		损益表		被审计单位调整情况及未调整原因
			借方	贷方	借方	贷方	
	合计						

编制说明：

1. 本表用于汇总审计过程中发现的应调整事项。

2. 根据调整分录借、贷方归属于资产负债表或损益表，将其对应金额分别填入“资产负债表”、“损益表”的借、贷方。

3. 索引号根据该调整分录所在审计工作底稿索引号填写。

4. 必须将调整原因列于调整分录之后。

表 11－2　审计差异调整表——重分类分录汇总表　单位：人民币元

被审计单位名称			签名	日期	索引号
		编制人			
会计期间		复核人			页　次

序号	索引号	调整分录及说明	资产负债表		损益表		被审计单位调整情况及未调整原因
			借方	贷方	借方	贷方	
	合计						

编制说明：

1. 本表用于汇总审计过程中发现的重分类事项。

2. 根据重分类分录借、贷方归属于资产负债表或损益表，将其对应金额分别填入“资产负债表”、“损益表”的借、贷方。

3. 索引号根据该调整分录所在审计工作底稿索引号填写。

4. 必须将重分类原因列于调整分录之后。

表 11－3　审计差异调整表——未调整不符事项汇总表　单位:人民币元

被审计单位名称			签名	日期	索引号
		编制人			
会计期间		复核人			页　次

序号	索引号	调整分录及说明	资产负债表		损益表		被审计单位调整情况及未调整原因
			借方	贷方	借方	贷方	
合计							
未予调整的影响			项　目		金　额		百分比
1. 净利润 2. 净资产 3. 资产负债表							
结论:							

编制说明:

1. 本表用于汇总被审计单位未经调整的审计差异。

2. 如汇总后对净利润、净资产等影响超过重要性水平,则需提请被审计单位进行调整,以使未调整的差异影响不超过重要性水平。

3. 索引号根据该分录所在审计工作底稿索引号填写。

4. 未予调整的影响中"金额"栏即为审定后净资产、净利润或资产负债表某项目的金额,"百分比"栏根据合计未予调整的资产负债表、损益表金额除以上金额计算。

5. 结论应表明未予调整的影响是否超过重要性水平,并说明其对审计意见的影响。

三、差异的确定与调整

编制审计差异调整表的关键是正确划分建议调整的不符事项与未调整不符事项。

注册会计师在对建议调整的不符事项与未调整不符事项进行划分时，应当考虑以下因素。

（一）审计差异金额是否超过重要性标准

对于单笔核算误差超过所涉及的各类交易、账户余额、列报认定层次的重要性水平，应视为建议调整的不符事项；对于单笔核算误差低于所涉及的各类交易、账户余额、列报认定层次的重要性水平，并且性质不重要的，一般应视为未调整不符事项。但当若干笔相同类型未调整不符事项汇总数超过各类交易、账户余额、列报认定层次的重要性水平时，这可能对财务报表产生重大的影响，这时应将未调整不符事项转为建议调整的不符事项过入调整分录汇总表，使未调整不符事项汇总金额降至重要性水平之下。

（二）审计差异性质是否重要

即使审计差异低于重要性水平，注册会计师仍需分析审计差异的性质是否重要。如审计差异是否掩盖了收益或其他趋势的变化；审计差异是否涉及非法业务及舞弊行为；是否影响用来评价被审计单位财务状况、经营成果和现金流量的相关比率等等。如果认为审计差异性质重要，注册会计师应将审计差异视为建议调整的不符事项。

对于注册会计师而言，除非有明显的迹象表明审计差异并不重要，否则，一般均要求被审计单位对已经发现的审计差异予以调整。

四、未调整差异的处理

注册会计师在确定了建议调整的不符事项、重分类事项和未调整不符事项后，应与被审计单位进行沟通，告知被审计单位对有关财务报表项目进行调整。如果被审计单位拒绝调整，对于未调整的审计差异，注册会计师应根据被调整事项的重要程度，确定是否在审计报告中予以反映，以及决定出具何种意见的审计报告。

五、编制试算平衡表

为了检查调整分录、重分类分录等内容是否正确，注册会计师应在被审计单位提供未审计财务报表的基础上，考虑调整分录、重分类分录等内容来编制试算平衡表。试算平衡表在试算平衡的同时，还可以确定已审数与报表披露数。有关资产负债表和利润及利润分配表的试算平衡表的参考格式分别见表 11－4 和表 11－5。

表 11－4

签　名　　日　期

客　　户＿＿＿＿＿＿

项　　目 资产负债表　　编制人＿＿＿＿＿＿　＿＿＿＿＿＿　索引号＿＿＿＿＿＿

会计期间＿＿＿＿＿＿　复核人＿＿＿＿＿＿　＿＿＿＿＿＿　页　次＿＿＿＿＿＿

项　目	审计前金额借方	调整金额		审定金额借方	重分类调整		报表反映数借方	项　目	审计前金额贷方	调整金额		审定金额贷方	重分类调整		报表反映数贷方
		借方	贷方		借方	贷方				借方	贷方		借方	贷方	
货币资金								短期借款							
交易性金融资产								应付票据							
应收票据								应付账款							
应收股利								预收账款							
应收利息								应付工资							
应收账款								应付福利费							
其他应收款								应付股利							
预付账款								应交税金							
应收补贴款								其他应交款							
存货								其他应付款							
待摊费用								预提费用							
一年内到期的长期债券投资								预计负债							
其他流动资产								一年内到期的长期负债							
长期股权投资								其他流动负债							

续表

项目	审计前金额借方	调整金额		审定金额借方	重分类调整		报表反映数借方	项目	审计前金额贷方	调整金额		审定金额贷方	重分类调整		报表反映数贷方
		借方	贷方		借方	贷方				借方	贷方		借方	贷方	
长期债券投资															
固定资产原价								长期借款							
减:累计折旧								应付债券							
减:固定资产减值准备								长期应付款							
工程物资								专项应付款							
在建工程								其他长期负债							
固定资产清理								递延税款贷项							
无形资产								股本							
长期待摊费用								资本公积							
其他长期资产								盈余公积							
递延税款借项								其中:法定公益金							
								未分配利润							
合计								合计							

表 11－5

签　名　日　期

客　户________________

利润及利润分配表

项　目试算平衡表工作底稿　编制人____________　____________　索引号____________

会计期间______________　复核人____________　____________　页　次____________

项　目	审计前金额	调整金额		审定金额
		借方	贷方	
一、主营业务收入				
减:主营业务成本				
主营业务税金及附加				
二、主营业务利润				
加:其他业务利润				
减:营业费用				
管理费用				
财务费用				
三、营业利润				
加:投资收益				
补贴收入				
营业外收入				
减:营业外支出				
四、利润总额				
减:所得税				
五、净利润				
加:年初未分配利润				
其他转入				
六、可供分配的利润				
减:提取法定盈余公积				
提取法定公益金				
七、可供投资者分配的利润				
减:应付优先股股利				

第二节 审计调整分录的编制

注册会计师对于审计过程中所发现的审计差异,包括建议调整的不符事项、未调整不符事项和重分类误差,通常是采取审计调整分录的方式进行调整。

一、审计调整分录与会计调整分录的区别

注册会计师为调整审计差异而编制的审计调整分录和被审计单位为调整审计差异而编制的会计调整分录,二者的目的虽然都是为了使被审计单位财务报表的编制符合国家颁布的企业会计准则和相关会计制度的规定,能够公允反映被审计单位的财务状况、经营成果和现金流量,但二者存在着很大的差别。主要表现在以下几个方面:

(一)调整分录的作用不同

审计调整分录是审计工作的一个重要组成部分,是审计成果的一种体现。会计调整分录是被审计单位会计工作的重要环节,是对审计结果的一种确认。

(二)调整的对象不同

审计调整通常发生在审计年度之后,此时被审计单位审计年度的账簿记录已经结束,余额已经结转,对于审计调整事项,注册会计师不可能建议被审计单位更正账目,所以审计调整分录是针对相关财务报表项目进行的调整,不涉及会计账簿的调整。而会计调整分录是对会计账簿调整同时,调整相关财务报表项目的金额。

(三)调整的范围不同

对于审计过程中所发现的、影响被审计单位财务报表公允反映的审计差异均属审计调整的范围。而会计调整只调整那些影响账户记录正确性的错报或漏报,如核算误差和重分类误差均属于审计调整的范围,但重分类误差却不属于会计调整分录的范围;又如,将某顾客应收账款错记为另一顾客的应收账款明细账户,属于会计调整分录的范围,但由于该错误不影响应收账款的余额,不会对被审计单位财务报表公允反映造成影响,因而不属于审计调整的范围。

(四)编制调整分录的期间不同

注册会计师是对被审计单位在被审计期间的财务报表发表审计意见,对于在审计过程中发现的影响被审计年度财务报表项目的以前年度的错报或漏报以及本年度的错

报或漏报，只需调整被审计期间的财务报表即可，编制调整分录的期间是被审计期间。而被审计单位调整的会计账簿，由于账务处理采用序时记账，是不可逆的，会计调整分录只能在财务报表截止日以后的会计期间对会计账簿进行调整，编制调整分录的期间是被审计期间以后的会计期间。

（五）编制调整分录的账户不同

审计调整是对财务报表项目进行调整，其分录的编制应与财务报表项目保持一致。会计调整分录的编制须符合企业会计准则及企业会计制度的规定，在编制时，不仅会涉及财务报表上出现的会计账户，而且会涉及财务报表上没有出现的会计账户，如被审计单位在审计年度资产负债表日至财务报告批准报出日之间发生的需要调整报告年度损益的事项，按照企业会计准则及企业会计制度的规定，会计调整分录须通过"以前年度损益调整"账户，"以前年度损益调整"账户既非资产负债表项目，也非损益表项目，且期末余额转入"利润分配——未分配利润"；而审计调整直接对财务报表项目进行调整，不通过"以前年度损益调整"账户。

二、审计调整分录的具体编制方法

注册会计师编制审计调整分录的目的是为了编制经审计后的财务报表，因此，注册会计师对审计过程中发现的审计差异，不论是以前年度的误差，还是审计年度的误差，只要影响被审计单位财务报表的项目，均被视做当年发现的误差进行调整。

例如：注册会计师于2007年3月5日在对甲企业2006年度财务报表进行审计时发现以下事项：

1. 2006年11月销售一批产品，其售价为100万元（不含应向购买方收取的增值税税额），销售成本为60万元，由于质量问题于2007年1月8日被全部退回，甲企业未将该事项对2006年财务报表有关项目进行调整。

2. 甲企业有一座办公大楼，原值为8 000万元，预计使用年限为20年，预计净残值率为5%，甲企业对该办公大楼采用平均年限法核算固定资产折旧。甲企业2006年漏提了该办公大楼折旧费。

3. 2006年末，未经审计的资产负债表反映的预付账款项目为借方余额196万元。其明细组成列示如下：

预付账款——A公司	150万元
预付账款——B公司	48万元
预付账款——C公司	-12万元
预付账款——D公司	10万元
合计	196万元

其中对D公司的10万元系2006年5月为采购D公司产品所预付,事后获悉D公司因转产已不能再提供该产品。

甲企业增值税税率为17%,所得税税率为33%。该企业坏账准备按应收账款(包括应收账款和其他应收款)余额的5%计提。法定盈余公积和法定公益金分别按净利润的10%和5%提取。

假定编制审计调整分录时不考虑流转税、费以及损益结转,但应考虑对所得税和净利润的影响。针对上述事项,注册会计师应提请甲企业作如下审计调整分录:

(1)应冲减销售收入和销售成本:

借:主营业务收入	1 000 000	
应交税费——应交增值税	170 000	
贷:应收账款		1 170 000
借:库存商品	600 000	
贷:主营业务成本		600 000
借:应收账款——坏账准备	58 500	
贷:管理费用——计提的坏账准备		58 500

(2)应补提折旧:

$$应补提的折旧额=\frac{8000(1-5\%)}{20}=380(万元)$$

借:管理费用——折旧费	3 800 000	
贷:累计折旧		3 800 000

(3)对预付账款的贷方明细余额作重分类调整,同时将已无望再收到货物的预付账款转入其他应收款:

借:预付账款——C公司	120 000	
贷:应付账款——C公司		120 000
借:其他应收款——D公司	100 000	
贷:预付账款——D公司		100 000
借:管理费用——计提的坏账准备	5 000	
贷:其他应收款——坏账准备		5 000

(4)结合上述影响损益的审计调整分录,调减企业所得税:

$$利润的调整额=-1\ 000\ 000+600\ 000+58\ 500-3\ 800\ 000-5\ 000$$
$$=-4\ 146\ 500(元)$$

$$企业所得税的调整额=-4\ 146\ 500\times33\%=-1\ 368\ 345(元)$$

借:应交税费——应交所得税	1 368 345	
贷:所得税费用		1 368 345

(5)结合上述影响损益的审计调整分录,调减法定盈余公积及法定公益金:

法定盈余公积的调整额 = (−4 146 500 + 1 368 345) ×10% = −277 815.5(元)

法定公益金的调整额 = (−4 146 500 + 1 368 345) ×5% = −138 907.75(元)

借:盈余公积——法定盈余公积　277 815.5

盈余公积——法定公益金　138 907.75

贷:利润分配——提取法定盈余公积　277 815.5

利润分配——提取法定公益金　138 907.75

经过以上审计调整分录的调整,会使被审计单位审计年度调整后的已审财务报表与审计年度总账金额不一致,导致形式上的账表不符,但从实质上看,账表仍然相符,只不过是会计调整分录在审计年度的下一年编制,一旦被审计单位完成会计调整分录的编制,账表就会达到形式上的相符。这种处理对下一年的财务状况和经营成果不会产生影响。

第三节　管理层声明

一、被审计单位管理层声明的作用

管理层声明是指被审计单位管理层向注册会计师提供的关于财务报表的各项陈述。这些陈述是在审计过程中,注册会计师与被审计单位管理层就财务报表审计相关的重大事项不断进行沟通而形成的。注册会计师在出具审计报告前,应向被审计单位管理层获取适当声明。

被审计单位管理层声明具有以下两个基本作用:

一是进一步明确管理层对财务报表的责任。在形成声明的过程中,注册会计师应当与管理层就与财务报表审计相关的重大事项不断进行沟通。管理层在声明上签名并盖章,则表明其已对声明中所列示的重大事项进行考虑,并予以确认。这有助于管理层履行自身责任。另外,管理层声明明确管理层的责任还有助于提高注册会计师与管理层沟通的透明度,为双方所做的沟通提供证据,可以减少潜在的纠纷,从而起到保护注册会计师的作用。

二是提供审计证据。在某些情况下,管理层声明是注册会计师通过实施其他审计程序获得审计证据的补充。而就某些事项而言,管理层声明可以作为重要审计证据。如果合理预期不存在其他充分、适当的审计证据,例如,涉及管理层持有资产的意图、目的，注册会计师应当实施询问程序，并将询问结果取得管理层的确认，以此作为一项重要证据。

需要说明的是，被审计单位管理层声明属于可靠性较低的内部审计证据，注册会计师不应以被审计单位管理层声明替代能够预期获取的其他审计证据，特别是当管理层声明的有关事项对财务报表具有重大影响时，注册会计师除应当获取相关佐证证据外，还应当评价管理层声明是否合理并与获取的其他审计证据相一致，并考虑声明人是否熟知所声明事项。

二、管理层声明的形式

管理层声明包括书面声明和口头声明。书面声明作为审计证据通常比口头声明可靠。当要求管理层提供声明书时，注册会计师应当要求将声明书递送注册会计师本人。

书面声明可采取下列形式：①管理层声明书。管理层声明书是列示管理层所作声明的书面文件。②注册会计师提供的列示其对管理层声明的理解并经管理层确认的函。对于涉及重大事项的管理层声明，出于谨慎的考虑，注册会计师可以将其对该声明的理解单独取得管理层的书面确认，避免双方产生误解。③董事会及类似机构的相关会议纪要，或已签署的财务报表副本。

三、管理层声明书的主要内容

管理层声明书一般包括以下三个方面的内容。

（一）关于财务报表

1. 管理层认可其对财务报表的编制责任。

2. 管理层认可其设计、实施和维护内部控制以防止或发现并纠正错报的责任。

3. 管理层认为注册会计师在审计过程中发现的未更正错报，无论是单独还是汇总起来考虑，对财务报表整体均不具有重大影响。

（二）关于信息的完整性

1. 所有财务信息和其他数据的可获得性。

2. 所有股东会和董事会会议记录的完整性和可获得性。

3. 就违反法律法规行为的事项，被审计单位与监管机构沟通的书面文件的可获得性。

4. 与未记录交易相关的资料的可获得性。

5. 涉及下列人员舞弊行为或舞弊嫌疑的信息的可获得性：①管理层；②对内部控制具有重大影响的雇员；③对财务报表的编制具有重大影响的其他人员。

（三）关于确认、计量和列报

1. 对资产或负债的确认或列报具有重大影响的计划或意图。

2. 关联方交易，以及涉及关联方的应收或应付款项。

3. 需要在财务报表中披露的违反法律法规的行为。

4. 需要确认或披露的或有事项，对财务报表具有重大影响的承诺事项和需要偿付的担保等。

5. 对财务报表具有重大影响的合同的遵循情况。

6. 对财务报表具有重大影响的重大不确定事项。

7. 被审计单位对资产的拥有或控制情况，以及抵押、质押或留置资产。

8. 持续经营假设的合理性。

9. 需要调整或披露的期后事项。

根据上述事项的复杂程度和重要性，注册会计师可以将其全部列入管理层声明书中，也可以就其中某个事项向管理层获取专项声明。

四、管理层声明书的基本格式

管理层声明书的基本格式如下：

1. 标题。管理层声明书的标题为"管理层声明书"。

2. 收件人。管理层声明书的收件人为接受委托的会计师事务所及签署审计报告的注册会计师。

3. 声明内容。

4. 签署人签名并签章。管理层声明书通常由管理层中对被审计单位及其财务负主要责任的人员签署。在某些情况下，注册会计师也可以向管理层中的其他人员获取管理层声明书。

5. 签署日期。管理层声明书标明的日期通常与审计报告日一致。但在某些情况下，注册会计师也可能在审计过程中或审计报告日后就某些交易或事项获取单独的声明书。补充声明通常就下列两个事项予以声明：①管理层是否注意到任何事项使其认为前一声明需要修改；②在资产负债表日后是否发生任何事项导致需要对财务报表进行调整。

下面列示了一种常见的管理层声明书：

管理层声明书

××会计师事务所并××注册会计师：

本公司已委托贵事务所对本公司 20×1 年 12 月 31 日的资产负债表，20×1 年度的利润表、股东权益变动表和现金流量表以及财务报表附注进行审计，并出具审计报告。

为配合贵事务所的审计工作，本公司就已知的全部事项作出如下声明：

1. 本公司承诺，按照《企业会计准则》和《××会计制度》的规定编制财务报表是我们的责任。

2. 本公司已按照《企业会计准则》和《××会计制度》的规定编制20×2年度财务报表，财务报表的编制基础与上年度保持一致，本公司管理层对上述财务报表的真实性、合法性和完整性承担责任。

3. 设计、实施和维护内部控制，保证本公司资产安全和完整，防止或发现并纠正错报，是本公司管理层的责任。

4. 本公司承诺财务报表符合适用的会计准则和相关会计制度的规定，公允反映本公司的财务状况、经营成果和现金流量情况，不存在重大错报，包括漏报。贵事务所在审计过程中发现的未更正错报，无论是单独还是汇总起来，对财务报表整体均不具有重大影响。未更正错报汇总(见附件)附后。

5. 本公司已向贵事务所提供了：

(1)全部财务信息和其他数据。

(2)全部重要的决议、合同、章程、纳税申报表等相关资料。

(3)全部股东会和董事会的会议记录。

6. 本公司所有经济业务均已按规定入账，不存在账外资产或未计负债。

7. 本公司认为所有与公允价值计量相关的重大假设是合理的，恰当地反映了本公司的意图和采取特定措施的能力；用于确定公允价值的计量方法符合《企业会计准则》的规定，并在使用上保持了一贯性；本公司已在财务报表中对上述事项作出恰当披露。

8. 本公司不存在导致重述比较数据的任何事项。

9. 本公司已提供所有与关联方和关联方交易相关的资料，并已根据《企业会计准则》和《××会计制度》的规定识别和披露了所有重大关联方交易。

10. 本公司已提供全部或有事项的相关资料。除财务报表附注中披露的或有事项外，本公司不存在其他应披露而未披露的诉讼、赔偿、承兑、担保等或有事项。

11. 除财务报表附注披露的承诺事项外，本公司不存在其他应披露而未披露的承诺事项。

12. 本公司不存在未披露的影响财务报表公允性的重大不确定事项。

13. 本公司已采取必要措施防止或发现舞弊及其他违反法规行为，未发现：

(1)涉及管理层的任何舞弊行为或舞弊嫌疑的信息。

(2)涉及对内部控制产生重大影响的雇员的任何舞弊行为或舞弊嫌疑的信息。

(3)涉及对财务报表的编制具有重大影响的其他人员的任何舞弊行为或舞弊嫌疑的信息。

14.本公司严格遵守了合同规定的条款,不存在因未履行合同而对财务报表产生重大影响的事项。

15.本公司对资产负债表上列示的所有资产均拥有合法权利,除已披露事项外,无其他被抵押、质押资产。

16.本公司编制财务报表所依据的持续经营假设是合理的,没有计划终止经营或破产清算。

17.本公司已提供全部资产负债表日后事项的相关资料,除财务报表附注中披露的资产负债表日后事项外,本公司不存在其他应披露而未披露的重大资产负债表日后事项。

18.本公司管理层确信:

(1)未收到监管机构有关调整或修改财务报表的通知。

(2)无税务纠纷。

19.其他事项。即注册会计师认为重要而需声明的事项,或者管理层认为必要而声明的事项。例如:①本公司在银行存款或现金运用方面未受到任何限制。②本公司对存货均已按照《××会计制度》的规定予以确认和计量;受托代销商品或不属于本公司的存货均未包括在会计记录内;在途物资或由代理商保管的货物均已确认为本公司存货。③本公司不存在未披露的大股东及关联方占用资金和担保事项等。

××有限责任公司(盖章)
法定代表人:(签名并盖章)
财务负责人:(签名并盖章)
二〇×二年×月×日

五、管理层声明对审计报告的影响

如被审计单位管理层拒绝就对财务报表具有重大影响的事项提供必要的书面声明,或拒绝就重要的口头声明予以书面确认,注册会计师应将其视为审计范围受到严重限制,并发表保留意见或无法表示意见的审计报告。

注册会计师如对影响财务报表的重大事项无法实施必要的审计程序,获取充分、适当的审计证据,即使取得管理层声明,仍应视为审计范围受到严重限制,并发表保留意见或无法表示意见的审计报告。

第四节　律师声明书

一、律师声明书的作用

当注册会计师对被审计单位或有负债进行审计时，由于不像律师那样具有良好的法律技能，很难对未决诉讼、债务担保等可能造成损失的金额或者范围大小作出准确的判断，因此，为了避免错误的结论，注册会计师往往需要就被审计单位在资产负债表日就已存在，以及资产负债表日至律师复函日止这一时期内存在的或有负债问题向被审计单位所聘请的律师或法律顾问进行函证，以获取支持审计结论的相应审计证据。被审计单位的律师对上述函证问题的答复和说明，就是律师声明书。律师声明书属于外部书面证据，有较强的证明力，注册会计师可以直接用律师声明书作为解释或有负债的证据。

二、律师声明书的内容和格式

一般来说，对律师的函证，通常采用被审计单位寄发致律师的审计查询函来进行。审计查询函的内容应包括被审计单位叙述和评价与该律师业务相关的或有负债情况。律师的责任在于声明被审计单位有关或有负债的叙述的完整性，并对被审计单位对有关或有负债的评价作出说明和评论。

律师声明书所用的格式和措词没有什么固定的格式，下面列示了一种常见的律师询证函和律师询证函复函：

律师询证函

××律师事务所

×××律师台鉴：

本公司已聘请××会计师事务所对本公司××××年××月××日（以下简称资产负债表日）的资产负债表以及截止于资产负债表日的该年度利润及利润分配表和现金流量表进行审计。为配合该项审计，谨请贵律师基于受理本公司委托的工作（诸如常年法律顾问、专项咨询和诉讼代理等），提供下述资料，并函告××会计师事务所：

1. 请说明存在于资产负债表日并且自该日起至本函回复日止本公司委托贵律师代

理进行的任何未决诉讼。该说明中谨请包含以下内容:

(1)案件的简要事实经过与目前的发展进程。

(2)在可能范围内,贵律师对于本公司管理当局就上述案件所持看法及处理计划(如庭外和解设想)的了解,及您对可能发生结果的意见。

(3)在可能范围内,您对可能发生的损失或收益的可能性及金额的估计。

2.请说明存在于资产负债表日并且自该日起至本函回复日止,本公司曾向贵律师咨询的其他诸如未决诉讼、追索债权、被追索债务以及政府有关部门对本公司进行的调查等可能涉及本公司法律责任的事件。

3.请说明截止于资产负债表日,本公司与贵律师事务所律师服务费的结算情况(如有可能,请依服务项目区分)。

4.若无上述1及2事项,为节省您宝贵的时间,烦请您填写本函背面《律师询证函复函》并签章后,按以下地址,寄往××会计师事务所(地址:××市××路××号;邮编××××××)。

谢谢合作!

××公司:(盖章)

公司负责人:(签章)

年　月　日

律师询证函复函

××会计师事务所:

本律师于＿＿＿＿＿＿期间,除向＿＿＿＿＿＿公司提供一般性法律咨询服务,并未有接受委托,代理进行或咨询如前述1和2项所述之事宜。

另截至　　年　月　日止,该公司

□未积欠本律师事务所任何律师服务费。

□尚有本律师事务所的律师服务费计人民币＿＿＿＿＿元,未予付清。

××律师事务所

律师:＿＿＿＿＿(签章)

年　月　日

三、律师声明书对审计报告的影响

由于审计报告最终是由注册会计师负责,因而注册会计师应对利用律师声明书所形成的审计结论负责。注册会计师在利用律师声明书作为审计证据时,首先应对该律师的专业资格、专业经验及声望进行考察。如果注册会计师对该律师的各方面的情况都很熟悉,就不需再作专门的查询;如果注册会计师对于重大情况下代理被审计单位法律事务的律师并不熟悉,则应该考虑对该律师的专业资格、专业经验及声望等情况进行查询。注册会计师应当根据该律师的专业资格、专业经验及声望等情况来确定律师声明书内容的合理性和可靠性。如果注册会计师对该律师的情况感到满意,一般会接受律师声明书中的意见。

律师声明书的内容往往会直接影响注册会计师表示审计意见的类型。如果律师在回函中表明产生有利结果的可能性很大,那么注册会计师可签发无保留意见的审计报告;如果律师在回函中表明产生不利结果的可能性很大,而且潜在损失发生的金额和范围具有重大的不确定性,那么注册会计师可签发带强调事项段的无保留意见的审计报告;如果律师对审计询证函拒绝回答或是隐瞒信息,注册会计师就应该认为审计范围受到限制,在这种情况下,注册会计师应根据事项的重要程度,签发保留意见或无法表示意见的审计报告。

第五节　审计总结

一、审计总结的重要性

在完成审计实质性测试后,审计项目经理应当对审计工作底稿进行全面复核,并在此基础上撰写审计总结,概括地说明审计计划执行情况及审计目标是否实现。审计总结的重要性主要表现在以下几个方面:

第一,通过撰写审计总结,审计项目经理可以及时发现审计过程中的疏漏,并采取补救措施,确保审计质量。

第二,通过撰写审计总结,审计项目经理可对已作出的专业判断进行一次全面的再鉴定,便于正确地表达审计意见。

第三,审计总结可以为上一级复核者(部门经理或主任会计师)在复核审计工作底稿时提供一份完整而全面的汇总资料,使上一级复核者对本项目的审计概况有一个总体了解。

第四,审计总结的撰拟过程,是经验与教训的总结过程,有利于提高撰写者及其他审计项目组成员的专业水准,积累实务经验。

第五,审计总结是出具管理建议书的基础,也为下一期间的审计作了必要的衔接与铺垫。

二、审计总结一般包括的内容

审计总结形式比较灵活,没有固定的格式,但通常应包括下列内容:

1. 单位背景概况。审计总结首先应对被审计单位的业务类型、产品服务的种类、经营特点、资产规模、经营成果等进行概括性的阐述,其次应对被审计单位所采用的主要会计政策及会计估计的情况,以及重大会计政策和会计估计的变更情况等进行阐述。

2. 审计目的、范围。主要说明本次审计是年度财务报表审计,还是其他的专项审计。

3. 审计过程采取的审计方法。主要说明控制测试、实质性测试、实施抽样审计的情况等。

4. 审计计划的执行情况。

5. 获取的审计证据情况。主要说明审计证据是否充分,是否适当,在收集审计证据的过程中是否受到阻碍等。

6. 审计风险描述及重要性水平的确定。主要说明对固有风险、控制风险、检查风险评估的依据,及确定财务报表层次和账户或交易层次重要性水平的判断基础和计算方法。

7. 实质性测试。简要说明实质性测试的性质、时间和范围。

8. 重大问题的处理情况。主要说明审计中发现的主要问题和建议的重要调整事项。

9. 与客户交换意见。主要说明就审计中发现的主要问题、建议的重要调整事项及拟出具的审计报告的意见类型与客户交换意见的情况。

10. 审计意见类型。主要说明拟出具的审计报告的意见类型。

11. 对下年度工作的意见和建议。

第六节　审计结果的评价

注册会计师在完成审计工作以后,需要对其审计结果进行总体评价。注册会计师评价审计结果的目的在于,一是要确定将要发表的审计意见的类型,二是要确定在整个审计工作中审计人员是否遵循了独立审计准则。

审计结果的评价包括3个方面的内容:①对重要性和审计风险进行最终的评价;②对已审计的财务报表进行技术性复核;③对已审计的财务报表形成审计意见并草拟审计报告。

一、对重要性和审计风险进行最终的评价

对重要性和审计风险进行最终评价,是注册会计师决定发表何种类型审计意见的必要过程。注册会计师在完成外勤工作后,应汇总所有审计过程中发现的差异,然后参照重要性水平和审计风险对审计结果进行最终的评价。

(一)对财务报表进行总体复核

在审计结束或临近结束时,注册会计师必须运用分析程序对财务报表进行总体复核。在总体复核阶段执行分析程序,所进行的比较和使用的手段与风险评估程序中使用的分析程序基本相同,但两者的目的截然不同。在总体复核阶段实施的分析程序主要在于强调并解释财务报表项目自上个会计期间以来发生的重大变化,以证实财务报表中列报的所有信息与注册会计师对被审计单位及其环境的了解是否一致、与注册会计师取得的审计证据是否一致。

在进行总体复核时,如果识别出以前未识别的重大错报风险,注册会计师应当重新考虑对全部或部分各类交易、账户余额、列报评估的风险是否恰当,并在此基础上重新评价之前计划的审计程序是否充分、是否有必要追加审计程序。

(二)确定将要发表的审计意见的类型

注册会计师要将尚未更正错报汇总数或审计范围受到限制与重要性水平进行比较,确定将要发表的审计意见的类型。

注册会计师评价审计结果时所运用的重要性水平,可能与编制审计计划时所确定的重要性水平初步判断数不同,如前者大大低于后者,注册会计师应当重新评价所执行的审计程序是否适当、审计证据是否充分,并提请被审计单位进一步调整已经发现的差错。

注册会计师应该以重要性水平和审计风险为基础,确定尚未更正错报汇总数或审计范围受到限制对财务报表的总体影响程度,以决定发表何种审计意见。尚未更正错报汇总数或审计范围受到限制对财务报表的总体影响程度主要有以下3种情况:

1. 错报金额或审计范围受到限制的影响不重要。当被审计单位会计政策的选用、会计估计的作出或财务报表的披露不符合适用的会计准则和相关会计制度的规定,或因审计范围受到限制,无法获取充分、适当的审计证据,但所涉金额不大,远远低于重要性水平,不至于影响财务报表使用者的决策,注册会计师认为该金额不重要时,就可以出具无保留意见的审计报告。

2. 错报金额或审计范围受到限制的影响重要，但就财务报表整体而言是公允的。当被审计单位会计政策的选用、会计估计的作出或财务报表的披露不符合适用的会计准则和相关会计制度的规定，或因审计范围受到限制，无法获取充分、适当的审计证据，所涉金额超过重要性水平，在某些方面影响财务报表使用者的决策，但对财务报表整体仍然是公允的，注册会计师可以出具保留意见的审计报告。

3. 错报金额重要或审计范围受到重要限制且影响广泛，以至财务报表整体公允性存在问题。当被审计单位会计政策的选用、会计估计的作出或财务报表的披露不符合适用的会计准则和相关会计制度的规定，或因审计范围受到限制，无法获取充分、适当的审计证据，金额超过重要性水平且影响广泛，将会全面影响财务报表使用者的决策，注册会计师应当出具否定意见或无法表示意见的审计报告。

二、对已审计的财务报表进行技术性复核

为了避免审计工作发生遗漏，没有足够的、有说服力的审计证据支持审计意见，造成其出具的审计报告不正确，注册会计师还需在审计工作完成后，对已审计财务报表进行技术性复核。

对已审计财务报表进行技术性复核，可以通过填列和审计工作完成情况核对表的方式来进行。虽然审计准则并未就审计工作完成情况核对表的内容作出规定，但在审计实务中，各个会计师事务所都备有各自详细的审计工作完成情况核对表。由于被审计单位的行业、性质不同，其审计内容和审计程序也会有所区别，相应地，审计工作完成情况核对表的内容也会不同。审计工作完成情况核对表由项目负责人来填列完成，完成后的审计工作完成情况核对表应由负责该审计项目的部门经理和主任会计师再加以复核。

如果在填列审计工作完成情况核对表时发现审计工作有遗漏，审计人员应该补充执行遗漏的审计工作，再收集额外的审计证据，如果这种遗漏是被审计单位拒绝配合审计人员的工作造成的，注册会计师应该发表保留意见或无法表示意见的审计报告。

表 11－6 列示了审计工作完成情况核对表中的部分内容。

表 11－6　审计工作完成核对表

被审计单位名称	财务报表期间	工作底稿索引号

编制人及复核人员签字：

编制人：	日期：
复核人（如项目经理/项目负责人）：	日期：
项目质量控制复核人（如适用）：	日期：

续表

核对项目	核对结果(是/不适用)	工作底稿索引号
[是否已取得管理层的书面声明]		
[如果发现舞弊或获取的信息表明可能存在舞弊,是否已与适当层次的管理层或治理层沟通]		
[是否已将注意到的内部控制设计或执行方面的重大缺陷告知适当层次的管理层或治理层]		
[……]		

项目负责人确认:项目组已取得充分、适当的审计证据,以支持得出的审计结论及将出具的审计报告。

项目负责人签字:__________

三、对已审计的财务报表形成审计意见并草拟审计报告

由于审计小组在审计过程中实行分工协作,各个成员所执行的审计工作仅限于某几个领域或账项,其审计结果通常是分散的,所以,在完成审计工作阶段,为了对财务报表整体发表适当的审计意见,必须将这些分散的审计结果加以汇总和评价,综合考虑在审计过程中所收集到的全部证据。审计结果的初步汇总由项目负责人负责,然后再逐级交给部门经理和主任会计师认真复核,主任会计师对这些工作负有最终的责任。

在最终作出审计意见之前,会计师事务所应就影响审计报告的有关事项如有关财务报表的分歧、重大审计调整事项、会计信息披露中存在的重大问题等等,与被审计单位进行沟通。这种沟通不仅有利于消除误解,保护各方的合法权益,而且有利于相互间的协作与配合。注册会计师通常以口头方式向被审计单位报告这次审计所发现的问题,并说明建议被审计单位对其财务报表进行必要调整或表外披露的理由,被审计单位管理层可以对与注册会计师有分歧的问题进行申辩。最后,注册会计师与被审计单位管理层一般会对财务报表需要调整的事项或表外披露达成协议。如达成了协议,注册会计师即可签发无保留意见审计报告,否则,注册会计师则可能会根据有关事项的重要程度签发保留意见、否定意见或无法表示意见审计报告。

第七节　与治理层的沟通

一、沟通的目的和形式

（一）沟通的目的

被审计单位治理层的责任包括对财务报告过程的监督；管理层负责编制财务报表，并受到治理层的监督。被审计单位的治理层与注册会计师在财务报告过程监督和财务报表审计职责方面存在着共同的关注点，在履行职责方面存在着很强的互补性，这也正是注册会计师需要与治理层保持有效的双向沟通的根本原因。

注册会计师与治理层沟通的主要目的在于：

1. 就审计范围和时间以及注册会计师、治理层和管理层各方在财务报表审计和沟通中的责任，取得相互了解。

2. 及时向治理层告知审计中发现的与治理层责任相关的事项。

3. 共享有助于注册会计师获取审计证据和治理层履行责任的其他信息。

（二）沟通的形式

注册会计师与治理层沟通的形式涉及口头或书面沟通、详细或简略沟通、正式或非正式沟通。有效的沟通形式不仅包括正式声明和书面报告等正式形式，也包括讨论等非正式的形式。通常，沟通事项越重要，注册会计师就越倾向于采取书面的、更为详细的和更加正式的沟通形式。

根据审计准则的规定，注册会计师就下列事项与治理层沟通时，应当采取书面形式：①审计工作中发现的重大问题，其中已向治理层提出并得到妥善解决的事项不必包含在书面沟通文件中；②注册会计师的独立性。除此以外，对于其他事项的沟通，既可以采用书面形式，也可以采用口头形式。具体采用何种形式，取决于注册会计师根据具体情况和审计准则规定所作出的职业判断。

二、沟通的对象

注册会计师应当确定与被审计单位治理结构中的哪些适当人员沟通。适当人员可能因沟通事项的不同而不同。通常，注册会计师的沟通对象主要包括如下两类。

（一）与治理层的下设组织或个人沟通

通常，注册会计师没有必要（实际上也不可能）就与治理层的沟通准则要求的全部沟通事项与治理层整体进行沟通。适当的沟通对象往往是治理层的下设组织和人员，如董事会下设的审计委员会、独立董事、监事会，或者被审计单位特别指定的组织和人员等。如果被审计单位设有审计委员会或监事会，注册会计师应当着重与审计委员会或监事会沟通。但对于一些影响特别重大、性质十分特殊的沟通事项，或者在与治理层下设组织、人员进行沟通无法达到沟通目的的情况下，注册会计师可能需要与治理层整体进行沟通。例如，发现管理层存在重大舞弊行为，就需要考虑与董事会整体进行沟通。

（二）与管理层沟通

在对财务报表的审计中，由于编制财务报表是管理层的责任，财务报表是管理层在治理层的监督之下编制的，因此，在审计中，注册会计师在与治理层沟通特定事项前，通常先与管理层进行讨论，除非这些事项不适合与管理层讨论。如果被审计单位设有内部审计部门或专门的内部审计人员，注册会计师也可以在与治理层沟通特定事项前，先与内部审计人员讨论有关事项。

需特别注意的是，在治理层全部参与管理的情况下，如果就准则要求沟通的事项已与负有管理责任的人员沟通，且这些人员同时负有治理责任，注册会计师无需就这些事项再次与负有治理责任的相同人员沟通。

三、沟通的事项

（一）注册会计师的责任

对于自身与财务报表审计相关的责任，注册会计师应当直接与治理层沟通。由于这项沟通的内容十分重要，所以注册会计师通常考虑将它包含在审计业务约定书中，即在审计业务约定书中清楚地载明注册会计师与财务报表审计相关的责任。在就自身与财务报表审计相关的责任与治理层进行沟通时，注册会计师应当向治理层说明，注册会计师的责任是对管理层在治理层监督下编制的财务报表发表审计意见，对财务报表的审计并不能减轻管理层和治理层的责任。

除了清楚地说明注册会计师对财务报表的责任以外，注册会计师还应当就自身与治理层沟通的责任与治理层进行沟通，具体包括：①注册会计师有责任按照审计准则的规定执行审计业务，发表审计意见；审计准则要求沟通的事项包括财务报表审计中发现的，且与治理层履行对财务报告过程监督职责相关的重大事项。②审计准则并不要求注册会计师专门为识别与治理层沟通的补充事项设计程序，但如果注册会计师注意到根据其职业判断认为重大且与治理层责任相关的补充事项，并且这些事项没有通过其他渠道与治理层作过有效沟通，注册会计师应当就这些事项与治理层沟通。③如果存在要求和商定沟通的其他事项，注册会计师还有责任就这些事项与治理层沟通。

(二)计划的审计范围和时间

注册会计师应当就计划的审计范围和时间直接与治理层作简要沟通,应当考虑与治理层沟通的事项包括:①注册会计师拟如何应对由于舞弊或错误导致的重大错报风险;②注册会计师对与审计相关的内部控制采取的方案;③重要性的概念,但不宜涉及重要性的具体底线或金额;④审计业务受到的限制或法律法规对审计业务的特定要求;⑤注册会计师与治理层商定的沟通事项的性质。

注册会计师还可以考虑与治理层讨论下列事项:①当被审计单位设有内部审计职能时,注册会计师拟利用内部审计工作的范围,以及双方如何更好地协调和配合工作;②治理层对内部控制和舞弊的态度、认识和措施;③与拟实施的审计程序相关的事项,这些程序是在法律法规和审计准则的规定之外,应治理层或管理层要求而实施的;④治理层对会计准则和相关会计制度,以及与财务报表相关的法律法规和其他事项等方面的变化作出的反应;⑤治理层对以前的沟通如何作出的反应。

此外,注册会计师还可以考虑就治理层对下列事项的看法与其进行讨论:①与治理结构中的哪些适当人员沟通;②治理层和管理层责任的划分;③被审计单位的目标、战略以及可能导致财务报表发生重大错报的相关经营风险;④治理层认为审计中应特别注意的事项,以及需要采取额外程序的领域;⑤与监管机构沟通的重大事项;⑥治理层认为可能会影响财务报表审计的事项。

当与治理层沟通计划的审计范围和时间时,注册会计师应当保持职业谨慎,以防止由于具体审计程序易于被治理层,尤其是承担管理责任的治理层所预见等原因而损害审计工作的有效性。

(三)审计工作中发现的问题

注册会计师应当就审计工作中发现的问题与治理层直接沟通下列事项:①注册会计师对被审计单位会计处理质量的看法;②审计工作中遇到的重大困难;③尚未更正的错报,除非注册会计师认为这些错报明显不重要;④审计中发现的、根据职业判断认为重大且与治理层履行财务报告过程监督责任直接相关的其他事项。

除非被审计单位治理层全部参与管理,注册会计师还应当与治理层直接沟通下列事项:①根据职业判断认为需要提请治理层注意的管理层声明;②已与管理层讨论或书面沟通的、审计中发现的重大事项。

(四)注册会计师的独立性

如果被审计单位是上市公司,注册会计师应当就独立性与治理层直接沟通下列内容:①就审计项目组成员、会计师事务所其他相关人员以及会计师事务所按照法律法规和职业道德规范的规定保持了独立性作出声明;②根据职业判断,注册会计师认为会计师事务所与被审计单位之间存在的可能影响独立性的所有关系和其他事项，其中包括会计师事务所在财务报表涵盖期间为被审计单位和受被审计单位控制的组成部分提供审计、非审计服务的收费总额；③为消除对独立性的威胁或将其降至可接受的水平，已经采取的相关防护措施。

如果被审计单位是非上市公司，但可能涉及重大的公众利益，如银行和非银行金融机构、保险公司、公用事业、公益事业等领域的被审计单位，注册会计师应当考虑注册会计师独立性的沟通事项是否适用。

(五)要求和商定沟通的其他事项

与治理层或管理层商定沟通的事项，可能与治理层对财务报告过程的监督责任相关，也可能与治理层的其他责任相关。要求和商定沟通的其他事项包括：①法律法规和与治理层的沟通准则以外的其他审计准则要求沟通的事项；②与治理层或管理层商定沟通的事项。

(六)补充事项

如果存在审计准则未作要求，但符合下列条件的事项，注册会计师应当将其作为补充事项与治理层沟通：①已引起注册会计师注意的事项；②根据职业判断认为与治理层的责任关系重大，且管理层或其他人员尚未与治理层有效沟通的事项。

复习思考题

1. 注册会计师在对建议调整的不符事项与未调整不符事项进行划分时，应当考虑哪些因素？

2. 律师声明书的内容会影响注册会计师的审计意见类型吗？

3. 注册会计师应当就哪些事项与治理层进行沟通？

4. X公司系股份有限公司，A和B注册会计师于2007年3月20日完成对X公司2006年度财务报表的审计工作。X公司所得税税率为33%，每年分别按净利润的10%和5%提取法定盈余公积和法定公益金。A和B注册会计师经审计发现该公司存在以下4种情况：

(1)X公司采用备抵法核算坏账，坏账准备按期末应收款项余额的6%计提。2006年末，未经审计的资产负债表反映的应收账款项目为借方余额21 000万元，其他应收款项目为借方余额1 692万元，应收账款和其他应收款相应的坏账准备期末余额分别1 100万元和160万元；应付账款项目为贷方余额8 080万元，预收账款项目为贷方余额1 350万元，坏账准备项目为贷方余额1 260万元。其中，应付账款项目和预收账款项目的明细项目列示如下：

应付账款——A公司	6 000万元	预收账款——F公司	2 100万元
应付账款——B公司	-1 500万元	预收账款——G公司	1 000万元
应付账款——C公司	2 080万元	预收账款——H公司	-2 000万元
应付账款——D公司	1 000万元	预收账款——I公司	190万元
应付账款——E公司	500万元	预收账款——J公司	60万元
合计	8 080万元	合计	1 350万元

(2)X公司办公楼于1997年12月启用，其折旧年限为20年，估计净残值率为10%，采用直线法计提折旧。该办公楼2006年年初账面原价为15 000 000元，累计折旧为5 400 000元，固定资产减值准备为1 500 000元。2006年3月至8月，Y公司在继续使用该办公楼的同时，耗资5 000 000元对其实施更新改造。更新改造完成后的办公楼自2006年9月起全面投入使用，但并未延长其经济使用寿命，对原估计的残值率和原计提的减值准备也不产生影响。截止2006年12月31日，Y公司未审财务报表及附注反映该办公楼账面原价为20 000 000元，累计折旧为6 175 000元，减值准备余额为1 500 000元。

(3)X公司于2006年1月1日按面值购入3年期、年利率为3%、到期还本付息的国库券500万元，按规定对该笔投资业务作了相应的会计处理。但至2006年12月31日对该笔投资2006年度的收益未予计提。

(4)X公司为K公司向银行借款100万元提供担保。2006年10月，K公司因经营严重亏损，进行破产清算，无力偿还已到期的该笔银行借款。贷款银行因此向法院起诉，要求X公司承担连带偿还责任，支付借款本息120万元。2007年2月20日，法院终审判决贷款银行胜诉，由X公司支付借款本息120万元，并于2007年2月28日执行完毕。X公司在2006年度未对该诉讼案件作相应的会计处理。

要求：

针对审计发现的上述4种情况，如果不考虑审计重要性水平，A和B注册会计师应分别提出何种审计处理建议？若需提出调整建议，请列示审计调整分录（包括报表重分类调整分录）。假定编制审计调整分录时不考虑流转税、费以及损益结转，但应考虑对所得税和净利润的影响。

第十二章

审计报告

本章要点

注册会计师在对约定的事项实施了必要的审计程序后，应当根据审计过程中所收集到的审计证据，清楚地表达对财务报表整体的意见。审计报告是注册会计师对被审计单位财务报表发表审计意见的书面文件，注册会计师应对出具的审计报告负责。本章简要地介绍了审计报告的作用和种类，详细阐述了审计报告的内容和格式，无保留意见、保留意见、否定意见和无法表示意见四种基本类型的审计报告及其出具的条件，财务报表审阅的内容及格式，编制审计报告的一般步骤和要求，特殊目的的审计报告的内容及其格式，以及对含有已审计财务报表的文件中的其他信息的阅读和处理。

第一节　审计报告的作用和种类

一、审计报告的含义

审计报告是指注册会计师根据中国注册会计师审计准则的规定，在实施审计工作的基础上对被审计单位财务报表发表审计意见的书面文件。

审计报告是注册会计师在完成审计工作后向委托人提交的最终产品，具有以下特征。

1. 注册会计师应当按照中国注册会计师审计准则（以下简称审计准则）的规定执行审计工作。

2. 注册会计师在实施审计工作的基础上才能出具审计报告。注册会计师应当实施风险评估程序，以此作为评估财务报表层次和认定层次重大错报风险的基础。风险评估程序本身并不足以为发表审计意见提供充分、适当的审计证据，注册会计师还应当实施进一步的审计程序，包括实施控制测试（必要时或决定测试时）和实质性程序。注册会计师通过实施上述审计程序，获取充分、适当的审计证据，得出合理的审计结论，作为形成审计意见的基础。

3. 注册会计师通过对财务报表发表意见履行业务约定书约定的责任。

4. 注册会计师应当以书面形式出具审计报告。

二、审计报告的作用

（一）鉴证作用

注册会计师签发的审计报告，不同于政府审计和内部审计的审计报告，是以独立的第三者身份，对被审计单位财务报表中所反映的财务状况、经营成果和现金流量情况是否合法、公允而发表自己的意见。这种客观意见，具有鉴证作用。这种鉴证作用，得到政府及其各部门和社会各界的普遍认可。政府有关部门，如财政部门、税务部门等了解、掌握企业的财务状况和经营成果的主要依据是企业提供的财务报表。财务报表是否合法、公允，主要依据注册会计师的审计报告作出判断。股份制企业的股东，主要依据注册会计师的审计报告，来了解被投资企业的财务状况和经营成果，从而进行投资决策。

（二）保护作用

注册会计师通过审计，可以对被审计单位出具不同类型审计意见的审计报告，以提高或降低财务报表信息使用者对财务报表的信赖程度，能够在一定程度上对被审计单位的财产、债权人和股东的权益及企业利害关系人的利益起到保护作用。如投资者为了减少投资风险，在进行投资之前，必须要查阅被投资企业的财务报表和注册会计师的审计报告，了解被投资企业的经营情况和财务状况。投资者根据注册会计师的审计报告作出投资决策，可以减少其投资风险。

（三）证明作用

审计报告是对注册会计师审计任务完成情况及其结果所作的总结。它可以表明审计工作的质量并明确注册会计师的审计责任。因此，审计报告可以对审计工作质量和注册会计师的审计责任起证明作用。通过审计报告，可以证明注册会计师在审计过程中是否实施了必要的审计程序，是否以审计工作底稿为依据发表审计意见，发表的审计意见是否与被审计单位的实际情况相一致，审计工作的质量是否符合要求。通过审计报告，可以证明注册会计师审计责任的履行情况。

三、审计报告的种类

（一）按照性质分类

按照性质不同，审计报告可分为标准审计报告和非标准审计报告。

标准审计报告是指不附加说明段、强调事项段或任何修正性用语的无保留意见的审计报告。标准审计报告以外的其他审计报告统称为非标准审计报告，包括带强调事项段的无保留意见的审计报告和非无保留意见的审计报告。非无保留意见的审计报告又包括保留意见的审计报告、否定意见的审计报告和无法表示意见的审计报告。

（二）按照使用目的分类

按照使用的目的不同，审计报告可分为公布目的的审计报告和非公布目的的审计报告。

公布目的的审计报告是指向社会公众公布的审计报告，如上市公司年度报表审计。非公布目的的审计报告是指只提交给特定的委托人而不向社会公众公布的审计报告，如对银行贷款合同遵守情况的审计报告。

（三）按照详略程度不同分类

按照详略程度不同，审计报告可分为简式审计报告和详式审计报告。

简式审计报告又称短式审计报告，是指简明扼要地说明审计范围、审计意见以及有关事项的审计报告。简式审计报告具有标准的格式，一般适用于公布目的的审计报告。详式审计报告又称长式审计报告，是指对审计的具体情况和审计结果进行详细说明和分析，并提出审计处理意见或建议的审计报告。详式审计报告主要用于帮助企业改善经营管理而进行的审计，没有固定的格式，一般适用于非公布目的的审计报告。

第二节　审计报告的基本内容

一、标题

审计报告的标题应当统一规范为“审计报告”。

二、收件人

审计报告的收件人是指注册会计师按照业务约定书的要求致送审计报告的对象，一般是指审计业务的委托人。审计报告应当载明收件人的全称。

三、引言段

审计报告的引言段应当说明被审计单位的名称和财务报表已经过审计，并包括下列内容：①指出构成整套财务报表的每张财务报表的名称；②提及财务报表附注；③指明财务报表的日期和涵盖的期间。

四、管理层对财务报表的责任段

管理层对财务报表的责任段应当说明，按照适用的会计准则和相关会计制度的规定编制财务报表是管理层的责任，这种责任包括：①设计、实施和维护与财务报表编制相关的内部控制，以使财务报表不存在由于舞弊或错误而导致的重大错报；②选择和运用恰当的会计政策；③作出合理的会计估计。

五、注册会计师的责任段

注册会计师的责任段应当说明下列内容：①注册会计师的责任是在实施审计工作的基础上对财务报表发表审计意见。注册会计师按照中国注册会计师审计准则的规定执行了审计工作。中国注册会计师审计准则要求注册会计师遵守职业道德规范，计划和实施审计工作以对财务报表是否不存在重大错报获取合理保证。②审计工作涉及实施审计程序，以获取有关财务报表金额和披露的审计证据。选择的审计程序取决于注册会计师的判断，包括对由于舞弊或错误导致的财务报表重大错报风险的评估。在进行风险评估时,注册会计师考虑与财务报表编制相关的内部控制,以设计恰当的审计程序,但目的并非对内部控制的有效性发表意见。审计工作还包括评价管理层选用会计政策的恰当性和作出会计估计的合理性,以及评价财务报表的总体列报。③注册会计师相信已获取的审计证据是充分、适当的,为其发表审计意见提供了基础。

如果接受委托,结合财务报表审计对内部控制有效性发表意见,注册会计师应当省略本条第②项中“但目的并非对内部控制的有效性发表意见”的术语。

六、审计意见段

审计意见段应当说明,财务报表是否按照适用的会计准则和相关会计制度的规定编制,是否在所有重大方面公允反映了被审计单位的财务状况、经营成果和现金流量。

当出具保留意见、否定意见或无法表示意见的审计报告时,注册会计师应当在注册会计师的责任段之后、审计意见段之前增加说明段,清楚地说明导致所发表意见或无法发表意见的所有原因,并在可能情况下,指出其对财务报表的影响程度。

审计报告的说明段是指审计报告中位于审计意见段之前用于描述注册会计师对财务报表发表保留意见、否定意见或无法表示意见理由的段落。

七、注册会计师的签名及盖章

审计报告应当由注册会计师签名并盖章。

八、会计师事务所的名称、地址及盖章

审计报告应当载明会计师事务所的名称和地址,并加盖会计师事务所公章。

九、报告日期

审计报告的日期不应早于注册会计师获取充分、适当的审计证据(包括管理层认可对财务报表的责任且已批准财务报表的证据)、并在此基础上对财务报表形成审计意见的日期。审计报告日期是指注册会计师完成审计工作的日期。完成审计工作是指注册会计师完成了所有程序,获取的审计证据足以支持对财务报表发表意见。注册会计师在确定审计报告日期时,应当考虑以下因素:①应当实施的程序已经完成;②应当提请被审计单位调整的事项已经提出,被审计单位已经作出调整或拒绝作出调整;③被审计单位管理层已经正式签署财务报表。

第三节 审计报告的基本类型

一、无保留意见的审计报告

(一)标准无保留意见的审计报告

如果认为财务报表符合下列所有条件,注册会计师应当出具无保留意见的审计报告。

1. 财务报表已经按照适用的会计准则和相关会计制度的规定编制,在所有重大方面公允反映了被审计单位的财务状况、经营成果和现金流量。

2. 注册会计师已经按照中国注册会计师审计准则的规定计划和实施审计工作,在审计过程中未受到限制。

在评价财务报表是否按照适用的会计准则和相关会计制度的规定编制时,注册会计师应当考虑下列内容:①选择和运用的会计政策是否符合适用的会计准则和相关会计制度,并适合于被审计单位的具体情况;②管理层作出的会计估计是否合理;③财务报表反映的信息是否具有相关性、可靠性、可比性和可理解性;④财务报表是否作出充分披露,使财务报表使用者能够理解重大交易和事项对被审计单位财务状况、经营成果和现金流量的影响。

在评价财务报表是否作出公允反映时,注册会计师应当考虑下列内容:①经管理层调整后的财务报表,是否与注册会计师对被审计单位及其环境的了解一致;②财务报表的列报、结构和内容是否合理;③财务报表是否真实地反映了交易和事项的经济实质。

当出具无保留意见的审计报告时,注册会计师应当以"我们认为"作为意见段的开头,并使用"在所有重大方面"、"公允反映"等术语。

无保留意见的审计报告意味着,注册会计师通过实施审计工作,认为被审计单位财务报表的编制符合合法性和公允性的要求,合理保证财务报表不存在重大错报。

标准无保留意见的审计报告的参考格式如下。

审 计 报 告

ABC 股份有限公司全体股东:

我们审计了后附的 ABC 股份有限公司(以下简称 ABC 公司)财务报表,包括 20×1 年 12 月 31 日的资产负债表,20×1 年度的利润表、股东权益变动表和现金流量表以及财务报表附注。

一、管理层对财务报表的责任

按照企业会计准则和《××会计制度》的规定,编制财务报表是ABC公司管理层的责任。这种责任包括:(1)设计、实施和维护与财务报表编制相关的内部控制,以使财务报表不存在由于舞弊或错误而导致的重大错报;(2)选择和运用恰当的会计政策;(3)作出合理的会计估计。

二、注册会计师的责任

我们的责任是在实施审计工作的基础上对财务报表发表审计意见。我们按照中国注册会计师审计准则的规定执行了审计工作。中国注册会计师审计准则要求我们遵守职业道德规范,计划和实施审计工作以对财务报表是否不存在重大错报获取合理保证。

审计工作涉及实施审计程序,以获取有关财务报表金额和披露的审计证据。选择的审计程序取决于注册会计师的判断,包括对由于舞弊或错误导致的财务报表重大错报风险的评估。在进行风险评估时,我们考虑与财务报表编制相关的内部控制,以设计恰当的审计程序,但目的并非对内部控制的有效性发表意见。审计工作还包括评价管理层选用会计政策的恰当性和作出会计估计的合理性,以及评价财务报表的总体列报。

我们相信,我们获取的审计证据是充分、适当的,为发表审计意见提供了基础。

三、审计意见

我们认为,ABC公司财务报表已经按照企业会计准则和《××会计制度》的规定编制,在所有重大方面公允反映了ABC公司20×1年12月31日的财务状况以及20×1年度的经营成果和现金流量。

××会计师事务所　　　　　　　　中国注册会计师:×××
(盖章)　　　　　　　　　　　　(签名并盖章)
　　　　　　　　　　　　　　　中国注册会计师:×××
　　　　　　　　　　　　　　　(签名并盖章)
中国××市　　　　　　　　　　　二〇×二年×月×日

(二)带强调事项段的无保留意见的审计报告

当注册会计师出具无保留意见的审计报告时,如果同时符合下列条件,注册会计师应在审计意见段之后增加强调事项段,增加对重大事项的强调说明:①可能对财务报表产生重大影响,但被审计单位进行了恰当的会计处理,且在财务报表中作出充分披露;②不影响注册会计师发表的审计意见。

我国在非标准审计报告准则中规定了增加强调事项段的两种情形。①当存在可能导致对持续经营能力产生重大疑虑的事项或情况、但不影响已发表的审计意见时,注册会计师应当在审计意见段之后增加强调事项段对此予以强调。②当存在可能对财务报表产生重大影响的不确定事项(持续经营问题除外)、但不影响已发表的审计意见时,注册会计师应当考虑在审计意见段之后增加强调事项段对此予以强调。

注册会计师在理解不确定事项时,应当把握以下特征:①不确定事项的结果依赖于未来行动或事项;②不确定事项不受被审计单位的直接控制,在管理层批准财务报表日,不可能获得更多信息消除该不确定事项;③不确定事项可能影响财务报表,并且影响并不遥远,可以预计在未来时日得到解决。

除上述规定的两种情形以及其他审计准则规定的增加强调事项段的情形外,注册会计师不应在审计报告的意见段之后增加强调事项段或任何解释性段落,以免财务报表使用人产生误解。另外,注册会计师应当在强调事项段中指明,该段内容仅用于提醒财务报表使用人关注,并不影响已发表的意见。

带强调事项段的无保留意见的审计报告的参考格式如下。

1. 对持续经营能力产生重大疑虑的审计报告。

审 计 报 告

ABC 股份有限公司全体股东:

我们审计了后附的 ABC 股份有限公司(以下简称 ABC 公司)财务报表,包括 20×1 年 12 月 31 日的资产负债表,20×1 年度的利润表、股东权益变动表和现金流量表以及财务报表附注。

一、管理层对财务报表的责任

按照企业会计准则和《××会计制度》的规定,编制财务报表是 ABC 公司管理层的责任。这种责任包括:(1)设计、实施和维护与财务报表编制相关的内部控制,以使财务报表不存在由于舞弊或错误而导致的重大错报;(2)选择和运用恰当的会计政策;(3)作出合理的会计估计。

二、注册会计师的责任

我们的责任是在实施审计工作的基础上对财务报表发表审计意见。我们按照中国注册会计师审计准则的规定执行了审计工作。中国注册会计师审计准则要求我们遵守职业道德规范,计划和实施审计工作以对财务报表是否不存在重大错报获取合理保证。

审计工作涉及实施审计程序,以获取有关财务报表金额和披露的审计证据。选择的审计程序取决于注册会计师的判断,包括对由于舞弊或错误导致的财务报表重大错报风险的评估。在进行风险评估时,我们考虑与财务报表编制相关的内部控制,以设计恰当的审计程序,但目的并非对内部控制的有效性发表意见。审计工作还包括评价管理层选用会计政策的恰当性和作出会计估计的合理性,以及评价财务报表的总体列报。

我们相信,我们获取的审计证据是充分、适当的,为发表审计意见提供了基础。

三、审计意见

我们认为,ABC 公司财务报表已经按照企业会计准则和《××会计制度》的规定编制,在所有重大方面公允反映了 ABC 公司 20×1 年 12 月 31 日的财务状况以及 20×1 年度的经营成果和现金流量。

四、强调事项

我们提醒财务报表使用者关注,如财务报表附注×所述,ABC 公司在 20×1 年发生亏损×万元,在 20×1 年 12 月 31 日,流动负债高于资产总额×万元。ABC 公司已在财务报表附注×充分披露了拟采取的改善措施,但其持续经营能力仍然存在重大不确定性。本段内容不影响已发表的审计意见。

××会计师事务所　　　　　　　　　　中国注册会计师:×××
(盖章)　　　　　　　　　　　　　　(签名并盖章)
　　　　　　　　　　　　　　　　　中国注册会计师:×××
　　　　　　　　　　　　　　　　　(签名并盖章)
中国××市　　　　　　　　　　　　　二○×二年×月×日

2. 有重大不确定事项的审计报告。

审 计 报 告

ABC 股份有限公司全体股东:

我们审计了后附的 ABC 股份有限公司(以下简称 ABC 公司)财务报表,包括 20×1 年 12 月 31 日的资产负债表,20×1 年度的利润表、股东权益变动表和现金流量表以及财务报表附注。

一、管理层对财务报表的责任

按照企业会计准则和《××会计制度》的规定,编制财务报表是 ABC 公司管理层的责任。这种责任包括:(1)设计、实施和维护与财务报表编制相关的内部控制,以使财务报表不存在由于舞弊或错误而导致的重大错报;(2)选择和运用恰当的会计政策;(3)作出合理的会计估计。

二、注册会计师的责任

我们的责任是在实施审计工作的基础上对财务报表发表审计意见。我们按照中国注册会计师审计准则的规定执行了审计工作。中国注册会计师审计准则要求我们遵守职业道德规范,计划和实施审计工作以对财务报表是否不存在重大错报获取合理保证。

审计工作涉及实施审计程序,以获取有关财务报表金额和披露的审计证据。选择的审计程序取决于注册会计师的判断,包括对由于舞弊或错误导致的财务报表重大错报风险的评估。在进行风险评估时,我们考虑与财务报表编制相关的内部控制,以设计恰当的审计程序,但目的并非对内部控制的有效性发表意见。审计工作还包括评价管理层选用会计政策的恰当性和作出会计估计的合理性,以及评价财务报表的总体列报。

我们相信,我们获取的审计证据是充分、适当的,为发表审计意见提供了基础。

三、审计意见

我们认为,ABC 公司财务报表已经按照企业会计准则和《××会计制度》的规定编制,在所有重大方面公允反映了 ABC 公司 20×1 年 12 月 31 日的财务状况以及 20×1 年度的经营成果和现金流量。

四、强调事项

我们提醒财务报表使用者关注,如财务报表附注×所述,20×1 年 12 月 20 日,ABC 股份有限公司被 Y 公司指控侵犯了专利权,要求其赔偿损失×万元。法院已经受理,但尚未审理。ABC 股份有限公司的法律顾问认为,ABC 股份有限公司很可能败诉。如果 ABC 股份有限公司败诉,停止使用专利权并赔偿 Y 公司损失将会对其财务状况、经营成果和现金流量产生重大影响。ABC 股份有限公司已经合理确认了相关损失。本段内容并不影响已发表的审计意见。

××会计师事务所　　　　　　　　　　中国注册会计师:×××
（盖章）　　　　　　　　　　　　　　（签名并盖章）
　　　　　　　　　　　　　　　　　　中国注册会计师:×××
　　　　　　　　　　　　　　　　　　（签名并盖章）
中国××市　　　　　　　　　　　　　二〇×二年×月×日

二、保留意见的审计报告

如果认为财务报表整体是公允的,但还存在下列情形之一,注册会计师应当出具保留意见的审计报告。

情形一,会计政策的选用、会计估计的作出或财务报表的披露不符合适用的会计准则和相关会计制度的规定,虽影响重大,但不至于出具否定意见的审计报告。

情形二,因审计范围受到限制,不能获取充分、适当的审计证据,虽影响重大,但不至于出具无法表示意见的审计报告。

当出具保留意见的审计报告时,注册会计师应当在审计意见段中使用“除……的影响外"等术语。如果因审计范围受到限制，注册会计师还应当在注册会计师的责任段中提及这一情况。

保留意见的审计报告的参考格式如下。

1. 因会计政策选用不恰当而出具保留意见的审计报告。

审 计 报 告

ABC股份有限公司全体股东：

我们审计了后附的ABC股份有限公司（以下简称ABC公司）财务报表，包括20×1年12月31日的资产负债表，20×1年度的利润表、股东权益变动表和现金流量表以及财务报表附注。

一、管理层对财务报表的责任

按照企业会计准则和《××会计制度》的规定，编制财务报表是ABC公司管理层的责任。这种责任包括：(1)设计、实施和维护与财务报表编制相关的内部控制，以使财务报表不存在由于舞弊或错误而导致的重大错报；(2)选择和运用恰当的会计政策；(3)作出合理的会计估计。

二、注册会计师的责任

我们的责任是在实施审计工作的基础上对财务报表发表审计意见。我们按照中国注册会计师审计准则的规定执行了审计工作。中国注册会计师审计准则要求我们遵守职业道德规范，计划和实施审计工作以对财务报表是否不存在重大错报获取合理保证。

审计工作涉及实施审计程序，以获取有关财务报表金额和披露的审计证据。选择的审计程序取决于注册会计师的判断，包括对由于舞弊或错误导致的财务报表重大错报风险的评估。在进行风险评估时，我们考虑与财务报表编制相关的内部控制，以设计恰当的审计程序，但目的并非对内部控制的有效性发表意见。审计工作还包括评价管理层选用会计政策的恰当性和作出会计估计的合理性，以及评价财务报表的总体列报。

我们相信，我们获取的审计证据是充分、适当的，为发表审计意见提供了基础。

三、导致保留意见的事项

ABC股份有限公司20×1年10月购入的×类固定资产没有计提折旧。如果按照ABC股份有限公司固定资产折旧政策，应当计提折旧费用×万元。相应地，ABC股份有限公司20×1年12月31日的累计折旧应当增加×万元，固定资产账面净值减少×万元，20×1年度净利润减少×万元。

四、审计意见

我们认为，除了×类固定资产没有计提折旧对财务报表产生的影响外，上述财务报表符合国家颁布的企业会计准则和《××会计制度》的规定，在所有重大方面公允反映了ABC股份有限公司20×1年12月31日的财务状况以及20×1年度的经营成果和现金流量。

××会计师事务所　　　　　　　　　　中国注册会计师：×××
（盖章）　　　　　　　　　　　　　　（签名并盖章）
　　　　　　　　　　　　　　　　　中国注册会计师：×××
　　　　　　　　　　　　　　　　　　（签名并盖章）
中国××市　　　　　　　　　　　　　二〇×二年×月×日

2.因财务报表披露不充分而出具保留意见的审计报告。

审计报告

ABC股份有限公司全体股东：

我们审计了后附的ABC股份有限公司（以下简称ABC公司）财务报表，包括20×1年12月31日的资产负债表，20×1年度的利润表、股东权益变动表和现金流量表以及财务报表附注。

一、管理层对财务报表的责任

按照企业会计准则和《××会计制度》的规定，编制财务报表是ABC公司管理层的责任。这种责任包括：(1)设计、实施和维护与财务报表编制相关的内部控制，以使财务报表不存在由于舞弊或错误而导致的重大错报；(2)选择和运用恰当的会计政策；(3)作出合理的会计估计。

二、注册会计师的责任

我们的责任是在实施审计工作的基础上对财务报表发表审计意见。我们按照中国注册会计师审计准则的规定执行了审计工作。中国注册会计师审计准则要求我们遵守职业道德规范，计划和实施审计工作以对财务报表是否不存在重大错报获取合理保证。

审计工作涉及实施审计程序，以获取有关财务报表金额和披露的审计证据。选择的审计程序取决于注册会计师的判断，包括对由于舞弊或错误导致的财务报表重大错报风险的评估。在进行风险评估时，我们考虑与财务报表编制相关的内部控制，以设计恰当的审计程序，但目的并非对内部控制的有效性发表意见。审计工作还包括评价管理层选用会计政策的恰当性和作出会计估计的合理性，以及评价财务报表的总体列报。

我们相信，我们获取的审计证据是充分、适当的，为发表审计意见提供了基础。

三、导致保留意见的事项

20×1年12月15日，ABC股份有限公司将账面价值为×万元的存货作为抵押品，向×银行借款×万元，但未在财务报表中对抵押事项予以披露。

四、审计意见

我们认为，除了未在财务报表中对抵押事项予以披露可能产生的影响外，上述财务报表符合国家颁布的企业会计准则和《××会计制度》的规定，在所有重大方面公允反映了ABC股份有限公司20×1年12月31日的财务状况以及20×1年度的经营成果和现金流量。

××会计师事务所　　　　　　　　　　　中国注册会计师：×××
（盖章）　　　　　　　　　　　　　　（签名并盖章）
　　　　　　　　　　　　　　　　　　中国注册会计师：×××
　　　　　　　　　　　　　　　　　　（签名并盖章）
中国××市　　　　　　　　　　　　　　二○×二年×月×日

3. 因审计范围受到限制而出具保留意见的审计报告。

审计报告

ABC股份有限公司全体股东：

我们审计了后附的ABC股份有限公司（以下简称ABC公司）财务报表，包括20×1年12月31日的资产负债表，20×1年度的利润表、股东权益变动表和现金流量表以及财务报表附注。

一、管理层对财务报表的责任

按照企业会计准则和《××会计制度》的规定，编制财务报表是ABC公司管理层的责任。这种责任包括：(1)设计、实施和维护与财务报表编制相关的内部控制，以使财务报表不存在由于舞弊或错误而导致的重大错报；(2)选择和运用恰当的会计政策；(3)作出合理的会计估计。

二、注册会计师的责任

我们的责任是在实施审计工作的基础上对财务报表发表审计意见。除本报告"三、导致保留意见的事项"所述事项外，我们按照中国注册会计师审计准则的规定执行了审计工作。中国注册会计师审计准则要求我们遵守职业道德规范，计划和实施审计工作以对财务报表是否不存在重大错报获取合理保证。

审计工作涉及实施审计程序，以获取有关财务报表金额和披露的审计证据。选择的审计程序取决于注册会计师的判断，包括对由于舞弊或错误导致的财务报表重大错报风险的评估。在进行风险评估时，我们考虑与财务报表编制相关的内部控制，以设计恰当的审计程序，但目的并非对内部控制的有效性发表意见。审计工作还包括评价管理层选用会计政策的恰当性和作出会计估计的合理性，以及评价财务报表的总体列报。

我们相信，我们获取的审计证据是充分、适当的，为发表审计意见提供了基础。

三、导致保留意见的事项

ABC 公司 20×1 年 12 月 31 日的应收账款余额×万元，占资产总额的×%。由于 ABC 公司未能提供债务人地址，我们无法实施函证以及其他替代审计程序，以获取充分、适当的审计证据。

四、审计意见

我们认为，除了前段所述未能实施函证可能产生的影响外，ABC 公司财务报表已经按照企业会计准则和《××会计制度》的规定编制，在所有重大方面公允反映了 ABC 公司 20×1 年 12 月 31 日的财务状况以及 20×1 年度的经营成果和现金流量。

××会计师事务所　　　　　　　　　　中国注册会计师：×××
（盖章）　　　　　　　　　　　　　　（签名并盖章）
　　　　　　　　　　　　　　　　　　中国注册会计师：×××
　　　　　　　　　　　　　　　　　　（签名并盖章）
中国××市　　　　　　　　　　　　　二〇×二年×月×日

三、否定意见的审计报告

如果认为财务报表没有按照适用的会计准则和相关会计制度的规定编制，未能在所有重大方面公允反映被审计单位的财务状况、经营成果和现金流量，注册会计师应当出具否定意见的审计报告。

当出具否定意见的审计报告时，注册会计师应当在审计意见段中使用"由于上述问题造成的重大影响"、"由于受到前段所述事项的重大影响"等术语。

否定意见的审计报告的参考格式如下。

审 计 报 告

ABC 股份有限公司全体股东：

我们审计了后附的 ABC 股份有限公司（以下简称 ABC 公司）财务报表，包括 20×1 年 12 月 31 日的资产负债表，20×1 年度的利润表、股东权益变动表和现金流量表以及财务报表附注。

一、管理层对财务报表的责任

按照企业会计准则和《××会计制度》的规定，编制财务报表是 ABC 公司管理层的责任。这种责任包括:(1)设计、实施和维护与财务报表编制相关的内部控制,以使财务报表不存在由于舞弊或错误而导致的重大错报;(2)选择和运用恰当的会计政策;(3)作出合理的会计估计。

二、注册会计师的责任

我们的责任是在实施审计工作的基础上对财务报表发表审计意见。我们按照中国注册会计师审计准则的规定执行了审计工作。中国注册会计师审计准则要求我们遵守职业道德规范,计划和实施审计工作以对财务报表是否不存在重大错报获取合理保证。

审计工作涉及实施审计程序,以获取有关财务报表金额和披露的审计证据。选择的审计程序取决于注册会计师的判断,包括对由于舞弊或错误导致的财务报表重大错报风险的评估。在进行风险评估时,我们考虑与财务报表编制相关的内部控制,以设计恰当的审计程序,但目的并非对内部控制的有效性发表意见。审计工作还包括评价管理层选用会计政策的恰当性和作出会计估计的合理性,以及评价财务报表的总体列报。

我们相信,我们获取的审计证据是充分、适当的,为发表审计意见提供了基础。

三、导致否定意见的事项

如财务报表附注×所述,ABC 公司的长期股权投资未按企业会计准则的规定采用权益法核算。如果按权益法核算,ABC 公司的长期投资账面价值将减少×万元,净利润将减少×万元,从而导致 ABC 公司由盈利×万元变为亏损×万元。

四、审计意见

我们认为,由于受到前段所述事项的重大影响,ABC 公司财务报表没有按照企业会计准则和《××会计制度》的规定编制,未能在所有重大方面公允反映 ABC 公司 20×1 年 12 月 31 日的财务状况以及 20×1 年度的经营成果和现金流量。

××会计师事务所　　　　中国注册会计师:×××
（盖章）　　　　（签名并盖章）
中国注册会计师:×××
（签名并盖章）
中国××市　　　　二〇×二年×月×日

四、无法表示意见的审计报告

如果审计范围受到限制可能产生的影响非常重大和广泛,不能获取充分、适当的审计证据,以至于无法对财务报表发表审计意见,注册会计师应当出具无法表示意见的审计报告。

当出具无法表示意见的审计报告时，注册会计师应当删除注册会计师的责任段，并在审计意见段中使用“由于审计范围受到限制可能产生的影响非常重大和广泛”、“我们无法对上述财务报表发表意见”等术语。

无法表示意见的审计报告的参考格式如下。

审 计 报 告

ABC 股份有限公司全体股东：

我们接受委托，审计后附的 ABC 股份有限公司（以下简称 ABC 公司）财务报表，包括20×1 年12 月31 日的资产负债表，20×1 年度的利润表、股东权益变动表和现金流量表以及财务报表附注。

一、管理层对财务报表的责任

按照企业会计准则和《××会计制度》的规定，编制财务报表是 ABC 公司管理层的责任。这种责任包括：(1)设计、实施和维护与财务报表编制相关的内部控制，以使财务报表不存在由于舞弊或错误而导致的重大错报；(2)选择和运用恰当的会计政策；(3)作出合理的会计估计。

二、导致无法表示意见的事项

ABC 公司未对20×1 年12 月31 日的存货进行盘点，金额为×万元，占期末资产总额的40%。我们无法实施存货监盘，也无法实施替代审计程序，以对期末存货的数量和状况获取充分、适当的审计证据。

三、审计意见

由于上述审计范围受到限制可能产生的影响非常重大和广泛，我们无法对 ABC 公司财务报表发表意见。

××会计师事务所　　　　　　　　中国注册会计师：×××
（盖章）　　　　　　　　　　　　（签名并盖章）
　　　　　　　　　　　　　　　　中国注册会计师：×××
　　　　　　　　　　　　　　　　（签名并盖章）
中国××市　　　　　　　　　　　二〇×二年×月×日

第四节 财务报表审阅

一、财务报表审阅的目标

财务报表审阅的目标是注册会计师在实施审阅程序的基础上，说明是否注意到某些事项，使其相信财务报表没有按照适用的会计准则和相关会计制度的规定编制，未能在所有重大方面公允反映被审阅单位的财务状况、经营成果和现金流量。

在财务报表审阅业务中，要求注册会计师将审阅风险降至该业务环境下可接受的水平（高于财务报表审计中可接受的低水平），对审阅后的财务报表提供低于高水平的保证（即有限保证），在审阅报告中对财务报表采用消极方式提出结论。

二、财务报表审阅程序

（一）确定审阅程序的性质、时间和范围时应考虑的因素

注册会计师在确定审阅程序的性质、时间和范围时，应当考虑下列因素。

1. 以前期间执行财务报表审计或审阅所了解的情况。注册会计师可以充分运用以前期间执行该被审阅单位财务报表审计或审阅业务了解的情况，考虑被审阅单位容易出现错报或者经常发生错报的领域和以前期间重大的调整，从而确定本次工作的重点审阅领域。

2. 对被审阅单位及其环境的了解，包括适用的会计准则和相关会计制度、行业惯例。

3. 会计信息系统。由于被审阅单位的业务不同，会计信息系统在确认、计量、记录和报告各环节的具体要求也不同。了解会计系统，有助于注册会计师识别和理解被审阅单位重要的财务报表项目、交易和事项的主要类别、主要交易和事项的发生及会计处理过程。

4. 管理层的判断对特定项目的影响程度。由于经济活动内在不确定性因素的影响，被审阅单位在会计核算时需要作出会计估计，即在一定的假设基础上，根据既有的数据，使用适当的公式，对某些交易和事项予以估计入账。另外，对另一些交易和事项而言，管理层的意图是确定会计处理方法的重要依据之一。

5. 各类交易和账户余额的重要性。账户余额和各类交易的重要性，关系到审阅风险的高低和审阅证据的收集，从而影响到审阅程序的性质、时间和范围的确定。

（二）具体审阅程序

审阅程序以询问和分析程序为主，通常只有在有理由相信财务报表可能存在重大错报的情况下，注册会计师才会实施追加的或更为广泛的程序。具体来说，财务报表审阅程序通常包括以下内容。

1. 了解被审阅单位及其环境。注册会计师可以采用多种方法了解被审阅单位及其环境。包括：利用以往提供服务获取的经验；与被审阅单位的高级管理人员、内部审计人员等讨论；与曾为被审阅单位及其所处行业其他单位提供服务的注册会计师、律师以及被审阅单位以外的有关专家、监管机构、金融机构、客户等讨论；查阅法规与相关资料等。

2. 询问被审阅单位采用的会计准则和相关会计制度、行业惯例。

3. 询问被审阅单位对交易和事项的确认、计量、记录和报告的程序。

4. 询问财务报表中所有重要的认定。对于不同的财务报表项目，注册会计师关注的认定也不相同。注册会计师尤其要关注那些具有重大错报风险的项目的认定，如存货、应收账款等。

5. 实施分析程序，以识别异常关系和异常项目。

6. 询问股东会、董事会以及其他类似机构决定采取的可能对财务报表产生影响的措施。被审阅单位的重大经营活动和决策，一般都会反映在其股东大会、董事会（包括下设的诸如审计委员会、提名委员会、薪酬和考核委员会、风险管理委员会等专门委员会）的会议纪要中。注册会计师应当获取和查阅这些会议纪要，并就其中可能对财务报表产生影响的措施询问被审阅单位的董事、监事和相关高级管理人员。

7. 阅读财务报表，以考虑是否遵循指明的编制基础。

8. 获取其他注册会计师对被审阅单位组成部分财务报表出具的审计报告或审阅报告。

三、财务报表可能存在重大错报时的处理

在实施审阅程序后，如果获悉在审阅过程中所获取的信息有不正确、不完整，或者在其他方面不能令人满意的情况，注册会计师应当实施其认为必要的更为广泛的程序。

在扩大询问范围和获取额外解释之后，如果仍然存在重大疑问，且该疑问可能显示财务报表存在重大错报，注册会计师应当实施其认为必要的追加程序，以便能够以消极方式提出结论或确定是否出具非无保留结论的报告。

四、形成审阅工作记录

注册会计师应当记录为审阅报告提供证据的重大事项，以及按照准则的规定执行审阅业务的证据。

某一事项是否属于重大事项，需要注册会计师根据具体情况作出判断。重大事项通常包括：①引起特别风险的事项；②实施审阅程序的结果，该结果表明财务信息可能存在重大错报，或需要修正以前对重大错报风险的评估和针对这些风险拟采取的应对措施；③导致注册会计师难以实施必要审阅程序的情形；④导致出具非无保留结论的事项。除重大事项外，注册会计师还应当记录按照本准则的要求签定业务约定书、制定审阅计划、实施审阅程序、获取审阅证据、形成审阅结论、出具审阅报告的过程。

五、审阅报告的基本内容

（一）标题

审阅报告的标题应当统一规范为"审阅报告"。

（二）收件人

审阅报告的收件人应当为审阅业务的委托人。审阅报告应当载明收件人的全称。

（三）引言段

审阅报告的引言段应当说明下列内容。

1. 所审阅财务报表的名称。

2. 管理层的责任和注册会计师的责任。需要注意的是，如果无法对所审阅财务报表提供任何保证，则应当删除本段中对注册会计师责任的表述。

（四）范围段

审阅报告的范围段应当说明审阅的性质，包括下列内容。

1. 审阅业务所依据的准则。

2. 审阅主要限于询问和实施分析程序，提供的保证程度低于审计。

3. 没有实施审计，因而不发表审计意见。

需要注意的是，如果无法对财务报表提供任何保证，在审阅报告中应当删除本段内容。

（五）结论段

结论段中应当说明：根据注册会计师的审阅，是否注意到某些事项，使注册会计师相信财务报表没有按照适用的会计准则和相关会计制度的规定编制，未能在所有重大方面公允反映被审阅单位的财务状况、经营成果和现金流量。这与审阅业务的目标相对应。

（六）注册会计师的签名和盖章

审阅报告应当由注册会计师签名并盖章。

（七）会计师事务所的名称、地址及盖章

审阅报告应当载明会计师事务所的名称和地址，并加盖会计师事务所公章。

（八）报告日期

审阅报告的日期是指注册会计师完成审阅工作的日期，不应早于管理层批准财务报表的日期。

审阅报告应当后附已审阅的财务报表。为了避免审阅报告的误用，审阅报告一般应与已审阅的财务报表一并使用。

在某些情况下，如果注册会计师与委托人约定，审阅报告仅限于特定使用者或者特定方面使用，或者仅限于特定用途，则应当在审阅报告的结论段后增设一段，对审阅报告的分发和使用限制予以明确说明。

六、审阅结论的类型及其适用条件

（一）无保留结论

注册会计师对所审阅财务报表提出无保留结论，应当同时满足以下条件。

1. 注册会计师没有注意到任何事项使其相信财务报表没有按照适用的会计准则和相关会计制度的规定编制，未能在所有重大方面公允反映被审阅单位的财务状况、经营成果和现金流量。

2. 注册会计师已经按照本准则的规定计划和实施审阅工作，在审阅过程中未受到限制。

（二）保留结论

注册会计师对所审阅财务报表提出保留结论适用于以下两种情况。

1. 注册会计师注意到某些事项使其相信财务报表没有按照适用的会计准则和相关会计制度的规定编制，未能在所有重大方面公允反映被审阅单位的财务状况、经营成果和现金流量。这些事项虽然影响重大，但其影响尚未达到“非常重大和广泛”的程度，尚不足以导致注册会计师提出否定结论。

2. 注册会计师的审阅存在重大的范围限制。该范围限制虽然影响重大，但其影响尚未达到“非常重大和广泛”的程度，尚不足以导致注册会计师无法提供任何保证。

在上述第 2 种情况下，注册会计师还需要在审阅报告的范围段中提及审阅范围受限制的情况，典型的措辞如：“除下段（注：即说明段）所述事项外，我们按照《中国注册会计师审阅准则第 2101 号——财务报表审阅》的规定执行了审阅业务”。

在提出保留结论的情况下，审阅报告的结论段中需使用“除了上述……所造成的影响外”等术语。

（三）否定结论

如果注册会计师注意到某些事项使其相信财务报表没有按照适用的会计准则和相关会计制度的规定编制，未能在所有重大方面公允反映被审阅单位的财务状况、经营成果和现金流量，且这些事项对财务报表的影响非常重大和广泛，以至于注册会计师认为仅提出保留结论不足以揭示财务报表的误导性或错报的严重程度，注册会计师应当对财务报表提出否定结论。

在提出否定结论时，注册会计师应使用“由于受到前段所述事项的重大影响”、“财务报表未能按照企业会计准则和《××会计制度》的规定编制”等术语。

（四）无法提供任何保证

如果存在重大的范围限制，且该范围限制的影响非常重大和广泛，以至于注册会计师认为不能提供任何程度的保证时，不应提供任何保证。

在无法提供任何保证的审阅报告中，注册会计师应当删除引言段中对于注册会计师责任的表述，删除范围段，在说明段中说明审阅范围受限的情况，并在结论段中使用“由于受到前段所述事项的重大影响”、“我们无法对财务报表提供任何保证”等术语。

无保留结论的审阅报告的参考格式列示如下。

审 阅 报 告

ABC 股份有限公司全体股东：

我们审阅了后附的 ABC 股份有限公司（以下简称 ABC 公司）财务报表，包括 20×1 年 12 月 31 日的资产负债表，20×1 年度的利润表、股东权益变动表和现金流量表以及财务报表附注。这些财务报表的编制是 ABC 公司管理层的责任，我们的责任是在实施审阅工作的基础上对这些财务报表出具审阅报告。

我们按照《中国注册会计师审阅准则第 2101 号——财务报表审阅》的规定执行了审阅业务。该准则要求我们计划和实施审阅工作，以对财务报表是否不存在重大错报获取有限保证。审阅主要限于询问公司有关人员和对财务数据实施分析程序，提供的保证程度低于审计。我们没有实施审计，因而不发表审计意见。

根据我们的审阅，我们没有注意到任何事项使我们相信财务报表没有按照企业会计准则和《××会计制度》的规定编制，未能在所有重大方面公允反映被审阅单位的财务状况、经营成果和现金流量。

××会计师事务所	中国注册会计师：×××
（盖章）	（签名并盖章）
	中国注册会计师：×××
	（签名并盖章）
中国××市	二〇×二年×月×日

第五节　审计报告的编制

一、编制审计报告的一般步骤

审计报告是审计工作的最终成果，一般由审计项目负责人来完成，如由其他审计人员编制，审计项目负责人必须对其编制的审计报告进行复核、校对。为了保证审计报告的质量，编制审计报告应严格而细致，通常需要经过以下几个步骤。

（一）整理和分析审计工作底稿

审计工作底稿是形成审计结论、发表审计意见的直接依据，注册会计师在审计过程中所积累的审计工作底稿常常是分散的、不系统的，通过对审计工作底稿的整理分析，可以去伪存真、去粗取精，查明审计工作底稿中的记录是否都已达到预定的审计目标，各种审计证据是否充分有效，审计程序是否存在遗漏，并对注册会计师在审计过程中是否遵循了独立审计准则的要求等进行检查，进而对审计工作底稿作出综合结论，形成书面意见。

（二）提请被审计单位调整和披露

对于在审计过程中所发现的审计差异，注册会计师如认为可能会导致财务报表使用者对财务报表产生误解，注册会计师应向被审计单位通报审计情况，提请被审计单位调整应调整的事项以及披露应披露的事项。注册会计师应当将已审计的财务报表附于审计报告之后，以便于财务报表使用者正确理解和使用审计报告，并防止被审计单位替换、更改已审计的财务报表。

（三）确定审计意见的类型和措辞

注册会计师应以经过整理和分析的审计工作底稿为依据，并根据被审计单位是否接受其提出的调整意见和是否已作了调整等情况，确定审计意见的类型和措辞。如被审计单位财务报表已根据调整意见作了调整，其合法性、公允性予以确认后，审计报告不必将被审计单位已调整的事项再作说明。如果被审计单位拒绝调整，注册会计师应根据需要调整和披露事项的性质和重要程度，按照审计准则的规定，确定审计意见的类型和措辞。

（四）编制和出具审计报告

审计项目负责人应根据所确定的审计意见类型和措辞，严格按照审计准则规定的审计报告格式、内容编制审计报告。为了保证审计报告的质量，避免出现重大遗漏或重大错误，审计报告初稿完成后，还应经会计师事务所的部门经理和主任会计师进行复核。如果复核发现审计过程存在重大遗漏或重大错误，所编制的审计工作底稿不足以支持注册会计师所发表的审计意见，部门经理或主任会计师会要求审计小组追加审计程序，补充审计证据，直至所收集的审计证据足以支持所发表的审计意见。审计报告经复核、修改定稿后，应由注册会计师签名、盖章并经会计师事务所签章，送交审计委托人。

二、编制和使用审计报告的要求

（一）格式要规范、内容要完整

在《中国注册会计师审计准则第1501号——审计报告》中，对审计的书写格式有明确的示范，对审计报告所包括的内容有明确的规定。注册会计师在编制审计报告时，应当严格按照审计准则的格式要求编制，其内容要完整地包括：标题，收件人，引言段，管理层对财务报表的责任段，注册会计师的责任段，说明段，审计意见段，强调事项段，注册会计师的签名及盖章，会计师事务所的名称，地址及盖章，报告日期等。不得任意增加或删减。

（二）责任界限要分明

财务报表的编制是被审计单位管理当局的责任，被审计单位管理当局应对所编制的财务报表的合法性和公允性负责，即对财务报表是否按照适用的会计准则和相关会计制度的规定编制，是否在所有重大方面公允反映了被审计单位的财务状况、经营成果和现金流量负责。注册会计师的责任是对财务报表发表意见。为履行这一职责，注册会计师应当遵守职业道德规范，按照审计准则的规定计划和实施审计工作，获取充分、适当的审计证据，并根据获取的审计证据得出合理的审计结论，发表恰当的审计意见。注册会计师的审计责任并不能替代或减轻被审计单位管理层和治理层的责任。因为财务报表编制和财务报表审计是财务信息生成链条上的不同环节，两者各司其职。法律法规要求管理层和治理层对编制财务报表承担责任，有利于从源头上保证财务信息质量。同时，在某些方面，注册会计师与管理层和治理层之间可能存在信息不对称。管理层和治理层作为内部人员，对企业的情况更为了解，更能作出适合企业特点的会计处理决策和判断，因此管理层和治理层理应对编制财务报表承担完全责任。尽管在审计过程中，注册会计师可能向管理层和治理层提出调整建议，甚至在不违反独立性的前提下为管理层编制财务报表提供一些协助，但管理层仍然对编制财务报表承担责任，并通过签署财务报表确认这一责任。如果财务报表存在重大错报，而注册会计师通过审计没有能够发现，也不能因为财务报表已经注册会计师审计这一事实而减轻管理层和治理层对财务报表的责任。因此必须在审计报告中明确界定二者的责任。

(三)审计证据要确凿充分

审计强调没有证据就没有发言权,令人信服的审计意见必须以审计证据为基础,没有确凿充分的审计证据,审计意见充其量不过是一种主观的判断,甚至是一些没有根据的估计和推测。因此,注册会计师要想出具正确的审计报告,首先,应取得充分的审计证据,即审计证据的数量能足以支持注册会计师的审计意见;其次,审计证据必须适当,即审计证据应与审计项目相关,且确凿可靠。

(四)审计报告的使用要恰当

审计报告是注册会计师对被审计单位特定时期内与财务报表反映有关的所有重要方面发表审计意见,并不是对被审计单位的全部经营管理活动发表审计意见。对此,在使用审计报告时必须明确这一点。注册会计师应当要求委托人按照审计业务约定书的要求使用审计报告。委托人或者其他第三者因使用审计报告不当所造成的后果,与注册会计师及其所在的会计师事务所无关。

第六节　特殊目的的审计报告

注册会计师除了执行一般目的的年度财务报表审计之外,还可承接特殊目的的审计业务。与所承接的一般目的的审计业务一样,注册会计师对于所承接的特殊目的的审计业务,也同样需要发表审计意见,出具审计报告。特殊目的的审计报告是注册会计师审计下列财务信息并出具的审计报告:①按照企业会计准则和相关会计制度以外的其他基础(简称特殊基础)编制的财务报表;②财务报表的组成部分,包括单个财务报表、财务报表特定项目、特定账户或特定账户的特定内容;③合同的遵守情况;④简要财务报表。注册会计师编制和出具特殊目的业务审计报告,应当按照《中国注册会计师审计准则第1601号——对特殊目的审计业务出具审计报告》的有关规定办理。

注册会计师执行特殊目的的审计业务,其实施的审计程序的性质、时间和范围因业务具体情况的不同而存在差异。在承接特殊目的的审计业务前,注册会计师应当与委托人就业务性质、审计报告的格式和内容等达成一致意见。在计划审计工作时,注册会计师应当清楚了解所审计信息的用途及可能的使用者。为了避免审计报告被用于非预定目的,注册会计师可以在审计报告中说明出具审计报告的目的,以及在分发和使用上的限制。

一、特殊目的的审计报告的基本内容

对简要财务报表出具的审计报告与对按特殊基础编制的财务报表、财务报表组成

部分、合同的遵守情况所出具的审计报告的基本内容是不同的。

（一）对简要财务报表出具的审计报告的基本内容

对简要财务报表出具的审计报告应当包括下列要素。

1. 标题。审计报告的标题应当统一规范为“审计报告”。

2. 收件人。审计报告的收件人是指注册会计师按照业务约定书的要求致送审计报告的对象，一般是指审计业务的委托人。审计报告应当载明收件人的全称。

3. 指出简要财务报表所依据的已审计财务报表。

4. 提及对已审计财务报表出具的审计报告的日期和意见类型。

5. 审计意见段。审计意见段应当说明，简要财务报表中的信息是否在所有重大方面与其依据的已审计财务报表一致。如果对已审计财务报表出具了非无保留意见的审计报告，即使对简要财务报表的编制表示满意，注册会计师仍应在对简要财务报表出具的审计报告中指出，简要财务报表依据的已审计财务报表已被注册会计师出具非无保留意见的审计报告。

6. 强调事项段。审计报告的强调事项段应当指出，为了更好地理解被审计单位的财务状况、经营成果以及注册会计师实施审计工作的范围，简要财务报表应当与已审计财务报表以及审计报告一并阅读，或提醒财务报表使用者注意财务信息附注中对上述事项的说明。

7. 注册会计师的签名和盖章。

8. 会计师事务所的名称、地址及盖章。

9. 报告日期。简要财务报表的审计报告日期不应早于注册会计师获取充分、适当的审计证据（包括管理层完成简要财务报表编制的证据，以及管理层对其承担责任的证据）、并在此基础上形成审计意见的日期。简要财务报表的审计报告日期不应当早于其依据的已审计财务报表的审计报告日期。

（二）对后三种特殊目的审计业务出具的审计报告的基本内容

对后三种特殊目的的审计业务出具的审计报告应当包括下列要素。

1. 标题。审计报告的标题应当统一规范为“审计报告”。

2. 收件人。审计报告的收件人是指注册会计师按照业务约定书的要求致送审计报告的对象，一般是指审计业务的委托人。审计报告应当载明收件人的全称。

3. 引言段。引言段应当说明：①所审计的财务信息；②被审计单位管理层的责任和注册会计师的责任。

4. 范围段。范围段应当说明：①执行特殊目的的审计业务依据的审计准则；②注册会计师已实施的工作。

如果接受委托，结合特殊目的的审计对内部控制有效性发表意见，注册会计师应当省略上述“但目的并非对内部控制的有效性发表意见”的术语。

5. 审计意见段。审计意见段应当清楚地说明对财务信息发表的审计意见。

6. 注册会计师的签名和盖章。

7. 会计师事务所的名称、地址及盖章。

8. 报告日期。审计报告的日期不应早于注册会计师获取充分、适当的审计证据（包括管理层认可对财务信息的责任且已批准财务信息的证据）、并在此基础上对财务信息形成审计意见的日期。

如果委托人要求按照指定格式出具审计报告，注册会计师应当考虑指定格式报告的实质要求及措辞。必要时，应当修改指定格式报告的措辞，或另附一份报告，以符合准则的规定。

如果所审计的信息基于某项合同的条款，注册会计师应当考虑管理层在编制信息时是否已对所依据的合同作出重要解释。注册会计师应当考虑对合同作出的重要解释是否已在财务信息中得到清晰的披露，并考虑是否有必要在审计报告中提醒信息使用者注意财务信息附注中对这些解释的描述。

二、对按照特殊基础编制的财务报表出具的审计报告

财务报表为了满足特定使用者的财务信息需求，可能按照企业会计准则和相关会计制度以外的编制基础编制。这些特殊编制基础通常包括：①计税基础；②收付实现制基础；③监管机构的报告要求。对按照特殊基础编制的财务报表，注册会计师应当在审计报告的引言段中指明财务报表编制的基础，或提醒财务报表使用者注意财务信息附注中对编制基础作出的说明。审计意见应当说明财务报表是否按照指定的特殊基础编制。

注册会计师应当考虑财务报表的标题或附注是否清楚表明，该财务报表并非按照企业会计准则和相关会计制度的规定编制。如果按照特殊基础编制的财务报表未能冠以适当的标题，或特殊基础未得到充分披露，注册会计师应当出具恰当的非无保留意见的审计报告。

对按照特殊基础编制的财务报表出具的审计报告格式如下。

（1）对按照计税基础编制的财务报表出具的审计报告（无保留意见）。

审 计 报 告

ABC 合伙企业全体合伙人：

我们审计了后附的 ABC 合伙企业按照所得税基础编制的财务报表，包括 20×1 年 12 月 31 日的所得税基础资产负债表，20×1 年度的所得税基础收入和费用表以及财务

报表附注。这些财务报表的编制是ABC合伙企业管理层的责任,我们的责任是在实施审计工作的基础上对这些财务报表发表审计意见。

我们按照中国注册会计师审计准则的规定执行了审计工作。中国注册会计师审计准则要求我们遵守职业道德规范,计划和实施审计工作以对这些财务报表是否不存在重大错报获取合理保证。审计工作涉及实施审计程序,以获取有关财务报表金额和披露的证据。选择的审计程序取决于我们的判断,包括对由于舞弊或错误导致的财务报表重大错报风险的评估。在进行风险评估时,我们考虑与财务报表编制相关的内部控制,以设计恰当的审计程序,但目的并非对内部控制的有效性发表意见。审计工作还包括评价管理层选用会计政策的恰当性和作出会计估计的合理性,以及评价财务报表的总体列报。我们相信,我们获取的审计证据是充分、适当的,为发表审计意见提供了基础。

我们认为,ABC合伙企业上述财务报表已经按照所得税基础编制,在所有重大方面公允反映了ABC合伙企业20×1年12月31日的财务状况以及20×1年度的收入和费用情况。

ABC合伙企业上述财务报表是为了满足纳税申报的需要按照所得税基础编制的,不适用于其他目的。因此,本报告仅供ABC合伙企业以及税务机关使用,不得用于其他目的。

××会计师事务所　　　　　　　　中国注册会计师:×××
(盖章)　　　　　　　　　　　　　(签名并盖章)
　　　　　　　　　　　　　　　　中国注册会计师:×××
　　　　　　　　　　　　　　　　　(签名并盖章)
中国××市　　　　　　　　　　　二〇×二年×月×日

(2)对按照收付实现制基础编制的财务报表出具的审计报告(无保留意见)。

审计报告

ABC股份有限公司全体股东:

我们审计了后附的ABC股份有限公司(以下简称ABC公司)按照收付实现制基础编制的20×1年度现金收入和支出表。该财务报表的编制是ABC公司管理层的责任。我们的责任是在实施审计工作的基础上对这些财务报表发表审计意见。

我们按照中国注册会计师审计准则的规定执行了审计工作。中国注册会计师审计准则要求我们遵守职业道德规范,计划和实施审计工作以对这些财务报表是否不存在重大错报获取合理保证。审计工作涉及实施审计程序,以获取有关财务报表金额和披露的审计证据。选择的审计程序取决于我们的判断，包括对由于舞弊或错误导致的财务报表重大错报风险的评估。在进行风险评估时，我们考虑与财务报表编制相关的内部控制，以设计恰当的审计程序，但目的并非对内部控制的有效性发表意见。审计工作还包括评价管理层选用会计政策的恰当性和评价财务报表的总体列报。我们相信，我们获取的审计证据是充分、适当的，为发表审计意见提供了基础。

我们认为，ABC 公司的现金流入和支出表已经按照收付实现制基础编制，在所有重大方面公允反映了 ABC 公司 20×1 年度的收入和支出情况。

正如附注×所述，ABC 公司上述财务报表是为了向××银行申请贷款需提供现金流量信息而按照收付实现制基础编制的，可能不适用于其他目的。因此，本报告仅供 ABC 公司以及××银行使用，不得用于其他目的。

××会计师事务所　　　　　　　　　中国注册会计师：×××
（盖章）　　　　　　　　　　　　　（签名并盖章）
　　　　　　　　　　　　　　　　　中国注册会计师：×××
　　　　　　　　　　　　　　　　　（签名并盖章）
中国××市　　　　　　　　　　　　二○×二年×月×日

三、对财务报表组成部分出具的审计报告

注册会计师可以接受委托，对财务报表一个或多个组成部分进行审计。无论该项审计是单独进行还是连同财务报表审计一并进行，注册会计师均应只对已审计的组成部分发表审计意见。注册会计师在确定财务报表组成部分的审计范围时，应当考虑与所审计的财务报表组成部分相互关联，且可能对其具有重大影响的其他财务报表项目。此外，在考虑审计重要性时，由于仅对财务报表组成部分出具审计报告，因此，与对整套财务报表进行审计相比，在确定其重要性水平时运用的判断基础不同，所确定的重要性相对较低。

对财务报表组成部分出具审计报告时，注册会计师应当在审计报告的引言段中指明财务报表组成部分的编制基础，或提及规定编制基础的协议，并在审计意见段中说明财务报表组成部分是否按照指定的编制基础编制。如果已对整套财务报表出具否定意见或无法表示意见的审计报告，只有在组成部分并不构成财务报表的主要部分时，注册会计师才可以对组成部分出具审计报告。

为避免信息使用者误认为对财务报表组成部分出具的审计报告与整套财务报表相关，注册会计师应当提请委托人不应将整套财务报表附于审计报告后。

对财务报表组成部分出具的审计报告格式如下。

(1)对特定账户出具的审计报告(应收账款明细表)

审计报告

ABC股份有限公司全体股东:

我们审计了后附的ABC股份有限公司(以下简称ABC公司)按照企业会计准则和《××会计制度》的规定编制的20×1年12月31日的应收账款明细表及其附注(以下简称应收账款明细表)。应收账款明细表的编制是ABC公司管理层的责任,我们的责任是在实施审计工作的基础上对应收账款明细表发表审计意见。

我们按照中国注册会计师审计准则的规定执行了审计工作。中国注册会计师审计准则要求我们遵守职业道德规范,计划和实施审计工作以对应收账款明细表是否不存在重大错报获取合理保证。审计工作涉及实施审计程序,以获取有关应收账款明细表金额和披露的证据。选择的审计程序取决于我们的判断,包括对由于舞弊或错误导致的应收账款明细表及其附注重大错报风险的评估。在进行风险评估时,我们考虑与应收账款明细表编制相关的内部控制,以设计恰当的审计程序,但目的并非对内部控制的有效性发表意见。审计工作还包括评价管理层选用会计政策的恰当性和作出会计估计的合理性,以及评价应收账款明细表的总体列报。我们相信,我们获取的审计证据是充分、适当的,为发表审计意见提供了基础。

我们认为,ABC公司应收账款明细表已经按照企业会计准则和《××会计制度》的规定编制,在所有重大方面公允反映了ABC公司20×1年12月31日的应收账款情况。

××会计师事务所　　　　　　　　中国注册会计师:×××
(盖章)　　　　　　　　　　　　　(签名并盖章)
　　　　　　　　　　　　　　　　中国注册会计师:×××
　　　　　　　　　　　　　　　　　(签名并盖章)
中国××市　　　　　　　　　　　二○×二年×月×日

(2)对特定账户的特定内容出具的审计报告(M产品销售收入及毛利明细表)。

审计报告

ABC股份有限公司全体股东:

我们审计了后附的ABC股份有限公司(以下简称ABC公司)按照20×1年11月28日与XYZ技术开发有限公司(以下简称XYZ公司)签订的《专利技术转让协议》约

定的基础编制的20×1年度的M产品销售收入及毛利明细表及其附注(以下简称销售收入及毛利明细表)。销售收入及毛利明细表的编制是ABC公司管理层的责任,我们的责任是在实施审计工作的基础上对销售收入及毛利明细表发表审计意见。

我们按照中国注册会计师审计准则的规定执行了审计工作。中国注册会计师审计准则要求我们遵守职业道德规范,计划和实施审计工作以对销售收入及毛利明细表是否不存在重大错报获取合理保证。审计工作涉及实施审计程序,以获取有关销售收入及毛利明细表金额和披露的证据。选择的审计程序取决于我们的判断,包括对由于舞弊或错误导致的销售收入及毛利明细表重大错报风险的评估。在进行风险评估时,我们考虑与销售收入及毛利明细表编制相关的内部控制,以设计恰当的审计程序,但目的并非对内部控制的有效性发表意见。审计工作还包括评价管理层选用会计政策的恰当性和作出会计估计的合理性,以及评价销售收入及毛利明细表的总体列报。我们相信,我们获取的审计证据是充分、适当的,为发表审计意见提供了基础。

我们认为,ABC公司销售收入及毛利明细表已经按照20×1年11月28日签订的《专利技术转让协议》约定的基础编制,在所有重大方面公允反映了ABC公司20×2年度的M产品的销售收入及毛利情况。

正如附注X所述,ABC公司销售收入及毛利明细表是为了向XYZ公司提供M产品销售收入及毛利信息而按照双方于20×1年11月28日签订的《专利技术转让协议》约定的基础编制的,可能不适用于其他目的。因此,本报告仅供ABC公司和XYZ公司使用,不得用于其他目的。

××会计师事务所　　　　　　　　中国注册会计师:×××
(盖章)　　　　　　　　　　　　　(签名并盖章)
　　　　　　　　　　　　　　　　中国注册会计师:×××
　　　　　　　　　　　　　　　　　(签名并盖章)
中国××市　　　　　　　　　　　二〇×二年×月×日

四、对合同的遵守情况出具的审计报告

只有当合同遵守情况的总体方面与会计和财务事项相关,且在注册会计师专业胜任能力范围内时,注册会计师才能承接对合同的遵守情况的审计业务。如果该业务的某些方面超越注册会计师的专业胜任能力,注册会计师应当考虑利用专家的工作。

注册会计师在对合同的遵守情况出具审计报告时,应当在审计报告的引言段中指明已经对合同所涉及的财务与会计事项的遵守情况进行了审计,并且在意见段中说明

被审计单位是否遵守了合同的特定条款。为防止审计报告被滥用，注册会计师应当在审计意见段之后增加对审计报告使用规定的强调事项段，指明审计报告仅供被审计单位与签订该合同的另一方使用，不得作为其他用途。

对合同的遵守情况出具的审计报告参考格式如下。

审 计 报 告

ABC 股份有限公司全体股东：

我们审计了 ABC 股份有限公司（以下简称 ABC 公司）20×1 年×月×日与××银行××分行签订的贷款合同所涉及的财务与会计方面的规定的遵循情况。遵循这些财务与会计规定是 ABC 公司管理层的责任，我们的责任是在实施审计工作的基础上对 ABC 公司是否遵循了上述贷款合同所涉及的财务与会计规定发表审计意见。

我们按照中国注册会计师审计准则的规定执行了审计工作。中国注册会计师审计准则要求我们遵守职业道德规范，计划和实施审计工作以对 ABC 公司遵循该贷款合同所涉及的财务与会计规定的情况获取合理保证。审计工作涉及实施审计程序，以获取 ABC 公司是否遵循了有关财务与会计规定的审计证据。我们相信，我们获取的审计证据是充分、适当的，为发表审计意见提供了基础。

我们认为，截至 20×1 年 12 月 31 日，ABC 公司在所有重大方面遵循了 20×1 年×月×日与××银行××分行签订的贷款合同所涉及的财务与会计的规定。

本报告仅供 ABC 公司与××银行××分行使用，不得用于其他目的。

××会计师事务所	中国注册会计师：×××
（盖章）	（签名并盖章）
	中国注册会计师：×××
	（签名并盖章）
中国××市	二〇×二年×月×日

五、对简要财务报表出具的审计报告

为了满足某些财务报表使用者对被审计单位财务状况和经营成果主要情况的了解，被审计单位可能依据年度已审计财务报表编制一份简要财务报表。注册会计师只有对简要财务报表所依据的财务报表发表了审计意见，才可对简要财务报表出具审计报告。

简要财务报表应当指明其所依据的已审计财务报表。由于简要财务报表所包含的内容大大少于已审计的年度财务报表的内容，因此，简要财务报表应当清楚地表明其信息的简化性质，并提醒使用者，为更好地理解被审计单位财务状况和经营成果，简要财务报表应当与最近已审计财务报表（包含了所要求的所有披露）一并阅读。

对简要财务报表出具的审计报告参考格式如下。

（1）已审计财务报表为无保留意见（审计报告日期相同）。

审计报告

ABC股份有限公司全体股东：

后附的ABC股份有限公司（以下简称ABC公司）简要财务报表所依据的是以20×1年12月31日为会计期间截止日的财务报表。简要财务报表包括20×1年12月31日简要资产负债表及20×1年度的简要利润表、简要股东权益变动表、简要现金流量表及其附注。我们于20×2年4月10日对简要财务报表所依据的财务报表出具了无保留意见的审计报告。

我们认为，ABC公司简要财务报表中的信息在所有重大方面与其依据的已审计财务报表一致。

为了更好地理解ABC公司的财务状况、经营成果以及我们实施审计工作的范围，上述简要财务报表应当与已审计财务报表及其审计报告一并阅读。

××会计师事务所　　　　中国注册会计师：×××
（盖章）　　　　　　　　（签名并盖章）
　　　　　　　　　　　　中国注册会计师：×××
　　　　　　　　　　　　（签名并盖章）
中国××市　　　　　　　二〇×二年×月×日

（2）已审计财务报表为无保留意见（简要财务报表的审计报告日期晚于所依据的财务报表的审计报告日期）。

审计报告

ABC股份有限公司全体股东：

后附的ABC股份有限公司（以下简称ABC公司）简要财务报表所依据的是以20×1年12月31日为会计期间截止日的财务报表。简要财务报表包括20×1年12月31日简要资产负债表及20×1年度的简要利润表、简要股东权益变动表、简要现金流量表及其附注。我们于20×2年4月10日对简要财务报表所依据的财务报表出具了无保留意见的审计报告。简要财务报表及其所依据的财务报表无法反映在20×2年4月10日之后所发生事项的影响，这些事项可能要求调整财务报表或者在财务报表中进行披露。

我们认为，ABC公司简要财务报表中的信息在所有重大方面与其依据的已审计财务报表一致。

为了更好地理解ABC公司的财务状况、经营成果以及我们实施审计工作的范围，上述简要财务报表应当与已审计财务报表及其审计报告一并阅读。

××会计师事务所　　　　中国注册会计师：×××
（盖章）　　　　（签名并盖章）
中国注册会计师：×××
（签名并盖章）
中国××市　　　　二〇×二年×月×日

第七节　含有已审计财务报表文件中的其他信息

无论是在出具审计报告前，还是在出具审计报告后，注册会计师都应当关注含有已审计财务报表的文件中的其他信息，以发现其他信息与已审计财务报表之间存在的重大不一致或其他信息的重大错报，提请被审计单位修改已审计财务报表或所披露的其他信息，甚至修改审计意见，以保证审计意见的合理性，保证所披露信息的真实、完整，最终达到降低审计风险、保证执业质量的目的。

一、其他信息的含义

其他信息是指根据法律法规的规定或惯例，在被审计单位年度报告、招股说明书等文件中包含的除已审计财务报表和审计报告以外的其他财务信息和非财务信息。其他信息主要包括：①被审计单位管理层或治理层的经营报告；②财务数据摘要；③就业数据；④计划的资本性支出；⑤财务比率；⑥董事和高级管理人员的姓名；⑦择要列示的季度数据。

理解其他信息的含义，主要应把握以下几点：①其他信息是根据法律法规的规定或惯例而披露的。②其他信息是相对于已审计财务报表而言的。信息有的直接取自于已审计财务报表的相关数据或文字；有的是在已审计财务报表相关数据的基础上的再加工，是已审计财务报表相关数据的延伸；有的则与已审计财务报表的相关内容互为补充、相互印证。③其他信息包括财务信息和非财务信息。

二、重大不一致

（一）重大不一致的含义

重大不一致是指其他信息与已审计财务报表中的信息相矛盾。重大不一致可能会导致注册会计师对根据以前获取的审计证据得出的审计结论产生怀疑，甚至对形成审计意见的基础产生怀疑。

其中的“重大”，应当根据《中国注册会计师审计准则第1221号——重要性》加以理解。一项不一致是否重大，取决于特定环境下对不一致涉及的金额和性质的判断。

注册会计师在审计中常见的不一致事项主要可分为以下三类：①其他信息中的数据和文字表述与已审计财务报表相关信息不一致；②其他信息中的项目与已审计财务报表相关项目的编制基础不一致；③其他信息中对数据影响的解释与已审计财务报表相关数据不一致。

（二）发现重大不一致时的措施

如果在阅读其他信息时发现重大不一致，注册会计师应当确定已审计财务报表或其他信息是否需要修改。

如果需要修改已审计财务报表而被审计单位拒绝修改，注册会计师应当根据具体情况出具保留意见或否定意见的审计报告。

如果需要修改其他信息而被审计单位拒绝修改，注册会计师应当考虑在审计报告中增加强调事项段说明该重大不一致，或采取其他措施。其他措施取决于具体情况、不一致的性质和重要程度，包括不出具审计报告或解除业务约定。必要时，注册会计师应当征询法律意见。

三、对事实的重大错报

（一）对事实的重大错报的含义

在阅读其他信息以发现重大不一致时，注册会计师可能会注意到明显的对事实的重大错报。对事实的重大错报是指在其他信息中，对与已审计财务报表所反映事项不相关的重要信息作出了不正确的表述或列报。

关于对事实的重大错报的含义，应注意把握两个基本特征：一是其他信息所反映的事项与财务报表所反映的事项不相关；二是被审计单位对其他信息作出了不正确的披露。其他信息所反映的事项与财务报表所反映的事项可能相关，也可能不相关。如果相关，注册会计师应当关注两者是否相互矛盾，这部分内容在“重大不一致”中予以规范；如果不相关，注册会计师则应当注意其他信息所反映的事项是否存在对事实的重大错报。

（二）注意到其他信息可能含有对事实的重大错报时的措施

如果注意到其他信息可能含有对事实的重大错报，注册会计师应当与管理层讨论该事项。如果仍然认为其他信息可能含有明显的对事实的重大错报，注册会计师应当提请管理层征询法律顾问等第三方的意见，并考虑收到的咨询意见。

（三）确定其他信息存在对事实的重大错报时的措施

如果注册会计师确定其他信息中存在对事实的重大错报而管理层拒绝更正，注册会计师应当考虑采取适当的进一步措施。具体包括以下措施。

1. 提请修改存在对事实的重大错报的其他信息。如果认定对事实的重大错报确实存在，注册会计师首先应当提请被审计单位予以修改。假如被审计单位修改了其他信息并消除了对事实的重大错报，注册会计师就不需要再采取以下的进一步措施。

2. 向治理层书面说明注册会计师的关注。如果认定对事实的重大错报确实存在，而被审计单位拒绝修改，由于该错报与已审计财务报表无关，注册会计师不能因此对并未发现有重大错报的已审计财务报表发表保留意见或否定意见，而只能将该事项以书面形式告知被审计单位。并且，由于管理层已拒绝修改，因此，该书面报告只能递交给被审计单位治理层。这既是注册会计师为提请被审计单位修改含有对事实的重大错报的其他信息所做的再次努力，也是注册会计师恪尽职守的体现。

3. 征询法律意见。当然，基于谨慎考虑，注册会计师通常应当同时征询法律意见，了解该项对事实的重大错报的存在是否会使注册会计师陷入法律诉讼事件，是否需要采取不出具审计报告或解除业务约定等措施。

四、注册会计师对于其他信息的责任

注册会计师应当按照中国注册会计师审计准则的规定对财务报表发表审计意见，但没有专门责任确定其他信息是否得到适当陈述。

（一）对财务报表出具审计报告时对其他信息的考虑

无论是否有法定或约定的义务对其他信息出具鉴证报告，注册会计师在对财务报表出具审计报告时都应当考虑其他信息，以防止其他信息与已审计财务报表之间存在的不一致可能导致已审计财务报表的可信赖程度受到损害。

（二）有法定或约定的义务对某些其他信息实施特别程序的情形

如果法律法规或者审计业务约定书明确要求对被审计单位某些其他信息实施特别的程序，那么当被审计单位对这些其他信息的披露存在遗漏、隐瞒或其他缺陷时，注册会计师应当根据这些其他信息的性质、重要程度和金额的大小来考虑是否需要在审计报告中提及该事项，以及如何在审计报告中进行表述。

（三）有法定或约定的义务对其他信息出具专项鉴证报告的情形

虽然财务报表审计的目标在于注册会计师按照审计准则的规定对财务报表发表审计意见，但是可能存在法律法规要求注册会计师对其他信息出具专项鉴证报告的情形。此外，委托人也可能委托注册会计师对其他信息出具专项鉴证报告。在这些情况下，注册会计师可以将其作为财务报表审计以外的专项鉴证业务，在考虑自身能力和风险的前提下，与委托人另行签订业务约定书，严格按照相关鉴证业务准则的要求执行业务，并按规定承担相应的法律责任。

（四）获取其他信息的时间

注册会计师应当提请被审计单位作出适当安排，以便在审计报告日前获取其他信息。如果在审计报告日前无法获取所有其他信息，注册会计师应当在审计报告日后尽早阅读其他信息以识别重大不一致。

五、审计报告日后获取的其他信息

（一）确定是否需要修改已审计财务报表或其他信息

如果在阅读其他信息时发现重大不一致或注意到明显的对事实的重大错报，注册会计师应当确定是否需要修改已审计财务报表或其他信息。如果注册会计师在阅读其他信息时发现重大不一致，则通常而言不是需要修改已审计财务报表，就是需要修改其他信息，或者甚至两者都需作修改；如果注意到明显的对事实的重大错报，则必定是其他信息而非已审计财务报表需作修改。

（二）需要修改已审计财务报表时的措施

对以下两个不同的时间段发现的事实，注册会计师应采取不同的措施。

1. 审计报告日后至财务报表报出日前发现的事实。

（1）如果管理层修改了财务报表，注册会计师应当根据具体情况实施必要的审计程序，并针对修改后的财务报表出具新的审计报告。并且，新的审计报告日期不应早于被审计单位董事会或类似机构批准修改后的财务报表的日期。

（2）如果管理层拒绝修改财务报表，并且审计报告尚未提交给被审计单位，注册会计师应当出具保留意见或否定意见的审计报告。

（3）如果管理层拒绝修改财务报表，并且审计报告已提交给被审计单位，注册会计师应当通知被审计单位治理层不要将财务报表和审计报告向第三方报出。如果财务报表仍被报出，注册会计师应当采取措施防止财务报表使用者信赖该审计报告。注册会计师采取的措施取决于其自身的权利、义务以及征询的法律意见。

2. 财务报表报出后发现的事实。

（1）如果管理层修改了财务报表，注册会计师应当根据具体情况实施必要的审计程序，复核管理层采取的措施能否确保所有收到原财务报表和审计报告的人士了解这一情况，并针对修改后的财务报表出具新的审计报告。

新的审计报告应当增加强调事项段，提请财务报表使用者注意财务报表附注中对修改原财务报表原因的详细说明以及注册会计师出具的原审计报告。并且，新的审计报告日期不应早于被审计单位董事会或类似机构批准修改后的财务报表的日期。

(2) 如果管理层既没有采取必要措施确保所有收到原财务报表和审计报告的人士了解这一情况，又没有修改财务报表，注册会计师应当采取措施防止财务报表使用者继续信赖该审计报告，并将拟采取的措施通知被审计单位治理层。注册会计师采取的措施取决于其自身的权利、义务以及征询的法律意见。

(3) 如果临近公布下一期财务报表，且能够在下一期财务报表中进行充分披露，注册会计师应当根据法律法规的规定确定是否仍有必要提请被审计单位修改财务报表，并出具新的审计报告。

(三) 需要修改其他信息时的措施

1. 被审计单位同意修改时的措施。注册会计师应当根据具体情况实施必要的审计程序。审计程序可能包括复核管理层采取的措施能否确保所有收到原财务报表、审计报告及其他信息的人士了解所作的修改。

2. 管理层拒绝修改时的措施。注册会计师应当考虑采取适当的进一步措施。进一步措施包括向治理层书面说明注册会计师对其他信息的关注，以及征询法律意见。

复习思考题

1. 在什么情况下，注册会计师应当出具无保留意见的审计报告？

2. 当出具无保留意见的审计报告时，只有哪些情形，注册会计师才应在意见段之后增加强调事项段？

3. 编制审计报告的一般步骤是什么？

4. 对于含有已审计财务报表的文件中的其他信息，注册会计师有何责任？

5. A 注册会计师作为 ABC 会计师事务所审计项目负责人，在审计以下单位 2006 年度财务报表时分别遇到以下情况。

(1) 甲公司拥有一项长期股权投资，账面价值 500 万元，持股比例 30%。2006 年 12 月 31 日，甲公司与 K 公司签署投资转让协议，拟以 450 万元的价格转让该项长期股权投资，已收到价款 300 万元，但尚未办理产权过户手续，甲公司以该项长期股权投资正在转让之中为由,不再计减值准备。

(2)乙公司于2005年5月为L公司1年期银行借款1 000万元提供担保,因L公司不能及时偿还,银行于2006年11月向法院提起诉讼,要求乙公司承担连带清偿责任。2006年12月31日,乙公司在咨询律师后,根据L公司的财务状况,计提了500万元的预计负债。对上述预计负债,乙公司已在财务报表附注中进行了适当披露。截止审计工作完成日,法院未对该项诉讼作出判决。

(3)丙公司在2006年度向其控股股东M公司以市场价格销售产品5 000万元,以成本加成价格购入原材料3 000万元,上述销售和采购分别占丙公司当年销售、购货的比例为30%和40%,丙公司已在财务报表附注中进行了适当披露。

(4)丁公司于2006年11月20日发现,2005年漏记固定资产折旧费用200万元。丁公司在编制2006年度财务报表时,对此项会计差错予以更正,追溯调整了相关财务报表项目,并在财务报表附注中进行了适当披露。

(5)戊公司于2006年末更换了大股东,并成立了新的董事会,继任法定代表人以刚上任不了解以前年度情况为由,拒绝签署2006年度已审财务报表和提供管理当局声明书。原法定代表人以不再继续履行职责为由,也拒绝签署2006年度已审计财务报表和提供的管理当局声明书。

要求:假定上述情况对各被审计单位2006年度财务报表的影响都是重要的,且各被审计单位均拒绝接受A注册会计师提出的审计处理建议(如有)。在不考虑其他因素影响的前提下,请分别针对上述5种情况,判断A注册会计师应对2006年度财务报表出具何种类型的审计报告,并简要说明理由。

第十三章

销售与收款循环审计

本章要点

审计测试包括内部控制测试和交易、账户余额的实质性测试。内部控制测试通常按照业务循环采用审计抽样的方法进行。这里的业务循环是指处理某一类经济业务的工作程序和先后顺序。在财务报表审计中可将被审计单位的所有交易和账户余额划分为四个或更多个业务循环。本章主要介绍销售与收款循环的特性、该循环主要的内部控制制度和控制测试的程序与方法以及重要财务报表项目的实质性测试程序。

第一节　销售与收款循环的特性

交易和账户余额的实质性测试既可按财务报表项目也可按业务循环组织实施。按财务报表项目组织实施的称为分项审计方法,按业务循环组织实施的称为循环审计方法。一般而言,分项审计方法与多数被审计单位账户设置体系及财务报表格式相吻合,所以具有操作方便的优点,但它也有与按业务循环进行的内部控制测试严重脱节的弊端;而循环审计方法则不仅可与按业务循环进行的内部控制测试直接联系,加深注册会计师对被审计单位经济业务的理解,而且便于注册会计师的合理分工,将特定业务循环所涉及的财务报表项目分配给一个或数个注册会计师,使其能够对不同财务报表项目进行交叉复核,以提高审计的效率与效果。

一、销售与收款循环中的交易种类与交易环节

了解企业在销售与收款循环中的典型交易,是整个业务循环审计必不可少的一个环节,没有对被审计单位业务循环的较全面了解,就不可能有高质量的审计工作。对一个企业而言,销售与收款循环的交易种类包括:①赊销交易;②现金收入交易,包括现销和应收账款收回;③销售调整交易,包括销售折扣、退回和折让、坏账准备的提取和冲销。这些交易主要包括以下几个环节。

(一)接受顾客订单

销售单是在批准了顾客订单之后编制的,是证明管理当局有关销售交易的"存在或发生"认定的凭据之一,也是此笔销售的交易轨迹的起点。销售单管理部门在决定是否同意接受某顾客的订单时,应追查该顾客是否被列入经管理当局批准销售的顾客名单上。

(二)批准赊销信用

对于赊销业务,信用管理部门应根据管理当局的赊销政策,对每个顾客的已授权的信用额度以及至今尚欠的账款余额决定是否批准赊销。这一程序与应收账款净额的"估价或分摊"认定有关。

(三)按销售单供货

商品仓库只有在收到经过批准的销售单时才能供货,在未经授权的情况下不能擅自发货。

(四)按销售单装运货物

将按经批准的销售单供货与按销售单装运货物职责相分离,有助于避免装运职员

在未经授权的情况下装运产品。装运凭证是指一式多联的、连续编号的提货单，通常由装运部门保管。装运凭证提供了商品确实已装运的证据，因此，它是证实销货交易“存在或发生”的另一种形式的凭据。而定期检查则用以确定在编制的每张装运凭证后均已附有相应的销售发票，有助于保证销货交易“完整性”认定的正确性。

（五）向顾客开具账单

开具账单包括编制和向顾客寄送事先连续编号的销售发票。向顾客开具账单时必须做到以下几步。

1. 开具账单部门职员在编制每张销售发票之前，应独立检查是否存在装运凭证和相应的经批准的销售单。

2. 应依据已授权批准的商品价目表编制销售发票。

3. 独立检查销售发票计价和计算的正确性。

4. 将装运凭证上的商品总数与相对应的销售发票上的商品总数进行比较。

（六）记录销售

在手工会计系统中，记录销售的工作过程包括区分赊销、现销，以及按销售发票编制转账记账凭证或现金、银行存款收款凭证，再据以登记销售明细账和应收账款明细账或现金、银行存款日记账。记录销售应该做到以下几点。

1. 只依据附有有效装运凭证和销售单的销售发票记录销售。这些装运凭证和销售单应能证明销货交易的发生及其发生的日期。

2. 控制所有事先连续编号的销售发票。

3. 独立检查已处理销售发票上的销售金额同会计记录金额的一致性。

4. 记录销售的职责应与前面说明的处理销货交易的其他功能相分离。

5. 对记录过程中所涉及的有关记录的接触予以限制，以减少未经授权批准的记录的发生。

6. 定期独立检查应收账款的明细账与总账的一致性。

7. 定期向顾客寄送对账单，并要求顾客将任何例外情况直接向指定的未涉及执行或记录销货交易循环的会计主管报告。

（七）办理和记录现金、银行存款收入

这项功能涉及的是有关货款收回，现金、银行存款的记录以及应收账款减少的活动。处理货币资金收入时最重要的是要保证全部货币资金都必须如数、及时地记入现金、银行存款日记账或应收账款明细账，并如数、及时地将现金存入银行。在这方面，汇款通知单起着很重要的作用。

（八）办理和记录销货退回、销货折扣与折让

顾客如果对商品不满意，销货企业一般都会同意接受退货，或给予一定的销货折让;顾客如果提前支付货款,销货企业则可能会给予一定的销货折扣。发生此类事项时,必须经授权批准,并应确保与办理此事有关的部门和职员各司其职,分别控制实物流和会计处理。在这方面,严格使用贷项通知单无疑会起到关键的作用。

(九)注销坏账

不管赊销部门的工作如何主动,顾客因宣告破产、死亡等原因而不支付货款的事仍时有发生。销货企业若认为某项货款再也无法收回,就必须注销这笔货款。对这些坏账正确的处理方法应该是获取货款无法收回的确凿证据,经适当审批后及时作会计调整。

(十)提取坏账准备

坏账准备提取的数额必须能够抵补企业以后无法收回的本期销货款。

二、销售与收款循环的主要凭证和记录

(一)顾客订货单

顾客订货单是顾客提出的书面购货要求,是整个销售与收款循环的起点。

(二)销售单

销售单是列示顾客所订商品的名称、规格、数量以及其他与顾客订货单有关的资料的表格,作为销售方内部处理顾客订货单的依据。

(三)发运凭证

发运凭证是在发运货物时编制的用以反映发出商品的规格、数量和其他有关内容的凭据,可用做向顾客开票收款的依据。

(四)销售发票

销售发票是一种用来表明已销售商品的规格、数量、销售金额、运费和保险费的价格、开票日期、付款条件等内容的凭证。销售发票也是在会计账簿中登记销售业务的基本凭证。

(五)商品价目表

商品价目表是列示已经授权批准的、可供销售的各种商品的价格清单。

(六)贷项通知单

贷项通知单是一种用来表示由于销货退回或经批准的折让而引起的应收销货款减少的凭证。这种凭证的格式通常与销售发票的格式相同,只不过它不是用来说明应收账款的增加,而是用来说明应收账款的减少。

(七)应收账款明细账

应收账款明细账是用来记录每个顾客各项赊销、现金收入、销货退回及折让的明细账。各应收账款明细账的余额合计数应与应收账款总账的余额相等。

(八)营业收入明细账

营业收入明细账是一种用来记录销货业务的明细账。它通常记载和反映不同类别的销货总额(如按销售商品的品种、类别等记录)。

(九)折扣与折让明细账

折扣与折让明细账是一种用来核算企业销售商品时,按销售合同规定为了及早收回货款而给予顾客的销货折扣和因商品品种、质量等原因而给予顾客的销货折让情况的明细账。

(十)汇款通知书

汇款通知书是一种与销售发票一起寄给顾客,由顾客在付款时再寄回销货单位的凭证。这种凭证注明顾客的姓名、销售发票号码、销货单位开户银行账号以及金额等内容。

(十一)现金日记账和银行存款日记账

现金日记账和银行存款日记账是用来记录应收账款的收回或现销收入以及其他各种现金、银行存款收入和支出的日记账。

(十二)坏账审批表

坏账审批表是一种用来批准将某些应收款项注销为坏账的、仅在企业内部使用的凭证。

(十三)顾客月末对账单

顾客月末对账单是一种定期寄送给顾客的用于购销双方定期核对账目的凭证。顾客月末对账单上应注明应收账款的月初余额、本月各项销货业务的金额、本月已收到的货款、各贷项通知单的数额以及月末余额等内容。

(十四)转账凭证

转账凭证是指记录转账业务的记账凭证,它是根据有关转账业务(即不涉及现金、银行存款收付的各项业务)的原始凭证编制的。

(十五)收款凭证

收款凭证是指用来记录现金和银行存款收入业务的记账凭证。

三、考虑重要性、风险和审计策略

销售是很多企业营业收入的主要来源,同时也是确定净利的一个主要项目。由赊销交易所产生的应收账款,对资产负债表几乎总是重要的。尽管现金余额在特定资产负债表日可能并不重要,但是在整个年度期间里,企业由现金收入交易所产生的现金流量,对财务报表通常有很重要的影响。同样,在某些企业里,销售调整交易,比如提取坏账准备,也可能对其利润表和资产负债表产生重要影响。下列几个因素可能导致销售与收款循环的风险处于高水平:①循环的交易量很大,增加了发生错报的机会;②收入确认的时间容易引起争论,错误确认收入实际上已成为编制欺诈性财务报告的重要手段;③现金是流动性最大的资产,极易被盗用;④销售调整交易可能被用来掩盖舞弊,比如冲销应收账款以掩盖窃取所收到的顾客现金的事实。

基于以上的考虑,注册会计师在计划审计工作时,必须谨慎评价销售与收款循环可能发生重要错报的风险。评价被审计单位销售与收款循环内部控制的设计与运行有助于对发生重大错报的风险作出合理的评估。如果企业建立和实施了比较全面且严密的内部控制结构,这些控制在多数情况下,都能有效降低同销售与收款循环交易和余额相关的"存在或发生"、"完整性"及"估价或分摊"等认定的控制风险。因此,注册会计师可以对这些认定的检查风险评定为较高水平,以减少实质性测试的时间和范围。由于控制通常不能应用于"权利或义务"及"表达与披露"认定,因此,对这两种认定,主要是通过实质性测试控制审计风险。

在销售与收款循环的审计中,以下几个特点尤其突出:①必须进行且依赖对内部控制的测试和评价。如果被审计单位缺乏可以信赖的内部控制,注册会计师往往会出具无法表示意见的审计报告。②大量运用分析程序,包括对不同期间的实际数进行比较、对收入、费用的实际数与有关的经营预算进行对比、对本期实际数与同行业的平均标准进行对比。③要注意营业收入与主营业务成本的配比关系。④要注意营业收入和应收账款的高估风险。

第二节　销售与收款循环内部控制及测试

一、销售与收款循环内部控制的基本要求

为了加强对单位销售与收款的内部控制,规范销售与收款行为,防范销售与收款过程中的差错和舞弊,财政部根据《中华人民共和国会计法》和《内部会计控制规范——基本规范(试行)》等法律法规,制定了《内部会计控制规范——销售与收款(试行)》,用以规范公司、企业和有销售业务的其他单位建立健全销售与收款环节的内部控制。根据《内部会计控制规范——销售与收款(试行)》的要求,销售与收款循环的主要内部控制制度包括以下内容。

(一)岗位分工和轮换

单位应当建立销售与收款业务的岗位责任制,明确相关部门和岗位的职责、权限,

确保办理销售与收款业务的不相容岗位相互分离、制约和监督。单位应当将办理销售、发货、收款、信用管理等业务的部门(或岗位)分别设立。单位不得由同一部门或个人办理销售与收款业务的全过程。

1. 销售部门(或岗位)主要负责处理订单、签订合同、执行销售政策和信用政策、催收货款。

2. 发货部门(或岗位)主要负责审核销售发货单据是否齐全并办理发货的具体事宜。

3. 财会部门(或岗位)主要负责销售款项的结算和记录、监督管理货款回收。

4. 有条件的单位应当建立专门的信用管理部门或岗位,负责制定单位信用政策,监督各部门信用政策执行情况。

5. 单位应当根据具体情况对办理销售与收款业务的人员进行岗位轮换。

适当的职责分离有助于防止各种有意或无意的错误。例如,营业收入账如果系由记录应收账款账之外的职员独立登记,并由另一位不负责账簿记录的职员定期调节总账和明细账,就会产生自动交互牵制;规定负责营业收入和应收账款之外的职员不得经手货币资金,也是防止舞弊的一项重要控制。另外,销售人员通常有一种乐观地对待销货数量的自然倾向,而不问它是否将以巨额坏账损失为代价,赊销的审批在一定程度上可以抑制这种倾向。因此,赊销批准职能与销货职能的分离也是一种理想的控制。注册会计师通常经过观察有关人员的活动以及与这些人员进行讨论,来实施职责分离的控制测试。

(二)授权批准

1. 单位应当对销售与收款业务建立严格的授权批准制度。首先明确审批人员对销售与收款业务的授权批准方式、权限、程序、责任和相关控制措施,规定经办人的职责范围和工作要求。审批人应当根据销售与收款授权批准制度的规定,在授权范围内进行审批,不得超越审批权限。经办人应当在职责范围内,按照审批人的批准意见办理销售与收款业务。对于审批人超越授权范围审批的销售与收款业务,经办人员有权拒绝办理,并及时向审批人的上级授权部门报告。

2. 特殊销售业务的集体决策制度。对于超过单位既定销售政策和信用政策规定范围的特殊销售业务,单位应当进行集体决策,防止因决策失误而造成严重损失,严禁未经授权的机构和人员经办销售与收款业务。

对于授权审批问题,注册会计师应当关注以下三个关键点上的审批程序:其一,在销货发生之前,赊销已经正确审批;其二,非经正当审批,不得发出货物;其三,销售价格、销售条件、运费、折扣等必须经过审批。前两项控制的目的在于防止企业财产因向虚构的或者无力支付贷款的顾客发货而蒙受损失,价格审批控制的目的则在于保证销货业务按照企业定价政策规定的价格开票收款。通过检查凭证在上述三个关键点上是否经过审批，可以很容易地测试出授权审批方面内部控制的效果。

（三）销售和发货控制

1. 建立严格的预算管理制度，制定销售目标，确立销售管理责任制。

2. 建立销售定价控制制度，制定价目表、折扣政策、付款政策等并予以执行。

3. 单位在选择客户时，应当充分了解和考虑客户的信誉、财务状况等有关情况，降低账款回收中的风险。

4. 加强对赊销业务的管理，按照规定的程序办理销售和发货业务。这些程序如下。

（1）销售谈判。单位在销售合同订立前，应当指定专门人员就销售价格、信用政策、发货及收款方式等具体事项与客户进行谈判。谈判人员至少应有两人以上，并与订立合同的人员相分离。销售谈判的全过程应有完整的书面记录。

（2）合同订立。单位应当授权有关人员与客户签订销售合同。签订合同应符合《中华人民共和国合同法》的规定。金额重大的销售合同的订立应当征询法律顾问或专家的意见。

（3）合同审批。单位应当建立健全销售合同审批制度。审批人员应对销售价格、信用政策，发货及收款方式等严格把关。

（4）组织销售。单位销售部门应按照经批准的销售合同编制销售计划，向发货部门下达销售通知单，同时编制销售发票通知单，并经审批后下达给财会部门，由财会部门根据销售发票通知单向客户开出销售发票。编制销售发票通知单的人员与开具销售发票的人员应相互分离。

（5）组织发货。发货部门应当对销售发货单据进行审核，严格按照销售通知单所列的发货品种和规格、发货数量、发货时间、发货方式组织发货，并建立货物出库、发运等环节的岗位责任制，确保货物的安全发运。

（6）销货退回。单位应当建立销售退回管理制度。单位的销售退回必须经销售主管审批后方可执行。销售退回的货物应由质检部门检验和仓储部门清点后方可入库。质检部门应对客户退回的货物进行检验并出具检验证明；仓储部门应在清点货物、注明退回货物的品种和数量后填制退货接收报告。财会部门应对检验证明、退货接收报告以及退货方出具的退货凭证等进行审核后办理相应的退款事宜。

（四）记录控制

1. 在销售与发货各环节设置相关的记录、填制相应的凭证，建立完整的销售登记制度、并加强销售合同、销售计划、销售通知单、发货凭证、运货凭证、销售发票等文件和凭证的相互核对工作。

2. 销售部门应设置销售台账，及时反映各种商品、劳务等销售的开单、发货、收款情况。销售台账应当附有客户订单、销售合同、客户签收回执等相关购货单据。

3. 会计部门根据销售发票等及时登记销售明细账、总账。

每个企业关于交易的产生、处理和记录等制度都有其特点,因此,也许很难评价其各项控制是否足以发挥最大的作用。然而,只有具备充分的记录手续,才有可能实现其他各项控制目标。例如,有的企业在收到顾客订货单后,就立即编制一份预先编号的一式多联的销售单,分别用于批准赊销、审批发货、记录发货数量以及向顾客开具账单等。在这种制度下,只要定期清点销售发票,漏开账单的情形几乎就不太会发生。相反的情况是,有的企业只在发货以后才开具账单,如果没有其他控制措施,这种制度下漏开账单的情况就很可能会发生。

(五)收款控制

1. 单位应当按照《现金管理暂行条例》、《支付结算办法》和《内部会计控制规范——货币资金(试行)》等规定,及时办理销售收款业务。单位应将销售收入及时入账,不得账外设账,不得擅自坐支现金。销售人员应当避免接触销售现款。

2. 单位应当建立应收账款账龄分析制度和逾期应收账款催收制度。销售部门应当负责应收账款的催收,财会部门应当督促销售部门加紧催收。对催收无效的逾期应收账款可通过法律程序予以解决。

3. 单位应当按客户设置应收账款台账,及时登记每一客户应收账款余额增减变动情况和信用额度使用情况。单位对长期往来客户应当建立起完善的客户资料,并对客户资料实行动态管理,及时更新。

4. 单位对于可能成为坏账的应收账款应当报告有关决策机构,由其进行审查,确定是否确认为坏账。单位发生的各项坏账,应查明原因,明确责任,并在履行规定的审批程序后作出会计处理。单位注销的坏账应当进行备查登记,做到账销案存。已注销的坏账又收回时应当及时入账,防止形成账外款。

5. 单位应收票据的取得和贴现必须经由保管票据以外的主管人员的书面批准。单位应当有专人保管应收票据,对于即将到期的应收票据,应及时向付款人提示付款;已贴现票据应在备查簿中登记,以便日后追踪管理。单位应制定逾期票据的冲销管理程序和逾期票据追踪监控制度。

6. 单位应当定期与往来客户通过函证等方式核对应收账款、应收票据、预收账款等往来款项。由不负责现金出纳和销货及应收账款记账的人员按月向顾客寄发对账单,能促使顾客在发现应付账款余额不正确后及时作出说明,因而这是一项有用的控制。为了使这项控制更加有效,最好将账户余额中出现的所有核对不符的账项,指定一位不掌管货币资金、也不记载营业收入和应收账款的主管人员处理。注册会计师观察指定人员寄送对账单和检查顾客复函档案,对于测试一般审计单位是否按月向顾客寄出对账单，是十分有效的控制测试。

（六）监督检查

单位应当建立对销售与收款内部控制的监督检查制度，明确监督检查机构或人员的职责权限，定期或不定期地进行检查。单位监督检查机构或人员应通过实施控制测试和实质性测试检查销售与收款业务内部控制制度是否健全、各项规定是否得到有效执行。销售与收款内部控制监督检查主要包括以下内容。

1. 销售与收款业务相关岗位及人员的设置情况。重点检查是否存在销售与收款业务不相容职务混岗的现象。

2. 销售与收款业务授权批准制度的执行情况。重点检查授权批准手续是否健全、是否存在越权审批行为。

3. 销售的管理情况。重点检查信用政策、销售政策的执行是否符合规定。

4. 收款的管理情况。重点检查单位销售收入是否及时入账、应收账款的催收是否有效，坏账核销和应收票据的管理是否符合规定。

5. 销售退回的管理情况。重点检查销售退回手续是否齐全、退回货物是否及时入库。

由内部审计人员或其他独立人员核查销货业务的处理和记录，是实现内部控制目标所不可缺少的一项控制措施。表 13－1 所列程序是对各项控制目标的典型内部核查程序。注册会计师可以采用检查内部审计人员的报告，或其他独立人员在他们核查的凭证上的签字等方法实施控制测试。

表 13－1　内部核查程序

内部控制目标	内部核查程序举例
登记入账的销货业务是真实的	了解顾客的信用情况，确定是否符合企业的赊销政策
所有销货业务均已登记入账	检查发运凭证的连续性，并将其与营业收入明细账核对
登记入账的销货业务均经正确估价	将销货发票上的数量与发运凭证上的记录进行比较核对
登记入账的销货业务的分类恰当	将登记入账的销货业务的原始凭证与会计科目表比较核对
销货业务的记录及时	检查开票员所保管的未开票发运凭证，确定是否包括所有应开票的发运凭证在内
销货业务已经正确地计入明细账并经正确汇总	从发运凭证追查至营业收入明细账和总账

二、销售与收款循环内部控制测试程序

（一）了解销售与收款循环的内部控制

鉴于内部控制在销售与收款循环中的重要性，内部控制的控制测试是该循环审计

中必不可少的程序。注册会计师可通过查阅被审计单位的有关规章制度、文件资料、向有关人员口头查询或现场调查等方式，了解该循环的内部控制制度，并用适当的方法进行描述，记于审计工作底稿。常用的方法有内部控制调查问卷表、流程图和文字叙述法。如果前一年度该企业的审计工作是由同一会计师事务所进行的，注册会计师应将调查重点放在企业内部控制的变动部分，掌握各项变动的原因和影响。如果在上一年度审计中，针对内部控制提出过管理建议，注册会计师还应证实各项管理建议是否已得到落实，并弄清未予落实的原因。

（二）初步评价内部控制

初步评价内部控制，必须遵循如下步骤：①确认可能发生的潜在错报或漏报；②确认可以防止或者发生和更正这些错报或漏报的控制措施；③确认被审计单位是否存在这些控制测试。

下面将以赊销为例作一说明。表 13－2 是赊销内部控制初步评价及测试表，第 1 栏列示赊销业务的主要环节，第 2 栏列示各环节可能出现哪些错报，第 3 栏列示为防止或发现这些错报需要哪些控制，第 4 栏列示的是为了收集控制有效性的证据而可能执行的控制测试。

表 13－2　赊销内部控制及测试表

业务环节	可能的错报	必要的控制	可能的控制测试
1. 接受顾客订单	①可能销售商品给了未经授权的顾客	①确定顾客在已批准顾客清单上	①观察程序，重新执行
		②每次销售都有已批准的销售单	②审查已批准的销售单
2. 批准信用	①销售可能未经过信用批准	①信用部门需对所有新顾客作信用调查	①询问对新顾客作信用调查的程序
		②在销售前，检查顾客信用额度	②检查销售前执行信用额度检查的证据
3. 按销售单供货	①仓库可能对未经批准的销售单，发出了商品	①发货给装运部门必须有已批准的销售单	①观察仓库人员供货
4. 按销售单装货	①所装运的货物可能和被定购的货物不符	①由装运部门职员独立检查从仓库收到的货物和已批准的销售是否一致	①生产执行独立检查的证据
	②可能有未授权装运货物	②按销售单供货和装运的职责应分离	②观察责任分工情况
		③每次装运都编制装运凭证	③审查装运凭证

续表

业务环节	可能的错报	必要的控制	可能的控制测试
5. 开单给顾客	①可能对虚构交易开单或重复开单	①每张发票必须有与之相配合的装运凭证和已批准的销售单	①将发票核证至装运凭单和已批准的销售单
	②有些装运货物可能未开账单	②每张装运凭证必须有与之相配合的销售发票	②追查装运凭证至销售发票
	③销售发票可能计价错误	③独立检查发票的计价	③重新执行计价正确性的检查
6. 记录销售	①发票可能未入销售账户和顾客账户	①独立检查发票的控制总数与销售账和顾客账户的金额的一致性	①复核独立检查证据；重新执行检查
	②发票可能过到错误的顾客账户	②每月寄账单给顾客	②观察寄出月末对账单的情况

（三）测试内部控制

注册会计师对内部控制执行控制测试，是为了获取内部控制是否适当设计和有效运行的证据，从而评价其控制风险。该循环的控制测试程序主要包括以下步骤。

1. 审核销售发票样本。注册会计师应当从发票存根中选取样本，进行如下审核：①核对销售发票存根和销售合同，顾客订货单等所载明的数量、价格、品名、规格等是否一致；②检查赊销合同是否经过批准；③核对相应的货运文件副本，检查销售发票日期和货运日期是否一致；④检查销售发票中列示的商品的单价与商品价目表中的价格是否一致；⑤复核销售发票中列示的数量、单价和金额加总计算是否正确，大小写金额是否相符；⑥从销售发票追查至销售日记账、应收账款明细账和销售收入明细账，判断是否及时、正确地入账；⑦抽出销售明细账中的记录，并与销售发票、销货通知单相比较，确认所记录的销售业务是否真实。

2. 审核货运文件。从被审计年度的全部按序归档的货运文件夹中，选取样本核对发票的存根联，以获取有关证据。

（四）评价内部控制

注册会计师通过评价控制测试所获取的证据，并充分运用审计判断对被审计单位发生重大错报的风险作出最后评价，并在此基础上进一步确定其实质性测试的性质、时间和范围。

第三节 营业收入审计

一、营业收入审计目标

营业收入审计目标一般包括:①确定营业收入的内容、数额是否合理、正确、完整;②确定对销货退回、销售折扣与折让的处理是否适当;③确定营业收入的会计处理是否正确;④确定营业收入的披露是否恰当。

二、营业收入实质性测试程序

营业收入实质性测试程序包括如下内容。

1. 取得或编制营业收入项目明细表,复核加计正确,并与报表数、总账数和明细账合计数核对相符。

2. 检查企业确认营业收入的原则、方法是否符合会计准则规定的收入实现条件,前后期是否一致。

3. 选择运用以下分析程序,作比较分析。

(1)将本期与上期的营业收入进行比较,分析产品销售的结构和价格的变动是否正常,并分析异常变动的原因。

(2)比较本期各月各种营业收入的波动情况,分析其变动趋势是否正常,是否符合被审计单位季节性、周期性的经营规律,并查明异常现象和重大波动的原因。

(3)计算本期重要产品的毛利率,分析比较本期与上期同类产品毛利率变化情况,注意收入与成本是否配比,并查清重大波动和异常情况的原因。

(4)计算重要客户的销售额及其产品毛利率,分析比较本期与上期有无异常变化。

(5)根据发票申报表,估算全年收入,与实际入账收入金额校对,并检查是否存在虚开发票或销售而未开发票的情况。

4. 获取产品价格目录,抽查售价是否符合定价政策,并注意销售给关联方或关系密切的重要客户的产品价格是否合理,有无低价或高价结算以转移收入的现象。

5. 抽取本期一定数量的销售发票,检查开票、记账、发货日期是否相符,品名、数量、单价、金额等是否与发运凭证、销售合同等一致,编制测试表。

6. 实施销售的截止测试。营业收入截止测试目的主要是确定被审计单位营业收入的会计记录归属期是否正确,应记入本期或下期的营业收入有否被推延至下期或提前至本期。

实务中有三个与营业收入确认有着密切关系的日期:一是发票开具日期或者收款日期;二是记账日期;三是发货日期(服务业则是提供劳务的日期)。营业收入截止测试的关键是检查三者是否归属于同一适当会计期间。围绕上述三个重要日期,在审计实务中,注册会计师可以考虑选择三条审计路线实施营业收入的截止测试。

审计路线之一是以账簿记录为起点,从报表日前后若干天的账簿记录查至记账凭证,检查发票存根与发运凭证。这种方法的优点是比较直观,容易追查至相关凭证记录,以确定其是否应在本期确认收入,特别是在连续审计两个以上会计期间时,检查跨期收入十分便捷,可以提高审计效率。缺点是缺乏全面性和连贯性,只能查多记,无法查漏记,尤其是当本期漏记收入延至下期,而审计时被审计单位尚未及时登账时,不易发现应记入而未记入报告期收入的情况。使用这种方法主要为了防止多计收入。

审计路线之二是以销售发票为起点,从报表日前后若干天的发票存根查至发运凭证与账簿记录,确定已开具发票的货物是否已发货并于同一会计期间确认收入。这种方法的优点是较全面、连贯,容易发现漏记的收入;缺点是较费时费力,有时难以查找相应的发货及账簿记录,而且不易发现多记的收入。使用这种方法主要是为了防止少计收入。

审计路线之三是以发运凭证为起点,从报表日前后若干天的发运凭证查至发票开具情况与账簿记录,确定营业收入是否已记入恰当的会计期间。该方法也存在与以上两种方法相类似的优缺点,具体操作中还应考虑被审计单位的会计政策才能作出恰如其分的处理。使用这种方法主要也是为了防止少计收入。

应当注意的是以上三条审计路线在实务中并不是孤立的,注册会计师可以根据业务的需要和被审计单位的具体情况以及被审计单位管理当局的不同意图,考虑在同一被审计单位财务报表审计中同时使用这三条路线,甚至可以在同一营业收入项目审计中并用,以提高审计效率。

7. 结合对决算日应收账款的函证程序,观察有无未经认可的巨额销售。

8. 检查销售折扣、销售退回与折让业务是否真实、内容是否完整、相关手续是否符合规定、折扣与折让的计算和会计处理是否正确。

9. 检查外币收入折算汇率是否正确。

10. 检查有无特殊的销售行为,如附有销售退回条件的商品销售、委托代销、售后回购、以旧换新、商品需要安装和检验的销售、分期收款销售、出口销售、售后租回等,确定恰当的审计程序进行审核。

11. 调查集团内部销售的情况，记录其交易价格、数量和金额，并追查在编制合并财务报表时是否已予以抵消。

12. 调查向关联方销售的情况，记录其交易品种、数量、价格、金额以及占营业收入总额的比例。

13. 检查营业收入在利润表上的披露是否恰当。

第四节　应收账款审计

一、应收账款的审计目标

应收账款的审计目标一般包括：①确定应收账款是否存在；②确定应收账款是否归被审计单位所有；③确定应收账款增减变动的记录是否完整；④确定应收账款是否可收回、坏账准备的计提方法和比例是否恰当、坏账准备的计提是否充分；⑤确定应收账款和坏账准备期末余额是否正确；⑥确定应收账款和坏账准备在财务报表上的披露是否恰当。

二、应收账款的重要实质性测试程序

（一）取得或编制应收账款明细表，复核加计正确，并与总账数和明细账合计数核对相符，将坏账准备科目与报表数核对相符

（二）分析应收账款账龄

注册会计师可以通过编制或索取应收账款账龄分析表来分析应收账款的账龄，以便了解应收账款的可收回性。应收账款账龄分析如表 13－3 所示。

表 13－3　应收账款账龄分析表

年　月　日　　　　　　　　　　货币单位：

顾客名称	期末余额	账龄			
		一年以内	1～2 年	2～3 年	3 年以上
合计					

（三）执行其他分析性程序

对应收账款执行其他分析程序时，通常使用以下财务比率（如表13－4所示）。

表13－4　应收账款分析程序常用财务比率表

财务比率	计算公式
1.应收账款周转率	销售净额/平均应收账款
2.应收账款与流动资产总额之比	应收账款/流动资产总额
3.销售净额报酬率	净利/销售净额
4.坏账费用与赊销净额之比	坏账费用/销售净额
5.坏账费用与实际坏账之比	坏账费用/实际坏账

注册会计师在将表中每一种比率与以前年度比率、预期结果或行业数据比较时，如果没有发现重大波动，则提供了支持有关账户余额合理性的证据。相反，如果发现有重大波动，则需要作进一步的调查。

（四）向债务人函证应收账款

应收账款函证是应收账款审计中一个非常重要的审计程序，应收账款函证就是直接发函给被审计单位的债务人，要求核实被审计单位应收账款的记录是否正确的一种审计方法。其目的在于证实应收账款账户余额的真实性、正确性。通过函证，可以比较有效地证明债务人的存在和被审计单位记录的可靠性。询证函由注册会计师利用被审计单位提供的应收账款明细账户名称及客户地址等资料据以编制，但为保证函证证据的可靠性，询证函一定要由注册会计师亲自寄发。

1.函证的范围。注册会计师应当对应收账款实施函证程序。除非有充分证据表明应收账款对被审计单位财务报表而言是不重要的，或者函证很可能是无效的。如果注册会计师不对应收账款进行函证，应当在工作底稿中说明理由。如果认为函证很可能是无效的，注册会计师应当实施附加审计程序，获取充分、适当的审计证据。注册会计师应当考虑被审计单位的经营环境、内部控制的有效性、账户或交易的性质、被询证者处理询证函的习惯做法及回函的可能性等，以确定函证的内容、范围、时间和方式。

确定应收账款函证范围的大小主要考虑以下因素。

（1）应收账款在全部资产中的重要性。如果应收账款在全部资产中所占的比重较大，则函证的范围应相应大一些。

（2）被审计单位内部控制的强弱。如果内部控制制度较健全，则可以相应减少函证量；反之，则应相应扩大函证范围。

（3）以前期间的函证结果。若以前期间函证中发现过重大差异，或欠款纠纷较多，则函证范围应相应扩大一些。

(4)函证方式的选择。若采用肯定式函证,则可以相应减少函证量;若采用否定式函证,则要相应增加函证量。

2. 函证内容。注册会计师采用审计抽样或其他选取测试项目的方法选择函证样本时,样本应当足以代表总体,并包括以下项目和交易。

(1)金额较大的项目。

(2)账龄较长的项目。

(3)交易频繁但期末余额较小的项目。

(4)重大关联方交易。

(5)重大或异常的交易。

(6)可能存在争议以及产生重大舞弊或错误的交易。

3. 函证的时间。注册会计师通常以资产负债表日为截止日,在资产负债表日后适当时间内实施函证。如果重大错报风险评估为低水平,注册会计师可选择资产负债表日前适当日期为截止日实施函证,并对所函证项目自该截止日起至资产负债表日止发生的变动实施实质性测试。

4. 函证决策中对管理层意见的考虑。当被审计单位管理层要求对拟函证的某些账户余额或其他信息不实施函证时,注册会计师应当考虑该项要求是否合理。如果认为管理层的要求合理,注册会计师应当实施替代审计程序,以获取与这些账户余额或其他信息相关的充分、适当的审计证据。如果认为管理层的要求不合理,且被其阻挠而无法实施函证,注册会计师应当视其为审计范围受到限制,并考虑对审计报告可能产生的影响。

在分析管理层要求不实施函证的原因时,注册会计师应当保持职业怀疑态度,并考虑以下几点。

(1)管理层是否诚信?

(2)是否可能存在重大的舞弊或错误?

(3)替代审计程序能否提供与这些账户余额或其他信息相关的充分、适当的审计证据?

5. 询证函的设计。注册会计师应当根据特定审计目标设计询证函。在设计询证函时,注册会计师应当考虑所审计的认定以及可能影响函证可靠性的因素。可能影响函证可靠性的因素主要包括以下几方面。

(1)函证的方式。

(2)以往审计或类似业务的经验。

(3)拟函证信息的性质。

(4)选择被询证者的适当性。

(5)被询证者易于回函的信息类型。

6. 函证的方式。函证方式分为积极式函证和消极式函证两种。

(1)积极式函证,又称正面式、肯定式函证,就是向债务人发出询证函,要求他证实所函证的欠款是否正确,无论对错都要求复函,并且确认询证函所列示信息是否正确,或填列询证函要求的信息。财政部、中国人民银行制定的积极式询证函参考格式如下。

企业询证函

编号:

__________(公司)

本公司聘请的××会计师(审计)事务所正在对本公司财务报表进行审计,按照中国注册会计师独立审计准则的要求,应当询证本公司与贵公司的往来账项等事项。下列数据出自本公司账簿记录,如与贵公司记录相符,请在本函下端"数据证明无误"处签章证明;如有不符,请在"数据不符"处列明不符金额。回函请直接寄至××会计师(审计)事务所。

通信地址:

邮编: 电话: 传真:

1. 本公司与贵公司的往来账项列示如下:

截止日期	贵公司欠	欠贵公司	备　注

2. 其他事项

本函仅为复核账目之用,并非催款结算,若款项在上述日期之后已经付清,仍请及时函复为盼。

(公司签章)　(日期)

结论:

1. 数据证明无误

(签章)　(日期)

2. 数据不符,请列明不符金额

(签章)　(日期)

(2)消极式函证,又称反面式、否定式函证,它也是向债务人发出询证函,但所函证的款项相符时债务人不必复函,只有在所函证的款项不符时才要求债务人向注册会计师复函。

积极的函证方式通常比消极的函证方式提供的审计证据可靠。注册会计师采用哪种函证方式,应根据具体情况作出职业判断。当同时存在下列情况时,注册会计师可考虑采用消极的函证方式:①重大错报风险评估为低水平。②涉及大量余额较小的账户。③预期不存在大量的错误。④没有理由相信被询证者不认真对待函证。

有时候两种函证方式结合起来使用可能更适宜:对于大金额账项采用积极的函证方式;对于小金额账项则采用消极的函证方式。

7. 函证的控制。当实施函证时,注册会计师应当对选择被询证者、设计询证函以及发出和收回询证函保持控制,控制措施包括以下内容。

(1)将被询证者的名称、地址与被审计单位有关记录核对。

(2)将询证函中列示的账户余额或其他信息与被审计单位有关资料核对。

(3)在询证函中指明直接向接受审计业务委托的会计师事务所回函。

(4)询证函经被审计单位盖章后,由注册会计师直接发出。

(5)将发出询证函的情况形成审计工作记录。

(6)将收到的回函形成审计工作记录,并汇总统计函证结果。函证结果汇总表如表 13 – 5 所示。

另外,如果被询证者以传真、电子邮件等方式回函,注册会计师应当直接接收,并要求被询证者寄回询证函原件。如果采用积极的函证方式实施函证而未能收到回函,注册会计师应当考虑与被询证者联系。如果未能得到被询证者的回应,注册会计师应当实施替代审计程序。替代审计程序应当能够提供实施函证所能够提供的同样效果的审计证据。如果实施函证和替代审计程序都不能提供财务报表有关认定的充分、适当的审计证据,注册会计师应当实施追加的审计程序。

表 13 – 5　函证结果汇总表

函证编号	债务人名称	债务人地址	函证日期	账面金额	函证结果	差异金额及说明	审定金额

8. 函证结果差异的分析。注册会计师应关注收回的询证函有无差异,若有,应当考虑不符事项是否构成错报及其对财务报表可能产生的影响,并将结果形成审计工作记

录。许多不符事项并不意味着错报的发生，其原因可能是由于购销双方登记入账的时间不同，可能是由于一方或双方记账错误，也可能是其中有弄虚作假或舞弊行为。因登记入账的时间不同而产生的差异，主要表现为以下几种。

(1)询证函发出时，债务人已经付款，而被审计单位尚未收到货款。

(2)询证函发出时，被审计单位的货物已经发出并已作销售记录，但货物仍在途中，债务人尚未收到货物。

(3)债务人由于某种原因将货物退回，而被审计单位尚未收到。

(4)债务人对收到的货物的数量、质量及价格等有异议而全部或部分拒付货款。

如果不符事项构成错报，注册会计师应当重新考虑所实施审计程序的性质、时间和范围。

9. 审计证据的评价。在评价实施函证和替代审计程序获取的审计证据是否充分、适当时，注册会计师应当考虑：①函证和替代审计程序的可靠性；②不符事项的原因、频率、性质和金额；③实施其他审计程序获取的审计证据。

在评价函证的可靠性时，注册会计师应当考虑：①对询证函的设计、发出及收回的控制情况；②被询证者的胜任能力、独立性、授权回函情况、对函证项目的了解及其客观性；③被审计单位施加的限制或回函中的限制。

如果有迹象表明收回的询证函不可靠，注册会计师应当实施适当的审计程序予以证实或消除疑虑。

除此之外，注册会计师还应当评价函证及函证以外的审计程序的实施结果是否为所审计的认定提供了充分、适当的审计证据。

(五)检查未函证应收账款

(六)检查坏账的确认和处理

注册会计师应首先检查被审计单位确认的坏账是否符合我国会计准则的规定，其次检查被审计单位坏账的处理是否经授权批准，有关会计处理是否正确。

(七)抽查有无不属于结算业务的债权

(八)检查外币应收账款

这一步应当检查外币应收账款的折算汇率是否符合规定，是否前后各期保持一致，折算差额的会计处理是否正确。

(九)分析应收账款明细账余额

(十)检查应收账款在资产负债表上是否已恰当披露

第五节 坏账准备审计

一、坏账准备的审计目标

坏账准备的审计目标一般包括：①确定计提坏账准备的方法和比例是否恰当、坏账准备的计提是否充分；②确定坏账准备增减变动的记录是否完整；③确定坏账准备期末余额是否正确；④确定坏账准备的披露是否恰当。

二、坏账准备的重要实质性测试程序

1. 查明坏账准备的计提是否符合准则规定，计提的数额是否恰当，会计处理是否正确，前后期是否一致。

2. 检查坏账损失的原因是否清楚，是否符合有关规定，有无授权批准，有无已作坏账处理后又重新收回的应收款项，相应的会计处理是否正确。

3. 检查有无资产负债表日后仍未收回的长期挂账应收款项。

4. 检查函证回函中反映的例外事项及存在争议的余额。

5. 计算坏账准备余额占应收款项余额的比例并和以前期间的相关比例核对，检查分析其重大差异，以发现有重要问题的审计领域。

6. 确定坏账准备的披露是否恰当。

第六节 其他相关账户审计

一、应收票据审计

（一）应收票据的审计目标

应收票据的审计目标一般包括：①确定应收票据是否存在；②确定应收票据是否归被审计单位所有；③确定应收票据的计量是否符合会计准则的规定；④确定应收票据增减变动的记录是否完整；⑤确定应收票据是否有效，可否收回；⑥确定应收票据期末余额是否正确；⑦确定应收票据在财务报表上的披露是否恰当。

(二)应收票据的重要实质性测试程序

1. 获取或编制应收票据明细表,复核加计正确,并校对其期末余额合计数与报表数、总账数和明细账合计数是否相符。

2. 监盘库存票据,注意票据的种类、号数、签收的日期、到期日、票面金额、合同交易号、付款人、承兑人、背书人姓名或单位名称,以及利率、贴现率、收款日期、收回金额等是否与应收票据登记簿的记录相符,是否存在已作质押的票据和银行退回的票据。

3. 必要时,函证部分票据,以证实其存在性和可收回性。

4. 检查应收票据的利息收入是否正确入账,注意逾期应收票据是否已按规定停止计提利息。

5. 对于已贴现的应收票据,注册会计师应检查其贴现额与利息额的计算是否正确,会计处理方法是否适当,复核、统计已贴现以及已转让但未到期的应收票据的金额。

6. 请被审计单位协助,在应收票据明细表上标出至外勤审计时已兑现或已贴现的应收票据,核对收款凭证等资料,以确认其资产负债表日的真实性。

7. 对以非记账本位币结算的应收票据,应检查其采用的折算汇率和汇兑损益处理的正确性。

8. 检查应收票据在资产负债表上的披露是否恰当。

二、预收账款审计

(一)预收账款的审计目标

预收账款的审计目标一般包括:①确定预收账款的发生及偿还记录是否完整;②确定预收账款的期末余额是否正确;③确定预收账款在财务报表上的披露是否恰当。

(二)预收账款的重要实质性测试程序

1. 获取或编制预收账款明细表,复核加计正确,并核对其期末余额合计数与报表数、总账数和明细账合计数是否相符。

2. 请被审计单位协助,在预收账款明细表上标出至审计日止已转销的预收账款,对已转销金额较大的预收账款进行检查,核对记账凭证、仓库发运凭证、销售发票等,并注意这些凭证发生日期的合理性。

3. 抽查预收账款有关的销售合同、仓库发运凭证、收款凭证,检查已实现销售的商品是否及时转销预收账款,确保预收账款期末余额的正确性和合理性。

4. 选择预收账款的若干重大项目函证,根据回函情况编制函证结果汇总表。

5. 检查预收账款是否存在借方余额,决定是否建议作重分类调整。

6. 检查预收账款长期挂账的原因并作出记录,必要时提请被审计单位予以调整。

7. 对以非记账本位币结算的预收账款、检查其采用的折算汇率和汇兑损益处理的正确性。

8. 对税法规定应予纳税的预收销售款,结合应交税费项目,检查是否及时、足额计缴有关税金。

9. 检查预收账款是否已在资产负债表上作恰当披露。

三、应交税费审计

(一)应交税费的审计目标

应交税费的审计目标一般包括:①确定应计和已缴税金的记录是否完整;②确定应交税费的期末余额是否正确;③确定应交税费在财务报表上的披露是否恰当。

(二)应交税费的实质性测试程序

1. 获取或编制应交税费明细表,复核其加计数是否正确,并核对其期末余额与报表数、总账数和明细账合计数是否相符。

2. 查阅被审计单位纳税鉴定或纳税通知及征、免、减税的批准文件,了解被审计单位适用的税种、计税基础、税率以及征、免、减税的范围与期限,确认其在被审计期间内的应纳税内容。

3. 核对期初未交税金与税务机关的认定数是否一致,如有差额,查明原因并作出记录,必要时建议作适当调整。

4. 取得税务部门汇算清缴或其他确认文件、有关政府部门的专项检查报告、税务代理机构的专业报告、被审计单位纳税申报有关资料等,分析其有效性,并与上述明细表及账面情况进行核对。必要时,向主管税务部门函证应交税费的本期应交数和期末未交数。对于超过法定纳税期限的税项,应取得主管税务部门的批准文件。

5. 检查应交增值税的计算是否正确、是否按规定进行了会计处理。

6. 检查应交营业税的计算是否正确、是否按规定进行了会计处理。

7. 检查应交消费税的计算是否正确、是否按规定进行了会计处理。

8. 检查应交资源税的计算是否正确、是否按规定进行了会计处理。

9. 检查应交土地增值税的计算是否正确、是否按规定进行了会计处理。

10. 检查应交城市维护建设税的计算是否正确、是否按规定进行了会计处理。

11. 检查应交车船使用税和房产税的计算是否正确、是否按规定进行了会计处理。

12. 检查应交土地使用税的计算是否正确、是否按规定进行了会计处理。

13. 检查矿产资源补偿费的计算是否正确、是否按规定进行了会计处理。

14. 检查教育费附加的计算是否正确、是否按规定进行了会计处理。

15. 检查所得税的计算是否正确、是否按规定进行了会计处理。

16. 检查除上述税项外的其他税项及代扣税项的计算是否正确、是否按规定进行了会计处理。

17. 确定应交税费是否已在资产负债表上作恰当披露。

四、营业税金及附加审计

(一)营业税金及附加的审计目标

营业税金及附加的审计目标一般包括:①确定营业税金及附加的记录是否完整;②确定营业税金及附加的计算和会计处理是否正确;③确定营业税金及附加在财务报表上的披露是否恰当。

(二)营业税金及附加的重要实质性测试程序

1. 取得或编制营业税金及附加明细表,复核加计正确,并与报表数、总账数和明细账合计数核对相符。

2. 确定被审计单位的纳税范围与税种是否符合国家规定。

3. 根据审定的当期应纳营业税的营业收入,按规定的税率,分项计算、复核本期应纳营业税税额。

4. 根据审定的应税消费品销售额(或数量),按规定适用的税率,分项计算、复核本期应纳消费税税额。

5. 根据审定的应税资源税产品的课税数量,按规定适用的单位税额,计算、复核本期应纳资源税税额。

6. 检查城市维护建设税、教育费附加等项目的计算依据是否和本期应纳增值税、营业税、消费税合计数一致,并按规定适用的税率或费率计算、复核本期应纳城建税、教育费附加等。

7. 根据投资性房地产的相关记录,检查、复核相应的房产税、土地使用税的计算和账务处理是否正确。

8. 复核各项税费与应交税费、其他应交款等项目的勾稽关系。

9. 确定被审计单位减免税的项目是否真实,理由是否充分,手续是否完备。

10. 确定营业税金及附加是否已在利润表上作恰当披露。

五、销售费用的审计

(一)销售费用的审计目标

销售费用的审计目标一般包括:①确定销售费用的内容是否完整;②确定销售费用的分类、归属和会计处理是否正确;③确定销售费用在财务报表上的披露是否恰当。

(二)销售费用的重要实质性测试程序

1. 获取或编制销售费用明细表,复核加计正确,与报表数、总账数及明细账合计数核对相符。

2. 检查销售费用各项目开支标准是否符合有关规定，开支内容是否与被审计单位的产品销售等活动有关，计算是否正确。

3. 将本期销售费用与上期销售费用进行比较，并将本期各月的销售费用进行比较，如有重大波动和异常情况应查明原因，并作适当处理。

4. 选择重要或异常的销售费用，检查其原始凭证是否合法，会计处理是否正确，必要时对销售费用实施截止测试，检查有无跨期入账的现象，对于重大跨期项目应建议作必要调整。

5. 核对销售费用有关项目金额与累计折旧、应付职工薪酬、预提费用等项目相关金额的勾稽关系，如有不符，应查明原因并作适当处理。

6. 检查销售费用的结转是否正确、合规，查明有无多转、少转或不转销售费用，人为调节利润的情况。

7. 检查销售费用是否已在利润表恰当披露。

六、其他业务收入审计

（一）其他业务收入的审计目标

其他业务收入的审计目标一般包括：①确定其他业务收入的记录是否完整；②确定其他业务收入的会计处理是否正确；③确定其他业务收入在财务报表上的披露是否恰当。

（二）其他业务收入的实质性测试程序

1. 获取或编制其他业务收入明细表，复核加计正确，与报表数、总账数和明细账合计数核对相符，并注意其他业务收入是否有相应的业务支出数。

2. 与上期其他业务收入进行比较，如有重大变动，了解变动原因，分析其合理性。

3. 抽查大额其他业务收入项目，检查原始凭证是否齐全，有无授权批准，会计处理是否正确，内容是否真实、合法，是否符合收入实现原则，会计期间划分是否恰当。

4. 检查异常的其他业务收入项目，追查其入账依据及有关法律性文件是否充分。

5. 必要时，实施截止测试，追踪到发票、收据，确定其截止划分是否恰当，并对重大跨期项目作必要的调整。

6. 检查其他业务收入是否已在利润表上恰当披露。

七、其他业务成本审计

（一）其他业务成本的审计目标

其他业务成本的审计目标一般包括：①确定其他业务成本的记录是否完整；②确定

其他业务成本计算和会计处理是否正确;③确定其他业务成本在财务报表上的披露是否恰当。

(二)其他业务成本的实质性测试程序

1. 获取或编制其他业务成本明细表,复核加计正确,与报表数、总账数和明细账合计数核对相符。

2. 与上期其他业务成本进行比较,如有重大变动,了解变动原因,分析其合理性。

3. 抽查大额其他业务成本项目,检查原始凭证是否齐全、有无授权批准,会计处理是否正确,内容(包括相关的成本、税金、费用)是否真实,计算是否正确、是否符合配比原则。

4. 检查异常的其他业务成本项目,追查其入账依据及有关法律性文件是否充分。

5. 必要时,实施截止测试,追踪到发票、收据,确定其截止划分是否恰当,并对重大跨期项目作必要的调整。

6. 检查其他业务成本是否已在利润表上恰当披露。

复习思考题

1. 在估计应收账款认定的控制风险时,应考虑哪些交易种类?检查风险的可接受水平应根据计划的还是实际的控制风险估计水平来确定?为什么?

2. 请指出适用于应收账款三项或更多项认定的实质性测试有哪些?应收账款证据事项的主要来源是什么?

3. 请列举出注册会计师对应收账款执行分析性程序可能使用的财务比率及其计算公式。

4. A 同学认为注册会计师每次进行财务报表审计必须函证应收账款,他的看法对吗?为什么?注册会计师在确定函证方式和函证的时间及范围时,应分别考虑哪些因素?

5. 注册会计师函证应收账款必须采取哪些预防措施以保证函证结果的有效性?函证应收账款可以为哪些财务报表认定提供证据?

6. 注册会计师如何执行销售截止测试?这种测试与应收账款的哪些财务报表认定相关?

7. 注册会计师应如何核证已入账的应收账款至支持性凭证和审查期后收款情况?这两项测试各自与哪些认定相关?

8. 注册会计师应如何审查客户编制的应收账款账龄分析表和确定坏账准备的合

理性？

9. 注册会计师采用审计抽样或其他选取测试项目的方法选择函证样本时，样本应当包括哪些项目才能足以代表总体？

10. 应收账款函证方式决策时符合什么条件可以采用消极的函证方式？

11. 函证决策中针对被审计单位管理层要求对拟函证的某些账户余额或其他信息不实施函证程序的意见，注册会计师应如何考虑该要求？

12. 北京东方会计师事务所注册会计师王豪、李明在对ABC股份有限公司（上市公司）2006年度财务报表进行审计的过程中，获得该公司2006年12月31日的相关会计记录资料如下表所示。

计量单位：万元

项目名称	金　额
银行存款	5 000
短期投资	600
应收票据	12 000
应收账款（净额）	75 000
其他应收款	24 000
存货	84 000
固定资产（净值）	97 800
在建工程	26 300
应付账款	34 570
银行借款（抵押借款部分）	56 800
实收资本（内部职工及社会公众占股）	18 000
资本公积	48 750
营业收入净额	675 000
主营业务利润	67 898
利息支出	5 464

请根据上述资料回答下列问题：

（1）上述项目中适应函证程序的有哪些？

（2）接受函证的对象有哪些？

（3）函证的主要内容是什么？

（4）可选用的函证方式是什么？

第十四章

采购与付款循环审计

本章要点

本章主要介绍采购与付款循环的特性，该循环主要的内部控制制度和控制测试的程序与方法，以及重要财务报表项目的实质性测试程序。从财务报表项目与业务循环的相关程度分析，该循环所涉及的财务报表项目主要是资产负债表项目，包括预付账款、固定资产、在建工程、工程物资、固定资产清理、无形资产、开发支出、商誉、长期待摊费用、应付票据、应付账款和长期应付款等；所涉及的利润表项目通常为管理费用。

第一节　采购与付款循环特性

一、采购与付款循环的交易种类与业务环节

采购与付款循环由固定资产、商品或劳务的取得和支付活动组成。该循环有两种主要交易类型:采购交易和现金支出交易。这些交易在具体的执行过程中,又可以按先后顺序和内部控制的要求划分为几个不同的业务环节,每一个业务环节都有相应的工作标准和处理要求。

(一)请购商品和劳务

仓库负责对需要购买的已列入存货清单的项目填写请购单,其他部门也可以对所需要购买的未列入存货的项目编制请购单。但对资本支出和租赁合同,只允许指定人员提出请购。由于请购单不便事先连续编号,所以每张请购单必须经过对这类支出负预算责任的主管人员签字批准。

(二)编制订购单

采购部门在收到请购单后,只能对经过批准的请购单发出订购单。订购单应正确填写所需要的商品品名、数量、价格、厂商名称和地址等,预先予以编号并经过被授权的采购人员签名。为保证供货的质量、及时性和成本的低廉,采购部门应确定最佳的供应来源,必要时采取竞价方式来确定供应商。

(三)验收商品

验收部门首先应比较所收商品与订购单上的要求是否相符,然后再盘点商品并检查商品有无损坏。验收后,验收部门应对已收货的每张订购单编制一式多联、预先编号的验收单,作为验收和检验商品的依据。

(四)储存已验收的商品存货

仓库或其他请购部门收到验收人员送交的商品时,应在验收单的副联上签收,以确立他们对所采购的资产应负的保管责任。将已验收商品的保管与采购的其他职责相分离,可减少未经授权的采购和盗用商品的风险。存放商品的仓储区应相对独立,限制无关人员接近。

(五)编制付款凭单

记录采购交易之前,应付凭单部门应根据经签字的验收单编制付款凭单。并做好以下几项工作。

1. 确定供应商发票的内容与相关的验收单、订购单的一致性。

2. 确定供应商发票计算的正确性。

3. 编制有预先编号的付款凭单，并附上支持性凭证（如订购单、验收单和供应商发票等）；这些支持性凭证的种类，因交易对象的不同而不同。

4. 独立检查付款凭单计算的正确性。

5. 在付款凭单上填入应借记的资产或费用账户名称。

6. 由被授权人员在凭单上签字，以示批准照此凭单要求付款。所有未付凭单的副联应保存在未付凭单档案中，以待日后付款。

（六）确认与记录负债

应付账款部门在收到供应商发票时，应将发票上所记载的品名、规格、价格、数量、条件及运费与订货单上的有关资料核对，如有可能，还应与验收单上的资料进行比较。核对无误后按正确的数额记载企业确实发生的购货和接受劳务事项，并在应付凭单登记簿或应付账款明细账中加以记录。

（七）付款

通常是由应付凭单部门负责确定未付凭单在到期日付款。企业有多种款项结算方式，为保证资金的安全和企业的信誉，做到不重复支付，不遗忘支付，必须遵守支付环节相应的控制要求。

（八）记录现金、银行存款支出

会计部门应根据已付款的凭据编制付款记账凭证，并据以登记银行存款日记账及其他相关账簿。

二、采购与付款循环的主要凭证和记录

采购与付款业务通常要经过请购—订货—验收—付款这样的程序，同销货与付款业务一样，在内部控制比较健全的企业，处理购货与付款业务通常也需要使用很多凭证和会计记录。典型的采购与付款循环所涉及的主要凭据和会计记录有如下几种。

（一）请购单

请购单是由商品制造、资产使用等部门的有关人员填写，送交采购部门，申请购买商品、劳务或其他资产的书面凭证。

（二）订购单

订购单是由采购部门填写，向另一企业购买订购单上所指定商品、劳务或其他资产的书面凭证。

（三）验收单

验收单是收到商品、资产时所编制的凭证，列示从供应商处收到的商品、资产的种

类和数量等内容。

(四)卖方发票

卖方发票是供应商开具的,交给买方以载明发运的货物或提供的劳务、应付款金额和付款条件等事项的凭证。

(五)付款凭单

付款凭单是采购方企业的应付凭单部门编制的,载明已收到商品、资产或接受劳务的厂商、应付款金额和付款日期的凭证。付款凭单是企业内部记录和支付负债的授权证明文件。

(六)转账凭证

转账凭证是指记录转账业务的记账凭证,它是根据有关转账业务(即不涉及现金、银行存款收付的各项业务)的原始凭证编制的。

(七)付款凭证

付款凭证包括现金付款凭证和银行存款付款凭证,是指用来记录现金和银行存款支出业务的记账凭证。

(八)应付账款明细账

(九)现金日记账和银行存款日记账

(十)卖方对账单

卖方对账单是由供货方按月编制的,标明期初余额、本期购买、本期支付给卖方的款项和期末余额的凭证。卖方对账单是供货方针对有关业务的凭证,如果不考虑买卖双方在收发货物上可能存在的时间差等因素,其期末余额通常应与采购方相应的应付账款期末余额一致。

三、对重要性、风险和审计策略的考虑

有很多账户都受采购与付款循环交易的影响。实际上,该循环交易比其他几个循环所影响的项目总和还要多。并且,该循环影响的这些账户中,多数(比如存货、固定资产和主要费用种类等)从单个来看可能都很重要。因此,采购与付款循环交易是财务报表重要错报的来源。注册会计师在审计采购与付款循环时,应力求达到一个低的风险水平。与采购与付款循环交易有关的风险,主要由以下因素引起:①交易量通常很大;②可能发生未授权的采购和现金支出;③已购买的资产可能被侵吞、滥用;④可能出现诸如支出应资本化还是费用化等会计问题的争论。

由于以上原因,在很多情况下,注册会计师都指望客户的内部控制结构能防止或发现受采购与付款循环交易影响的“存在或发生”、“完整性”及“估价或分摊”认定的错报。同时采购与付款循环交易的控制还影响到该循环中的“表达与披露”认定的错报

风险,因为有效的内部控制也有助于保证绝大多数种类的支出分类适当。所以同销售与收款循环审计相似,有效的采购与付款循环内部控制有助于将出现重大错报的风险评定为一个较低的水平。因此注册会计师在对采购与付款循环进行审计时,应对其内部控制结构取得一定的了解并评估其有效性。但是采购与付款循环的内部控制对于降低“权利和义务”认定的风险一般没有什么帮助。

第二节 采购与付款循环内部控制及测试

一、采购与付款循环内部控制的基本要求

为了加强对单位采购与付款的内部控制,规范采购与付款行为,防范采购与付款过程中的差错和舞弊,根据《中华人民共和国会计法》和《内部会计控制规范——基本规范(试行)》等法律法规,财政部制定了《内部会计控制规范——采购与付款(试行)规范》。根据《内部会计控制规范——采购与付款(试行)规范》的要求,采购与付款循环主要的控制程序和措施包括以下几点。

(一)岗位分工制度

单位应当建立采购与付款业务的岗位责任制,明确相关部门和岗位的职责、权限,确保办理采购与付款业务的不相容岗位相互分离、制约和监督。

采购与付款业务不相容岗位至少包括以下几类。

1. 请购与审批。
2. 询价与确定供应商。
3. 采购合同的订立与审计。
4. 采购与验收。
5. 采购、验收与相关会计记录。
6. 付款审批与付款执行。

单位不得由同一部门或个人办理采购与付款业务的全过程。单位应当配备合格的人员办理采购与付款业务。办理采购与付款业务的人员应当具备良好的业务素质和职业道德。单位应当根据具体情况对办理采购与付款业务的人员进行岗位轮换。

(二)请购与预算制度

1. 单位应当建立采购申请制度。依据购置物品或劳务等类型,确定归口管理部门,

授予相应的请购权，并明确相关部门或人员的职责权限及相应的请购程序。

2. 单位应当加强采购业务的预算管理。对于预算内采购项目，具有请购权的部门应严格按照预算执行进度办理请购手续；对于超预算和预算外采购项目，具有请购权的部门应对需求部门提出的申请进行审核后再行办理请购手续。单位应当建立严格的请购审批制度，对于超预算和预算外采购项目，应当明确审批权限，由审批人根据其职责、权限以及单位实际需要等对请购申请进行审批。

（三）授权批准制度

1. 单位应当对采购与付款业务建立严格的授权批准制度。明确审批人对采购与付款业务的授权批准方式、权限、程序、责任和相关控制措施，规定经办人办理采购与付款业务的职责范围和工作要求。审批人应当根据采购与付款业务授权批准制度的规定，在授权范围内进行审批，不得超越审批权限。经办人应当在职责范围内，按照审批人的批准意见办理采购与付款业务，对于审批人超越授权范围审批的采购与付款业务，经办人员有权拒绝办理，并及时向审批人的上级授权部门报告。

2. 特殊采购业务的集体决策制度。单位对于重要的和技术性较强的采购业务，应当组织专家进行论证，实行集体决策和审批，防止出现决策失误而造成严重损失。严禁未经授权的机构或人员办理采购与付款业务。

（四）采购与验收控制

单位应当建立采购与验收环节的管理制度，对采购方式确定、供应商选择、验收程序等作出明确规定，确保采购过程的透明化。单位应当根据物品或劳务等的性质及其供应情况确定采购方式。一般物品或劳务等的采购应采用订单采购或合同订货等方式，小额零星物品或劳务等的采购可以采用直接购买等方式。单位应当制定例外紧急需求的特殊采购处理程序。

单位应当充分了解和掌握供应商的信誉、供货能力等有关情况，采取由采购、使用等部门共同参与比质比价的程序，并按规定的授权批准程序确定供应商。小额零星采购也应由经授权的部门事先对价格等有关内容进行审查。

单位应当根据规定的验收制度和经批准的订单、合同等采购文件，由独立的验收部门或指定专人对所购物品或劳务等的品种、规格、数量、质量和其他相关内容进行验收，出具验收证明。对验收过程中发现的异常情况，负责验收的部门或人员应当立即向有关部门报告；有关部门应查明原因，及时处理。

（五）付款控制

1. 单位应当按照《现金管理暂行条例》、《支付结算办法》和《内部会计控制规范——货币资金（试行）》等规定办理采购付款业务。

2. 单位财会部门在办理付款业务时，应当对采购发票、结算凭证、验收证明等相关凭证的真实性、完整性、合法性及合规性进行严格审核。

3. 单位应当建立预付账款和定金的授权批准制度，加强预付账款和定金的管理。

4. 单位应当加强应付账款和应付票据的管理，由专人按照约定的付款日期、折扣条件等管理应付款项，已到期的应付款项需经有关授权人员审批后方可办理结算与支付。

5. 单位应当建立退货管理制度，对退货条件、退货手续、货物出库、退货货款回收等作出明确规定，及时收回退货货款。

6. 单位应当定期与供应商核对应付账款、应付票据、预付账款等往来款项。如有不符，应查明原因，及时处理。

（六）凭证与记录控制

单位应当按照请购、审批、采购、验收、付款等规定的程序办理采购与付款业务，并在采购与付款各环节设置相关的记录、填制相应的凭证，建立完整的采购登记制度，加强请购手续、采购订单（或采购合同）、验收证明、入库凭证、采购发票等文件和凭证的相互核对工作。

（七）监督检查制度

单位应当建立对采购与付款内部控制的监督检查制度，明确监督检查机构或人员的职责权限，定期或不定期地进行检查。单位监督检查机构或人员应通过实施控制测试和实质性测试检查采购与付款业务内部控制制度是否健全，各项规定是否得到有效执行。采购与付款内部控制监督检查主要包括以下内容。

1. 采购与付款业务相关岗位及人员的设置情况。重点检查是否存在采购与付款业务不相容职务混岗的现象。

2. 采购与付款业务授权批准制度的执行情况。重点检查大宗采购与付款业务的授权批准手续是否健全，是否存在越权审批的行为。

3. 应付账款和预付账款的管理。重点审查应付账款和预付账款支付的正确性、时效性和合法性。

4. 有关单据、凭证和文件的使用和保管情况。重点检查凭证的登记、领用、传递、保管、注销手续是否健全，使用和保管制度是否存在漏洞。

二、采购与付款循环的内部控制测试程序

（一）了解采购与付款循环的内部控制

鉴于内部控制在采购与付款循环中的重要性，内部控制的控制测试是该循环审计中必不可少的程序。注册会计师可通过询问、观察、审查凭证和查阅被审计单位的有关规章制度、文件资料等方式，了解该循环的内部控制制度，并用适当的方法进行描述，记

于审计工作底稿。常用的方法有内部控制调查问卷表、流程图和文字叙述法。如果前一年度该企业的审计工作是由同一会计师事务所进行的,注册会计师应将调查重点放在企业内部控制的变动部分,掌握各项变动的原因和影响。如果在上一年度审计中,针对内部控制提出过管理建议,注册会计师还应证实各项管理建议是否已得到落实,并弄清未予落实的原因。

(二)初步评价内部控制

初步评价内部控制,必须遵循如下步骤:①确认可能发生的潜在错报或漏报;②确认可以防止或者发生和更正这些错报或漏报的控制措施;③确认被审计单位是否存在这些控制测试。

下面将以赊购交易为例作一说明。表14－1是赊购内部控制初步评价及测试表,第1栏列示采购业务的主要环节,第二栏列示各环节可能出现哪些错报,第3栏列示为防止或发现这些错报需要哪些控制,第4栏列示的是为了收集控制有效性的证据而可能执行的控制测试。

表14－1　赊购内部控制及测试表

业务环节	可能的错误	必要的控制	可能的控制测试
1. 请购商品和劳务	可能请购过多的商品	一般和特殊授权程序	询问授权情况
2. 编制定购单	可能有未经授权的采购	每张定购单需附有已批准的请购单	检查定购单是否附有已批准的请购单
3. 验收商品	①可能收到未定购的商品	①每次验货都有已批准的定购单	①检查验收单是否附有定购单
	②收到商品的项目、数量或质量可能不正确	②验收人员盘点和检查所收到的商品,并将其与定购单核对	②观察验收人员验收
4. 储存已验收商品存货	商品可能从仓储区被盗走	只有授权的人员才能接近加锁的仓储区	观察接近仓储区的情况
5. 编制付款凭单	可能对未定购的商品或未收到的商品编制凭单	每张凭单必须具有与之相匹配的定购单、验收单和供应商发票	检查凭单的支持性凭证
6. 记录负债	凭单可能未入账	独立检查每日的凭单汇总表和有关记账凭证上的金额的一致性	审查执行独立检查的证据,重新执行独立检查

(三)测试内部控制

注册会计师对内部控制执行控制测试,是为了获取内部控制是否适当设计和有效运行的证据,从而评价其控制风险。该循环的控制测试程序主要包括以下几步。

1. 查询并观察验收部门在收货时等货物的检查情况;观察存货出入库,审查仓库是否核实收到的货物和发出的货物;观察限制接近仓库的措施等。

2. 抽查有关的原始凭证进行审核。如,抽取适量请购单,检查摘要、数量及日期和相应文件的完整性,检查其核准手续的完整性,尤其要注意批准人是否签字;审查订货单的完整性,包括编号、日期、摘要、数量、价格、质量及运输要求等;检查订货单是否附有请购单或其他授权文件;注意订货单是否按序编号,有无缺号等。

3. 对会计记录进行控制测试。如,追查应付账款和存货的明细账与总账是否进行平行登记,以确定是否准确及时地入账;每一张记录负债增加的记账凭证是否均附有订货单、验收单、购货发票等。

(四)评价内部控制

注册会计师通过评价控制测试所获取的证据,并充分运用审计判断对被审计单位采购交易的内部控制的健全、有效性进行评价,确定其是否存在重大的薄弱环节,并据此作出最后评价,进一步确定其实质性测试的性质、时间和范围。

三、固定资产的内部控制制度

就许多从事制造业的被审计单位而言,固定资产在其资产总额中占有很大的比重,大额固定资产的购建会影响其现金流量,而固定资产的折旧、维修等费用则是影响其损益大小的重要因素。固定资产管理一旦失控,所造成的损失将远远超过一般的商品存货等流动资产。所以,为了确保固定资产的真实、完整、安全和有效利用,被审计单位应当建立和健全固定资产的内部控制制度。商品存货与固定资产虽同属一个交易循环,在内部控制和控制测试问题上有许多共性的地方,但固定资产还存在不少特殊性,有必要对其单独加以说明。

(一)固定资产的预算制度

预算制度是固定资产内部控制中最重要的部分。通常,大企业应编制旨在预测与控制固定资产增减和合理运用资金的年度预算;小企业即使没有正规的预算,对固定资产的购建也要事先加以计划。注册会计师应注意检查固定资产的取得和处置是否均依据预算,对实际支出与预算之间的差异以及未列入预算的特殊事项,应检查其是否履行特别的审批手续。如果固定资产增减均能处于良好的经批准的预算控制之下,注册会计师即可适当减少对固定资产增加、减少审计中的实质性测试样本量。

(二)授权批准制度

完善的授权批准制度包括:企业的资本性预算只有经过董事会等高层管理机构批准方可生效;所有固定资产的取得和处置均需经企业管理当局的书面认可。注册会计师不仅要检查被审计单位固定资产授权批准制度本身是否完善,还要关注授权批准制度有否得到切实执行。

(三)账簿记录制度

除固定资产总账外,被审计单位还需设置固定资产明细分类账和固定资产登记卡,按固定资产类别、使用部门和每项固定资产进行明细分类核算。固定资产的增减变化均应有充分的原始凭证。一套设置完善的固定资产明细分类账和登记卡,将为注册会计师分析固定资产的取得和处置、复核折旧费用和修理支出的列支带来帮助。

(四)职责分工制度

对固定资产的取得、记录、保管、使用、维修、处置等,均应明确划分责任,由专门部门和专人负责。明确的职责分工制度,有利于防止舞弊,降低注册会计师的审计风险。

(五)资本性支出和收益性支出的区分制度

企业应制定区分资本性支出和收益性支出的书面标准。通常需明确资本性支出的范围和最低金额,凡不属于资本性支出的范围、金额低于下限的任何支出,均应列做费用并抵减当期收益。

(六)固定资产的处置制度

固定资产的处置,包括投资转出、报废、出售等,均要有一定的申请报批程序。

(七)固定资产的定期盘点制度

对固定资产的定期盘点,是验证账面各项固定资产是否真实存在、了解固定资产放置地点和使用状况以及发现是否存在未入账固定资产的必要手段。注册会计师应了解和评价企业固定资产盘点制度,并应注意查询盘盈、盘亏固定资产的处理情况。

(八)固定资产的维护保养制度

固定资产应有严密的维护保养制度,以防止其因各种自然和人为的因素而遭受损失,并应建立日常维护和定期检修制度,以延长其使用寿命,严格地讲,固定资产的保险不属于企业固定资产的内部控制范围,但它对企业非常重要。因此,注册会计师在检查、评价企业的内部控制时,应当了解企业对固定资产的保险情况。

第三节 应付账款审计

一、应付账款的审计目标

应付账款的审计目标一般包括:①确定期末应付账款是否存在;②确定期末应付

账款是否为被审计单位应履行的偿还义务；③确定应付账款的发生和偿还记录是否完整；④确定应付账款期末余额是否正确；⑤确定应付账款在财务报表上的披露是否恰当。

二、应付账款的重要实质性测试程序

1. 获取或编制应付账款明细表，复核加计正确，并与报表数、总账数和明细账合计数核对是否相符。

2. 根据被审计单位实际情况，选择以下方法对应付账款执行分析程序。

(1)对本期期末应付账款余额与上期期末余额进行比较，分析其波动原因。

(2)分析长期挂账的应付账款，要求被审计单位作出解释，判断被审计单位是否缺乏偿债能力或利用应付账款隐瞒利润。

(3)计算应付账款对存货的比率、应付账款对流动负债的比率，并与以前期间对比分析，评价应付账款整体的合理性。

(4)根据存货、主营业务收入和主营业务成本的增减变动幅度，判断应付账款增减变动的合理性。

3. 函证应付账款。一般情况下，应付账款不需要函证，但如果控制风险较高，某应付账款明细账户金额较大或被审计单位处于财务困难阶段，则应进行应付账款的函证。进行函证时，注册会计师应选择较大金额的债权人，以及那些在资产负债表日金额不大、甚至为零，但为企业重要供货人的债权人，作为函证对象。函证最好采用肯定形式，并具体说明应付金额。同应收账款的函证一样，注册会计师必须对函证的过程进行控制，要求债权人直接回函，并根据回函情况编制与分析函证结果汇总表，对未回函的，应考虑是否再次函证。如果存在未回函的重大项目，注册会计师应采用替代审计程序。比如，可以检查决算日后应付账款明细账及现金和银行存款日记账，核实其是否已支付，同时检查该笔债务的相关凭证资料，核实交易事项的真实性。

4. 查找未入账的应付账款。为了防止企业低估负债，注册会计师应检查被审计单位有无故意漏记应付账款行为。例如，结合存货监盘，检查被审计单位在资产负债表日是否存在有材料入库凭证但未收到购货发票的经济业务；检查资产负债表日后收到的购货发票，关注购货发票的日期，确认其入账时间是否正确；检查资产负债表日后应付账款明细账贷方发生额的相应凭证，确认其入账时间是否正确。检查时，注册会计师还可以通过询问被审计单位的会计和采购人员，查阅资本预算、工作通知单和基建合同来进行。如果注册会计师通过这些审计程序发现某些未入账的应付账款，应将有关情况详细记入审计工作底稿，然后根据其重要性确定是否需建议被审计单位进行相应的调整。

5. 检查应付账款是否存在借方余额。如有,应查明原因,必要时建议被审计单位作重分类调整。

6. 结合预付账款的明细余额,查明有否在应付账款和预付账款两面同时挂账的项目;结合其他应付款的明细余额,查明有无不属于应付账款的其他应付款。如有,应作出记录,必要时,建议被审计单位作重分类调整或会计误差调整。

7. 检查应付账款长期挂账的原因,作出记录,注意其是否可能无须支付。对确实无法支付的应付账款是否按规定转入了资本公积项目,相关依据及审批手续是否完备。

8. 检查带有现金折扣的应付账款是否按发票上记载的全部应付金额入账,待实际获得现金折扣时再冲减财务费用项目。

9. 被审计单位与债权人进行债务重组的,结合债务重组事项的专项审计,检查有关的会计处理是否正确。

10. 关注是否存在应付关联方账款。若有,应通过了解关联交易事项目的、价格和条件,检查采购合同等方法确认该应付账款的合法性和合理性;通过向关联方或其他注册会计师查询及函证等方法,以确认交易的真实性。

11. 对于用非记账本位币结算的应付账款,检查其采用的折算汇率是否正确。

12. 验明应付账款在资产负债表上的披露是否恰当。

第四节　固定资产审计

一、固定资产审计

(一)固定资产的审计目标

固定资产的审计目标一般包括:①确定固定资产是否存在;②确定固定资产是否归被审计单位所有或控制;③确定固定资产增减变动的记录是否完整;④确定固定资产的计价是否恰当;⑤确定固定资产的期末余额是否正确;⑥确定固定资产在财务报表上的披露是否恰当。

(二)固定资产的重要实质性测试程序

1. 获取或编制固定资产及累计折旧分类汇总表,检查固定资产的分类是否正确,复核加计正确,并与报表数、总账数和明细账合计数核对是否相符。固定资产和累计折旧分类汇总表格式如表 14 - 2 所示。

表 14-2　固定资产及累计折旧分类汇总表

年　月　日

编制人：　　　　日期：

被审计单位：　　　　复核人：　　　　日期：

固定资产类别	固定资产				累计折旧					
	期初余额	本期增加	本期减少	期末余额	折旧方法	折旧率	期初余额	本期增加	本期减少	期末余额
合计										

2. 分析程序。根据被审计单位业务的性质，选择以下方法对固定资产实施分析程序。

(1)计算固定资产原值与本期产品产量的比率，并与以前期间比较，可能发现闲置固定资产或已减少固定资产未在账户上注销的问题。

(2)计算本期计提折旧额与固定资产总成本的比率，将此比率同上期比较。旨在发现本期折旧额计算上的错误。

(3)计算累计折旧与固定资产总成本的比率，将此比率同上期比较，旨在发现累计折旧计算上的错误。

(4)比较本期各月之间。本期与以前各期之间的修理及维护费用，旨在发现资本性支出和收益性支出可能存在的错误。

(5)比较本期与以前各期的固定资产增加和减少。由于被审计单位的生产经营情况在不断地变化，各期之间固定资产增加和减少的数额可能相差很大。注册会计师应当深入分析其差异，并根据被审计单位以往和今后的生产经营趋势，判断差异产生的原因是否合理。

(6)分析固定资产的构成及其增减变动情况，与在建工程、现金流量表、生产能力等相关信息交叉复核，检查固定资产相关金额的合理性和准确性。

(7)除以上的比率外，固定资产分析程序还可运用如下财务比率(见表 14-3)。

表 14-3　固定资产分析程序常用财务比率

财务比率	计算公式
1. 固定资产周转率	销售净额/平均固定资产
2. 固定资产报酬率	净利/平均固定资产
3. 固定资产与股东权益之比	固定资产/股东权益
4. 修理费用与销售净额之比	修理费用/销售净额

3. 检查固定资产的增加。注意固定资产的授权批准手续是否齐备,各项固定资产入账价值的确定是否符合相关会计准则的规定,会计处理是否准确。

如果是在建工程转入的固定资产,应检查竣工决算、验收和移交报告是否正确,与在建工程相关的记录是否核对相符,借款费用资本化金额是否恰当;对已经在用或已经达到预定可使用状态但尚未办理竣工决算的固定资产,检查其是否已经暂估入账,并按规定计提折旧;竣工决算完成后,是否及时调整;如果是投资者投入的固定资产,应检查其入账价值与投资合同中关于固定资产作价的规定是否一致,需经评估确认的是否有评估报告并经国有资产管理等部门确认,固定资产交接手续是否齐全;如果由投资性房地产转为自用房地产的,应注意其结转金额、账户对应关系是否正确;如果是因债务人抵债而获得的固定资产,应检查产权过户手续是否齐备,固定资产计价及确认的损益是否符合相关会计准则的规定。

4. 检查固定资产的减少。减少的固定资产未及时入账,会造成虚增资产的结果,因此检查固定资产的减少是固定资产审计中一项重要的审计程序。其审计要点如下。

(1)检查减少固定资产的授权批准文件。

(2)检查因不同原因减少固定资产的会计处理是否符合有关规定,验证其数额计算的准确性。

(3)结合投资性房地产、固定资产清理和待处理财产损益——待处理固定资产损益科目审查固定资产账面转销额是否正确。

(4)检查是否存在未作会计记录的固定资产减少业务:①复核本期是否有增加的固定资产替换了原有固定资产。②分析营业外收支等账户,查明有无处置固定资产所带来的收支。③若某种产品因故停产,追查其专用生产设备等的处理情况。④向被审计单位的固定资产管理部门查询本期有无未作会计记录的固定资产减少业务。

5. 检查固定资产的所有权。对各类固定资产,注册会计师应获取、汇集不同的证据以确定其是否确归被审计单位所有。采购发票、购货合同、融资租赁合同、产权证明、财产税单、保险单等书面文件以及汽车等运输设备的有关运营证件都是分别证明不同来源或性质的固定资产所有权的重要凭据。

6. 对购入的固定资产进行实地观察。注册会计师可以以固定资产明细分类账为起点实施实地观察审计程序,进行实地追查,也可以以实地为起点,追查至固定资产明细分类账,以获取实际存在的固定资产均已入账的证据。观察范围的确定需要依据被审计单位内部控制的强弱、固定资产的重要性和注册会计师的经验来判断。一般来说观察的重点是本期新增加的重要固定资产,有时,观察范围也会扩展到以前期间增加的重要固定资产,如为初次审计,则应适当扩大观察范围。

7. 确定被审计单位估计的固定资产使用期限和残值是否合理。

8. 检查固定资产的租赁。检查经营性租赁时，应查明：固定资产的租赁是否签订了合同、租约，手续是否完备，合同内容是否符合国家规定，是否经过相关管理部门的审批；租入的固定资产是否确属企业必需，或出租的固定资产是否确属企业多余、闲置不用的，双方是否认真履行合同，其中是否存在不正当交易；租金收取是否签有合同，有无多收、少收现象；租入固定资产有无久占不用、浪费损坏的现象；租出的固定资产有无长期不收租金、无人过问的情况，是否有变相馈送、转让等情况；租入固定资产是否已登入备查簿；对于租赁固定资产的改良工作，在租赁合同中双方是否有约定等。

在审计融资租赁固定资产时，除可参照经营性租赁固定资产检查要点以外，还要注意融资偿付的利息，检查其利率的计算是否与市场利率相当；检查融资租入固定资产的计价是否正确，并结合长期应付款、未确认融资费用等科目检查相关的会计处理是否正确。

9. 检查固定资产的保险，注意保险的范围是否恰当，保险金额是否足够。

10. 调查未使用和不需用的固定资产。注册会计师应调查被审计单位有无已完工或已购建但尚未交付使用的新增固定资产，因改扩建等原因暂停使用的固定资产，以及多余或不适用的需要进行处理的固定资产，如有，应作彻底调查，以确定其是否真实。同时，还应调查未使用、不需用固定资产的购建启用及停用时点，并作出记录。对于暂时闲置的固定资产，应获取相关证明文件，观察其实际状况，检查其是否按规定计提折旧、相关的会计处理是否正确。

11. 检查因清产核资、资产评估调整的固定资产，取得有关清产核资报告、资产评估报告，检查其会计处理是否正确。

12. 结合对银行借款等的审计，检查固定资产是否存在重大的抵押、担保情况，如存在，应取证、记录，并提请被审计单位作必要披露。

13. 检查固定资产的购置情况，注意是否存在与资本性支出有关的财务承诺，必要时，提请被审计单位作适当披露。

14. 检查有无与关联方之间的固定资产购售活动，如有，注册会计师应检查关联交易是否经适当授权，是否按正常交易价格进行交易。

15. 检查是否存在持有待售的固定资产，如有，应注意是否符合持有待售固定资产的条件，计量方法和金额是否正确，是否从划归为持有待售之日起停止计提折旧和减值测试。

16. 检查固定资产是否已在资产负债表上适当披露。

二、累计折旧审计

（一）累计折旧的审计目标

固定资产折旧的以上特性决定了累计折旧审计的主要目标在于：①确定折旧政策

和方法是否符合《企业会计准则》的规定，并且是否一贯遵循；②确定累计折旧增减变动的记录是否完整；③确定折旧费用的计算、分摊是否正确、合理和一贯；④确定累计折旧的期末余额是否正确；⑤确定累计折旧在财务报表上的披露是否恰当。

（二）累计折旧的重要实质性测试程序

1. 获取或编制固定资产及累计折旧分类汇总表，复核加计正确，并与报表数、总账数和明细账合计数核对相符。

2. 检查被审计单位制定的折旧政策和方法是否符合《企业会计准则》的规定，确定其所采用的折旧方法能否在固定资产使用年限内合理分摊其成本，前后期是否一致，预计使用寿命和预计净残值是否合理。如被审计单位采用加速折旧法，应取得其批准文件；如没有批准文件，应提请被审计单位改正并建议调整应纳税所得额。

3. 根据情况，选择以下方法对累计折旧执行分析程序。

（1）对折旧计提的总体合理性进行复核，是测试折旧正确与否的一个有效办法。在不考虑固定资产减值准备的前提下，计算、复核的方法是用应计提折旧的固定资产乘本期的折旧率。计算之前，注册会计师应对本期增加和减少固定资产、使用年限长短不一的和折旧方法不同的固定资产作适当调整。如果总的计算结果和被审计单位的折旧总额相近，且固定资产及累计折旧的内部控制较健全时，就可以适当减少累计折旧和折旧费用的其他实质性测试工作量。

（2）计算本期计提折旧额占固定资产原值的比率，并与上期比较，分析本期折旧计提额的合理性和准确性。

（3）计算累计折旧占固定资产原值的比率，评估固定资产的老化率，并估计因闲置、报废等原因可能发生的固定资产损失，结合固定资产减值准备，分析其是否合理。

4. 复核本期折旧费用的计提是否正确。

（1）已计提减值准备的固定资产，计提的折旧是否正确。

（2）已全额计提减值准备的固定资产，是否已停止计提折旧。

（3）包含土地使用权的固定资产，折旧方法是否符合有关规定，计提的折旧是否正确。

（4）持有待售的固定资产是否已按准则的规定停止计提折旧。

5. 检查折旧费用的分配是否合理，与上期分配方法是否一致。

6. 注意固定资产增减变动时，有关折旧的会计处理是否符合规定，查明通过更新改造、接受捐赠或融资租入而增加的固定资产的折旧费用计算是否正确。

7. 将“累计折旧”账户贷方的本期计提折旧额与相应的成本费用中的折旧费用明细账户的借方相比较，以查明所计提折旧金额是否已全部摊入本期产品成本或费用。一旦发现差异，应及时追查原因，并考虑是否应建议作适当调整。

8. 结合固定资产审计，检查其折旧的计提是否正确无误，并追查固定资产登记卡。

特别注意,有无已计提的固定资产继续计提折旧的情况和应计提折旧的固定资产不提或少提折旧的情况。

9. 对于资产评估调整累计折旧的,取得有关资产评估报告,检查其会计处理是否正确。

10. 检查累计折旧的披露是否恰当。

三、固定资产减值准备审计

(一)固定资产减值准备的审计目标

固定资产减值准备的审计目标一般包括:①确定计提固定资产减值准备的方法是否恰当,固定资产减值准备的计提是否充分;②确定固定资产减值准备增减变动的记录是否完整;③确定固定资产减值准备期末余额是否正确;④确定固定资产减值准备的披露是否恰当。

(二)固定资产减值准备的重要实质性测试程序

1. 获取或编制固定资产减值准备明细表,复核加计正确,并与报表数、总账数和明细账合计数核对是否相符。

2. 检查固定资产减值准备的计提和核销的批准程序,取得并核对书面报告等证明文件。主要应查明固定资产减值准备的计提方法是否符合制度规定,计提的依据是否充分,计提的数额是否恰当,相关会计处理是否正确,前后期是否一致。

3. 检查资产组的认定是否恰当,计提固定资产减值准备的依据是否充分,会计处理是否正确。

4. 运用分析程序的方法,分析本期末固定资产减值准备数额占期末固定资产原价的比率,并与期初数比较。如有异常波动,查明波动原因,判断波动的合理性。

5. 检查实际发生固定资产处置时,相应固定资产减值准备的转销是否符合有关规定,会计处理是否正确。

6. 确定固定资产减值准备的披露是否恰当。

第五节 其他相关账户审计

一、预付账款的审计

(一)预付账款的审计目标

预付账款的审计目标一般包括:①确定预付账款是否存在;②确定预付账款是否归

被审计单位所有;③确定预付账款增减变动的记录是否完整;④检查预付账款是否可收回,坏账准备的计提方法和比例是否恰当,计提是否充分;⑤确定预付账款期末余额是否正确;⑥确定预付账款在财务报表上的披露是否恰当。

(二)预付账款的重要实质性测试程序

1. 获取或编制预付账款明细表,复核加计正确,并与报表数、总账数和明细账合计数核对相符;同时请被审计单位协助,在预付账款明细表上标出截至审计日已收到货物并冲销预付账款的项目,抽查复核其真实性和正确性。

2. 根据被审计单位的具体情况,选择以下方法对预付账款执行分析程序。

(1)将期末预付账款余额与上期期末余额进行比较,分析其波动原因。

(2)了解预付账款惯例以及收回货物的平均天数,并分析预付账款的账龄;有确凿证据表明企业的预付账款不符合预付账款性质,或者因供货单位破产、撤销等原因已无望再收回所购货物的,确定是否将原计入预付账款的金额转入其他应收款项目。

(3)计算预付账款与主营业务成本的比率,与以前各期末比较,分析异常变动的原因。

(4)将预付账款余额的增减幅度与主营业务成本的增减幅度比较,分析异常变动的原因。

3. 分析预付账款余额构成,根据审计策略选择大额或异常的预付账款重要项目(包括零账户),函证其余额是否正确,并根据回函情况编制函证结果汇总表;回函金额不符的,要查明原因作出记录或建议作适当调整;未回函的,可再次函证,也可采用替代审计程序进行检查,如检查该笔债权的相关凭证资料,或抽查资产负债表日后预付账款明细账及存货明细账,核实是否已收到货物、转销预付账款,并根据替代检查结果判断其债权的真实性或出现坏账的可能性。

4. 分析预付账款账龄,关注账龄超过1年的款项未结转的原因。

5. 结合应付账款明细账,核查有无重复付款或将同一笔已付清的账款在预付账款和应付账款这两个项目同时挂账的情况。

6. 分析明细账余额,对于出现贷方余额的项目,应查明原因,必要时建议作重分类调整。

7. 检查预付账款长期挂账的原因。

8. 关注是否存在预付关联方账款。若有,应通过了解关联交易事项目的、价格和条件,以及检查采购合同等方法确认该预付账款的合法性和合理性;通过向关联方或其他注册会计师查询及函证等方法,以确认交易的真实性。

9. 对于用非记账本位币结算的预付账款,检查其采用的折算汇率和汇兑损益处理的正确性。

10. 检查预付账款是否已在资产负债表上恰当披露。如果被审计单位是上市公司，应在其财务报表附注中按不同账龄段列示预付账款余额、各账龄段余额占预付账款总额的比例；说明账龄超过1年的预付账款未收回的原因，以及持有5%（含5%）以上表决权股份的股东单位账款等情况。

二、在建工程的审计

（一）在建工程的审计目标

在建工程审计目标一般包括：①确定在建工程是否存在；②确定在建工程是否归被审计单位所有；③确定在建工程增减变动的记录是否完整；④确定计提在建工程减值准备的方法和比例是否恰当、在建工程减值准备的计提是否充分；⑤确定在建工程的期末余额是否正确；⑥确定在建工程在财务报表上的披露是否恰当。

（二）在建工程的重要实质性测试程序

1. 获取或编制在建工程明细表，复核加计正确，并与报表数、总账数和明细账合计数核对相符。

2. 检查本期在建工程的增加数。

（1）对于重大建设项目，取得有关工程项目的立项批文、预算总额和建设批准文件，以及施工承包合同、现场监理施工进度报告等业务资料。

（2）对于支付的工程款，应抽查其是否按照合同、协议、工程进度或监理进度报告分期支付，付款授权批准手续是否齐备，会计处理是否正确。

（3）对于领用的工程物资，抽查工程物资的领用是否有审批手续、会计处理是否正确。

（4）对于借款费用资本化，应结合长短期借款、应付债券或长期应付款的审计，检查借款费用（因借款而发生的利息、折价或溢价的摊销和辅助费用，以及因外币借款而发生的汇兑差额）资本化的起讫日的界定是否合规、计算方法是否正确、资本化金额是否合理、会计处理是否正确。

3. 检查本期在建工程的减少数。

（1）了解在建工程转固定资产的政策，并结合固定资产审计，检查在建工程转销数是否正确，是否存在将已交付使用的固定资产挂列在建工程而少计折旧的情形。

（2）检查已完工程项目的竣工决算报告、验收交接单等相关凭证以及其他转出数的原始凭证，检查会计处理是否正确。

4. 检查在建工程项目期末余额的构成内容，并实地观察工程现场，确定在建工程是否存在；了解工程项目的实际完工进度；检查是否存在实际已使用但未办理竣工决算手续、未及时进行会计处理的项目。

5. 查询在建工程项目保险情况,复核保险范围和金额是否足够。

6. 检查在建工程减值准备的计提。主要应查明在建工程减值准备的计提方法是否符合准则规定、计提的依据是否充分、计提的数额是否恰当、相关会计处理是否正确、前后期是否一致。

7. 检查有无与关联方相关的工程建造或代开发业务。若有,是否经适当授权,是否按正常交易价格进行结算。

8. 结合银行借款等的检查,了解在建工程是否存在抵押、担保情况。如有,则应取证记录,并提请被审计单位作必要披露。

9. 检查在建工程合同,以确定是否存在与资本性支出有关的财务承诺。

10. 确定在建工程在资产负债表上的披露是否恰当。

三、无形资产的审计

(一)无形资产的审计目标

无形资产的审计目标一般包括:①确定无形资产是否存在;②确定无形资产是否归被审计单位所有;③确定无形资产增减变动及其摊销的记录是否完整;④确定无形资产的计价是否恰当;⑤确定无形资产的使用寿命是否合理;⑥确定无形资产的摊销政策是否恰当;⑦确定无形资产减值准备计提是否充分、完整,方法是否恰当;⑧确定无形资产减值准备发生和转销的记录是否完整;⑨无形资产、累计摊销、减值准备的期末余额是否正确;⑩确定无形资产、累计摊销、减值准备在财务报表上的披露是否恰当。

(二)无形资产的重要实质性测试程序

1. 获取或编制无形资产明细表,复核加计正确,并与报表数、总账数和明细账合计数核对是否相符。

2. 检查无形资产计价是否符合会计准则的规定,特别是企业研发形成的无形资产,是否符合研发支出资本化的条件。

3. 检查无形资产减值准备的计提是否符合会计准则的规定,有无减值准备计提后有转回的现象。

4. 检查无形资产使用年限的确定是否合理,对无法确定使用年限的无形资产是否至少每年复核一次。

5. 检查无形资产摊销是否符合准则规定,摊销方法是否前后各期一致。

6. 确定无形资产的披露是否恰当。

四、应付票据的审计

（一）应付票据的审计目标

应付票据的审计目标一般包括：①确定应付票据的发生和偿还记录是否完整；②确定应付票据期末余额是否正确；③确定应付票据在财务报表上的披露是否恰当。

（二）应付票据的重要实质性测试程序

1. 获取或编制应付票据明细表，复核加计正确，并检查其与应付票据登记簿、报表数、总账数和明细账合计数是否相符。

2. 必要时函证应付票据的余额。选择应付票据重要项目（包括零账户），函证其余额是否正确，并根据回函情况，编制与分析函证结果汇总表。对未回函的，可再次函证，也可不再函证而采取其他替代审计程序以确定应付票据的真实性。询证函通常应包括出票日、到期日、票面金额、未付金额、已付息期间、利息率以及票据的抵押担保品等项内容。

3. 实施分析程序，以证实应付票据的完整性和合理性及发现需要加以特别关注的方面。

4. 检查应付票据备查簿，抽查若干重要原始凭证，确定其是否真实，会计处理是否正确。

5. 复核带息应付票据利息是否足额计提，其会计处理是否正确。

6. 查明逾期未兑付应付票据的原因，看其是否已转入应付账款项目，其中带息应付票据是否已停止计息；确定是否有存在抵押票据的情形，必要时，提请被审单位予以披露。

7. 关注是否存在应付关联方的票据。若有，应通过了解关联交易事项的目的、价格和条件，以及检查采购合同等方法确认该应付票据的合法性和合理性；通过向关联方或其他注册会计师查询和函证等方法，以确认交易的真实性。

8. 对于用非记账本位币结算的应付票据，检查其采用的折算汇率是否正确。

9. 确定应付票据是否已在资产负债表上恰当披露。

五、长期待摊费用的审计

（一）长期待摊费用的审计目标

长期待摊费用的审计目标是：①确定长期待摊费用会计政策是否恰当；②确定长期待摊费用入账和转销的记录是否完整；③确定长期待摊费用期末余额是否正确；④确定长期待摊费用的披露是否恰当。

（二）长期待摊费用的重要实质性测试程序

1. 获取或编制长期待摊费用明细表，复核加计正确，并与报表数、总账数和明细账合计数核对是否相符。

2. 抽查重要的原始凭证,检查长期待摊费用增加的合法性和真实性,查阅有关合同、协议等资料和支出凭证,看其是否经授权批准,会计处理是否正确,是否存在应计入期间费用的支出。

3. 抽查证明大额长期待摊费用受益期的有关文件、资料,确认长期待摊费用受益期及其摊销额方法是否合理,复核计算是否正确,会计处理是否正确。

4. 检查有无不属于长期待摊费用性质的会计事项,如有,应查明原因并作出记录,必要时作适当调整。

5. 检查有无不能为企业带来利益的长期待摊费用,有无将其尚未摊销的摊余价值全部转入当期成本、费用。

6. 验明长期待摊费用的披露是否恰当。

六、管理费用的审计

(一)管理费用的审计目标

管理费用的审计目标是:①确定管理费用的记录是否完整;②确定管理费用的计算是否正确;③确定管理费用的披露是否恰当。

(二)管理费用的重要实质性测试程序

1. 取得或编制管理费用明细表,复核加计正确,与报表数、总账数及明细账数合计数核对是否相符。

2. 检查其明细项目的设置是否符合规定的核算内容与范围。

3. 将本期、上期管理费用各明细项目作比较分析,必要时比较本期各月份管理费用,对有重大波动和异常情况的项目应查明原因,必要时作适当处理。

4. 选择管理费用中数额较大,以及本期与上期相比变化异常的项目追查至原始凭证,并注意:①董事会费是否已实际支出并有合法依据;②对于坏账损失按实际发生数列支的,应在计算应纳税所得额时调整;③差旅费支出是否符合企业开支标准及报销手续;④咨询费支出是否符合规定,有无诉讼费及赔偿款项支出;⑤无形资产、开办费、长期待摊费用及其他长期资产的摊销额是否符合规定,与各有关账户的贷方发生额是否一致;⑥外资机构的特许权使用费支出是否超过规定限额,必要时应进行应纳税所得额调整;⑦上交母公司或其他关联方的管理费用是否有合法的单据及证明文件;⑧检查大额支出和有疑问支出的内容和审批手续、权限是否符合有关规定;⑨注意管理费用中的其他支出内容,有无不正常开支。

5. 审阅下期起初的管理费用明细账,检查管理费用各明细项目有无跨期入账的现象,对于重大跨期项目,应作必要调整。

复习思考题

1. 对采购交易的“存在或发生”认定,测试其控制的方向是什么? 对现金支出交易的“完整性”认定,测试其控制的方向又是什么?

2. 是哪些有关固定资产的情况,使注册会计师作出了以下的固有风险评价?

(1)“存在或发生”认定固有风险低。

(2)“存在或发生”认定固有风险中或高。

(3)“估价或分摊”认定固有风险高。

3. 在确定固定资产的控制风险时,必须考虑哪些重要问题?

4. 注册会计师在初步审计和再次审计中验证期初固定资产余额的方法有何不同? 请指出适用于固定资产三项或更多项认定的实质性测试有哪些?

5. 指出以下列示的固定资产实质性测试程序之间的区别,并指出与每种测试相关的认定。

(1)应用分析程序。

(2)检查固定资产。

(3)审查所有权文件和租赁合同。

(4)核证固定资产增加。

6. 注册会计师审计应付账款时,应着重审查哪些认定? 为什么? 并说明采购与付款循环余额的控制风险评价与应付账款“完整性”认定的控制风险评价之间存在什么关系?

7. 某同学认为函证应付账款的责任同函证应收账款一样。您同意他的看法吗? 为什么?

8. 注册会计师如何执行采购截止测试? 这些测试将影响到哪些认定?

9. 指出以下测试之间的区别,并指出每种测试相关的认定。

(1)核证已入账的应付账款至支持凭证。

(2)审查期后付款。

(3)查找未入账的应付账款。

10. 注册会计师李新受托审计甲公司的财务报表。甲公司是一家生产各种家用商品的中型企业。所有原材料的取得都要经过采购、验收、应付账款和财务等功能。

要求:

请编制甲公司采购交易内部控制问卷中的订购单和验收这两部分,以便评价控制的有效性。(不要求编制内部控制问卷中有关其他功能的部分,也不要求讨论关于采购的内部控制)

11. 王冰是乙公司的注册会计师,他正在考虑本年度对应付账款执行哪些审计工作。以前年度的工作底稿显示,对乙公司1 000家供应商中的100家发了询证函,他是以余额的大小作为函证抽样依据的。去年王冰和乙公司都花费了大量时间来处理函证结果与会计记录之间存在的细小差异,并对没回函的供应商采用了其他替代审计程序。

要求:

(1)请指出王冰在对应付账款执行实质性测试时,必须考虑实现哪些审计目标?

(2)请指出在哪种情况下,王冰对应付账款使用函证程序,并讨论王冰是否必须对应付账款进行函证?

(3)请说明为什么以余额大小作为抽取应付账款函证样本的依据可能并不是最有效的方法?请指出有哪些更有效的方法可用来抽取应付账款函证样本?

12. 注册会计师赵武受托审计丙公司截至2006年12月31日的年度财务报表。该会计师已对其购货、验收、应付账款,及现金采购与付款循环的内部控制结构作了适当的研究,并决定不执行控制测试。根据分析程序,该注册会计师相信2006年12月31日资产负债表上所列的应付账款余额有可能低估。赵武已要求并取得了委托人编制的欠每个供应商的应付账款明细表。

要求:

指出在审计应付账款时,赵武应执行哪些实质性审计程序?

13. 注册会计师刘耿受托对丁建筑公司截至2006年12月31日的年度报表执行审计。该公司财务报表列示有一高额的电动建筑设备正在使用,该设备已记入明细账。刘耿研究了该公司的内部控制结构之后,对其内控结构感到满意。

要求:

指出刘耿审查该公司财务报表上该设备及其有关折旧时,应采用哪些实质性测试程序?

第十五章

存货与仓储循环审计

本章要点

从企业的生产流程来看，原材料经过采购与付款循环进入存货与仓储循环，然后随着销售与收款循环中商品的销售环节而结束。所以存货与仓储循环与其他业务循环关系非常密切，由此也凸显出该循环在审计中的独特性和重要性。该章主要介绍存货与仓储循环的特性，该循环主要的内部控制制度和控制测试的程序与方法，以及重要财务报表项目的实质性测试程序。该循环涉及的资产负债表项目主要是存货、应付职工工薪等；涉及的利润表项目主要是营业成本。根据《企业会计准则》，资产负债表的存货项目包括材料采购或在途物资、原材料、材料成本差异、库存商品、发出商品、商品进销差价、委托加工物资、委托代销商品、周转材料、生产成本、制造费用、劳务成本、存货跌价准备、受托代销商品款等。

第一节　存货与仓储循环的特性

一、存货与仓储循环的交易种类

存货与仓储循环涉及的内容主要是存货的管理及生产成本的计算等。主要业务活动包括:计划和安排生产、发出原材料、生产产品、核算生产成本、核算在产品、储存产成品、发出产成品等。上述业务活动通常涉及的部门有:生产计划部门、仓库、生产部门、人事部门、销售部门、会计部门等。

(一)计划和安排生产

生产部门的职责是根据顾客订单或者对销售预测和存货需求的分析来决定生产授权。如决定授权生产,即签发预先编号的生产通知单。该部门通常应将发出的所有生产通知单编号并加以记录控制。此外,还需要编制一份材料需求报告,列示所需要的材料和零件及其库存。

(二)发出原材料

仓库部门的责任是根据从生产部门收到的领料单发出原材料。领料单上必须列示所需的材料数量和种类,以及领料部门的名称。领料单可以一料一单,也可以一单多料,通常需一式三联。仓库发料后,以其中一联连同材料交还领料部门,其余两联经仓库登记材料明细账后,送会计部门进行材料收发核算和成本核算。

(三)生产产品

生产部门在收到生产通知单领取原材料后,便将生产任务分解到每一个生产工人,并将所领取的原材料交给生产工人,据以执行生产任务。生产工人在完成生产任务后,将完成的产品交生产部门查点,然后转交检验员验收并办理入库手续;或是将所完成的产品移交下一个部门,以进一步加工。

(四)核算产品成本

为了正确地核算产品成本,对在产品进行有效控制,必须建立健全成本会计制度,将生产控制和成本核算有机结合在一起。一方面,生产过程中的各种记录、生产通知单、领料单、计工单、入库单等文件资料都要汇集到会计部门,由会计部门对其进行检查和核对,了解和控制生产过程中存货的实物流转。另一方面,会计部门要设置相应的会计账户,会同有关部门对生产过程中的成本进行核算和控制。成本会计制度既可以非常简单,只是在期末记录存货余额;也可以是完善的标准成本制度,持续地记录所有材料处理、在产品和产成品，并产生对成本差异的分析报告。完善的成本会计制度应该提供原材料转为在产品，在产品转为产成品，以及按成本中心、分批生产任务通知单或生产周期所消耗的材料、人工和间接费用的分配与归集的详细资料。

（五）储存产成品

产成品入库，必须由仓库部门先行点验和检查，然后签收。签收后，将实际入库数量通知会计部门。据此，仓库部门确立了本身应承担的责任，并对验收部门的工作进行验证，除此之外，仓库部门还应根据产成品的品质特征分类保存，并填制标签。

（六）发出产成品

产成品的发出必须由独立的发运部门进行。装运产成品时必须持有经有关部门核准的发运通知单，并据此编制出库单。出库单至少一式四联：一联交仓库部门；一联由发运部门留存；一联送交顾客；一联作为给顾客开发票的依据。

二、存货与仓储循环所涉及的凭证和记录

存货与仓储循环是由原材料转化为产成品的有关活动组成。该循环包括制造产品品种和数量的生产计划，控制、保持存货水平以及与制造过程有关的交易和事项。该循环交易从领料生产到加工、销售产成品时结束。该循环所涉及的凭证和记录主要包括以下几种。

（一）生产指令

生产指令又称“生产任务通知单”，是企业下达制造产品等生产任务的书面文件，用以通知生产车间组织产品制造，供应部门组织材料发放，会计部门组织成本计算。广义的生产指令也包括用于指导产品加工的工艺规程，如机械加工企业的“路线图”等。

（二）领发料凭证

领发料凭证是企业为控制材料发出所采用的各种凭证，如材料发出汇总表、领料单、限额领料单、领料登记簿、退料单等。

（三）产量和工时记录

产量和工时记录是登记工人或生产班组在出勤内完成产品数量、质量和生产这些产品所耗费工时数量的原始记录。产量和工时记录的内容与格式是多种多样的，在不同的生产企业中，甚至在同一企业的不同生产车间中，由于生产类型不同会采用不同格式的产量和工时记录。常见的产量和工时记录主要有工作通知单、工序进程单、工作班产量报告、产量通知单、产量明细表、废品通知单等。

（四）工薪汇总表及工薪费用分配表

工薪汇总表是为了反映企业全部工薪的结算情况，并据以进行工薪结算总分类核算和汇总整个企业工薪费用而编制的，它是企业进行工薪费用分配的依据。工薪费用分配表反映了各生产车间各产品应负担的生产工人工薪。

（五）材料费用分配表

材料费用分配表是用来汇总反映各生产车间各产品所耗费的材料费用的原始记录。

（六）制造费用分配汇总表

制造费用分配汇总表是用来汇总反映各生产车间各产品所应负担的制造费用的原始记录。

（七）成本计算单

成本计算单是用来归集某一成本计算对象所应承担的生产费用，计算该成本计算对象的总成本和单位成本的记录。

（八）存货明细账

存货明细账是用来反映各种存货增减变动情况和期末库存数量及相关成本信息的会计记录。

三、对重要性、审计风险和审计策略的考虑

在制造企业，存货和销售成本通常对其财务状况和经营成果有着重大的影响，因此，注册会计师应力求使生产活动发生错报的风险保持一个低水平。由于生产活动的数量一般很大，发生重大错报的概率也大大增加。注册会计师为了评价重要错报的风险水平，必须对公司内部控制结构取得了解，其了解的范围视注册会计师的审计策略而定 。如果注册会计师可能以经济有效的方式取得证据来支持一个较低的错报风险水平，则应对内部控制取得较全面的了解。

在存货与仓储循环审计中，存货审计是一个十分重要的内容，它的重要性在于：①存货在企业流动资产中数额最大，一般都占流动资产总额的1/4以上，有的甚至超过一半；②在会计上允许对存货采用多种计价方法，不同类别的存货可能采用不同的方法估价；③对存货价值的估定将直接影响销货成本，与当期损益有重大关系；④存货质量、状况和价值的验证工作，远比其他项目的查验复杂和困难，特别是对于某些特殊的存货项目如贵重物品、精密零部件以及在建工程的查验等，更是如此。

另外在一般的制造企业，职工工薪费用是主要的成本项目之一，在产品成本中占有较大比重；在商业企业，员工的工薪通常是最大的经营费用；其他服务行业如银行、会计

师事务所与律师事务所也是这样。因此在该循环中利用工薪舞弊也是注册会计师关注的焦点。工薪舞弊可能发生在两个层次:①职员舞弊,比如编制和支付工薪的人员可能虚构名单,多计工薪,然后将虚列工薪占为已有;②管理当局舞弊,比如管理当局为了调节利润,故意要求工薪管理人员和会计人员编制虚假的工薪支付凭单。工薪支付和计算都比较复杂,在国外支付期间可能是每周一次,每月两次或者每月一次,我国企业一般是每月付薪一次。不管客户采用哪种方式,其工薪交易的数量往往是很大的。工薪计算既可能是按照工时也可能是按工作成果,这项工作牵涉到复杂的工作量统计和付费标准,实践操作很复杂。在人员流动频繁的公司,甚至还可能存在继续付薪给离职员工的风险。正因为如此,大多数公司对工薪交易都有严密的内部控制。另外期末工薪负债余额往往是不重要的,这些都是注册会计师在评估职工工薪相关认定发生重大错报风险和确定审计策略时必须考虑的因素。

第二节　存货与仓储循环内部控制及测试

总体上看,存货与仓储循环的内部控制包括存货内部控制、工薪和人事管理内部控制和成本费用内部控制三项内容,下面将分别对这三类控制的关键控制点作出介绍。

一、存货内部控制要点

存货内部控制的总体要求是:企业应当建立实物资产管理的岗位责任制度,对实物资产的验收入库、领用、发出、盘点、保管及处置等关键环节进行控制,防止各种实物资产被盗、毁损和流失;应当加强对存货资产完整性的监控,保障库存资金的安全;加强存货资金的周转,提高库存资金效益;借助现代管理手段,进行全程、全方位管理,以确保存货控制和管理有效进行。具体来讲存货内部控制包括以下几个方面。

(一)存货业务控制

对存货业务实行职务分离控制。存货的计划、验收、保管、发货、盘点、记账不能由一个包办,它要求做到以下几点。

1. 企业应将比价和订货的职责和操作分离,应指定未参与比价的人员按核定的价格执行采购计划。

2. 存货计划的编制者应与其复核及审批人员分离。

3. 采购人员应与验收、保管人员分离。

4. 负责保管的人不能同时负责存货的会计记录。

5. 存货的盘点应由负责存货保管、记账的人员以及独立于这些职务的其他人员共同进行。

(二)实物管理控制

实物管理控制重在对存货实物形态的安全保护,它要求做到以下几点。

1. 存货保管部门对入库存货的数量应及时记入收发存登记簿,并标明它们的存放地点、仓号和仓位。收入的存货应分类编目,以便将同类物品集中存放和保管。

2. 存货的实物应由专职保管员控制,应设置分离且封闭的仓库区域,只有经授权批准的人才能进入,应严格限制接触存货。

3. 存货保管部门应经常对存放的实物进行检查,查看有无损坏、变质或呆滞的情况。如发现有损坏、变质情况,应及时填制专门的报告单,说明数量、原因,并经有关人员批准后,由保管部门和财会部门分别调整数量和金额记录。

(三)实物收发控制

实物收发控制重在对存货流动安全性和完整性的保护,它要求做到以下几点。

1. 验收部门收到货物后,应检查货物的数量和质量,填制验收单,验收完毕后立即将货物转运保管部门,并将验收单分送采购部门、保管部门和财会部门。

2. 保管部门在收到货物时,首先,应对其数量进行验点,并将验点结果同验收单相核对。如核对无误,应填制入库通知单。该单应事先连续编号,并由交接各方留存。其次,存货发出时要有经审核批准的凭证为依据,如批准的生产通知单或材料领用单等。保管部门应仔细检查申请领用存货部门的领导或其他被授权人的签字后,方能发放存货。发货人应根据收到的生产通知单、材料领用单及时登记存货发存登记簿,并填制存货出库单或者将一式多联的领料单及时送交财会部门作有关会计处理。

(四)实物盘点控制

定期对存货实物计点数量、账实核对。对盘点数和账面数之间的差异应进行调查,查明原因,采取改正措施。

(五)凭证和记录控制

企业应加强对存货收、发、存各环节的凭证控制和会计记录控制,建立健全各环节的凭证和记录。具体要求已体现在以上的各个控制环节中。

二、工薪和人事管理内部控制要点

(一)对工薪人事业务实行职务分离控制

一般来说,人力资源部门负责工薪人事计划与决策、人员聘用,车间科室部门负责编制考勤记录；财会部门负责编制工薪单，记录和分配工薪费用。

（二）工薪人事决策与计划控制

人力资源部门应当根据企业的短期和长期发展规划，制定出短期和长期的工薪人事计划，匡算出各级各类人员的需要量，作出聘用合格人员的决策。为达到这一控制，应保护相应的工薪人事计划、面试和雇用记录等资料。各个业务部门应在人力资源方面受工薪人事计划和决策的制约。

（三）人事管理制度控制

人力资源部门应当建立和健全人事管理制度，包括与新进员工签订劳动合同，对工薪定级及变动进行授权，保管人事记录，防止未经授权接近这些记录，同时对员工的能力和诚信进行调查、考核。

（四）考勤记录控制

考勤记录是计算应发工薪的基础。如果在考勤记录（或产量工时记录）上弄虚作假，则会产生虚造工薪甚至“吃空额”等舞弊行为。为对工时记录进行适当控制，应健全原始记录，严格考勤措施。

（五）工薪单审核控制

人力资源部门应当审核工薪单的计算和汇总，指定专人审核工薪单的交叉合计数是否正确，核对每一员工的考勤记录和工薪率是否正确。如果采用计算机编制工薪，则应打印出工薪表，将其同人事文件中授权的工薪率加以比较，或采用机内审核程序加以比较，打印出例外报告。

（六）工薪发放控制

工薪单和工薪汇总表经审核后才能发放。签发支票要经过授权批准。

（七）记录和分配工薪费用控制

按照审核过的工薪汇总表登记应付职工工薪账户，按照审核过的工薪分配汇总表分配工薪费用。

（八）劳动力利用效率控制

人力资源部门应当规定劳动力利用效率的计划指标，定期或不定期地对实际劳动力利用效率进行分析，以掌握劳动生产率的增减变动，促进改善工薪人事计划和决策，改善人事管理制度。

三、成本费用内部控制要点

成本费用内部控制要做好成本费用管理的各项基础工作，制定成本费用标准，分解成本费用指标，控制成本费用差异，考核成本费用指标的完成情况，落实奖罚措施，降低成本费用，提高经济效益。

(一)存货与仓储循环中的各种职务实行必要的分离控制

生产业务循环的职务分离主要表现在以下几个方面。

1. 审批发料人员不能同时担任仓库保管员。

2. 生产计划的编制者应同其复核和审批人员适当分离。

3. 产成品的验收部门应同产品制造部门相互独立,产成品的验收、保管、记账职务应当分离等。

4. 生产用物资的保管职务应与记录职务相分离,仓储部门的职责主要是记录各种入库材料、商品的种类、数量以及实物的保管,不能同时负责有关账户的会计记录。

5. 存货盘点不能只由负责保管、使用或记账中的任何一人单独进行,而由他们共同进行。

(二)产品计划管理和控制

企业应对产品进行市场预测,然后根据市场预测的结果,以及企业的经济资源、生产能力,确立生产任务,编制生产计划,以此指导企业的生产经营活动。企业的每一种产品投产,应编制成本计划,并经批准后,将成本指标分解到各个部门予以实施和考核。

(三)生产进度控制

生产进度控制是指对原材料投入生产到产品入库为止的全部生产过程所进行的控制。生产进度控制包括的主要内容有:投入进度控制,产出进度控制,在制品管理控制和工序进度控制。投入进度控制是指控制产品投入生产的日期和数量。产出进度控制是指控制产品产出的日期和数量。在制品管理控制是指对企业正在加工的在制品或半成品进行管理和控制,保证各生产环节之间的衔接协调,使生产能够有节奏地、均衡地和成套地进行,尽量减少在制品占用量,避免在制品积压,加速资金周转。工序进度控制是指控制产品每个加工工序的进度。

(四)产品质量控制

产品质量就是产品的使用价值,是产品适合一定用途、满足消费者需要所具备的特性。它既包括产品结构、性能、可靠性、物理化学成分等内在质量特性,又包括形状、造型、色彩等外观质量特性。产品质量是企业各个方面工作质量的集中反映,企业设计技术部门、生产部门以及技术服务部门的工作质量均会影响企业产品质量。设计技术部门的质量管理控制,是以保证产品设计质量为目标;而生产部门的质量管理控制,则是以保证达到设计的产品质量标准为目标。生产过程的质量管理控制,主要是通过对操作人员、机器设备、材料和工艺方法等影响质量的因素进行控制。产品质量的控制指标是合格品率或等级率。

(五)产品成本控制

产品成本控制是指在生产过程中将原材料、人工等各项费用支出限制在规定的标准范围之内，保证企业达到降低成本的目标。成本控制工作包括以下三个方面的步骤：①制定各项消耗定额和费用开支标准，并将这些定额和指标层层分解，落实到各个生产部门、车间、班组和个人，使各级都有明确的控制标准和责任；②监督生产费用的实际开支，建立严格的审核制度，其中包括限额领料和费用开支的审批等；③分析成本超支的原因，采取降低成本措施。

四、存货与仓储循环的内部控制测试程序

注册会计师在对存货与仓储循环内部控制进行控制测试时，通常遵循以下的程序。

（一）了解存货与仓储循环的内部控制

前面两个循环所运用的方法和程序都适应该循环的要求。要注意的是在调查了解的过程中，除了听取直接经管人员的意见外，还应注意听取不直接参与管理的人员的意见，特别是生产技术人员、工程设计师、技术工人及有关专家的意见。这是因为有些产品生产的专业技术性强，相应的管理措施也具有较高的专业技术性，不了解这些情况，就很难对存货与仓储循环的内部控制作出正确的判断。

（二）初步评价存货与仓储循环的内部控制

注册会计师在对被审计单位内部控制进行了解并用适当的方式记录以后，应首先对内部控制作出初步的评价，决定对哪些内部控制继续执行控制测试，对哪些业务直接进行实质性测试。

（三）实施交易简易抽查

在正式进行控制测试之前，注册会计师为了证实审计工作底稿对企业存货与仓储循环内部控制的描述是否完整和正确，在熟悉生产实物流转和工艺流程的基础上，可实施简易抽查加以验证。简易抽查的目的不在于审查经济业务的真实性、合法性和公允性，而在于判断对内部控制的调查了解和描述是否正确和完整。

（四）测试内部控制

存货与仓储循环内部控制的测试方法很多，比如：询问被审计单位的有关人员；观察与内部控制相关的活动；重新执行被审计单位的控制活动以及检查凭证、记录和报告等。

（五）评价存货与仓储循环内部控制

注册会计师在完成上述程序后，应对被审计单位存货与仓储循环的内部控制进行分析、评价，以确定其在实质性测试工作中的影响，并针对薄弱环节提出改进建议。

第三节 存货审计

一、存货审计的重要性

存货是企业最重要的资产之一，存货的重大错报对流动资产、营运成本、总资产、销售成本、毛利以及净利润都会产生直接的影响，审计实务中许多复杂和重大的问题都与存货有关。因此，存货审计，尤其是对年末存货余额的测试，通常是审计中最复杂、也最费时的部分。具体原因如下。

1. 存货通常是资产负债表中一个主要项目，而且通常是构成营运资本的最大项目。

2. 存货存放于不同的地点，这使得对它的实物控制和盘点都很困难。

3. 存货项目所具有的多样性也增加了审计的难度，尤其是一些具有特殊技术或特殊品质的存货。

4. 存货本身的陈旧以及存货成本的分配也使得存货的估价出现困难。

5. 允许采用的存货计价方法的多样性也使存货审计变得更加复杂。

由于存货对于企业的重要性、存货问题的复杂性以及存货与其他项目密切的关联度，要求注册会计师对存货项目的审计应当予以特别的关注。相应地，要求实施存货项目审计的注册会计师具备较高的专业素质和相关业务知识，分配较多的审计工时，运用多种有针对性的审计程序。

存货审计的目标通常包括：①确定存货是否存在；②确定存货是否归被审计单位所有；③确定存货增减变动的记录是否完整；④确定存货的品质状况，存货跌价准备的计提是否合理；⑤确定存货的计价方法是否恰当；⑥确定存货期末余额是否正确；⑦确定存货的披露是否恰当。

二、存货监盘

（一）存货监盘的定义和作用

存货监盘，是指注册会计师现场观察被审计单位存货的盘点，并对已盘点的存货进行适当检查。期末存货的结存数量直接影响到财务报表上的存货金额。对期末存货数量的确定，是存货审计中的重要内容。在 20 世纪 30 年代以前，注册会计师的审计责任一般仅针对会计记录和数字计算进行审核，审计准则并不要求注册会计师对资产实物的实际存在和实物结存数量的正确性承担责任。但在1939年著名的迈克逊·罗宾斯案发生后，这一审计历史被彻底划上句号。此后，各国审计准则都强调了注册会计师对资产实物实际存在和实际结存数量的正确性进行验证的责任。由此认为，注册会计师对存货进行监盘是存货审计必不可少的一项审计程序。

定期盘点存货，合理确定存货的数量和状况是被审计单位管理当局的责任。实施存货监盘，获取有关期末存货数量和状况的充分、适当的审计证据是注册会计师的责任。存货监盘主要针对存货的存在认定和完整性认定，注册会计师监盘存货的目的在于获取有关存货数量和状况的审计证据，以确证被审计单位所有的存货确实存在，已经反映了被审计单位拥有的全部存货。但监盘程序所得到的是实物证据，它不能保证被审计单位对存货拥有所有权，也不能对该存货的价值提供审计证据。

（二）存货监盘计划

1. 制定存货监盘计划的基本要求。注册会计师应当根据被审计单位存货的特点、盘存制度和存货内部控制的有效性等情况，在评价被审计单位存货盘点计划的基础上，编制存货监盘计划，对存货监盘作出合理安排。

有效的存货监盘需要制定周密、细致的计划。为了避免误解并有助于有效地实施存货监盘，注册会计师通常需要与被审计单位就存货监盘等问题达成一致意见。因此，注册会计师首先应当充分了解被审计单位存货的特点、盘存制度和存货内部控制的有效性等情况，并考虑获取、审阅和评价被审计单位预定的盘点程序。存货存在与完整性的认定具有较高的重大错报风险，而且注册会计师通常只有一次机会通过存货的实地监盘对有关认定作出评价。根据计划过程所搜集到的信息，有助于注册会计师合理确定参与监盘的地点以及存货监盘的程序。

存货监盘程序主要包括控制测试与实质性程序两种方式。注册会计师需要确定存货监盘程序以确定以控制测试为主还是实质性程序为主、哪种方式更加有效。如果只有少数项目构成了存货的主要部分，注册会计师以实质性程序为主的审计方式获取与存在认定相关的证据更为有效。在这种情况下，对于单位价值较高的存货项目，应实施百分之百的实质性程序，而对于其他存货则可视情况进行抽查。但在大多数审计业务中，注册会计师会发现以控制测试为主的审计方式更加有效。如果注册会计师采用以控制测试为主的审计方式，并准备信赖被审计单位存货盘点的控制措施与程序，那么，绝大部分的审计程序将限于询问、观察以及抽查。

2. 制定存货监盘计划应实施的工作。在编制存货监盘计划时，注册会计师应当实施下列审计程序。

（1）了解存货项目的重要程度。注册会计师需要考虑：①存货与其他资产和净利润的相对比率及内在联系；②各类存货（原材料、在产品和产成品）占存货总数的比重；

③各存放地存货占存货总数的比重。考虑并评价存货项目的重要程度直接关系到注册会计师如何恰当地分配审计资源。

(2)了解与存货相关的内部控制。在制定存货监盘计划时,注册会计师应当了解被审计单位与存货相关的内部控制,并根据内部控制的完善程度确定进一步审计程序的性质、时间和范围。

与存货相关的内部控制涉及被审计单位供、产、销各个环节,包括采购、验收、仓储、领用、加工、装运出库等方面,还包括存货数量的盘存制度。需要说明的是,与存货内部控制相关的措施有很多,其有效程序也存在差异。具体包括以下几个方面。

其一,采购。与采购相关的内部控制的总体目标是所有交易都获得适当的授权与批准。使用购货订单是一项基本的内部控制措施。购货订单应当预先连续编号,事先确定采购价格并获得批准。此外,还应当定期清点购货订单。

其二,验收。与存货验收相关的内部控制的总体目标是所有收到的货物都已得到记录。使用验收报告单是一项基本的内部控制措施。被审计单位应当设置独立的部门负责验收货物,该部门具有验收存货实物、确定存货数量、编制验收报告、将验收报告传送至会计核算部门以及运送货物至仓库等一系列职能。

其三,仓储。与仓储相关的内部控制的总体目标是确保与存货实物的接触必须得到管理层的指示和批准。被审计单位应当采取实物控制措施使用适当的存储设施,以使存货免受意外损毁、盗窃或破坏。

其四,领用。与领用相关的内部控制的总体目标是所有存货的领用均应得到批准和记录。使用存货领用单是一项基本的内部控制措施。对存货领用单,应定期进行清点。

其五,加工(生产)。与加工(生产)相关的内部控制的总体目标是对所有的生产过程作出适当的记录。使用生产报告是一项基本的内部控制措施。在生产报告中,应当对产品质量缺陷和零部件使用及报废情况及时作出说明。

其六,装运出库。与装运出库相关的内部控制的总体目标是所有的装运都得到了记录。使用发运凭证是一项基本的内部控制措施。发运凭证应当预先编号,定期进行清点,并作为日后开具收款账单的依据。

其七,存货的盘存制度。存货数量的盘存制度一般分为实地盘存制和永续盘存制。存货盘存制度不同,对存货数量的控制程度的影响也不同。但即使采用永续盘存制,也并不意味着无需对存货实物进行盘点。为了核对存货账面记录,加强对存货的管理,被审计单位每年至少应对存货进行一次全面盘点。

被审计单位与存货实地盘点相关的内部控制通常包括:制定合理的存货盘点计划;确定合理的存货盘点程序;配备相应的监督人员;对存货进行独立的内部验证;将盘点

结果与永续存货记录进行独立的调节;对盘点表和盘点标签进行充分控制。

(3)评估与存货相关的重大错报风险和重要性。

其一,重大错报风险。存货通常具有较高水平的重大错报风险,影响重大错报风险的因素具体包括:存货的数量和种类、成本归集的难易程度、陈旧过时的速度或易损坏程度、遭受失窃的难易程度。由于制造过程和成本归集制度的差异,制造企业的存货与其他企业(如批发企业)的存货相比往往具有更高的重大错报风险,对于注册会计师的审计工作而言则更具复杂性。外部因素也会对重大错报风险产生影响。例如,技术进步可能导致某些产品过时,从而导致存货价值更容易发生高估。

可能增加审计复杂性与风险的存货类别有:①具有漫长制造过程的存货。制造过程漫长的企业(如飞机制造和酒类产品等酿造企业)的审计重点包括递延成本、预期发生成本以及未来市场波动可能对当期损益的影响等事项。②具有固定价格和约的存货。预期发生成本的不确定性是其重大审计问题。③商品存货。计价是一个重要的审计问题,因为商品极易受到市场波动影响。许多企业都试图针对未来的价格变动进行套期交易,以便降低有关风险。④与时装相关的服装行业。由于服装产品的消费者对服装风格或颜色的偏好容易发生变化,因此存货是否过时是重要的审计事项。⑤鲜活、易腐商品存货。因为物质特性和保质期短暂,此类存货变质的风险很高。⑥具有高科技含量的存货。由于技术进步,此类存货易于过时。⑦单位价值高昂、容易被盗窃的存货。例如,珠宝存货的错报风险通常高于铁制纽扣之类存货的错报风险。

其二,重要性。根据对存货错报风险的评估结果,注册会计师应当合理确定存货项目审计的重要性水平。

(4)查阅以前年度的存货监盘工作底稿。注册会计师可以通过查阅以前年度的存货监盘工作底稿,了解被审计单位的存货情况、存货盘点程序以及其他在以前年度审计中遇到的重大问题。在查阅以前年度的存货监盘工作底稿时,注册会计师应充分关注存货盘点的时间安排、周转缓慢的存货的识别、存货的截止确认、盘点小组人员的确定以及存货多处存放等内容。

(5)考虑实地察看存货的存放场所。注册会计师应当考虑实地察看被审计单位的存货存放场所,特别是金额较大或性质特殊的存货,这有助于注册会计师熟悉在库存货及其组织管理方式,也有助于注册会计师在盘点工作进行前发现潜在问题,如存在难以盘点的存货、周转缓慢的存货、过时存货、残次品以及代销存货。

注册会计师应关注所有的存货存放地点,以防止被审计单位或自己发生任何遗漏。对存放大额存货的每一个地点尤其应当予以特别关注。对多处存放存货的情况,注册会计师应当考虑被审计单位与存货相关的内部控制措施和盘点惯例,评价审计风险以及除存货监盘外的其他替代程序的可行性,从而确定事实监盘的范围。例如,由于连锁商店分店的数目可能很多,注册会计师通常不会对零售连锁商店每一家分店实施监盘,而是选择一定数目的分店进行监盘,并使用分析程序等替代程序,或者利用内部审计人员的工作,以便对其他分店存货余额的准确性作出评价。

(6)考虑是否利用专家的工作或其他注册会计师的工作。注册会计师可能不具备其他专业领域专长与技能。在确定资产数量或资产实物状况(如矿石堆),或在收集特殊类别存货(如艺术品、稀有玉石、房地产、电子器件、工程设计等)的审计证据时,注册会计师可以考虑利用专家的工作。

当在产品存货金额较大时,可能面临如何评估在产品完工程度的问题。注册会计师可了解被审计单位的盘点程序,如果有关在产品的完工程度未明确列出,注册会计师应当考虑采用其他有助于确定完工程度的措施,如获取零部件明细清单、标准成本表以及作业成本表,与工厂的有关人员进行讨论等,并运用职业判断。注册会计师也可以根据存货生产过程的复杂程度考虑利用专家的工作。

很多情况下,被审计单位组成部分的财务信息由其他注册会计师审计并出具审计报告,这当然也包括了由其他注册会计师负责对被审计单位该组成部分的存货实施监盘。如果注册会计师计划利用其他注册会计师的工作,则应遵循《中国注册会计师审计准则第1401号——利用其他注册会计师的工作》的相关要求。

(7)复核或与管理层讨论其存货盘点计划。在复核或与管理层讨论其存货盘点计划时,注册会计师应当考虑下列主要因素,以评价其能否合理地确定存货的数量和状况:盘点的时间安排;存货盘点范围和场所的确定;盘点人员的分工及胜任能力;盘点前的会议及任务布置;存货的整理和排列;对毁损、陈旧、过时、残次及所有权不属于被审计单位的存货的区分;存货的计量工具和计量方法;在产品完工程度的确定方法;存放在外单位的存货的盘点安排;存货收发截止的控制;盘点期间存货移动的控制;盘点表单的设计、使用与控制;盘点结果的汇总以及盘盈或盘亏的分析、调查与处理。

如果认为被审计单位的存货盘点计划存在缺陷,注册会计师应当提请被审计单位调整。

3. 存货监盘计划的主要内容。存货监盘计划应当包括以下主要内容。

(1)存货监盘的目标、范围及时间安排。存货监盘的目标是获取被审计单位资产负债表日有关存货数量和状况的审计证据,检查存货的数量是否真实完整、是否归属被审计单位,存货有无毁损、陈旧、过时、残次和短缺等状况。

存货监盘范围的大小取决于存货的内容、性质以及与存货相关的内部控制的完善程度和重大错报风险的评估结果。

存货监盘的时间,包括实地察看盘点现场的时间、观察存货盘点的时间和对已盘点存货实施检查的时间等,应当与被审计单位实施存货盘点的时间相协调。

(2)存货监盘的要点及关注事项。存货监盘的要点主要包括注册会计师实施存货监盘程序的方法、步骤,各个环节应注意的问题以及所要解决的问题。注册会计师需要重点关注的事项包括盘点期间的存货移动、存货的状况、存货的截止确认、存货的各个存放地点及金额等。

(3)参加存货监盘人员的分工。注册会计师应当根据被审计单位参加存货盘点人员分工、分组情况、存货监盘工作量的大小和人员素质情况,确定参加存货监盘的人员组成、各组成人员的职责和具体的分工情况,并加强督导。

(4)检查存货的范围。注册会计师应当根据对被审计单位存货盘点和对被审计单位内部控制的评价结果确定检查存货的范围。在实施观察程序后,如果认为被审计单位内部控制设计良好且得到有效实施、存货盘点组织良好,则可以相应缩小实施检查程序的范围。

(三)存货监盘程序

1. 观察程序。在被审计单位盘点存货前,注册会计师应当观察盘点现场,确定应纳入盘点范围的存货是否已经适当整理和排列,并附有盘点标识,防止遗漏或重复盘点。对未纳入盘点范围的存货,注册会计师应当查明未纳入的原因。

对所有权不属于被审计单位的存货,注册会计师应当取得其规格、数量等有关资料,确定是否已分别存放、标明,且未被纳入盘点范围。在存货监盘过程中,注册会计师应当根据取得所有权不属于被审计单位的存货的有关资料,观察这些存货的实际存放情况,确保其未被纳入盘点范围。即使在被审计单位声明不存在受托代存存货的情形下,注册会计师在存货监盘时也应当关注是否存在某些存货不属于被审计单位的迹象,以避免盘点范围不当。

注册会计师在实施存货监盘过程中,应当跟随被审计单位安排的存货盘点人员,注意观察被审计单位事先制定的存货盘点计划是否得到了贯彻执行,盘点人员是否准确无误地记录了被盘点存货的数量和状况。

2. 检查程序。注册会计师应当对已盘点的存货进行适当检查,将检查结果与被审计单位盘点记录相核对,并形成相应记录。检查的目的既可以是为了确证被审计单位的盘点计划得到适当的执行(控制测试),也可以是为了证实被审计单位的存货实物总额(实质性程序)。如果观察程序能够表明被审计单位的组织管理得当,盘点、监督以及复核程序充分有效,注册会计师可据此减少所需检查的存货项目。

检查的范围通常包括每个盘点小组盘点的存货以及难以盘点或隐蔽性较强的存货。需要说明的是,注册会计师应尽可能避免让被审计单位事先了解将抽取检查的存货项目。

在检查已盘点的存货时,注册会计师应当从存货盘点记录中选取项目追查至存货实物,以测试盘点记录的准确性;注册会计师还应当从存货实物中选取项目追查至存货盘点记录,以测试存货盘点记录的完整性。注册会计师在实施检查程序时发现差异,很可能表明被审计单位的存货盘点在准确性或完整性方面存在错误。由于检查的内容通常仅仅是已盘点存货中的一部分,所以在检查中发现的错误很可能意味着被审计单位的存货盘点还存在着其他错误。一方面,注册会计师应当查明原因,并及时提请被审计单位更正;另一方面,注册会计师应当考虑错误的潜在范围和重大程度,在可能的情况下,扩大检查范围以减少错误的发生。注册会计师还可要求被审计单位重新盘点。重新盘点的范围可限于某一特殊领域的存货或特定盘点小组。

3. 需要特别关注的情况。

(1)存货移动情况。注册会计师应当特别关注存货的移动情况,防止遗漏或重复盘点。

尽管盘点存货时最好能保持存货不发生移动,但在某些情况下存货的移动是难以避免的。如果在盘点过程中被审计单位的生产经营仍将持续进行,注册会计师应通过实施必要的检查程序,确定被审计单位是否已经对此设置了相应的控制程序,确保在适当的期间内对存货作出了准确记录。

(2)存货的状况。注册会计师应当特别关注存货的状况,观察被审计单位是否已经恰当区分所有毁损、陈旧、过时及残次的存货。

存货的状况是被审计单位管理层对存货计价认定的一部分,除了对存货的状况予以特别关注以外,注册会计师还应当把所有毁损、陈旧、过时及残次存货的详细情况记录下来,这既便于进一步追查这些存货的处置情况,也能为测试被审计单位存货跌价准备计提的准确性提供证据。

(3)存货的截止。注册会计师应当获取盘点日前后存货收发及移动的凭证,检查库存记录与会计记录期末截止是否正确。注册会计师在对期末存货进行截止测试时,通常应当关注:①所有在截止日以前入库的存货项目是否均已包括在盘点范围内,并已反映在截止日期以前的会计记录中;任何在截止日期以后入库的存货项目是否均未包括在盘点范围内,也未反映在截止日以前的会计记录中。②所有在截止日以前装运出库的存货项目是否均未包括在盘点范围内,且未包括在截止日的存货账面余额中;任何在截止日期以后装运出库的存货项目是否均已包括在盘点范围内,并已包括在截止日的存货账面余额中。③所有已确定认为销售但尚未装运出库的商品是否均未包括在盘点范围内,且未包括在截止日的存货账面余额中。④所有已记录为购货但尚未入库是否均已包括在盘点范围内,并已反映在会计记录中。⑤在途存货和被审计单位直接向顾客发运的存货是否均已得到了适当的会计处理。

在存货监盘过程中,注册会计师应当获取存货验收入库、装运出库以及内部转移截止等信息，以便将来追查至被审计单位的会计记录。

注册会计师通常可观察存货的验收入库地点和装运出库地点以执行截止测试。在存货入库和装运过程中采用连续编号的凭证时，注册会计师应当关注截止日期前的最后编号。如果被审计单位没有使用连续编号的凭证，注册会计师应当列出截止日期以前的最后几笔装运和入库记录。如果被审计单位使用运货车厢或拖车进行存储、运输或验收入库，注册会计师应当详细列出存货场地上满载和空载的车厢或拖车，并记录各自的存货状况。

4. 对特殊类型存货的监盘。对某些特殊类型的存货而言，被审计单位通常使用的盘点方法和控制程序并不完全相同。这些存货通常或者没有标签，或者其数量难以估计，或者其质量难以确定，或者盘点人员无法对其移动实施控制。在这些情况下，注册会计师需要运用职业判断，根据存货的实际情况，设计恰当的审计程序，对存货的数量和状况获取审计证据。表 15－1 列举了被审计单位特殊存货的类型、通常采用的盘点方法与存在的潜在问题，以及可供注册会计师实施的监盘程序。注册会计师在审计实务中，应当根据被审计单位所处行业的特点、存货的类别和特点以及内部控制等具体情况，并在通用的存货监盘程序基础上，设计关于特殊类型存货监盘的具体审计程序。

5. 存货监盘结束时的工作。在被审计单位存货盘点结束前，注册会计师应当：①再次观察盘点现场，以确定所有应纳入盘点范围的存货是否均已盘点。②取得并检查已填用、作废及未使用盘点表单的号码记录，确定其是否连续编号，查明已发放的表单是否均已收回，并与存货盘点的汇总记录进行核对。注册会计师应当根据自己在存货监盘过程中获取的信息对被审计单位最终的存货盘点结果汇总记录进行复核，并评估其是否正确地反映了实际盘点结果。

表 15－1　特殊类型存货的监盘程序

存货类型	盘点方法与潜在问题	可供实施的审计程序
木材、钢筋盘条、管子	通常无标签，但在盘点时会作上标记或用粉笔标识； 难以确定存货的数量或等级	检查标记或标识； 利用专家或被审计单位内部有经验人员的工作
堆积型存货（如糖、煤、钢废料）	通常既无标签也不作标记； 在估计存货数量时存在困难	运用工程估测、几何计算、高空勘测，并依赖详细的存货记录； 如果堆场中的存货堆不高，可进行实地监盘，或通过旋转存货堆加以估计
使用磅秤测量的存货	在估计存货数量时存在困难	在监盘前和监盘过程中均应检验磅秤的精确度，并留意磅秤的位置移动与重新调校程序； 将检查和重新称量程序相结合； 检查称量尺度的换算问题

续表

存货类型	盘点方法与潜在问题	可供实施的审计程序
散装物品(如贮窖存货、使用桶、箱、罐、槽等容器储存的液、气体、谷类粮食、流体存货等)	在盘点时通常难以加以识别和确定; 在估计存货数量时存在困难; 在确定存货质量时存在困难	使用容器进行监盘或通过对预先编号的清单列表加以确定; 使用浸蘸、测量棒、工程报告以及依赖永续存货记录; 选择样品进行化验与分析,或利用专家的工作
贵金属、石器、艺术品与收藏品	在存货辨认与质量确定方面存在困难	选择样品进行化验与分析,或利用专家的工作
生产纸浆用木材、牲畜	在存货辨认与数量确定方面存在困难; 可能无法对此类存货的移动实施控制	通过高空摄影以确定其存在性,对不同时点的数量进行比较,并依赖永续存货记录

如果存货盘点日不是资产负债表日,注册会计师应当实施适当的审计程序,确定盘点日与资产负债表日之间存货的变动是否已作正确的记录。在很多情况下,存货盘点日并不是资产负债表日,而有可能是在资产负债表日之后或之前甚至是在不同日期(例如循环的情况)。在不同情况下,注册会计师应当根据不同的特点实施程度不同的审计程序,以便确定被审计单位对于盘点日与资产负债表日之间的存货变动情况是否已作出了正确的记录。

如果被审计单位采用永续盘存制核算存货,注册会计师应当关注永续盘存制下的期末存货记录与存货盘点结果之间是否一致。如果这两者之间出现重大差异,注册会计师应当实施追加的审计程序,查明原因,并检查永续盘存记录是否已作出了适当调整。如果认为被审计单位采用的方式及其结果无效,注册会计师应当提请被审计单位重新盘点。

(四)特殊情况的处理

1. 由于存货的性质或位置而无法实施监盘程序。如果由于被审计单位存货的性质或位置等原因导致无法实施存货监盘,注册会计师应当考虑能否实施替代审计程序,获取有关期末存货数量和状况的充分、适当的审计证据。注册会计师实施的替代程序主要包括:①检查进货交易凭证或生产记录以及其他相关资料。②检查资产负债表日后发生的销货交易凭证。③向顾客或供应商函证。

(1)存货的特殊性质。被审计单位存货的性质可能导致注册会计师无法实施存货监盘,这样的情况包括:①存货涉及保密问题,如产品在生产过程中需要利用特殊配方或制造工艺;②存货系危害性物质,如放射性化学品或气体。

对具有特殊性质的存货实施审计,通常需要依赖内部控制。注册会计师应当复核采购、生产和销售记录,以获取充分、适当的审计证据,在通常情况下,还可以向能够接触到相关存货项目的第三方人员询证。此外,注册会计师还可以实施其他替代审计程序。例如,对于危害性物质,如果被审计单位对其生产、使用和处置存在正式报告,注册会计师可通过追查至有关报告的方式确定此类危害性物质是否存在。

(2)存货的特殊位置。被审计单位存货的位置也可能导致注册会计师无法实施存货监盘,如在途存货。如果此类项目仅占存货的一小部分,通常可以通过审查相关凭证加以查验。对于存放在公共仓库中的存货,可通过函证方式查验。

2. 因不可遇见的因素导致无法在预见日期实施存货监盘或接受委托时被审计单位的期末存货盘点已经完成。如果因不可预见的因素导致无法在预定日期实施存货监盘或接受委托时被审计单位的期末存货盘点已经完成,注册会计师应当评估与存货相关的内部控制的有效性,对存货进行适当检查或提请被审计单位另择日期重新盘点;同时测试在该期间发生的交易,以获取有关期末存货数量和状况的充分、适当的审计证据。

(1)不可预见的因素。有时,由于不可预见因素会导致无法在预定日期实施存货监盘。两种比较典型的因素是:①注册会计师无法亲临现场,即由于不可抗力导致其无法到达存货存放地实施存货监盘;②气候因素,即由于恶劣的天气导致注册会计师无法实施存货监盘程序,或由于恶劣的天气无法观察存货,如木材被积雪覆盖。

对于上述情况,如果被审计单位存在良好的内部控制,注册会计师可以考虑改变存货监盘日期,并对预定盘点日与改变后的存货监盘日之间发生的交易进行测试。对于无法亲临现场的情况,注册会计师可考虑委托其他适当人员实施存货监盘。

(2)接受委托时被审计单位的期末存货盘点已经完成。如果接受委托时被审计单位的期末存货盘点已经完成,注册会计师应当评估与存货相关的内部控制的有效性,并根据评估结果对存货进行适当检查或提请被审计单位另择日期重新盘点,同时测试检查日或重新盘点日与资产负债表日之间发生的存货交易。

3. 委托其他单位保管或已作质押的存货。对被审计单位委托其他单位保管的或已作质押的存货,注册会计师应当向保管人或债权人函证。如果此类存货的金额占流动资产或总资产的比例较大,注册会计师还应当考虑实施存货监盘或利用其他注册会计师的工作。

如果被审计单位将存货存放于其他单位,注册会计师通常需要向该单位获取委托代管存货的书面确认函。如果存货已被质押,注册会计师应当向债权人询证与被质押存货有关的内容。对于此类存货,通常还应当检查被审计单位的相关会计记录和可能设置的备查记录。如果此类存货比较重要,注册会计师应当考虑与被审计单位讨论其对委托代管存货或已作质押存货的控制程序,并考虑对此类存货实施监盘程序,或聘请其他注册会计师实施监盘程序。

4. 首次接受委托的情况。如果已获取有关本期期末存货余额的充分、适当的审计证据,注册会计师应当实施下列一项或多项审计程序,以获取有关本期期初存货余额的充分、适当的审计证据:①查阅前任注册会计师工作底稿;②复核上期存货盘点记录及文件;③检查上期存货交易记录;④运用毛利百分比法等进行分析。

三、存货计价测试

(一)存货计价审计的一般原理

监盘程序只能对存货的结存数量予以确认,为验证财务报表上存货余额的真实性,还必须对存货的计价进行审计。存货计价审计如表 15-2 所示。

表 15-2　存货计价审计

日期	品名及规格	购入			发出			余额		
		数量	单价	金额	数量	单价	金额	数量	单价	金额
1. 计价方法说明。 2. 情况说明及审计结论。										

1. 样本的选择。计价审计的样本,应从存货数量已经盘点、单价和总金额已经记入存货汇总表的结存存货中选择。选择样本时应着重选择结存余额较大且价格变化比较频繁的项目,同时考虑所选样本的代表性,抽样方法一般采用分层抽样法,抽样规模应足以推断总体的情况。

2. 计价方法的确认。存货的计价方法多种多样,企业可结合国家法规要求选择符合自身特点的方法。注册会计师除应了解掌握企业的存货计价方法外,还应对这种计价方法的合理性与一贯性予以关注,没有足够理由,计价方法在同一会计年度内不得变动。

3. 计价审计。进行计价审计时,注册会计师首先应对存货价格的组成内容予以审核,然后按照所了解的计价方法对所选择的存货样本进行计价审计。审计时,应排除企业已有计算程序和结果的影响,进行独立审计。待审计结果出来后,应与企业账面记录对比，编制对比分析表，分析形成差异的原因。如果差异过大，应扩大范围继续审计，并根据审计结果作出审计调整。

在审计存货期末计价时，应充分关注企业对存货可变现净值的确定及存货跌价准备的计提，因为根据会计准则的规定，企业应对期末存货采用成本与可变现净值孰低的方法计价。

（二）存货成本的计价测试

存货成本审计包括直接材料成本的审计、直接人工成本的审计、制造费用的审计等内容。

1. 直接材料成本的审计。直接材料成本的审计一般应从审阅材料和生产成本明细账入手，抽查有关的费用凭证，验证企业产品直接耗用材料的数量、计价和材料费用分配是否真实合理，其主要内容包括以下方面。

（1）抽查产品成本计算单，检查直接材料成本的计算是否正确，材料费用的分配标准与计算方法是否合理和适当，是否与材料费用分配汇总表中该产品分摊的直接材料费用相符。

（2）检查直接材料耗用数量的真实性，有无将非生产用材料计入直接材料费用。

（3）分析比较同一产品前后各年度的直接材料成本，如有重大波动应查明原因。

（4）抽查材料发出及领单的原始凭证，检查领料单的签发是否经过授权，材料发出汇总表是否经过适当的人员复核，材料单位成本计价方法是否适当、是否正确及时入账。

（5）对采用定额成本或标准成本的企业，应检查直接材料成本差异的计算、分配与会计处理是否正确，并查明直接材料的定额成本、标准成本在本年度内有无重大变更。

2. 直接人工成本的审计。

（1）抽查产品成本计算单，检查直接人工成本的计算是否正确，工薪费用的分配标准与计算方法是否合理和适当，是否与工薪费用分配汇总表中该产品分摊的直接工薪费用相符。

（2）将本年度直接人工成本与前期进行比较，查明其异常波动的原因。

（3）分析比较本年度各个月份的工薪费用发生额，如有异常波动，应查明原因。

（4）结合应付职工工薪的检查，抽查工薪费用会计记录及会计处理是否正确。

（5）对采用标准成本法的企业，应抽查直接人工成本差异的计算、分配与会计处理是否正确，并查明直接人工的标准成本在本年度内有无重大变更。

3. 制造费用的审计。

（1）获取或编制制造费用汇总表，并与明细账、总账核对相符，抽查制造费用中的重大数额项目及例外项目是否合理。

(2)审阅制造费用明细账，检查其核算内容及范围是否正确，并应注意是否存在异常会计事项，如有，则应追查至记账凭证及原始凭证，重点查明企业有无将不应列入成本费用的支出(如投资支出、被没收的财物、支付的罚款、违约金、研发支出等)计入制造费用。

(3)必要时，对制造费用实施截止测试，即检查资产负债表日前后若干天的制造费用明细账及其凭证，确定有无跨期入账的情况。

(4)检查制造费用的分配是否合理。重点查明制造费用的分配方法是否符合企业自身的生产技术条件，是否体现受益原则，分配方法一经确定，是否在相当时期内保持稳定，有无随意变更的情况；分配率和分配额的计算是否正确，有无以人为估计数代替分配数的情况。对按预定分配率分配费用的企业，还应查明计划与实际差异是否及时调整。

(5)对于采用标准成本法的企业，应抽查标准制造费用的确定是否合理，计入成本计算单的数额是否正确，制造费用的计算、分配与会计处理是否正确，并查明标准制造费用在本年度内有无重大变动。

四、存货截止测试

所谓存货截止测试，就是检查截至12月31日止，购入并已包括在12月31日存货盘点范围内的存货。在会计上，就是检查存货及其对应会计科目是否一并记入当年财务报表内。存货正确截止的关键在于存货实物纳入盘点范围的时间与存货引起的借贷双方会计科目的入账时间都处于同一会计期间。如果当年12月31日购入货物，并包括在当年12月31日的实物盘点范围内，而购货发票负债是次年1月2日才收到，并已记入次年1月份账，当年12月份账上并无进货和对应的负债记录，这就少计了存货和应付账款；相反，如果在当年12月31日就收到一张购货发票，并记入当年12月份账内，而这张发票所对应的存货实物却在次年1月2日才收到，未包括在当年年底的盘点范围内，这样就可能虚减本年的利润。

按照存货正确截止的基本要求，若未将年终在途货物列入当年存货盘点范围，只要相应的负债亦同时记入次年账内，对财务报表的影响就并不重要。

存货截止审计的主要方法是抽查存货盘点日期前后的购货发票与验收报告(或入库单)，档案中的每张发票均附有验收报告(或入库单)。12月底入账的发票如果附有12月31日或之前的验收报告(或入库单)，则货物肯定已经入库，并包括在本年的实地盘点存货范围内；如果验收报告日期为1月份的日期，则货物不会列入年底实地盘点存货范围内；反之，如果仅有验收报告(或入库单)而并无购货发票，则应认真审核每一验收报告单上面是否加盖暂估入库印章,并以暂估价记入当年存货账内,待次年年初以红字冲销。

存货截止审计的另一种方法是审阅验收部门的业务记录,凡是接近年底(包括次年年初)购入的货物,必须查明其相对应的购货发票是否在同期入账,对于未收到购货发票的入库存货,是否将入库单分开存放并暂估入账。

在确定截止审计样本时,一般以截止日为界限,分别向前倒推或向后顺推若干日,按顺序选取较大金额购货业务的发票或验收报告作为审计样本。截止审计完成后,对于发现的错误,应提请被审计单位作必要的账务调整。

第四节 应付职工薪酬的审计

一、应付职工薪酬的审计目标

一般地,应付职工薪酬的审计目标主要是:①确定应付职工薪酬支出的记录是否完整,计量标准是否合理,计算结果是否正确;②确定应付职工薪酬期末余额是否正确;③确定应付职工薪酬的披露是否恰当。

二、应付职工薪酬的重要实质性测试程序

1. 获取或编制应付职工薪酬明细表,复核加计正确,并与报表数、总账数和明细账合计数核对是否相符。

2. 对本期薪酬费用的发生情况执行分析程序。

(1)检查各月薪酬费用的发生额是否有异常波动,若有,则要求被审计单位予以解释。

(2)将本期薪酬费用总额与上期进行比较,要求被审计单位解释其增减变动原因,或取得公司管理当局关于员工薪酬水平的决议。

3. 检查薪酬的计提是否正确,分配方法是否与上期一致,并将应付职工薪酬计提数与相关的成本、费用项目核对一致。

4. 如果被审计单位实行工效挂钩,应取得有关主管部门确认的效益薪酬发放额的认定证明,并符合有关合同文件和实际完成的指标,同时检查其计提额是否正确。

5. 验明应付职工薪酬的披露是否恰当。

第五节 营业成本审计

一、营业成本的审计目标

营业成本的审计目标一般包括:①确定已记录的营业成本是否已发生,且与被审计单位有关;②确定与营业成本有关的金额及其他数据是否已恰当记录;③确定营业成本是否已记录于正确的会计期间;④确定营业成本的内容是否正确;⑤确定营业成本与营业收入是否配比;⑥确定营业成本的披露是否恰当。

二、营业成本——主营业务成本的实质性测试程序

1. 获取或编制主营业务成本明细表,与明细账和总账核对相符。

2. 编制生产成本及销售成本倒轧表(如表 15－3 所示),与总账核对相符。

表 15－3 生产成本及销售成本倒轧表

项 目	未审数	调整或重分类金额借(贷)	审定数
原材料期初余额			
加:本期购进			
减:原材料期末余额			
其他发出额			
直接材料成本			
加:直接人工成本			
制造费用			
生产成本			
加:在产品期初余额			
减:在产品期末余额			
产品生产成本			
加:产成品期初余额			
减:产成品期末余额			
销售成本			

3. 分析比较本年度与上年度主营业务成本总额，以及本年度各月份的主营业务成本金额，如有重大波动和异常情况，应查明原因。

4. 结合生产成本的审计，抽查销售成本结转数额的正确性，并检查其是否与销售收入配比。

5. 检查主营业务成本账户中重大调整事项（如销售退回等）是否有其充分理由。

6. 确定主营业务成本在利润表中是否已恰当披露。

第六节　其他相关账户审计

在存货审计中，如果仅仅实施监盘、计价审计、截止审计等审计程序，尚难以达到存货的审计目标，本节继续介绍各种具体存货相关账户的审计程序。

一、物资（材料）采购的重要实质性测试程序

1. 获取或编制物资采购明细表，复核加计正确，与总账数、明细账合计数核对是否相符。

2. 检查期末物资采购，核对有关凭证，对大额物资采购，追查至相关的购货合同及购货发票，复核采购成本的正确性，并抽查期后入库情况。

3. 查阅资产负债表日前后若干天物资采购增减变动的有关账簿记录和收料报告单等资料，检查有无跨期现象，如有，则应作出记录，必要时作调整。

4. 如采用计划成本核算，注册会计师还应审核物资采购账项有关材料成本差异发生额的计算处理是否正确。

5. 审核有无长期挂账事项，如有，应查明原因，必要时应作调整。

二、原材料的重要实质性测试程序

1. 获取或编制原材料明细表，复核加计是否正确，并与总账数、明细账合计数核对是否相符；同时抽查核对明细账是否与仓库台账、卡片记录相符。

2. 对期末原材料余额与上期期末余额进行比较，解释其波动原因，并对大额异常项目进行调查。

3. 现场观察被审计单位的期末原材料盘点情况，取得原材料盘点资料和盘盈、盘亏报告表，作重点抽查，并注意查明账实不符的原因、有关审批手续是否完备、账务处理是否正确；存放在外的库存材料，应现场查看或函询核实。

4. 检查原材料的入账基础和计价方法是否正确、是否前后期一致。在以实际成本计价条件下应以样本的单位成本与原材料明细账及购货发票核对；在以计划成本计价条件下，应以样本的单位成本与原材料明细账、原材料成本差异明细账及购货发票核对。

5. 检查发出材料的计价基础，抽查若干月发出材料汇总表的正确性。

6. 根据被审计单位原材料计价方法，抽查年末结存量较大的原材料的计价是否正确。若原材料以计划成本计价，还应检查“材料成本差异”账项发生额、转销额是否计算正确。

7. 审核有无长期挂账原材料事项，如有，应查明原因，必要时作调整。

8. 查阅资产负债表日前后若干天的原材料增减变动的有关账簿记录和原始凭证，检查有无跨期现象，如有，则应作出记录，必要时作调整。

9. 结合原材料的盘点，检查期末有无料到单末到情况，如有，应查明是否已暂估入账，其暂估价是否合理。

三、周转材料的重要实质性测试程序

1. 获取或编制周转材料明细表，复核加计正确，并与总账数、明细账合计数核对是否相符，同时抽查核对明细账是否与仓库台账、卡片已录相符。

2. 对期末周转材料余额与上期期末余额进行比较，解释其波动原因，并对大额异常项目进行调查。

3. 现场观察被审计单位的期末周转材料盘点情况，取得周转材料盘点资料和盘盈、盘亏报告表，作重点抽查，并注意查明账实不符原因；审查有关审批手续是否完备、账务处理是否正确；存放在外的周转材料，应现场查看或函询核实。

4. 检查周转材料的入账基础和计价方法是否正确，是否前后期一致；检查发出周转材料的计价基础，抽查若干月发出周转材料汇总表的正确性。

5. 根据被审计单位周转材料计价方法，抽查期末结存量较大的周转材料的计价是否正确，若周转材料以计划成本计价，还应检查“材料成本差异”账项发生额、转销额是否计算正确。

6. 审查周转材料的摊销方法是否符合会计准则的规定，是否具有一致性，相关的账务处理是否正确。

7. 审核有无长期挂账周转材料事项，如有，应查明原因，必要时作调整。

8. 查阅资产负债表日前后若干天的周转材料增减变动的有关账簿记录和原始凭证，检查无跨期现象，如有，则应作出记录，必要时作调整。

9. 结合周转材料的盘点，检查期末有无料到单未到情况，如有，应查明是否已暂估入账，其暂估价是否合理。

10. 检查出租、出借周转材料的会计处理是否正确。

四、材料成本差异的重要实质性测试程序

1. 获取或编制材料成本差异明细表，复核加计正确，并与总账数、明细账合计数核对是否相符。

2. 对每月材料成本差异率进行分析性复核，检查是否有异常波动，注意是否存在调节成本现象。

3. 抽查若干月发出材料汇总表，检查材料成本差异的分配是否正确，并注意分配方法前后期是否一致。

五、库存商品的重要实质性测试程序

1. 获取或编制库存商品明细表，复核加计正确，并与总账数、明细账合计数核对是否相符，同时与仓库台账、卡片抽查核对相符。

2. 现场观察被审计单位库存商品盘点情况，取得库存商品盘点资料和盘盈、盘亏报告表，作重点抽查，并注意查明账实不符原因；审查有关审批手续是否完备、账务处理是否正确；对冷背、残次、呆滞的库存商品，关注其计价是否合理。

3. 查核库存商品的计价方法，检查其前后期是否一致。对自制商品产品等，在实际成本计价条件下，应以样本的单位成本与库存商品明细账及成本计算核对；在计划成本计价条件下，应以样本的单位成本与库存商品明细账、商品成本差异明细账及成本计算单核对。对库存外购商品，在以实际成本计价条件下，应以样本的单位成本与库存商品明细账及购货发票核对；在以计划成本计价条件下，应以样本的单位成本与库存商品明细账、商品成本差异明细账及购货发票核对。

4. 抽查库存商品入库单，核对库存商品的品种、数量与入账记录是否一致，并检查入库库存商品的实际成本是否与“生产成本”科目的结转额相符。

5. 抽查库存商品的发出凭证，核对转出库存商品的品种、数量和实际成本与“主营业务成本”是否相符。

6. 审阅库存商品明细账，检查有无长期挂账库存商品事项，如有，查明原因，必要时作调整。

六、委托加工物资的重要实质性测试程序

1. 获取或编制委托加工物资明细表，复核加计正确，并与总账数、明细账合计数核对是否相符。

2. 检查若干份委托加工业务合同，抽取有关发料凭证、加工费、运费结算凭证，核对其计费、计价是否正确，会计处理是否及时、正确。

3. 抽查加工完成物资的验收入库手续是否齐全，会计处理是否正确。

4. 对委托加工物资的期末余额，应现场查看或函询核实。

5. 审核有无长期挂账的委托加工物资事项，如有，查明原因，必要时作调整。

七、存货跌价准备的重要实质性测试程序

（一）存货跌价准备的审计目标

存货跌价准备的审计目标是：①确定存货跌价准备的发生是否真实，转销是否合理；②确定存货跌价准备发生和转销的记录是否完整；③确定存货跌价准备的期末余额是否正确；④确定存货跌价准备的披露是否恰当。

（二）存货跌价准备的重要实质性测试程序

1. 获取或编制存货跌价准备明细表，复核加计正确，并与报表数、总账数和明细账合计数核对是否相符。

2. 检查被审计单位是否于期末对存货作检查分析，存货跌价准备计提的依据、方法是否合理，前后各期是否一致，计算及会计处理是否正确。

3. 抽查计提存货跌价准备的项目，其期后售价是否低于原始成本。

4. 检查存货跌价准备的期末余额是否符合税法规定，如果超过规定，应作纳税调整。

5. 验明存货跌价准备的披露是否恰当。

复习思考题

1. 为什么要对本期薪酬费用执行分析程序？

2. 在工薪交易内部控制问卷中，为每项工薪功能设计一个可能使用的问题。

3. 对以下列示的每种潜在的错报，指出其必要的控制和可能执行的有关控制测试。

(1) 已离职的员工可能还留在工薪名册上。

(2) 员工薪酬可能按大于实际工作时数的小时数计付。

(3) 无效的工薪资料可能进了计算机。

(4) 未领工薪可能被盗。

4. 注册会计师对工薪费用认定的检查风险水平，可能如何评价？注册会计师在执

行应计工薪负债的实质性测试时,应着重审计哪些认定?

5. 试说明存货与仓储循环的性质,并指出其他哪些循环将影响到该循环?

6. 试说明有关存货与仓储循环的重要性和审计风险。对这个循环的制造交易通常采用什么审计策略?为什么?

7. 对存货与仓储循环交易和余额认定的审计目标是什么?

8. 试述存货审计对整个财务报表审计的影响。

9. 试指出哪些凭证可为转移在产品到产成品的授权及其控制提供依据?对确定和记录制造成本以及保持存货余额的正确性有重要影响的控制是哪些?

10. 确定存货余额的检查风险可接受水平,应考虑哪些因素?

11. 对存货的"存在或发生"和"估价或分摊"两项认定,可能执行哪些实质性测试?对存货的"权利和义务"认定,可能执行哪些实质性测试?

12. 在哪种情况下需要观察客户存货盘点?观察测试应在什么时候进行?观察测试包括哪些步骤?

13. 注册会计师在不可能观察期末存货和期初存货的情况下,可采用哪些替代程序?

14. 宙计人员在获取有关存于公共仓库存货的证据时,其基本责任是什么?如果这种存货至关重要,那么注册会计师还应做哪些工作?

15. 注册会计师获取有关存货质量的证据,可以采用哪些程序?注册会计师测试购进存货和制造存货的计价,分别采用哪些程序?

16. 华联会计师事务所于2006年12月15日接受正泰家俱制造公司的委托,对其年度财务报表进行审计。公司总经理介绍说,公司已于11月30日对存货进行了全面盘点,但因历年从事正泰公司年度审计的丰建会计师事务所的注册会计师王仁在本年去世,因而11月30日的存货盘点未经注册会计师现场观察,王仁的去世也是公司变更委托华联事务所的主要原因。公司总经理不同意再度停工盘点存货,理由是产品的交货期临近,但11月30日盘点时的所有资料均可提供复核。华联事务所的注册会计师深入研究了存货内部控制制度,认为是比较健全有效的;详细检查了正泰公司的盘点资料,并于12月31日抽点了约占存货总价值10%的项目,抽点的项目经追查永续盘存记录,未发现重大差异。12月31日公司总资产900万元中存货达400万元。假定财务报表中其他项目的审计均为满意,请问注册会计师能否签发无保留意见的审计报告?试说明理由。

17. 注册会计师王红在观察被审计单位存货实地盘点时,注意到下列特殊的项目,请问王红对这些项目应进一步实施哪些审计程序?

(1)产成品储藏室内有数台电动马达没有悬挂盘点单。经查询,这些马达属于被审计单位的承销品。

(2)验收部门有切片机一台(为被审计单位主要产品之一),盘点单上标明“重做”字样。

(3)运输部门有一台已装箱的切片机,没有悬挂盘点单,据称该机已售给红光公司。

(4)一间小型仓库内存有五种布满灰尘的原材料,每种原材料均挂有盘点单,经王红抽点与盘点单上的记录相符。

第十六章

筹资与投资循环审计

本章要点

筹资与投资循环与其他业务循环相比,具有业务发生的非经常性和金额的重要性等特点,与企业的资本结构和财务风险关系密切。本章主要介绍筹资和投资循环的特性,该循环主要的内部控制制度和控制测试的程序与方法,以及重要财务报表项目的实质性测试程序。它涉及的资产负债表项目主要包括:交易性金融资产、买入返售金融资产、应收股利、应收利息、持有至到期投资、持有至到期投资减值准备、可供出售金融资产、长期股权投资、长期股权投资减值准备、投资性房地产、未实现融资收益、交易性金融负债、应付债券、长期借款、预计负债等内容。

第一节　筹资与投资循环的特性

一、筹资与投资循环的交易种类和业务环节

(一)筹资所涉及的主要业务活动

筹资活动是指企业为满足生存和发展的需要,通过改变企业资本及债务规模和构成而筹集资金的活动。企业的筹资是由与取得和偿还资金有关的交易组成。这个活动包括两个主要交易种类:长期负债交易和股东权益交易。长期负债交易包括通过公司债、抵押、票据和贷款取得借款,以及有关本金和利息的偿还;股东权益交易包括发行和赎回优先股和普通股、库存股交易,以及股利支付。这些交易一般要经过以下几个业务环节。

1. 审批授权。企业通过借款筹集资金需经管理当局的审批,其中债券的发行每次均要由董事会授权,企业发行股票必须依据国家有关法规或企业章程的规定,报经企业最高权力机构(如董事会)及国家有关管理部门批准。

2. 签订合同或协议。企业向银行或其他金融机构融资须签订借款合同,发行债券须签订债券契约和债券承销或包销合同。

3. 取得资金。企业实际取得银行或金融机构划入的款项或债券、股票的融入资金。

4. 计算利息或股利。企业应按有关合同或协议的规定,及时计算利息或股利。

5. 偿还本息或发放股利。银行借款或发行债券应按有关合同或协议的规定偿还本息,融入的股本根据股东大会的决定发放股利。

(二)投资所涉及的主要业务活动

投资活动是指企业为通过分配来增加财富,或为谋求其他利益,将资产让渡给其他单位而获得另一项资产的活动。企业的投资是由与其他个体所发行的证券等有关的活动组成。这些有价证券主要包括优先股、普通股、公司债和政府公债。这个活动主要由权益性投资交易和债权性投资交易组成。这些交易一般也要经过以下几个业务环节。

1. 审批授权。投资业务应由企业的高层管理机构进行审批。

2. 取得证券或其他投资。企业可以通过购买股票或债券进行投资,也可以通过与其他单位联合形成投资。

3. 取得投资收益。企业可以取得股权投资的股利收入、债券投资的利息收入和其他投资收益。

4. 转让证券或收回其他投资。企业可以通过转让证券实现投资的收回;其他投资一经投出,除联营合同期满,或由于其他特殊原因联营企业解散外,一般不得抽回投资。

二、筹资与投资循环的凭证与会计记录

(一)筹资活动的凭证和会计记录

1. 债券。债券是公司依据法定程序发行、约定在一定期限内还本付息的有价证券。

2. 股票。股票是公司签发的证明股东所持股份的凭证。

3. 债券契约。债券契约是一张明确债券持有人与发行企业双方所拥有的权利与义务的法律性文件,其内容一般包括:债券发行的标准;债券的明确表述;利息或利息率;受托管理人证书;登记和背书;所担保的财产(如系抵押债券);债券发生拖欠情况,如何处理;对偿债基金,利息支付、本金返还等的处理。

4. 股东名册。发行记名股票的公司应记载的内容一般包括:股东的姓名或者名称或住所;各股东所持股份数;各股东所持股票的编号;各股东取得其股份的日期。发行无记名股票的,公司应当记载其股票数量、编号及发行日期。

5. 公司债券存根簿。发行记名公司债券的公司应记载的内容一般包括:债券持有人的姓名或者名称及住所;债券持有人取得债券的日期及债券的编号;债券总额、债券的票面金额、债券的利率、债券还本付息的期限和方式;债券的发行日期。发行无记名债券的应当在公司的债券存根簿上记载债券总额、利息、偿还期限和方式、发行日期和债券编号。

6. 承销或包销协议。公司向社会公开发行股票或债券时,应当由依法设立的证券经营机构承销或包销,公司应与其签订承销或包销协议。

7. 借款合同或协议。即公司向银行和其他金融机构借入款项时与其签订的合同或协议。

8. 有关记账凭证。

9. 有关会计科目的明细账和总账。

(二)投资活动的凭证和会计记录

1. 股票或债券。

2. 经纪人通知书。

3. 债券契约。

4. 企业的章程及有关协议。

5. 投资协议。

6. 有关记账凭证。

7. 有关会计科目的明细账和总账。

筹资与投资循环中所涉及的资产负债表项目主要有:短期投资、应收股利、应收利息、其他应收款、应收补贴款、长期股权投资、长期债权投资、无形资产、长期待摊费用、短期借款、应付股利、其他应付款、预计负债、长期借款、应付债券、长期应付款、专项应付款、递延税款、股本、资本公积、盈余公积、未分配利润。筹资与投资循环中所涉及的利润表项目主要有:管理费用、财务费用、投资收益、补贴收入、营业外收入、营业外支出、所得税等。

三、对重要性、风险与审计策略的考虑

一般来讲,筹资与投资循环具有三个特征:①审计年度内筹资与投资循环的交易数量较少,而每笔交易的金额通常较大;②漏记或不恰当地对一笔业务进行会计处理,将会导致重大错误,从而对企业财务报表的公允反映产生较大的影响;③筹资与投资循环交易必须遵守国家法律、法规和相关契约的规定。

作为短期投资持有的有价证券对公司的短期清偿能力可能有重要的影响,但是这种投资的收入对公司经营成果的影响通常不大;而作为长期投资持有的证券对资产负债表、损益表的影响则可能较大。由于投资交易一般发生得并不多,因此,其错报的风险往往很低。还因为对投资交易的执行和有价证券的保管,客户一般都派有一位或多位公司主管参加,所以投资交易的内部控制大多是有效的。因此,对投资的审计策略,主要取决于投资交易发生次数的多少。在客户的投资交易比较少时,注册会计师宜直接执行实质性测试程序,而不用执行控制测试。相反,在客户的投资交易比较多时,注册会计师执行控制测试以取得支持较低重大错报风险水平的证据,可能更加合算。

长期负债对财务状况的公允表达有着重要的影响。在有些大公司中,长期负债相对于负债总额和股东权益总额来说并不重要。但是在很多公共事业单位,这项负债往往超过公司资产总额的50%以上。很显然,股东权益是资产负债表的一个重要组成部分。对制造公司而言,筹资交易对损益表的影响通常并不重要,但股利对利润分配和未分配利润进而对资产负债表的影响则往往是很重要的。在很多公司,执行和记录筹资交易出现错报的风险一般很小,因为这些交易并不是经常发生。尽管股利和利息的支付次数稍多一些,但公司通常是委托外界代理机构代为处理股利和利息的支付。此外,绝大多数的交易,都要求经过董事会授权,并由公司主管参与执行。因此,注册会计师往往预期筹资交易和余额的审计风险保持在一个较低的水平。同投资的审计一样,筹资交易的审计策略也主要取决于交易量的多少。前面已提到,筹资交易并不经常发生,因此注册会计师在审计时主要采用实质性测试程序比较合算,特别是在公司利用外界独立代理机构代为支付公司债利息和股利时更是如此。

第二节 筹资与投资循环内部控制及测试

一、筹资交易控制要点与控制测试方法

(一)筹资交易控制要求

1. 对筹资活动实行职务分离控制。

(1)筹资计划编制人与审批人适当分离,重大筹资必须由独立于审批人之外的人员审核并提出意见,必要时可聘请外部财务顾问,以利于审批人从独立的立场来评判计划的优劣。

(2)经办人员不能接触会计记录,通常由独立的机构代理发行债券和股票。

(3)会计记录人员同负责收付款的人员相分离,有条件的,应聘请独立的机构负责支付业务。

(4)证券保管人员同会计记录人员分离。

2. 筹资的授权审批控制。一般董事会都事先授权财务经理编制筹资计划,由董事会审批。适当授权及审批可明显地提高筹资活动效率,降低筹资风险,防止由于缺乏授权、审批而出现的一系列舞弊现象。

(1)筹资收入款项的控制。如果筹资金额大,最好委托独立的代理机构代为发行。因为代理机构本身所负有的法律责任、客观立场,既从外部协助了企业内部控制的有效执行,也从客观、公正的角度证实了公司会计记录的可信性,防止以筹资业务为名进行不正当活动或者以伪造会计记录来掩盖不正当活动的事项发生。

(2)还本付息、支付股利等付出款项的控制。无论是何种筹资形式,都面临支付款项的问题,主要是利息的支付或股利的发放。由于企业债券受息人社会化的特征,企业可开出单张支票,委托有关代理机构代发,从而减少支票签发次数,降低舞弊可能。除此之外,应定期核对利息支付清单和开出支票总额。股利发放,要以董事会有关发放股利的决议文件为依据。对于无法递交的支付利息或股利的支票要及时注销或加盖"作废"标记。另外,对各种费用的开支,要核查金额是否正确,凭据是否真实有效,尽量避免支付不合理的费用。

(3)实物保管的控制。债券和股票都应设立相应的筹资登记簿,详细登记核准已发行的债券和股票的有关事项,如签发日期、到期日期、支付方式、支付利率、当时市场利率、金额等。登记的同时应对不同的筹资项目进行编号,对于增资配股更要详细登

记,可以备注形式予以充分说明。相应地,未发行的债券应加强保管,并定期盘点,定期核对筹资登记簿的记录与清点、盘点记录,以及银行或受托公司的相关记录。对于已收回的债券,要及时注销或盖章作废,防止被不合法地多次使用。

(4)会计记录的控制。由于筹资业务的会计处理比较复杂,会计记录的控制就显得更为重要。必须保证及时地按准确的金额、合理的方法,在适当的账户和合理的会计期间予以正确记录。对债券的溢价、折价,应选用适当的摊销方法。对发行在外的股票,要设置股东明细账加以控制。利息、股利的支付必须计算准确后记入对应账户。对未领利息、股利,也必须全面反映、单独列示。

(二)筹资交易控制测试方法

一般来讲企业筹资交易业务不多,注册会计师可根据成本效益原则决定直接进行实质性测试;但如果企业筹资交易繁多,注册会计师则必须对筹资交易的内部控制进行控制测试。筹资交易的内部控制测试,通常包括如下内容。

1.了解筹资交易的内部控制。对筹资交易的了解,一般可以通过编制流程图、撰写内部控制说明、设计问答式调查表等方式进行。如果前一年度该企业的审计工作是由同一会计师事务所进行的,注册会计师应将调查重点放在企业内部控制的变动部分,掌握各项变动的原因和影响。如果在上一年度审计中,针对内部控制提出过管理建议,注册会计师还应证实各项管理建议是否已得到落实,并弄清未予落实的原因。

2.测试筹资交易的内部控制。注册会计师在了解企业筹资内部控制后,应运用一定的方法测试其健全、有效的程度。这些测试程序包括:①取得筹资交易的法律性文件,检查筹资交易是否经董事会授权、是否履行了适当的审批手续、是否符合法律的规定。②检查企业筹资交易的收入是否立即存入银行。③如发行债券,取得债券契约,检查企业是否根据契约的规定支付利息。④检查筹资交易的会计处理是否正确。⑤检查筹资交易溢(折)价的会计处理是否正确。⑥如发行债券,取得债券偿还和购回时的董事会决议,检查债券的偿还和购回是否按董事会的授权进行。

3.评价筹资交易内部控制。注册会计师在完成上述程序后,应对企业筹资内部控制进行分析、评价,以确定其对实质性测试工作的影响,并针对薄弱环节提出改进建议。

二、投资交易控制要点与控制测试程序

(一)投资交易的控制要点

1.合理的职责分工。合理的职责分工是指合法的投资业务,应在业务的授权、业务的执行、业务的会计记录以及投资资产的保管等方面都有明确的分工,不得由一人同时负责上述任何两项工作。比如,投资业务在企业高层管理机构核准后,可由高层负责人员授权签批,由财务经理办理具体的股票或债券的买卖业务,由会计部门负责进行会计

记录和财务处理，并由专人保管股票或债券。这种合理的分工所形成的相互牵制机制有利于避免或减少投资业务中发生错误或舞弊的可能性。

2. 健全的资产保管制度。企业投资资产（指股票和债券资产）一般有两种保管方式：一种是由独立的专门机构保管，如在企业拥有较大的投资资产的情况下，委托银行、证券公司、信托投资公司等机构进行保管。这些机构拥有专门的保存和防护措施，可以防止各种证券及单据的失窃或毁损，并由于它与投资业务的会计记录工作完全分离，可以大大降低舞弊的可能性。另一种方式是由企业自行保管，在这种方式下，必须建立严格的联合控制制度，即至少要由两名以上人员共同控制，不得一人单独接触证券，对于任何证券的存入或取出，都要将债券名称、数量、价值及存取的日期、数量等详细记录于证券登记簿内，并由所有在场的经手人员签名。

3. 详尽的会计核算制度。企业的投资资产无论是自行保管还是由他人保管，都要进行完整的会计记录，并对其增减变动及投资收益进行相关会计核算。具体而言，应对每一种股票或债券分别设立明细分类账，并详细记录其名称、面值、证书编号、数量、取得日期、经纪人（证券商）名称、购入成本、收取的股息或利息等；对于联营投资类的其他投资，也应设置明细分类账，核算其他投资的投出及其投资收益和投资收回等业务，并对投资的形式（如流动资产、固定资产、无形资产等）、投向（即接受投资单位）、投资的计价以及投资收益等作出详细的记录。

4. 严格的记名登记制度。除无记名证券外，企业在购入股票或债券时应在购入的当日尽快登记于企业名下，切忌登记于经办人员名下，防止冒名转移并借其他名义谋取私利的舞弊行为发生。

5. 完善的定期盘点制度。对于企业所拥有的投资资产，应由内部审计师或不参与投资业务的其他人员进行定期盘点，检查是否确为企业所拥有，并将盘点记录与账面记录相互核对以确认账实的一致性。

（二）投资交易控制测试程序

1. 了解投资内部控制。注册会计师可以采用问卷形式，了解企业是否存在投资内部控制，弄清其内容，并作出适当记录，以便进行正常测试。一般而言，应了解的内容包括以下几点。

（1）投资项目是否经授权批准，投资金额是否及时入账。

（2）是否与被投资单位签订投资合同、协议，是否获得被投资单位出具的投资证明。

（3）投资的核算方法是否符合有关财务会计准则的规定，相关的投资收益会计处理是否正确，手续是否齐全。

（4）有价证券的买卖是否经恰当授权，是否妥善保管并定期盘点核对。

2. 测试内部控制。

(1)进行简易抽查。注册会计师应抽查投资业务的会计记录。例如,可从各类投资业务的明细账中抽取部分会计分录,按原始凭证到明细账、总账的顺序核对有关数据和情况,判断其会计处理过程是否合规完整,并据以核实上述了解到的有关内部控制是否得到了有效执行。

(2)审阅内部盘核报告。注册会计师应审阅内部审计师或其他授权人员对投资资产进行定期盘核的报告。应审阅其盘点方法是否恰当、盘点结果与会计记录相核对情况以及出现差异的处理是否合规。如果各期盘核报告的结果未发现账实之间存在差异(或差异不大),说明投资资产的内部控制得到了有效执行。

(3)分析企业投资业务管理报告。对于企业的长期投资,注册会计师应对照有关投资方面的文件和凭据,分析企业的投资业务管理报告。在作出长期投资决策之前,企业最高管理阶层(如董事会)需要对投资进行可行性研究和论证,并形成一定的纪要。投资业务一经执行又会形成一系列的投资凭据或文件,如证券投资的各类证券,联营投资中的投资协议、合同及章程等。负责投资业务的财务经理需定期向企业最高管理层报告有关投资业务的开展情况(包括投资业务内容和投资收益实现情况及未来发展预测),即提交投资业务管理报告书,供最高管理层投资进行决策和控制。注册会计师应该认真分析这些投资管理报告的具体内容,并对照上述有关文件和凭据资料,从而判断企业长期投资业务的管理情况。

3. 评价投资内部控制。注册会计师完成上述各步骤后,取得了有关内部控制是否健全、有效的证据,并在工作底稿中标明了内部控制的强弱点,即可对内部控制进行评价,确认对比期投资内部控制的可依赖程度,进而确定实质性测试的程序和重点。

第三节　借款审计

一、借款的审计目标

企业直接反映借款的会计科目包括短期借款、长期借款、应付债券、应付利息等,直接反映借款费用的会计科目主要是财务费用。借款的审计目标包括:①了解并确定被审计单位有关借款的内部控制是否存在、有效且一贯遵守;②确定被审计单位在特定期间内发生的借款业务是否均已记录完毕,有无遗漏;③确定被审计单位所记录的借款在特定期间是否确实存在,是否为被审计单位所承担;④确定被审计单位所有借款及借款利息的确认、计量和会计处理是否符合会计准则的规定;⑤确定被审计单位各项借款的发生是否符合有关法律的规定，被审计单位是否遵守了有关债务契约的规定；⑥确定被审计单位借款余额在有关财务报表上的反映是否恰当。

二、借款的实质性测试

（一）短期借款的重要实质性测试程序

1. 获取或编制短期借款明细表，复核其加计数是否正确，并与明细账和总账核对相符。

2. 在期末短期借款余额较大或认为必要时向银行或其他债权人函证短期借款。

3. 对被审计年度增加的短期借款应检查借款合同和授权批准文件，了解借款数额、借款条件、借款日期、还款期限、借款利率，并与相关会计记录相核对。

4. 对年度内减少的短期借款，应检查相关记录和原始凭证，核实还款数额。

5. 检查相关记录和原始凭证，确定有无到期未偿还的短期借款。

6. 根据短期借款的利率和期限，复核短期借款利息计算是否正确。

7. 检查外币借款的折算是否符合会计准则的规定，折算差额是否按规定进行会计处理，折算方法是否前后期一致。

8. 检查短期借款在资产负债表上的反映是否恰当。

（二）长期借款的重要实质性测试程序

1. 获取或编制长期借款明细表，复合其加计数是否正确，并与明细账和总账核对相符。

2. 了解金融机构对被审计单位的授信情况以及被审计单位的信用等级评估情况，了解被审计单位获得短期借款和长期借款的抵押和担保情况，评估被审计单位的信誉和融资能力。

3. 对年度内增加的长期借款，应检查借款合同和授权批准，了解借款数额、借款条件、借款日期、还款期限、借款利率，并与相关会计记录相核对。

4. 检查长期借款的使用是否符合借款合同的规定，重点检查长期借款使用的合理性。

5. 向银行或其他债权人函证重大的长期借款。

6. 对年度内减少的长期借款，注册会计师应检查相关记录和原始凭证，核实还款数额。

7. 检查年末有无到期未偿还的借款，逾期借款是否办理了延期手续，分析计算逾期贷款的金额、比率和期限，判断被审计单位的资信程度和偿债能力。

8. 计算长期借款在各个月份的平均余额，选取适用的利率匡算利息支出总额，并与财务费用的相关记录核对，判断被审计单位是否高估或低估利息支出，必要时进行适当调整。

9. 检查非记账本位币折合记账本位币采用的折算汇率，折算差额是否按规定进行会计处理。

10. 检查长期借款利息费用的确认、计算和会计处理是否正确，特别注意借款费用资本化是否符合会计准则的要求。

11. 检查企业抵押长期借款的抵押资产的所有权是否属于企业，其价值和实现状况是否与抵押契约中的规定相一致。

12. 检查企业重大的资产租赁合同，判断被审计单位是否存在资产负债表外融资的现象。

13. 检查长期借款是否已按会计准则的规定作了充分适当的披露。

（三）应付债券的重要实质性测试程序

1. 取得或编制应付债券明细表，并同有关的明细分类账和总分类账核对相符。

2. 检查债券交易的有关原始凭证，确定应付债券金额及其合法性，具体包括以下内容。

（1）检查企业现有债券副本，确定其发行是否合法，各项内容是否同相关的会计记录相一致。

（2）检查企业发行债券所收入现金的收据、汇款通知单、送款登记簿及相关的银行对账单。

（3）检查用以偿还债券的支票存根，并检查应付利息的计算。

（4）检查已偿还债券数额同应付债券借方发生额是否相符。

（5）如果企业发行债券时已作抵押或担保，注册会计师还应检查相关契约的履行情况。

（6）如果企业发行的是可转换公司债，应检查负债和权益成分的分拆是否正确。

3. 检查债券应付利息、利息费用的计算及其会计处理是否正确。

4. 函证“应付债券”账户期末余额。

5. 检查相关会计记录确定到期债券的偿还，并注意其会计处理是否正确。

6. 检查可转换公司债券转换为股票时是否符合预先约定的条件，账务处理是否正确。

7. 检查应付债券是否已在资产负债表上充分披露。

（四）财务费用的重要实质性测试程序

1. 获取或编制财务费用明细表，复核加计正确，与报表数、总账数及明细账合计数核对是否相符。

2. 将本期、上期财务费用各明细项目作比较分析，必要时比较本期各月份财务费用，如有重大波动和异常情况应追查原因，扩大审计范围或增加测试量。

3. 检查短期借款、长期借款、应付债券、应付利息各明细账，确认各类负债利息费用的真实性及正确性，并结合负债用途判断利息费用记入财务费用的金额是否合理。

4. 检查现金折扣的会计处理是否正确。

5. 检查汇兑损失明细账，检查汇兑损益计算方法是否正确，核对所用汇率是否正确、前后期是否一致。

6. 注意检查大额金融机构手续费的真实性与正确性。

7. 审阅下期期初的财务费用明细账，检查财务费用各项目有无跨期入账的现象，对于重大跨期项目，应作必要调整。

8. 检查从其他企业或非银行金融机构取得的利息收入有否按规定计缴营业税。

9. 检查财务费用的披露是否恰当。

第四节　所有者权益审计

一、审计目标

根据“资产 = 负债 + 所有者权益”这一平衡原理，可以清楚地看出，如果注册会计师能够对企业的资产和负债进行充分的审计，证明两者的期初余额、期末余额和本期变动都是正确的，便能从侧面为所有者权益的期末余额和本期变动的正确性提供有力证据。同时，由于所有者权益增减变动的业务较少、金额较大，注册会计师在审计了企业的资产和负债之后，往往只需费相对较少的时间对所有者权益进行审计。尽管如此，在审计过程中，对所有者权益进行单独审计仍是十分必要的。所有者权益的审计目标主要包括：①确定被审计单位有关所有者权益内部控制是否存在、有效且一贯遵守，包括对投资的有关协议、合同和企业章程条款，利润分配的决议、分配方案，会计处理程序等方面的检查，并为被审计单位改善内部控制提供意见或建议；②确定投入资本、资本公积的形成、增减及其他有关经济业务会计记录的合法性与真实性，为投资者及其他有关方面研究企业的财务结构、进行投资决策提供依据；③确定盈余公积和未分配利润的形成和增减变动的合法性、真实性，为投资者及其他有关方面了解企业的增值、积累情况等提供资料；④确定财务报表上所有者权益的反映是否恰当。

二、所有者权益实质性测试

（一）股本的重要实质性测试程序

1. 审阅公司章程、实施细则和股东大会、董事会会议记录，确定被审计单位股本的交易是否经股东大会或董事会的授权批准，是否符合有关的法规规定及股东大会或董事会的决议。

2. 检查股东是否按照公司章程的规定采用募集合同、协议规定的出资方式出资，各种出资方式的比例是否符合规定。

3. 索取或自己编制股本明细表，并与有关的原始凭证和会计记录进行核对。

4. 检查与股票的发行、收回等交易活动有关的原始凭证和会计记录，验证股票发行、收回是否确实存在，会计处理是否正确。

5. 采取与证券交易所和金融机构函证及查阅的方法来验证发行股份的数量，并与股本账面数额进行核对，确定是否相符。

6. 检查相关会计记录和原始凭证，确定被审计单位对股票发行费用的会计处理是否正确。

7. 以权益结算的股份支付，取得相关资料，检查是否符合规定。

8. 检查股本是否已在资产负债表上恰当披露。

（二）实收资本的重要实质性测试程序

1. 索取被审计单位合同、章程、营业执照及有关董事会会议记录，了解有关实收资本的具体情况及合法性。

2. 索取或编制实收资本明细表，并与有关的原始凭证和会计记录进行核对。

3. 检查出资期限和出资方式、出资额是否符合法律及合同的规定。

4. 通过对有关原始凭证、会计记录的审阅和核对，向投资者函证实缴资本额，对有关财产和实物的价值进行鉴定，确定投入资本的真实存在。

5. 检查实收资本的增减变动是否与董事会纪要、补充合同、协议及有关法律文件的规定一致。

6. 检查外币出资时实收资本的折算汇率及会计处理是否正确。

7. 检查实收资本是否已在资产负债表上恰当披露。

（三）资本公积的重要实质性测试程序

1. 检查资本公积增减变动的内容及其依据，确认资本公积增减变动的合法性和正确性。

2. 检查资本溢价或股本溢价金额的确定及会计处理的正确性。

3. 检查接受捐赠资产是否按规定办理了移交手续，是否经过验收，资产计价是否符合会计准则的规定，是否存在捐赠资产不入账等情况。

4. 结合长期股权投资的审计，检查在同一控制下的控股合并和吸收合并业务中对资本公积的确认、计量和记录是否正确。

5. 检查长期股权投资按照权益法核算时对资本公积的确认、计量和记录是否正确。

6. 如果被审计单位存在以权益结算的股份支付换取职工或其他方提供服务的，应检查是否按照确定的金额记入资本公积——其他资本公积的贷方，在行权日是否按照会计准则的规定作相应的处理。

7. 检查自用房地产或存货转换为采用公允价值模式计量的投资性房地产时，是否按照"投资性房地产"科目的相关规定进行处理，并相应调整资本公积。

8. 检查被审计单位将持有至到期投资重分类为可供出售金融资产，或将可供出售金融资产重分类为持有至到期投资时，是否相应调整了资本公积。

9. 检查资本公积转增资本是否经董事会、股东大会授权批准并报工商行政管理机关批准，并依法办理增资手续。

10. 检查资本公积是否已在资产负债表上恰当披露。

(四)盈余公积的重要实质性测试程序

1. 获取或编制盈余公积明细表，并与明细账和总账的余额核对相符。在此基础上，对盈余公积各明细项目的发生额，逐项检查其原始凭证。

2. 检查盈余公积的提取是否符合规定并经过批准，提取手续是否完备，提取的依据(即税后利润)是否真实、正确，提取比例是否合法。

3. 检查盈余公积的使用是否符合规定用途并经过批准。

4. 检查盈余公积是否已在资产负债表上恰当披露

(五)未分配利润的重要实质性测试程序

1. 检查利润分配比例是否符合合同、协议、章程以及董事会纪要的规定，利润分配数额及年末未分配数额是否正确。

2. 根据审计结果调整本年损益数，直接增加或减少未分配利润，确定调整后的未分配利润数。

3. 检查未分配利润是否已在资产负债表上恰当披露。

第五节　投资审计

一、投资的审计目标

直接反映投资的会计科目包括长期股权投资、长期股权投资减值准备、持有至到期投资、持有至到期投资减值准备、可供出售金融资产、交易性金融资产，直接反映投资收益的会计科目包括应收股利、应收利息、投资收益、公允价值变动损益等。投资的审计目标包括:①确定投资是否存在;②确定投资是否归被审计单位所有;③确定投资的分类是否合理;④确定投资的增减变动及其收益(或损失)的记录是否完整;⑤确定投资的计价方法是否正确;⑥确定投资的年末余额是否正确;⑦确定投资在财务报表上的披露是否恰当。

二、投资的重要实质性测试程序

(一)长期股权投资的重要实质性测试程序

1. 获取或编制长期股权投资明细表,复核加计数额是否正确,并与明细账和总账的余额核对相符。

2. 计算长期股权投资及其他长期投资占资产总额的比例,分析长期股权投资的安全性,要求被审计单位估计潜在的投资损失。

3. 检查企业本期增加的长期股权投资是否经过批准,各项手续是否完成,法律文书是否齐备。

4. 实地盘点长期股权投资资产并检查账实是否相符。鉴于投资资产一般金额较大,错计、漏计或贪污舞弊将对报表产生重大影响,故实地盘点投资资产是投资审计的关键环节之一。盘核投资资产包括两个步骤:一是盘点库存证券。盘点时要有企业有关管理人员在场,盘点结果要填制盘点清单。二是将盘点清单与前述明细表中有关账户相核对,并经企业管理人员签章后列入审计工作底稿。长期股权投资、持有至到期投资、可供出售金融资产、交易性金融资产等项目的审计都适用于该要求。

5. 实施函证程序。如果企业的长期股权投资证券或其他投资证券是委托某些专门机构代为保管的,注册会计师应向这些保管机构发出询证函,以证实投资证券的真实存在。并通过向被投资者询证,核对企业明细表或账面反映的其他投资是否与在被投资者账上反映的实际投资数符合,有无弄虚作假、虚增投资数额的现象。

6. 根据有关合同、协议及其他书面记录,判断长期股权投资是属于同一控制下企业合并所形成,还是非同一控制下企业合并所形成,或者是以现金、非现金资产等方式形成,并在此基础上检查长期股权投资的确认、计量和会计处理是否正确。

7. 检查长期股权投资收益。长期股权投资收益的审查程序应着重于以下几方面。

(1)判断企业所选择的长期股权投资核算方法是否符合会计准则关于采用成本法和权益法的规定。

(2)按照不同种类的股票,分别从公开印发的股利手册或证券公司及付款单位查证各种股票的股利收入,并通过核对企业有关货币资金账户和"投资收益"账户,检查企业所获得的股利收入是否得到适当正确的记录。

(3)检查企业长期股权投资及投资收益的会计处理是否符合会计准则规定,会计处理方法是否具有一致性。

(4)计算投资收益占利润总额的比例,分析被审计单位在多大程度上依赖投资收益,判断被审计单位盈利能力的稳定性;将当期确认的投资收益与从被投资单位实际获得的现金流量进行比较分析;将重大投资项目与以前年度进行比较,分析是否存在异常变动。

8. 检查长期股权投资核算由成本法转为权益法或由权益法转为成本法时是否符合会计准则的要求,账务处理是否正确。

9. 检查长期股权投资减值准备的计提及会计处理是否正确。

10. 审阅股权转让合同、协议、董事会和股东大会决议,分析是否存在不等价交换,判断被审计单位是否通过不等价股权转让调节利润、粉饰财务状况,股权转让的会计处理是否正确。

11. 确定长期股权投资是否已在资产负债表上恰当披露。

(二)持有至到期投资的重要实质性测试程序

1. 获取或编制持有至到期投资明细表,复核加计数额是否正确,并与明细账和总账的余额核对相符。

2. 检查企业本期增加的持有至到期投资是否符合会计准则规定的条件,投资是否经过批准。

3. 实地盘点持有至到期投资并检查账实是否相符。

4. 获取持有至到期投资对账单,与明细账核对,必要时对持有至到期投资实施函证程序。

5. 检查持有至到期投资初始计量、后续计量是否遵循会计准则的要求,账务处理是否正确。

6. 检查持有至到期投资在持有期间每一个资产负债表日投资收益的确认和计算是否正确,会计处理是否符合会计准则要求。

7. 检查持有至到期投资减值准备的计提及会计分录是否正确,已计提减值准备的持有至到期投资在本审计期间价值恢复的,应注意是否符合会计准则关于恢复价值的条件,有无利用减值准备操纵利润的行为。

8. 如果企业存在将持有至到期投资重分类为可供出售金融资产的,应注意重分类的理由是否合理合规,账务处理的对应科目和金额是否正确。

9. 检查持有至到期投资的处置,注意是否及时收回款项,会计处理是否符合准则要求。

10. 对期末结存的持有至到期投资,核实被审计单位持有的目的和能力,检查本科目核算范围是否恰当。

11. 确定持有至到期投资是否已在资产负债表上恰当披露。

(三)可供出售金融资产的重要实质性测试程序

1. 获取或编制可供出售金融资产明细表,复核加计数额是否正确,并与明细账和总账的余额核对相符。

2. 检查企业本期增加的可供出售金融资产是否符合金融工具分类条件,投资是否经过批准。

3. 实地盘点可供出售金融资产并检查账实是否相符。

4. 获取可供出售金融资产对账单,与明细账核对,必要时对可供出售金融资产实施函证程序。

5. 检查可供出售金融资产初始计量、后续计量是否遵循会计准则的要求,账务处理是否正确。

6. 检查可供出售金融资产在持有期间每一个资产负债表日投资收益的确认和计算是否正确,会计处理是否符合会计准则要求。

7. 检查可供出售金融资产减值准备的计提、转销及会计分录。

8. 如果企业存在将可供出售金融资产重分类为持有至到期投资,应注意重分类的理由是否合理合规,账务处理的对应科目和金额是否正确。

9. 检查可供出售金融资产的处置,注意是否及时收回款项,会计处理是否符合准则要求。

10. 对期末结存的可供出售金融资产,向被审计单位核实持有目的,检查本科目核算范围是否恰当。

11. 确定可供出售金融资产是否已在资产负债表上恰当披露。

(四)交易性金融资产的重要实质性测试程序

1. 获取或编制交易性金融资产明细表,复核加计数额是否正确,并与明细账和总账的余额核对相符。

2. 检查企业对金融工具的分类是否符合会计准则的规定,交易性金融资产科目核算的内容是否符合会计准则界定的范围。

3. 获取股票、债券及基金等交易流水单及被审计单位证券投资部门的交易记录,与明细账核对,检查会计记录是否完整、会计处理是否正确。

3. 实地盘点交易性金融资产并检查账实是否相符。

4. 向相关金融机构发函询证交易性金融资产期末数量以及是否存在变现限制(与存出投资款一并函证),并记录函证过程。

5. 检查交易性金融资产初始计量是否遵循会计准则的要求,账务处理是否正确。

6. 符合股票、债券及基金等交易性金融资产的期末公允价值是否合理,账务处理是否正确。

7. 检查交易性金融资产在持有期间投资收益的确认和计算是否正确，会计处理是否符合会计准则要求。

8. 检查交易性金融资产的处置，注意是否及时收回款项，会计处理是否符合准则要求。

9. 确定交易性金融资产是否已在资产负债表上恰当披露。

（五）投资性房地产审计

投资性房地产的审计目标一般包括：①确定投资性房地产是否存在；②确定投资性房地产是否归被审计单位所有；③确定投资性房地产增减变动的记录是否完整；④确定投资性房地产的计价是否恰当；⑤确定投资性房地产与固定资产、无形资产、存货等的转换是否符合准则规定；⑥确定投资性房地产的期末余额是否正确；⑦确定投资性房地产在财务报表上的披露是否恰当。

投资性房地产的重要实质性测试程序主要包括以下步骤。

1. 获取或编制投资性房地产明细表，复核加计正确，并与报表数、总账数和明细账合计数核对是否相符。

2. 检查投资性房地产计量模式的选择是否符合会计准则的规定，是否存在将公允价值计量模式转换为成本模式的行为。

3. 检查投资性房地产减值准备的计提是否符合会计准则的规定，有无减值准备计提后有转回的现象。

4. 检查按成本模式计量的投资性房地产是否计提折旧或进行摊销，按公允价值模式计量的投资性房地产是否仍提折旧或摊销。

5. 检查投资性房地产摊销是否符合准则规定，摊销方法是否前后各期一致。

6. 确定投资性房地产的披露时是否恰当。

第六节　与投资相关的收益审计

一、应收利息审计

（一）应收利息的审计目标

应收利息的审计目标为：①确定应收利息是否存在；②确定应收利息是否归被审计单位所有；③确定应收利息及其坏账准备增减变动的记录是否完整；④确定应收利息是

否可收回，坏账准备的计提方法和比例是否恰当，计提是否充分；⑤确定应收利息及其坏账准备的期末余额是否正确；⑥确定应收利息及其坏账准备的披露是否恰当。

（二）应收利息的重要实质性测试程序

1. 获取或编制应收利息明细表，复核加计正确，并与报表数、总账数和明细账合计数核对是否相符。

2. 实施分析程序。按照不同借款类别，将借款平均余额与平均利率的乘积与账面利息收入相比较，确定两者差异额是否合理。

3. 与各具体投资项目审计相结合，验证确定应收利息的计算是否充分、正确，检查会计处理是否正确。

4. 对于重大的应收利息项目，审阅相关文件，复核其计算的准确性，必要时实施函证程序。

5. 检查应收利息减少有无异常。

6. 检查期后收款情况，与相关凭证核对，关注长期未收回的应收利息，并询问管理人员及相关职员，确定收回的可能性，必要时实施函证程序。

7. 验明应收利息的披露是否恰当。

二、应收股利审计

（一）应收股利的审计目标

应收股利的审计目标为：①确定应收股利是否存在；②确定应收股利是否归被审计单位所有；③确定应收股利增减变动的记录是否完整；④确定应收股利是否可收回；⑤确定应收股利的期末余额是否正确；⑥确定应收股利的披露是否恰当。

（二）应收股利的重要实质性测试程序

1. 获取或编制应收股利明细表，复核加计正确，并与报表数、总账数和明细账合计数核对是否相符。

2. 与各具体投资项目审计相结合，验证确定应收股利的计算是否充分、正确，检查会计处理是否正确。

3. 对于重大的应收股利项目，审阅相关文件，复核其计算的准确性，必要时实施函证程序。

4. 检查应收股利减少有无异常。

5. 检查期后收款情况，与相关凭证核对，关注长期未收回的应收股利，并询问管理人员及相关职员，确定收回的可能性，必要时实施函证程序。

6. 确定应收股利已恰当列报，确定境外投资应收股利汇回是否存在重大限制，如果存在，是否充分披露。

三、投资收益审计

（一）投资收益的审计目标

投资收益的审计目标为：①确定记录的投资收益是否已经发生，是否与被审计单位有关；②确定投资收益增减变动的记录是否完整；③确定与投资收益有关的金额及其他数据是否已恰当记录；④确定投资收益是否已记录于正确的会计期间；⑤确定投资收益的内容是否正确；⑥确定投资收益的披露是否恰当。

（二）投资收益的重要实质性测试程序

1. 获取或编制投资收益明细表，复核加计正确，并与报表数、总账数和明细账合计数核对是否相符。

2. 与各具体投资项目审计相结合，验证确定本期投资收益的计算是否充分、正确，检查会计处理是否正确。

3. 与以前年度投资收益比较，结合本期投资的变动情况，分析本期投资收益是否存在异常现象。

4. 对于增减的重大投资收益金额，审阅相关文件，复核其计算的准确性，必要时实施函证程序。

5. 确定投资收益已恰当列报，检查投资协议等文件，确定境外投资收益汇回是否存在重大限制，如果存在，要求被审计单位充分披露原因。

第七节 其他相关账户审计

一、其他应收款的审计

（一）其他应收款的审计目标

其他应收款的审计目标为：①确定其他应收款是否存在；②确定其他应收款是否归被审计单位所有；③确定其他应收款增减变动的记录是否完整；④确定其他应收款是否可收回；⑤确定其他应收款期末余额是否正确；⑥确定其他应收款的披露是否恰当。

（二）其他应收款的重要实质性测试程序

1. 获取或编制其他应收款明细表，复核加计正确，并与报表数、总账数和明细账合计数核对是否相符。

2. 检查其他应收款的账龄分析是否正确。

3. 分析有贷方余额的项目,查明原因,必要时作重分类调整。

4. 结合应收账款明细余额,查验是否有双方同时挂账的项目,核算内容是否重复,必要时作适当调整。

5. 标明应收关联方(包括持股5%以上股东)的款项,并注明合并报表时应予抵消的数字。

6. 判断选择一定金额以上、账龄较长或异常的明细账户余额发函询证,编制函证结果汇总表。

7. 对发出询证函未能收回及未发出的样本,采用替代审计程序,如查核下期明细账,或追踪至其他应收款发生时的原始凭证,特别注意是否存在抽逃资金、隐藏费用的现象。

8. 审核资产负债表日后的收款事项,确定有无未及时入账的债权。

9. 分析明细账户,对于长期未能收回的项目,确定其减值准备的提取是否合理,并查明原因,确定是否可能发生坏账损失。

10. 对非记账本位币结算的其他应收款,检查其采用的折算汇率是否正确。

11. 检查转做坏账损失的项目,是否符合规定并办妥审批手续。

12. 验明其他应收款的披露是否恰当。

二、应付股利的审计

(一)应付股利的审计目标

应付股利的审计目标为:①确定应付股利的记录是否完整;②确定应付股利的期末余额是否正确;③确定应付股利的披露是否恰当。

(二)应付股利的重要实质性测试程序

1. 获取或编制应付股利明细表,复核加计正确,并与报表数、总账数和明细账合计数核对是否相符。

2. 审阅公司章程、股东大会和董事会会议纪要中有关股利的规定,了解股利分配标准和发放方式是否符合有关规定并经法定程序批准。

3. 检查应付股利的发生额,是否根据董事会或股东大会决定的利润分配方案,从税后可供分配利润中计算确定,并复核应付股利计算和会计处理的正确性。

4. 被审计单位董事会确定的上期利润分配预案,如股东大会决议作了修改,应按股东大会决定调整应付股利的期初数,检查有关会计处理是否正确。

5. 检查股利支付的原始凭证的内容和金额是否正确。

6. 检查应付股利的披露是否恰当。

三、其他应付款的审计

(一)其他应付款的审计目标

其他应付款的审计目标为:①确定其他应付款的发生及偿还记录是否完整;②确定其他应付款的期末余额是否正确;③确定其他应付款的披露是否恰当。

(二)其他应付款的重要实质性测试程序

1. 获取或编制其他应付款明细表,复核加计正确,并与报表数、总账数和明细账合计数核对是否相符。

2. 分析有借方余额的项目,查明原因,必要时作重分类调整。

3. 结合应付账款、其他未交款明细余额,查明有否双方同时挂账的项目,核算内容是否重复,必要时作重分类调整。

4. 标出应付关联方(包括持股5%以上的股东)的款项,并注明合并报表时应抵消的金额。

5. 请被审计单位协助,在其他应付款明细表上标出截至审计日已支付的其他应付款项,抽查付款凭证、银行对账单等,并注意这些凭证发生日期的合理性。

6. 判断选择一定金额以上和异常的明细余额,检查其原始凭证,并考虑向债权人发函询证。

7. 对非记账本位币结算的其他应付款,检查其折算汇率是否正确。

8. 审核资产负债表日后的付款事项,确定有无未及时入账的其他应付款。

9. 检查长期未结的其他应付款,并作妥善处理。

10. 检查是否存在超标准的职工教育经费和工会经费,必要时进行应纳税所得额的调整。

11. 检查其他应付款中关联方的余额是否正常,如数额较大或有其他异常现象,应查明原因,追查至原始凭证并作适当披露。

12. 检查其他应付款的披露是否恰当。

四、长期应付款的审计

(一)长期应付款的审计目标

长期应付款的审计目标是:①确定长期应付款的发生、偿还及计息的记录是否完整;②确定长期应付款的期末余额是否正确;③确定长期应付款的披露是否恰当。

(二)长期应付款的重要实质性测试程序

1. 获取或编制长期应付款明细表,复核加计正确,并与报表数、总账数和明细账合计数核对是否相符。

2. 检查长期应付款的内容是否符合会计准则的规定。

3. 检查各项长期应付款相关的契约,注意有无抵押情况。对融资租赁固定资产应付款,还应审阅融资租赁合约规定的付款条件是否履行,检查授权批准手续是否齐全,并作适当记录。

4. 向债权人函证重大的长期应付款。

5. 检查各项长期应付款本息的计算是否准确,会计处理是否正确。

6. 检查与长期应付款有关的汇兑损益是否按规定进行了会计处理。

7. 检查长期应付款的披露是否恰当,注意一年内到期的长期应付款应列入流动负债。

五、所得税费用的审计

(一)所得税费用的审计目标

所得税费用的审计目标为:①确定记录的所得税费用是否已经发生,是否与被审计单位有关;②确定所得税费用增减变动的记录是否完整;③确定与所得税费用有关的金额及其他数据是否已恰当记录;④确定所得税费用是否已记录于正确的会计期间;⑤确定所得税费用的内容是否正确;⑥确定所得税费用的披露是否恰当。

(二)所得税费用的重要实质性测试程序

1. 获取或编制所得税费用明细表,复核加计正确,并与报表数、总账数和明细账合计数核对是否相符。

2. 根据审计结果和税法规定,核实当期的纳税调整事项,确定应纳税所得额,计算当期所得税费用。

3. 根据期末资产及负债的账面价值与其计税基础之间的差异,以及未作为资产和负债确认项目的账面价值与按照税法的规定确定的计税基础的差异,计算递延所得税资产、递延所得税负债期末应有余额,并根据递延所得税资产、递延所得税负债期初余额,倒轧出递延所得税费用(收益)。

4. 将当期所得税费用与递延所得税费用之和与利润表上的"所得税"项目金额相核对。

5. 确定所得税费用、递延所得税资产、递延所得税负债是否已在财务报表上恰当披露。

六、递延所得税资产的审计

(一)递延所得税资产的审计目标

递延所得税资产的审计目标为:①确定递延所得税资产增减变动的记录是否正确、

完整;②确定递延所得税资产的期末余额是否正确;③确定递延所得税资产的披露是否恰当。

(二)递延所得税资产的重要实质性测试程序

1. 获取或编制递延所得税资产明细表,复核加计正确,并与报表数、总账数和明细账合计数核对是否相符。

2. 检查被审计单位用于计算递延所得税资产的税率是否正确。

3. 检查被审计单位采用的会计政策是否恰当,且保持前后期一致。

4. 检查递延所得税资产增减变动记录,以及可抵扣暂时性差异的形成原因,确定是否符合有关规定、计算是否正确,预计转销期是否适当。

5. 检查被审计单位是否在资产负债表日对递延所得税资产的账面价值进行复核,如果预计未来期间很可能无法获得足够的应纳税所得额用于抵扣递延所得税资产,应当减记递延所得税资产的账面价值。

6. 当适用税率发生变化时,检查被审计单位是否对递延所得税资产进行重新计量,对其影响数的会计处理是否正确。

7. 确定递延所得税资产的披露是否恰当。

七、递延所得税负债的审计

(一)递延所得税负债的审计目标

递延所得税负债的审计目标为:①确定递延所得税负债是否存在;②确定递延所得税负债的发生和转销记录是否正确、完整;③确定递延所得税负债的期末余额是否正确;④确定递延所得税负债的披露是否恰当。

(二)递延所得税负债的重要实质性测试程序

1. 获取或编制递延所得税负债明细表,复核加计正确,并与报表数、总账数和明细账合计数核对是否相符。

2. 检查被审计单位用于计算递延所得税负债的税率是否正确。

3. 检查被审计单位采用的会计政策是否恰当,且保持前后期一致。

4. 检查递延所得税负债增减变动记录,以及应纳税暂时性差异的形成原因,确定是否符合有关规定、计算是否正确,预计转销期是否适当。

5. 当适用税率发生变化时,检查被审计单位是否对递延所得税负债进行重新计量,对其影响数的会计处理是否正确。

6. 确定递延所得税负债的披露是否恰当。

八、资产减值准备的审计

(一)资产减值准备的审计目标

资产减值准备的审计目标为:①确定记录的资产减值准备是否已经发生,且与被审计单位有关;②确定资产减值准备增减变动的记录是否完整;③确定与资产减值准备有关的金额及其他数据是否已恰当记录;④确定资产减值准备是否已记录于正确的会计期间;⑤确定资产减值准备的内容是否正确;⑥确定资产减值准备的披露是否恰当。

(二)资产减值准备的重要实质性测试程序

1. 获取或编制资产减值准备明细表,复核加计正确,并与报表数、总账数和明细账合计数核对是否相符。

2. 检查资产减值损失核算的内容是否符合规定。

3. 对本期增加及转回的资产减值损失、与坏账准备等科目进行交叉勾稽。

4. 对本期转销的资产减值损失,结合相关资产科目的审计,检查会计处理是否正确。

5. 确定资产减值损失已恰当披露。

九、公允价值变动损益的审计

(一)公允价值变动损益的审计目标

公允价值变动损益的审计目标为:①确定记录的公允价值变动损益是否已经发生,是否与被审计单位有关;②确定公允价值变动损益增减变动的记录是否完整;③确定与公允价值变动损益有关的金额及其他数据是否已恰当记录;④确定公允价值变动损益是否已记录于正确的会计期间;⑤确定公允价值变动损益的内容是否正确;⑥确定公允价值变动损益的披露是否恰当。

(二)公允价值变动损益的重要实质性测试程序

1. 获取或编制公允价值变动损益明细表,复核加计正确,并与报表数、总账数和明细账合计数核对是否相符。

2. 根据公允价值变动收益明细表,对交易性金融资产(负债)、衍生工具、套期保值业务和投资性房地产等各明细发生额逐项检查,确定其账务处理和会计分录是否符合会计准则的规定。

3. 确定公允价值变动损益已恰当披露。

十、营业外收入的审计

(一)营业外收入的审计目标

营业外收入的审计目标是:①确定营业外收入记录是否完整;②确定营业外收入的计算是否正确;③确定营业外收入的披露是否恰当。

(二)营业外收入的重要实质性测试程序

1. 获取或编制营业外收入明细表,复核加计正确,并与报表数、总账数及明细账合计数核对是否相符。

2. 检查营业外收入核算内容是否符合会计准则的规定。

3. 抽查营业外收入中金额较大或性质特殊的项目,审核其内容的真实性和依据的充分性。

4. 对营业外收入中各项目,包括非流动资产处置利得、非货币性资产交换利得、债务重组利得、政府补助、盘盈利得、捐赠利得、罚款净收入等相关账户记录核对相符,并追查至相关原始凭证。

5. 检查营业外收入的披露是否恰当。

十一、营业外支出的审计

(一)营业外支出的审计目标

营业外支出的审计目标是:①确定营业外支出记录是否完整;②确定营业外支出的计算是否正确;③确定营业外支出的披露是否恰当。

(二)营业外支出的重要实质性测试程序

1. 获取或编制营业外支出明细表,复核加计正确、并与报表数、总账数及明细账合计数核对是否相符。

2. 检查营业外支出内容是否符合会计准则的规定。

3. 对营业外支出的各项目,包括非流动资产处置损失、非货币性资产交换损失、债务重组损失、公益性捐赠支出、非常损失、盘亏损失等相关账户记录核对相符,并追查至相关原始凭证。

4. 检查是否存在非公益性捐赠支出、税收滞纳金、罚金、罚款支出、各种赞助会费支出,必要时进行应纳税所得额调整。

5. 对非常损失应详细检查有关资料、被审计单位实际损失和保险理赔情况及审批文件,并检查有关会计处理是否正确。

6. 检查营业外支出的披露是否恰当。

复习思考题

1. 试说明筹资与投资循环的性质，及其与其他循环的相互联系。

2. 对筹资与投资循环各项认定的审计目标是什么？

3. 有人认为投资对财务报表来说一般不重要。这种看法对吗？为什么？

4. 试说明内部控制结构要素对筹资与投资循环的适用性。

5. 在确定长期负债交易检查风险的可接受水平时，应考虑哪些相关因素？

6. 在确定投资循环的检查风险可接受水平时，应考虑哪些相关因素？

7. 注册会计师在盘点和检查证券时，应采取哪些预防措施？盘点和检查证券可为哪些财务报表认定提供证据？

8. 在注册会计师审查证券的工作底稿里，应包括哪些资料？

9. 试说明由外界机构保管证券的测试方式和时间，并指出这项测试所影响的财务报表认定。

10. 对长期负债余额的存在和估价认定，可用哪些实质性测试程序？

11. 试说明适合于筹资与投资循环的具体审计目标。

12. 试说明筹资与投资循环的重要性、审计风险及其审计策略。

13. 列举各种内部控制程序在筹资与投资循环的运用情况。

14. 试说明以下列示的各种实质性测试的性质，并指出它们各自与哪些认定相关：

(1) 函证负债。

(2) 核证记录，至长期负债账户。

15. X公司发生以下理财循环交易事项：

(1) 宣布普通股的现金股利。

(2) 发行公司债。

(3) 支付公司债利息。

(4) 购买500股库存股。

(5) 支付(1)中宣布的现金股利。

(6) 发行额外普通股以获取现金。

(7) 应计年末应付公司债利息。

(8) 购回流通在外的公司债券。

(9) 建立收回公司债券的偿债基金。

(10)宣布2:1的股票分割。

要求:

(1)指出验证上述每一交易事项应执行的证实测试程序。

(2)说明(1)中所指出的每种测试与哪些财务报表认定相关。

(3)说明每种测试取得的是哪种证据(比如实物证据、书面证据、函证或书面声明、口头证据等)。

16. 注册会计师孙源已接受委托审计乙公司2006年的财务报表。在这一年度中,乙公司取得了某银行的一笔长期贷款。其贷款协议的有关规定如下:①贷款以该公司的存货和应收账款作担保;②该公司债务对权益之比不得超过2:1;③该公司未经银行许可,不得支付股利;④从2006年10月1日起,按月分期还款。另外在本年,该公司还向公司总经理短期借款,在年度结束前该项借款属重大金额。

要求:

(1)孙源在审计该公司的财务报表时,对上述的贷款应执行哪些证实测试程序?

(2)对公司向总经理那笔短期借款,孙源期望在财务报表上应作哪些情况的披露?

17. 注册会计师张言已接受委托审计U公司截至2006年12月31日年度的财务报表。在11月10日,该公司向甲银行贷款600 000元,计划扩建厂房。双方签订的长期票据协议规定,U公司分5年还本付息,并以现有的厂房作为贷款抵押。由于购买建筑用地出现了意外的困难,因此,直至2006年12月31日还没有开始扩建。为了充分利用这笔借入资金,管理当局决定投资股票和债券。在2006年12月25日,用这600 000元购买了证券。

要求:

(1)指出长期负债的审计目标是什么。

(2)编制一份审查U公司与甲银行订立的长期票据协议的审计方案。

(3)张言将如何验证U公司2006年12月31日这些证券的状况?

(4)张言在审计股票和债券投资时,将如何:①确定证券购买的授权情况?②确定投资的类型及对应的会计科目?③确定投资的市价?④验证已记录的股利和利息收入?

第十七章

货币资金与特殊项目审计

本章要点

企业发生的大部分经济业务都与货币资金有关，货币资金的收发业务频繁发生，出错的可能性相对较大，另外货币资金是企业流动性最强的资产，它作为流通和支付手段，具有极大的诱惑力，比其他资产更易被贪污、盗窃、挪用，因此将货币资金审计作为重要的部分单独介绍。特殊项目审计包括会计估计审计、期初余额的审计、期后事项的审计、或有事项的审计、环境事项的考虑、关联方及其交易的审计、公允价值审计、违反法规行为的审计、持续经营假设的审计，这些项目审计与前面的业务循环审计联系不紧密，但又是企业财务报表审计时经常会用到的，因此在本章进行介绍。

第一节　货币资金审计

一、货币资金业务循环与会计凭证和记录

前面所讲的四个循环都与货币资金发生直接的联系。销售与收款循环中的现销以及应收账款的收回,采购与付款循环中的现购以及应付账款的支付,生产循环中工资的支付,筹资与投资循环中投资时货币资金的付出以及筹资时货币资金的取得及负债到期时的偿还,无不与货币资金直接联系。有些循环的交易数量很大,影响货币资金的交易数量甚至比影响其他账户的交易数量更大。这一情况直接关系到货币资金的重大错报风险。随着交易数量的增加,执行和记录交易出现错误的风险也相应增加。

对很多企业来说,资产负债表日的货币资金余额可能并不大,但由于企业的大部分经济业务都需要通过货币资金的收付来实现。例如,投入资金、销售产品、提供劳务、采购材料、购置固定资产、支付工资及费用、偿还债务等大都要涉及货币资金的收付,收付业务大量频繁地发生,出现记账差错的可能性相对较大。再加上货币资金是企业流动性最强的资产,它作为流通和支付手段,具有极大的诱惑力,比其他资产更易被贪污、盗窃、挪用。因此货币资金虽然余额在财务报表中所占的比例不大,但审计的重大错报风险相对较高,需要花费较多的时间,注册会计师一般会关注货币资金内部控制。若拟信赖货币资金的内部控制,注册会计师必须考虑在所有影响货币资金的循环中,有关交易的控制测试的累计结果。由于企业的其他货币资金业务较少,注册会计师可以直接进行其他货币资金的实质性测试。

货币资金审计涉及的凭证和会计记录主要有:①现金盘点表;②银行对账单;③银行存款余额调节表;④有关科日的记账凭证;⑤有关会计账簿。

二、货币资金内部控制及测试

(一)货币资金内部控制的基本要求

1. 岗位分工制度和轮换制度。单位应当建立货币资金业务的岗位责任制,明确相关部门和岗位的职责权限,确保办理货币资金业务的不相容岗位相互分离、制约和监督。出纳人员不得兼任稽核、会计、档案保管和收入、支出、费用、债权债务账目的登记工作。单位不得由一人办理货币资金业务的全过程,并根据单位具体情况进行岗位轮换。

2. 授权批准制度。单位应当对货币资金业务建立严格的授权批准制度，明确审批人对货币资金业务的授权批准方式、权限、程序、责任和相关控制措施，规定经办人办理货币资金业务的职责范围和工作要求。

审批人应当根据货币资金授权批准制度的规定，在授权范围内进行审批，不得超越审批权限。经办人应当在职责范围内，按照审批人的批准意见办理货币资金业务。对于审批人超越授权范围审批的货币资金业务，经办人员有权拒绝办理，并及时向审批人的上级授权部门报告。

3. 按照规定的程序办理货币资金支付业务。单位应当按照规定的程序办理货币资金支付业务。

(1)支付申请。单位有关部门或个人用款时，应当提前向审批人提交货币资金支付申请，注明款项的用途、金额、预算、支付方式等内容，并附有效经济合同或相关证明。

(2)支付审批。审批人根据其职责、权限和相应程序对支付申请进行审批。对不符合规定的货币资金支付申请，审批人应当拒绝批准。

(3)支付复核。复核人应当对批准后的货币资金支付申请进行复核，复核货币资金支付申请的批准范围、权限、程序是否正确，手续及相关单证是否齐备，金额计算是否准确，支付方式、支付单位是否妥当等。复核无误后，交由出纳人员办理支付手续。

(4)办理支付。出纳人员应当根据复核无误的支付申请，按规定办理货币资金支付手续，及时登记现金和银行存款日记账。

单位对于重要货币资金支付业务，应当实行集体决策和审批，并建立责任追究制度，防范贪污、侵占、挪用货币资金等行为。严禁未经授权的机构或人员办理货币资金业务或直接接触货币资金。

4. 现金和银行存款管理制度。

(1)单位应当加强现金库存限额的管理，超过库存限额的现金应及时存入银行。单位必须根据《现金管理暂行条例》的规定，结合本单位的实际情况，确定本单位现金的开支范围，不属于现金开支范围的业务应当通过银行办理转账结算。

(2)单位现金收入应当及时存入银行，不得用于直接支付单位自身的支出。因特殊情况需坐支现金的，应事先报经开户银行审查批准。单位借出款项必须执行严格的授权批准程序，严禁擅自挪用，借出货币资金。

(3)单位取得的货币资金收入必须及时入账，不得私设"小金库"，不得账外设账，严禁收款不入账。

(4)单位应当定期和不定期地进行现金盘点，确保现金账面余额与实际库存相符。发现不符，及时查明原因，作出处理。单位应当指定专人定期核对银行账户，每月至少核对一次，编制银行存款余额调节表，使银行存款账面余额与银行对账单调节相符。如调节不符，应查明原因，及时处理。

5. 凭证和记录控制。单位应当建立和健全与货币资金有关的收支业务的凭证，并根据凭证序时登记现金、银行存款日记账，并按一定的程序登记现金和银行存款总账，日记账和总账定期核对相符。

6. 票据及有关印章的管理。单位应当加强与货币资金相关的票据的管理，明确各种票据的购买、保管、领用、背书转让、注销等环节的职责权限和程序，并专设登记簿进行记录，防止空白票据的遗失和被盗用。单位应当加强银行预留印鉴的管理。财务专用章应由专人保管，个人名章必须由本人或其授权人员保管。严禁一人保管支付款项所需的全部印章。按规定需要有关负责人签字或盖章的经济业务，必须严格履行签字或盖章手续。

7. 监督检查制度。单位应当建立对货币资金业务的监督检查制度，明确监督检查机构或人员的职责权限，定期和不定期地进行检查。货币资金监督检查的内容主要包括以下几方面。

(1) 货币资金业务相关岗位人员的设置情况。重点检查是否存在货币资金业务不相容职务混岗的现象。

(2) 货币资金授权批准制度的执行情况。重点检查货币资金支出的授权批准手续是否健全，是否存在越权审批行为。

(3) 支付款项印章的保管情况。重点检查是否存在办理付款业务所需的全部印章交由一人保管的现象。

(4) 票据的保管情况。重点检查票据的购买、领用、保管手续是否健全，票据保管是否存在漏洞。

对监督检查过程中发现的货币资金内部控制中的薄弱环节，应当及时采取措施，加以纠正和完善。

(二) 货币资金内部控制测试

1. 现金内部控制的测试。

(1) 了解现金内部控制。通常通过现金内部控制流程图来了解现金内部控制。编制现金内部控制流程图是现金控制测试的重要步骤。注册会计师在编制之前应通过询问、观察等调查手段收集必要的资料，然后根据所了解的情况编制流程图，对中小企业，也可采用编写现金内部控制说明的方法。若年度审计工作底稿中已有以前年度的流程图，注册会计师可根据调查结果加以修订，以供本年度审计之用。

一般地，了解现金内部控制时，注册会计师应当注意检查现金内部控制是否建立并严格执行：①现金的收支是否按规定的程序和权限办理；②是否存在与本单位经营无关的款项收支情况；③是否存在出租、出借银行账户的情况；④出纳与会计的职责是否严格分离；⑤现金是否妥善保管，是否定期盘点、核对等等。

（2）测试内部控制。抽取并检查适量的现金收款凭证：①核对现金日记账的收入金额是否正确；②核对收款凭证与应收账款明细账的有关记录是否相符；③核对实收金额与销货发票是否一致等等。

抽取并检查适量的现金付款凭证：① 检查付款的授权批准手续是否符合规定；②核对现金日记账的付出金额是否正确；③核对付款凭证与应付账款明细账的记录是否一致；④核对实付金额与购货发票是否相符等等。

抽取一定期间的现金日记账与总账核对。

（3）评价现金的内部控制。注册会计师在完成上述程序之后，即可对现金的内部控制进行评价。评价时，注册会计师应首先确定现金内部控制可信赖的程度以及存在的薄弱环节和缺点，然后据以确定在现金实质性测试中对哪些环节可以适当减少审计程序，哪些环节应增加审计程序，作重点检查，以减少审计风险。

2. 银行存款内部控制的测试。

（1）了解银行存款的内部控制。注册会计师对银行存款内部控制的了解一般与了解现金的内部控制同时进行。注册会计师应当注意的内容包括：①银行存款的收支是否按规定的程序和权限办理；②银行账户是否存在与本单位经营无关的款项收支情况；③是否存在出租、出借银行账户的情况；④出纳与会计的职责是否严格分离；⑤是否定期取得银行对账单并编制银行存款余额调节表等等。

（2）测试内部控制。银行存款内部控制测试的主要程序包括以下几方面。

抽取适量的收款凭证并检查：①核对收款凭证与存入银行账户的日期和金额是否相符；②核对银行存款日记账的收入金额是否正确；③核对收款凭证与银行对账单是否相符；④核对收款凭证与应收账款明细账的有关记录是否相符；⑤核对实收金额与销货发票是否一致等等。

抽取适量的付款凭证并检查：①检查付款的授权批准手续是否符合规定；②核对银行存款日记账的付出金额是否正确；③核对付款凭证与银行对账单是否相符；④核对付款凭证与应付账款明细账的记录是否一致；⑤核对实付金额与购货发票是否相符；⑥抽取一定期间的银行存款日记账与总账核对；⑦抽取一定期间银行存款余额调节表，查验其是否按月正确编制并经复核。

（3）评价银行存款的内部控制。注册会计师在完成上述程序之后，即可对银行存款的内部控制进行评价。评价时，注册会计师应首先确定银行存款内部控制可信赖的程度以及存在的薄弱环节和缺点，然后据以确定在银行存款实质性测试中对哪些环节可以适当减少审计程序，哪些环节应增加审计程序，作重点检查，以减少审计风险。

三、现金审计

(一)现金的审计目标

现金是指企业的库存现金,包括人民币现金和外币现金。现金是企业流动性最强的资产,尽管其在企业资产总额中的比重不大,但企业发生的舞弊事件大都与现金有关,因此,注册会计师应该重视现金的审计。

现金审计一般应包括以下目标。

1. 确定被审计单位资产负债表中的现金在财务报表日是否确实存在,是否为被审计单位所拥有。

2. 确定被审计单位在特定期间内发生的现金收支业务是否均已记录完毕,有无遗漏。

3. 确定现金余额是否正确。

4. 确定现金在财务报表上的披露是否恰当。

(二)现金的实质性测试

现金的实质性测试程序一般包括以下步骤。

1. 核对现金日记账与总账的余额是否相符。注册会计师测试现金余额的起点,是核对现金日记账与总账的余额是否相符。如果不相符,应查明原因,并作出适当调整。

2. 盘点库存现金。盘点库存现金是证实资产负债表中所列现金是否存在的一项重要程序。盘点库存现金,通常包括对已收到但未存入银行的现金、备用金、找换金等的盘点。盘点库存现金的时间和人员应视被审计单位的具体情况而定,但必须有出纳员和被审计单位会计主管人员参加,并由注册会计师进行盘点。盘点库存现金的步骤和方法如下。

(1)制定库存现金盘点程序,实施突击性的检查,时间最好选择在上午上班前或下午下班时进行。盘点的范围一般包括企业各部门经管的现金。在进行现金盘点前,应由出纳员将现金集中起来存入保险柜。必要时可加以封存,然后由出纳员把已办妥现金收付手续的收付款凭证登入现金日记账。如企业现金存放部门有两处或两处以上的,应同时进行盘点。

(2)审阅现金日记账并同时与现金收付凭证相核对。一方面检查日记账的记录与凭证的内容和金额是否相符;另一方面了解凭证日期与日记账日期是否相符或接近。

(3)由出纳员根据现金日记账进行加计累计数额,结出现金结余额。

(4)盘点保险柜的现金实存数,同时编制“库存现金盘点表”(格式参见表17-1),分币种、面值列示盘点金额。

(5)资产负债表日后进行盘点时,应调整至资产负债表日的金额。

(6)将盘点金额与现金日记账余额,进行核对,如有差异,应查明原因,并作出记录或适当调整。

(7)若有冲抵库存现金的借条、尚未提现的现金支票、未作报销的原始凭证,应在“库存现金盘点表”中注明或作出必要的调整。

表 17－1　库存现金盘点表

客户　　　　　　　　　　编制人:　　　　　日期:　　　　　索引号:

项目　现金监盘　　　　　复核人:　　　　　日期:　　　　　页　次:

会计期间

盘点日期:　　年　月　日

检查盘点记录						实有现金盘点记录						
项　目		项次	人民币	美元	某外币	面额	人民币		美元		某外币	
							张	金额	张	金额	张	金额
上一日账面库存余额		1				1000 元						
盘点日未记账传票收入金额		2				500 元						
盘点日未记账传票支出金额		3										
盘点日账面应有金额		4 =1 +2 －3				100 元						
盘点实有现金数额		5				50 元						
盘点日应有与实有差异		6 =4 －5				10 元						
差异原因分析	白条抵库(张)					5 元						
						2 元						
						1 元						
						0.5 元						
						0.2 元						
						0.1 元						
						合计						
追溯调整	报表日至查账日现金付出总额					情况说明及审计结论:						
	报表日至查账日现金收入总额											
	报表日库存现金应有余额											
	报表日账面汇率											
	报表日余额折合本位币金额											
本位币合计												

盘点人:　　　　监盘人:　　　　复核人:

3. 抽查大额现金收支。注册会计师应抽查大额现金收支的原始凭证内容是否完整,有无授权批准,并核对相关账户的进账情况,如有与被审计单位生产经营业务无关的收支事项,应查明原因,并作相应的记录。

4. 检查现金收支的正确截止日期。被审计单位资产负债表中的现金数额,应以结账日实有数额为准。因此,注册会计师必须验证现金收支的截止日期。通常,注册会计师可以对结账日前后一段时期内现金收支凭证进行审计,以确定是否存在跨期事项。

5. 检查外币现金、银行存款的折算是否正确。对于有外币现金的被审计单位,注册会计师应注意被审计单位对外币现金的收支是否按所规定的汇率折合为记账本位币金额;外币现金期末余额是否按期末市场汇率折合为记账本位币金额;外币折合差额是否按规定记入相关账户。

6. 检查现金是否在资产负债表上恰当披露。根据有关会计制度的规定,现金在资产负债表中"货币资金"项下反映,注册会计师应在实施上述审计程序后,确定现金账户的期末余额是否恰当,据以确定货币资金是否在资产负债表上恰当披露。

四、银行存款审计

(一)银行存款的审计目标

银行存款是指企业存放在银行或其他金融机构的货币资金。按照国家有关规定,凡是独立核算的企业都必须在当地银行开设账户。企业在银行开设账户以后,除按核定的限额保留库存现金外,超过限额的现金必须存入银行;除了在规定的范围内可以用现金直接支付的款项外,在经营过程中所发生的一切货币收支业务,都必须通过银行存款账户进行结算。

银行存款的审计目标主要包括以下几方面。

1. 确定被审计单位资产负债表中的银行存款在财务报表日是否确实存在,是否为被审计单位所拥有。

2. 确定被审计单位在特定期间内发生的银行存款收支业务是否均已记录完毕,有无遗漏。

3. 确定银行存款的余额是否正确。

4. 确定银行存款在财务报表上的披露是否恰当。

(二)银行存款的实质性测试

银行存款的实质性测试程序一般包括如下步骤。

1. 核对银行存款日记账与总账的余额是否相符。注册会计师测试银行存款余额的起点,是核对银行存款日记账与总账的余额是否相符。如果不相符,应查明原因,并作出适当调整。

2. 分析程序。计算定期存款占银行存款的比例，了解被审计单位是否存在高息资金拆借。如存在高息资金拆借，应进一步分析拆出资金的安全性，检查高额利差的入账情况；计算存放于非银行金融机构的存款占银行存款的比例，分析这些资金的安全性。

3. 取得并检查银行存款余额调节表。检查银行存款余额调节表是证实资产负债表中所列银行存款是否存在的重要程序。银行存款余额调节表通常应由被审计单位根据不同的银行账户及货币种类分别编制，其格式如表 17－2 所示。

表 17－2　银行存款余额调节表

年　月　日

编制人：　　日期：　　索引号：

复核人：　　日期：　　页　次：

户别：　　币　别：

项　目	
银行对账单余额(　年　月　日)	
加：企业已收，银行尚未入账金额	
其中：1.	元
2.	元
减：企业已付，银行尚未入账金额	
其中：1.	元
2.	元
调整后银行对账单金额	
企业银行存款日记账金额(　年　月　日)	
加：银行已收，企业尚未入账金额	
其中：1.	元
2.	元
调整后企业银行存款日记账金额	

经办会计人员：　（签字）　　会计主管：　（签字）

如果经调节后的银行存款余额存在差异，注册会计师应查明原因，并作出记录或进行适当的调整。取得银行存款余额调节表后，注册会计师应检查调节表中未达账项的真实性，以及资产负债表日后的进账情况，如果存在应于资产负债表日之前进账的应作相应的调整。其程序一般包括如下步骤。

（1）验算调节表的数字计算。

（2）对于金额较大的未提现支票、可提现的未提现支票以及注册会计师认为重要的未提现支票，列示未提现支票清单，注明开票日期和收票人姓名或单位。

(3)追查截止日期银行对账单上的在途存款,并在银行账户调节表上注明存款日期。

(4)检查截止日仍未提现的大额支票和其他已签发一个月以上的未提现支票。

(5)追查截止日期银行对账单已收、企业未收的款项性质及来源。

(6)核对银行存款总账余额、银行对账单加总金额。

4. 函证银行存款余额。函证是指注册会计师在执行审计业务过程中,需要以被审计单位名义向有关单位发函询问,以验证被审计单位的银行存款是否真实、合法、完整。按照国际惯例,财政部、中国人民银行于1999年1月6日联合印发了《关于做好企业的银行存款、借款及往来款项函证工作的通知》(以下简称《通知》),《通知》对函证工作提出了明确的要求,并提供了银行询证函和企业询证函参考格式。注册会计师在执行审计业务时,可按照此格式以被审计单位的名义向有关单位发函询证。《通知》规定:各商业银行、政策性银行、非银行金融机构要在收到询证函之日起10个工作日内,根据函证的具体要求,及时回函并可按照国家的有关规定收取询证费用;各有关企业或单位根据函证的具体要求回函。

函证银行存款余额是证实资产负债表所列银行存款是否存在的重要程序。通过向往来银行的函证,注册会计师不仅可了解企业资产的存在,同时,还可了解欠银行的债务。函证还可用于发现企业未登记的银行借款。

函证时,注册会计师应向被审计单位在本年存过款(含外埠存款、银行汇票存款、银行本票存款、信用卡存款、信用证保证金存款)的所有银行发函,其中包括企业存款账户已结清的银行,因为有可能存款账户已结清,但仍有银行借款或其他负债存在。同时,虽然注册会计师已直接从某一银行取得了银行对账单和所有已付支票,但仍应向这一银行进行函证。表17－3列示的是财政部、中国人民银行制定的运用于审计的银行询证函参考格式。

表17－3　银行询证函

__________(银行):

本公司聘请的××会计师(审计)事务所正在对本公司的财务报表进行审计,按照中国注册会计师审计准则的要求,应当询证本公司与贵行的存款、借款往来等事项。下列数据出自本公司账簿记录,如与贵行记录相符,请在本函下端“数据证明无误”处签章证明;如有不符,请在“数据不符”处列明不符金额。有关询证费用可直接从本公司××存款账户中收取。回函请直接寄至××会计师(审计)事务所。

通信地址:

邮编:　　　　　　　　电话:　　　　　　　　传真:

截至　　年　月　日止,本公司银行存款、借款账户余额列示如下:

1. 银行存款

账户名称	银行账号	币种	利率	余额	备注

2. 银行借款

银行账号	币种	借款日期	还款日期	利率	借款条件	备注

3. 其他事项

（公司签章）　　（日期）

结论：1. 数据证明无误　　（银行签章）　　（日期）

2. 数据不符，请列明不符金额　　（银行签章）　　（日期）

5. 检查一年以上定期存款或限定用途存款。一年以上的定期存款或限定用途的银行存款，不属于企业的流动资产，应列于其他资产类下。对此，注册会计师应查明情况，作出相应的记录。

6. 抽查大额现金和银行存款的收支。注册会计师应抽查大额现金收支、银行存款（含外埠存款、银行汇票存款、银行本票存款、信用证存款）收支的原始凭证内容是否完整，有无授权批准，并核对相关账户的进账情况。如有与被审计单位生产经营业务无关的收支事项，应查明原因并作相应的记录。

7. 检查银行存款收支的正确截止日期。企业资产负债表上银行存款数字应当包括当年最后一天收到的所有存放于银行的款项，而不得包括其后收到的款项；同样，企业年终前开出的支票，不得在年后入账。为了确保银行存款收付的正确截止，注册会计师应当在清点支票及支票存根时，确定各银行账户最后一张支票的号码，同时查实该号码之前的所有支票均已开出。在结账日未开出的支票及其后开出的支票，均不得作为结账日的存款收付入账。

8. 检查外币银行存款的折算是否正确。对于有外币银行存款的被审计单位，注册会计师应检查被审计单位对外币银行存款的收支是否按所规定的汇率折合为记账本位币金额；外币银行存款期末余额是否按期末市场汇率折合为记账本位币金额；外币折合差额是否按规定记入相关账户。

9. 检查银行存款是否在资产负债表上恰当披露。根据有关会计制度的规定，企业的银行存款在资产负债表上“货币资金”项目下反映。所以，注册会计师应在实施上述审计程序后，确定银行存款账户的期末余额是否恰当，从而确定资产负债表上“货币资金”项目中的数字是否在资产负债表上恰当披露。

五、其他货币资金审计

(一)其他货币资金审计目标

其他货币资金包括企业到外地进行临时或零星采购而汇往采购地银行开立采购专户的款项所形成的外埠存款、企业为取得银行汇票按照规定存入银行的款项所形成的银行汇票存款、企业为取得银行本票按照规定存入银行的款项而形成的银行本票存款、信用卡存款和信用证保证金存款等。其他货币资金的审计目标主要包括：①确定被审计单位资产负债表中的其他货币资金在财务报表日是否确实存在，是否为被审计单位所拥有；②确定被审计单位在特定期间内发生的其他货币资金收支业务是否均已记录完毕，有无遗漏；③确定其他货币资金的余额是否正确；④确定其他货币资金在财务报表上的披露是否恰当。

(二)其他货币资金的实质性测试

其他货币资金的实质性测试程序主要包括如下步骤。

1. 核对外埠存款、银行汇票存款、银行本票存款等各明细账期末合计数与总账数是否相符。

2. 函证外埠存款户、银行汇票存款户、银行本票存款户期末余额。

3. 对于非记账本位币的其他货币资金，检查其折算汇率是否正确。

4. 抽查一定样本量的原始凭证进行测试，检查其经济内容是否完整、有无适当的审批授权，并核对相关账户的进账情况。

5. 抽取资产负债表日后的大额收支凭证进行截止测试，如有跨期收支事项，应作适当调整。

6. 检查其他货币资金的披露是否恰当。

第二节　会计估计的审计

一、会计估计的含义

会计估计是指企业对其结果不确定的交易或事项以最近可利用的信息为基础所作

的判断，诸如应收款项的坏账准备、存货的跌价准备、固定资产的折旧年限、无形资产的受益年限等事项均属于会计估计。

会计估计通常是被审计单位在不确定情况下作出的，其准确程度取决于管理层对不确定的交易或事项的结果作出的主观判断。由于会计估计的主观性、复杂性和不确定性，管理层作出的会计估计发生重大错报的可能性较大，注册会计师应当按照《中国注册会计师审计准则第 1211 号——了解被审计单位及其环境并评估重大错报风险》的规定，确定会计估计的重大错报风险是否属于特别风险。

二、会计估计的审计目标

注册会计师审计被审计单位所发生的会计估计的目的在于：确定会计估计是否合理；确定会计估计的披露是否恰当。

三、会计估计的审计程序

为实现上述审计目标，注册会计师对会计估计的审计程序通常包括以下内容。

1. 获取被审计单位提供的有关会计估计的说明，并复核和测试被审计单位作出会计估计的过程。在复核和测试被审计单位作出会计估计的过程时，注册会计师应当采取以下四个步骤。

(1) 评价会计估计依据的数据、假设和使用的公式。在评价会计估计依据的假设时，注册会计师考虑的事项包括：①根据以前期间的实际结果，判断这些假设是否合理；②这些假设是否与其他会计估计依据的假设一致；③这些假设是否与管理层合理可行的计划一致。

(2) 测试会计估计的计算过程。测试计算过程实施的审计程序的性质、时间和范围取决于：①评估的重大错报风险；②注册会计师对管理层会计估计程序和方法的了解和评价；③会计估计在财务报表中的重要性。

(3) 如有可能，将以前期间作出的会计估计与其实际结果进行比较，可以：①获取有关会计估计程序和方法总体可靠性的审计证据；②考虑会计估计公式是否适当，是否需要调整；③评价会计估计与实际结果之间的差异是否已经量化，如有必要，是否已作适当调整或披露。

(4) 考虑被审计单位管理当局对会计估计的批准程序。重要的会计估计通常需要取得管理层的复核和批准，这也是被审计单位内部控制的一部分。注册会计师应当考虑这种复核和批准是否由适当层次的管理层执行，并在支持作出会计估计的书面文件中留下证据。

2. 利用独立估计与被审计单位作出的会计估计进行比较。独立估计是指独立于被审计单位之外的人士对会计估计事项所作的估计,包括注册会计师、权威人士和专家等。如果独立估计与被审计单位作出的会计估计之间存在明显差异,注册会计师应当查明原因,分析判断该项差异是否合理;如果该项差异不合理,应该考虑是否建议被审计单位作出调整。

3. 复核能够证实会计估计的资产负债表期后事项。如果存在能够证实会计估计的资产负债表期后事项,注册会计师可以通过检查这类事项来获取有关审计证据。该审计程序与前两种审计程序不同,它从实际发生结果的角度来证实会计估计的合理性。比较而言,利用这一程序得出的结论更加接近实际情况。但由于并非所有的会计估计事项都会在审计报告之前发生,因此该程序的使用范围较为有限。

4. 获取并检查与会计估计变更相关的资料,判断会计估计变更的合理性。会计估计变更相关资料是指导致企业原有会计估计发生变更的新的信息、新的经验等。认真检查被审计单位与会计估计变更相关的资料,有助于确定估计变更是否必要。

5. 检查与会计估计变更相关的会计记录,确定其会计处理是否正确。

6. 验明会计估计的披露是否恰当。

会计估计变更时,被审计单位应当在财务报表附注中披露会计估计变更的内容和理由,或者会计估计变更的影响数或累积影响数不能确定的理由。

第三节 期初余额的审计

注册会计师首次接受委托对被审计单位的财务报表进行审计,必然会涉及对财务报表期初余额如何审计的问题。如果对期初余额审计过于详细,势必会增加审计成本,延长审计时间,并给被审计单位带来审计费用过重等负担;如果不对期初余额进行审计,则影响注册会计师对本期财务报表发表适当的审计意见。因此,注册会计师对期初余额进行审计时,应该把握适当的度。

一、期初余额的含义

所谓期初余额,是指首次接受委托时,所审计会计期间期初已存在的余额。它以上期期末余额为基础,反映了前期交易、事项及其会计处理的结果。正确理解期初余额,应把握以下特征。

1. 期初余额是所审会计期间期初已存在的余额。期初已存在的余额是由上期结转至本期的金额,或是上期期末余额调整后的金额。就一般而言,期初余额是上期账户结转至本期账户的余额,在数量上与上期金额相等。但是,有时由于受上期期后事项、会计政策变更诸因素的影响,上期期末余额结转至本期时,需经过调整或重编。

2. 期初余额反映了前期交易、事项及其会计处理的结果。期初余额应以客观存在的经济业务为根据,是被审计单位在以前会计期间发生的交易、事项及其会计人员对此处理的结果。

3. 期初余额与注册会计师首次接受委托相联系。所谓首次接受委托,是指会计师事务所在被审计单位上期财务报表未经独立审计,或由其他会计师事务所审计的情况下接受的审计委托。

注册会计师在首次接受委托时会涉及期初余额,而期初余额是本期财务报表的基础,往往对本期财务报表产生重要的影响。因此,注册会计师应以高度的责任感和慎重的态度,去判断期初余额对所审计财务报表影响的程度。

二、期初余额对所审计财务报表的影响

注册会计师应当根据期初余额对所审计财务报表的影响程度,合理运用专业判断,以确定期初余额的审计范围。判断期初余额对本期财务报表的影响程度应着眼于三个方面:①上期结转至本期的金额;②上期所采用的会计政策;③上期期末已存在的或有事项及承诺。

注册会计师进行财务报表审计时,一般无需专门对期初余额发表审计意见,但应当实施适当的审计程序,并充分考虑相关审计结论对所审计财务报表发表审计意见的影响。

(1)注册会计师对财务报表进行审计,是对被审计单位所审计财务报表发表审计意见,一般无需专门对期初余额发表审计意见。

(2)虽然注册会计师一般不对期初余额发表审计意见,但因为期初余额是本期财务报表的基础,所以要对期初余额进行适当审计。

(3)注册会计师要充分考虑期初余额审计形成的相关结论对所审计财务报表的影响,以决定发表审计意见的类型。

如上期财务报表已经其他会计师事务所审计,在征得被审计单位同意后,注册会计师可与前任注册会计师联系,以获取必要的审计证据。前任注册会计师则应当提供必要的协助。

三、期初余额审计的目标

1. 财务报表期初余额是否存在对本期财务报表有重大影响的错报。

2. 上期期末余额是否正确结转至本期,或者已按要求恰当地重新表述。

3. 上期适用的会计政策是否恰当，是否一贯遵循，变更是否合理。

四、期初余额审计的程序

注册会计师对期初余额的审计程序通常包括以下步骤。

1. 分析被审计单位所选用的会计政策是否恰当、是否一贯运用。如有变更，是否已作适当处理和充分报露。这里的会计政策，是指企业进行会计核算和编制财务报表时所采用的具体原则、方法和程序。如果被审计单位上期适用的会计政策不恰当或与本期不一致，注册会计师在执行期初余额审计时应提请被审计单位进行调整或予以披露。

2. 了解上期财务报表是否经过其他会计师事务所审计。如上期财务报表已经其他会计师事务所审计，注册会计师可通过查阅前任注册会计师的审计工作底稿，获取有关期初余额的审计证据，但应当考虑前任注册会计师的专业胜任能力和独立性，以判断获取证据的充分性和适当性。

3. 关注前任注册会计师出具的非标准无保留意见的审计报告。若是，则后任注册会计师应特别注意其中与本期财务报表有关的部分。

4. 如实施上述审计程序仍不能获取充分、适当的审计证据，或前期财务报表未经审计，应对期初余额实施以下审计程序。

(1)询问被审计单位管理当局。询问内容诸如对本期经营有重要影响的事项、政府新颁布的影响行业发展的法规以及其他重要事项。

(2)审阅上期会计记录及相关资料。在审阅时，注册会计师应特别关注其合法性、公允性和一贯性。

(3)通过对本期财务报表实施的审计程序进行证实。在对流动资产或流动负债的期初余额审计时，一般应结合当期审计程序进行。例如，应收账款或应付账款的期初余额，通常在本期内即可收回或支付，则此后收回或支付的事实即可视为应收账款或应付账款期初余额存在的适当证据。

(4)补充实施适当的实质性测试审计程序。有些期初余额项目尚需补充实施其他适当的实质性测试程序。就存货而言，审计本期交易仍难获取期初余额是否适当的证据。因此，注册会计师通常必须采用其他审计程序。例如，审阅被审计单位上期存货盘点记录及文件，测试期初存货项目的价值量，以及运用毛利百分比法分析比较。对于非流动资产和非流动负债期初余额的审计，注册会计师通常要检查其期初的有关记录。在某些情况下，注册会计师可向第三者函证以获取对期初余额的确认。

(5)初次接受国有企业委托，如前期财务报表未经审计，应尽可能获取其管辖财政机关对该财务报表的批复。

(6)最终形成对期初余额的审计结论，并确定其对本期审计意见类型的影响。注册会计师首次接受委托时，通常将被审计单位上期财务报表区分为两种情况，即上期财务报表经过和未经过其他会计师事务所的审计。以此为基础实施审计程序，获取审计证据，形成审计结论，并确定其对本期财务报表审计意见的影响。

如期初余额对本期财务报表存在重大影响，但无法对其获取充分、适当的审计证据，注册会计师应当对本期财务报表发表保留意见或无法表示意见。

如期初余额存在严重影响本期财务报表的错报或漏报，注册会计师应当提请被审计单位进行调整。如被审计单位不接受建议，注册会计师应当对本期财务报表发表保留意见或否定意见。

如与期初余额相关的会计政策未能在本期得到一贯运用，并且会计政策的变更未能得到正确地会计处理和恰当地列报，注册会计师应当出具保留或否定意见的审计报告。

如前任注册会计师出具了非标准无保留意见的审计报告，注册会计师应当考虑相关事项对本期财务报表的影响。如其影响尚未消除，注册会计师仍应在审计报告中进行适当反映。

第四节　期后事项的审计

一、期后事项的含义及种类

（一）期后事项的含义

期后事项是指资产负债表日至审计报告日发生的，以及审计报告日至财务报表公布日发生的对财务报表产生影响的事项。财务报表公布日，是指被审计单位对外披露已审计财务报表的日期。期后事项很可能会改变注册会计师对被审计单位财务报表公允性的意见，所以注册会计师必须对期后事项予以充分关注。

（二）期后事项的种类

根据期后事项对被审计单位财务报表公允性的影响，把期后事项分为两类：一是能为资产负债表日已存在情况提供补充证据的事项；二是虽不影响财务报表金额，但可能影响对财务报表正确理解的事项。

1. 为资产负债表日已存在情况提供补充证据的事项。这类事项既为被审计单位管理当局确定资产负债表日账户余额提供信息，也为注册会计师核实这些余额提供补充证据。如果这类期后事项的金额重大，应提请被审计单位对年度财务报表及相关的账户余额进行调整。这类期后事项通常包括以下几种情况。

(1)资产负债表日被审计单位认为可以收回的大额应收款项,因资产负债表日后债务人突然破产而无法收回。在这种情况下,债务人财务状况显然早已恶化,所以注册会计师应考虑提请被审计单位增加计提坏账数额,调整财务报表有关项目的数额。

(2)在资产负债表日以前或资产负债表日,被审计单位根据合同规定所销售的物资已经发出,当时认为与该项物资所有权相关的风险和报酬已经转移,货款能够收回,根据收入确认原则确认了收入并结转了相关成本。即在资产负债表日被审计单位确认为已经销售,并在财务报表上反映。但在资产负债表日后至财务报告批准报出日之间所取得的证据证明该批已确认为销售的物资确实已经退回。如果金额较大,注册会计师应考虑提请被审计单位调整财务报表有关项目的数额。

(3)被审计单位由于某种原因被起诉,法院于资产负债表日后判决被审计单位应赔偿对方损失。因这一负债实际上在资产负债表日之前就已存在,所以,如果赔偿数额很大,注册会计师应考虑提请被审计单位增加资产负债表有关负债项目的数额,并加以说明。

利用期后事项审计以确认被审计单位财务报表所列金额时,应对资产负债表日已经存在的事项和资产负债表日后出现的事项严加区分,不能混淆。如果确认发生变化的事项直到资产负债表日后才发生,就不应将资产负债表日后的信息并入财务报表本身中去。

2. 虽不影响财务报表金额,但可能影响对财务报表正确理解的事项。这类事项因不影响资产负债表日财务状况,所以不需要调整被审计单位的本期财务报表。但如果被审计单位的财务报表因此可能受到误解,就应在财务报表中以附注的形式予以披露。这类期后事项通常包括:①被审计单位合并;②应付债券的提前兑付;③所持用于短期投资和转卖的证券市价严重下跌;④发行债券或权益性证券;⑤由于政府禁止继续销售某种产品所造成的存货市价下跌;⑥偶然性的大笔损失等。

注册会计师对待期后事项,应注意区分两类不同的期后事项,以保证对被审计单位财务报表的公允性表示适当的意见。正确区分两类不同的期后事项,关键在于正确确定期后事项主要情况出现的时间。凡主要情况出现在被审计单位资产负债表日之前的事项,应提请被审计单位调整财务报表;凡主要情况出现在被审计单位资产负债表日之后的事项,只需建议被审计单位在财务报表的附注中加以披露即可。

二、期后事项审计的目标和审计的程序

(一)期后事项审计的目标

1. 确定期后事项是否存在。

2. 确定期后事项的类型和重要性。

3. 确定期后事项的处理是否恰当。

(二)期后事项审计的程序

审计期后事项不同于审计一般的财务报表项目,注册会计师对被审计单位期后事项的审计,可以归结为两类:第一类是结合对财务报表项目实施的实质性测试程序审计期后事项。这类审计是财务报表项目审计的一部分。第二类是专为发现所审会计期间必须弄清的事项另行实施的审计程序。这类审计是专门为获取那些必须并入所审会计期间账户余额、发生额或用财务报表附注说明的事项的有关资料而进行的审计,主要包括询问被审计单位管理当局及有关人员、审阅有关资料。具体包括以下内容。

1. 向被审计单位管理当局询问。注册会计师要根据所需资料的要求,确定询问的内容和考虑询问的对象。只有向恰当的管理人员询问,才能获得可靠的结果。向被审计单位管理当局的询问,大多数应是向业务经理、副总经理和总经理进行询问。

注册会计师审计期后事项,通常应当询问以下内容:①已依据初步数据进行会计处理的项目的现状;②是否已进行或将进行异常的会计调整;③是否已发生或可能发生影响会计政策适当性的事项;④资产是否被政府征用或因不可抗力而遭受损失;⑤资产是否已出售或计划出售;⑥是否发生新的担保、贷款或财务承诺;⑦是否已发行或计划发行新的股票或债券,若有,则应获取并检查有关的申请和审批文件;⑧在风险领域和或有事项方面是否有新进展;⑨是否已签订或计划签订合并或清算协议,若有,则应获取并检查企业合并或清算的有关文件,如协议、合同、审计报告、资产评估报告及确认文件、政府批文等。

2. 审阅被审计单位最近的中期财务报表。如认为必要和适当,还应当查阅预算、现金流量预测及其他相关管理报告。

3. 审阅被审计单位资产负债表日后编制的会计记录。注册会计师应重点检查被审计单位资产负债表日后的日记账和明细账,从而确定所有与所审会计期间相关业务的存在及内容。如果日记账、明细账尚未记载到目前,则还应追查那些尚未入账的原始凭证和记账凭证。

4. 取得并审阅被审计单位在资产负债表日后的有关会议记录。对被审计单位在资产负债表日后的股东大会、董事会及其专门委员会的会议记录,注册会计师应重点检查其中影响所审计期间财务报表的重大期后事项。

5. 复核被审计单位管理当局建立的用于确保识别期后事项的程序。

6. 查明非调整期后事项的内容,合理估计其对财务状况、经营成果的影响,或查询、了解无法合理估计其影响的原因。

7. 取得被审计单位管理当局和其律师的声明书。由被审计单位向注册会计师送交的管理当局和其律师声明书，是他们对审计中各种不同事项的说明，其中包括有关期后事项的陈述。

三、期后事项对审计报告的影响

对已发现的对财务报表产生重大影响的期后事项，注册会计师应当根据其类型分别作以下处理。

1. 对能为资产负债表日已存在情况提供补充证据的事项，提请被审计单位调整财务报表。

2. 对虽不影响财务报表金额，但可能影响对财务报表正确理解的事项，提请被审计单位在财务报表有关附注中作适当披露。

如果被审计单位不接受调整或披露建议，注册会计师应当发表保留意见或否定意见。

在审计报告日后，注册会计师没有责任实施审计程序或进行专门查询可能影响财务报表的期后事项，管理层有责任告知注册会计师可能影响财务报表的期后事项。注册会计师如在审计报告日至财务报表公布日之间获知可能影响财务报表的期后事项，应当及时与被审计单位管理当局讨论。必要时还应追加实施适当的审计程序，以确定期后事项的类型及其对财务报表和审计报告的影响程度。

如在财务报表公布日后获知审计报告日已经存在的、可能导致修改审计报告的期后事项，注册会计师应当考虑是否需要修改已审计财务报表，并与管理层进行讨论，同时根据具体情况采取适当措施确保所有收到原财务报表和审计报告的人士了解这一情况。如管理层拒绝采取适当措施确保所有收到原财务报表和审计报告的人士了解这一情况，又没有修改财务报表，注册会计师应当根据自身的权利和义务及征询的法律意见来采取措施防止财务报表使用者信赖原审计报告，并将拟采取的措施通知治理层。

第五节 或有事项的审计

一、或有事项的含义与种类

（一）或有事项的含义

或有事项是指过去的交易或事项形成的一种状况，其结果须通过未来不确定事项的发生或不发生予以证实。或有事项包括或有负债和或有资产。

或有负债包括:过去的交易或事项形成的潜在义务,其存在须通过未来不确定事项的发生或不发生予以证实;或过去的交易或事项形成的现时义务,履行该义务并不一定导致经济利益流出企业或该义务的金额不能可靠地计量。

或有资产是指过去的交易或事项形成的潜在资产,其存在须通过未来不确定事项的发生或不发生予以证实。

或有事项是由于过去的交易或事项而形成的,是一种具有较大不确定性的经济事项,会对企业的经营活动产生潜在或现实的影响,所以,承担企业财务报表审计责任的注册会计师对被审计单位发生的或有事项应当给予必要的关注。由于或有事项具有不确定性这一重要特征,其结果只能由未来发生的事项确定,需要注册会计师具备相当程度的专业判断能力。

(二)或有事项的种类

或有事项根据其性质和内容,可以分为两大类,即直接或有事项和间接或有事项。

1. 直接或有事项。直接或有事项,主要包括被审计单位的未决诉讼、未决索赔、税务纠纷、产品质量保证等。

(1)未决诉讼或未决仲裁。未决诉讼或未决仲裁案件是法庭或仲裁机构尚未作出最后判决或仲裁的案件,被审计单位有可能由于败诉而承担赔偿的责任,因而构成了被审计单位的一项或有事项。注册会计师审计时采用的获取此类或有事项审计证据的主要方法,是向被审计单位的法律顾问或律师发函询证。注册会计师若从被审计单位的法律顾问或律师处无法获取有关未决诉讼或未决仲裁案件的充分证据,表明审计的范围受到了限制,就不能出具无保留意见的审计报告。有时,即使得到了充分证据,并且未决诉讼或未决仲裁案件在被审计单位的财务报表中也已作了适当披露,但如果未决案件的结果对财务报表的影响较大且不确定性程度较大,注册会计师仍应考虑是否在审计报告中进行反映。

(2)未决索赔。在被审计单位的未决索赔中,凡被审计单位提出起诉,需经法庭裁决的,其检查和处理方法与未决诉讼相同。若被审计单位未提出起诉,注册会计师应直接向被审计单位了解有关情况。

(3)税务纠纷。因税务纠纷而产生的或有事项主要有:被审计单位与税务部门对于应税额和纳税额等方面存在分歧,尚未最后处理完毕;税务部门决定追加税款但尚未最后定案,或被审计单位不同意追加而尚未缴纳税款。注册会计师对此类或有事项的审计,主要应检查被审计单位的纳税申报单等是否已经税务部门审核批准。如尚未经审核批准,说明可能存在有待解决的税务纠纷,则注册会计师应通过进一步的调查,确定被审计单位对此类或有事项的处理以及在财务报表上的披露是否恰当。

(4)产品质量保证。产品质量保证是企业对已售出商品或已提供劳务的保证。被审计单位有可能由于产品质量问题而承担维修、调换甚至赔偿的责任,因而构成了被审计单位的一项或有事项。

2. 间接或有事项。间接或有事项,主要包括商业票据贴现、应收账款抵借、通融票据背书和其他债务担保等。

(1)商业票据贴现。被审计单位以未到期商业票据向银行贴现,如果贴现的票据将来到期时债务人因故不能付款,被审计单位作为票据的背书人往往负有代为偿付的责任。因而,被审计单位向银行贴现商业票据,就构成了一项或有事项。注册会计师检查此类或有事项时,可采用函证的方法,直接向银行调查,并将调查结果与被审计单位的会计记录进行核对,以确定其是否正确无误。

(2)应收账款抵借。被审计单位以应收账款作抵押,向银行取得借款,则一旦将来债务人因故无法还款时,被审计单位对银行借款仍负有偿还的责任。可见,应收账款的抵借也属于一种或有事项。注册会计师检查此类或有事项时,可直接向银行函证,以取得有关的证据。

(3)通融票据背书和其他债务的担保。所谓通融票据,是指因开具票据的人信用较差,而由他人背书作为担保人的票据。被审计单位一旦在通融票据上背书,即负有连带偿还的责任。因此,如果被审计单位在通融票据上背书,就构成了被审计单位的一项或有事项。被审计单位对其他债务的担保,因同样负有连带偿还的责任,也属于或有事项。由于通融票据的背书和其他债务的担保很少被记入被审计单位账簿,所以较难发现。注册会计师在审计时,应向被审计单位的有关负责人查询,以证实被审计单位是否存在这类或有事项。

二、或有事项审计的目标

或有事项审计的目标一般包括以下三方面。

1. 确定或有事项是否存在和完整。

2. 确定或有事项的确认和计量是否符合企业会计准则的规定。

3. 确定或有事项的列报是否恰当。

在以上三项或有事项的审计目标中,首要的目标在于确定或有事项是否存在。或有事项的审计与其他审计项目的审计有所不同,其他审计项目的审计主要在于核实已记录的资料的正确性,而或有事项的审计主要是发现未记录的业务或事项。一旦注册会计师搞清了或有事项的存在,对它们的重要性的评价及所需要的披露就较容易解决。

三、或有事项审计的程序

由于或有事项的种类不同，注册会计师在审计被审计单位的或有事项时，所采取的程序也各不相同。但总结起来，或有事项的一般审计程序可归结为以下步骤。

1. 向被审计单位管理当局询问其确定、评价与控制或有事项方面的有关方针政策和工作程序。

2. 向被审计单位管理当局索取下列资料，作必要的审核和评价。

(1)被审计单位有关或有事项的全部文件和凭证。

(2)被审计单位与银行之间的往来函件，以查找有关票据贴现、应收账款抵借、票据背书和对其他债务的担保。

(3)被审计单位的债务说明书。其中，除其他债务说明外，还应包括对或有事项的说明，即说明已知的或有事项均已在财务报表中作了适当反映。

3. 向被审计单位的法律顾问和律师进行函证，以获取法律顾问和律师对被审计单位资产负债表日业已存在的，以及资产负债日至复函日期间存在的或有事项的确认证据。分析被审计单位在审计期间所发生的法律费用，从法律顾问和律师处复核发票，看其是否足以说明存在或有事项，特别是未决诉讼或未决税款估价等方面的问题。

4. 复核上期和被审期间税务机构的税收结算报告。从报告中或许能发现被审期间有关纳税方面可能发生的争执之处。如果税款拖延时间较久，发生税务纠纷的可能性就较大。

5. 向与被审计单位有业务往来的银行寄发含有要求银行提供被审计单位或有事项的函证书。银行函证可以反映商业票据贴现情况和为其他单位的银行借款进行担保的情况(包括担保事项的性质、金额、担保期间等)。

6. 审阅截至审计工作完成日止的被审计单位历次董事会纪要和股东大会会议记录，确定是否存在未决诉讼或仲裁、未决索赔、税务纠纷、债务担保、产品质量保证等方面的记录。

7. 复核现存的审计工作底稿，寻找任何可以说明潜在或有事项的资料。

8. 查询被审计单位对未来事项和协议的财务承诺，并向被审计单位管理当局询问。注册会计师应当获取并审阅截至审计外勤工作完成日止历次股东大会、董事会和管理当局会议记录及其他重要文件(包括被审计单位的重要合同和往来通信档案等)，确定是否存在不可撤销的财务承诺事项，因为财务承诺与或有事项紧密相连。

9. 确定或有事项的确认和计量是否符合《企业会计准则第 13 号——或有事项》第二章“确认与计量”的规定。

10. 向被审计单位管理层获取书面声明，保证其已按照企业会计准则的规定，对其全部或有事项作了适当反映。

11. 确定或有事项在财务报表上的披露是否遵守《企业会计准则第 13 号——或有事项》“披露”的规定。

第六节 环境事项的审计

一、环境事项的含义

环境事项包括：被审计单位按照有关环境保护的法律法规（以下简称环境法律法规）或合同要求，或自愿为预防、减轻或弥补对环境造成的破坏，或为保护可再生资源和不可再生资源而采取的措施；因违反环境法律法规可能导致的后果；环境的破坏对他人或自然资源造成的后果；法律法规规定的代偿责任，包括由原使用者（或所有者）造成的环境破坏引起的责任。

影响财务报表的环境事项主要包括以下内容。

1. 因环境法律法规的实施导致资产减值，需要计提资产减值准备。

2. 因没有遵守环境法律法规，需要计提补救、赔偿或诉讼费用，或支付罚款等。

3. 某些被审计单位，如石油、天然气开采企业，化工厂或废弃物管理公司，因其核心业务而随之带来的环境保护义务。

4. 被审计单位自愿承担的环境保护推定义务。推定义务是指因被审计单位的行为而产生的义务。

5. 被审计单位需要在财务报表附注中披露的与环境事项相关的或有负债。

6. 在特殊情况下，违反环境法律法规可能对被审计单位的持续经营产生影响，并由此影响财务报表的编制基础。

二、环境事项的审计目标

注册会计师对环境事项进行审计，其目的在于评估被审计单位是否已按照适用的会计准则和相关会计制度的规定对影响财务报表的环境事项作出恰当处理和列报。

三、实施风险评估时的考虑

1. 在实施风险评估程序时，注册会计师应当从下列方面考虑对被审计单位所处行业及其业务产生重大影响的环境保护要求和问题。

(1)被审计单位所处行业存在的重大环境风险,如石油天然气、化工、制药、冶金、采矿、造纸、制革、印染和公用事业等行业,注册会计师应当特别关注被审计单位存在因环境事项导致负债和或有负债的可能性。

(2)被审计单位所处行业通常面临的环境保护问题。

(3)适用于被审计单位的环境法律法规,我国已陆续制定9部环境保护法律和15部自然资源保护法律,并颁布了800余项国家环境保护标准。注册会计师应当根据被审计单位所处的特定行业及其产品或业务类型,了解其适用的环境法律法规。

(4)被审计单位的产品或生产过程中使用的原材料、技术、工艺及设备等是否属于法律法规强制要求淘汰或行业自愿淘汰之列。如,一次性发泡塑料餐具虽然具有方便快捷、清洁卫生的优点,但因其处理无论是掩埋还是焚烧都会对环境造成严重污染,因此,国家禁止生产、销售和使用一次性发泡塑料餐具。

(5)监管机构采取的行动或发布的报告是否对被审计单位及其财务报表可能产生重大影响。

(6)被审计单位为预防、减轻或弥补对环境造成的破坏,或为保护可再生资源和不可再生资源拟采取的措施。

(7)被审计单位因环境事项遭受处罚和诉讼的记录及其原因。

(8)被审计单位是否存在与遵守环境法律法规相关的未决诉讼。

(9)被审计单位所投保险是否涵盖环境风险。

2. 在实施风险评估程序时,根据职业判断,只有认为环境事项可能对财务报表产生重大影响,注册会计师才有必要了解与环境事项相关的内部控制。

(1)针对控制环境,注册会计师应从四个方面了解:①治理层对与环境事项相关的内部控制承担的职责;②管理层对于环境事项的诚信和道德价值观念、管理理念、经营风格及其处理方法;③被审计单位管理环境事项的机构以及职权与责任的划分;④控制系统,包括内部审计、环境审计、与环境事项相关的人力资源与实务以及恰当的职责分离。

(2)针对风险评估过程,注册会计师应从两个方面了解:①被审计单位是否建立风险评估程序以识别环境风险,并评估该风险的重要性和发生的可能性,以及针对该风险采取的措施;②管理层是否识别出环境风险,并考虑这些风险是否可能导致财务报表发生重大错报。

(3)针对信息系统与沟通,注册会计师应从三个方面了解:①按照环境法律法规的规定或自身对环境风险评估的需要,被审计单位是否建立适当的信息系统,以记录排放物和有害废弃物的数量、产品的环境特征、利益相关者的投诉、监管机构的监测结果,环保事故的发生及其影响等；②该信息系统是否能够为与环境事项相关的财务数据和列报提供信息支持，如为计算废弃物的处置成本提供废弃物数量等；③被审计单位是否就环境事项进行有效沟通。

(4)针对控制活动，注册会计师应从四个方面了解：①被审计单位是否执行环境管理系统标准并取得独立机构的认证；②被审计单位是否发布环境绩效报告，并经独立第三方验证；③被审计单位是否建立适当程序，处理员工或第三方对环境事项的投诉；④被审计单位是否按照环境法律法规的规定，建立适当的程序处理有害物和废弃物。

(5)针对与环境事项相关的控制的监督，注册会计师应从两个方面了解：①被审计单位是否及时评价与环境事项相关的内部控制设计的合理性和运行的有效性，是否遵守环境法律法规和内部规定；②被审计单位是否根据环境事项的变化，及时采取必要的纠正措施。

3. 注册会计师应当重点关注下列与财务报表层次相关的环境风险。

(1)被审计单位遵守环境法律法规或执行合同的成本。

(2)被审计单位违反环境法律法规的风险。

(3)顾客对环境事项的具体要求以及对被审计单位环境保护行为作出的反应可能产生的影响。

4. 注册会计师应当重点关注下列与各类交易、账户余额、列报认定层次相关的环境风险。

(1)账户余额依据与环境事项相关的会计估计的复杂程度。

(2)账户余额受与环境事项相关的异常或非常规交易的影响程度。

四、环境审计的程序

1. 询问管理层和负责环境事项的关键管理人员，包括询问被审计单位商业保险是否涵盖环境事项。

2. 检查下列与环境事项相关的文件或记录。

(1)治理层及专职负责环境事项的委员会的会议纪要或工作记录。

(2)包含环境事项的公开行业信息。

(3)环境专家报告，如场地评估报告、环境影响研究报告。

(4)环境审计报告。环境审计报告通常包括被审计单位存在的环境风险及其对内部和外部的影响、遵守环保法规和达到环保标准的状况、原有环境治理绩效数据、环境治理成本和效益、针对环境风险需要采取的主要治理措施、环境管理系统和有关内部控制系统的薄弱环节等内容。注册会计师通过阅读环境审计报告，可以了解被审计单位因环境事项发生的成本或损失和带来的效益，以及潜在的环境风险等。

(5)内部审计报告。

(6)尽职调查报告。

(7)监管机构报告及被审计单位与监管机构的往来函件。

(8)可获取的生态环境恢复公开记录或规划。

(9)被审计单位的环境绩效报告。

(10)与监管机构和律师的往来函件。

3. 利用环境专家的工作。由于受环境事项影响的财务报表项目较多涉及会计估计，存在着重大的不确定性，注册会计师在审计时需借助环境专家的工作。注册会计师应当及时、经常地与环境专家进行沟通，以了解环境专家工作报告的性质、范围、目的和局限性。通过与环境专家的沟通，注册会计师应当评价环境专家工作的适当性，并考虑专家使用的原始数据、假设和方法及其与以前期间的一致性，考虑专家工作的结果与注册会计师对被审计单位的了解和实施其他审计程序的结果是否相符。

4. 利用环境审计的工作。环境审计通常是指由会计师事务所或其他机构对与环境有关的业务经营活动进行系统的、定期的、客观的检查。一般情况下，环境审计是应管理层的要求实施的，并且仅供内部使用。注册会计师对环境审计工作进行了解和评估后，认为审计结果能够为财务报表审计提供符合要求的审计证据，可以利用环境审计的工作。

注册会计师应当就以下内容了解与评估环境审计工作。

(1)环境审计结果对于财务报表的影响是否重大。

(2)环境审计工作是否由具有专业胜任能力的人员担任，助理人员的工作是否得到适当的指导、监督和复核。

(3)环境审计人员是否具有独立性并保持应有的职业谨慎，尤其是当环境审计人员来自企业内部时。

(4)环境审计人员所获取的审计证据是否充分、适当。

(5)环境审计人员是否依据充分、适当的审计证据，形成审计结论，编制环境审计报告。

(6)环境审计工作范围是否适当。

(7)环境审计工作成果是否得到有效利用，所发现的例外或异常事项是否适当解决。

5. 利用内部审计的工作。注册会计师在利用内部审计工作时应当考虑其工作结果的适当性。

6. 检查下列与环境事项相关的财务报表项目。

(1)本期增加的土地、房屋建筑物和机器设备。

(2)受环境事项影响的长期投资项目。

(3)因环境事项需要计提的资产减值准备。

(4)因环境事项发生的支出和取得的索赔收入。

(5)因环境事项导致的负债和或有负债。

7. 实施分析程序,考虑相关单位财务信息与环境记录中的数量信息之间的关系。

8. 检查被审计单位因环境事项作出的会计估计。

9. 检查财务报表列报的适当性。

10. 获取被审计单位管理层关于环境事项的书面声明,书面声明应包括以下内容。

(1)没有发现由环境事项引起的重大负债和或有负债。

(2)没有发现对财务报表产生重大影响的其他环境事项。

(3)如果发现上述第(1)项或第(2)项所述的环境事项,已在财务报表中进行了恰当的列报。

五、出具审计报告时对环境事项的考虑

在形成审计意见时,注册会计师应当考虑被审计单位是否已按照适用的会计准则和相关会计制度的规定对环境事项的影响作出适当的处理,并进行恰当地列报。注册会计师还应当阅读含有已审计财务报表的文件中的其他信息所涉及的环境事项,以识别其是否与已审计财务报表存在重大不一致。

如果认为环境事项对财务报表的影响具有重大不确定性或相关披露不充分,或根据职业判断认为环境事项可能导致持续经营假设不再合理,注册会计师应当按照《中国注册会计师审计准则第 1502 号——非标准审计报告》和《中国注册会计师审计准则第 1324 号——持续经营》的规定,出具恰当的审计报告。

第七节　关联方及其交易的审计

一、关联方及其交易的含义

一方控制、共同控制另一方或对另一方施加重大影响,以及两方或两方以上同受一方控制、共同控制或重大影响的,构成关联方。关联方交易是指在关联方之间发生转移资源或义务的事项,而不论是否收取价款。

二、关联方及其交易的审计目标和审计程序

《中国注册会计师审计准则第1323号——关联方》指出:管理层有责任识别、披露关联方和关联方交易。注册会计师应当实施审计程序,就管理层是否按照适用的会计准则和相关会计制度的规定识别、披露关联方和关联方交易,获取充分、适当的审计证据。但是,由于关联方及其交易的复杂性及内部控制、审计测试的固有限制,注册会计师对关联方及其交易的审计,并不能保证发现关联方及其交易的所有错报和漏报。

(一)关联方及其交易的审计目标

注册会计师审计关联方及其交易的审计目标包括两点。

1. 确定关联方及其交易是否真实存在。

2. 关联方交易的记录是否适当,以及关联方及其交易的披露是否恰当。

(二)关联方及其交易的审计程序

为达成上述审计目标,注册会计师应当实施专门的审计程序,这些专门的审计程序主要包括以下步骤。

1. 获取、复核被审计单位提供的关联方清单,并实施以下审计程序,以识别关联方,确定关联方关系的性质。

(1)复核以前年度工作底稿,确认已识别的关联方名称。

(2)复核被审计单位识别关联方的程序。

(3)询问治理层和关键管理人员是否与其他单位存在隶属关系。

(4)复核投资者记录以确定主要投资者的名称。在适当情况下,从股权登记机构获取主要投资者的名单。

(5)查阅股东会和董事会的会议纪要,以及其他相关的法定记录。

(6)询问其他注册会计师或前任注册会计师所知悉的其他关联方。

(7)复核被审计单位向监管机构报送的所得税申报表和其他信息。

2. 获取、复核被审计单位提供的关联方交易清单,并实施以下专门审计程序,以识别关联方交易。

(1)查阅股东大会、董事会会议及其他重要会议记录,询问管理当局或与其讨论有关重大交易的授权情况。

(2)了解被审计单位与其主要客户、供应商和债权人、债务人的交易性质与范围。

(3)了解是否存在已经发生但未进行会计处理的交易。

(4)查阅会计记录中数额较大的、异常的及不经常发生的交易或余额,尤其是资产负债表日前后确认的交易。

(5)审阅有关存款、借款的询证函和贷款证,检查是否存在担保关系。

3. 在审计过程中，注册会计师应当对显得异常的交易保持警惕，考虑是否存在以前尚未识别出的关联方。这些交易主要包括以下种类。

(1)价格、利率、担保和付款等条件异常的交易。

(2)商业理由明显不合乎逻辑的交易。

(3)实质与形式不符的交易。

(4)处理方式异常的交易。

(5)与某些顾客或供货商进行的大量或重大交易。

(6)未予记录的交易。

4. 实施以下必要审计程序，以确定关联方交易是否已作适当记录。

(1)询问管理当局，以了解关联方交易的目的及定价政策。

(2)检查有关发票、协议、合同以及其他有关文件。

(3)确定有关交易是否已获股东大会、董事会或相关机构及管理人员批准。

(4)检查财务报表中关联方交易金额及相关信息披露的合理性。

(5)核对关联方之间同一时点的账户余额，必要时与其他注册会计师沟通，核实关联方之间某些特殊的、重要的、有代表性的关联方交易。

(6)检查有关抵押、质押品的价值及可流通性。

5. 追加以下审计程序，检查重大关联方交易。

(1)询证关联方交易的条件及金额，并检查关联方拥有的相关证据。这主要是为了核对被审计单位提供的有关资料的真实性。

(2)向有关中介机构询证或与其讨论关联方交易的相关重要信息。这既有助于注册会计师对已识别的关联方及其交易进行复核，还可能有助于注册会计师发现未知的关联方及其交易。

(3)就重大应收款项及担保，获取关联方偿债能力的信息。若该关联方偿债能力较弱，而被审计单位却仍与其进行数额较大的购销活动或为其担保，通常意味着被审计单位可能另有目的，这就要求注册会计师对被审计单位与这类关联方所进行的交易作重点审核，以查明这类关联方交易在财务报表中的披露是否真实与完整。

6. 向被审计单位管理当局索取关联方及其交易的声明书。要求管理当局书面确认其所提供的识别关联方的资料是否真实、完整，财务报表对关联方及其交易的披露是否充分，以明确界定注册会计师与被审计单位管理当局各自应负的责任。

7. 检查关联方及其交易的披露是否恰当。注册会计师应当在考虑关联方及其交易审计范围是否受到限制、关联方及其交易的披露是否符合企业会计准则的要求的基础上，确定对审计报告的影响：当审计范围受到限制，未能就财务报表具有重大影响的关联方及其交易获取充分、适当的审计证据时，注册会计师应当考虑发表保留意见或无法表示意见;如果被审计单位对财务报表具有重大影响的关联方及其交易的披露不符合企业会计准则的要求,注册会计师应当发表保留意见或否定意见。

第八节　公允价值的审计

一、公允价值的含义和特征

公允价值是一种会计计量属性。在公允价值计量下,资产和负债按照在公平交易中,熟悉情况的交易双方自愿进行资产交换或者债务清偿的金额计量。公允价值具有以下主要特征。

1. 形成公允价值的交易具有公平性。在公平交易中,交易双方应当是持续经营企业,不打算或不需要进行清算、大幅缩减经营规模,或在不利条件下仍进行交易。

2. 计量对象具有广泛性。计量对象既包括资产,也包括负债,以及某些具有所有者权益特征的特定项目,如可转换公司债券。

3. 交易和交易各方具有假定性。形成公允价值的交易和相关交易各方不一定是特定的或现实的,可能是假定的或虚拟的。因此,确定公允价值时,不是依靠交易本身来确定公允价值,而是要按照符合公允价值定义的交易条件下可能发生的金额来确定公允价值。

二、了解公允价值计量和披露的程序及相关控制活动时的考虑

在了解被审计单位公允价值计量和披露的程序及相关控制活动时,注册会计师应当考虑下列事项。

1. 从事公允价值计量的人员的专业知识和经验。
2. 信息技术在计量过程中的作用。
3. 需要以公允价值计量或披露的账户或交易的类型。
4. 依赖服务机构提供公允价值计量或支持计量数据的范围。
5. 在确定公允价值计量和披露时,利用专家工作的程度。
6. 在确定公允价值时,管理层作出的重大假设。
7. 支持管理层作出假设的记录。
8. 在形成和运用假设以及监控假设的变化时,管理层采用的方法。
9. 估值模型及相关信息系统的更改控制和安全性程序的完整性。

10. 对估值模型中使用数据的一致性、及时性和可靠性的控制。

三、评价公允价值计量的适当性和披露的充分性的考虑

注册会计师应当评价财务报表中公允价值计量和披露是否符合适用的会计准则和相关会计制度的规定。评价公允价值计量的适当性和披露的充分性的主要方法有：了解适用的会计准则和相关会计制度的规定；了解被审计单位的业务和行业情况以及实施其他审计程序的结果。

在某些情况下，被审计单位管理层对一项资产或负债的意图将决定该项资产或负债的计量和披露，以及如何在财务报表中列报其公允价值的变动。因此，管理层的意图对确定公允价值计量的适当性非常重要。如果管理层采取特定措施的意图与公允价值计量和披露相关，注册会计师应当就管理层的意图获取审计证据，其实施的审计程序通常包括向管理层询问，并通过下列方式对管理层的答复予以印证。

1. 考虑管理层以前所述的对于资产和负债的意图的实际实施情况。

2. 复核包括预算、会议纪要等在内的书面计划和其他文件记录。

3. 考虑管理层选择特定措施的理由。

4. 考虑管理层在既定经济环境下实施特定措施的能力。

四、针对公允价值计量和披露的重大错报风险实施的审计程序

（一）测试管理层的重大假设

1. 重大假设通常涉及可能对公允价值计量产生重大影响的下列事项。

（1）对数量、性质的变化或不确定性敏感的事项。

（2）易于误用和易受偏见影响的事项。

2. 注册会计师应当考虑假设从个别和整体上是否合理、是否符合实际，并与下列事项保持一致。

（1）总体经济环境和被审计单位的经营状况。

（2）被审计单位的计划。

（3）适当的情况下，前期使用的假设。

（4）当前仍然适用的被审计单位以往的经验或状况。

（5）与财务报表相关的其他事项，如管理层作出其他会计估计所运用的假设。

（6）与现金流量相关的风险，包括现金流量的潜在变化及其对折现率的影响。

如果假设反映了管理层的意图和实施特定措施的能力，注册会计师应当考虑这些假设与被审计单位的计划和以往经验是否一致。由于历史信息可能无法反映未来的状况或事项，管理层在形成假设时依赖了历史财务信息，注册会计师应当考虑是否能够依

赖这些信息。

(二)复核和评价被审计单位使用的估值模型

对被审计单位使用估值模型进行公允价值计量的项目,注册会计师应当复核该估值模型,并评价该模型是否恰当以及使用的假设是否合理。

(三)测试基础数据

注册会计师应当针对形成公允价值计量和披露的数据实施审计程序,评价公允价值计量所依据的数据是否准确、完整和相关,以及公允价值是否依据这些数据和管理层的假设予以适当计量。

(四)对公允价值进行独立估值

注册会计师可以对公允价值进行独立估值,以印证被审计单位的公允价值计量结果。注册会计师可以运用管理层的假设进行独立估值,也可另行设定假设,而不使用管理层的假设。在这种情况下,注册会计师仍应了解管理层的假设,据此确定另行设定的估值模型是否已考虑管理层估值模型所含的重要变量,并与管理层的公允价值计量结果进行比较及评价重大差异。

(五)考虑期后事项

财务报表期末存在的一些情况在财务报表期后的一段时间内可能已经发生了变化,期后的公允价值信息可能仅反映期后发生的事项,而不反映资产负债表日已经存在的情况。当评估与这些期后事项相关的审计证据时,注册会计师应当遵守《中国注册会计师审计准则第 1332 号——期后事项》的相关规定。

(六)获取管理层声明

注册会计师应当就公允价值计量和披露的重大假设的合理性获取管理层的书面声明,包括这些假设是否恰当地反映管理层针对公允价值计量或披露而采取特定措施的意图和能力。管理层的声明取决于公允价值的性质、重要性和复杂性,通常还包括下列内容。

1. 管理层在适用的会计准则和相关会计制度下确定公允价值计量方法(包括相关的假设)的适当性及运用这些方法的一贯性。

2. 在适用的会计准则和相关会计制度规定了运用公允价值的假定时,管理层确定该项假定不成立的理由。

3. 在适用的会计准则和相关会计制度下,公允价值披露的完整性和适当性。

4. 期后事项是否要求对财务报表中公允价值计量和披露予以调整。

五、评价审计程序实施的结果

在最终评估财务报表中公允价值计量和披露是否符合适用的会计准则和相关会计

制度的规定时，注册会计师应当从财务报表整体的前后关系上，评价其在对公允价值计量和披露的审计工作中所获得的公允价值信息和其他审计证据的一致性。

第九节 违反法规行为的审计

一、违反法规行为的含义

违反法规行为，是指被审计单位有意或无意地违反会计准则和相关会计制度之外的法律法规的行为。

二、违反法规行为审计的一般原则

1. 在设计和实施审计程序以及评价和报告审计结果时，注册会计师应当充分关注被审计单位违反法规行为可能对财务报表产生的重大影响。

2. 在考虑被审计单位的一项行为是否违反法律法规时，注册会计师应当征询法律意见。

三、管理层遵守法律法规的责任

保证经营活动符合法律法规的规定，防止和发现违反法规行为是被审计单位管理层的责任。管理层通常通过执行下列政策和程序，以防止和发现违反法规行为。

1. 了解相关法律法规，确保设计的经营程序符合法律法规的规定。

2. 建立和实施适当的内部控制。

3. 制定、公布并遵守行为规范。

4. 确保员工经过适当培训，了解各项行为规范。

5. 监控行为规范的遵守情况，对违反行为规范的员工给予适当处罚。

6. 聘请法律顾问，帮助管理层了解法律法规要求。

7. 汇集必须遵守的法律法规，保存被投诉的记录。

8. 将适当的职责分派给内部审计和审计委员会，帮助管理层履行防止和发现违反法规行为的责任。

四、注册会计师对违反法规行为的关注

1. 在计划和实施审计工作时，注册会计师应当保持职业怀疑态度，充分关注审计可

能揭露导致其对被审计单位遵守法律法规产生怀疑的情况或事项。

2. 在编制审计计划时,注册会计师应当总体了解适用于被审计单位及其所处行业的法律法规,以及被审计单位如何遵守这些法律法规。为获得对法律法规的总体了解,注册会计师应当实施下列审计程序。

(1)利用了解被审计单位行业状况、法律环境与监管环境以及其他外部因素时所获知的信息。

(2)向管理层询问被审计单位为遵守有关法律法规而采用的政策和程序。

(3)向管理层询问对被审计单位经营活动可能产生重要影响的法律法规。

(4)与管理层讨论在识别、评价和处理诉讼、索赔与税务纠纷时采用的政策和程序。

(5)与审计组成部分的其他注册会计师讨论适用于该组成部分的法律法规。

在获得总体了解后,注册会计师应当实施下列进一步的审计程序,以有助于识别被审计单位在编制财务报表时应当考虑的违反法规行为:①向管理层询问被审计单位是否遵守了适用于被审计单位及其行业的法律法规;②检查被审计单位与许可证颁发机构或监管机构的往来函件。

注册会计师应当获取充分、适当的审计证据,以确定被审计单位是否遵守了可能对财务报表产生重大影响的相关法规。

注册会计师应当向管理当局获取书面声明,以表明被审计单位已将其知悉的、影响财务报表的所有违反或可能违反相关法规的情况告知注册会计师。

为形成财务报表审计意见所实施的程序,可能使注册会计师注意到被审计单位可能存在影响财务报表的违反法规行为,注册会计师应当予以充分关注。

3. 注册会计师实施审计计划时,应当充分关注表明被审计单位可能违反法规的以下情况。

(1)受到政府有关部门的调查或处罚。

(2)提供异常贷款或支付不明费用。

(3)与关联方存在异常交易。

(4)支付异常的销售佣金或代理费用。

(5)购销价格严重偏离市场价格。

(6)异常的现金收支。

(7)与在税收优惠地注册的公司存在异常交易。

(8)向商品或劳务提供者以外的单位或个人支付商品或劳务款项。

(9)收付款缺少适当的控制记录。

(10)现有的会计信息系统不能提供适当审计轨迹或充分证据。

(11)交易未经授权或记录不当。

(12)媒介评论。

五、发现可能存在违反法规行为时的处理

1. 当发现可能存在违反法规行为时,注册会计师应当了解该行为的性质及发生的环境,并获取其他适当信息,以评价其对财务报表可能产生的影响。

2. 注册会计师在评价可能存在的违反法规行为对财务报表产生的影响时,应当考虑:①因罚款、没收违法所得、封存财产、强制停业及诉讼等导致的潜在的财务后果;②潜在的财务后果是否需要披露;③潜在的财务后果是否严重影响财务报表的公允反映。

3. 注册会计师认为可能存在影响财务报表的违反法规行为时,应当与被审计单位管理当局商讨,并形成相应的审计记录。

4. 当被审计单位管理当局不能提供适当的证据证明其确实遵守了法规,注册会计师应当进行必要的法律咨询,以确定: ①被审计单位是否存在违反法规行为; ②可能导致的法律后果; ③应进一步采取的行动。

六、对违反法规行为的报告

(一)与治理层沟通

如果认为违反法规行为是故意和重大的,注册会计师应当就发现的情况立即与治理层沟通;如果怀疑违反法规行为涉及高级管理人员,注册会计师应当向被审计单位内部的审计委员会或监事会等更高层次的机构报告;如果不存在更高层次的机构,或注册会计师认为报告不起作用,或难以确定向谁报告,注册会计师应当考虑征询法律意见。

(二)对审计报告的影响

如果被审计单位的违反法规行为对财务报表有重大影响,并且未能在财务报表中恰当反映,注册会计师应当发表保留意见或否定意见。

如果审计范围受到被审计单位的限制,注册会计师无法就对财务报表可能产生重大影响的违反或可能违反法规行为获取充分、适当的审计证据,应当发表保留意见或无法表示意见。

如果因审计范围受到被审计单位以外的其他条件限制而无法确定违反法规行为是否发生,注册会计师应当考虑其对审计报告的影响。

(三)向监管机构报告

如果发现被审计单位存在严重违反法规行为,注册会计师应当考虑法律法规是否要求其向监管机构报告;必要时,征询法律意见。

七、解除业务约定

如果被审计单位存在违反法规行为，且没有采取注册会计师认为必要的补救措施，注册会计师应当考虑解除业务约定。

第十节 持续经营假设的审计

一、持续经营假设的含义

（一）持续经营假设的含义

持续经营假设是指被审计单位在编制财务报表时，假定其经营活动在可预见的将来会继续下去，不拟也不必终止经营或破产清算，可以在正常的经营过程中变现资产、清偿债务。可预见的将来通常是指资产负债表日后十二个月。

企业正常的会计核算是在持续经营假设这一会计核算的基本前提下进行的，但在当前企业竞争十分激烈的环境下，企业存在着非持续经营的可能。

（二）持续经营与非持续经营下的会计核算的区别

1. 在持续经营情况下，财务会计的目标是公允地反映企业的财务状况、经营成果及现金流量。而当企业处于清算过程或大幅度缩减经营规模时，其业务活动主要是清理和变卖财产、清偿债务和分配剩余财产，因此，其会计目标是如实反映财产变现和债务清偿情况。

2. 在非持续经营情况下，会计原则也不同于持续经营情况下的会计原则，其会计原则主要是收付实现制原则、变现价值原则等基本原则。

3. 由于非持续经营情况下会计信息的使用者及其对会计信息的需求与持续经营情况下存在着较大的差异，因而，与持续经营情况下的财务报表相比，非持续经营情况下财务报表的种类、内容与格式均发生了很大的变化。

二、持续经营假设的审计目标和审计程序

（一）持续经营假设的审计目标

1. 确定被审计单位的持续经营假设是否合理。

2. 根据被审计单位的持续经营假设的情况，确定财务报表项目的分类及计价基础是否需作调整。

（二）持续经营假设的审计程序

1. 关注被审计单位在财务、经营，以及其他方面存在的影响持续经营的各种迹象。

（1）财务方面的迹象主要包括：①无法偿还到期债务；②无法偿还即将到期且难以展期的借款；③无法继续履行重大借款合同中的有关条款；④存在大额的逾期未缴税金；⑤累计经营性亏损数额巨大；⑥过度依赖短期借款筹资；⑦无法获得供应商的正常商业信用；⑧难以获得开发必要新产品或进行必要投资所需资金；⑨资不抵债；⑩营运资金出现负数；⑪经营活动产生的现金流量净额为负数；⑫大股东长期占用巨额资金；⑬重要子公司无法持续经营且未进行处理；⑭存在大量长期未作处理的不良资产；⑮存在因对外巨额担保等或有事项引发的或有负债。

（2）经营方面的迹象主要包括：①关键管理人员离职且无人替代；②主导产品不符合国家产业政策；③失去主要市场、特许权或主要供应商；④人力资源或重要原材料短缺。

（3）其他方面的迹象。除财务、经营方面外，被审计单位在其他方面也可能存在影响持续经营各种迹象，如：①严重违反有关法律、法规或政策；②异常原因导致停工、停产；③有关法规或国家政策的变化可能造成重大不利影响；④营业期限即将到期且无意继续经营；⑤投资者未履行协议、合同、章程规定的义务，并有可能造成重大不利的影响；⑥因自然灾害、战争等不可抗力因素遭受严重损失等。

2. 了解被审计单位管理当局对于存在的影响持续经营的迹象拟采取的措施，并判断其能否缓解非持续经营的状况。这些措施主要包括：①处置资产；②售后回租资产；③取得担保借款；④实施资产重组；⑤获得新的投资；⑥削减或延缓开支；⑦获得重要原材料的替代品；⑧开拓新的市场等。

3. 与管理当局分析、讨论最近的财务报表和现金流量预测、盈利预测及其他预测。

注册会计师不仅要掌握所审会计期间的财务状况、经营成果和现金流量，还必须通过与管理当局分析、讨论现金流量预测、盈利预测等，以了解被审计单位在可预见的将来这一期间的财务状况、经营成果和现金流量。

4. 审核影响持续经营假设的期后事项、财务承诺及或有事项。许多期后事项、财务承诺及或有事项都会对被审计单位的持续经营能力产生影响，如期后发生的债务重组、重大投资、并购、控股股东的易位等；重大的不可撤销的财务承诺；重大的或有负债和或有损失。所以，注册会计师应当对这些事项进行审核。

5. 检查借款合同及债务契约条款等的履行情况。如果无法履行相关条款，很可能暗示着被审计单位持续经营假设不再合理。

6. 查阅股东大会、董事会会议及其他重要会议有关财务困境的记录。

7. 向被审计单位的法律顾问和律师询问有关诉讼、索赔的情况。

8. 确认财务支持协议的存在性、合法性和可行性,并对提供财务支持的关联方或第三方的财务能力作出评价。

9. 与管理层分析和讨论最近的中期财务报表。

10. 向被审计单位管理当局索取其关于持续经营假设的书面声明。

11. 对于应予披露的持续经营事项,检查是否已作恰当披露。

12. 注册会计师应当询问管理层是否知悉超出评估期间的、可能导致对持续经营能力产生重大疑虑的事项或情况以及相关经营风险。

三、持续经营假设对审计报告的影响

注册会计师应当根据获取的审计证据,确定可能导致对持续经营能力产生重大疑虑的事项或情况是否存在重大不确定性。如果认为被审计单位在编制财务报表时运用持续经营假设是适当的,但可能导致对持续经营能力产生重大疑虑的事项或情况存在重大不确定性,注册会计师应当考虑:①财务报表是否已充分描述导致对持续经营能力产生重大疑虑的主要事项或情况,以及管理层针对这些事项或情况提出的应对计划;②财务报表是否已清楚指明可能导致对持续经营能力产生重大疑虑的事项或情况存在重大不确定性,被审计单位可能无法在正常的经营过程中变现资产、清偿债务。

如果财务报表已作出充分披露,注册会计师应当出具无保留意见的审计报告,并在审计意见段之后增加强调事项段,强调可能导致对持续经营能力产生重大疑虑的事项或情况存在重大不确定性的事实,并提醒财务报表使用者注意财务报表附注中对有关事项的披露。在极端情况下,如同时存在多项重大不确定性,注册会计师应当考虑出具无法表示意见的审计报告,而不是在审计意见段之后增加强调事项段。

如果财务报表未能作出充分披露,注册会计师应当出具保留意见或否定意见的审计报告。审计报告应当具体提及可能导致对持续经营能力产生重大疑虑的事项或情况存在重大不确定性的事实,并指明财务报表未对该事实作出披露。

如果判断被审计单位将不能持续经营,但财务报表仍然按照持续经营假设编制,注册会计师应当出具否定意见的审计报告。

如果管理层认为编制财务报表时运用持续经营假设不再适当,选用了其他基础编制财务报表。在这种情况下,注册会计师应当实施补充的审计程序。若认为管理层选用的其他编制基础是适当的,且财务报表已作出充分披露,注册会计师可以出具无保留意见的审计报告,并考虑在审计意见段之后增加强调事项段,提醒财务报表使用者关注管理层选用的其他编制基础。

如果被审计单位未对持续经营能力作出初步评估或评估期间少于自资产负债表日起十二个月,注册会计师应当提请管理层对持续经营能力作出评估,或将评估期间延伸至自资产负债表日起的十二个月。若管理层拒绝注册会计师的要求，注册会计师应当将其视为审计范围受到限制，考虑出具保留意见或无法表示意见的审计报告。

复习思考题

1. 试指出直接与货币资金相关的交易循环有哪些？

2. 对货币资金各项目余额、财务报表认定的审计目标是什么？

3. 哪些因素影响货币资金余额的固有风险？货币资金余额认定与货币资金收入和货币资金支出交易认定之间是什么关系？

4. 审计现金余额时，应着重审计哪一项认定？注册会计师对现金余额执行实质性测试所获得的证据，其可靠性如何？为什么？

5. 审计现金的“存在或发生”和“完整性”认定，可应用哪些测试？

6. 注册会计师在盘点库存现金和函证银行存款和贷款余额时，必须采用哪些预防措施？

7. 盘点库存现金和函证银行存款及贷款余额与哪些认定相关？

8. 在函证银行存款和贷款余额时，应询问哪些事项？注册会计师能根据函证结果，满意地证实银行存款的“完整性”认定吗？

9. 注册会计师在取得和使用银行截止对账单时，应采取哪些保护性措施？注册会计师应如何利用该截止对账单？

10. 检查风险的可接受水平对有关调节银行账户的实质性测试有何影响？

11. 李利是高级注册会计师，现正在审计 N 公司截至 2003 年 12 月 31 日的年度财务报表。他发现他的助手编制的现金工作底稿中，有以下的错误：

(1)有几张 12 月 31 日的支票直到次年的 1 月份才记作支出。这些支票也没有列在 12 月 31 日的银行调节表中。

(2)库存备用金短缺 50 元。

(3)12 月份的现金日记账的支出方记录了在次年 1 月 1 日和 2 日签发的支票。

(4)客户编制的银行调节表上列示的 12 月 31 日银行余额错误。

(5)客户编制的现金明细表有几项计算错误。

(6)年末银行之间的调拨款项记录错误。

(7)对银行背书的或有负债漏报。

(8)12 月 31 日的现金余额总数比预算低得多。

(9)工作底稿上记录的对银行的或有负债,没有在资产负债表里报告。

要求:

(1)李利为了检查上述每项错误,应执行哪些余额实质性测试程序?

(2)这些余额测试各自与哪些财务报表认定相关?

(3)这些余额测试各自可获得哪些证据?

12. 简述期后事项对审计报告的影响。

13. 简述被审计单位管理当局与注册会计师在关联方及其交易问题上各有何责任。

14. XYZ 公司 2000 年度财务报表由 A 会计师事务所审计,并被出具保留意见审计报告。负责 XYZ 公司现场审计的 L 注册会计师于 2001 年 5 月离职,加入 B 会计师事务所,转所手续至 2002 年 5 月办理完毕。2002 年 1 月,XYZ 公司决定改聘 B 会计师事务所审计 2001 年度财务报表,并与其签订了审计业务约定书。在该审计业务约定书中,XYZ 公司同意 B 会计师事务所与 A 会计师事务所联系,以了解相关情况。B 会计师事务所委派 L 注册会计师担任 XYZ 公司 2001 年度财务报表审计的外勤负责人,并于 2002 年 4 月出具了无保留意见审计报告。

要求:请根据上述资料简要回答:

(1)B 会计师事务所通常应当采用什么方式了解期初余额的情况?了解的主要内容有哪些?

(2)B 会计师事务所对期初余额通常应当实施哪些主要审计程序?

(3)针对 A 会计师事务所对 XYZ 公司 2000 年度财务报表审计意见中的保留事项,B 会计师事务所对 XYZ 公司 2001 年度财务报表出具无保留意见的前提是什么?

(4)L 注册会计师能否签署 XYZ 公司 2001 年度财务报表的审计报告?请说明具体原因。

15. 丙注册会计师审计 W 公司 1999 年度财务报表,于 2000 年 2 月 20 日完成外勤审计工作。丙注册会计师了解到 W 公司于 2000 年 2 月 25 日发生火灾,遭受重大损失。丙注册会计师于 2000 年 2 月 28 日完成了对火灾损失的追加审计程序,并于 2000 年 3 月 1 日完成审计报告并送达 W 公司,W 公司于 2000 年 3 月 5 日公布其 1999 年度财务报表。

要求:

(1)假定 W 公司 2000 年 2 月 25 日没有发生火灾,简述丙注册会计师对 W 公司截至 2000 年 3 月 5 日的不同时期的期后事项的责任。

(2)根据上述情况,丙注册会计师确定审计报告日期的方法有哪些?所承担的责任有何不同?

第十八章

其他鉴证业务

本章要点

除了对历史财务信息的审计和审阅业务以外，还有其他鉴证业务，如预测性财务信息的审核、内部控制鉴证等。本章对其他鉴证业务的含义、基本要求和目标进行了简要介绍。验资是中国注册会计师所持有的一项特殊而重要的法定业务。改革开放以来，注册会计师验资业务的发展，为有效地维护社会主义市场经济秩序、建立公平竞争机制起到了积极的作用。本章围绕验资的含义、作用、类型、范围和法律责任等方面内容，对验资的程序和方法、验资报告作了详细的介绍。

第一节 其他鉴证业务概述

一、其他鉴证业务的含义

其他鉴证业务是指除历史财务信息审计和审阅业务以外的鉴证业务。如果将历史财务信息审计和审阅看做是“基本”的鉴证业务,那么其他鉴证业务便是鉴证对象相对“特殊”的业务。简单地说,其他鉴证业务的鉴证对象信息不是历史财务信息。

二、注册会计师执行鉴证业务的总体要求

注册会计师执行其他鉴证业务,应当遵守《中国注册会计师鉴证业务基本准则》和其他鉴证业务准则,以及职业道德规范和会计师事务所质量控制准则。

(一)遵守《中国注册会计师鉴证业务基本准则》和其他鉴证业务准则

中国注册会计师鉴证业务基本准则由鉴证业务基本准则统领,按照鉴证业务提供的保证程度和鉴证对象的不同,分为审计准则、审阅准则和其他鉴证业务准则。

其他鉴证业务准则用以规范注册会计师执行历史财务信息审计或审阅以外的其他鉴证业务,根据鉴证业务的性质和业务约定书的要求,提供有限保证或合理保证。其他鉴证业务注意包括预测性财务信息的审核、内部控制鉴证等。

(二)遵守职业道德规范

中国注册会计师职业道德规范主要包括《中国注册会计师职业道德基本准则》和《中国注册会计师职业道德规范指导意见》,注册会计师在执行鉴证业务时应当遵守这两个文件中的相关规定。

《中国注册会计师职业道德基本准则》和《中国注册会计师职业道德规范指导意见》要求注册会计师在执行鉴证业务时,恪守独立、客观、公正的原则,保持专业胜任能力和应有的关注,并对执业过程中获知的信息保密。

(三)遵守质量控制准则

质量控制准则用以规范会计师事务所在执行各类业务时应当遵守的质量控制政策和程序,是对会计师事务所质量控制提出的制度要求。

会计师事务所应当根据质量控制准则并结合具体情况,制定合适的质量控制制度,包括质量控制政策和程序,以合理实现质量控制的两大目标:①保证会计师事务

所及其人员遵守法律法规、中国注册会计师职业道德规范以及中国注册会计师审计准则、中国注册会计师审阅准则、中国注册会计师其他鉴证业务准则和中国注册会计师相关服务准则的规定；②会计师事务所和项目负责人根据具体情况出具恰当的报告。

目前，财政部已发布两个质量控制准则，即《会计师事务所质量控制准则第 5101 号——业务质量控制》和《中国注册会计师审计准则第 1121 号——历史财务信息审计的质量控制》。前者从会计师事务所层面上进行规范，适用于包括其他鉴证业务在内的各项业务；后者从执行审计项目的负责人层面上进行规范，仅适用于历史财务信息审计业务。这两项准则联系紧密，前者是后者的制定依据。

注册会计师应当遵守财政部发布的会计师事务所质量控制准则以及本所制定的质量控制制度。

三、其他鉴证业务的目标

其他鉴证业务的保证程度分为合理保证和有限保证。

合理保证的其他鉴证业务的目标是注册会计师将鉴证业务风险降至该业务环境下可接受的低水平，以此作为以积极方式提出结论的基础。例如，注册会计师将内部控制鉴证作为合理保证的其他鉴证业务予以承接。在该业务中，要求注册会计师将鉴证业务风险降至可接受的低水平，对鉴证后的内部控制的有效性提供高水平保证（合理保证），在鉴证报告中以积极方式提出结论。

有限保证的其他鉴证业务的目标是注册会计师将鉴证业务风险降至该业务环境下可接受的水平，以此作为以消极方式提出结论的基础。例如，在预测性财务信息审核业务中，要求注册会计师将鉴证业务风险降至可接受的水平，对鉴证后管理层采用假设的合理性提供低于高水平的保证（有限保证），在鉴证报告中以消极方式提出结论。

有限保证的其他鉴证业务的风险水平高于合理保证的其他鉴证业务的风险水平。

第二节 验 资

一、验资概述

(一)验资的含义

验资是指注册会计师依法接受委托,对被审验单位的注册资本的实收情况或注册资本及实收资本的变更情况进行审验,并出具验资报告。

此定义主要明确了下列几个问题。

1. 验资是注册会计师的一项法定业务。《中华人民共和国注册会计师法》明确规定,"验证企业资本,出具验资报告"是注册会计师的法定义务之一。其他法律法规也有对注册会计师承办验资业务作出规定的,如《中华人民共和国公司法》等。

2. 验资是一种受托业务。注册会计师必须接受委托人的委托,由其所在会计师事务所与委托人签订业务约定书,方可执行验资业务。

3. 验资是一项鉴证业务。注册会计师的审验意见旨在提高被审验单位的注册资本实收情况或注册资本及实收资本变更情况的可信赖程度,满足公司登记机关登记注册资本和实收资本及被审验单位向出资者签发出资证明的需要。

4. 验资的内容包括对被审验单位注册资本的实收情况或注册资本及实收资本的变更情况进行审验。被审验单位注册资本的实收情况是指被审验单位实际收到出资者缴纳注册资本的情况。被审验单位注册资本及实收资本的变更情况是指被审验单位注册资本和实收资本的增减变动情况。

5. 注册会计师完成审验工作后,应对被审验单位注册资本的实收情况或注册资本及实收资本的变更情况发表审验意见,出具验资报告。

(二)注册资本、实收资本及验资截止的含义

1. 注册资本是指被审验单位在公司登记机关依法登记的全体出资者的出资额。因公司组织形式不同,其注册资本的含义也不同,公司法对有限责任公司和股份有限公司的注册资本分别作出了下列定义。

(1)有限责任公司的注册资本为在公司登记机关依法登记的全体股东认缴的出资额。

(2)采取发起设立方式设立的股份有限公司,其注册资本为在公司登记机关依法登记的全体发起人认购的股本总额。

(3)采取募集设立方式设立的股份有限公司,其注册资本为在公司登记机关依法登记的实收股本总额。

2. 实收资本是被审验单位全体股东或者发起人实际交付并经公司登记机关依法登记的出资额或者股本总额。

3. 验资截止日的含义。验资截止日是指注册会计师所验证的注册资本实收情况或注册资本及实收资本变更情况的截止日期,是注册会计师审验结论成立的一个特定时点。

(三)验资的作用

验资作为注册会计师独立审计业务的一个重要领域,不论对国家宏观经济管理还是会计师事务所都有极为重要的作用,主要表现在以下方面。

1. 验资有利于界定企业产权关系,维护投资各方的正当合法权益。验资工作不仅要验证企业资本存在的真实性,而且还要验证资本由谁投入,企业的产权归谁所有。所以注册会计师作为独立的鉴证人,对投资各方投入资本的验证,确认其实际缴付的资本额,并予以公证,就可以保证投资各方按实缴资本比例分享利润、承担责任,维护投资各方的正当经济权益,避免出现纠纷。尤其是对外商投资企业而言,验资可避免在资本投入环节上存在的种种问题。比如,外方以质量低劣的机器设备及原料出资,或者外方没有作价依据,随意要价;外方出资的专利技术不是先进技术、没有实用价值或已超过了有效期以及无形资产投入比例过高等问题,通过验资都能够避免。我国企业目前的投资主体(投资者)主要包括国家、法人、个人(包括外商),多元化的投资主体使企业产权关系日趋复杂。产权关系的构成,是企业经营决策权、收益分配权的基础。也就是说,哪一个投资者在企业产权关系上取得了控制性地位,也就相应地在企业经营决策权、收益分配权上取得了主导性地位。

2. 验资有利于维护正常的社会经济秩序。企业是社会经济活动的法人单位,社会经济秩序的稳定与否,一定程度上取决于企业法人行为的规范性、合法性。企业设立的基本要素之一,就是要筹集生产经营所需要的法定资本金。验资也就是对企业持续经营行为的首次检验。倘若在企业设立时把关不严,往往会给一些无本经营的投机公司、皮包公司开绿灯,使其在合法、合理的外衣下从事非法经营或高风险经营,从而可能扰乱社会经济秩序,影响其他企业的信誉和正常的经营行为。

3. 做好验资业务,有利于会计师事务所拓展其他业务。验资是客户委托会计师事务所的首项业务。能否尽职尽责、保质按时地完成客户委托的首项业务,关系到事务所在客户中的声誉和形象,关系到事务所是否能够继续承办客户今后一系列长期、稳定的财务报表审计和会计咨询业务等。因此会计师事务所应当重视并做好验资工作,开拓业务和稳定客户。

二、验资的类型和范围

《验资准则》第三条规定："验资分为设立验资和变更验资。"这是对验资最基本的分类。

（一）设立验资的含义

设立验资是指注册会计师对被审验单位申请设立登记时的注册资本实收情况进行的审验。

需要注册会计师进行设立验资的情况主要包括以下两种。

1. 被审验单位向公司登记机关申请设立登记时全体股东一次性出资和分次出资的首次出资。

2. 公司新设合并、分立，或企业改制时以部分资产进行重组设立新的公司，新设立的公司向公司登记机关申请设立登记。

（二）变更验资的含义

变更验资是指注册会计师对被审验单位申请变更登记时的注册资本及实收资本的变更情况进行的审验。

需要注册会计师进行变更验资的情况主要包括以下几种。

1. 被审验单位出资者（包括原出资者和新出资者）新投入资本，增加注册资本及实收资本。

2. 分次出资的非首次出资，增加实收资本，但注册资本不变。

3. 符合规定的出资者将其对被审验单位的债权转为股权。

4. 被审验单位以资本公积、盈余公积、未分配利润转增注册资本及实收资本。

5. 被审验单位因吸收合并增加注册资本及实收资本。

6. 被审验单位因派生分立、注销股份或依法收购股东的股权等减少注册资本及实收资本。

7. 被审验单位整体改制，包括由非公司制企业改为公司制企业、有限责任公司变更为股份有限公司时，以净资产折合实收资本。

需要指出的是，公司因出资者、出资比例等发生变化，注册资本及实收资本金额不变，需要按照有关规定向公司登记机关申请办理变更登记，但不需要进行变更验资。

三、被审验单位的含义

被审验单位是指在中华人民共和国境内拟设立或已设立的，依法应当接受验资的有限责任公司和股份有限公司。

(一)拟设立或已设立公司

拟设立公司是指处于筹备阶段中,已经向公司登记机关办理了公司名称预先核准,或已办理了审批手续(对法律、行政法规规定设立公司必须报经批准的)正准备向公司登记机关申请设立登记的公司。已设立公司是指已经办理了公司登记,领取了营业执照,正式成立的公司。

(二)依法接受验资

依法接受验资是指拟设立或已设立公司应当根据《公司法》、《中外合资经营企业法》、《中外合作经营企业法》、《外资企业法》、《公司登记管理条例》、《企业法人登记管理条例》、《公司注册资本登记管理规定》等法律法规的规定,接受注册会计师对其注册资本的实收情况或注册资本及实收资本的变更情况进行审验。

四、出资者和被审验单位的责任

按照法律法规以及协议、合同、章程的要求出资,提供真实、合法、完整的验资资料,保护资产的安全、完整,是出资者和被审验单位的责任。

五、注册会计师的责任

按照验资准则的规定,对被审验单位注册资本的实收情况或注册资本及实收资本的变更情况进行审验,出具验资报告,是注册会计师的责任。

注册会计师的责任不能减轻出资者和被审验单位的责任。

六、对注册会计师执行验资业务的职业道德要求

验资准则第六条规定,注册会计师执行验资业务,应当遵守相关的职业道德规范,恪守独立、客观、公正的原则,保持专业胜任能力和应有的关注,并对执业过程中获知的信息保密。

第三节　验资程序

一、了解被审验单位基本情况与初步评估验资风险

(一)了解被审验单位基本情况

注册会计师应当了解被审验单位基本情况,考虑自身独立性和专业胜任能力,初步

评估验资风险,以确定是否接受委托。

了解被审验单位基本情况,主要是指在接受委托前,注册会计师应当与委托人、被审验单位管理当局进行沟通,实地察看被审验单位的住所和主要经营场所,了解被审验单位的基本情况,获取有关资料,填写被审验单位基本情况表。

被审验单位基本情况主要包括:被审验单位的设立审批、变更审批,名称预先核准,经营范围,公司类型、组织机构和人员,申请设立或变更登记的注册资本、实收资本,出资方式、出资时间,全体出资者指定代表或委托代理人等基本情况。

对于变更验资,注册会计师应当查阅被审验单位的前期验资报告、近期财务报表、审计报告和其他与本次验资有关的资料,以了解被审验单位以前注册资本的实收情况。必要时,应与前任注册会计师沟通,如查阅前任注册会计师的验资工作底稿。

(二)初步评估验资风险

验资风险主要源自两个方面:一是被审验单位管理层的诚信度及其所提供验资资料的真实性与完整性;二是注册会计师的专业胜任能力和职业道德水平。下列事项通常导致注册资本实收情况或注册资本及实收资本变更情况发生重大错报风险,需要注册会计师予以评估。

1. 验资业务委托渠道复杂或不正常。

2. 验资资料存在涂改或伪造痕迹,或互相矛盾,或随意更换,或不及时提供,或只提供复印件不提供原件。

3. 自然人出资或家庭成员共同出资或关联方共同出资或出资人之间存在分歧。

4. 被审验单位拒绝或阻挠注册会计师实施重要审验程序,如被审验单位拒绝或阻挠注册会计师实施银行存款函证、实物资产监盘等程序,或不执行法律规定的程序,如非货币财产应当评估而未评估等。

5. 被审验单位处在高风险行业。

6. 出资财产的计价的主观程度高或其计价需要依赖大量的主观判断。

7. 企业改制验资。

8. 验资付费远远超出规定标准或明显不合理。

(三)与委托人的沟通

注册会计师应当就委托目的、出资者和被审验单位的责任以及注册会计师的责任、审验范围、时间要求、验资收费、报告分发和使用的限制等主要事项与委托人沟通,并达成一致意见。

沟通的目的,是避免双方对验资业务的理解产生分歧。如果委托人不是被审验单位,在签订业务约定书前,注册会计师应当与委托人、被审验单位就验资业务约定相关条款进行充分沟通,并达成一致意见。

(四)签订验资业务约定书

如果接受委托,注册会计师应当与委托人就双方达成一致的事项签订业务约定书。

验资业务约定书的具体内容可能因被审验单位的不同、验资类型的不同而存在差异,但至少应当包括:委托目的、双方的责任、审验范围、执行验资工作的安排(时间要求)、验资收费、验资报告的用途及使用责任、业务约定书的有效期间、约定事项的变更及违约责任等条款。业务约定书应当由会计师事务所与委托人签订。

二、验资计划、程序与记录

(一)验资计划

注册会计师执行验资业务,应当编制验资计划,对验资工作作出合理的安排。

1. 验资计划的种类。验资计划包括总体验资计划和具体验资计划。总体验资计划是注册会计师对验资业务总体作出的计划安排;具体验资计划是注册会计师对拟实施审验程序的性质、时间和范围作出的具体安排。

计划验资工作并非验资业务的一个孤立阶段,而是一个持续的、不断修正的过程,贯穿于整个验资业务的始终。由于未预期事项、条件的变化或在实施审验程序中获取的审验证据等原因,注册会计师可以在验资过程中对总体验资计划和具体验资计划作出必要的更新和修改。

2. 验资计划的内容。

(1)总体验资计划的内容。总体验资计划通常包括8项主要内容:①验资类型、委托目的和审验范围;②以往的验资和审计情况;③重点审验领域;④验资风险评估;⑤对专家工作的利用;⑥验资工作进度及时间、收费预算;⑦验资小组组成及人员分工;⑧质量控制安排。

(2)具体验资计划的内容。具体验资计划通常包括各审验项目的3项主要内容:①审验目标;②审验程序;③执行人及完成工作日期。具体验资计划一般通过编制各审验项目的审验程序表体现。

(二)获取注册资本实收情况明细表或注册资本、实收资本变更情况明细表

注册会计师应当向被审验单位获取注册资本实收情况明细表或注册资本、实收资本变更情况明细表。

注册会计师在验资过程中获取的由被审验单位签章的"注册资本实收情况明细表"或"注册资本、实收资本变更情况明细表",是被审验单位出资者出资情况的总括反映,经被审验单位签章确认后,代表了被审验单位对其出资者出资情况的认定,也是被审验单位的一种书面声明,是注册会计师应当获取的重要证据之一。获取这一证据有助于分清被审验单位和注册会计师各自的责任。

（三）审验范围

1.设立验资的审验范围一般限于与被审验单位注册资本实收情况有关的事项，包括出资者、出资币种、出资金额、出资时间、出资方式和出资比例等。

2.变更验资的审验范围一般限于与被审验单位注册资本及实收资本增减变动情况有关的事项。

增加注册资本及实收资本时，审验范围包括与增资相关的出资者、出资币种、出资金额、出资时间、出资方式、出资比例和相关会计处理，以及增资后的出资者、出资金额和出资比例等。

减少注册资本及实收资本时，审验范围包括与减资相关的减资者、减资币种、减资金额、减资时间、减资方式、债务清偿或债务担保情况、相关会计处理，以及减资后的出资者、出资金额和出资比例等。

（四）审验程序

1.审验方法及要求。注册会计师应当关注出资者的出资金额、出资时间、出资方式、出资比例等内容是否符合法律法规以及协议、章程额规定。

对于出资者投入的资本及其相关的资产、负债，注册会计师应当分别采用下列方法进行审验。

（1）以货币出资的，应当在检查被审验单位开户银行出具的收款凭证、对账单及银行询证函回函等的基础上，审验出资者的实际出资金额和货币出资比例是否符合规定。对于股份有限公司向社会公开募集的股本，还应当检查证券公司承销协议、募股清单和股票发行费用清单等。

（2）以实物出资的，应当观察、检查实物，审验其权属转移情况，并按照国家有关规定在资产评估的基础上审验其价值。如果被审验单位是外商投资企业，注册会计师应当按照国家有关外商投资企业的规定，审验实物出资的价值。

（3）以知识产权、土地使用权等无形资产出资的，应当审验其权属转移情况，并按照国家有关规定在资产评估的基础上审验其价值。如果被审验单位是外商投资企业，注册会计师应当按照国家有关外商投资企业的规定，审验无形资产出资的价值。

（4）以净资产折合实收资本的，或以资本公积、盈余公积、未分配利润转增注册资本及实收资本的，应当在审计的基础上按照国家有关规定审验其价值。

（5）以货币、实物、知识产权、土地使用权以外的其他财产出资的，注册会计师应当审验出资是否符合国家有关规定。

（6）外商投资企业的外方出资者以本条第1项至第5项所述方式出资的，注册会计师还应当关注其是否符合国家外汇管理有关规定，向企业注册地的外汇管理部门发出外方出资情况询证函，并根据外方出资者的出资方式附送银行询证函回函、资本项目外汇业务核准件及进口货物报关单等文件的复印件，以询证上述文件内容的真实性、合规性。

2. 对非货币财产作价出资的审验要求。对于出资者以实物、知识产权和土地使用权等非货币财产作价出资的，注册会计师应当在出资者依法办理财产权转移手续后予以审验。

这里需要注意，无论是设立验资还是变更验资，对出资者以实物、知识产权和土地使用权等非货币财产作价出资的，注册会计师都应当检查上述出资资产办理财产权转移手续的证明文件，验证其出资前是否归属于出资者，出资后是否归属于被审验单位。

3. 对于设立验资的首次验资，注册会计师应当关注的事项。对于设立验资，如果出资者分次缴纳注册资本，注册会计师应当关注全体出资者的首次出资额和出资比例是否符合国家有关规定。

这里需要关注两种情形：一是关注有限责任公司全体股东的首次出资额是否不低于公司注册资本的20%，且不低于法定的注册资本最低限额；二是关注发起设立的股份有限公司全体发起人的首次出资额是否不低于公司注册资本的20%。

4. 对于变更验资，注册会计师应当关注的事项。对于变更验资，注册会计师应当关注被审验单位以前的注册资本实收情况，并关注出资者是否按照规定的期限缴纳注册资本。

关注被审验单位以前的注册资本实收情况，注册会计师应做到：查阅前期验资报告；检查前期出资的实物、知识产权、土地使用权等非货币财产是否办理了财产权转移手续；关注被审验单位与其关联方的有关往来款项有无明显异常情况；查阅近期财务报告和审计报告，关注被审验单位是否存在由于严重亏损而导致增资前的净资产小于实收资本的情况。

关注出资者是否按照规定的期限缴纳注册资本，这里主要是关注出资者首次出资后，其余部分是否由出资者自公司成立之日起两年内缴足，其中投资公司在5年内缴足。

5. 利用专家工作。注册会计师在审验过程中利用专家协助工作时，应当考虑其专业胜任能力和客观性，并对利用专家工作结果所形成的审验结论负责。

注册会计师在执行验资业务时，利用专家工作主要包括以下几方面。

(1)对用以出资的房屋、建筑物、机器设备等实物资产，知识产权，土地使用权等无形资产及工艺品、宝石等特殊资产的估价及该类资产评估报告价值的审查。

(2)对特定资产的数量和实物状况的测定，如地下矿藏储量、成分、等级的测定与估算，房屋、建筑物及设备剩余使用年限的测算等。

(3)未完成合同中已完成和未完成工作的计量。

在拟利用专家的工作时,注册会计师应当根据《中国注册会计师审计准则第1421号——利用专家的工作》评价专家的专业胜任能力和客观性。

6. 验资事项声明。注册会计师应当向出资者和被审验单位获取与验资业务有关的重大事项的书面声明。

与验资业务有关的重大事项的书面声明通常包括下列内容。

(1)出资者及被审验单位的责任。

(2)非货币财产的评估和价值确认情况。

(3)出资者对出资财产在出资前拥有的权利,是否未设定担保及已办理财产权转移手续。

(4)净资产折合实收资本情况及相关手续办理情况。

(5)验资报告使用。

(6)其他对验资产生重大影响的事项。

验资事项声明书标明的日期通常与验资报告日一致。

验资事项声明书见参考格式18-1

参考格式18-1:

适用于设立验资

验资事项声明书

××会计师事务所并××注册会计师:

本公司(筹)已经××[审批部门]××字××号[批文名称]批准,由××(以下简称甲方)、××(以下简称乙方)共同出资组建,于××年×月×日取得××[公司登记机关]核发的《企业名称预先核准通知书》,正在申请办理设立登记。现已委托贵所对本公司(筹)申请设立登记的截至××年×月×日止的注册资本实收情况进行审验,并出具验资报告。现就有关事项声明如下。

1. 本公司(筹)全体股东已按照法律法规以及协议、合同、章程的要求出资,并保证不抽逃出资,本公司(筹)对全体股东出资资产的安全、完整负全部责任。

2. 本公司(筹)已提供全部验资资料,并已将截至验资报告日止的所有对审验结论产生重要影响的事项如实告知注册会计师,无违法、舞弊行为。本公司(筹)及全体股东对所提供验资资料的真实、合法、完整负责。

3. 出资的非货币财产已按照国家规定进行评估,其价值是合理的,且已经全体股东确认。

4. 本公司(筹)股东在出资前对其出资的非货币财产拥有所有权,不存在产权纠纷,未设定担保,已经办理财产权转移手续,且已移交本公司(筹)。

5. 本公司(筹)承诺将在公司成立后依法建立会计账簿,并按照注册会计师的审验结论对有关事项作出适当会计处理。

6. 本公司(筹)保证按验资业务约定书规定的用途使用验资报告。

[其他需要声明的重大事项]……

××公司(筹)股东　　　　　　　　　　××公司(筹)

×××(签名并盖章)　　　　法定代表人或委托代理人:(签名并盖章)

×××(签名并盖章)　　　　　　　　　　　　年　月　日

(五)验资工作底稿

注册会计师应当对验资过程及结果进行记录,形成验资工作底稿。

1. 验资工作底稿的分类。验资工作底稿一般分为综合类工作底稿、业务类工作底稿和备查类工作底稿。注册会计师应当按照《中国注册会计师审计准则第1131号——审计工作底稿》的要求,编制和归档验资工作底稿。

2. 综合类验资工作底稿的基本内容。综合类验资工作底稿通常包括下列内容。

(1)被审验单位基本情况表。

(2)验资业务约定书。

(3)总体验资计划。

(4)验资报告。

(5)其他综合类验资工作底稿。

3. 业务类验资工作底稿的基本内容。

其一,设立验资业务通常包括下列工作底稿。

(1)货币出资审验程序表。

(2)货币出资清单。

(3)银行开户文件、收款凭证、对账单(或具有同等证明效力的文件)及银行询证函回函。

(4)实物(包括固定资产、存货等)出资审验程序表。

(5)实物出资清单。

(6)实物资产评估报告及对评估报告确认的有关资料。

(7)知识产权、土地使用权等无形资产出资审验程序表。

(8)知识产权、土地使用权等无形资产出资清单。

(9)知识产权、土地使用权等无形资产的评估报告及对评估报告确认的有关资料。

(10)以净资产折合实收资本的审验程序表。

(11)与以净资产折合实收资本相关的资产、负债清单。

(12)出资者及被审验单位签署的实物、知识产权、土地使用权出资及与以净资产折合实收资本相关的资产、负债交接清单。

(13)非货币财产的已办理财产权转移手续的证明文件及注册会计师的审验记录。

(14)与验资业务有关的重大事项声明书。

(15)被审验单位对出资的会计处理资料及注册会计师的审验记录。

(16)对被审验单位与其关联方往来款项审验的工作底稿。

其二,变更验资业务类工作底稿通常包括下列内容。

(1)以货币、实物、知识产权、土地使用权等出资增加注册资本及实收资本的,注册会计师应当按照设立验资业务类工作底稿的要求执行。

(2)以资本公积、盈余公积、未分配利润转增注册资本及实收资本的,或因合并、分立、注销股份等减少注册资本的,可选用财务报表审计业务类工作底稿和设立验资业务类工作底稿,同时,还应当编制变更验资审验程序表。

(3)前期的验资报告。

(4)前期的非货币出资办理财产权转移手续的有关资料。

4. 备查类验资工作底稿的基本内容。

其一,设立验资备查类工作底稿通常包括下列内容。

(1)被审验单位的设立申请书以及审批机关的批准文件(需要审批的)。

(2)被审验单位出资者签署的与出资有关的协议(合同)和公司章程。

(3)出资者的主体资格证明或者自然人身份证明。

(4)载明公司董事、监事、经理的姓名、住所的文件以及有关委派、选举或者聘用的证明。

(5)被审验单位法定代表人的任职文件和身份证明。

(6)全体出资者(或董事会)指定代表或共同委托代理人的证明和委托文件、代表或代理人的身份证明。

(7)经公司登记机关核准的《企业名称预先核准通知书》。

(8)被审验单位住所和经营场所使用证明。

(9)公司登记机关颁发的准予开业的营业执照。

(10)董事会、股东会、股东大会的决议和会议纪要。

(11)新设合并的公告及债务清偿报告或债务担保证明。

(12)被审验单位确认的注册资本实收情况明细表。

(13)其他备查资料。

其二,变更验资业务备查类工作底稿通常包括下列内容。

(1)被审验单位法定代表人签署的变更登记申请书。

(2)合并或分立有关的报纸上的公告、债务清偿报告或债务担保证明。

(3)与减资有关的报纸上的公告、债务清偿报告或债务担保证明。

(4)注册资本、实收资本增加或减少前最近一期的财务报表。

(5)董事会、股东会、股东大会增加或减少注册资本及实收资本的决议。

(6)外商投资企业注册资本变更后的批准证书。

(7)注册资本及实收资本变更前的营业执照。

(8)经批准的注册资本及实收资本增加或减少前后的协议、章程。

(9)政府有关部门对被审验单位注册资本及实收资本变更等事宜的批准文件(需要审批的)。

(10)委托承销协议、承销报告、募股清单、证券登记机构出具的有关证明。

(11)招股说明书、配股说明书。

(12)被审验单位签署的注册资本、实收资本变更情况明细表。

(13)其他备查资料。

第四节　验资报告

一、验资报告概述

验资报告是指注册会计师在完成审验工作以后对被审验单位注册资本的实收与变更情况发表审验意见的一种特殊的审计报告。《验资》第二十一条规定:“注册会计师应当评价根据审验证据得出的结论,以此作为形成审验意见和出具验资报告的基础。”由此可以看出,验资报告是验资工作的最终成果,具有法定证明效力。

二、验资报告的基本内容

按照验资准则与工商行政管理部门的有关规定,标准的验资报告一般应由以下九大要素构成。

(一)标题

标题统一规范为“验资报告”。

(二)收件人

验资报告的收件人是指注册会计师按照业务约定书的要求致送验资报告的对象,

一般是指验资业务的委托人。验资报告应当载明收件人的全称。

对拟设立的公司，收件人通常是公司登记机关预先核准的名称并加“（筹）”。

（三）范围段

范围段应说明审验范围、出资者及被审验单位的责任、注册会计师的责任、审验依据、已实施的主要审验程序等。

审验范围是指注册会计师所验证的被审验单位截至特定日期止的注册资本实收情况或注册资本及实收资本变更情况。出资者和被审验单位的责任是按照法律法规以及协议、合同、章程的要求出资，提供真实、合法、完整的验资资料，保护资产的安全、完整。

注册会计师的责任是按照本准则的规定，对被审验单位注册资本的实收情况或注册资本及实收资本的变更情况进行审验，出具验资报告。

审验依据是《中国注册会计师审计准则第1602号——验资》。已实施的主要审验程序通常包括检查记录或文件、检查有形资产、观察、询问、函证、重新计算等。

以拟设立有限责任公司股东一次全部出资为例，范围段通常表述为：“我们接受委托，审验了贵公司（筹）截至××年×月×日止申请设立登记的注册资本实收情况。按照法律法规以及协议、章程的要求出资，提供真实、合法、完整的验资资料，保护资产的安全、完整是全体股东及贵公司（筹）的责任。我们的责任是对贵公司（筹）注册资本的实收情况发表审验意见。我们的审验是依据《中国注册会计师审计准则第1602号——验资》进行的。在审验过程中，我们结合贵公司（筹）的实际情况，实施了检查等必要的审验程序。”

（四）意见段

意见段应当说明已审验的被审验单位注册资本的实收情况或注册资本及实收资本的变更情况。

1. 设立验资报告意见段内容。对于设立验资，注册会计师在意见段中应当说明被审验单位申请登记的注册资本金额、约定的出资时间，并说明截至特定日期止，被审验单位已收到全体出资者缴纳的注册资本情况，包括实收注册资本金额（实收资本），各种出资方式的出资金额。

以拟设立有限责任公司股东一次全部出资为例，设立验资报告意见段通常表述为：“根据协议、章程的规定，贵公司（筹）申请登记的注册资本为人民币××元，由全体股东于××年×月×日之前一次缴足。经我们审验，截至××年×月×日止，贵公司（筹）已收到全体股东缴纳的注册资本（实收资本），合计人民币××元（大写）。各股东以货币出资××元，实物出资××元。”

以拟设立有限责任公司股东分次出资首次验资为例，设立验资报告意见段通常表述为：“根据协议、章程的规定，贵公司（筹）申请登记的注册资本为人民币××元，由全体股东分××期于××年×月×日之前缴足。本次出资为首次出资，出资额为人民币××元，应由××和××于××年×月×日之前缴纳。经我们审验，截至××年×月×日止，贵公司（筹）已收到××和××首次缴纳的注册资本（实收资本）合计人民币××元（大写）。各股东以货币出资××元，实物出资××元。"

2. 注册会计师对变更验资发表审验意见的特殊考虑。本准则第二十六条第二款规定，对于变更验资，注册会计师仅对本次注册资本及实收资本的变更情况发表审验意见。

这里主要是考虑公司在经营中，其原始资本与现有资产无法一一对应，后任注册会计师对公司前期已收到的资本无法辨认，也不能对前期注册资本的实收情况发表意见。但注册会计师根据本准则第二十七条第二款的规定，应当在验资报告说明段中说明对以前注册资本实收情况审验的会计师事务所名称及其审验情况，并说明变更后的累计注册资本实收金额。如果在审验中发现被审验单位由于严重亏损而导致增资前的净资产小于注册资本、实收资本，或发现被审验单位以前收到的注册资本有明显抽逃迹象，注册会计师应在验资报告的说明段中予以说明。

3. 变更验资报告意见段内容。注册会计师在意见段中应当说明原注册资本及实收资本金额、增资或减资的依据、申请增加或减少注册资本及实收资本金额、约定的增资或减资的时间、变更后的注册资本金额。并说明截至特定日期止被审验单位注册资本及实收资本变更情况，包括实际收到或实际减少的注册资本及实收资本金额、各种出资方式的增资金额或减资方式的减资金额。以有限责任公司增资为例，变更验资报告意见段通常表述为："贵公司原注册资本为人民币××元，实收资本为××元。根据贵公司××股东会决议和修改后的章程规定，贵公司申请增加注册资本人民币××元，由××（以下简称甲方）、××（以下简称乙方）于××年×月×日之前缴足，变更后的注册资本为人民币××元。经我们审验，截至××年×月×日止，贵公司已收到甲方、乙方缴纳的新增注册资本（实收资本）合计人民币××元（大写）。各股东以货币出资××元，实物出资××元，知识产权出资××元。"

（五）说明段

说明段应当说明验资报告的用途、使用责任及注册会计师认为应当说明的其他重要事项。对于变更验资，注册会计师还应当在验资报告说明段中说明对以前注册资本实收情况审验的会计师事务所名称及其审验情况，并说明变更后的累计注册资本实收金额。

1. 关于验资报告的用途、使用责任。本准则第三十四条规定，验资报告具有法定证明效力，供被审验单位申请设立登记或变更登记及据以向出资者签发出资证明时使用。验资报告不应被视为是对被审验单位验资报告日后资本保全、偿债能力和持续经营能力等的保证。委托人、被审验单位及其他第三方因使用验资报告不当所造成的后果，与注册会计师及其所在的会计师事务所无关。

2. 注册会计师认为应当说明的其他重要事项包括。

(1)注册会计师与被审验单位在注册资本及实收资本的确认方面存在异议。准则第二十八条规定,如果在注册资本及实收资本的确认方面与被审验单位存在异议,且无法协商一致,注册会计师应当在验资报告中说明段中清晰地反映有关事项及其差异和理由。

(2)已设立公司尚未对注册资本的实收情况或注册资本及实收资本的变更情况作出相关会计处理。

(3)被审验单位由于严重亏损而导致增资前的净资产小于注册资本及实收资本。

(4)验资截止日至验资报告日期间注册会计师发现的影响审验结论的重大事项。

(5)注册会计师发现的前期出资不实的情况以及明显的抽逃出资迹象。

(6)其他事项。

(六)附件

本准则第二十九条规定,验资报告的附件应当包括已审验的注册资本实收情况明细表或注册资本、实收资本变更情况明细表和验资事项说明等。

1. 附件中的注册资本实收情况明细表或注册资本、实收资本变更情况明细表是验资报告的组成部分,反映了注册会计师验证的结果,而在验资过程中获取的被审验单位签署的注册资本明细表或注册资本、实收资本变更情况明细表作为被审验单位的一种书面声明,是注册会计师的重要证据之一。两者之间存在区别,前者是注册会计师的审验结果,后者是审验证据。

2. 设立验资的验资事项说明主要包括以下内容。

(1)基本情况。说明公司名称,公司类型,公司组建及审批情况(需要批准的),股东或发起人的名称或者姓名,公司名称预先核准情况等。

(2)申请的注册资本及出资规定。说明公司申请的注册资本额、各股东或者发起人的认缴或者认购额、出资时间、出资方式,如果是以募集方式设立的股份有限公司,还应当说明发起人认购的股份和该股份占公司股份总数的比例等。

(3)审验结果。说明公司实收资本额、实收资本占注册资本的比例、各股东或者发起人实际缴纳出资额、出资时间、出资方式,以货币出资的还应当说明股东或者发起人的出资时间、出资额、货币资金缴存被审验单位的开户银行、户名及账号;以实物、知识产权、土地使用权等可以用货币估价并可以依法转让的非货币财产作价出资的,应当具体说明其出资方式和内容,并说明非货币出资权属转移情况(股东已办理财产权转移手续的证明文件情况)、评估情况(包括评估结果和确认情况);全部货币出资所占注册资本的比例(对于出资者一次全部出资或分次出资的末次出资验资时,应当说明全体股东的货币出资额占注册资本的比例是否不低于30%;对于有限责任公司出资者分次出资的首次验资应当说明全体股东的首次出资金额占公司注册资本的比例及该出资额是否不低于法定的注册资本最低限额；对于发起设立的股份有限公司出资者分次出资的首次验资应当说明全体发起人的首次出资额占公司注册资本的比例；出资者的实际出资超过认缴出资的还应当说明超过部分的处理情况等。

(4)其他事项。注册会计师认为应当说明的其他重要事项。例如，对外商投资企业的验资，应当说明向国家外汇管理局××分(支)局发函询证情况、收到回函情况及被审验单位的外资外汇登记编号等。

3. 变更验资的验资事项说明主要包括以下内容。

(1)基本情况。说明公司名称，公司类型，公司组建及审批情况(需要批准的)，变更前后各股东或者发起人的名称或者姓名、出资额和出资方式、出资时间，申请变更前后的注册资本及实收资本金额等。

(2)新增资本的出资规定或减资规定。说明申请新增的注册资本数额或实收资本数额，出资者、出资方式、出资时间，或减资数额、减资者、减资方式、减资时间等。

(3)审验结果。增加注册资本或实收资本的，应当说明被审验单位实际收到各出资者的新增注册资本及实收资本或新增实收资本的情况。包括：以货币出资的，应当说明股东或者发起人的出资额、出资时间、货币资金缴存被审验单位的开户银行和户名及账号；以实物、知识产权、土地使用权及其他可以用货币估价并可以依法转让的非货币财产作价出资的，应当具体说明其出资方式和内容，并说明股东办理财产权转移手续的情况、评估情况(包括评估结果和确认情况)；以资本公积、盈余公积和未分配利润转增注册资本及实收资本的，应当说明转增的方式、用以转增注册资本的项目和金额、公司实施转增的基准日期、财务报表的调整情况(包括会计处理情况)、留存的该项公积金不少于转增前公司注册资本的25%、转增前后财务报表相关科目的实际情况、转增后股东的出资额；出资者的实际出资超过认缴出资的还应当说明超过部分的处理情况等。

减少注册资本及实收资本的，除说明减资者、减资币种、减资金额、减资时间、减资方式和减资后的出资者、出资金额、出资比例及减资后的净资产和实收资本(股本)外，还应当说明公司履行公司法规定程序情况和股东或者发起人对公司债务清偿或者债务担保情况。

(七)注册会计师的签名和盖章

验资报告应当由注册会计师签名并盖章。

根据《财政部关于注册会计师在审计报告上签名盖章有关问题的通知》(财会[2001]1035号)的规定，合伙会计师事务所出具的验资报告，应当由一名对验资项目负最终复核责任的合伙人和一名负责该项目的注册会计师签名并盖章。有限责任会计师事务所出具的验资报告，应当由会计师事务所主任会计师或其授权的副主任会计师和一名负责该项目的注册会计师签名并盖章。

(八)会计师事务所的名称、地址及盖章

验资报告应当载明会计师事务所的名称和地址,并加盖会计师事务所公章。

验资报告中的会计师事务所地址通常应注明“中国××市”。

(九)报告日期

验资报告日期是指注册会计师完成审验工作的日期。

致送工商行政管理部门的验资报告应当后附会计师事务所的营业执照复印件;如果由副主任会计师签署报告时,还应当附主任会计师授权副主任会计师签署报告的授权书复印件。

三、拒绝出具验资报告并解除业务约定的情形

注册会计师在审验过程中,遇有下列情形之一时,应当拒绝出具验资报告并解除业务约定。

1. 被审验单位或出资者不提供真实、合法、完整的验资资料的。

2. 被审验单位或出资者对注册会计师应当实施的审验程序不予合作,甚至阻挠审验的。

3. 被审验单位或其出资者坚持要求注册会计师作不实证明的。

举例来说,遇有下列情形之一时,注册会计师应当拒绝出具验资报告并解除业务约定。①出资者投入的实物、知识产权、土地使用权等资产的价值难以确定。②被审验单位及其出资者不按国家规定对出资的实物、知识产权、土地使用权等非货币财产进行资产评估或价值鉴定、办理有关财产权转移手续。③被审验单位减少注册资本或合并、分立时,不按国家规定进行公告、债务清偿或提供债务担保。④外汇管理部门在外方出资情况询证函回函中注明附送文件存在虚假、违规等情况。⑤出资者以法律法规禁止的劳务、信用、自然人姓名、商誉、特许经营权或者设定担保的财产等作价出资。⑥首次出资额和出资比例不符合国家有关法律法规规定。⑦全体股东的货币出资比例不符合国家有关法律法规规定。

四、验资报告的格式

(一)适用于拟设立有限责任公司股东一次全部出资

验 资 报 告

××有限责任公司(筹):

我们接受委托,审验了贵公司(筹)截至××年×月×日止申请设立登记的注册资

本实收情况。按照法律法规以及协议、章程的要求出资，提供真实、合法、完整的验资资料，保护资产的安全、完整是全体股东及贵公司（筹）的责任。我们的责任是对贵公司（筹）注册资本的实收情况发表审验意见。我们的审验是依据《中国注册会计师审计准则第1602号——验资》进行的。在审验过程中，我们结合贵公司（筹）的实际情况，实施了检查等必要的审验程序。

根据协议、章程的规定，贵公司（筹）申请登记的注册资本为人民币××元，由全体股东于××年×月×日之前一次缴足。经我们审验，截至××年×月×日止，贵公司（筹）已收到全体股东缴纳的注册资本（实收资本），合计人民币××元（大写）。各股东以货币出资××元，实物出资××元。

[如果存在需要说明的重大事项增加说明段]

……

本验资报告供贵公司（筹）申请办理设立登记及据以向全体股东签发出资证明时使用，不应被视为是对贵公司（筹）验资报告日后资本保全、偿债能力和持续经营能力等的保证。因使用不当造成的后果，与执行本验资业务的注册会计师及本会计师事务所无关。

附件：1. 注册资本实收情况明细表
　　2. 验资事项说明

××会计师事务所　　　　中国注册会计师：×××
　　　　（主任会计师/副主任会计师）
　　　　（签名并盖章）
（盖章）
　　　　中国注册会计师：×××
　　　　（签名并盖章）

中国××市　　　　年　月　日

附件1

注册资本实收情况明细表

截至　　年　月　日止

被审验单位名称：　　　　　　　　　　　　　　货币单位：

股东名称	认缴注册资本		实际出资情况									
											其中：实收资本	
	金额	出资比例	货币	实物	知识产权	土地使用权	其他	合计	金额	占注册资本比例	金额	占注册资本总额比例
合计												

附件2

验资事项说明

一、基本情况

××公司(筹)(以下简称贵公司)系由××(以下简称甲方)和××(以下简称乙方)共同出资组建的有限责任公司，于××年×月×日取得××[公司登记机关]核发的××号《企业名称预先核准通知书》，正在申请办理设立登记。(如果该公司在设立登记前须经审批，还需说明审批情况。)

二、申请的注册资本及出资规定

根据协议、章程的规定，贵公司申请登记的注册资本为人民币××元，由全体股东于××年×月×日之前一次缴足。其中：甲方认缴人民币××元，占注册资本的××%，出资方式为货币××元，实物(机器设备)××元；乙方认缴人民币××元，占注册资本的××%，出资方式为货币。

三、审验结果

截至××年×月×日止,贵公司已收到甲方、乙方缴纳的注册资本(实收资本)合计人民币××元,实收资本占注册资本的100%。

(一)甲方实际缴纳出资额人民币××元。其中:货币出资×× 元,于××年×月×日缴存××公司(筹)在××银行开立的人民币临时存款账户××账号内;于××年×月×日投入机器设备××[名称、数量等],评估价值为××元,全体股东确认的价值为××元。

××资产评估有限公司已对甲方出资的机器设备进行了评估,并出具了[文号]资产评估报告。

甲方已与贵公司于××年×月×日就出资的机器设备办理了财产交接手续。

(二)乙方实际缴纳出资额人民币××元。其中:货币出资××元,于××年×月×日缴存××公司(筹)在××银行开立的人民币临时存款账户××账号。

[如果股东的实际出资金额超过其认缴的注册资本金额,应当说明超过部分的处理情况]

(三)全体股东的货币出资金额××元,占注册资本的××%。

四、其他事项

(二)适用于拟设立有限责任公司股东分次出资首次验资

验资报告

××有限责任公司(筹):

我们接受委托,审验了贵公司(筹)截至××年×月×日止申请设立登记的注册资本首次实收情况。按照法律法规以及协议、章程的要求出资,提供真实、合法、完整的验资资料,保护资产的安全、完整是全体股东及贵公司(筹)的责任。我们的责任是对贵公司(筹)注册资本的首次实收情况发表审验意见。我们的审验是依据《中国注册会计师审计准则第1602号——验资》进行的。在审验过程中,我们结合贵公司(筹)的实际情况,实施了检查等必要的审验程序。

根据协议、章程的规定,贵公司(筹)申请登记的注册资本为人民币××元,由全体股东分××期于××年×月×日之前缴足。本次出资为首次出资,出资额为人民币××元,应由××和××于××年×月×日之前缴纳。经我们审验,截至××年×月×日止,贵公司(筹)已收到××和××首次缴纳的注册资本(实收资本)合计人民币××元(大写)。各股东以货币出资××元,实物出资××元。

[如果存在需要说明的重大事项增加说明段]

……

本验资报告供贵公司（筹）申请设立登记及据以向全体股东签发出资证明时使用，不应被视为是对贵公司（筹）验资报告日后资本保全、偿债能力和持续经营能力等的保证。因使用不当造成的后果，与执行本验资业务的注册会计师及本会计师事务所无关。

附件：1. 本期注册资本实收情况明细表

2. 验资事项说明

××会计师事务所　　　　　　　　　　　　中国注册会计师：×××

（盖章）　　　　　　　　　　　　　　　　（签名并盖章）

（主任会计师/副主任会计师）

中国注册会计师：×××

（签名并盖章）

中国××市　　　　　　　　　　　　　　　　年　月　日

附件1

本期注册资本实收情况明细表

截至　　年　月　日止

被审验单位名称：　　　　　　　　　　　　货币单位：

股东名称	认缴注册资本		本期认缴注册资本								
										其中：实收资本	
	金额	出资比例	金额	占注册资本总额比例	货币	实物知识产权	土地使用权	其他	合计	金额	占注册资本总额比例
合计											

附件2

验资事项说明

一、基本情况

××公司(筹)(以下简称贵公司)系由××(以下简称甲方)、××(以下简称乙方)共同出资组建的有限责任公司,于××年×月×日取得××[公司登记机关]核发的××号《企业名称预先核准通知书》,正在申请办理设立登记。(如果该公司在设立登记前须经审批,还需说明审批情况。)

二、申请的注册资本及出资规定

根据协议、章程的规定,贵公司申请登记的注册资本为人民币××元,由全体股东分××期于××年×月×日之前缴足。本期出资为首次出资,出资额为人民币××元,应由甲方、乙方于××年×月×日之前缴纳。其中:甲方认缴人民币××元,占注册资本的××%,出资方式为货币××元,实物(机器设备)××元;乙方认缴人民币××元,占注册资本的××%,出资方式为货币。

三、审验结果

截至××年×月×日止,贵公司已收到甲方、乙方首次缴纳的注册资本(实收资本)合计人民币××元,实收资本占注册资本的××%。

(一)甲方首次实际缴纳出资额人民币××元。其中:货币出资××元,于××年×月×日缴存××公司(筹)在××银行开立的人民币临时存款账户××账号内;于××年×月×日投入机器设备××[名称、数量等],评估价值为××元,全体股东确认的价值为××元。

××资产评估有限公司已对甲方出资的机器设备进行了评估,并出具了[文号]资产评估报告。

甲方已与贵公司于××年×月×日就出资的机器设备办理了财产交接手续。

(二)乙方首次实际缴纳出资额人民币××元。其中:货币出资××元,于××年×月×日缴存××公司(筹)在××银行开立的人民币临时存款账户××账号内。

(三)以上股东的货币出资金额占贵公司注册资本的×%。

(四)全体股东的首次出资金额占贵公司注册资本××%,该出资额也不低于法定的注册资本最低限额,符合公司法相关规定。

四、其他事项

(三)适用于股份有限公司减资

验资报告

××股份有限公司:

我们接受委托,审验了贵公司截至××年×月×日止减少注册资本及实收资本(股本)的情况。按照法律法规以及协议、章程的要求出资,提供真实、合法、完整的验资资料,保护资产的安全、完整,是全体股东及贵公司的责任。我们的责任是对贵公司减少注册资本及实收资本(股本)情况发表审验意见。我们的审验是依据《中国注册会计师审计准则第1602号——验资》进行的。在审验过程中,我们结合贵公司的实际情况,实施了检查等必要的审验程序。

贵公司原注册资本为人民币××元,实收资本(股本)为人民币××元。其中,××(以下简称甲方)出资××元,占原注册资本的××%;××(以下简称乙方)出资××元,占原注册资本的××%;××(以下简称丙方)出资××元,占原注册资本的××%。根据××协议、××股东大会决议和修改后的章程规定,贵公司申请减少注册资本人民币××元,其中减少甲方出资××元、减少乙方出资××元,变更后的注册资本为人民币××元。经我们审验,截至××年×月×日止,贵公司已减少股本人民币××元,其中减少甲方出资人民币××元,减少乙方出资人民币××元。

[如果存在需要说明的重大事项增加说明段]

……

同时我们注意到,贵公司本次减资前的注册资本人民币××元,实收资本(股本)人民币××元,已经××会计师事务所审验,并于××年×月×日出具××[文号]验资报告。截至××年×月×日止,变更后的注册资本人民币××元、实收资本(股本)人民币××元。

本验资报告供贵公司申请办理注册资本及实收资本变更登记及据以向全体股东签发出资证明时使用,不应被视为是对贵公司验资报告日后资本保全、偿债能力和持续经营能力等的保证。因使用不当造成的后果,与执行本验资业务的注册会计师及本会计师事务所无关。

附件:1. 注册资本及实收资本(股本)减少情况明细表
2. 注册资本及实收资本(股本)变更前后对照表
3. 验资事项说明

××会计师事务所　　　　中国注册会计师:×××

（盖章）　　　　　　　　　　　　　　　　（签名并盖章）

（主任会计师/副主任会计师）

中国注册会计师：×××

（签名并盖章）

中国××市　　　　　　　　　　　　　　　　　年　月　日

附件1

注册资本及实收资本（股本）减少情况明细表

截至　　　年　月　日止

被审验单位公司名称：　　　　　　　　　　　　货币单位：

股东名称	申请减少注册资本金额	实际减资情况						
		货币	实物	知识产权	土地使用权	其他	合计	其中：实收资本（股本）减少额
合计								

附件2

注册资本及实收资本（股本）变更前后对照表

截至　　　年　月　日

被审验单位名称：　　　　　　　　　　　　货币单位：

股东名称	认缴注册资本				实收资本（股本）				
	变更前		变更后		变更前		本次减少额	变更后	
	金额	比例	金额	比例	金额	比例		金额	比例

附件 3

验资事项说明

一、基本情况

××公司(以下简称贵公司)系由××(以下简称甲方)、××(以下简称乙方)和××(以下简称丙方)共同出资组建的股份有限公司,于××年×月×日取得××[公司登记机关]核发的××号《企业法人营业执照》,原注册资本为人民币××元,实收资本(股本)为人民币××元。根据贵公司××股东大会决议和修改后章程的规定,贵公司申请减少注册资本人民币××元,实收资本(股本)人民币××元,变更后的注册资本人民币××元,实收资本(股本)人民币××元。变更注册资本及实收资本(股本)后,股东仍然是××、××、××。

二、减资规定

根据××协议、××股东大会决议和修改后的章程规定,贵公司申请减少注册资本人民币××元,其中甲方减资××元、乙方减资××元。公司按每股人民币××元,以货币方式分别归还甲方人民币××元、乙方人民币××元,共计人民币××元,同时分别减少股本人民币××元,资本公积人民币××元。变更后贵公司的股本为人民币××元。

三、审验结果

截至××年×月×日止,贵公司已减少甲方、乙方的出资合计人民币××元,实际归还甲方、乙方货币资金情况如下。

(一)贵公司于××年×月×日以货币资金归还甲方出资人民币××元。

(二)贵公司于××年×月×日以货币资金归还乙方出资人民币××元。

[具体说明贵公司有关减资的会计处理情况]

(三)贵公司变更后的股本为人民币××元,比申请变更前减少人民币××元。变更后的注册资本达到法定注册资本的最低限额。变更后甲方出资为人民币××元,占变更后注册资本的××%;乙方出资为人民币××元,占变更后注册资本的××%;丙方出资为人民币××元,占变更后注册资本的××%。

以××年×月×日已审计财务报表为基准,贵公司减资后的净资产为人民币××元,其中股本××元、资本公积××元、盈余公积××元、未分配利润××元。

四、债务清偿或债务担保情况

[说明公司对变更前业已存在的债务清偿或者债务担保情况以及履行《公司法》第178条规定的通知债权人和公告程序的有关情况]

五、其他事项

复习思考题

ABC有限责任公司经批准，由甲、乙、丙三公司共同出资组建(丙公司为外方)。根据经批准的协议、合同和章程的规定，注册资本人民币1 000万元，由出资各方在2003年8月31日前一次缴足。甲公司应出资300万元，占注册资本的30%，其中，房屋、建筑物等出资260万元，土地使用权出资40万元。乙公司应出资300万元，占注册资本的30%，其中货币资金200万元、专有技术100万元。丙公司应出资400万元(折合美元50万元)，占注册资本的40%，其中进口设备美元30万元、货币资金20万美元。合同约定汇率为1:8.0。ABC有限责任公司的记账本位币与注册资本币相同。

甲公司出资的房屋、建筑物的会计账面价值为300万元，经评估确认价值为260万元，土地使用权的评估价为70万元，该评估价值已得到投资各方的确认。

乙公司2003年6月1日缴存开户银行人民币160万元，出资的专有技术的评估价为100万元。

丙公司出资的设备于2003年7月10日运抵公司，国家商检部门的鉴定价值为美元26万元，当日汇入ABC有限责任公司开户银行美元20万元，出资当日汇率为1:8.2。

假如存在以下情况：

(1)经出资三方同意，报经有关部门批准，各方实际出资超出合同规定的按资本公积处理。

(2)经投资各方同意，由ABC有限责任公司确认签署“财产权转移手续承诺函”，出资者缴付的实物资产和无形资产在2003年10月31日前办理产权转移手续。

(3)光华会计师事务所注册会计师X，Y于2003年9月6日完成了外勤工作，现正草拟验资报告。

要求：根据上述资料代注册会计师X，Y编制“注册资本实收情况明细表”和“验资报告”。

第十九章

政府审计与内部审计

本章要点

政府审计和内部审计是我国审计监督体系的重要组成部分。政府审计以预算资金和社会公共资金为审计对象，以政府机构、社会团体、事业单位的财政财务收支为监督对象，采用政府审计的特有方法和程序，履行监督职能，发挥着规范政府机关、单位行为的作用。内部审计以企业的经营活动、资金运动、内部控制为对象，采用内部审计的手段和方式，发挥内部审计监督的作用，以促进和保证企业目标的实现。本章介绍了政府审计和内部审计的理论体系、监督对象、审计方法和程序，以及目前准则制定的情况及审计的环境和条件等相关内容。

第一节　政府审计

一、政府审计的产生与发展

政府审计是随着国家的产生、发展而逐渐形成的。国家在地域上的广阔性和管理事务上的复杂性,使国家在管理事务中必须采取分级授权管理的办法,形成了上下级之间及相互间的责任关系,其中包括经济责任关系。国家管理事务中受托经济责任的形成,提出了对经济责任履行情况进行监督的客观要求。这种监督最初表现为财产所有者的直接监督。但在更多的情况下,由于时间、地点和专业技术等多方面的原因,财产所有者并不能对受托管理者的经济责任实施有效的直接监督。因此,财产所有者必须指派或通过其代表履行监督责任,政府审计便由此产生。

(一)西方政府审计的产生与发展

西方一些国家的政府审计具有悠久的历史。据考证,早在奴隶制度下的古希腊、古埃及和古罗马时代,就有了官厅审计机构及政府审计的事实。在大约公元前6世纪古希腊的雅典,卸任官员离职前,必须由审计机构对其任期内的会计账簿进行审查。通过审计,证明其没有贪污、受贿等行为后才能允许其离职;在大约公元前3000年的古埃及,统治者委任记录监督官专门对会计账簿和收支计算书进行严格审查,如果发现差错或舞弊行为,就根据情节轻重给予相应的惩罚;在约公元前3世纪的古罗马,对即将卸任的官员由元老院下设的审计机构对他们在任期内是否很好地履行其所承担的经济责任进行检查,并进行相应的奖惩。当时,在审计方法上普遍采用了"账目听证会"的形式,Audit(审计)一词就是从拉丁文 Auditus(听证会)演变而来的。

在西方的封建王朝,政府审计得到了一定的发展。西方许多国家设置了审计机构,这些审计机构以君主为其服务对象,监督受最高统治者之托管理国家资源的各级政府。例如,12世纪时,英国为了加强对财政收支的监督,在财政部门设置了审计监督机构,由收支监督局审核收支局编制的会计账簿。1320年,法国成立了审计厅以加强政府部门经济责任的监督。1714年,普鲁士设置了独立于行政部门的总会计院,负责政府审计工作。这一时期,审计的价值逐渐得到广泛认可,许多国家政府审计机构普遍开展了定期审计。

步入近现代社会以后,西方国家的政府审计,伴随着国家规模、职能等方面的变化,其内涵得到不断充实、发展。1945年,美国国会颁布了《1945年政府公司控制法案》,要求会计总署聘请注册会计师对公营公司进行审计,使政府审计对象从国家政府部门、事业部门扩大到公营公司。1974年,依据《国会预算与留存控制法案》,审计总署应设置专门机构,负责对联邦政府各部门的预算执行情况和使用拨款的效果进行审计。政府审计范围扩大到绩效审计。1983年,英国国会通过了《国家审计法》,就国家审计署对政府部门和公共机构进行绩效审计作了明确规定。绩效审计相对比重不断加大是西方发达国家政府审计发展的基本趋势。

(二)我国政府审计的产生与发展

我国政府审计起源甚早。据《周礼》记载,西周时期就出现了带有审计性质的财政经济监察工作。当时,在中央政权设置的官职中,"宰夫"一职负责审查财物保管部门的财物出入和经济收支情况,要求官府定期报送账册和会计报告,并拥有"考其出入,而定刑赏"的职权。宰夫将其核对、验证后的账册和会计报告再报与周王审查。这是我国历史上著名的"上计制度"的雏形。可见,宰夫所从事的工作具有审计的性质。这一时期是我国政府审计的萌芽时期。

秦汉是我国政府审计的奠基时期。这一时期,"上计制度"进一步发展和完善,出现了上计簿、上计会议和上计律等较为科学的会计报告形式、会计与审计制度和法规,并形成定制。另外,秦汉从中央到地方建立了一个比较完整的审计监督系统——御史组织系统:皇帝之下均设置了御史大夫,具有监察、执掌弹劾、纠察之权,主管财物审计工作。与西周相比,审计组织独立于财计部门,前进了一大步,但是,审计工作仍然是监察业务的一部分,尚未自成体系。

曹魏以来,我国政府审计进一步发展。曹魏时期,成立了"比部",负责审计工作。据《晋书》记载:"至魏,尚书郎有殿中、吏部、驾部、金部、比部、……考功、定课,凡二十三部"。"比"是比较、检查的意思。当时比部的一项重要职责是对政府和部门经费开支和财务出纳进行财务审计。比部的出现标志着我国政府审计机构的正式诞生。比部独立于财计部门,被审计史学家一致称颂为中国审计史上的一座里程碑。

至唐代,比部制度进一步完善起来,唐代于刑部下设比部司,比部被明确为负责有关审计事宜的专业部门。比部对审计过程中发现的一般问题,可自行处理,对重大问题,需御史台处理。审计呈现出明显的司法性。唐代在发展政府审计的过程中,详细规定了各种审计程序、送审时间和审计处理要求等重要事项。例如,据《新唐书·百官志》记载,当时吏部对所有官吏,视其职掌不同,分别立有不同的考功标准,其中对审计人员提出了"明于勘复,稽失无隐,为勾检之最"的准则。"明于勘复",是指应严格审查有关的会计账簿,保证会计资料的正确性、可靠性和客观性;"稽失无隐",指比部官员不仅应充分地、公正地揭露错误弊端,而且自身应客观公正、刚直不阿,不得因私隐匿事实真相。这一时期是我国封建社会政府审计的兴旺时期。

从宋代开始，我国封建社会政府审计开始走向衰落。宋代政府审计的发展分两个阶段：第一阶段从宋初至元丰改制，主要采用隶属于财政系统的政府审计制度，财、审合一，制约了审计工作的开展；第二阶段，元丰改制至宋亡，审计组织又划归比部主管，采用隶属于司法系统的政府审计制度。这一时期设立了“审计司”和“审计院”，这是我国政府审计机构定名之始，使审计这个名词正式出现。到了元、明、清三代未设专门的审计机构。元代国家的政权建设不完备，基本的财政制度也未建立起来，审计制度建设亦被忽视。明代中央财政机关为户部，它不仅总理国家财政及负责财政收支的全面核算，还对全国决算报告进行审核。比部虽一度恢复，但不久即取消，直至清末再未设置。在这三个朝代政府审计陷于衰落时期。

1911 年辛亥革命以后，北洋政府和南京国民党政府先后设立了审计院，颁布了《审计法》。第二次国内革命战争时期，中国共产党领导下的革命根据地实行了审计监督制度。1934 年，中华苏维埃共和国中央政府颁布了《审计条例》，明确规定了中华苏维埃共和国审计机关的职权、审计程序、审计规则等。这是中央苏区第一部完整的审计法律文献。

1949 年 10 月 ~ 1983 年 8 月的 34 年间，我国一直未设立独立的政府审计机关，对国家财政收支的监督工作主要由财政部门内部的监察机构完成。

1982 年 12 月 4 日颁布实施的《中华人民共和国宪法》规定了我国实行审计监督制度。1983 年 9 月，中华人民共和国审计署成立，审计署主管全国的审计工作。县级以上地方各级人民政府也相继设立审计机关，政府审计工作在全国范围内逐步展开。审计署制定了一系列审计法规，卓有成效地开展了审计监督工作，使我国审计工作得到了迅速发展。1994 年 8 月 31 日，《中华人民共和国审计法》正式颁布，自 1995 年 1 月 1 日起施行，这是我国政府审计的主要法律依据。1997 年 10 月 21 日，国务院发布了《中华人民共和国审计法实施条例》，对《审计法》的内容作了进一步的详细规定。

2003 年 7 月 1 日审计署发布《2003 ~ 2007 年审计工作发展规划》，提出将实行财政财务收支的真实合法审计与效益审计并重。这标志着我国审计模式发生重大转变，即从传统的财务收支审计为主向效益审计为主转变。

为了适应我国社会经济和审计事业形势的发展，2006 年 2 月 28 日第十届全国人民代表大会常务委员会第二十次会议通过了关于修改《中华人民共和国审计法》的决定。修订后的《审计法》对审计机关职责进行了相应调整，将使用财政资金的事业组织、国有资本占控股地位或者主导地位的金融机构、以政府投资为主的建设项目纳入审计监督范围。

二、政府审计的基本概念

(一)政府审计的含义

政府审计是指政府所设立的审计机构代表国家及各级政府组织实施的审计监督。政府审计又称国家审计。根据《中华人民共和国国家审计基本准则》,国家审计是指审计机关依法对国务院各部门和地方人民政府及其各部门的财政收支、国有的金融机构和企业事业组织的财务收支,以及其他依法应当接受审计的财政收支、财务收支的真实、合法、效益进行的审计监督活动。

这里的审计机关包括审计署和县级以上人民政府设立的审计机关。接受审计监督的财政收支,是指依照《中华人民共和国预算法》和国家其他有关规定,纳入预算管理的收入和支出,以及预算外资金的收入和支出。接受审计监督的财务收支,是指国有的金融机构、企业事业单位以及国家规定应当接受审计监督的其他各种资金的收入和支出。

(二)政府审计的特征

政府审计与注册会计师审计、内部审计相比,具有自身的一些特点。

1. 审计监督的强制性。政府审计具有强制性。一方面,凡是属于政府审计范围的,政府均可依法进行审计,无需被审计单位同意;另一方面,审计机构对违反国家规定的财政、财务收支行为,可在法定的职权范围内,依照法律、行政法规的规定作出有法律效力的审计决定,责令被审计单位执行,并可依法对被审计单位进行处罚等。被审计单位如不采纳,政府审计部门可以依法强制执行。

2. 审计工作的单向独立性。我国政府审计机构隶属于国务院和各级人民政府,因此在独立性上体现为单向独立,即仅独立于被审计单位。

3. 审计收费的无偿性。政府审计是一种政府行为,政府审计机关的工作已经由委托人——政府支付了报酬,不需要向被审计单位另行收取审计费用。

4. 审计对象的局限性。政府审计主要针对各级政府及其部门的财政收支及公共资金的收支、运用情况,亦包括国有的金融机构、企业事业单位的财务收支,审计对象受到局限。

(三)政府审计的目标

根据《中华人民共和国国家审计基本准则》,我国政府审计的目标为真实、合法及效益。

1. 真实。即测试财政收支、财务收支及其有关的经济活动是否发生、是否真实存在,在会计资料及其他有关资料中的反映是否符合客观实际,有无任意增加、减少、隐瞒等虚假行为。

2. 合法。即测试财政收支、财务收支及其有关的经济活动是否遵循法律、法规和有关规章制度的规定。如，各级预算内财政资金的支出必须符合本级人民代表大会批准的预算，企业成本、费用的计算、归集和分配必须符合国家有关会计准则等财务会计制度有关方面的规定。

3. 效益。即测试财政收支、财务收支及其有关的经济活动的经济效率和效果。这里所讲的效益，不仅仅是指用于经营资金所产生的经济效益，还包括：资金投入的经济性，即是否节约；资金运用的效率，即资金合理利用的程度；资金使用的效果，即是否达到预期的目标。有些资金使用并不能产生经济效益，但可能会产生相应的社会效果。

（四）政府审计的作用

1. 有利于维护国家作为所有者的权益。我国国有企业转换经营机制之后，按照政企分开的原则，国家作为产权所有者将国有资产授予企业自主经营。为了保证国有资产的安全完整和保值增值，必须由政府审计机关代表国家，对与国计民生有重大关系的国有企业、接受财政补贴较多或亏损数额较大的国有企业以及国务院和本级人民政府指定的国有企业的资产、负债、损益进行审计监督。

2. 有利于加强宏观经济调控。在社会主义市场经济条件下，国家减少了对经济的直接控制，强调在国家宏观调控下，充分发挥市场在资源配置中的基础性作用。政府审计有利于完善经济管理的间接控制体系，有利于为国家宏观调控服务，为经济管理服务。主要表现在以下几方面。

（1）通过财政、财务收支审计，可以监督国家宏观调控措施的贯彻落实情况，及时发现被审计单位在贯彻执行宏观调控措施过程中存在的主要问题。

（2）将国民经济管理和运行过程中发现的一些热点、焦点问题及时反馈给有关经济管理部门。

（3）通过对微观经济单位带有普遍性、倾向性的问题进行综合分析，从宏观角度向各级政府提出加强经济管理、改进和完善宏观调控的建议。

3. 有利丁提高经济效益。我国政府审计机关，虽不参与被审计单位的经营管理活动，但通过实施审计监督，一方面可以提出合理化建议，帮助企事业单位健全自我约束机制，改善经营管理，促进增产节约、增收节支，提高微观经济效益；另一方面，审计机关通过对微观经济单位经营管理方面的问题进行加工整理、综合分析，向各级政府和有关部门提出意见和建议，可以促使提高宏观经济效益。

三、政府审计机构及人员

（一）政府审计机构

1. 政府审计机构的设置

目前,世界上许多国家都建立了与本国国情相适应的政府审计机构,负责本国的政府审计工作。虽然各国政府审计组织的称谓不尽相同,职责也存在差别,但就其基本模式看,大致包括以下五种:立法型、行政型、司法型、独立型及财政领导型。

立法型的政府审计机关隶属于国家立法机关,对议会负责,直接向其报告工作,不受政府的控制和干预。由于政府一般负责财政工作,审计机关独立于政府,能使审计工作保证较强的独立性。目前,英国、美国、加拿大、澳大利亚等世界上大多数国家的审计机关都属于这一类型。例如,加拿大审计长每年向众议院报告审计长公署工作中重要的应提请众议院注意的任何事项;美国审计总局(署)隶属国会,不受任何行政当局干涉,独立行使审计监督权。立法型审计机关地位高、独立性强,不受行政当局的控制和干预。

行政型的政府审计机关是政府机构的一个职能部门,由政府直接领导并向其报告工作。审计工作多是为政府履行自身的职责服务的。这种模式不能避开政府对审计工作的控制。相对于立法型的审计机构,独立性较差。属于这种模式的主要有中国、瑞典、泰国、沙特阿拉伯。沙特阿拉伯王国审计总局是对首相负责的独立机构,年度报告应呈递国王陛下;泰王国审计长公署应向内阁总理呈报;瑞典审计局认为有必要报告有关情况,则应首先向负责部门或有关机构报告,如认为无此必要,可直接向政府报告。

司法型的政府审计机关隶属司法体系,这种政府审计机关具有很强的司法权,即具有审计和经济裁决双重职能。例如,意大利的审计法院对公共财务案件和法律规定的其他案件有裁判权;西班牙审计法院拥有自己的司法权;法国审计法院也有一定的审判权。司法型审计机关可以直接行使司法权力,具有司法地位,具有很高的权威性。

独立型的政府审计机构不隶属于任何机构,也无司法权。审计机构协助议会作出决议或向国家元首负责并提交审计报告,由元首将审计报告转交议会。德国、日本及印度均属于这一类型。如,日本宪法规定,会计检察院既不隶属于国会、也不隶属于内阁和司法部门,而是一个独立的经济监督机构。德国联邦审计院是联邦机构,是独立的财政监督机构,只受法律约束。联邦审计院的法定职能是协助联邦议院、联邦参议院和联邦政府作出协议。一般说来,这类审计机关只受法律约束,而不受国家机关的直接干预。

财政型的审计机构是指国家政府审计组织直接由政府财政部门领导的模式,实行财政、审计合一制度。这种模式下,审计机构独立性较差。目前,极少有国家采取这种模式。

我国的政府审计机关分为国务院和地方两级,国务院设立审计署,在国务院总理领导下,主管全国的审计工作。审计署是我国的最高审计机关。县级以上各级人民政府设立审计机关(审计厅或审计局),分别在本级政府和上一级审计机关的领导下,负责本级审计机关审计范围的审计事项。审计署及地方各级审计机关根据工作需要,可在重要地区、部门设立派出机构,进行审计监督。派出机构分为两类:一类是派出审计局;一类是驻地方特派员办事处。根据中央机构编制委员会办公室、审计署于1998年6月13日印发的《关于审计署向国务院各部门、直属事业单位派出审计机构的通知》的规定,审计署派出25个审计局,对国务院有关部门、直属事业单位及其在京的下属单位的财政、财务收支进行审计监督。根据《审计法》第十条的规定,审计机关根据工作需要,经本级人民政府批准,可以在其审计管辖范围内设立派出机构。派出机构根据审计机关的授权,依法进行审计工作。审计机关是按照被审计单位的财政、财务隶属关系或者国有资产监督管理关系确定审计管辖范围的,而不是按照地域确定审计管辖范围。比如,某单位地处某市,但其财务关系隶属于中央,那么,该市审计局对该单位就没有审计管辖权,不能审计,只有审计署对该单位拥有审计管辖权,有权审计。

2. 政府审计机构的职责。根据《中华人民共和国审计法》,我国政府审计机构应履行以下职责。

(1)审计机关对本级各部门(含直属单位)和下级政府预算的执行情况和决算以及其他财政收支情况,进行审计监督。

(2)审计署在国务院总理领导下,对中央预算执行情况和其他财政收支情况进行审计监督,向国务院总理提出审计结果报告。

地方各级审计机关分别在省长、自治区主席、市长、州长、县长、区长和上一级审计机关的领导下,对本级预算执行情况和其他财政收支情况进行审计监督,向本级人民政府和上一级审计机关提出审计结果报告。

(3)审计署对中央银行的财务收支,进行审计监督。审计机关对国有金融机构的资产、负债、损益,进行审计监督。

(4)审计机关对国家的事业组织和使用财政资金的其他事业组织的财务收支,进行审计监督。

(5)审计机关对国有企业的资产、负债、损益,进行审计监督。

(6)对国有资本占控股地位或者主导地位的企业、金融机构的审计监督,由国务院规定。

(7)审计机关对政府投资和以政府投资为主的建设项目的预算执行情况和决算,进行审计监督。

(8)审计机关对政府部门管理的和其他单位受政府委托管理的社会保障基金、社会捐赠资金以及其他有关基金、资金的财务收支,进行审计监督。

(9)审计机关对国际组织和外国政府援助、贷款项目的财务收支,进行审计监督。

(10)审计机关按照国家有关规定,对国家机关和依法属于审计机关审计监督对象的其他单位的主要负责人,在任职期间对本地区、本部门或者本单位的财政收支、财务收支以及有关经济活动应负经济责任的履行情况,进行审计监督。

(11)除审计法规定的审计事项外,审计机关对其他法律、行政法规规定应当由审计机关进行审计的事项,依照审计法和有关法律、行政法规的规定进行审计监督。

(12)审计机关有权对与国家财政收支有关的特定事项,向有关地方、部门、单位进行专项审计调查,并向本级人民政府和上一级审计机关报告审计调查结果。

(13)审计机关根据被审计单位的财政、财务隶属关系或者国有资产监督管理关系,确定审计管辖范围。

审计机关之间对审计管辖范围有争议的,由其共同的上级审计机关确定。

上级审计机关可以将其审计管辖范围内的上述(3)中规定的审计机关的职责及(4)至(10)规定的审计事项,授权下级审计机关进行审计;上级审计机关对下级审计机关审计管辖范围内的重大审计事项,可以直接进行审计,但是应当防止不必要的重复审计。

(14)依法属于审计机关审计监督对象的单位,应当按照国家有关规定建立健全内部审计制度;其内部审计工作应当接受审计机关的业务指导和监督。

(15)社会审计机构审计的单位依法属于审计机关审计监督对象的,审计机关按照国务院的规定,有权对该社会审计机构出具的相关审计报告进行核查。

3. 政府审计机构的权限。根据《审计法》规定,政府审计机关具有以下权限。

(1)审计机关有权要求被审计单位按照审计机关的规定提供预算或者财务收支计划、预算执行情况、决算、财务会计报告,运用电子计算机储存、处理的财政收支、财务收支电子数据和必要的电子计算机技术文档,在金融机构开立账户的情况,社会审计机构出具的审计报告,以及其他与财政收支或者财务收支有关的资料,被审计单位不得拒绝、拖延、谎报。

被审计单位负责人对本单位提供的财务会计资料的真实性和完整性负责。

(2)审计机关进行审计时,有权检查被审计单位的会计凭证、会计账簿、财务会计报告和运用电子计算机管理财政收支、财务收支电子数据的系统,以及其他与财政收支、财务收支有关的资料和资产,被审计单位不得拒绝。

(3)审计机关进行审计时,有权就审计事项的有关问题向有关单位和个人进行调查,并取得有关证明材料。有关单位和个人应当支持、协助审计机关工作,如实向审计机关反映情况,提供有关证明材料。

审计机关经县级以上人民政府审计机关负责人批准,有权查询被审计单位在金融机构的账户。

审计机关有证据证明被审计单位以个人名义存储公款的,经县级以上人民政府审计机关主要负责人批准，有权查询被审计单位以个人名义在金融机构的存款。

(4)审计机关进行审计时，被审计单位不得转移、隐匿、篡改、毁弃会计凭证、会计账簿、财务会计报告以及其他与财政收支或者财务收支有关的资料，不得转移、隐匿所持有的违反国家规定取得的资产。

审计机关对被审计单位违反前款规定的行为，有权予以制止；必要时，经县级以上人民政府审计机关负责人批准，有权封存有关资料和违反国家规定取得的资产；对其中在金融机构的有关存款需要予以冻结的，应当向人民法院提出申请。审计机关对被审计单位正在进行的违反国家规定的财政收支、财务收支行为，有权予以制止；制止无效的，经县级以上人民政府审计机关负责人批准，通知财政部门和有关主管部门暂停拨付与违反国家规定的财政收支、财务收支行为直接有关的款项，已经拨付的，暂停使用。

审计机关采取前两款规定的措施不得影响被审计单位合法的业务活动和生产经营活动。

(5)审计机关认为被审计单位所执行的上级主管部门有关财政收支、财务收支的规定与法律、行政法规相抵触的，应当建议有关主管部门纠正；有关主管部门不予纠正的，审计机关应当提请有权处理的机关依法处理。

(6)审计机关可以向政府有关部门通报或者向社会公布审计结果。审计机关通报或者公布审计结果，应当依法保守国家秘密和被审计单位的商业秘密，遵守国务院的有关规定。

(7)审计机关履行审计监督职责，可以提请公安、监察、财政、税务、海关、价格、工商行政管理等机关予以协助。

(二)政府审计人员

1.政府审计人员的构成。政府审计人员是指在各级政府审计机关中从事审计的领导人员和专业人员。

在我国，根据宪法和有关规定，国家审计署设审计长一人，副审计长若干人。审计长为审计署的行政首长。审计长由国务院总理提名，全国人民代表大会决定，国家主席任免；副审计长由国务院任免。县级以上各级政府审计机构中的正厅长、正局长由本级人民代表大会决定任免；副厅长、副局长由本级政府任免。地方各级厅、局长任免前应征得上级审计机关的同意。

政府专业审计人员实行专业技术资格制度。审计专业技术资格分为初级（审计员、助理审计师）资格、中级（审计师）资格、高级（高级审计师）资格。初、中级资格考试科目为：审计专业相关知识、审计理论与实务。高级资格考试科目为：经济理论与宏观经济政策、审计理论与审计案例分析。专业审计人员必须通过考试，方能取得相应审计岗位任职资格。

我国政府审计人员主要由熟悉会计、财务、税务等业务的专业人员组成,但针对审计业务的复杂性,政府审计人员也包括部分工程技术、法律、计算机等专业技术人员。政府审计部门根据需要,也可委派内部审计及注册会计师审计人员进行审计。

2. 政府审计人员的职业道德。为加强政府审计人员的职业道德,审计署2001年8月1日发布并实施的《审计机关审计人员职业道德准则》,规定审计人员职业道德主要内容如下。

(1)客观公正、实事求是。具体要求:①审计人员在执行职务时,应当保持应有的独立性,不受其他行政机关、社会团体和个人的干涉。②审计人员办理审计事项,与被审计单位或者审计事项有直接利害关系的,应当按照有关规定回避。③审计人员在执行职务时,应当忠诚老实,不得隐瞒或者曲解事实。④审计人员在执行职务特别是作出审计评价、提出处理处罚意见时,应当做到依法办事、实事求是、客观公正,不得偏袒任何一方。

(2)合理谨慎、职业胜任。具体要求:①审计人员应当合理运用审计知识、技能和经验,保持职业谨慎,不得对没有证据支持的、未经核清事实的、法律依据不当的和超越审计职责范围的事项发表审计意见。②审计人员应当具有符合规定的学历,通过岗位任职资格考试,具备与从事的审计工作相适应的专业知识、职业技能和工作经验,并保持和提高职业胜任能力。不得从事不能胜任的业务。③审计人员应当遵守审计机关的继续教育和培训制度,参加审计机关举办或者认可的继续教育、岗位培训活动,学习会计、审计、法律、经济等方面的新知识,掌握与从事工作相适应的计算机、外语等技能。④审计人员参加继续教育、岗位培训,应当达到审计机关规定的时间和质量要求。

(3)保守秘密。审计人员对其执行职务时知悉的国家秘密和被审计单位的商业秘密,负有保密的义务。在执行职务中取得的资料和审计工作记录,未经批准不得对外提供和披露,不得用于与审计工作无关的目的。

(4)廉洁奉公、恪尽职守。具体要求:①审计人员应当遵守国家的法律、法规和规章,以及审计工作纪律和廉政纪律。②审计人员应当认真履行职责,维护国家审计的权威,不得有损害审计机关形象的行为。③审计人员应当维护国家利益和被审计单位的合法权益。

四、政府审计工作程序

(一)审计准备阶段

在此阶段,审计机关应当根据法律、法规和国家其他有关规定,按照本级人民政府和上级审计机关的要求,确定年度审计工作重点,编制年度审计项目计划。根据项目审计计划，对被审计单位的审计事项开展审计前调查活动，制定审计工作方案。根据审计项目计划确定的审计事项组成审计组，并应当在实施审计 3 日前，向被审计单位送达审计通知书。遇有特殊情况，经本级人民政府批准，审计机关可以直接持审计通知书实施审计。被审计单位应当配合审计机关的工作，并提供必要的工作条件。

（二）审计实施阶段

审计人员通过审查会计凭证、会计账簿、财务报表，查阅与审计事项有关的文件、资料，检查现金、实物、有价证券，向有关单位和个人调查等方式进行审计，并取得证明材料。审计人员向有关单位和个人进行调查时，应当出示审计人员的工作证件和审计通知书副本。

（三）审计报告阶段

审计报告阶段，审计人员工作主要包括如下内容。

1. 提出审计报告。审计报告，是指审计组对审计事项实施审计后，就审计实施情况和审计结果向派出的审计机关提出的书面报告。审计组对审计事项实施审计，并完成既定的审计目标后，应当向审计机关提出审计报告。审计报告的具体内容主要包括：审计的范围、内容、方式、起讫时间；被审计单位的基本情况，财政、财务隶属关系，财政收支、财务收支状况等；被审计单位对提供的会计资料的真实性和完整性的承诺情况；实施审计的步骤和采取的方法及其他有关情况的说明；被审计单位财政收支、财务收支的真实、合法、效益情况及其评价意见；审计查出的被审计单位违反国家规定的财政收支、财务收支行为的事实以及定性、处理、处罚的法律、法规规定；对被审计单位提出改进财政收支、财务收支管理的意见和建议。

2. 征求被审计单位意见。被审计对象应当自接到审计组的审计报告之日起十日内，将其书面意见送交审计组。审计组应当将被审计对象的书面意见一并报送审计机关。

3. 审计机关审定审计报告。审计组所在部门收到审计报告后，应当对审计报告及审计工作底稿进行审核，提出书面审核意见。审计组所在部门根据审计报告及审核意见提出审计意见书、审计决定书、审计建议书、移送处理书代拟稿，连同审计报告及审核意见报送复核机构或者专职复核人员复核。

审计机关对审计报告，审计意见书、审计决定书、审计建议书、移送处理书代拟稿进行审定。一般审计事项的审计报告，审计意见书、审计决定书、审计建议书、移送处理书代拟稿，可以由审计机关主管领导审定；重大审计事项的审计报告，审计意见书、审计决定书、审计建议书、移送处理书代拟稿，应当由审计机关审计业务会议审定。

审计机关对审计报告，审计意见书、审计决定书、审计建议书、移送处理书代拟稿中的下列事项进行审定：与审计事项有关的事实是否清楚，证据是否确凿；被审计单位对审计报告的意见是否恰当,复核机构或者复核人员提出的复核意见是否正确;审计评价意见是否恰当;定性、处理、处罚意见是否准确、合法、适当;提出的改进财政收支、财务收支管理的意见和建议是否恰当。

审计机关作出审计决定后,送达被审计单位执行;审计决定需要有关主管部门协助执行的,应当制发协助执行审计决定通知书。

(四)后续审计阶段

后续审计是指在审计决定发出后的规定期限内,对被审计单位执行审计决定情况所进行的审计。审计机关应当自审计决定生效之日起3个月内,检查审计决定的执行情况。被审计单位未按规定期限和要求执行审计决定的,审计机关应当责令执行;仍不执行的,申请人民法院强制执行。

(五)受理行政复议

被审计单位认为审计机关的具体行政行为侵犯了其合法权益,可以依法向审计复议机关申请复议。对地方审计机关作出的审计决定不服的,应当先向上一级审计机关或者本级人民政府申请复议;对审计署作出的审计决定不服的,应当先向审计署申请复议。

审计机关应当自收到复议申请书之日起2个月内作出复议决定。遇有特殊情况的,作出复议决定的期限可以适当延长;但是,延长的期限最长不得超过2个月,并应当将延长的期限和理由及时通知复议申请人。审计复议机关作出审计复议决定,应当制作审计复议决定书。

申请人对审计复议决定不服的,可以依照《行政诉讼法》的规定向人民法院提起行政诉讼。但对审计署作出的审计具体行政行为不服提起审计复议后,又对审计复议决定不服的,也可以向国务院申请裁决,国务院作出的裁决为最终裁决,申请人不得再向人民法院起诉。申请人逾期不起诉、不申请裁决,又不履行审计复议决定的,属于维持审计具体行政行为的审计复议决定,由作出审计具体行政行为的审计机关申请人民法院强制执行,属于变更审计具体行政行为的审计复议决定,由审计复议机关申请人民法院强制执行。

五、政府审计准则

(一)最高审计机关国际组织准则

最高审计机关国际组织准则是由最高审计机关国际组织(International Organization of Supreme Audit Institutions ,简称 INTOSAI)制定的,其目的在于协调各国政府审计准则,为各国政府审计工作提供指导。我国属 INTOSAI 的成员国。最高审计机关国际组织准则于1989年由 INTOSAI 通过,并于1991年进行了修订。1998 INTOSAI 在其16届大会上又设计了最高审计机关国际组织准则的框架，包括四个层次：第一个层次是准则框架的基础，包括《利马宣言》、《东京宣言》，INTOSAI 历届大会通过的声明和报告，以及联合国专家会议小组就发展中国家公共会计中的问题提出的报告；第二个层次是道德守则，是指导审计人员日常工作的价值和原则的说明；第三个层次是审计准则，是进行审计工作的前提和原则；第四个层次是指南资料，对执行准则提供实务操作上的指导。

1. INTOSAI 准则的适用范围。INTOSAI 准则对各成员国不具有强制性，但它反映了各成员国国家最高审计机关对开展政府审计工作所取得的最佳经验的共识。因此，各国政府在制定政府审计准则时，应考虑在一切重大问题上遵循 INTOSAI 制定的准则。对不适用于本国政府审计工作的 INTOSAI 准则有关条款，各国政府有责任根据实际情况制定相应的准则或标准，以确保审计工作的质量。

2. INTOSAI 准则的内容（1991 年修订版）。INTOSAI 准则主要包括以下内容。

（1）一般准则。一般准则讲述了审计师和审计机关必须具备的条件，只有具备这些条件，审计师和审计机关才能以适当、有效的方式，完成与外勤准则、报告准则中相关的任务。

INTOSAI 审计准则中的一般准则包括同时适用于审计人员和最高审计机关的准则及仅适用于最高审计机关的准则。

同时适用于审计人员和最高审计机关的准则包括：①审计人员和最高审计机关必须保持独立；②审计人员和最高审计机关必须具有要求的能力；③审计人员和最高审计机关在遵守 INTOSAI 审计准则方面必须运用应有的谨慎和关注。

仅适用于最高审计机关的准则中规定最高审计机关应采用的政策和程序包括：①新招进的人员符合适当的资格；②培养和训练最高审计机关的雇员，使他们有效地完成任务，规定审计人员和其他职员晋升的基础；③制定手册和其他书面指南，以及关于审计人员行为的指导手册；④支持在最高审计机关内获得可用的技术和经验，识别欠缺的技术；对审计任务提供妥善的技术分配和充足的审计人员数量；有适当的审计计划和监督，以应有的职业谨慎和关注达到审计目标；⑤检查最高审计机关内部准则和程序的效率、效果。

在 INTOSAI 一般准则中，对上述每一条都进行了比较详尽的解释和说明，一般准则共有 79 条之多。

（2）外勤准则。外勤准则主要是为政府审计机关负责搜集审计证据的审计人员必须采取的有目的的、系统的以及均衡的步骤和行动所制定的行为规范。

外勤准则的主要内容包括：①审计人员应计划审计工作，应以经济、有效率和效果的方式，及时地实现高质量的审计。审计期间，必须对各个审计人员的工作和各个审计阶段加以适当监督，文件工作应由资深人员检查。②审计人员应研究和评价内部控制的可靠性，以确定审计的程序和范围；在实施合规性（财务）审计时，应进行是否符合法律和规章的测试，为查找对财务报表金额或合规性审计结果有直接和重大影响的错误、违规行为和非法行为，审计人员应设计提供合理保证的审计步骤和程序，审计人员还应注意对财务报表或合规性审计可能有间接影响的非法行为。③应取得有力、相关和适当的证据，以支持审计人员关于机构、项目、活动或功能的判断和结论。④合规性审计或其他类型审计中，只要适用，审计人员就应进行财务报表分析，以确定财务报告和披露是否符合公认会计原则。

在 INTOSAI 外勤准则中，对上述每一条的应用都有比较详尽的说明，本部分共有 34 条。

（3）报告准则。报告准则旨在帮助政府机关审计人员在形成审计意见或编制审计报告时作出审慎的判断。

报告准则的主要内容有两项：①每项审计结束时，审计人员应出具书面的意见或报告，作为一种特定的、合适的形式陈述审计发现；它的内容应易于理解，而不是含糊的和模棱两可的；报告只包括那些有适当的、相关的审计证据支持的信息，这些信息应是独立的、客观的和肯定的。②对最高审计机关来说，审计意见和审计报告属于对审计人员发现的欺诈活动和严重违规行为的最终判定。

INTOSAI 报告准则对理解和运用上述两项内容进行了详细地说明，报告准则共有 29 条。

（二）我国政府审计准则

1. 我国政府审计准则的依据与目标。我国政府审计准则是依据《中华人民共和国审计法》和《中华人民共和国审计法实施条例》，结合我国审计机关审计工作实践，并借鉴国际公认的审计准则经验而制定的。

政府审计准则的目标有以下三点。

（1）全面落实《审计法》，推进依法治国，促进依法行政，实现审计工作的法制化、制度化和规范化。

（2）促使审计机关和审计人员按照统一的审计准则开展审计工作，规范审计行为，提高审计质量，明确审计责任。

（3）促进审计机关和审计人员依法履行职责，维护国家财政经济秩序，促进廉政建设，保障国民经济健康发展。

2. 我国政府审计准则的体系。我国政府审计准则体系是我国审计法律规范体系的组成部分，它由中华人民共和国国家审计基本准则、通用审计准则和专业审计准则、审计指南三个层次组成。

(1)国家审计基本准则。国家审计基本准则是制定其他审计准则和审计指南的依据,是中国政府审计准则的总纲,是审计机关和审计人员依法办理审计事项时应当遵循的行为规范,是衡量审计质量的基本尺度。审计署1996年12月颁布了第一部国家审计准则基本准则。目前的国家审计基本准则是2000年1月28日发布实施的,包括总则、一般准则、作业准则、报告准则、审计报告处理准则及附则六部分,共47条;一般准则、作业准则、报告准则、审计报告处理准则为核心内容。一般准则是审计机关及其审计人员应当具备的基本资格条件和职业要求;作业准则是审计机关和审计人员在审计计划、准备和实施阶段应当遵循的行为规范;报告准则是审计组反映审计结果、提出审计报告以及审计机关审定审计报告时应当遵循的行为规范;审计报告处理准则是审计机关审定审计报告后,对审计事项作出评价,出具审计意见书,对违反国家规定的财政收支、财务收支行为以及违反《审计法》的行为,作出处理、处罚的审计决定,或者提出审计建议以及报告审计工作时应当遵循的行为规范。

(2)通用审计准则与专业审计准则。通用审计准则是依据国家审计基本准则制定的,是审计机关和审计人员在依法办理审计事项,提交审计报告,评价审计事项,出具审计意见书,作出审计决定时,应当遵循的一般具体规范。

专业审计准则是依据国家审计基本准则制定的,是审计机关和审计人员依法办理不同行业的审计事项时,在遵循通用审计准则的基础上,同时应当遵循的特殊具体规范。

审计署1996发布了《审计机关审计事项评价准则》,1997年1月1日开始实施;2000年8月7日发布并实施了《审计机关方案准则》、《审计机关证据准则》、《审计机关工作底稿准则(试行)》、《审计机关报告编审准则》及《审计机关复核准则》;2001年8月1日发布并实施了《审计机关专项调查准则》、《审计机关公布审计结果准则》、《审计机关审计档案工作准则》及《审计机关国家建设项目审计准则》;2003年12月15日又发布了《审计机关审计事项评价准则》、《审计机关审计重要性与审计风险评价准则》、《审计机关分析性复核准则》、《审计机关内部控制测评准则》及《审计机关审计抽样准则》,2004年2月1日实施,同时废止了1996发布的《审计机关审计事项评价准则》。

(3)审计指南。审计指南是对审计机关和审计人员办理审计事项提出的审计操作规程和方法,为审计机关和审计人员从事专门审计工作提供可操作的指导性意见。

3.我国政府审计准则的法律效力。

(1)国家审计基本准则、通用审计准则和专业审计准则,是审计署依照《审计法》规定制定的部门规章,具有行政规章的法律效力,全国审计机关和审计人员依法开展审计工作时必须遵照执行。

(2)审计指南,是指导审计机关和审计人员办理审计事项的操作规程和方法,全国审计机关和审计人员应当参照执行,不具有行政规章的法律效力。

第二节 内部审计

一、内部审计的产生与发展

(一)西方内部审计的产生与发展

西方内部审计萌芽于奴隶社会。在古希腊、古罗马时代,伴随着政府审计的起源,维护少数特权阶层——奴隶主利益的内部审计也同步萌芽。例如,古罗马贵族的代理人为了向主人报告其财产的增减变动状况以及报告自己履行责任情况,登记一种"主人账户",主人委托亲信去审查,就是内部审计最初的动因。

到了中世纪,为了维护寺院长老、庄园主等阶层的经济利益,西方国家内部审计有了更坚实的基础。例如,中世纪英国的庄园内部审计,意大利佛罗伦萨梅迪奇银行内部审计以及诸如寺院审计、城市审计、行会审计等形式的内部审计不断涌现。

19 世纪末 20 世纪初,资本主义经济的发展,使生产和资本高度集中,托拉斯式的大型企业大量出现,工商企业和其他各种组织的活动范围变得越来越庞大、越来越复杂。企业管理更加困难,管理人员再也不能亲自观察责任范围内的所有活动,甚至不再有充分的机会去接触直接或间接向他们报告的人。企业内部只能采取分级、分散管理体制。这就导致了大型企业内部要设立专门的机构和人员,由最高管理当局授权,对其所属分支机构的经营业绩进行独立的内部审计监督,近代内部审计也就因此产生。如,流行于美国的铁路运输系统的内部审计活动、德国克虏伯公司内部审计、日本明治时代的住友公司内部审计、澳大利亚维多利亚州电力委员会内部审计等。但当时的内部审计主要是为了查错防弊,内容仅局限于财务会计领域。

20 世纪 40 年代,第二次世界大战以后,资本主义国家的经济得到了空前的发展,竞争更激烈。企业为了在竞争中求生存、求发展,十分重视加强内部经济监督,实行事前预防性控制,现代内部审计随着内部控制的加强而产生和发展起来。现代内部审计不仅对事后的财务会计领域进行审查,更重要的是对企业内部控制系统进行评价,帮助企业领导层进行决策和改善经营管理。

20 世纪 70 年代以后,由于经营环境不确定性的增强、企业规模的扩大、管理活动的复杂化以及法律和政府对于投资者和社会公众利益保护力度的加大,使得管理者的受托责任空前扩大,现代企业管理从以战术为中心的管理向以战略为中心的管理转变,战略管理已经成为现代企业管理的关键,而现代企业管理直接影响建立与健全内部审计制度的性质、模式、运行和发展。因此,企业内部审计在进行全面、系统审计的同时,以战略审计为重点已越来越成为一种趋势。

(二)我国内部审计的产生与发展

我国内部审计的发展源远流长。早在西周王朝,根据《周礼》记载,已设有司会官员,司会"主天下之大计,勾考司书所记"。司书即是登记簿书的官员。司会"以参互考日成,以月要考月成,以岁会考岁成"。这是我国内部审计的萌芽。

在漫长的封建时代,内部审计有一定的发展。比如,秦代设有少府(帝王的私府),掌管皇室的财计工作,行使内部稽查权;宋代初期,度支、户部、盐铁三司内设置都磨勘司掌管内部审计工作,都是内部审计广受重视的证明;而元代、明代、清代内部审计工作日渐衰落。

民国初期我国内部审计以欧美审计理论和实践为借鉴,逐步进行了改革和完善,开始进入到现代审计的演进时期。解放初期,我国一些大型专业公司和厂矿企业也曾设有内部审计部门,一些中型企业也设有专职的审计人员,只是到 1953 年全面学习苏联后才被撤销。

1983 年国家审计署成立之后,相继发布了一系列关于内部审计的文件,内部审计工作得以重新发展。1983 年 8 月,国务院转发了审计署《关于开展审计工作几个问题的请示》,报告提出建立内部审计监督制度问题。1985 年 8 月,国务院发布《内部审计暂行规定》,为内部审计提供了法律依据。《内部审计暂行规定》要求政府部门和大中型企业事业单位实行内部审计监督制度。1985 年 12 月,审计署颁布《审计署关于内部审计工作的若干规定》,这是审计署成立后第一个关于内部审计工作的法规文件,对我国的内部审计工作进行了规范;1987 年,中国内部审计学会成立,1998 年经审计署批准,将中国内部审计学会更名为中国内部审计协会,使其成为对企业、事业行政机关和其他事业组织的内审机构进行行业自律管理的全国性社会团体组织。2003 年 3 月,审计署发布了新的《审计署关于内部审计工作的规定》,自 2003 年 5 月 1 日实行。在国家法律、法规的规范下,我国内部审计得到了一定的发展,为社会主义市场经济体制的建立和有序运作发挥了积极的作用。

目前,在我国,伴随着社会主义市场经济体制的逐步完善,企业竞争进一步加剧,企业对赢利和竞争优势的追求更加强烈。因此,企业内部审计的工作重点必须从财务会计领域转移到经营管理领域的所有重要方面,经济效益审计必将成为企业内部审计工作的重点。

二、内部审计的基本概念

(一)内部审计的定义

国际内部审计师协会2001年在修改后的《内部审计实务标准》中对内部审计进行了新的定义:"内部审计是一种独立的、客观的工作保证与咨询活动,它的目的是为机构增加价值并提高机构的运作效率。它采取系统化、规范化的方法来对风险管理、控制及治理程序进行评价,提高它们的效率,从而帮助实现机构目标。"

我国《审计署关于内部审计工作的规定》指出:内部审计是独立监督和评价本单位及所属单位财政收支、财务收支、经济活动的真实、合法和效益的行为,以促进加强经济管理和实现经济目标。我国的《内部审计基本准则》指出:内部审计是指组织内部的一种独立客观的监督和评价活动,它通过审查和评价经营活动及内部控制的适当性、合法性和有效性来促进组织目标的实现。

(二)内部审计的特征

内部审计作为审计的一种形式,具有审计的一般特征。内部审计作为审计的一种特殊形式,还具有区别于政府审计和注册会计师审计的特征,表现在以下几个方面。

1. 审计服务的内向性。内部审计机构是在本单位、本部门主要负责人的直接领导下,对本单位、本部门进行审计并报告工作。内部审计机构与被审计单位同在一个组织内,内部审计人员是本部门、本单位领导在经济监督方面的助手和经济管理方面的参谋。

2. 审计对象的确定性。内部审计对象是单一性的,只能是本单位、本部门的经济活动,所以有助于内部审计人员深入了解情况,抓住主要矛盾。

3. 审计范围的广泛性。内部审计作为对一个单位或部门的综合经济监督,既可以是事后的,也可以是事前、事中的;既可以进行财务审计,又可以进行经营审计和合规审计;只要管理方面有需要,都可以涉及,其范围比较广泛。

4. 审计时间的及时性和经常性。内部审计本身就是组织的一个专职部门,组织内部一旦出现漏洞、弊端,内部审计机构可以及时组织力量进行审计,而且可以经常化。

5. 内部审计以经济效益为中心。内部审计的这一特征是由企业的中心任务决定的。企业的中心任务是加强经营管理,不断提高企业的经济效益,这就决定了内部审计只有把审计工作的中心放在经济效益审计时,才能得到本单位领导和职工的广泛支持和重视,才能有效地发挥其作用。可见,以经济效益为中心,乃是内部审计的重要特征。

6. 审计机构及人员的相对独立性。内部审计机构作为部门、单位的一个职能部门,与部门、单位有着千丝万缕的联系。一方面,审计人员的行为受到部门、单位负责人的牵制;另一方面,审计人员的利益又与部门、单位的利益休戚相关。所以,内部审计的独立性与权威性是相对的,是不充分的。

(三)内部审计的分类

1. 内部审计按管辖范围不同可分为以下两类。

(1)单位内部审计。它指的是企业、事业单位的内审机构或审计人员对本单位的财务收支及其经济活动所进行的经济监督、评价活动。

(2)部门审计。它是由政府机构主管部门内部建立的审计机构对所属单位和本部门财务收支和经济效益所进行的经济监督、评价活动。

2. 内部审计按活动内容不同,可分为以下四类。

(1)财务审计。财务审计是指对财务报表(包括内部报表)的审计,包括对企业财务状况、经营成果、现金流量进行全面审计以及针对财产物资、成本费用、债权债务、经营损益等实施单项审计,财务审计是内部审计最原始、最基本的内容。

(2)经济效益审计。经济效益审计是指对企业重要事项的经济性、效率性、效果性按一定标准加以评价,以确定提高效益的差距和潜力。在现代市场竞争环境下,效益审计越来越受到重视,甚至发展成为内部审计最重要的内容。

(3)内控系统评价。内控系统评价是指对企业内控系统设计的合理性、运用的有效性进行评价。随着我国加入 WTO,内部审计和国际逐渐接轨,内部控制系统评价将成为内部审计非常重要的内容。

(4)经济责任审计。经济责任审计是指对企业内部机构、人员在一定时期内从事的经济活动进行评价,以确定其经济业绩,明确其经济责任。

(四)内部审计的目标

根据《审计署关于内部审计工作的规定》及《内部审计基本准则》,我国内部审计目标包括真实性、合法性、效益性及适当性。真实性、合法性及效益性目标的含义与政府审计中真实性、合法性及效益性目标的含义基本相同,不同的是在政府审计中合法性及效益性仅针对被审计单位的财政收支、财务收支及经营活动,而在内部审计中还包括内部控制。关于适当性,这是我国新颁布的《内部审计基本准则》里对审计目标作出的新规定,要求审计人员必须对被审计单位的经营活动及内部控制的适当性作出判断,但关于“适当”的含义,准则并未作出具体解释。

(五)内部审计的作用

内部审计的作用主要体现在以下几个方面。

1. 有利于保护财产的安全完整和会计信息的真实、可靠。通过内部审计部门对组织经济活动的检查,可以促使本单位、本部门的经济活动在合法的轨道上进行,对贪污浪费等各种不良现象的发生将起到一定的遏制作用,从而保护财产的安全、完整和会计信息的真实、可靠。

2. 有利于合理配置资源，提高经济效益。一方面，内部审计加强了会计信息的真实性、可靠性，为管理层正确决策打下了良好的基础；另一方面，内部审计通过对企业生产经营成果、基本建设效果和行政事业单位资金使用效果的审查，可以找出生产经营及资金管理中的不足，进而改进不足，促使资源配置合理化，提高经济效益。

3. 有利于配合外部审计，完善我国审计监督体系。内部审计属内部控制体系的一部分，外部审计往往需要借助内部控制的评价来完成审计工作。因此，了解内部审计的工作有助于提高外部审计的工作效率。

三、内部审计机构及人员

（一）内部审计机构

1. 内部审计机构的设置。2003 年 5 月 1 日起实施的《审计署关于内部审计工作的规定》第三条指出，国家机关、金融机构、企业事业组织、社会团体以及其他单位，应当按照国家有关规定建立健全内部审计制度。法律、行政法规规定设立内部审计机构的单位，必须设立独立的内部审计机构。法律、行政法规没有明确规定设立内部审计机构的单位，可以根据需要设立内部审计机构，配备内部审计人员。有内部审计工作需要且不具有设立独立的内部审计机构条件和人员编制的国家机关，可以授权本单位内设机构履行内部审计职责。

当前我国内审机构的设立主要有以下几种。

（1）隶属于纪委或监察室。纪委是党的办事机构，而监察室属于行政监察机构。因此，将内审机构隶属于纪委或监察室，易造成党政不分、政企不分，使内部审计身份职能不明，因此这种设置方式不利于内部审计职能的发挥。

（2）隶属于总会计师或主管财务工作的副总经理。总会计师或主管财务工作的副总经理对企业的财务工作负有主要责任，内部审计机构隶属于总会计师或主管财务工作的副总经理，一定程度上削弱了内部审计的独立性。

（3）隶属于总经理。总经理是公司的最高经营管理人员，对董事会负责。将内部审计机构隶属于总经理，使内部审计接近经营管理层，有利于为经营决策服务，同时这种设置方式还保持了内部审计一定程度的独立性和较高层次的地位，使内部审计机构与财会等部门相对独立，便于内部审计对这些部门进行有效的评价和监督。但是这种设置不利于内审机构对总经理的责任、业绩等进行独立的评价和监督。总经理下属部门的很多活动是在其授意下进行的，内审机构对这些部门的检查，可能会在一定程度上受到阻碍。

（4）设在监事会。监事会是公司的监督机构，由股东代表和职工代表组成，职权主要是对董事、经理执行公司职务时违反法律、法规或公司章程的行为进行监督。将内审机构设在监事会,使内部审计完全以监督者的身份出现,与管理阶层脱钩,不便于促进公司改善经营管理,提高经济效益,而且使内审监督带上了很浓的行政色彩,不利于其评价、服务职能的发挥。

(5)设在董事会。可分为以下两种情况。

一是直接受董事会领导。董事会是公司的经营决策机构,它直接对股东大会负责。将内审机构设在董事会,有利于保持内部审计较强的独立性、较高的地位,同时也使内部审计具有一定的灵活性,既便于其为委托人服务,又便于其与经营管理层联系;既便于其对管理层进行独立的评价与监督,又便于其对管理层加强管理,提高服务效益。但不足的是,凡事都通过董事会集体讨论决定,将降低内审工作的效率,不便于内审工作的正常开展。

二是受董事会下面的审计委员会或相关类似委员会的领导。在董事会内设审计委员会或类似审计委员会的机构,该机构负责内部审计部门的日常工作,并和决策管理人员一起复查内部审计人员的业绩,与决策管理部门共同承担管理内部审计部门的职责。这种方式,既可提高内部审计的独立性,也一定程度上提高了内部审计工作的效率。

2. 内部审计机构的职责。《审计署关于内部审计工作的规定》中第九条指出,内部审计机构按照本单位主要负责人或者权力机构的要求,履行下列职责。

(1)对本单位及所属单位(含占控股地位或者主导地位的单位,下同)的财政收支、财务收支及其有关的经济活动进行审计。

(2)对本单位及所属单位预算内、预算外资金的管理和使用情况进行审计。

(3)对本单位内设机构及所属单位领导人员的任期经济责任进行审计。

(4)对本单位及所属单位固定资产投资项目进行审计。

(5)对本单位及所属单位内部控制制度的健全性和有效性以及风险管理进行评审。

(6)对本单位及所属单位经济管理和效益情况进行审计。

(7)法律、法规规定和本单位主要负责人或者权力机构要求办理的其他审计事项。

3. 内部审计机构的权限。根据《审计署关于内部审计工作的规定》,内部审计机构有以下权限。

(1)要求被审计单位按时报送生产、经营、财务收支计划、预算执行情况、决算、财务报表和其他有关文件、资料。

(2)参加本单位有关会议,召开与审计事项有关的会议。

(3)参与研究制定有关的规章制度,提出内部审计规章制度,由单位审定公布后施行。

(4)检查有关生产、经营和财务活动的资料、文件和现场勘察实物。

(5)检查有关的计算机系统及其电子数据和资料。

(6)对与审计事项有关的问题向有关单位和个人进行调查,并取得证明材料。

(7)对正在进行的严重违法违规、严重损失浪费行为,作出临时制止决定。

(8)对可能转移、隐匿、篡改、毁弃会计凭证、会计账簿、财务报表以及与经济活动有关的资料,经本单位主要负责人或者权力机构批准,有权予以暂时封存。

(9)提出纠正、处理违法违规行为的意见以及改进经济管理、提高经济效益的建议。

(10)对违法违规和造成损失浪费的单位和人员,给予通报批评或者提出追究责任的建议。

(11)在单位主要负责人或者权力机构的管理权限范围内,实施必要的处理、处罚权。

(12)对本单位有关部门及所属单位严格遵守财经法规、经济效益显著、贡献突出的集体和个人,可以向单位主要负责人或者权力机构提出表扬和奖励的建议。

(二)内部审计人员

1. 内部审计人员的任职资格。

(1)内部审计人员的国际认证资格。国际注册内部审计师(英文缩写 CIA)是内部审计领域的专业资格,是内部审计职业国际范围的唯一认证。

1974 年,国际内部审计师协会开始举行注册内部审计师资格考试。为了学习和借鉴国外内部审计先进经验和技术方法,促进我国内部审计人员素质的提高,推动内部审计的发展。经审计署批准,中国内部审计协会于 1998 年 6 月与国际内部审计师协会签署了在中国开展国际注册内部审计师考试的协议。考试每年一次,具有下列条件之一者,可报名参加考试:①具有学士及学士以上学位;②具有中级及中级以上相关专业技术资格;③持有注册会计师证书或非执业注册会计师证书;④本科院校审计、会计及相关专业四年级学生;⑤从事审计、会计教学工作的普通高等院校的教育工作者。

国际注册内部审计师的考试内容是:内部审计程序、内部审计技术、管理控制与信息技术、审计环境。

具有下列资格之一者,可以申请免试审计环境:①持有中级及中级以上审计师专业技术资格证书;②持有中级及中级以上会计师专业技术资格证书;③持有注册会计师证书或非执业注册会计师证书。

考生单科成绩合格后,必须在取得成绩后的每两年内报考 1 次,以前通过科目的成绩继续有效,否则成绩作废。考生所有考试科目全部合格,并具有2 年(含2 年)以上审计、会计工作及相关工作经历,可取得由国际内部审计师协会和中国内部审计协会制发的国际注册内部审计师证书。取得资格证书的人员,必须按规定接受后续教育,方可注册,否则将取消其资格。

(2)我国内部审计人员岗位资格证书。为了加强内部审计工作,提高内部审计人员的素质和专业胜任能力,中国内部审计协会于2003年5月22日发布了《内部审计人员岗位资格证书实施办法》,从2003年7月1日实行。该《办法》规定,从事内部审计的专兼职人员必须取得内部审计人员岗位资格证书。

资格证书的取得采取资格认证和考试两种办法。凡具备下列条件之一者,经省级内部审计(师)协会审批,报中国内部审计协会备案后,可发给资格证书:①具有审计、会计、经济及相关专业中级及中级以上专业技术职称的人员;②具有国际注册内部审计师证书的人员;③具有注册会计师、造价工程师、资产评估师等相关执业证书的人员;④审计、会计及相关专业本科以上学历工作满两年以上,以及大专学历工作满4年以上的人员。

对已取得省(行业)级内部审计(师)协(学)会颁发的内部审计资格证书,时间不超过两年的人员,在本办法实施后可进行一次性的确认,发给资格证书。不具备内部审计人员岗位资格直接认证的人员,须参加中国内部审计协会统一组织的资格考试,考试合格者发给资格证书。内部审计人员岗位资格考试内容为:①内部审计原理与技术;②有关法律法规与内部审计准则;③计算机基础知识与应用。

凡具备取得资格证书条件的人员,经省级内部审计(师)协会审核后,发给资格证书。内部审计人员岗位资格证书是从事内部审计工作的专兼职人员应具备的任职资格证明。

内部审计人员岗位资格证书实行年检注册制度,每两年为一个年检注册周期。因借调、出国等原因不能参加后续教育或年检的人员,须持本单位人事部门出具的证明,向所在省的内部审计(师)协会提出延缓年检注册的申请。符合下列条件的可通过年检,并进行注册:①遵守国家的法律法规;②严格执行《内部审计准则》;③遵守内部审计职业道德;④按照有关规定完成后续教育。

下列人员,将取消其内部审计人员岗位资格:①对无故不参加年检和注册的人员,应收回并注销其资格证书;②因违法犯罪被追究刑事责任或弄虚作假骗取资格证书的人员,一律吊销其资格证书。③对已调离内部审计工作岗位满两年和已办理退休手续的人员,须收回其资格证书。

2. 内部审计人员的职业道德。根据审计署2003年4月发布的《审计署关于内部审计工作的规定》,内部审计人员要遵守《内部审计人员职业道德规范》。我国《内部审计人员职业道德规范》于2003年4月12日发布,自2003年6月1日起施行,主要包括如下内容。

(1)基本原则要求。主要有五项基本原则要求,即独立原则、客观性原则、正直原则、勤勉原则、廉洁原则。

(2)执业责任要求。主要有三个方面的责任要求,即守规责任、荣誉责任、保密责任。

(3)执业技术要求。主要有三个方面的技术要求,即职业谨慎、诚实守信和充分披露。

(4)执业能力要求。主要有三个方面的能力要求,即执业胜任能力、人际交往技能、服务质量能力。

四、内部审计工作程序

内部审计工作程序是指内部审计工作从开始到结束的整个过程。我国内部审计工作程序主要包括四个阶段:准备阶段、实施阶段、报告阶段和后续审计阶段。

(一)准备阶段

在准备阶段,审计人员应做的主要工作包括:编制审计计划和通知被审计单位。

1. 编制审计计划。审计计划,是指内部审计机构和人员为完成审计业务,达到预期的审计目的,对一段时期的审计工作任务或具体审计项目作出的事先规划。审计计划一般包括年度审计计划、项目审计计划和审计方案三个层次。年度审计计划是对年度的审计任务所作的事先规划,是组织年度工作计划的重要组成部分;项目审计计划是对具体审计项目实施的全过程所作的综合安排;审计方案是对具体审计项目的审计程序及其时间等所作出的详细安排。

内部审计机构可以根据组织的性质、规模、审计业务的复杂程度等因素决定审计计划层次的繁简。内部审计机构负责人负责年度审计计划的制定工作。在具体实施审计项目前,审计项目负责人应充分了解被审计单位的情况,以制定项目审计计划。

审计项目负责人应根据项目审计计划制定审计方案。

年度审计计划应在下一年度开始前编制完成,并报组织适当管理层批准,以指导内部审计机构下年度的工作;项目审计计划和审计方案应在审计实施前编制完成,并经内部审计机构负责人批准。内部审计机构应当根据批准后的审计计划组织实施内部审计活动。在计划执行过程中,若有必要,应按规定的程序对计划进行修改和补充。

2. 通知被审计单位。内部审计机构应在实施审计前,向被审计单位送达审计通知书。特殊审计业务可在实施审计时送达。审计通知书应列明:被审计单位及审计项目名称;审计目的及审计范围;审计时间;被审计单位应提供的具体资料和其他必要的协助;审计小组名单;内部审计机构及其负责人的签章和签发日期。审计通知书主送被审计单位,必要时可抄送组织内部相关部门。涉及组织内个人责任的审计项目,应抄送被审计者本人。

（二）实施阶段

审计实施阶段就是将审计工作方案付诸实施的阶段，也就是根据其计划阶段所选定的项目，有目的地进行审计。所选定的项目有可能是财务审计，也可能是经济效益审计或计算机审计，无论哪一种形式的审计，在审计的实施阶段，一般都要做好以下工作：对所选定的项目，采用多种方式进行调查，了解情况并找出主要问题；进行各种测试分析，对照标准，揭示矛盾，并寻找事物变化的原因；充分取证，弄清问题的真相；汇总分析作出审计评价等。

（三）报告阶段

这个阶段也叫做审计终结阶段，主要是对内部审计工作进行总结的阶段。

内部审计人员经过计划、实施这两个阶段的工作后，应对审计中发现的问题加以评价，与被审计部门进行商榷，提出改进建议和处理意见，作出审计结论，并将这些内容以书面形式写出审计报告。审计报告，是指内部审计人员根据审计计划对被审计单位实施必要的审计程序后，就被审计单位经营活动和内部控制的适当性、合法性和有效性出具的书面文件。如有必要，内部审计人员可以在审计过程中提交期中报告，以便及时采取有效的纠正措施改善经营活动和内部控制。审计报告由审计项目负责人编制。被审计单位对审计报告持有异议的，审计项目负责人及相关人员应进行研究、核实，必要时应修改审计报告。审计报告经过必要的修改后，应连同被审计单位的反馈意见及时送内部审计机构负责人复核。内部审计机构应将审计报告提交被审计单位和组织的适当管理层，并要求被审计单位在规定的期限内落实纠正措施。

（四）后续审计阶段

后续审计，是指内部审计机构为检查被审计单位对审计发现的问题所采取的纠正措施及其效果而实施的审计。内部审计机构应在规定的期限内，或与被审计单位约定的期限内执行后续审计。

内部审计机构负责人如果初步认定被审计单位管理层对审计发现的问题已采取了有效的纠正措施，后续审计可以作为下次审计工作的一部分。当被审计单位基于成本或其他考虑，决定对审计发现的问题不采取纠正措施，并作出书面承诺时，内部审计机构负责人应向组织的适当管理层报告。内部审计人员在确定后续审计范围时，应分析原有审计决定和建议是否仍然可行。如果被审计单位的内部控制或其他因素发生变化，使原有审计决定和建议不再适用时，应对其进行必要的修订。对于已采取纠正措施的事项，内部审计人员应判断是否需要深入检查，必要时可提出应在下次审计中予以关注的事项。完成后续审计后，内部审计人员应根据后续审计的执行过程和结果，向被审计单位及组织的适当管理层提交后续审计报告。

五、内部审计准则

(一)国际内部审计准则

国际内部审计准则是由国际内部审计师协会(The Institute of Internal Auditors,简称IIA)制定并发布的。该协会1941在美国成立,我国1987年加入了该组织。国际内部审计准则旨在为内部审计实务提供高质量的执业标准,以推动内部审计职业的发展。国际内部审计准则的框架结构包括:内部审计定义、职业道德规范(道德准则)、内部审计实务标准、其他指南。其中指南是非强制性的。

1.《道德准则》。2000年6月通过的《道德准则》明确了内部审计师执业行为的最低标准,这里说的"内部审计师"是指IIA的成员、国际注册内部审计师和国际注册内部审计师资格报考人员,以及按内部审计定义提供内部审计服务的人员。该准则主要包括两个部分:一般准则和行为准则。一般准则规定了同内部审计职业和实务相关的原则,包括诚实、客观、保密和胜任原则。行为准则阐述了规范内部审计师行为的规则,其目的是解释实务中一般准则的应用,并为内部审计师的行为提供指南。

(1)诚实。内部审计师应做到:诚实地、勤奋地和富有责任感地执行他们的工作;遵守法律并依据法律和职业要求进行披露,如果审计师了解到一些对组织重要的信息,他依照法律和职业的要求,负有报告该信息的责任,反之,如果审计师没有足够的证据来说明他的判断,就不应该作出评价;不应有意参与任何违法活动或从事有损内部审计职业或其组织声誉的活动;对该组织的法律和道德目标给予尊重并作出贡献。

(2)客观。内部审计师应做到:不能参与那些损害或推定会损害他们公正评价的任何活动或关系;不能参与那些与该组织利益有冲突的活动或关系;不能接受损害或推定会损害他们职业判断的任何物品;应披露他们了解到的,如果不披露,可能导致对被查活动报告的误解的全部重要事实。

(3)保密。内部审计师应做到:应慎重使用和保护他们在执行任务中所获取的信息;不能将信息用来谋取任何私人利益,也不能以任何方式滥用于违法或有悖于组织法律和道德的目的。

(4)胜任。内部审计师应做到:应努力保证具有为完成委托所必需的知识、技能和经验;应遵循《内部审计职业实务准则》,开展内部审计服务;应不断努力提高专业熟练程度,改进服务质量和效果。

2.《内部审计职业实务准则》和其他指南。内部审计活动处于各种不同的法律和文化环境中,设立在各个目的、范围和结构不同的组织之内,由组织内部或外部的人员来执行。在这千差万别的环境中要完成内部审计师的职责,最根本的是要遵守《内部审计职业实务准则》。2000年6月IIA通过的《内部审计职业实务准则》的宗旨是:尽可能阐明内部审计的基本原理;为内部审计增加价值的活动在最大范围内实行和推广提供一个框架;为内部审计的执行建立一个可以考量的标准;促使改进组织的动作。

该《内部审计职业实务准则》由《品质准则》、《执行准则》和《履约准则》组成。《品质准则》阐述组织和个人执行的内部审计活动的特征。《执行准则》描述内部审计活动的性质并提供可以考量的标准。《品质准则》和《执行准则》用于内部审计服务的一般准则。《履约准则》是用于特殊类型的约定审计业务的品质准则和执行准则。《内部审计职业实务准则》在实务中如何贯彻,可参阅 IIA 专业实务部发表的附加指南——《实务忠告》。

(二)我国内部审计准则

我国内部审计准则的制定工作起步较晚。长期以来,内部审计工作主要遵守《审计法》、《会计法》、《公司法》。直到 1999 年,我国内部审计师协会才开始内部审计准则的制定工作。截至 2006 年 5 月,内部审计师协会已发布了 1 个基本准则、24 个具体准则和两个实务指南。内部审计准则成为内部审计人员执业规范体系的核心内容。

1. 我国内部审计准则的制定依据与目标。我国内部审计准则依据《中华人民共和国审计法》、《中华人民共和国内部审计条例》及相关法律法规制定。

制定内部审计准则的目标如下。

(1)贯彻落实《中华人民共和国审计法》、《中华人民共和国内部审计条例》,以及相关法律法规,加强内部审计工作,实现内部审计的制度化与规范化。

(2)促使内部审计机构和人员按照统一的内部审计准则开展内部审计工作,保障内部审计机构和人员依法行使职权,保证内部审计质量,提高内部审计效率,以促进组织的自我完善与发展。

(3)明确内部审计机构和人员的责任,发挥内部审计在强化内部控制、改善经营管理、提高经济效益中的作用,促进社会主义市场经济的健康发展。

(4)建立与国际内部审计准则相衔接的中国内部审计准则。

2. 我国内部审计准则的体系。我国内部审计准则是中国内部审计工作规范体系的重要组成部分,由内部审计基本准则、内部审计准则公告、内部审计指南三个层次组成。

(1)内部审计基本准则。内部审计基本准则是内部审计准则的总纲,是内部审计机构和人员进行内部审计时应当遵循的基本规范,是制定内部审计准则公告、内部审计指南的基本依据。我国目前的内部审计基本准则于 2003 年 6 月 1 日发布并正式实施。《内部审计基本准则》包括总则、一般准则、作业准则、报告准则、内部管理准则及附则六章,共 27 条。其中一般准则、作业准则、报告准则及内部管理准则是核心部分。一般准则、作业准则、报告准则规范的内容和政府审计准则规范的内容基本一致,内部管理准则明确了内部审计机构在加强审计质量控制方面应履行的责任。

(2)内部审计准则公告。内部审计准则公告是依据内部审计基本准则制定的,是内部审计机构和人员在进行内部审计时应当遵循的具体规范。

我国2003年发布了第一批10个内部审计具体准则,并于2003年6月1日开始实施。这10个内部审计准则分别是:第1号——审计计划;第2号——审计通知书;第3号——审计证据;第4号——审计工作底稿;第5号——内部控制审计;第6号——舞弊的预防、检查与报告;第7号——审计报告;第8号——后续审计;第9号——内部审计督导;第10号——内部审计与外部审计的协调。2004年3月发布了第二批共5个内部审计具体准则,确定于2004年5月1日开始实施。这5个内部审计准则分别是:第11号——结果沟通;第12号——遵循性审计;第13号——评价外部审计工作质量;第14号——利用外部专家服务;第15号——分析性复核。2005年3月发布了第三批共5个内部审计具体准则,于2005年5月1日开始实施。这5个内部审计准则分别是:第16号——风险管理审计;第17号——重要性与审计风险;第18号——审计抽样;第19号——内部审计质量控制;第20号——人际关系。2006年5月又发布了4个准则,于2006年7月1日起施行。这4个准则分别是:第21号——内部审计的控制自我评估法;第22号——内部审计的独立性与客观性;第23号——内部审计机构与董事会或最高管理层的关系;第24号——内部审计机构的管理。

(3)内部审计指南。内部审计指南是依据内部审计基本准则、内部审计准则公告制定的,为内部审计机构和人员进行内部审计提供可操作的指导性意见。

我国于2005年1月1日发布并实施了两个实务指南,分别是:第1号——建设项目内部审计;第2号——物资采购审计。

3. 我国内部审计准则的约束力。

(1)内部审计基本准则、内部审计准则公告是内部审计机构和人员进行内部审计的法定要求,内部审计机构和人员在进行内部审计时必须遵照执行。

(2)内部审计指南是对内部审计机构和人员进行内部审计的具体指导,内部审计机构和人员应当参照执行。

4. 我国内部审计准则的适用范围。

(1)我国内部审计准则适用于内部审计机构和人员进行内部审计的全过程。

(2)我国内部审计准则适用于各类组织。无论组织是否以盈利为目的,也无论组织规模大小和组织形式如何,内部审计机构和人员在进行内部审计时,都应遵循内部审计准则。

5. 我国内部审计准则的制定与发布程序。

(1)选定项目。中国内部审计协会准则委员会提出内部审计准则备选项目,经专家咨询论证,征求有关方面意见后,由中国内部审计协会审批立项。

(2)拟定初稿。中国内部审计协会准则委员会根据确定的项目,进行调查研究,起草初稿。中国内部审计协会征询专家和有关方面意见,由中国内部审计协会准则委员会修订后提交征求意见稿。

(3)征求意见。中国内部审计协会发布征求意见稿,广泛征求各有关方面的意见。

(4)修改定稿。中国内部审计协会准则委员会根据各方面意见修改征求意见稿,中国内部审计协会征询专家及有关方面意见后定稿。

6. 我国内部审计准则的发布、修订与解释。中国内部审计准则由中国内部审计协会负责发布、修订与解释。

复习思考题

1. 简述我国政府审计和内部审计产生与发展的过程及各阶段的特点。

2. 各国政府审计机构的设置大体包括几种类型？有何区别？

3. 当前内部审计机构的设置主要包括几种类型？你认为我国内部审计机关的设置应选择何种类型？

4. 什么是政府审计、内部审计？政府审计、内部审计与注册会计师审计有何区别？

5. 我国政府审计机构、内部审计机构的职责与权限是什么？

6. INTOSAI 准则、国际内部审计准则及我国的政府审计准则、内部审计准则的适用范围及法律效力如何？

7. 为什么内部审计要进行后续审计？

主要参考书目

[1]中国注册会计师协会.中国注册会计师执业准则[M].北京:经济科学出版社,2006.

[2]中国注册会计师协会.中国注册会计师执业准则指南[M].北京:中国财政经济出版社,2006.

[3]胡春元.风险基础审计[M].大连:东北财经大学出版社,2001.

[4]李若山,刘大贤.审计学——案例与教学[M].北京:经济科学出版社,2000.

[5]程凤朝,李晓慧.现代审计精要[M].北京:经济科学出版社,1999.

[6]王会金.风险导向审计[M].北京:中国审计出版社,2000.

[7]徐政旦,谢荣,朱荣恩,唐清亮.审计研究前沿[M].上海:上海财经大学出版社,2002.

[8]裘宗舜.审计学[M].北京:中国财政经济出版社,2003.

[9]中国注册会计师协会.审计[M].北京:经济科学出版社,2007.

[10]周勤业.审计学[M].北京:中国财政经济出版社,2000.

[11]刘宜.高等院校审计理论与实践[M].西安:陕西师范大学出版社,2002.

[12]徐瑞康,周树大.世界各国审计[M].北京:中国财政经济出版社,1993.

[13]厉声和,程学书.简明现代审计辞典[M].上海:复旦大学出版社,1988.

[14]魏礼江.中国财经审计法规[M].北京:中国审计出版社,1999.

[15]内部会计控制规范课题研究组.内部会计控制规范操作实务[M].北京:中国商业出版社,2001.

[16]尹平.财务造假防范与经济凭证鉴别[M].北京:中国审计出版社,2000.

[17](美)科沃克瑞克.现代经济审计[M].北京:中国商业出版社,1991.

[18](美)A A 阿伦斯,詹姆士·洛贝克.当代审计学[M].北京:中国商业出版社,1991.

[19]李凤鸣,时现.经济责任审计[M].北京:北京大学出版社,2001.

[20](美)R E 布朗,T 加勒,C 威廉斯.政府绩效审计[M].北京:中国财政经济出版社,1992.

[21]翟新生.审计学[M].北京:中国人事出版社,1999.

[22]崔建民.审计法答疑[M].北京:中国审计出版社,1994.

图书在版编目(CIP)数据

审计学/翟新生主编.—2版(修订本).—北京:首都经济贸易大学出版社,2007.9
(高等院校会计学专业精品系列教材)
ISBN 978-7-5638-1206-6

Ⅰ.①审… Ⅱ.①翟… Ⅲ.①审计学—高等学校—教材 Ⅳ.①F239.0

中国版本图书馆CIP数据核字(2007)第117160号

审计学(修订第二版)
翟新生 主编

出版发行 首都经济贸易大学出版社
地　　址 北京市朝阳区红庙(邮编100026)
电　　话 (010)65976483 65065761 65071505(传真)
网　　址 http://www.sjmcb.com
E-mail publish@cueb.edu.cn
经　　销 全国新华书店
照　　排 首都经济贸易大学出版社激光照排服务部
印　　刷 北京地泰德印刷有限责任公司
开　　本 787毫米×980毫米 1/16
字　　数 633千字
印　　张 33.25
版　　次 2004年9月第1版 **2007年9月修订第2版**
　　　　 2012年7月总第6次印刷
书　　号 ISBN 978-7-5638-1206-6/F·692
定　　价 41.00元